יעל ציגלר

רות
מניכור למלוכה

מאנגלית: ברוריה בן־ברוך

מתן MATAN
מגיד

Yael Ziegler
Ruth: From Alienation to Monarchy

רות – מניכור למלוכה

עורך אחראי: ראובן ציגלר

עורכת משנה: שירה פינסון
עריכת לשון: שרה המר
הגהה: רות צדקיה
עימוד: עדי רובין
עיצוב עטיפה: תני בייער
תמונת העטיפה: Wheatfield with Lark, 1887 (oil on canvas),
Gogh, Vincent van (1853-90) / Van Gogh Museum,
Amsterdam, The Netherlands / Bridgeman Images

ספרי מגיד, הוצאת קורן
ת״ד 4044 ירושלים 9104001
טל׳: 02-6330530 פקס: 02-6330534
www.maggidbooks.com

ISBN 978-965-526-223-0 מסת״ב

Printed in Israel 2018 נדפס בישראל

ספר זה יוצא לאור
בסיוע האיש הנכבד והנדיב

החבר ר׳ יצחק לייב ורות רעננערט שיח׳

ולזכות ילדיהם:
שרה תמרה ובעלה דוד ווין
וילדיהם מיה אלישבע, אלכסנדרה עליזה
ובצלאל אליהו

יונינה נחמה ובעלה משה אברהם דווידסון
וילדיהם גבריאלה שרה, אליאנה רבקה
ויהושע שלמה

ארי אליהו יונה מנחם ורעייתו אהרונה רבקה רעננערט
וילדיהם כלב רפאל, ישעיהו אלכסנדר, שמואל דוד ויהודה משה

זכות התורה וסיועם תעמוד להם לנחת מכל צאצאיהם

מוקדש לעילוי נשמת הוריי,

יהודה נתן וטובה דבורה

Gerald N. Wachs and Glorya D. Wachs

שכל היבט של הורות היה מושרש באהבתם המשותפת לידע וספרות.

מוקדש לכבוד אחי ואחיותיי,

שולמית בת־שבע חיה, ישראל חיים פסח, ושרה דינה

Sharon Wachs Hirsch, Joel Wachs, Deborah Wachs Barnes

שדאגתם המתמדת להוריי היא השראה נצחית.

"מוות הוא המסך אשר החיים קוראים לו חיים; הם ישנים, והוא עולה"

- פרסי ביש שלי

לזכרם של אבי מורי ואמי מורתי
ליאו וגוגי גרהם, זכרונם לברכה,
שהצימאון לידע היה אבן יסוד בחייהם.

במיוחד בירכו ושמחו על פריחת בתי המדרש לנשים
ועל ההתבוננות והתבונה המחודשות שהביאו עמם.

מוקדש להוריי, **ד"ר אברהם ונעמי רות זייגר**,
שלימדוני אהבת תורה מהי

לזכר אמי מורתי נעמי רות ז"ל בת אהרן שמחה וברכה זלדה
פִּיהָ פָּתְחָה בְחָכְמָה וְתוֹרַת חֶסֶד עַל לְשׁוֹנָהּ (משלי לא כו)

לכבוד אבי מורי אברהם בן יונה צבי וחנה אסתר
כִּי אִם בְּתוֹרַת ה׳ חֶפְצוֹ וּבְתוֹרָתוֹ יֶהְגֶּה יוֹמָם וָלָיְלָה (תהלים א ב)

המחברת

תוכן העניינים

דברי תודה

במלאכת יצירת הספר שלפניכם היו שותפים כמה וכמה אנשים. אני נושאת כמובן באחריות המלאה לרעיונות המוצגים בו, אך רבים הם האנשים שבלעדיהם לא היה הספר מתגבש בצורתו הנוכחית, ואני אסירת תודה להם.

אפתח בתודה לתלמידיי, ששימשו לוח תהודה לרעיונות הללו ביותר מעשרים שנים של הוראת תנ"ך בכלל ומגילת רות בפרט במדרשת מוריה, במת"ן ובמכללת הרצוג. אני מבקשת להודות גם לקוראי הסדרה על מגילת רות שפורסמה בפרקים שבועיים בבית המדרש הווירטואלי, שרבים מהם שלחו אליי שאלות והערות מחכימות. תלמידיי עזרו לי לנסח את מחשבותיי ולקרוא את מגילת רות מחדש פעם אחר פעם, ותגובותיהם מצאו את דרכן אל הספר הזה.

הקשר שלי עם מת"ן משמש לי מקור לגאווה, שמחה וצמיחה אישית ומקצועית. לראשונה פגשתי את המוסד הזה כתלמידה, וזכיתי ללמד בו זה יותר מעשרים שנה. כמחווה נדיבה של תמיכה וידידות קיבל עליו מת"ן את עלות התרגום לעברית ואני אסירת תודה על כך. אני מבקשת להביע את הערכתי לברוריה בן־ברוך, שתרגמה את הספר בדייקנות ובקריאה קשובה.

אני אסירת תודה לבית המדרש הווירטואלי ע"ש ישראל קושיצקי ליד ישיבת הר עציון, שאִפשר את יצירת השיעורים המקוריים. שיעורים אלה מהווים ליבת הספר שלפניכם, על אף שלקראת הכנתו הוכנסו בהם שינויים רבים. תענוג גדול היה לעבוד עם אנשי הוצאת מגיד, הידועים בגישתם המקצועית ובאיכות עבודתם. אני מודה לעורכת הלשון שרה המר, ולמגיהה רות צדקיה. תודה מקרב לב גם לחברתי היקרה אביבה אהרון, שקראה כל שיעור בסדרה לפני שהועלה לאינטרנט, וראייתה האומנותית החדה אפשרה לי לראות את רעיונותיי דרך עיני הקוראים. תודה מיוחדת ואוהבת לבתי היקרה תהילה ציגלר, שהכינה את הביבליוגרפיה.

בעלי, הרב ראובן ציגלר, שהקים את בית המדרש הווירטואלי לפני יותר מעשרים שנה ומשמש מאז עורכו הראשי, תמך בספר זה למן ההתחלה בסדרה האינטרנטית עד שלבסוף הביא אותו לדפוס בהוצאת מגיד, בה הוא משמש יושב ראש המערכת. הוא האמין בספר הזה ותרם לו בדרכים רבות מספור.

אני מבקשת להביע אהבה והערכה מקרב לב לבני משפחתי, שהם לי מקור איתן של אושר ואהבה, והם שאפשרו בעקיפין את כתיבת הסדרה. בעלי ראובן וילדיי תהילה, ישראל, אריאל, יהושע ונעם: אתם מקור ההשראה לכל מה שאני עושה. אהבתי ותודתי נתונות לאבי, פרופ' אברהם זייגר ולרעייתו לאה, להורי בעלי הרב צבי וסנדי ציגלר, על תמיכתם ועידודם.

הספר הזה מוקדש להוריי. אבי, פרופ' אברהם זייגר, נטע בי את אהבת החכמה ואת ההערכה למצוינות אקדמית ומאז ומתמיד היה בעיניי מופת ללהט דתי. הדוגמה האישית שהציב לי השפיעה במידה לא מבוטלת על ניסיוני למצוא את האיזון בין קפדנות אקדמית ובין האמונה הדתית. אני מאחלת לו שנים רבות של לימוד תורה והמשך נחת מילדיו ומנכדיו. אמי ז"ל נקראה נעמי רות, ואין מתאים מזה. היא הייתה דוגמה ומופת לחסד ולנדיבות, שעליהם בעצם נסבה מגילת רות. יכולתי להעריך את הדמויות הגדולות של מגילת רות נובעת במידה רבה מהדוגמה האישית שהציבה לי, והיא תמשיך להיות

בעבורי מקור להשראה ולעידוד. אני אסירת תודה על השנים הרבות שבהן זכיתי לחוות את אהבתה ומסירותה.

בתחושת תודה עמוקה אני מביעה שבח והודיה לריבונו של עולם, שהעניק לי שפע ברכות וזיכני ללמוד וללמד תורה בארץ ישראל. אני מקווה שספר זה יזכה להגדיל תורה ולהאדירה, להפיץ את אהבת התורה ולהנחיל את הרעיונות העשירים הצפונים בה, יחד עם ערכי המוסר הנעלים הקיימים בה.

"לַעֲשׂוֹת רְצוֹנְךָ אֱלֹהַי חָפָצְתִּי וְתוֹרָתְךָ בְּתוֹךְ מֵעָי" (תהלים מ ט).

לימוד מגילת רות:
מתודולוגיה והֶקשר

מבוא: המתודולוגיה של לימוד התנ"ך

כתיבת ספר על מגילת רות היא חוויה מפעימה ומחכימה. מגילה קצרה זו קנתה לה מעריצים רבים, כפי שיעיד היבול הספרותי העצום שנכתב בהשראתה. מספרן הגדול של המובאות הכלולות בספר שלפנינו מעיד על החוב הגדול שאני חבה לדורות רבים של פרשנים, קדומים ומודרניים, שבזכותם העמקתי את הבנתי במגילת רות.

הגישה המתודולוגית שהספר נוקט טעונה הסבר. הספר שואב רבות מן הרקע המסורתי ומן הרקע האקדמי שלי ומהווה ניסיון למזג את הגישה המסורתית ללימוד תנ"ך עם הגישה האקדמית ללימודי ספרות. המונח ההולם ביותר לשיטה שבה השתמשתי הוא "קריאה ספרותית-תיאולוגית".[1] גישה זו מעוגנת היטב במסורת לימוד התנ"ך, אך היא מתאפיינת גם בניסיון מודע לנקוט גישה ספרותית אקדמית כדי להפיק מהתנ"ך תובנות ומשמעויות. למרות השוני לכאורה בין

1. מונח זה נטבע על ידי הרב שלום כרמי (ראו כרמי, חדר). יש אולי הבדלים מסוימים בין ההגדרה המקורית שלו ובין גרסתי למונח. עם זאת, אני סבורה שזהו המונח הטוב ביותר לתיאור המתודולוגיה שלי ולכן אימצתי אותו.

שתי גישות אלו ללימוד התנ״ך, הן דומות הרבה יותר מכפי שאפשר היה לשער. פרשני המקרא הקדומים השתמשו באופן אינטואיטיבי בחלק ניכר מהטכניקות הפואטיות המשמשות את חוקרי הספרות האקדמיים (והיום, גם את חוקרי התנ״ך), ופעמים רבות אפשר לראות בעליל את החפיפה בין שתי הגישות, כפי שאראה במפורט בהמשך המבוא.

ניסיתי ליצור איזון בין הפירושים המסורתיים ובין הפירושים האקדמיים. הצגה מאוזנת כזאת מראה כיצד עשוי שיתוף של שני סוגי המקורות הללו לחזק את יכולתנו לרדת לשורשיהם של רעיונות עמוקים המופיעים בכתוב. הצגה זו אף מראה כיצד ניתן לשלב את המקורות הללו באופן שלפעמים אפילו מחזק כל אחד מהם. למרות ניסיוני לאזן בין שתי הגישות, הסתייגתי מהניכור האקדמי ובחרתי לגשת אל מגילת רות כאל כתבי הקודש. חשוב בעיניי שהקריאה תיצור הערכה עמוקה יותר של המשמעות הדתית של הסיפור. כמו כן בחרתי להעדיף מקורות מסורתיים בכך שאני מרבה להביאם בגוף הטקסט, בשעה שההתייחסויות למקורות האקדמיים מופיעות כאן בדרך כלל בהערות השוליים. באופן זה בחרתי במודע להציג את ספרי על מגילת רות כחוליה בשרשרת הפרשנות המסורתית, וכחוויה של לימוד תורה שנועדה להגדילה ולהאדירה.

הרקע לגישה הספרותית תיאולוגית

בשנת 1962 נשא הרב אהרן ליכטנשטיין בשטרן קולג׳ הרצאה פומבית שנשאה את השם ״הביקורת וכתבי הקודש״.[2] הוא הציג

2. מאמרו של הרב ליכטנשטיין המבוסס על ההרצאה פורסם לאחרונה בקובץ מאמרים שראה אור לכבוד הרב שלום כרמי. ראו ליכטנשטיין, ביקורת. הרב ליכטנשטיין מביע בו הסתייגות מן השימוש במילה ״ביקורת״ ביחס לתנ״ך, בידעו כי היא עלולה לגרום בנקל לקוראים דתיים להירתע מההשתמעויות האנטי־דתיות של המילה (עמ׳ 17). למעשה, הרב ליכטנשטיין דוחה חד־משמעית את הרעיון שניתוח ביקורתי של התנ״ך אמור לכלול שיפוט או הערכה

רעיון שנחשב בשעתו חדשני במקצת: הניסיון ליישם טכניקות מתחום ביקורת הספרות ללימוד התנ"ך עשוי להעשיר את לימוד התנ"ך. הרב ליכטנשטיין פרסם את מאמרו רק בשלב מאוחר הרבה יותר, ובינתיים הגיעו אחרים לאותה מסקנה באופן בלתי־תלוי. בתחילת שנות השמונים של המאה הקודמת החלו חוקרי המקרא והספרות באקדמיה לפעול ברוח גישתו של הרב ליכטנשטיין. חוקרים כמו אורי (רוברט) אלטר, מאיר שטרנברג, אדל ברלין, שמעון בר־אפרת ועוד רבים אחרים החלו לנקוט שיטות ספרותיות לפרשנות הטקסטים המקראיים, והגיעו באמצעותן לתובנות חשובות. גם אם מחקרים אלה לא נועדו מראש לחפש בטקסט משמעויות דתיות, הרי רבות מן ההבחנות ומן המסקנות סללו את הדרך להבנה עמוקה יותר של המסרים הדתיים של ספרי התנ"ך.

הגישה הספרותית המכונה "הביקורת החדשה" צריכה לעניין במיוחד את חוקר התנ"ך שרגליו נטועות במסורת.[3] גישה ספרותית

(עמ' 24). לטענתו, אין לנו רשות להעניק ציונים לתנ"ך וגם לא לקבוע אמות מידה של מצוינות לגביו, שהרי זוהי כתיבה שנעשתה בהשראה אלוהית. עם זאת, משמעותה הראשונית של המילה "ביקורת" איננה שיפוט או הערכה אלא הבחנה (עמ' 25–26), ולדעתו של הרב ליכטנשטיין זהו אכן תפקידו של כל מי שמבקש למצוא משמעויות עמוקות יותר בטקסטים המקראיים. נוסף על כך, יש להבהיר: חשוב להבחין בין ביקורת ספרותית של הטקסטים המקראיים, העוסקת בניתוח הספרותי של ספרי התנ"ך, לבין "ביקורת המקרא", שהיא הניסיון לקבוע את ההיסטוריה של המקורות ששימשו את יוצרו של כל ספר בתנ"ך. הרב ליכטנשטיין מתעניין בביקורת הספרותית ודוחה בתוקף את מה שמכונה "ביקורת המקרא".

3. שורשי "הביקורת החדשה" נעוצים בשנות העשרים של המאה הקודמת (בדרך כלל באמריקה) והיא נועדה מלכתחילה לתקן את הביקורת ההיסטורית של טקסטים ספרותיים. למרות המונח "ביקורת חדשה", אין זו הגישה הספרותית החדשנית ביותר - למעשה, יש מתודות רבות וחדשות יותר של הביקורת הספרותית, שאף הן משמשות בחקר המקרא. תיאוריה ספרותית חשובה נוספת שהשפיעה על חקר התנ"ך כספרות היא ביקורת תגובת־הקורא, המתמקדת באופן שבו הקורא מַבנה משמעות. לסקירה של השימוש בגישות ספרותיות שונות לקריאת המקרא ראו ברטון, קריאה.

זו רואה בטקסט תוצר בפני עצמו[4] ומתעניינת בתוצר הסופי - כלומר, באחדות הספרותית של הטקסט הסופי.[5] אחד ההיבטים המרכזיים של "הביקורת החדשה" הוא ההתמקדות בתכונות הגלומות בטקסט. שיטה זו מתעניינת בקריאה צמודה של הטקסט,[6] ומתייחסת למשמעויות העולות מתוך התבניות, הרמיזות והמבנה שלו. כמה חוקרים מאסכולה זו טוענים כי יש לחפש משמעות של טקסט לא רק בתוך הטקסט עצמו, אלא גם ברשת הרמיזות לסיפור הקיימות בקנון המקובל.[7]

הגישה הספרותית המתוארת כאן תשמש אותי רבות במהלך הקריאה במגילת רות. במקרים רבים אנקוט גישה של קריאה צמודה והתמקדות במילים מסוימות, בתחביר ובסדר שבו מופיעים המשפטים והרעיונות. אפנה את תשומת הלב לאמצעים רטוריים מודעים בכתיבה, כגון השמטות, הבדלים דקים וכפלי משמעות, ולטכניקות ספרותיות אחרות כמו שימוש במילים מנחות ובביטויי מפתח, משחקי מילים,

4. וזאת במקום לראות את הטקסט כצוהר אל ממשות היסטורית או אל מודעותו של המחבר. בכך שונה הביקורת החדשה באופן מובהק מהגישה המכונה "ביקורת המקרא" שבמשך כמאתיים שנה שלטה בכיפה בתחום האקדמי של חקר המקרא, וביקשה לקבוע את ההיסטוריה של חיבור הספרים המקראיים. חוקרי אותה גישה ביקורתית דחו בדרך כלל את מקורו האלוהי של המקרא, וצורת ביקורת זו נתפסה אפוא בדרך כלל כעומדת בסתירה למסורת היהודית. אמנם, נעשו ניסיונות ליישב בין "ביקורת המקרא" לבין האמונה הדתית. דוגמה חשובה לכך היא גישתו של הרב מרדכי ברויאר, שהתמסר למשימה זו. עוד על המתודולוגיה של הרב ברויאר ראו אצל עופר, שיטת הבחינות.

5. אמנם גישה זו לא נועדה לקדם את הרעיון שהתורה נכתבה בהשראה אלוהית, אך היא מאפשרת לקרוא את התנ"ך על סמך הנחת קיומה של אחדות טקסטואלית. גישה זו מתחברת אפוא עם הגישה המסורתית בקלות רבה יותר מאשר מחקרים אקדמיים קודמים של המקרא.

6. ברוקס וברוגן, מחברי הערך "הביקורת החדשה" **באנציקלופדיה החדשה של פרינסטון לשירה ולפואטיקה**, מודים כי קריאה צמודה נחשבת לסימן ההיכר של הביקורת החדשה (אף על פי שהם אינם מקבלים את הדעה הזאת). ברוקס וברוגן, ביקורת חדשה, עמ' 833-834.

7. רעיון זה מנוסח בקטע של ט"ס אליוט שכבר הפך לקלאסיקה: ראו אליוט, מסורת, עמ' 15. לביקורת על רעיון זה, וכן על הסתירות הפנימיות שהוא יוצר בעמדו מול עיקרי "הביקורת החדשה", ראו ברטון, קריאה, עמ' 170-178.

רמזים לשוניים, תבנות תמטי, חלוקה ליחידות, מבנים כיאסטיים, סצנות דפוס, התפתחות אופיין של הדמויות, והתקדמות העלילה. אניח שספרים בתוך הקנון של התנ"ך מודעים לספרים אחרים ופעמים אף מתכתבים אתם. בעקבות הנחה זו, אעמוד על מקבילות רבות בין מגילת רות לבין ספרים אחרים במקרא.

מחקר הספרות האקדמי עלול להפוך לתרגיל במיומנות אסתטית ואינטלקטואלית,[8] המתמקד בַּצורה ומתעלם כליל מהרובד העמוק יותר של המשמעות הדתית.[9] אחד ממאפייני "הביקורת החדשה", שאינה מתקבלת על דעתם של חוקרים בעלי אמונה דתית, הוא הרעיון שספרות אינה אמורה להעביר כל משמעות, ואין היא אלא יצירת אמנות שנועדה להיבחן אך ורק על פי מעלותיה האסתטיות.[10] הפרשן

8. ישנם חוקרים העוסקים בחקר הספרות של המקרא המתעלמים מן המשמעות של צורת הטקסט או ממעיטים בחשיבותה. דוגמה קיצונית להתעלמות ממשמעות הטכניקות של כתיבת מגילת רות למרות המודעות המפותחת ליופי האסתטי שלה היא מאמרו רב־ההשפעה של סטפן ברטמן, המתאר את האמצעים האמנותיים הספרותיים הנפלאים שלה (ברטמן, עיצוב סימטרי, עמ' 165–168). ברטמן קובע שמגילת רות אמנם כתובה בצורה אמנותית נפלאה, אך אינו סבור שהצורה אמורה להביע רעיון או משמעות כלשהם: "קשה לעמוד על הסיבה לסגנון אדריכלי זה - ייתכן מאוד כי המוטיבציה לחיבורו קרובה לזו שיצרה את התקבולת של השירה העברית. זוהי אולי תוצאה של נטייה פסיכולוגית, צורת ראייה המשפיעה על דמותה של היצירה הגמורה, נטייה שבזכותה נתפסים הדברים לא בנפרד אלא כמכלול, לא ביחידות אלא במערכת יחסים מאוזנת; וייתכן שזוהי תוצאה של העדפה אסתטית, הסבורה כי סידור מסוים של החומר - כאן סידור הקשור לחזרתיות - נעים או מספק יותר מאפשרויות אחרות."

ייתכן שמחקרו של ברטמן מייצג שלב מוקדם של הניסיון לבחון את הכלים האמנותיים הספרותיים העשירים של סיפורי המקרא. חוקרים מאוחרים יותר התעניינו בדרך כלל יותר בחשיפת האופן שבו הצורה והמשמעות משלימות זו את זו.

9. ברוח זו, מבקרי ספרות בעלי נטייה דתית מובהקת כמו ט"ס אליוט וק"ס לואיס הביעו הסתייגות מדרך החקירה הספרותית האקדמית של המקרא. ראו אליוט, דת, עמ' 343, וכן לואיס, ספרות אנגלית, עמ' 214.

10. ראו למשל ארצ'יבלד מקליש, הנותן לכך ביטוי עז בשירו "ארס פואטיקה" (שירה 28, 1926), עמ' 126: "שִׁיר לֹא צָרִיךְ לְהִתְכַּוֵּן / אֶלָּא לִהְיוֹת קַיָּם" (תרגום יואב

הדתי של הטקסט המקראי אינו מוכן לבחון את הסיפורים אך ורק על פי ערכם הספרותי או האסתטי, אלא מתעקש לעמוד על המשמעות הדתית העולה מן הטקסט. לדעתי, קריאה צמודה של הסיפור חייבת להניב משמעות דתית ולהוסיף ממד חשוב להבנתו.

חוקרים רבים מסכימים שמגילת רות היא יצירת מופת ספרותית אמנותית מיוחדת במינה. העלילה הקצרה והפשוטה לכאורה אינה מסתירה את השימוש המחוכם במבנה, את השפה הנהדרת, את הקצב הנעים, את הפרטים התוססים ועיצוב הדמויות המורכב. במגילה מופיעים דיאלוגים רהוטים וליריים הממקדים את תשומת לבם של הקוראים בדמויות ובמיומנותן המילולית. ואף על פי כן, לא נוכל לעמוד על מלוא תפארתה של היצירה אם לא נעמוד על היחס שבין המבנה הנפלא של המגילה לבין הרעיונות העמוקים שהיא מביעה. הטכניקות המשוכללות ששימשו לעיצוב הספר משקפות את משמעותו. כפי שנראה, מגילת רות משתמשת באמצעים אמנותיים כדי לתאר מערכת יחסים שלמה בין רצון ה׳ לבין מעשי האדם. באמצעות הבחנה באמצעים הספרותיים, ניתן לגלות כיצד הספר מכוון את עצמו לעבר המלוכה ושוזר באלגנטיות את התיאולוגיה של המלוכה בישראל. הכלים הספרותיים שופכים אור על הדמויות של הספר וכיצד הן, לטוב ולרע, בוחרות את גורלן במו ידיהן ומלמדות שיעור בעל השלכות על נושאים רבים, דתיים וחברתיים, התופסים מקום מרכזי בסיפורי התנ״ך.

איתמר). גישה כזו, שאינה מייחסת כל משמעות לספרות וסבורה כי הספרות קיימת רק למען עצמה, דוחה באופן טבעי כל קריאה דתית. קוראים דתיים אינם היחידים הסבורים שיש לדחות היבט זה של ״הביקורת החדשה״. אלטר, מבוא, עמ׳ 15, קובע כי ״[דווקא] הרעיון שהמצאה ספרותית היא פעילות אסתטית בלבד הוא היוצא מן הכלל בכל תרבות. סופרים מצרפים מילים בסדר מהנה מסוים גם מפני שהסדר הזה מהנה אך, במקרים רבים, גם מפני שהסדר הזה עוזר להם לזקק משמעויות, לחקוק את המשמעויות בזיכרון, לעשותן מורכבות ומספקות יותר, כדי שמה שעוצב היטב בשפה יוכל להתייחס ביתר שאת אל עולם האירועים, הערכים, המטרות האנושיות והשמימיות״.

מדרשי חז"ל והביקורת החדשה

קריאת הטקסט ברוח "הביקורת החדשה" עולה במקרים רבים בקנה אחד עם הגישה הפרשנית של המדרש ושל מפרשי התנ"ך המסורתיים. שיטות "הביקורת החדשה" נראות מוכרות לחוקרים הבקיאים בגישת חז"ל לטקסט. רק לעתים רחוקות מגלים חז"ל מודעות עצמית לגבי המתודולוגיה המשמשת אותם,[11] והם גם אינם מביאים קריאה עקבית ושיטתית של הסיפורים לאור מתודולוגיה מסוימת אחת. עם זאת, מדרשים רבים נוטים להיות רגישים לרבות מהטכניקות הקשורות ל"ביקורת החדשה". אורי אלטר, המתבונן בטקסט במבט ספרותי, מציין כי ההנחה המדרשית בדבר קיומו של חיבור בין כל ספרי המקרא היא שמסבירה את יכולתו המופלאה של המדרש להיות קשוב ל"רמזים מילוליים קלים, שמעידים על רציפות, וכן לדקויות לקסיקאליות בעלות משמעות", החשובים כל כך לקורא המעמיק בן זמננו.[12] כך טוען אלטר כי "במקרים רבים איש ספרות עשוי ללמוד מן הפרשנויות המסורתיות של המקרא יותר מאשר ממחקרים בני־זמננו".[13]

ראו למשל איך מתמודדים חז"ל עם מקבילות לשוניות. מדרשים שונים מפנים את תשומת לבנו אל החיבור שבין הסיפור על מכירת יוסף והטעיית יעקב (באמצעות המילים "הַכֶּר נָא" בבראשית לז לב) לבין הסיפור על היפרדות יהודה מאחיו והטעיית יהודה בידי תמר (באמצעות המילים "הַכֶּר נָא" בבראשית לח כה).[14] נוסף על כך, חז"ל מיטיבים להבחין בחיבורים ספרותיים בין סיפורי תנ"ך רבים. אשר על כן, אפשר למצוא אנלוגיות נראטיביות רבות המבוססות

11. לפעמים מתגלה בכל זאת אצל חז"ל גישה מתודולוגית. ראו למשל את שבע המידות שהתורה נדרשת בהן על פי הלל (תוספתא סנהדרין פ"ז הי"א); י"ג המידות של רבי ישמעאל (ספרא ברייתא דרבי ישמעאל א); ול"ב המידות של רבי אלעזר, בנו של רבי יוסי הגלילי (מודפס בסוף מסכת ברכות בתלמוד הבבלי).
12. אלטר, אמנות, עמ' 19.
13. שם.
14. סוטה י ע"ב; בראשית רבה פרשה פד יט.

על מקבילות ספרותיות.[15] למשל, מדרש אחד משווה את סיפור יוסף בארמון במצרים לסיפור אסתר בארמון בשושן,[16] ומדרש אחר מביא את ההקבלות הלשוניות והתמטיות בין סיפור אברהם במצרים (בראשית יב) לבין סיפור ישראל במצרים (שמות פרקים א-יב).[17]

המדרש גם מזהה חיבורים ספרותיים המצביעים על קווי דמיון בין דמויות מקראיות שונות. דוגמאות לכך הן ההשוואות בין דוד ועשיו,[18] פנחס ואליהו[19] ובועז ושמשון.[20] חז"ל רגישים גם למילים מנחות,[21] למבנה של מעטפת (אינקלוזיו),[22] למילים שונות המשמשות לתיאור הדמויות,[23] לביטוי מעורפל במכוון,[24] לסצנות דפוס[25] ולמשחקי מילים.[26]

בספר זה העוסק במגילת רות ניפגש פעמים רבות ברגישויות הספרותיות של חז"ל ונרבה להביא מדרשים כדי להיעזר בתרומתם הספרותית. לא אביא את כל המדרשים על מגילת רות, אלא רק את

15. ראו זקוביץ, מקראות, עמ' 12, שם מתייחס זקוביץ לעיסוק של חז"ל באנלוגיות.
16. בראשית רבה פרשה פז ו.
17. שם פרשה מ ו.
18. שם פרשה סג ח.
19. למשל, פרקי דרבי אליעזר מו.
20. למשל, תנחומא נשא ד.
21. למשל, ברכות כח ע"ב, שם מציינים חז"ל כי במזמור כט בתהלים מופיע שם ה' שמונה עשרה פעמים, בהקבלה לשמונה עשרה הברכות בתפילת שמונה עשרה.
22. למשל, ברכות י ע"א, שם מדגישים חז"ל כי מזמורי תהלים שהיו אהובים על דוד נפתחים ונסגרים במילה "אשרי". (ההנחה כאן היא כי מזמורים א-ב בתהלים הם מזמור אחד.) כמובן, חז"ל אינם משתמשים במונח אינקלוזיו.
23. למשל, בראשית רבה פרשה פ י, העומד על המשמעות שבהגדרת שמעון ולוי כ"אֲחֵי דִינָה" (בראשית לד כה) או בכינוי מרים "אֲחוֹת אַהֲרֹן" (שמות טו כ).
24. למשל, רות רבה פרשה ז יב.
25. למשל, שמות רבה פרשה א לב, שם מצוין כי בתנ"ך נפגשים שלושה זוגות ליד הבאר. מדרש זה מבחין בסצנה שחוזרת על עצמה, תופעה שחוקרים מכנים "סצנת דפוס".
26. את השימוש שעושים חז"ל במשחקי מילים אפשר לראות בלימוד הפרשני המנוסח ב"אל תקרי". ראו למשל שיר השירים רבה פרשה א ג.

אלה שעשויים לדעתי להאיר את המשמעות הפשוטה של הסיפור או לתרום להבנה עמוקה יותר של הרעיון או המסר הטמון בבסיסו.

עניין מיוחד יש לי בהצגת האופן שבו הקריאות המדרשיות מגלות את עומק פשוטו של מקרא.[27] במקרים רבים מדי קורה שהמבקשים למצוא את הפשט מזלזלים במדרש או מתעלמים ממנו כשהוא סוטה הרחק מהטקסט או מציע קריאה בלתי־סבירה. בדיקה מעמיקה יותר של המדרשים תגלה לא פעם תפיסה של מהות הסיפור ורעיונו הבסיסי. אם כן, במקרים שבהם המדרשים אכן סוטים מהמשמעות הפשוטה של הטקסט, כדאי לבדוק מדוע הם עושים זאת ולנסות לעמוד על כוונתו של המדרש. כדי להמחיש את הרעיון הזה הבאתי מפעם לפעם מדרש המרחיק לכאורה מן הפשט, מתוך מטרה מפורשת להראות כיצד המדרש חודר למעשה אל סוגיות הליבה של הסיפור.[28]

27. עליי להזכיר כאן את החוב הגדול שאני חבה לראש ישיבת הר עציון הרב יעקב מדן על היבט זה במתודולוגיה שלי. כשהרב מדן עוסק במדרשי חז״ל, הוא מרבה להדגים כיצד קריאה עמוקה של המדרש עשויה לגלות את עומק פשוטו של מקרא. בספר זה ניסיתי ליישם היבט זה של גישתו.

28. אחת הדוגמאות החביבות עליי היא האטימולוגיה היצירתית לשמו של אלימלך, המופיעה ברות רבה פרשה ב ה. על פי הפשט, פירוש השם הוא ״אֵלִי הוא מלך״. המדרש משנה את התנועות ומסביר כי שמו של אלימלך משקף את הנחתו (המוטעית) כי המלוכה שייכת לו: ״אֵלַי תבא מלכות״. במבט ראשון דומה שהאטימולוגיה הזאת מנפצת את המשמעות הפשוטה של השם, אך בדיקה מדוקדקת יותר תלמד כי חז״ל הציבו במודע את אלימלך כאדם המוציא את שם ה׳ משמו האישי וגם מוציא את שם ה׳ ממטרותיו כמועמד למלך. על פי מדרש זה, במקום להצהיר לפני כול שהמלך הוא רק נציגו של ה׳ בעולם, או להשתמש במלכותו כדי לסייע לזולת, אלימלך ממוקד לחלוטין בעצמו ואינו דואג להפיץ את שם ה׳ או לעזור לבני עמו. זאת לעומת רות, המוחקת את עצמה, מתעלמת מצרכיה האישיים, ומעדיפה בדרך כלל את טובת הזולת. ניגוד זה מסביר מדוע אלימלך לא יוכל להוליד מלוכה ואילו רות זוכה לעשות זאת. זוהי דוגמה למדרש המתרחק מהמשמעות הפשוטה, אך נוגע היישר בליבת המשמעות של הטקסט.

מגילת רות: סיכום קצר

ספרי מציג ניתוח ספרותי־תיאולוגי של מגילת רות. אפתח בהצגת המגילה בהקשרה המקראי וההיסטורי. מסגור הסיפור בתקופת השופטים ממקם את מגילת רות במקביל לספר מקראי אחר, ספר שופטים. תופעה טקסטואלית זו מאלצת את הפרשן להשוות בין שני הספרים המקראיים הללו. לניתוח זה הקדשתי למעשה חלק שלם והראיתי כיצד מגילת רות מעבירה אותנו מהתקופה של פריעת חוק, פריצות מינית וקריסה חברתית (שאפיינו את ימי השופטים) אל המלוכה, המופיעה בסוף מגילת רות עם הולדת דוד, ופותחת תקופה יציבה יותר. בפרקי ההקדמה של הספר בחנתי גם את החיבורים התמטיים בין מגילת רות לבין סיפורים מקראיים אחרים, כמו סיפורי לוט ובנותיו, סיפורי לוט ואברהם וסיפורי בית דוד.

ספרי עוסק בעיקר בניתוח טקסטואלי ובקריאה צמודה של מגילת רות. הספר מציע חקירה תמטית, אך מבוססת טקסט, של השפה, של האירועים ושל הדמויות. אמנם חילקתי כל פרק על פי נושאים תמטיים, אבל השתדלתי להיצמד לאירועי הפרק ברצף הופעתם, אם אפשרו זאת החלוקות התמטיות. באופן כזה יוכל הקורא ללמוד את המגילה יחד עם הספר הזה, ובמקביל לקרוא ספר זה ככלי עזר להבנת הנושאים המרכזיים של המגילה.

מגילת רות הייתה תמיד השראה לפרשנות מלומדת שלא עמדה בשום יחס לאורכה או לעוצמתה הדרמטית. אחת הסיבות לכך היא מרכזיותם וחשיבותם הניכרת של הנושאים הצצים בסיפור קצר אך משמעותי זה. ניסיתי להראות כיצד המגילה מתפקדת כמוקד לנושאים תנ״כיים שונים ורבים: מעורבות ה׳ בענייני האדם; המלוכה; הגאולה; היחס לזולת; חסד; נאמנות; לכידות חברתית; הנהגה אידיאלית; היחסים בין שמות, זהות וייעוד; ברכות; ברכת אברהם והקשר ההדדי בין פוריות האדם והאדמה; ובניית בית (הן במובן ״משפחה״ הן במובן ״שושלת״).

מגילת רות מתעדת את האופן שבו אנשים חיים את חיי היומיום שלהם, הנעדרים אירועים דרמטיים, קונפליקטים גדולים או נסים חריגים. עם זאת, במהלך תיעוד זה של פעולות גומלין שגרתיות, היא גם מציגה את ההתנהגות היוצאת דופן של שני אנשים דגולים המצליחים להפוך על פיו את הכיוון השלילי שאליו מידרדרת החברה בתקופת השופטים. זהו סיפור אופטימי במהותו, למרות הצבתו באחת התקופות הקשות ביותר בהיסטוריה התנ"כית. רות ובועז מלמדים אותנו כיצד שני אנשים יכולים לפעול על פי צו מצפונם ובניגוד לניכור החברתי ולאדישות השוררים סביבם. בכך הם פותחים את האפשרות להביא קץ למצב זה של העדר אחריות והעדר תקווה ולסלול את הדרך לקראת חברה מתפקדת, שבה תוכל האומה להקים בית חזק ומאוחד. כולי תפילה שהבנה של ספר נפלא זה ושל דמויות המופת המופיעות בו תיצור דחף חיובי, במיוחד בשלב פריחה חיוני זה של הקמת חברה בישראל המודרנית.

מדוע נכתבה מגילת רות?

במבט ראשון נדמה שמגילת רות איננה ספר דרמטי במיוחד. העלילה הצנועה נפתחת במסעה של משפחה מבית לחם למואב בימות הרעב. ואז ניחת אסון על המשפחה: כל הגברים מתים ונעמי נשארת לבדה, ללא בעלה ובניה. בדרכה לשוב לבית לחם מלוות אותה כלותיה ומכריזות על כוונתן להישאר אתה. נעמי, המניחה שירצו להינשא מחדש, דוחה אותן ומנסה לשכנע אותן לשוב לביתן. עורפה משתכנעת, אך רות מתעקשת להתלוות לחמותה ומצהירה על נאמנותה הנצחית לנעמי.

בהמשך הסיפור מצליחה רות לכלכל את עצמה ואת נעמי בזכות בעל אדמות עשיר ושמו בועז. אחרי שהבטיחה את הישרדותן הפיזית, היא קרבה אל בועז לילה אחד בשדה, במטרה להינשא ולהבטיח את המשך משפחתה של נעמי ואת השמירה על נחלתה. בועז מבטיח לרות שהוא, בהיותו קרוב משפחה של בעלה המנוח של נעמי, יקבל עליו את האחריות לנישואיה מחדש. הסיפור מסתיים בנימה אופטימית עם לידת בנם של רות ובועז.

מדוע נכללה מגילת רות במקרא? לכאורה, סיפור רגוע ודל אירועים זה, המתאר את שובה של נעמי לבית לחם עם כלתה רות

ואת ניסיונן המוצלח להשיג מזון לעצמן ובעל לרות, אינו אלא סיפור נחמד וחסר ייחוד.

רות: שכר על חסד

זוהי בדיוק השאלה המעסיקה את אחד המדרשים: "א"ר זעירא: מגילה זו אין בה לא טומאה ולא טהרה ולא איסור ולא היתר. ולמה נכתבה? ללמדך כמה שכר טוב לגומלי חסדים" (רות רבה פרשה ב יד).[1]

המדרש מעלה על נס את מושג החסד כנושא המרכזי במגילה.[2] המילה "חסד" מופיעה במגילה שלוש פעמים לתיאור ה' (א ח) ולתיאור בני אדם - רות (ג י) ובועז (ב כ). המשמעויות הכלולות במושג "חסד" הן נאמנות, חמלה, נדיבות, טוב או אהבה איתנה.[3]

לצד רעיון החסד ממקד מדרש זה את תשומת הלב בשכר הצפוי

1. חז"ל דנים לא אחת בשאלת הכללתם של ספרים מסוימים בקנון המקראי, אך אין כל תיעוד לדיון מפורש כזה על מגילת רות. עם זאת, בהקשר של דיון מתמשך בדבר הקנוניות של מגילת אסתר ומגילת שיר השירים, מנסה רבי שמעון להבטיחנו כי "רות ושיר השירים ואסתר מטמאין את הידים" (מגילה ז ע"א) - כלומר, הם חלק מהקנון. אמירה זו מרמזת כי גם מעמדה של מגילת רות נבדק. יתר על כן, העובדה שהמגילה נכללה בחלק השלישי של הקנון, "כתובים", ולא בחלק השני, "נביאים", למרות ההקשר ההיסטורי והסוגה שאליה היא שייכת, מלמדת כי ייתכן שהיא הוכנסה לקנון במועד מאוחר יותר. ראו למשל ליימן, הקנוניזציה, עמ' 26–30, שם מניח הכותב שהחלק השלישי של הקנון כולל ספרים שלא הוכרו כקנוניים בשלב שבו הוכנסו ספרי הנביאים לקנון. הוא מציין גם שאצל בן סירא (200 לפנה"ס בקירוב) אין כל סימן שהכותב הכיר את מגילת רות, רמז נוסף לכך שהמגילה הוכנסה לקנון בשלב מאוחר יותר.
2. גם חוקרים מודרניים מרבים לדבר על החסד כאחד הנושאים המרכזיים במגילה. ראו למשל גורדיס, אהבה, עמ' 241; לפסלי, ראיית האישה, עמ' 107; אשכנזי, מבוא, עמ' xv.
3. בשל המגוון הרחב של משמעויותיה, נכתבו מונוגרפיות אחדות על משמעותה של מילה זו ועל חשיבותה בתנ"ך. ראו למשל גלוק, חסד בתנ"ך; סקנפלד, משמעות החסד; קלארק, חסד. ראו גם את מאמרה של פריימר-קנסקי, חסד בתנ"ך.

לגומלי החסדים. המדרש אינו מזהה במפורש את השכר הזה וגם אינו קובע מי בדיוק גמל חסד במגילה זו, וייתכן שרצונו להדגיש דווקא את הערפול הזה. המגילה איננה עוסקת באדם אחד או בשכר אחד, אלא באמירה הכללית שהחסד יבוא תמיד על שכרו, והוא שכר בפני עצמו. החברה כולה יוצאת נשכרת מנדיבותם של חבריה, והחמלה האנושית ניכרת לעין ופועלת את פעולתה.

מגילת רות עוסקת באופן כללי ובהרחבה בשאלת השכר על מעשים טובים. נבחן את האופן שבו נושא זה נשזר ברקמת העלילה ובא לידי ביטוי בשימוש הזהיר בשפה לאורך המגילה כולה. עם זאת, אין זה רעיון כללי בלבד, שהרי המגילה מתמקדת בהחלט באדם אחד ובשכר אחד. האדם הזה הוא רות, הגיבורה שעל שמה נקראת המגילה, אישה נכרייה, מואבייה, ענייה, העתידה לקבל שכר גדול. השורש שכ"ר עצמו מופיע רק פעם אחת בספר כולו, כחלק מברכת בועז לרות (ב יב): "יְשַׁלֵּם ה' פָּעֳלֵךְ וּתְהִי מַשְׂכֻּרְתֵּךְ שְׁלֵמָה מֵעִם ה' אֱלֹהֵי יִשְׂרָאֵל".

מעשי החסד של רות אכן מניבים שכר ספציפי - מלוכה. עניין זה מוסבר במפורש בתרגום לארמית של דברי בועז המבטיח לרות את שכרה:

> ואתיב בועז ואמר לה אתחואה אתחוא לי על מימר חכימיא דכר גזר ה' לא גזר על נוקביא אלהין על גובריא. ואתאמר עלי בנבואה דעתידין למיפק מניך מלכין ונביאין בגין טיבותא דעבדת עם חמתיך [=וישב בעז ויאמר לה הגד הגד לי על דבר החכמים שכשגזר ה' לא גזר על הנקבות אלא על הגברים. ונאמר אלי בנבואה שעתיד לצאת ממך מלכים ונביאים בגלל הטובה שעשית עם חמותך] (תרגום רות ב יא).[4]

4. התרגום לארמית כאן ובכל הספר נלקח ממהדורת הרב קאפח - **חמש מגילות עם פירושים עתיקים היוצאים לאור פעם ראשונה על פי כתבי יד**, ערך הרב יוסף קאפח (ירושלים: האגודה להצלת גנזי תימן, תשכ"ב). התרגום מארמית לעברית הוא של המחברת, כאן וגם בהמשך הספר.

עם זאת, הואיל ודבריו של רבי זעירא אינם מכוונים לשכר ספציפי ולמקבל ספציפי, נוכל לבחון את מעשי החסד של בועז לצד מעשי החסד של רות ולחפש סוגים שונים של שכר הניתן לגומלי חסדים לאורך המגילה כולה.

חסד הנתינה השלמה

אכן, הדמויות המרכזיות בעלילה עושות מעשי חסד יוצאי דופן, אך לא ברור לגמרי מדוע קובע המדרש שהחסד הוא התכלית שלשמה נכתבה המגילה, שהרי רות איננה ייחודית כל כך כגומלת חסדים. בתנ"ך אנחנו פוגשים דמויות רבות שעושות מעשי חסד ומוגדרות על ידי אותם מעשים. כך למשל אברהם, שמעשי החסד האגדיים שלו הם אבן הפינה לקיומו של עם ישראל, וכלתו רבקה, שנדיבותה היוצאת דופן היא תנאי מוקדם לבחירתה כאישה ליצחק. למעשה נוכל ללמוד על חשיבותה של תכונת אופי זו מה', שהוצג כ"רַב חֶסֶד" ו"נֹצֵר חֶסֶד לָאֲלָפִים" (שמות לד ו–ז).

התפיסה שמגילת רות נסבה סביב רעיון החסד מעוררת קושי נוסף. ברור שהבסיס לסיפורנו הוא נאמנותה העקבית של רות לנעמי, אך מעשי החסד של רות כלפי נעמי כרוכים בעיקר באלטרואיזם ובהקרבה עצמית. בפרק א בוחרת רות להישאר לצד חמותה הקשישה והמבודדת, למרות אזהרתה המפורשת של נעמי שצעד זה ימנע ממנה נישואים ותקווה לעתיד. בתחילת פרק ב רות מוחלת מרצונה על כבודה ויוצאת לשדה ללקט שיבולים כדרך העניים כדי להשיג אוכל לה ולחמותה. בתמונה הפותחת את פרק ג רות נענית ללא היסוס להוראות המפורטות של נעמי ומוכנה לסכן את שמה הטוב ולהתגנב לצדו של בועז השוכב לבדו בלילה בגורן, לכאורה כדי ללדת ילדים שיבטיחו את עתידה של נעמי. לבסוף יולדת רות ילד ואז יוצאת בחן מן הסיפור, ומאפשרת לנעמי לאמץ את הילד ולהציגו כשלה. נעמי לוקחת את בנה של רות אל חיקה ונעשית אומנתו, והנשים קוראות "יֻלַּד בֵּן לְנָעֳמִי!" (ד יז). רות נעלמת מהסיפור אחרי שהקריבה את

זכויותיה כאם למען חמותה האהובה. לכל מעשי החסד של רות יש מכנה משותף: הם מחבלים שוב ושוב באינטרסים האישיים שלה.

מעניין שהמדרש מציג דווקא מעשה כזה כמודל, כפרדיגמה של חסד. האומנם זהו סוג החסד שהיהדות מבקשת לעודד? האם איון מופרז זה של העצמי לצורך מימוש צרכיו של הזולת הוא ההגדרה האידיאלית של החסד, הראויה לשכר הגדול ביותר?

רות: ספר על שושלת היוחסין של דוד

נפנה עתה מן המדרש כדי לבחון את הקטע השני העוסק בשאלת תכליתה הבסיסית של מגילת רות: ״תמיה אני, אם מגילה זו לא באה אלא כדי לייחס זרע דוד, שבא מרות המואביה״ (זוהר חדש רות כה ב).

כאן מתגלה גישה חדשה. במקום לומר שהמסר הנצחי של מגילת רות טמון בתכונות האישיות היוצאות דופן של דמויותיה, מעלה המדרש את האפשרות שעיקר מטרתה של המגילה הוא לצייר את הרקע להיווצרות שושלת בית דוד.[5] הסיפור נגלל קדימה, אל הולדת דוד, המוצגת כמטרתו הסופית והחגיגית (ד כב).[6] ספר שמואל מספק תיאור דל להפתיע של הרקע המשפחתי של דוד (במיוחד בהשוואה לסיפור הארוך על לידתו של שמואל עצמו). מגילת רות ממלאת אפוא תפקיד חיוני בהנחת היסודות לדמותו של דוד ולהבנת שושלת היוחסין שלו והרקע שממנו בא.

ייתכן כי היה צורך דוחק במיוחד בספר שיתאר את ייחוסו היוצא דופן של דוד בשל הספקות הכרוכים במוצאו. פסוק מספר דברים עשוי היה לתת בידי שוחרי רעתו של דוד את הטענה המבוססת, כי

5. חוקרי מקרא רבים מגיעים למסקנה שזוהי אכן תכליתה של המגילה. ראו למשל לורץ, מוטיב; ויינפלד, רות.

6. הצבתו של הסיפור הבסיסי של מגילת רות בבית לחם יהודה (רות א א) יוצרת קשר חזק אל דוד, בן לשבט יהודה מבית לחם יהודה (שמואל א יז יב). זאת ועוד, תיאור המשפחה כ״אפרתים״ (רות א ב) מזכיר את ישי אבי דוד, שאף הוא מוצג כ״אפרתי״ (שמואל א יז יב).

העובדה שאם־סבו הייתה מואבייה אמורה לפסול אותו מעמדת הנהגה או אפילו מהכללתו בקהל ישראל:

> לֹא יָבֹא עַמּוֹנִי וּמוֹאָבִי בִּקְהַל ה׳, גַּם דּוֹר עֲשִׂירִי לֹא יָבֹא לָהֶם בִּקְהַל ה׳ עַד עוֹלָם. עַל דְּבַר אֲשֶׁר לֹא קִדְּמוּ אֶתְכֶם בַּלֶּחֶם וּבַמַּיִם בַּדֶּרֶךְ בְּצֵאתְכֶם מִמִּצְרָיִם (דברים כג ד–ה).

ואכן, גם חז״ל מפנים את תשומת לבנו לנקודה זו ומתארים תרחיש שבו אויבי דוד מפקפקים בייחוסו ובודקים אותו בשבע עיניים:

> ה״ק [כך אמר] שאול ״אי מפֶּרץ אתי אי מזֶּרח?״ [״האם מפרץ בא או מזרח?״]... א״ל דואג האדומי: ״עד שאתה משאיל עליו אם הגון הוא למלכות אם לאו, שאל עליו אם ראוי לבא בקהל אם לאו! מ״ט [מה הסיבה?] דקאתי [שבא] מרות המואביה!״ א״ל אבנר: ״תנינא עמוני [אסור לבוא בקהל ה׳] ולא עמונית, מואבי ולא מואבית... שאני הכא [שונה שם] דמפרש טעמא דקרא [שהסיבה מפורשת במקרא]: ״על אשר לא קדמו אתכם בלחם ובמים״ [דברים כג ה]. דרכו של איש לקדם, ולא דרכה של אשה לקדם״ (יבמות עו ע״ב).[7]

העמונים והמואבים לא קידמו את בני ישראל בלחם ובמים במסעם ממצרים, וצרות עין זו, הפניית העורף לצורכיהם של בני אנוש כמותם, פוסלת אותם מלבוא בקהל ישראל. עם זאת, התורה שבעל פה משנה מעט את האיסור ומחילה אותו רק על עמוני ומואבי ממין זכר. גמרא זו טוענת כי הגברים הם שנהגו לקדם פני נוסעים במזון. המחדל הזה שופך אפוא אור רק על אופיים השלילי של הזכרים באותן חברות.

המדרשים שהובאו כאן מצטרפים אולי לכלל הסבר אחד על תכליתה של מגילת רות. מטרתה הסופית של המגילה היא להעמיד

7. מדרש זה מופיע בנוסח שונה במקצת ברות רבה פרשה ד ט.

בסיס איתן לטהרתו של בית דוד. המגילה עושה זאת כשהיא מציגה את רות, הגיבורה המואבייה של הסיפור, כפרדיגמה של חסד, כמי שנותנת לנעמי ללא הרף וללא מחשבה על עצמה. גישה כזאת מעניקה תוקף להיגיון שמאחורי הבחנת חז״ל בין המואבים האכזרים לבין המואביות שלא הוצגו ככאלה. הצגת דמותה של מואבייה בעלת מידת חסד לא־מצויה, הראויה ללא ספק להצטרף לעם ישראל, מאפשרת למגילת רות להוכיח את טוהר ייחוסו של דוד.

רות והמלוכה

את מגילת רות יש לקרוא לא רק כרקע לדוד עצמו אלא כרקע לשושלת בית דוד, לעצם מוסד המלוכה.[8] המגילה נפתחת בימי השופטים (א א), תקופה שסופה הכאוטי מוסבר בעובדה שאין מלך בישראל (שופטים יז ו; יח א; יט א; כא כה), ומסתיימת בלידתו של מייסד המלוכה (ד כב), המבשרת תקופה יציבה יותר של מלוכה שושלתית.

לכאורה זוהי התפתחות מבורכת, אלא שהמקרא מגלה יחס אמביוולנטי כלפי מוסד המלוכה. בקטע הבא מתוך ספר דברים מוצג מינויו של מלך כציווי:

> כִּי תָבֹא אֶל הָאָרֶץ אֲשֶׁר ה׳ אֱלֹהֶיךָ נֹתֵן לָךְ וִירִשְׁתָּהּ וְיָשַׁבְתָּה בָּהּ וְאָמַרְתָּ אָשִׂימָה עָלַי מֶלֶךְ כְּכָל הַגּוֹיִם אֲשֶׁר סְבִיבֹתָי. שׂוֹם תָּשִׂים עָלֶיךָ מֶלֶךְ אֲשֶׁר יִבְחַר ה׳ אֱלֹהֶיךָ בּוֹ מִקֶּרֶב אַחֶיךָ תָּשִׂים עָלֶיךָ מֶלֶךְ
> (דברים יז יד–טו).

אלא שדרישת העם למלך בספר שמואל מעוררת את זעמם של שמואל ושל ה׳:

8. ראו הקדמת אבן עזרא למגילת רות, ״נאום אברהם בעבור היות דוד שורש מלכות ישראל נכתב בספרי הקודש יחס דוד״.

וַיִּתְקַבְּצוּ כֹּל זִקְנֵי יִשְׂרָאֵל וַיָּבֹאוּ אֶל שְׁמוּאֵל הָרָמָתָה. וַיֹּאמְרוּ אֵלָיו: הִנֵּה אַתָּה זָקַנְתָּ וּבָנֶיךָ לֹא הָלְכוּ בִּדְרָכֶיךָ. עַתָּה שִׂימָה לָּנוּ מֶלֶךְ לְשָׁפְטֵנוּ כְּכָל הַגּוֹיִם. וַיֵּרַע הַדָּבָר בְּעֵינֵי שְׁמוּאֵל כַּאֲשֶׁר אָמְרוּ תְּנָה לָּנוּ מֶלֶךְ לְשָׁפְטֵנוּ. וַיִּתְפַּלֵּל שְׁמוּאֵל אֶל ה׳. וַיֹּאמֶר ה׳ אֶל שְׁמוּאֵל: שְׁמַע בְּקוֹל הָעָם לְכֹל אֲשֶׁר יֹאמְרוּ אֵלֶיךָ, כִּי לֹא אֹתְךָ מָאָסוּ כִּי אֹתִי מָאֲסוּ מִמְּלֹךְ עֲלֵיהֶם (שמואל א ח ד-ז).

פרשנים רבים התקשו ליישב את הגישות הסותרות הללו כלפי מוסד המלוכה.[9] מקורות חז״ל אחדים מציגים זאת כמחלוקת מתמשכת:

ואמרת ״אשימה עלי מלך ככל״ וגו׳. רבי נהוראי אומר, הפסוק בגנאי ישראל הוא מדבר, שנאמר ״כי לא אותך מאסו, כי אותי מאסו ממלוך עליהם״ (שמואל א ח ז). אמר רבי יהודה, והלא מצוה היא מן התורה לשאול להם מלך, שנאמר ״שום תשים עליך מלך אשר יבחר ה׳ אלהיך בו״ (דברים יז טו), ולמה נענשו בימי שמואל? מפני שהקדימו על ידם (ספרי דברים פיסקא יז יד).[10]

על פי מדרש זה, ישראל ביקשו מלך לפני הזמן המתאים. למרות המחלוקת, קשה להעלות על הדעת שהמקרא אכן מתנגד למוסד המלוכה. ה׳ בישר לאברהם וליעקב שמלכים ייצאו מהם (בראשית יז ו, טז; לה יא). למרות חסרונותיו הגלויים של מוסד המלוכה המובהרים בספרי מלכים, נביאים רבים התנבאו על חזון אידיאלי של חידוש המלוכה, ולא פעם דיברו במפורש על בית דוד (למשל ישעיהו ט ו;

9. ראו את ניסוחו התמציתי של אברבנאל לגישות הסותרות הללו בשאלתו העשירית על דברים טז. בקטע ידוע היטב מעלה הגמרא (סנהדרין כ ע״ב) את הרעיון שלא הדרישה למלך היא שהכעיסה את ה׳ אלא מה שמסתתר מאחוריה – השאיפה להיות עם ״ כְּכָל הַגּוֹיִם״.

10. והשוו סנהדרין כ ע״ב. רבי יהודה גם מונה את מינוי המלך כאחת משלוש המצוות המוטלות על עם ישראל עם כניסתם לארץ (והרמב״ם פסק כך להלכה, הלכות מלכים פ״א ה״א).

יא א-ה; ירמיהו כג ה; יחזקאל לז כד-כה; זכריה ט ט).[11] רוב פרשני ימי הביניים ופוסקי ההלכה סבורים שמינוי מלך הוא ציווי מקראי.[12]

מנקודת מבט מעשית, דומה כי מוסד המלוכה הוא השיטה המתאימה ביותר להשגת יעדיו הלאומיים של עם ישראל, עילת קיומו.[13] עם ישראל נושא באחריות לא רק לפיתוח יחסים מודעים ובני קיימא עם ה׳, אלא גם להפצת ידיעת ה׳ ברחבי העולם. היעדים של העם, ובמיוחד היעד האוניברסלי, מחייבים שלטון ריכוזי יציב וחזק, שלטון שיוכל לגבש אחדות חברתית, ביטחון צבאי, שגשוג כלכלי ויחסים בינלאומיים. שלטון כזה יוכל לסלול את הדרך להפצת דברי ה׳ בעולם כולו. ללא יסודות אלה לא סביר שיהיו לעם האמצעים או המעמד הנחוצים להשגת יעדיו.[14]

11. אפשר להוסיף עוד כהנה וכהנה לנושא שנוי במחלוקת זה. למעשה, מקורות מקראיים רבים מצטרפים לתמיכה ביחסו האמביוולנטי של המקרא כלפי מוסד המלוכה. שניים מן הסיפורים המבטאים ספקות עמוקים בנוגע למלוכה הם סוף סיפורו של גדעון (שופטים ח כב-כג) ומשל יותם (שופטים ט ח-טו). אשר לגישה ההפוכה, חמשת הפרקים האחרונים של ספר שופטים מלמדים איזה תוהו ובוהו עלול להתפתח בהעדר מלך. בפרקים אלה מופיע שוב ושוב המשפט "בַּיָּמִים הָהֵם אֵין מֶלֶךְ בְּיִשְׂרָאֵל אִישׁ הַיָּשָׁר בְּעֵינָיו יַעֲשֶׂה" (שופטים יז ו; יח א; יט א; כא טו). האנרכיה החברתית ופשיטת הרגל המוסרית המושלות בכיפה בפרקים הללו מספקות את הטיעון המשכנע ביותר לקיומו של מוסד המלוכה. עוד על נושא זה ראו בשיעורים הבאים המופיעים בבית המדרש הווירטואלי: הרב משה ליכטנשטיין, "מצוות מינוי מלך" (http://etzion.org.il/he/שיעור--1מצוות-מינוי-מלך); הרב אלחנן סמט, "פרשת שופטים - מצוות מינוי מלך ושאלת המשטר המדיני הרצוי על פי התורה" (http://etzion.org.il/he/פרשת-שופטים-מצוות-מינוי-מלך-ושאלת-המשטר-המדיני-הרצוי-על-פי-התורה); הרב אמנון בזק, "תנה לנו מלך" (http://etzion.org.il/he/פרק-ח-תנה-לנו-מלך).

12. הרמב"ם, הרמב"ן, ספר החינוך והמהרש"א סבורים שחובה למנות מלך. אבן עזרא (דברים יז טו) סבור שמינוי מלך הוא רשות ולא חובה. לעומתם, אברבנאל (דברים יז; שמואל א ח) מתייחס ככלל בחשש למוסד המלוכה.

13. ראו ספר החינוך עא תקצז, שם מבואר שרק שליט יחיד אבסולוטי כמו מלך עשוי לאפשר את תפקודו היעיל של העם.

14. קשה להניח, למשל, שמלכת שבא הייתה באה לבקר בארץ בימי אחד השופטים. הכרזתה אחרי שחזתה בעיניה במלכות שלמה, "יְהִי ה׳ אֱלֹהֶיךָ בָּרוּךְ" (מלכים א

אמנם כינונה של מלוכה עשוי לחולל גדולות ונצורות, אך טמונה בו גם סכנה. במשטר מלוכני מרוכז כל הכוח בידי אדם אחד. לרשות המלך עומדות כל תשתיות הכוח - מערכת המשפט, הצבא והכספים - ועל כך אמר לורד אקטון (Acton) את המשפט הידוע: "כוח נוטה להשחית, וכוח מוחלט משחית באופן מוחלט". תולדות המונרכיות, מימי קדם ועד התקופה המודרנית, מאמתות את התיאוריה שמשטרים כאלה עשויים לייצר התנהגות עריצה ומושחתת. כדי להגיע למסקנה זו די לבחון את תולדות ממלכת ישראל (המתוארת במקרא לצד ממלכת יהודה). למעשה, ממלכה זו לא הוציאה מקרבה **אף לא מלך ראוי וצדיק אחד**.[15]

מתוך מודעות לסכנה זו קובע התנ"ך אמצעי ביטחון ועקרונות המגבילים את כוחו של המלך ומנחים אותו אל ההכרה שהוא כפוף לשלטונו של ה':

רַק לֹא יַרְבֶּה לּוֹ [המלך] סוּסִים וְלֹא יָשִׁיב אֶת הָעָם מִצְרַיְמָה לְמַעַן הַרְבּוֹת סוּס וַה' אָמַר לָכֶם לֹא תֹסִפוּן לָשׁוּב בַּדֶּרֶךְ הַזֶּה עוֹד. וְלֹא יַרְבֶּה לּוֹ נָשִׁים וְלֹא יָסוּר לְבָבוֹ וְכֶסֶף וְזָהָב לֹא יַרְבֶּה לּוֹ מְאֹד. וְהָיָה כְשִׁבְתּוֹ עַל כִּסֵּא מַמְלַכְתּוֹ וְכָתַב לוֹ אֶת מִשְׁנֵה הַתּוֹרָה הַזֹּאת עַל סֵפֶר מִלִּפְנֵי הַכֹּהֲנִים הַלְוִיִּם. וְהָיְתָה עִמּוֹ וְקָרָא בוֹ כָּל יְמֵי חַיָּיו לְמַעַן יִלְמַד לְיִרְאָה אֶת ה' אֱלֹהָיו לִשְׁמֹר אֶת כָּל דִּבְרֵי הַתּוֹרָה הַזֹּאת וְאֶת הַחֻקִּים הָאֵלֶּה לַעֲשֹׂתָם. לְבִלְתִּי רוּם לְבָבוֹ מֵאֶחָיו וּלְבִלְתִּי סוּר מִן הַמִּצְוָה יָמִין וּשְׂמֹאול לְמַעַן יַאֲרִיךְ יָמִים עַל מַמְלַכְתּוֹ הוּא וּבָנָיו בְּקֶרֶב יִשְׂרָאֵל (דברים יז טז-כ).

י ט), מלמדת על הגשמה מרהיבה של שאיפותיו הדתיות האוניברסליות של עם ישראל בזכות שלטונו המפואר והמוצלח של שלמה המלך.

15. אמנם על פי הכתוב ה' משבח את ניסיונו של יהוא להשמיד את בית אחאב, והדבר מלמד כי יהוא פעל כהלכה בשאלה זו (מלכים א י ל), אבל הנביא הושע מגנה את להיטותו של יהוא לשפיכות דמים (א ד). כך או כך, יהוא הוא היחיד מבין מלכי ישראל שאפשר **אולי** לראותו באור חיובי.

כאמצעי זהירות נוסף סבורים סיפורי המקרא שהמלך אינו יכול לפעול כראוי בלי שיהיה לצדו נביא, שיזכיר לו את תפקידיו העיקריים כדי לרסן את כוחו האבסולוטי.[16]

ואף על פי כן המלוכה, על אף יתרונותיה הרבים והמגבלות החמורות המוטלות עליה, נושאת בחובה סיכוי להשחתה. אשר על כן המקרא מביא נוסחה נוספת, שנועדה למנוע ממלכי יהודה לגלוש לשלטון עריצות לנוכח הכוח היוצא דופן המופקד בידיהם. נוסחה זו מופיעה במגילת רות, המתארת את איחודם של שני אנשים המתאפיינים ביכולת הנדירה לעשות חסד הכרוך בביטול עצמי.[17] המגילה אינה מבטיחה שהמלך יאמץ בהכרח את התכונות האלה, אך היא מציגה מודל התנהגות נאות שמלך ישראל אמור לנהוג לפיו. צאצאיה של רות, המלכים לבית דוד, אמורים לנהוג על פי הדוגמה שמציבה רות: התעלמות מטובתה האישית והתמקדות שלמה בזולת. מלך הנוטה להקדים את צורכי הזולת לצרכיו האישיים לא ייטה להשתמש בכוח העומד לרשותו לקידום האינטרסים האישיים שלו. הוא ישתמש בתשתיות השונות לתועלת החברה.

רעיון זה עשוי להסביר את טבעה הבלתי־שגרתי של מידת החסד של רות, שכאמור מתעלמת כליל מטובתה האישית. אמנם היהדות אינה דורשת התנהגות חפה מאינטרסים אישיים בנוסח רות, **אך התנהגות כזו היא הכרח גמור אצל מנהיג.** לא זו בלבד שעלינו לצפות להתנהגות כזאת ממנהיגינו; למעשה זהו גם תנאי מוקדם לכינון המלוכה. כשאין מלך המסוגל להתמסר לזולת בצורה שלמה

16. ראו את פירושו של רש"י לדברים יז כ. נקודה זו מודגשת גם בעובדה שספר שמואל (המניח את היסודות למלוכה) נפתח בלידתו של הנביא, ולא בלידת המלך: הדבר מלמד שהתשתית למלוכה תלויה בנביא. זאת ועוד, על רבים מהמלכים הטובים מסופר שפעלו בשיתוף עם נביא (למשל יהושפט במלכים א כב ז; חזקיה במלכים ב יט ב), ואילו מלכים רשעים במיוחד מתוארים לא פעם כאויבי הנביאים (למשל אחאב במלכים א יח יז; יהויקים בירמיהו כז כא; לו כ–כו).

17. בפרק זה התמקדתי בתכונה זו כפי שהיא מופיעה בדמותה של רות. בהמשך נזהה את התכונה הזאת גם אצל בועז.

וללא אינטרס אישי, המלוכה לא תהיה הבטחה או חזון של שפע אלא איום מסוכן, מתכון בדוק לשחיתות ולרודנות.

עם ישראל אינו יכול להקריב את יושרתו המוסרית או הדתית למען היתרונות החומריים, החברתיים, הפוליטיים ואפילו הדתיים הגלומים במלוכה. אם המלך עריץ ומושחת, אם הוא סבור שמותר לו לנצל את משאבי הציבור לשימושו האישי, לא יוכל העם להגיע ליעדו העיקרי - יצירת חברת מופת המיוסדת על צדק ועל יושר. דבר זה יערער את עצם תכלית קיומו של עם ישראל. לפיכך מוצגת רות כאם הקדמונית וכמייסדת שושלת המלוכה.[18] רק מלך שניחן בתכונותיה של רות ויוכל לנהוג בחסד עד כדי ביטול עצמי יוכל להחזיק ברסן השלטון בלי שהדבר ישחית אותו מבחינה מוסרית או אחרת. מלך שאמו הקדמונית יכולה להנחות אותו, ואפילו לטעת בו את הנטייה לשרת אחרים, יוכל ליצור מלוכה שמטרתה היא לשרת את העם ולא לשרת את המלך ואת האינטרסים שלו.

גישה זו מיישבת את שני ההסברים הנפרדים המופיעים במדרשים השונים העוסקים במהותה של מגילת רות. מטרת המגילה היא בעצם להדגיש את חשיבות החסד, כפי שציין רבי זעירא, ובמיוחד את סוג החסד החיוני ליצירתה של שושלת בית דוד ולקיומה (כפי שמציין הזוהר). נישואיהם של רות ובועז הם ניסיון לגבש שושלת מלוכה שמנחה אותה עיקרון של חסד אלטרואיסטי, מלוכה הממגרת את השחיתות ומנהיגה את עם ישראל לקראת הגשמת יעדיו הנעלים.

18. אינני מבקשת לומר שהדבר יפעל תמיד באופן מושלם. רבים ממלכי בית דוד, צאצאיהם של רות ובועז, אינם מפנימים את תכונותיהם הטובות, נעשים מושחתים ומתעניינים רק בטובתם האישית. עם זאת נדמה לי שבאופן יחסי שושלת בית דוד, במיוחד בהשוואה למקבילתה הצפונית, היא שושלת מוצלחת מאוד. יש בה מלכים המבקשים לחתור למטרות נעלות ומצליחים לכבוש את הרצון להאדרה עצמית הנלווה במקרים רבים לכוח. כאלה היו, למשל, המלכים אסא, יהושפט, יהואש, אמציה, עוזיה, יותם, חזקיה ויאשיה.

מגילת רות וספר שופטים

ספר בפני עצמו

כספר העומד בפני עצמו, מגילת רות היא יצירה עשויה היטב.[1] עם זאת, כאשר קוראים את המגילה בהקשרה הרחב יותר, בנקודות ההשקה שלה עם טקסטים מקראיים אחרים, היא מקבלת משמעות רעננה ומרגשת.[2] עם הסיפורים המקראיים שאפשר להשוות למגילת רות נמנים סיפור בנות לוט ואביהן, סיפור תמר ויהודה וסיפור שמשון. ניתוח זהיר של ההקבלות בין הסיפורים יתרום להבנת כל אחד מהסיפורים הללו. זאת ועוד, בדיקת ההקבלות בין דמויות המגילה לדמויות מקראיות אחרות

1. מאמרים ופירושים רבים עומדים על מלאכת המחשבת הספרותית העשירה של חיבור קצר זה. ראו למשל ברטמן, עיצוב סימטרי, עמ' 165–168; ראובר, ערכים ספרותיים; קמפבל, סיפור קצר; ששון, מדריך ספרותי, עמ' 320–327.
2. חז"ל נוטים לבחון כל ספר במקרא בהקשרו הקנוני הרחב יותר. ראו למשל פרנקל, דרכי האגדה, עמ' 161–196. דוגמאות לרעיונות מדרשיים המגלים רגישות ליחסים המיוחדים שבין מגילת רות לספר שופטים הן המדרש (בבא בתרא צא ע"א) המזהה את בועז עם השופט אבצן (שופטים יב), והרעיון שרות ועורפה מתייחסות לעגלון מלך מואב שסיפורו מופיע בשופטים ג (נזיר כג ע"ב).

עשויה להפנות את תשומת הלב למשמעויות שקשה היה להבחין בהן אלמלא ההשוואה. אפשר ליצור השוואות בין בועז לבין כמה וכמה דמויות מקראיות: דוד, יוסף, שמשון ויהודה. את רות אפשר להשוות לאברהם, לרבקה, לתמר, לרחל וללאה. במפגש עם האינטרטקסטואליות של הסיפורים עלינו, כקוראים אחראיים, לבחון את קווי הדמיון והשוני התמטיים והלשוניים, ובה בעת להיזהר שלא להפעיל את הדמיון יתר על המידה.

ניתוחנו כאן יתמקד ברמזים אינטרטקסטואליים המופיעים במגילת רות ובספר המתאר את תקופתה, הלא הוא ספר שופטים.[3] מגילת רות נפתחת בהצבה מודעת של מקומה לצד ספר מקראי אחר: "וַיְהִי בִּימֵי שְׁפֹט הַשֹּׁפְטִים". אזכור מפורש זה של תקופת השופטים מזמין את הקוראים להשוות את המגילה לספר שופטים.[4]

עוד בטרם נצא לדרך עלינו לבחון את השאלה מדוע לא נכללה מגילת רות בספר שופטים עצמו. עלילתה מתרחשת בתקופת השופטים, ואורכו של הסיפור ודאי לא היה מאריך שלא לצורך את ספר שופטים. מסורת חז"ל (בבא בתרא יד ע"ב) המייחסת את שני הספרים למחבר אחד (שמואל) רק מחזקת את השאלה. מסורת קדומה אחת ראתה בשני הספרים הללו ישות אחת. במסתו הפולמוסית **נגד אפיון** (א ח) מזכיר יוסף בן מתתיהו את עשרים ושניים ספרי הקנון המקראי. הועלו תיאוריות שונות באשר לשני הספרים החסרים, אך

3. אין בכך כמובן כדי לגלות לנו מתי נכתבה המגילה, אלא רק ללמד מתי מתרחש סיפור העלילה. על פי מסורת חז"ל (בבא בתרא יד ע"ב), שני הספרים, מגילת רות וספר שופטים, חוברו בידי הנביא שמואל, מה שעשוי בהחלט להסביר את הדרך המיוחדת שבה, כפי שנראה, שתי היצירות האלה משוחחות זו עם זו, לשונית ותמטית. במחקר האקדמי קיים מגוון דעות גדול הרבה יותר ואין מסקנה חד־משמעית. קיים מגוון רחב להפליא של דעות באשר למועד חיבורה של מגילת רות. לסקירה ארוכה של המחקר האקדמי ראו בוש, רות, עמ' 18-30.

4. פפייפר, מבוא לתנ"ך, עמ' 718, קובע כי הפסוק הפותח את מגילת רות מלמד על היכרות עם ספר שופטים; אלא שהפסוק רק מצהיר כי המחבר מכיר את תקופת השופטים ולאו דווקא את **ספר** שופטים. עם זאת, בהמשך אנסה להוכיח כי מגילת רות נכתבה כתגובה ישירה לספר שופטים.

דומה שיוסף בן מתתיהו ראה במגילת רות ובספר שופטים ספר אחד (והוא הדין במגילת איכה ובספר ירמיהו).[5] יוסף בן מתתיהו, המספר את ההיסטוריה המקראית, מצרף את סיפור רות לחלק האחרון של ספר שופטים, שם הוא מתפקד כגשר בין סופו הכאוטי של ספר שופטים לבין התקופה היציבה יותר של המלוכה המתוארת בספר שמואל.[6]

מדוע אפוא שימרה המסורת שלנו שני ספרים נפרדים המתארים אותה תקופה היסטורית? התשובה לכך פשוטה מאוד, לדעתי. למרות החפיפה הכרונולוגית בין שני הספרים, די במבט חטוף לגלות את ההבדל ביניהם.[7] סגנון החיים ההרמוני והשלו המתואר במגילת רות עומד בניגוד גמור לאווירה האלימה, הלוחמנית והאכזרית של ספר שופטים. באמצעות ההנגדה המודעת של שני הספרים מציגה המגילה חלופה ותיקון לסכסוך המאפיין את ספר שופטים.

כדי לעמוד על ההבדל בין הספרים ראו למשל את הפסוק החותם כל אחד מהם. ספר שופטים מסתיים בכאוס נורא שנוצר בשל העדר מלך: "בַּיָּמִים הָהֵם אֵין מֶלֶךְ בְּיִשְׂרָאֵל, אִישׁ הַיָּשָׁר בְּעֵינָיו יַעֲשֶׂה" (שופטים כא כה).[8] מגילת רות, לעומת זאת, נחתמת בפתרון לכאוס

5. קשה להניח שיוסף בן מתתיהו שלל את הקנוניות של ספר כלשהו מעשרים וארבעה ספרי התנ"ך. בן זמנו של בן מתתיהו, מחבר עזרא ב מהספרים החיצוניים (יד מה), מזכיר עשרים וארבעה ספרים. יש רמזים אחדים לכך שמסורת יהודית קדומה צירפה את מגילת רות לספר שופטים. מסורת זו מצוינת במפורש אצל כמה מאבות הכנסייה כמו אוסביוס והיירונימוס ויש לה תימוכין בעובדה שמגילת רות מופיעה מיד אחרי ספר שופטים בתרגומי המקרא ליוונית ובוולגטה.

6. יוסף בן מתתיהו, **קדמוניות היהודים**, ספר חמישי, 9. המעבר מהתקופה שקדמה למלוכה לתקופת המלוכה מצוין גם במגילת רות עצמה, הנפתחת בימי השופטים ומסתיימת בלידת דוד.

7. יש חוקרים הרואים בהבדלים הרדיקליים בין שני הספרים הוכחה לכך שמגילת רות חוברה במועד מאוחר יותר. ראו למשל גורדיס, אהבה, עמ' 245. חוקרים אלו דוחים את האפשרות שאותה תקופה עצמה מיוצגת במכוון בצורה שונה בשני הספרים.

8. יש מתנגדים לתפיסה זו. שפירא, דמוקרטיה, עמ' 240–260, טוען כי הקטע האחרון של ספר שופטים אכן מתאר מצב אידיאלי שבו אין שלטון של מלך

של ספר שופטים, דהיינו בלידת דוד ובכינון מלכות בית דוד: ״וְעֹבֵד הוֹלִיד אֶת יִשָׁי וְיִשַׁי הוֹלִיד אֶת דָּוִד״ (ד כב).

עלילת מגילת רות מתרחשת בימי השופטים, אך מסלולה שונה במובהק מהמצב המוכר מימי השופטים וסיומה יוצר מצב חדש ושונה לחלוטין. ועדיין, אף על פי ששני הספרים הולכים לכיוונים שונים לחלוטין, הם ממשיכים להתייחס זה אל זה. מגילת רות נועדה לתקן את המצב שגרם לתפקוד הלקוי המתואר בספר שופטים (העובדה שאין מלך בישראל) והיא עושה זאת בהצגת התקדמות עלילתית הנעה לעבר שושלת בית דוד. מסיבה זו אין מגילת רות יכולה להיות חלק מספר שופטים - עליה להישאר חיצונית לו כדי לתפקד כתיקון לתקופה זו.

ההקבלות בין ספר שופטים למגילת רות

כיצד מצליחה מגילת רות להיחלץ (ולחלץ את העם) מהסיאוב של ימי השופטים? אילו אמצעים ייחודיים היא נוקטת כדי להתנתק מתקופה בעייתית זו ולפתוח שער אל תקופה יציבה יותר? כדי לענות על שאלה זו, נשווה בין שני הספרים וננסה להבין את המסלולים המנוגדים שבהם הם מתקדמים.

בספר שופטים ובמגילת רות קיימות מקבילות לשוניות ותמטיות רבות, המדגישות לדעתי את הניגוד המכוון בין שתי היצירות. אפתח בהצגת כמה מוטיבים מקבילים, המדגישים את ההבדלים המהותיים בין שני הספרים: שֵׁמות, הכרה באחר, חסד, נאמנות ומזון. מוטיבים אלה עוברים כחוט השני במגילת רות, ונמשיך לבחון אותם לאורך הספר כולו. אחרי הצגה כללית זו נבחן את הניגודים בין סיומו האלים והטרגי של ספר שופטים לבין האווירה השלווה השורה על מגילת רות.

עריץ ולפיכך הכול נוהגים ביושר. עם זאת, רוב פרשני המקרא סבורים כי בתקופת השופטים שרר מצב נורא שנבע מהעדר מלך בישראל.

מוטיבים מקבילים: שמות, ההכרה באחר, חסד, נאמנות ומזון

ספר שופטים

חברה מוצלחת מבוססת על הכרה באחר, על היכולת לזהות באחר אדם בעל שם וזהות משלו. ההכרה במובחנותו של כל פרט מעודדת מעשים של נדיבות, נאמנות וחמלה. במצב ההפוך נתפס האחר כחסר שם או אינדיבידואליות והופך לאובייקט שאינו ראוי לזכויות אדם בסיסיות.

בספר שופטים מובאים כמה סיפורים על דמויות מרכזיות ששמן אינו נזכר והן נעשות אובייקטים. דוגמה אחת היא סיפורה של בת יפתח, אישה ללא שם הנתקלת בהתעלמות ונעשית אובייקט לנדר שנדר אביה. דוגמה נוספת היא סיפור פילגש בגבעה, שגם בו האנונימיות של הפילגש היא חלק מהיותה אובייקט, קרבן להתעללות אכזרית לשם סיפוק יצריהם של אחרים. תהליך הפיכתה של הפילגש לאובייקט נשלם כשגווייתה מבותרת לנתחים כדרך להעביר מסר לשבטי ישראל. ספר שופטים מסתיים בריבוי של דמויות חסרות שם, בתיאור של חברה שבה הזולת אינו נתפס כבן אנוש ראוי לחמלה. הפרטים מצטמצמים לאובייקטים, שערכם נמדד אך ורק ביכולתם לשרת את מטרותיהם ואת הנאתם של האחרים.

מצב זה בא לידי ביטוי גם במספרם המצומצם של מעשי החסד והצדקה בספר שופטים. לצורך זה נבחן את שאלת המזון. בספר שופטים מופיעים כמה סיפורים שבהם אנשים בישראל מסרבים לתת מזון זה לזה. תושבי סוכות ופנואל מסרבים בגסות לתת לחם לגדעון ולחייליו הרעבים והמותשים (שופטים ח ו, ח). בעלה של הפילגש מנסה לשכנע איש זקן משבט אפרים לתת לו קורת גג באמרו שיש לו די מזון לספק את צרכיו שלו ואת צורכי אנשיו ובהמותיו (שופטים יט יט). הוא יוצא מנקודת הנחה שאיש לא הזמין אותו ללון אצלו מפני שלא רצו להאכילו. באותם ימים איבדו בישראל כל שמץ של לכידות חברתית והגינות בסיסית המחייבת אנשים להציע מזון לנזקקים. מניעת מזון מסמלת את עומק הניכור השורר בחברה זו.

בהקשר של יחסי גומלין חברתיים מופיעה המילה חסד פעם אחת בספר שופטים, ועל דרך השלילה: "וְלֹא עָשׂוּ **חֶסֶד** עִם בֵּית יְרֻבַּעַל" (ח לה).[9] מדרש אחד סבור שהעדר החסד הוא היסוד הראשוני האחראי להתדרדרות של תקופת השופטים וגורם לה' לגזור רעב, כפי שנזכר בפתיחת ספר רות:

> "ויהי בימי שְׁפֹט הַשֹּׁפְטִים" (א א). "עַצְלָה תפיל תרדמה [ונפש רְמִיה תרעב]" (משלי יט טו). על ידי שנתעצלו ישראל לעשות גמול חסד ליהושע, הדא הוא דכתיב [=זה מה שכתוב]: "ויקברו אותו בגבול נחלתו מצפון להר געש" (רות רבה פתיחתא ב).

משמעות מיוחדת יש לעובדה שמדרש זה מדגיש דווקא את העדר החסד הנעשה עם המת. מי שעושה חסד עם המת אינו מצפה לגמול, ולפיכך מעשה כזה נחשב לסוג החסד האמיתי והאלטרואיסטי ביותר, חסד של אמת.[10]

אחת התוצאות הבלתי־נמנעות של ההתעלמות מהזולת היא העדר תחושה של מחויבות או נאמנות לזולת בספר שופטים.[11] כך, למשל, ברק נענה רק בלב ולב ועל תנאי לקריאתה של דבורה לקבל עליו את הפיקוד על הצבא (שופטים ד ח), ושירת דבורה מונה את השבטים בנפרד, משבחת את השבטים שהצטרפו למאמץ המלחמה הלאומי ומגנה את השבטים האחרים שלא באו (שופטים ה טו–יז). יפתח, שאחיו סילקוהו מבית אביו, חש מחויבות רק לעצמו ולא לאיש

9. המילה מופיעה פעם נוספת בספר שופטים א כד, אך שם בהקשר של יחסי גומלין צבאיים.
10. ראו את פירושו התמציתי של רש"י לבראשית מז כט: "חסד שעושין עם המתים הוא חסד של אמת שאינו מצפה לתשלום גמול". ראו גם, למשל, בראשית רבה פרשה צו ה; תנחומא ויחי ה.
11. אפשר לייחס זאת גם למגמת השבטיות הגוברת, מצב שבו הפיזור הגיאוגרפי של השבטים מחליש את הזהות הלאומית ומחזק נאמנויות שבטיות ראשוניות. נתייחס לתופעה זו בהמשך.

מלבדו, אפילו לא לבתו. שמשון לומד להכיר את טעם הבגידה כשבני עמו מסגירים אותו לידי האויב הפלשתי.[12]

התיקון שיוצרת מגילת רות

נושא בולט במגילת רות הוא העיסוק בשֵׁמות, ואחת ממטרותיה המרכזיות של המגילה היא "לְהָקִים שֵׁם הַמֵּת עַל נַחֲלָתוֹ" (ד ה, י). בהקשר הזה, הקמת השם למת מתייחסת באופן ספציפי למחלון ולמשפחת אלימלך, אך היא גם מבטאת מטרה כללית יותר. מגילת רות נועדה להחזיר לסדר היום הלאומי את חשיבותם של השמות, של הזהות ושל ההכרה בזולת. באופן זה היא אינה משמשת רק לתיקון משבר של משפחה פרטית אלא לתיקון אסונו של עם שלם באותה תקופה.

היכולת להכיר בזולת היא אחד הדברים ההופכים את מגילת רות לספר המתאפיין במידת החסד. הן בועז (ב כ) הן רות (א ח)[13] מתוארים כעושי חסד עם המתים. על פי המדרש שהובא לעיל, ימי השופטים החלו בהעדר חסד של אמת, כשהעם התעצל לקבור את יהושע. על כן נוכחותו של חסד מסוג זה במגילת רות היא הפתרון לרעות החולות של תקופה זו.

תכונה נוספת המופיעה במגילה כניגוד לספר שופטים היא נתינת המזון הנדיבה. במגילת רות מתוארים מצבים שונים שבהם הדמויות הראשיות (רות ובועז) מספקות מזון ביד רחבה לדמויות אחרות. רות יוצאת לשדות ללקט מזון לה ולנעמי (ב א). בועז עצמו, בהפגנה

12. דבורה מייחסת את חוסר הנאמנות של השבטים לדאגתם לענייניהם האישיים (שופטים ה טז–יז). אמנם אפשר (וצריך) לבחון את כל הדוגמאות הללו בהקשר הספציפי של הסיפור שבו הן מופיעות, אך צירופן יוצר תמונה של חברה שבה אנשים אינם חשים מחויבות זה לזה.

13. המילים "יַעַשׂ (יעשה כתיב) ה' עִמָּכֶם חֶסֶד כַּאֲשֶׁר עֲשִׂיתֶם עִם הַמֵּתִים וְעִמָּדִי" מכוונות למעשה לרות ולעורפה כאחת, אך הדבר מאיר באור חיובי יותר את רות הממשיכה לגמול חסדים עוד זמן רב לאחר שעורפה הלכה לדרכה. ראו גם רות ג י, שם מדגיש בועז את מעשה החסד של רות.

בלתי־צפויה של חמלה, נותן לרות קלי שעורים כדי להבטיח שלא תרעב (ב יד). רות שומרת את הנותר, חוזרת הביתה ונותנת לחמותה לאכול (ב יח). אחרי הלילה בגורן נותן בועז לרות שש שעורים (ג טו).[14] מזון הניתן בנדיבות וללא היסוס נעשה סמל לחברה המבוססת על לכידות חברתית ועל הגינות בסיסית.

רות מבטאת את נאמנותה לנעמי במילים "עַמֵּךְ עַמִּי וֵאלֹהַיִךְ אֱלֹהָי" (א טז). נעמי לא ציפתה למסירות כזאת מצד רות ולא צפתה זאת כשהפצירה בכלתה שוב ושוב לחזור למואב (א ח-ט, יא-יג, טו), אך רות מצהירה ללא היסוס וללא תנאי על נחישותה להישאר עם חמותה. בועז מבטא את האופי החריג של נאמנותה של רות כשהוא משבח אותה על "כֹּל אֲשֶׁר עָשִׂית אֶת חֲמוֹתֵךְ אַחֲרֵי מוֹת אִישֵׁךְ וַתַּעַזְבִי אָבִיךְ וְאִמֵּךְ וְאֶרֶץ מוֹלַדְתֵּךְ וַתֵּלְכִי אֶל עַם אֲשֶׁר לֹא יָדַעַתְּ תְּמוֹל שִׁלְשׁוֹם" (ב יא). אישה נכרייה זו, הפועלת מתוך חמלה ומסירות שאין כמותן, תסלול את דרכו של העם אל חברה מתפקדת ותניח את היסודות למלוכה, מוסד שנועד לכונן אחדות חברתית ונאמנות וכן פעילות גומלין חברתית מסורה.

ספר שופטים: העדר הנהגה, אחדות חברתית ומחויבות דתית

בשלב זה אני מבקשת לבחון מה בדיוק השתבש בימי השופטים. כיצד הושחתה החברה עד כדי כך? לשאלה זו יש חשיבות מיוחדת לאור העובדה שתקופת כיבוש הארץ מצטיירת כתקופה מוצלחת הן מבחינה דתית הן מנקודת מבט חברתית.[15]

14. שש שעורים אינן כמות גדולה של מזון, ולכן דומה שהמחווה היא סמלית ולאו דווקא מעשית. ראו למשל סנהדרין צג ע"א-ע"ב; תרגום רות ג טו; רות רבה פרשה ז ג; רות זוטא ג טו; רש"י לרות ג טו.
15. תקופת הכיבוש, המתוארת בספר יהושע, כוללת כמה מקרים יוצאי דופן של חטאים: חטאו של עכן ביהושע ז והברית שנכרתה ללא שאלה בה' עם הגבעונים ביהושע ט. עם זאת, ככלל מתוארת בספר יהושע תקופה חיובית להפליא.

ספר שופטים מתאפיין בתהליך מתפתח של השחתה בשלושה תחומים קשורים: התחום המינהלי (הנהגה), התחום הדתי והתחום החברתי. האם אפשר לבודד סיבה מתוצאה? האם ההתדרדרות קרתה במקביל בכל התחומים, או שמא אפשר להצביע על גורם מאיץ שבו התחיל המסלול השלילי המתואר בספר?

התדרדרות ההנהגה

אני סבורה שבעיות התקופה החלו בהנהגה. הפסוק הראשון בספר שופטים מספר על בני ישראל הפונים לה' בשאלה מי ימלא את מקום יהושע בכיבוש הארץ. ה' מגיב בהתחמקות מפתיעה. במקום לנקוב בשמו של אדם מסוים (כפי שעשה בתגובה לבקשה דומה של משה, במדבר כז טו-יח), הוא נוקב בשמו של שבט: "וַיִּשְׁאֲלוּ בְּנֵי יִשְׂרָאֵל בַּה' לֵאמֹר: מִי יַעֲלֶה לָּנוּ אֶל הַכְּנַעֲנִי בַּתְּחִלָּה לְהִלָּחֶם בּוֹ?[16] וַיֹּאמֶר ה': יְהוּדָה יַעֲלֶה" (שופטים א א-ב).

הבחירה בשבט יהודה מלמדת אולי שה' אינו ממנה מנהיג סתם, אלא קובע סוג חדש של הנהגה שתבוא משבט יהודה - מלוכה.[17] ילקוט מדרשים מימי הביניים רומז לקריאה זו כשהוא מציג את הדברים הנאמרים כאן כהוכחה לכך ששבט יהודה נבחר למלוכה:

> וכשם שנכרתה ברית לכהונה, כך נכרתה ברית למלכות בית דוד, ודגל יהודה נוסע בראשונה, וכן אחרי מות יהושע כתיב (מד) "מי

16. אני מעדיפה לראות זאת כשאלה המתמקדת בהנהגה ולא בסדר כיבוש השטחים על ידי השבטים השונים. את הקריאה הזאת אני מבססת על הדברים הבאים: ראשית, העובדה שהפסוק מסמיך את השאלה למותו של המנהיג הקודם מלמדת שזו שאלה העוסקת במנהיג הבא. מותו של יהושע הותיר חלל מנהיגותי, והדעת נותנת שזו תהיה השאלה הראשונה במעלה שתעסיק את העם אחרי מותו. ומה שחשוב עוד יותר, שאלה זהה כמעט מופיעה בסוף ספר שופטים (כ יח) במסגרת מה שנראה כניסיון חד־משמעי לכונן הנהגה בעת מלחמה. לפחות מקור אחד ממקורות חז"ל שותף לקריאה זו (שיר השירים רבה פרשה ד טו).
17. על התפקיד שנועד לשבט יהודה במלוכה ראו פירושים שונים לבראשית מט י (למשל רש"י ורשב"ם).

יעלה לנו בכנעני בתחלה להלחם בו? ויאמר ה׳: יהודה יעלה" (פסיקתא זוטרתא בראשית מט ח).

אם תשובת ה׳ היא הנחיה משמים לכונן מלוכה, הרי העובדה שהעם אינו ממלא את ההנחיה מעידה על חוסר ציות בוטה.[18] בספר שופטים לא נעשה כל ניסיון לכונן מלוכה מתוך שבט יהודה.[19] חומרת המחדל הזה ניכרת בכך שהטקסט תולה בהעדר מלך את הסיבה לסיפורים המחרידים על עבודת אלילים, אונס ומלחמת אחים בסוף הספר. האחריות למצב השערורייתי הזה מיוחסת פעם אחר פעם לעובדה שאין מלך בישראל (שופטים יז ו; יח א; יט א; כא כה). אפשר להניח שאילו משח העם מלך בתחילת התקופה, אפשר היה למנוע את המצב הקטסטרופלי שרווח בסיומה.[20]

גישה זו מתבררת מתוך אינקלוזיו (inclusio) מרשים המופיע בתחילת ספר שופטים ובסופו.[21] סמוך לסוף הספר, בעיצומה של

18. בפסוק הבא יוצא יהודה מיד למלחמה בכנענים, ובמבט ראשון דומה שזו תגובה לתשובת ה׳. בסכמה שאני מציגה כאן, יהודה מגיב להנחיה קצרת הטווח של ה׳, אך מתעלם מיעדה הראשוני המרחיק לכת.
19. בספר שופטים מופיעה דרישה מפורשת אחת להקמת הנהגה שושלתית (שפירושה כנראה מלוכה), אבל היא מכוונת אל גדעון בן שבט מנשה (שופטים ח כב–כג). ניסיון זה נכשל מסיבות החורגות מהיקפו של ספר זה. מדרש אחד (בראשית רבה פרשה צז ח) מעלה את האפשרות שמינוי עתניאל (כנראה בן שבט יהודה) הוא ניסיונו של העם להיענות להנחיית ה׳. עם זאת, המדרש ממשיך ומציין מיד שגם בועז (שאף הוא חי בתקופת השופטים) היה בן לשבט יהודה. דומה שמדרש זה מבין כי עתניאל אינו מייצר בסופו של דבר את התוצאות המבוקשות. בדומה לזה, שיר השירים רבה פרשה ד ז מתעד ויכוח בשאלה אם איש יהודה הנזכר בדברי ה׳ בשופטים א ב הוא עתניאל או בועז. בשאלת אחריותו של שבט יהודה עצמו למחדל זה אעסוק באחד הפרקים הבאים.
20. כפי שצוין בפרק הקודם, אינני מבקשת לומר שהמלוכה מציעה פתרון אוטומטי ומובטח. ספק אם תקופת המלכים עשויה להיחשב תקופה מוצלחת מבחינה הנהגתית. עם זאת, דומה שזהו סוג ההנהגה היחיד באותה תקופה שהיה מסוגל לגבור על הסכנות החברתיות והדתיות הרווחות העלולות לסכן את עצם קיומה של המדינה החדשה.
21. אינקלוזיו הוא אמצעי ספרותי היוצר מסגרת באמצעות הצבת חומר דומה (מילים,

מלחמת האחים הנוראה, מתועד דיאלוג מוכר בין ישראל לה׳: ״וַיִּשְׁאֲלוּ בֵאלֹהִים וַיֹּאמְרוּ בְּנֵי יִשְׂרָאֵל: מִי יַעֲלֶה לָּנוּ בַתְּחִלָּה לַמִּלְחָמָה עִם בְּנֵי בִנְיָמִן? וַיֹּאמֶר ה׳: יְהוּדָה בַתְּחִלָּה״ (שופטים כ יח).

חילופי דברים אלה מזכירים את הדברים הזהים כמעט ששואל העם על המלחמה נגד הכנענים בתחילת הספר. שיבוץ הדברים בהקשר מלחמת האחים מלמד על העומק ועל העוצמה של נפילת העם. תשובת ה׳ כוללת נזיפה מרומזת: אילו רק שמעתם בקולי בתחילת הספר, לא הייתם מגיעים למצב שבו אתם נלחמים באחיכם, בני בנימין! תשובת ה׳ והפתרון לעתיד האומה נשארים כשהיו - יש להציב את שבט יהודה בעמדת ההנהגה.

כיצד השפיעה העובדה ששבט יהודה לא תפס עמדת הנהגה בתקופת השופטים? ראשית, דומה שכל שופט בספר שופטים מתאים לתפקידו פחות מקודמו, הן ברמה האישית הן ברמה הארגונית. וככל שהספר מתקדם, דומה שיעילותם של השופטים הולכת ויורדת. ההגמוניה שלהם מצטמצמת בד בבד עם יכולתם לאחד את העם ולהובילם לעבר שלמות דתית.

אין להתעלם מהמרכיב הגיאוגרפי של התדרדרות זו: אזור ההתיישבות השבטי של כל מנהיג הולך ומתרחק מאזור ההתיישבות של שבט יהודה.[22] המנהיג התופס את מקומו של עתניאל הוא אהוד בן שבט בנימין (שמצפון ליהודה),[23] אחריו באים דבורה משבט אפרים (צפונית לבנימין), גדעון מחצי המנשה המערבי (צפונית לאפרים),

ביטויים או נושאים) בתחילתו ובסופו של קטע מסוים.

22. בסקירה הבאה השמטתי במודע את ששת השופטים שסיפורם אינו מפורט מאוד. בשל דלות המידע הקשור למעשיהם ולהישגיהם קשה להסיק מסקנות משכנעות בדבר רמתם הדתית האישית או יכולות ההנהגה שלהם.

23. אף כי הדברים אינם נאמרים במפורש, קריאה פשוטה של הסיפורים מביאה למסקנה שעתניאל הוא בן לשבט יהודה, שהרי הוא מוצג כקרוב משפחתו של כלב (יהושע טו יז; שופטים א יג), שהיה בוודאות בן שבט יהודה. ראו למשל בראשית רבה פרשה צז ח; תנחומא וירא כט. רש״י, בפירושו לסוכה כז ע״א, חולק על כך מסיבות החורגות מהיקפו של ספר זה. מעניין שדווקא בפירושו לשופטים ט ח דבק רש״י בדעת הרוב, שלפיה היה עתניאל בן לשבט יהודה.

יפתח מגלעד (ממזרח לירדן) ושמשון מדן.[24] אפשר לראות הקבלה בין המרחק הפיזי ההולך וגדל של המנהיג מהשבט שנועד להנהגה (יהודה) לבין ההתדרדרות המתמדת של המנהיגים (המפה בעמוד ממול תבהיר זאת היטב).

בעקבות ההנחה שבעיות ספר שופטים נובעות מכישלונו של העם לכונן הנהגה ראויה, אני מציעה לבחון את התוצאות הנוראות של כישלון ההנהגה כפי שהן מתבטאות בשני תחומים, הדתי והחברתי.

התדרדרות דתית

כישלונה של ההנהגה ניכר בתחום הדתי. תהליך ההתדרדרות הדתית מתחיל בכך שהעם אינו מוריש את תושבי הארץ הקודמים (שופטים א כא, כז-לה). שבט יהודה עוזר לבני שמעון להשלים את כיבוש ארצם (שופטים א ג), אך בני יהודה מתייחסים באדישות לשבטים האחרים שאינם מצליחים להוריש את התושבים החיים בנחלת שבטם.[25] התעלמות זו מהשבטים האחרים (כשבוחנים אותה לעומת נכונותם של בני יהודה לעזור לבני שמעון) היא אחד הסימנים הראשונים לכישלונו של שבט יהודה ליטול את עמדת ההנהגה שנועדה לו. הכישלון בעקירת הכנענים מביא בדיוק לתוצאה הצפויה - הכנענים משפיעים על בני ישראל לעבוד אלוהים אחרים (שופטים ב ב-ג, יא-יב; ג ה-ו), חטא שהולך וגובר, כמתואר בספר שופטים (ו י; י ו, יג-יד).

24. שמשון הוא מאזור החוף של שבט דן, השכן ליהודה; אך נחלתו השנייה של דן נמצאת מצפון לגלעד (ראו שופטים יח ודברים לג כב ורש"י שם; ראו גם מכילתא דרבי ישמעאל, בשלח יז; ספרי דברים פיסקא שנה). אמנם יש כאן סטייה מהתזה שהוצגה לעיל, אך אני סבורה שאין בכך כדי לפגוע בתקפותה של התיאוריה הזאת.

25. אין ודאות שבני יהודה עזרו לשבט שמעון ממניעים אלטרואיסטיים גרידא. נחלת שמעון הייתה מובלעת בשטח יהודה (יהושע יט א), ואילו נותר שריד לכנענים בנחלת שמעון, היה הדבר משפיע כנראה גם על ההגמוניה של יהודה.

מפה: שבטי ישראל

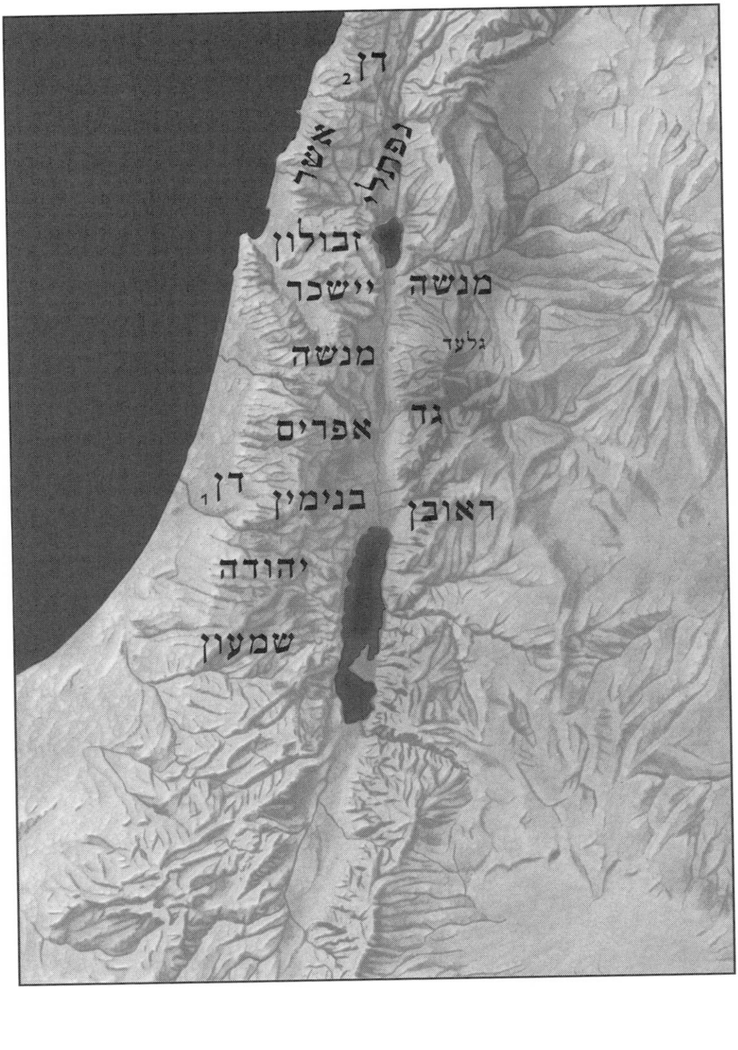

בספר שופטים ניכרת האדישות הלאומית כלפי שמירת המצוות גם בהעדר הבולט של הנהגה דתית (כוהנים ולוויים), שמירת מצוות, קרבנות או דרישה בה׳.[26] חשוב עוד יותר, דומה שעם ישראל איבד את העניין במשכן, שאינו מוזכר כלל עד פרק יח! באירוניה מבעיתה, בפעם הראשונה ש"בֵּית הָאֱלֹהִים בְּשִׁלֹה" נזכר בספר שופטים (יח לא), הוא מוצב כניגוד למקום הפולחן שהוקם למען פסל מיכה. האזכור השני של שילה מלווה בהנחיות הגעה מפורטות המלמדות שאיש כנראה אינו יודע איך להגיע לשם: "וַיֹּאמְרוּ הִנֵּה חַג ה׳ בְּשִׁלוֹ... אֲשֶׁר מִצְּפוֹנָה לְבֵית אֵל מִזְרְחָה הַשֶּׁמֶשׁ לִמְסִלָּה הָעֹלָה מִבֵּית אֵל שְׁכֶמָה וּמִנֶּגֶב לִלְבוֹנָה" (שופטים כא יט).

התדרדרות חברתית

התוצאה השנייה של כישלון ההנהגה ניכרת בתחום החברתי. עם ישראל סובל מבעיות קשות באחדות החברתית, במיוחד בתקופה שאחרי כיבושי יהושע. האומה החדשה, המורכבת משנים־עשר שבטים נפרדים, מופרדת לראשונה מבחינה גיאוגרפית בארצה החדשה, עובדה המקשה עליה עוד יותר לראות את עצמה כיישות משותפת. היריבות הבין־שבטית ההיסטורית (במיוחד בין בני לאה לבני רחל) מחריפה את בעיית האחדות החברתית.

בקיעים בתשתית החברתית מתחילים להופיע בסיפורים כשהשבטים מתפרקים ליחידות נפרדות ולנאמנויות נפרדות. הדבר ניכר באדישות כלפי היישות הלאומית ובעוינות כלפי סמכותו של השופט המכהן.[27] מנהיגים מסוימים אף מפגינים נטיות שבטיות ללא

26. חריגים בולטים מכלל זה הם המזבח שמקים גדעון ושעליו הוא מקריב את הפר שנועד מלכתחילה לעבודה זרה (על פי רש"י שופטים ו כה); נדרו הנמהר של יפתח וניסיונו של מנוח להביא מזון למלאך, ההופך זאת להעלאת עולה לה׳. כל אחד מהמצבים הללו כשהוא לעצמו הוא בעייתי ואינו יכול למלא כראוי את החלל הריק.
27. ראינו לכך כמה דוגמאות (למשל השבטים שאינם נענים לקריאת הקרב של דבורה, התגובה הצייקנית של ערי עבר הירדן לבקשת העזרה של גדעון במהלך

התנצלות. כך למשל גדעון, האוסף תחילה את היחידה המשפחתית שלו (אביעזר) ואחר כך את בני שבטו (מנשה), ורק אז הוא קורא לשאר השבטים באזור להצטרף למלחמתו (שופטים ו לד-לה).

ככל שהחברה מתפצלת ליחידות קטנות יותר ויותר, השבטיות משתנה והופכת לאינדיבידואליזם, מפני שהפרטים נסוגים אל עבר נאמנות בסיסית ומסגרות הנאמנות הולכות ומצטמצמות. בראש ובראשונה הם נאמנים לעצמם, אחר כך למשפחתם הקרובה, אחר כך למשפחתם המורחבת, ולבסוף לשבטם. יש בכך כדי להסביר את ההתדרדרות ביחסים הבין־אישיים בתוך משפחות לאורך ספר שופטים. דוגמאות לכך הן אבימלך הרוצח את שבעים אחיו (שופטים ט ה) והיחס הגס והזדוני של אחי יפתח, המגרשים את אחיהם מהבית (שופטים יא ב). ההמשך הוא התעלמותו של יפתח עצמו מבתו, הנופלת קרבן לנדרו הנמהר.[28] ניכורו של שמשון מהוריו (שופטים יד ג, ו) מדגיש בחריפות את התנהגותו האינדיבידואליסטית ומפנה את תשומת לבנו לאדישותו כלפי גיוס העם או הנשיאה בעול המנהיגות.[29]

מעמדן הבולט של הנאמנויות הראשוניות מביא להיווצרות מצבים מעוררי מחלוקת שבהם נוצרת התנגשות בין שבטים. גדעון מונע ברגע האחרון מלחמת אחים עם שבט אפרים (שופטים ח א-ג).

המאמץ המלחמתי שלו [שופטים ח ו] והסגרת שמשון לידי האויב הפלשתי [שופטים טו יא-יב]). התנהגות זו קשורה ללא ספק להתדרדרות ההנהגה שעליה דובר לעיל. חוסר אמון במנהיגים ההולכים ונחלשים גורר מטבע הדברים חוסר ציות.

28. אינני מבקשת לומר שכל האירועים בעייתיים באותה מידה, או אפילו שכל אחד מהם הוא כיוון הפעולה השגוי במסגרת הסיפור שבו הוא מופיע. ללא ספק יש לבחון כל אחד מהסיפורים הללו בהקשר הספציפי שבו הוא מופיע, משימה החורגת מהיקף הספר הנוכחי. עם זאת, ניסיתי לצייר תמונה כללית של חברה המתאפיינת בהתפוררות המחוללת אלימות, תפקוד לקוי ואבדן אמון אישי.

29. מסורות מסוימות רואות דווקא באור חיובי את ההיבט הזה בשיטות הפעולה של שמשון, שכן הן אִפשרו לו לתפקד כלוחם יחיד חזק ואפקטיבי (למשל הרמב״ן, בראשית מט יז). אפשר בוודאי לחלוק על גישה זו (ראו למשל רשב״ם, בראשית מט טז, שאינו מתייחס בחיוב למעלליו של שמשון), אך איש לא יטען כי שמשון מתפקד כמנהיג.

יפתח אינו נזהר מספיק ואינו מונע מלחמת אחים; המלחמה בין יפתח לבין בני אפרים מביאה למותם של ארבעים ושניים אלף מבני אפרים (שופטים יב ו). ולבסוף, הסכסוך בין בני בנימין לבין יתר העם מסלים למלחמת אחים של ממש, המלמדת על התפוררות העם ועל התדרדרות שאין לדעת את סופה. ספר שופטים מסתיים במלחמת אחים נוראה שכמעט מוחה את שבט בנימין מעל פני האדמה. זהו משבר חברתי שספק אם העם יוכל להתאושש ממנו.

שלושה תחומים קשורים: המינהלי, הדתי והחברתי

התייחסתי כאן בנפרד לכל אחד מהמחדלים, אבל אין כמעט ספק שהם קשורים ביניהם. פרט להשפעת הכישלון המנהיגותי על המצב החברתי ועל המצב הדתי, בחברה שמתפקדת בצורה לקויה מצטמצם המאגר האפשרי של מנהיגים וקטנה יכולתו של הפרט לתפקד ביעילות כמנהיג. גם המצב הדתי ניזוק, מפני שהאנשים כפרטים חשים ניכור כלפי המרכז הדתי שהיה קודם לכן חלק בלתי־נפרד מזהותם הלאומית. חברה חלשה יותר מנקודת מבט דתית גם תתקשה להוציא מקרבה מנהיג ירא שמים. זאת ועוד, ההתדרדרות הרוחנית תורמת ישירות להתפוררות הרקמה החברתית של העם. המשכן נועד לשמש מוקד התכנסות לפחות שלוש פעמים בשנה וכך ליצור תחושת אחדות ולשמש מרכז ומכנה משותף לעם כולו. נטישת המשכן גורמת לשבטים השונים לשכוח את הגורם המחבר ביניהם ומכשילה את האפשרות ליצור חברה לכידה.

על סמך הטיעונים שהובאו לעיל אני עדיין סבורה שהגורם העיקרי לתוהו ובוהו המאפיין את ספר שופטים הוא העובדה שהעם לא השכיל לכונן הנהגה חזקה ומרכזית, כלומר - מלוכה.[30] הסמכות

30. מור, מלך, עמ' 29, טוען כך: "בספר שופטים, העדר המלך איננו גורם אחד מני רבים אלא הגורם בה"א הידיעה האחראי להתדרדרות ישראל לאדישות מוסרית, לכפירה דתית ולאלימות פלילית".

השבטית התגלתה כחלשה, מוגבלת ומעורערת מכדי לאכוף את החוק ולאחד את העם. ספר שופטים מדגיש את חשיבות המלוכה כגורם מרכזי בקביעת יכולתה של החברה לתפקד ולקיים את זהותה הדתית.

סיום ספר שופטים: התדרדרות לתוהו ובוהו (שופטים יז–כא)

איור: היחסים בין ההנהגה לבין ההתדרדרות הדתית והחברתית

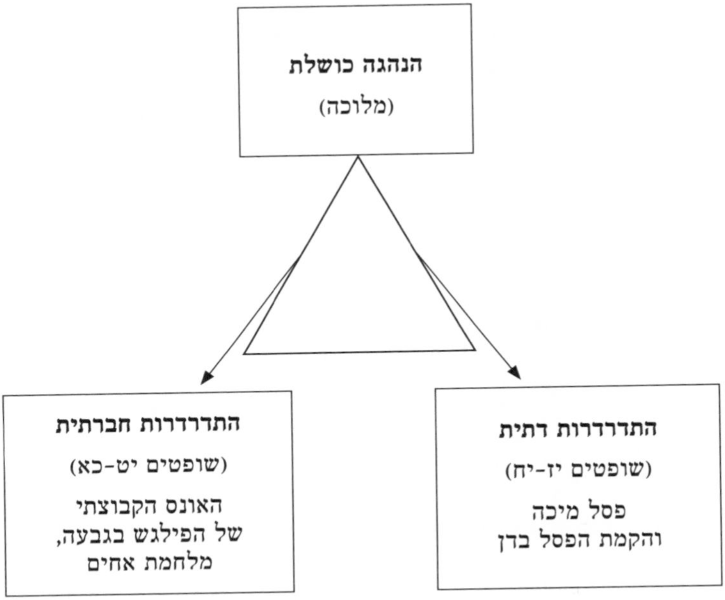

קריאת הפרקים האחרונים בספר שופטים מבהירה את היחסים בין שלוש הזירות המוצגות לעיל (ראו באיור). סיום פורעני זה מתאר חברה שאיבדה שליטה בכל אחד משלושת התחומים הקשורים הללו.[31] הפרקים

31. אני סבורה שהשאלה מתי התרחשו האירועים המסופרים בפרקים אלה שולית לענייננו. למרות עמדתם של כמה פרשנים (למשל סדר עולם רבה, יב, אך

הללו מתאפיינים בראש ובראשונה בהעדר מוחלט של שופט, מלך או כל צורת הנהגה אחרת. הביטוי החוזר "בַּיָּמִים הָהֵם אֵין מֶלֶךְ בְּיִשְׂרָאֵל, אִישׁ הַיָּשָׁר בְּעֵינָיו יַעֲשֶׂה" מלמד כי העדר הנהגה הוא הגורם המרכזי למצב המתואר בפרקים אלה, המעידים על קריסה דתית וחברתית.

אמנם כל חמשת הפרקים מספרים על תפקוד לקוי של העם, אך הם כוללים שני תיאורים מובחנים. הסיפור הראשון (שופטים יז-יח) מתאר את הקריסה הדתית הנוראה, ואילו השני (שופטים יט-כא) מתאר את ההתפוררות החברתית ההרסנית.[32]

הסיפור הראשון מתמקד בעיקר בחטאים שבין אדם למקום ובעיוות התחום הדתי. העלילה מתארת ניסיון לכפר על גניבת כסף באמצעות עשיית פסל ומסיכה והקמת מקדש פרטי ובו אפוד ותרפים. בני אפרים ולוויים הופכים לכוהנים. בניסיון מעוות למלא את החובה לכבוש את נחלת השבט, יוצאים בני דן ללא אישור להתקפה על עיר חפה מפשע וחסרת אונים.[33] למרבה האירוניה, אירוע זה הוא המקרה הראשון בספר שופטים שבו מתוארים אנשים **המבקשים** לנהוג באדיקות: הם מברכים בשם ה׳, מקדישים כסף לה׳, ממנים כוהנים, שבט מתאמץ לכבוש את נחלתו, אנשים שואלים בה׳ ואתר פולחן מוקם בהר אפרים ואחר כך בדן, שבניגוד למשכן בשילה נעשה כנראה מוקד עלייה לרגל.[34] אמנם כל אחד מהצעדים האלה מחטיא

בניגוד לדעת אברבנאל, שופטים יז) שהאירועים התרחשו בתחילת הספר, פרקים אלה הוצבו בסוף הספר והם מתפקדים שם כשיאו של התהליך. מנקודת מבט ספרותית, חמשת הפרקים האחרונים משמשים בתפקיד הנראטיב שאליו מתכנסים בסופו של דבר כל זרמי הספר.

32. הבחנה זו מופיעה אצל המלבי"ם (שופטים כ יח, על סמך סנהדרין קג ע"ב), האומר כי כל אחד מהסיפורים האחרונים האלה מביא נושא מובהק משלו: הראשון עוסק בחטאים בין אדם למקום, ואילו השני עוסק בחטאים שבין אדם לחברו.

33. פרשנים שונים מציינים כי עיר זו לא הייתה כלולה בגבולות שמצווה לכבשם ותושביה לא היו בני העמים שדינם נגזר להשמדה. ראו למשל רד"ק לשופטים יח ז; אברבנאל לשופטים יח א.

34. מור, מלך, עמ׳ 37-38, מציין כי למרות האווירה הקודרת השורררת בפרקים האחרונים של ספר שופטים (ובמיוחד בפרק יז), ניכר בהם עיסוק דתי רב.

את מטרתו ומביא לעיוות גמור של עבודת ה׳, אבל ייתכן שזוהי בדיוק מטרת הסיפור. גם אם אנשים שואלים בה׳ בתקופה זו ומביעים רצון לקיים מצוות, ללא הנהגה נאותה נועדו כל הניסיונות הללו לכישלון.[35]

הסיפור השני בסוף ספר שופטים מתמקד בעיקר בהתנהגות בלתי־הולמת בין אדם לחברו ובבעיות בתחום החברתי. הסיפור מתאר אישה שבוגדת בבעלה, עיר שלמה שנוהגת בגסות מזעזעת (המגיעה לשיאה באונס קבוצתי אכזרי), אישה שגווייתה מבותרת לנתחים כדרך להעביר מסר, ומלחמת אחים המאיימת לחסל שבט שלם. גם כאן נעשה שימוש באירוניה מרשימה. בסיפור הזה מופיע שפע פתאומי של אחדות חברתית ופעולות גומלין חברתיות חיוביות לכאורה.[36] חותן מאכיל את חתנו ואיש אפרים מציע בנדיבות להאכיל ולהלין נוסע משבט לוי. ביטויים רבים של אחדות ושל לכידות חברתית מלווים את סיפור מלחמת האחים. למשל, בסיפור המסיים הזה מופיע פעמים אחדות הצירוף "כָּל בְּנֵי יִשְׂרָאֵל" (שופטים כ א, ז), הבולט בהעדרו בספר שופטים.[37] פסוק אחד בולט במיוחד כדוגמה הולמת לאי־ההתאמה האירונית שבין הנושא לבין האופן שבו הוא מסופר: "וַיֵּאָסֵף כָּל אִישׁ יִשְׂרָאֵל אֶל הָעִיר כְּאִישׁ אֶחָד חֲבֵרִים" (שופטים כ יא). האירוניה היא שתיאור זה של היאספות העם מספר דווקא על פעולה שנועדה לחסל שבט שלם, צעד שעתיד להביא לביתור העם כולו. כל אחד מהניסיונות שצוינו כאן לתאר תפקוד חברתי מביא לתוצאה לא רצויה. גם את האירוניה הזאת אני מבקשת לתלות בקריסת ההנהגה באותה

35. דומה שאברבנאל (שופטים יח ה) סבור כי דווקא בסיפור הזה אנשים ביקשו באמת לעבוד את האל כראוי.

36. בעקבות זאת מפרשים כמה חוקרים את הארגון החברתי בסיפור הזה ברוח חיובית. ראו למשל אמית, שופטים, 315-312. לדעתי, גישה זו לסיפור המסיים ההרסני אינה משכנעת.

37. הצירוף "כָּל [בְּנֵי] יִשְׂרָאֵל" מופיע פעם אחת בתחילת הספר (שופטים ב ד) ופעם נוספת בתיאור עבודת האלילים הקיבוצית בסוף סיפורו של גדעון (שופטים ח כז).

תקופה. גם אם התקיימה בעם השאיפה לאחדות חברתית, לא היה מי שינחה אותו, מי שיורה לו איך להגשים את המטרה הנעלה הזאת.

יסוד משותף המופיע בשני הסיפורים הוא ריבוי הדמויות חסרות השם המופיעות בחמשת הפרקים האחרונים של ספר שופטים.[38] האנונימיות הרווחת הזאת מלמדת על דה־הומניזציה של האחר בחברה, על ניכור ועל אבדן תחושת התכלית והזהות האישית. זאת ועוד, כשאין מזכירים אדם בשמו אפשר להחליף כל אדם ברעהו, ומעשיו הרעים של אדם אחד צריכים להיתפס כרוע של כל אדם. בסיפורים האלה איש אינו חף מפשע ואיש אינו נוהג בחסידות. כל פרט בלתי־מוגדר בחברה משקף ומחקה את מעשיו הנתעבים של רעהו.

הסיפור האחרון בספר פותח במעשה פילגש בגבעה (שופטים יט). סיפור זה מהווה הד מאיים לפשעי סדום (בראשית יט).[39] פשעה של סדום היה כה חמור, עד שה׳ החליט שאין טעם בהמשך קיומה של העיר וגזר עליה להיות "מִמְשַׁק חָרוּל וּמִכְרֵה מֶלַח" (צפניה ב ט).[40] לפי תיאור זה, סדום מוגדרת כחברה שלא ייצרה דבר בעל ערך, שאין לה קיום ודבר לא יוכל עוד לצמוח ממנה. לא פלא שהעתקת

38. אמנם בסיפורים אלה רווחת האנונימיות, אך יש בהם כמה דמויות ששמן נזכר. מעניין שהסיפור הראשון (העוסק בעיקר בחטאים שבין אדם למקום) מסתיים בדמות בעלת שם מוגדר (שופטים יח ל) המזוהה בפרשנות המסורתית כיונתן בן גרשום נכד משה (ראו למשל בבא בתרא קט ע"ב). הסיפור השני (המציג בעיקר חטאים חברתיים) נוקב בשמו של פנחס בן אלעזר נכד אהרן (שופטים כ כח). דמויות אלה, ששמן נזכר באופן לא צפוי, מדגישות את ההתדרדרות הבלתי־נתפסת של התקופה: נכדו של משה מוצג בסיפור שעניינו קריסה דתית, ונכדו של אהרן, הכוהן הגדול שלבש על חזהו את החושן עם שתים עשרה האבנים היקרות כנגד שנים עשר השבטים ששמותיהם חקוקים עליהן כסמל האחדות, ממלא תפקיד מנהיגותי בסיפור זה של התפוררות חברתית מזוויעה.

39. פרשנים וחוקרים שונים עסקו בהקבלות הרבות הקיימות בין שני הסיפורים (ראו למשל הרמב"ן לבראשית יט ח, המנסה גם לעמוד על ההבדלים בין הסיפורים). מאמרים רבים נכתבו על נושא זה. ראו למשל מור, שופטים, עמ׳ 417–418; לסין, אורח; נידיץ׳, מוטיב הסדומי; פנצ׳נסקי, אינטרטקסטואליות.

40. דימוי המלח מתייחס לבראשית יט כה, שם אשת לוט מביטה לאחור אל העיר שהושמדה (אולי בכמיהה לחזור אליה) והופכת לנציב מלח.

הסיפור הזה אל ישראל תזרז את בואו של אסון הצופן בחובו סכנה להשמדתה של החברה.[41]

ספר שופטים מותיר את הקוראים מרחפים עַל פי תהום, מצב חסר תקנה לכאורה. השאלה היא כיצד עם מושחת כזה עשוי להיחלץ מתוך המדמנה הנוראה שאליה נקלע. כיצד יוכל עם ישראל להינצל מגורלה של סדום, לנוכח העובדה שמעשיו מזכירים כל כך את מעשיה של אותה חברה פושעת שגורלה נחרץ? וליתר דיוק, כיצד יוכל עם ישראל למצוא פתרון לאותן שלוש זירות נפרדות אך קשורות זו בזו שהושחתו בתקופה זו?

בועז: המנהיג מיהודה

מגילת רות מספקת את הפתרון למצוקות התקופה הסוערת הזאת. גם בה אין מלך, וסיפורה אף הוא מתרחש באותה תקופה כאוטית שתוארה לעיל (ימי שפוט השופטים), אלא שהיא מסתיימת במלך ומוליכה אותנו אל הולדת דוד, אל המלוכה, הפתרון המוצע. כיצד היא עושה זאת?

למרות האווירה האידילית השורה על המגילה, אנחנו מתוודעים לבעיית המנהיגות כבר בראשיתה. המגילה מציגה משפחה משבט יהודה, משפחה אופיינית לספר שופטים המתנערת מנטל המנהיגות ובורחת לארץ אחרת בימות הרעב. לקראת סוף המגילה (בפרק ד) תוצג בפנינו דמות אנונימית מיהודה (המוצגת כ״פְּלֹנִי אַלְמֹנִי״), המסרבת לקבל עליה את האחריות לגאולתה של רות.[42] לעומתם יש במגילה איש מיהודה הממלא תפקיד של מנהיג בולט, שהוא תיקון לכישלונות ההנהגה של ספר שופטים. בועז מוצג כ״אִישׁ גִּבּוֹר חַיִל״,

41. בתנ״ך, ובמיוחד אצל הנביאים, הפך הצירוף ״סדום ועמורה״ סמל למקום של רוע מוחלט הצפוי בהכרח להשמדה מוחלטת. ראו למשל ישעיהו א ט-י; ירמיהו כג יד; עמוס ד יא; צפניה ב ט; איכה ד ו.

42. אלימלך, מחלון, כליון ופלוני אלמוני - כל הדמויות האלה משקפות את הערכים הנלוזים המוכרים לנו מספר שופטים ומתאפיינות בכשל מנהיגותי. כפי שנראה, התנהגותם של אלימלך ובניו מאיימת להכרית את שם המשפחה (רות ד י).

אדם שיש לו שם ("וּשְׁמוֹ בֹּעַז") ודמות מופת. הכבוד שרוחשים לו אנשי בית לחם בא לידי ביטוי באופן שבו הם מצייתים לו לכל אורך הסיפור. אפילו זקני העיר מצייתים לו ללא היסוס כשהוא מורה להם לשבת למשפט (ד א–ב).

לאורך הסיפור כולו נענה בועז לאתגרים המוצבים לו ומפגין מנהיגות יעילה ומעורבת, המשפיעה על החברה בבית לחם, הן מבחינה דתית הן מבחינה חברתית. מעניין שהפועל המגדיר את היזמה שנוקט בועז לקראת סוף הספר הוא "עלה" (ד א). פועל זה מרמז כי בועז הוא המנהיג המוזכר בדו־שיח סביב חיפוש המנהיג בספר שופטים. דו־שיח זה מופיע פעמיים, בתחילת ספר שופטים ובסופו: "מִי יַעֲלֶה לָּנוּ?... וַיֹּאמֶר ה׳ יְהוּדָה יַעֲלֶה" (שופטים א א–ב; כ יח; בהבדלים קלים). המנהיג העולה משבט יהודה ושמחלציו יצא המלך, התרופה לריק המנהיגותי בתקופת השופטים, הוא בועז.

התיקון החברתי של בועז

מנהיגותו האיתנה של בועז באה לידי ביטוי ביכולתו להביא בפועל לתיקון חברתי וליצור פעילות גומלין חברתית נאותה. למרות הסביבה המפגינה התנהגות אופיינית לימי השופטים, יחסו של בועז אל רות המואבייה מתריס כנגד הנורמה החברתית. נשות בית לחם מתעלמות מקיומה, הנער הניצב על הקוצרים מזלזל בה,[43] הקוצרים הצעירים מציקים לה והגואל מרחיק אותה, אבל בועז מכיר ברות כאדם בפני עצמו ומציע לה חמלה, מזון, כבוד והכרה.[44] בהמשך הוא גם נושא

43. קיימת מחלוקת סביב דמותו של הנער, אך אנסה להדגים את גישתו המזלזלת כלפי רות בהמשך הסיפור.

44. עצם ההכרה של בועז ברות מעורר אצלה תדהמה ומידה מוגזמת של הכרת טובה (רות ב י, יט), והדבר מלמד עד כמה התנהגותו חריגה לעומת הנורמות החברתיות הקיימות. נעמי נעדרת במכוון מסקירה זו, מפני שיחסה כלפי רות מורכב ודינמי, משתנה ומתפתח לאורך העלילה. בהמשך אטען כי בועז משפיע במידה רבה על התנהגותה של נעמי כלפי רות, בדיוק כפי שהוא משפיע על כלל החברה.

אותה לאישה למרות הסתייגותו הפומבית והנחרצת של הגואל מאפשרות הנישואים עם רות המואבייה (ד ו).

יחסו הנדיב של בועז כלפי רות מחלחל הלאה ומדרבן את אנשי בית לחם להכיר ברות ולקבלה (ד יא-יב, טו).[45] התנהגותו עשויה לעזור לעם להתגבר גם על הניכור שפשה ביחסים בין איש לרעהו. השפעה דומה יש למעשהו של בועז שנועד "לְהָקִים שֵׁם הַמֵּת עַל נַחֲלָתוֹ" (ד י), שהשלכותיו רחבות יותר. הוא לא רק מקים את שם משפחתו המדולדלת של אלימלך, אלא גם מציע לרות הזדמנות לומר את שמה (ג ט). בועז מציג דוגמה אישית המנחה את האנשים לשוב אל הערך של הקמת שם ושל הכרה באחר. דבר כזה ממתן את הניכור שפשה בחברה ובא לידי ביטוי באנונימיות של הדמויות בסוף ספר שופטים. התנהגותו הייחודית של בועז, החורגת מהנורמות החברתיות המשובשות להחריד של תקופת השופטים, זורה אור על יכולתו למצוא הן את הפתרונות המיידיים הן את הפתרונות ארוכי הטווח הנחוצים בתקופה זו.

התיקון הדתי של בועז

מנהיגותו של בועז משפיעה גם על התחום הדתי.[46] הוא עצמו ירא

45. יכולתו של בועז כפרט להשפיע לטובה על הקהילה כולה מוצגת כהקבלה וכתיקון להשפעתו השלילית של הפרט בשני הסיפורים האחרונים בספר שופטים, הנפתחים בהתנהגות חוטאת של פרטים (מיכה, הפילגש, בעלה, הזקן מאפרים) המחלחלת ומתפשטת החוצה אל הקהילה כולה (שבט דן, אנשי גבעה, שבט בנימין, העם כולו).

46. סיפור נוסף המתפקד כפתרון לתפקוד הדתי הלקוי באותה תקופה הוא סיפור אלקנה, חנה ושמואל. הסיפור המופיע בשמואל א א יוצר גם גשר בין תקופת השופטים לבין תקופת המלוכה. בתקופת השופטים חסרה מנהיגות דתית, המשכן מאבד את מרכזיותו וניכרת היחלשות בשמירת המצוות, בהעלאת קרבנות ובדרישה בה'. ספר שמואל נפתח באדם, לוי מהר אפרים, המתקומם כנגד הנורמה הקיימת. אדם זה, אלקנה, פוקד את שילה באופן קבוע להשתחוות ולזבוח לה'. אשתו חנה מציגה אף היא מודל של אדיקות. דמותה בולטת במיוחד בפרק המספר על תפילותיה הכנות ועל הנדר שהיא נודרת. הזוג מביא לעולם את שמואל, המנהיג הנביא לשבט לוי, המהווה תיקון ללוויים המושחתים

שמים. המילה הראשונה הנשמעת מפיו היא שם ה׳ (ב ד) והוא מקפיד על שמירת המצוות. הוא מקבל עליו אחריות אישית לקיום המצוות הקשורות ליחס כלפי העניים בשדותיו, לקיום המצוות הקשורות לגאולת נחלתו של אלימלך ולנישואיה של רות.[47] אדיקותו מופתית כל כך, עד שכמה הלכות נגזרו מהדוגמה האישית שהוא נותן.[48] לאדיקותו האישית יש השלכות רחבות המשפיעות על החברה בכללותה. השפעה זו מורגשת במיוחד ביחסיו עם הקוצרים בפרק ב ועם אנשי בית לחם בפרק ד. יושרתו הדתית היא תנאי מוקדם והכרחי להיותו מייסד המלוכה, שנועדה להחזיר את האדיקות לחברה טועה זו.

מגילת רות כתיקון לספר שופטים

ראינו שספר שופטים מתאר ואקום מנהיגותי שיש לו שתי תוצאות קשות: קריסת התפקוד הדתי וריסוק האחדות החברתית. הפתרון לשתי הבעיות האלה מוצג במגילת רות, המתפקדת כגשר בין החברה חסרת ההנהגה של סוף ספר שופטים לבין המלוכה. הסיפור מציג מנהיג משבט יהודה שנוהג במידת חסד ראויה לשבח וגם מפגין אדיקות

השולטים בפרקים האחרונים של ספר שופטים (ראו הערת הרלב״ג על שמואל א א א). כמו שני הלוויים הנודדים בין בית לחם להר אפרים, גם שמואל הוא לוי נודד (שמואל א ז טז). אלא שהוא מנצל זאת כדי להנהיג את העם כראוי ובסופו של דבר להביא לכינון המלוכה (תחילה במשיחת שאול בהר אפרים ואחר כך במשיחת דוד בבית לחם). סיפור זה מתגלה כתיקון אפקטיבי לקריסה הדתית של ימי השופטים והוא מנווט את התנועה העדינה מתהום הפורענות אל היציבות שבהנהגה אפקטיבית.

47. כשנגיע לפרק ד נשאל אם דאגתו של בועז לשאלת נישואיה של רות נובעת מהקפדה הלכתית, משמירה על המנהג המקובל או פשוט מתחושת אחריות ודאגה הנובעת מנדיבות לב.

48. מסורת מדרשית (ראו ירושלמי ברכות ט) גורסת כי אחת מפסיקותיו של בועז בבית דין של מטה (שמותר לברך אדם בשם ה׳) מתקבלת בבית דין של מעלה. הלכה שנייה שאנחנו למדים מבועז (על סמך רות ד ב) היא שהברכות הנאמרות בטקס הנישואים מחייבות מניין (רות רבה פרשה ז ח). התרגום נוטה להתייחס לבועז כאיש חכם (ראו למשל רות ג ד).

מופתית, ומחלציו יוצאת שושלת בית דוד. בתפקדו כדמות מופת המכוונת את החברה אל ההתנהגות הראויה פותר בועז את הבעיות המצומצמות של המגילה. במקביל, בועז מוצא מזור גם למצוקה הלאומית הרחבה, בכך שהוא מוליד את דוד ומשיק את המוסד שנועד לבלום את ההתדרדרות הדתית והחברתית של העם.

וכך, למרות העובדה שסיפור מגילת רות מתרחש בימות השופטים, הוא מתקדם במסלול שונה במובהק ומביא לתוצאה שונה לחלוטין. לכן לא היה מקום לצרף את מגילת רות לספר שופטים. עליה להישאר מחוץ לספר זה כדי לשמש תיקון לתקופה המתוארת בו.

סוף ספר שופטים ומעמדו ביחס למגילת רות

מגילת רות מתמקדת באופן ספציפי בניסיון להיאבק בשיבוש החברתי השורר באותה תקופה. קיים אפוא מתאם הדוק בין מגילה קצרה זו לבין המצב הכאוטי המתואר בסוף ספר שופטים, מצב של קריסה חברתית גמורה.[49] סיפור פילגש בגבעה הוא שעתו האפלה ביותר של ספר זה. ההתנהגות המזוויעה של כל הדמויות הקשורות לסיפור, ההדים המאיימים המזכירים את סדום ומלחמת האחים המתלקחת בעקבות האונס - כל אלה מחזקים את תחושת הכיליון המתלווה לסיפור. ההקבלות הלשוניות והתמטיות הבולטות בין מגילת רות לבין סיפור פילגש בגבעה מבהירות היטב שמגילת רות נועדה לשמש תיקון לאותו סיפור ולספר שופטים כולו.[50]

49. מגילת רות מתמקדת בעיקר בצורך לתקן את עוולות החברה, ולעומתה סיפור אלקנה וחנה מתמקד בעיקר בתיקון הקריסה הדתית. בדומה להקבלה הלשונית הבולטת שאציג להלן בין מגילת רות לבין סיפור הקריסה החברתית (שופטים יט-כא), קיים מתאם לשוני בולט בין סיפור אלקנה וחנה לבין הסיפור המייצג את קריסת החיים הדתיים (שופטים יז-יח). השכיחות והמובהקות של המקבילות הללו (למשל "חגור", "מר נפש", "שמע קול", "חזק") מלמדות על יחסים אינטרטקסטואליים ייחודיים בין שני הסיפורים.

50. בולינג, שופטים, עמ' 276, סבור כי ככלל "יש נקודות השקה רבות בין סיפור פילגש בגבעה לבין מגילת רות". רעיון זה מורחב אצל קמפבל, רות, 35-36,

מעשה פילגש בגבעה ומגילת רות

נפתח בציון כמה מקבילות תמטיות כלליות בין שני הסיפורים הללו. כל אחד מהם עוסק באישה הקשורה לבית לחם, שעזבה את ביתה והגיעה למקום שבו רואים בה זרה. כל אחת מהנשים הללו שייכת למעמד חברתי נמוך: רות המואבייה מכנה את עצמה "נָכְרִיָּה", "אֲמָה" ו"שִׁפְחָה", והפילגש מכונה "אָמָה".[51] מעמדן החברתי הנמוך ניכר גם באופן שבו מתייחסת כל אחת מאותן דמויות נשיות אל הדמות הגברית השלטת בסיפור (בועז ובעלה של הפילגש), המכונה בפיהן "אֲדֹנִי". בשני הסיפורים ידו של האדון על העליונה והוא יכול להגן על האישה נמוכת המעמד, העקורה וחסרת האונים, או להתעלל בה.[52] הנשים מתוארות בתוך סביבות מקבילות מבחינת הזמן ביממה וכוללות מוטיבים דומים. בכל סיפור מופיעה סצנה לילית טעונה מתח מיני, ההופכת בהדרגה ליום וחושפת את עוללות הלילה הקודם.

שופטים יט ורות א–ג

הסיפור האכזרי המתואר בפרק יט בספר שופטים נפתח באיש הלוקח

המציין מקבילות מילוליות וניגודים תמטיים אחדים שצירופם מלמד לדעתו על קשר מודע בין שני הסיפורים. קמפבל מציין, למשל, שהמילה "אַל", המשמשת כמילת שלילה עצמאית בדיבור המוטמע בתוך סיפור, מופיעה בשני הסיפורים האלה (רות א יג ושופטים יט כג), שימוש המופיע בתנ"ך שש פעמים בלבד. מקבילות אחדות בין הסיפורים הללו מצוינות גם אצל זקוביץ, אשת חיל, 414-411.

51. חששו של בעל הפילגש מפני "נכרים" בא לידי ביטוי בסירובו המבוהל ללון ביבוס, המכונה בפיו "עִיר נָכְרִי" (שופטים יט יב).

52. חוקרים רבים טוענים כי במרכזו של כל אחד מהסיפורים הללו נמצאים תפקידים מגדריים. לי נראה כי סיפור הפילגש בגבעה מדבר בעיקר על שימוש לרעה בכוח, באלימות ובהחפצת האחר, ולא בתפקידים מגדריים כשהם לעצמם. אחת הדרכים להעריך את תפקודיותה של חברה היא לבחון כיצד החזקים בה מתייחסים לזר ולחלש. שימו לב שהאספסוף בגבעה דורש תחילה לאנוס דווקא את בעלה של הפילגש. היחס לנשים כחפץ מיני בסיפור זה מוצג כפריזמה שדרכה אפשר לראות את טיבה ואת מזגה של החברה.

לו פילגש מבית לחם יהודה. הפילגש בוגדת בו וחוזרת לבית אביה שבבית לחם.[53] אחרי חודשים אחדים בא הבעל לחפשה ו"לְדַבֵּר עַל לִבָּהּ" לשוב עמו (שופטים יט ג). הוא ונערו עושים בבית לחם ימים אחדים, "וַיֹּאכְלוּ וַיִּשְׁתּוּ וַיָּלִינוּ שָׁם" בבית אביה (שופטים יט ה, ראו גם שם ו). הבעל מנסה לעזוב פעמים אחדות אך חותנו מפציר בו להישאר: "סְעָד לִבְּךָ פַּת לֶחֶם וְאַחַר תֵּלֵכוּ", הוא אומר לו (שופטים יט ו, ראו גם שם ט). אחרי כמה ניסיונות כאלה יוצא הזוג לדרכו לפנות ערב, וכעבור זמן מה עליהם למצוא מקום לינה. האיש מסרב להצעת נערו ללון בעיר היבוסית, שכן זוהי "עִיר נָכְרִי אֲשֶׁר לֹא מִבְּנֵי יִשְׂרָאֵל הֵנָּה" (שופטים יט יב), והם מגיעים לעיר גבעה שבנחלת בנימין. איש מבני המקום אינו נוהג בהם הכנסת אורחים ונדמה שיהיה עליהם ללון ברחוב. לבסוף הם פוגשים איש זקן מהר אפרים (כלומר, לא בן המקום) השב מעבודתו בשדה, והוא מציע מקום לאיש, ל"אמתו" ולנערו. צללי הערב נוטים והזקן ואורחו יושבים לאכול ולשתות ולהיטיב את לבם.[54]

סיפור הדברים מזכיר מפגש נוסף בין גבר ואישה בבית לחם, שאליה הגיעה האישה אחרי שעזבה את בית אביה (ואמה). האיש, בועז, הוא היחיד המתייחס יפה אל רות, המתארת את עצמה כנכרייה ("וְאָנֹכִי נָכְרִיָּה", רות ב י), ולפיכך מושא ליחס חשדני. רות מכנה את בועז "אֲדֹנִי" (ב יג) ואת עצמה "שִׁפְחָתֶךָ" (ג ט), אך הוא נוהג בה בכבוד ובחמלה, ובנדיבותו מספק לה מזון והגנה בשדותיו. רות הנדהמת מיחסו הטוב נופלת על פניה בהכרת טובה (ב י) ומודה לו

53. בגידתה של הפילגש בבעלה מתוארת באמצעות הפועל "זנה", המשתלב היטב באווירת הפריצות המינית המאפיינת את תקופת השופטים.

54. הטקסט משתמש בלשון רבים סתמית - "וַיִּרְחֲצוּ רַגְלֵיהֶם וַיֹּאכְלוּ וַיִּשְׁתּוּ. הֵמָּה מֵיטִיבִים אֶת לִבָּם..." ולכן לא ברור אם הפילגש מצטרפת אל ארוחת הגברים. שתיקתה של הפילגש רועמת והיא אינה מתערבת בשיחתם (אם כי יש לשיחה זו השלכות חשובות לגביה). זאת ועוד, נדמה שבארוחות שנערכו בבית אביה נטלו חלק רק שני הגברים - "וַיֹּאכְלוּ שְׁנֵיהֶם יַחְדָּו וַיִּשְׁתּוּ" (שופטים יט ו), "וַיֹּאכְלוּ שְׁנֵיהֶם" (שופטים יט ח) - והלשון הדומה שבה מתוארת הארוחה בגבעה - "וַיֹּאכְלוּ וַיִּשְׁתּוּ" (שופטים יט כא) - מלמדת אולי שגם בארוחה זו השתתפו רק המארח ואורחו.

"כִּי נִחַמְתָּנִי וְכִי דִבַּרְתָּ עַל לֵב שִׁפְחָתֶךָ" (ב יג). למרות גילו המתקדם, בועז, בדומה למארח הזקן בן אפרים משופטים יט, משגיח בעצמו על העבודה בשדותיו (ב ד; ג ב).

בעקבות הוראתה של נעמי, באחד הלילות רות ניגשת אל בועז בשדה במטרה להשיג גאולה (הכרוכה בנישואים). אחרי שהוא אוכל ושותה ולבו טוב עליו (ג ז), היא מגלה את מרגלותיו, נשכבת לידו ומחכה לראות מה יעשה. בועז מתעורר ומוצא אישה שוכבת למרגלותיו. במקום לנצל את הסיטואציה המזמינה הזאת, הוא שואל את רות מי היא. רות אומרת לו את שמה ומקבלת עליה את האחריות לעתידה ומציעה לו לפרוש עליה את כנפו. תגובתו של בועז עדינה ומכובדת: הוא מברך את רות בשם ה׳, מציין את טובה ואת חסדה ומכריז כי כל עמו יודע שהיא "אֵשֶׁת חַיִל" (רות ג יא). אחר כך הוא מציע לה מקום לינה בטוח ללילה (ג יג) ואומר כי בבוקר (המילה "בוקר" מופיעה שלוש פעמים ברצף מהיר) ידאג למציאת פתרון טוב, דהיינו הגאולה שהיא מחפשת. כדי לא לפגוע בשמה הטוב הוא אומר לה להשכים קום וללכת לפני עלות היום, פן יפרש מישהו בצורה לא נכונה את אירועי אותו לילה: "אַל יִוָּדַע כִּי בָאָה הָאִשָּׁה הַגֹּרֶן" (ג יד). עוד לפני לכתה הוא מפציר בה "הָבִי הַמִּטְפַּחַת אֲשֶׁר עָלַיִךְ וְאֶחֳזִי בָהּ" (רות ג טו) כדי שיוכל להניח בה שעורים. התמימות המתוקה של הלילה שעושה רות בנוכחותו המגוננת והמתחשבת של בועז ובחסות נדיבותו משרה על הפרק אווירה שלווה, המחלחלת למגילה כולה.

לעומת זאת, הלילה שעושה הפילגש עם בעלה/אדונה המפויס, אינו עולה יפה כל כך. אף שנסע כדי להחזיר את פילגשו ולדבר על לבה, הוא אינו מקדיש לה מחשבה רבה ודומה שכמעט אינו מודע לנוכחותה. בין הפסוקים המתארים את אכילתו ושתייתו, אין כל ניסיון מצדו להציע לה מזון. ויותר מכך, דאגתו למצוא מקום לינה אינה כוללת אותה ומתמקדת בעיקר בצרכיו שלו: "וְאֵין אִישׁ מְאַסֵּף **אוֹתִי** הַבָּיְתָה" (שופטים יט יח). אין צורך לומר שכאשר האיש מוצא את

עצמו בסכנת אונס (״וְנֵדָעֶנּוּ״; שופטים יט כב) הוא מעדיף להוציא את פילגשו אל בני הבליעל המתדפקים על הבית. במקום להציע לה הגנה מפני ההמון התוקפני, בעלה/אדונה זורק אותה לרחוב ללא רחמים (שופטים יט כה) כדי שאנשי העיר יוכלו לעשות בה ״הַטּוֹב בְּעֵינֵיכֶם״ (שופטים יט כד).[55] ואכן, בני העיר רואים לנכון לאנוס באכזריות את הפילגש (״וַיֵּדְעוּ אוֹתָהּ״) והם מתעללים בה ״כָּל הַלַּיְלָה״ (שופטים יט כה). לבסוף, לפנות בוקר (שוב מופיעה מילה זו שלוש פעמים בסמיכות), נמצאת האישה ״נֹפֶלֶת פֶּתַח הַבַּיִת וְיָדֶיהָ עַל הַסַּף״ (שופטים יט כו). האדון מתעורר (״וַיָּקָם״) בבוקר (שופטים יט כז), ״וַיֵּצֵא לָלֶכֶת לְדַרְכּוֹ״,[56] ואז הוא מבחין באישה השרועה על מפתן הבית. הוא מצווה עליה ״קוּמִי וְנֵלֵכָה״, אך משאינה עונה, הוא קם שוב (״וַיָּקָם הָאִישׁ״), לוקח אותה הביתה, אוחז בה (״וָאֹחֵז בְּפִילַגְשִׁי״; שופטים כ ו)[57] ומבתר את גופתה לנתחים. הפילגש מונצחת כאישה חסרת שם וחסרת קול, מושא להחפצה, שאינה מסוגלת לנקוט יזמה ולקבל הגנה, ואין לה בעלות אפילו על גופה שלה.

בטבלה 1 מוצגת השוואה בין השפה המשמשת בשני הסיפורים האלה כפי שהם מופיעים בשופטים יט וברות א–ג.

55. מילים אלה יוצאות למעשה מפי ״המארח הנדיב״ משבט אפרים, שהתחשבותו באורחו הלוי אינה כוללת את בתו שלו או את פילגשו של האורח והוא מציע את שתיהן לסיפוק תאוותם של בני העיר.

56. פעלים אלה, המזכירים את תיאור שובה של נעמי לבית לחם - ״וַתָּקָם... וַתֵּצֵא... וַתֵּלַכְנָה בַדֶּרֶךְ״ (רות א ו–ז) - מהווים חיזוק נוסף לקשר בין שני הסיפורים.

57. כך מסופר בהמשך מפי האיש (שופטים כ ו). בסיפור המעשה עצמו בפרק יט מתואר האיש כמי שמחזיק אותה בכוח (״וַיַּחֲזֵק בְּפִילַגְשׁוֹ״). אני מתייחסת כאן לגרסה המאוחרת יותר שהוא מספר לשומעיו כדי לחזק את ההקבלה בין שני הסיפורים באמצעות המילה ״אחז״.

טבלה 1: השוואת פרשת פילגש בגבעה (שופטים יט) למגילת רות (א–ג)

שופטים	רות
וַיָּקָם אִישָׁהּ וַיֵּלֶךְ אַחֲרֶיהָ לְדַבֵּר עַל לִבָּהּ (יט ג)	כִּי נִחַמְתָּנִי וְכִי דִבַּרְתָּ עַל לֵב שִׁפְחָתֶךָ (ב יג)
וַיֹּאכְלוּ וַיִּשְׁתּוּ (יט ד) וַיֹּאכְלוּ שְׁנֵיהֶם יַחְדָּו וַיִּשְׁתּוּ (יט ו) וַיֹּאכְלוּ וַיִּשְׁתּוּ (יט כא)	וַתֹּאכַל וַתִּשְׂבַּע וַתֹּתַר (ב יד) וַיֹּאכַל בֹּעַז וַיֵּשְׁתְּ (ג ז)
הוֹאֶל נָא וְלִין וְיִטַב לִבֶּךָ (יט ו) לִין פֹּה וְיִיטַב לְבָבֶךָ (יט ט) הֵמָּה מֵיטִיבִים אֶת לִבָּם (יט כב)	וַיִּיטַב לִבּוֹ (ג ז)
וַיֹּאמֶר אֵלָיו אֲדֹנָיו לֹא נָסוּר אֶל עִיר נָכְרִי אֲשֶׁר לֹא מִבְּנֵי יִשְׂרָאֵל הֵנָּה וְעָבַרְנוּ עַד גִּבְעָה (יט יב)	מַדּוּעַ מָצָאתִי חֵן בְּעֵינֶיךָ לְהַכִּירֵנִי וְאָנֹכִי נָכְרִיָּה (ב י)
וְגַם לֶחֶם וָיַיִן יֶשׁ לִי וְלַאֲמָתֶךָ וְלַנַּעַר עִם עֲבָדֶיךָ (יט יט)	אָנֹכִי רוּת אֲמָתֶךָ וּפָרַשְׂתָּ כְנָפֶךָ עַל אֲמָתְךָ (ג ט)
וַתִּפֹּל פֶּתַח בֵּית הָאִישׁ אֲשֶׁר אֲדוֹנֶיהָ שָּׁם עַד הָאוֹר (יט כו) וַיָּקָם אֲדֹנֶיהָ בַּבֹּקֶר (יט כז)	וַתֹּאמֶר אֶמְצָא חֵן בְּעֵינֶיךָ אֲדֹנִי (ב יג)
וַיִּתְעַלְּלוּ בָהּ כָּל הַלַּיְלָה עַד הַבֹּקֶר וַיְשַׁלְּחוּהָ כַּעֲלוֹת הַשָּׁחַר. וַתָּבֹא הָאִשָּׁה לִפְנוֹת הַבֹּקֶר וַתִּפֹּל פֶּתַח בֵּית הָאִישׁ אֲשֶׁר אֲדוֹנֶיהָ שָּׁם עַד הָאוֹר. וַיָּקָם אֲדֹנֶיהָ בַּבֹּקֶר (שופטים יט כה–כז)	לִינִי הַלַּיְלָה וְהָיָה בַבֹּקֶר אִם יִגְאָלֵךְ טוֹב יִגְאָל וְאִם לֹא יַחְפֹּץ לְגָאֳלֵךְ וּגְאַלְתִּיךְ אָנֹכִי חַי ה' שִׁכְבִי עַד הַבֹּקֶר. וַתִּשְׁכַּב מַרְגְּלוֹתָיו עַד הַבֹּקֶר (רות ג יג–יד)
וַתִּפֹּל פֶּתַח בֵּית הָאִישׁ אֲשֶׁר אֲדוֹנֶיהָ שָּׁם (יט כו)	וַתִּפֹּל עַל פָּנֶיהָ (ב י)

וַיֵּשֶׁב **וַיָּלֶן** שָׁם (יט ז) **לִינוּ** נָא הִנֵּה חֲנוֹת הַיּוֹם **לִין** פֹּה (יט ט) לְכָה נָּא וְנָסוּרָה אֶל עִיר הַיְבוּסִי הַזֹּאת **וְנָלִין** בָּהּ (יט יא) וַיָּסֻרוּ שָׁם לָבוֹא **לָלוּן** (יט טו)	**לִינִי** הַלַּיְלָה (ג יג)
וַיָּקָם אֲדֹנֶיהָ בַּבֹּקֶר (יט כז) וַיֹּאמֶר אֵלֶיהָ **קוּמִי** וְנֵלֵכָה וְאֵין עֹנֶה וַיִּקָּחֶהָ עַל הַחֲמוֹר **וַיָּקָם** הָאִישׁ וַיֵּלֶךְ לִמְקֹמוֹ (יט כח)	**וַתָּקָם** בְּטֶרֶם יַכִּיר אִישׁ אֶת רֵעֵהוּ (ג יד)
הוֹצֵא אֶת הָאִישׁ אֲשֶׁר בָּא אֶל בֵּיתְךָ **וְנֵדָעֶנּוּ** (יט כב) **וַיֵּדְעוּ** אוֹתָהּ וַיִּתְעַלְּלוּ בָהּ כָּל הַלַּיְלָה עַד הַבֹּקֶר (יט כה)	וַיֹּאמֶר אַל **יִוָּדַע** כִּי בָאָה הָאִשָּׁה הַגֹּרֶן (ג יד) כִּי **יוֹדֵעַ** כָּל שַׁעַר עַמִּי כִּי אֵשֶׁת חַיִל אָתְּ (ג יא)
וַיָּקָם אֲדֹנֶיהָ בַּבֹּקֶר וַיִּפְתַּח דַּלְתוֹת הַבַּיִת **וַיֵּצֵא לָלֶכֶת לְדַרְכּוֹ** (יט כז)	**וַתָּקָם** הִיא וְכַלֹּתֶיהָ... **וַתֵּצֵא** מִן הַמָּקוֹם אֲשֶׁר הָיְתָה שָׁמָּה וּשְׁתֵּי כַלֹּתֶיהָ עִמָּהּ **וַתֵּלַכְנָה בַדֶּרֶךְ** לָשׁוּב אֶל אֶרֶץ יְהוּדָה (א ו-ז)
וָאֹחֵז בְּפִילַגְשִׁי וָאֲנַתְּחֶהָ (כ ו)	וַיֹּאמֶר הָבִי הַמִּטְפַּחַת אֲשֶׁר עָלַיִךְ **וְאֶחֳזִי בָהּ** וַתֹּאחֶז בָּהּ (ג טו)

שופטים כ ורות ד

הדברים הקורים בעקבות כל אחד מהסיפורים הללו הולמים היטב את הנימה הכללית השורררת בהם. בועז, בהחלטה נחושה למצוא גואל לרות, עולה לשער (ד א), לוקח "עֲשָׂרָה אֲנָשִׁים" מזקני העיר (ד ב) ומנסה לפתור באופן רשמי את בעיית הקמת שם המת על נחלתו (ד ה) ואת בעיית "חֶלְקַת הַשָּׂדֶה אֲשֶׁר לְאָחִינוּ לֶאֱלִימֶלֶךְ" (ד ג).

החלטה נחושה לא פחות היא החלטת בעלה של הפילגש לקבל פיצוי על העוול שנגרם **לו** (שופטים כ ה). הוא מבתר את גופת פילגשו לנתחים ושולח אותם "בְּכָל שְׂדֵה נַחֲלַת יִשְׂרָאֵל" (שופטים כ ו). בני ישראל קמים ("עָלוּ"; שופטים כ ג), לוקחים "עֲשָׂרָה אֲנָשִׁים"

(שופטים כ י) לכל מאה מכל שבט ויוצאים למלחמה על "אֲחֵיהֶם" (שופטים כ יג).

מלחמת האחים הפורצת מייצגת את קריסת החברה הישראלית של התקופה. כמה שימושים לשוניים בולטים בסיפור המלחמה מציגים מלחמה זו כתמונת־מראה לאווירה השלווה השורה על מגילת רות.[58]

המלה "נָגְעָה" בסיפור המלחמה מלמדת כיצד גרמה הלוחמה ל"רעה" לגעת בהם ("וַיִּבָּהֵל אִישׁ בִּנְיָמִן כִּי רָאָה כִּי נָגְעָה עָלָיו הָרָעָה", שופטים כ מא). לעומת זאת, בועז אומר לרות: "הֲלוֹא צִוִּיתִי אֶת הַנְּעָרִים לְבִלְתִּי נָגְעֵךְ" (רות ב ט). ההוראה שנותן בועז לנערים לא לגעת ברות נועדה לפעול לטובתה של רות.

השורש דב"ק מופיע במגילת רות ארבע פעמים. המופע הראשון מתאר את נאמנותה של רות הדבקה בחמותה (א יד). שלושת המופעים הבאים (ב ח, כא, כג) מתארים את הדרך שבה מעודד בועז את רות לדבוק בקוצרות כדי לשמור על עצמה. מילה חיובית זו נושאת משמעות של נאמנות ושל דאגה לזולת. בסיפור מלחמת האחים, לעומת זאת, נעשה שימוש בשורש דב"ק כדי לתאר את הסכנות האורבות ואת המרדף אחר האויב ההולך וקרב - "וְהַמִּלְחָמָה הִדְבִּיקָתְהוּ", "וַיַּדְבִּיקוּ אַחֲרָיו עַד גִּדְעֹם" - לקראת המכה הסופית והמכרעת שתונחת על בני בנימין (שופטים כ מב, מה).

המילה "מַשְׁחִית" מתייחסת בסיפור המלחמה להשמדת התושבים ("וַאֲשֶׁר מֵהֶעָרִים מַשְׁחִיתִים אוֹתוֹ בְּתוֹכוֹ"; שופטים כ מב). במגילת רות מבטא הגואל את חרדתו מפני הסכנה שנישואיו לרות יפגעו בנכסיו: "פֶּן אַשְׁחִית אֶת נַחֲלָתִי" (רות ד ו). השימוש המבוהל שעושה הגואל במילה הוא בעת ובעונה אחת לא אלים (לעומת השימוש בספר

58. אני מודה לג'ניפר רובין רסקס (Raskas) שהצביעה לפניי על ההקבלות בין מלחמת האחים לבין ספר רות. כמה מההקבלות הללו מופיעות גם אצל קמפבל, רות, עמ' 35-36.

שופטים) ושגוי, כפי שנראה כשבועז יישא לאישה את רות בלא שנחלתו תינזק כהוא זה.

משמעות המילה "מְנוּחָה" בשופטים כ מג איננה ברורה. יש סבורים כי זה שמה של העיר,[59] ואחרים סבורים שזהו תיאור של מקום שבו עצר צבא בנימין לנוח.[60] כך או כך, קיים ניגוד אירוני בין השימוש במילה אידילית זו רגע לפני חורבן בנימין לבין אופייה השלו של המילה במגילת רות. במגילה היא מבטאת את ברכתה של נעמי לקשר נישואים:"יִתֵּן ה' לָכֶם וּמְצֶאןָ מְנוּחָה אִשָּׁה בֵּית אִישָׁהּ" (א ט). בהמשך המגילה מבטאת מילה זו את דאגתה של נעמי לעתיד כלתה: "בִּתִּי הֲלֹא אֲבַקֶּשׁ לָךְ מָנוֹחַ אֲשֶׁר יִיטַב לָךְ" (ג א).

לוחמי בנימין שהשתתפו במלחמת האחים העגומה כדי להגן על בני שבטם מתוצאות מעשי הזוועה שלהם מתוארים כ"אַנְשֵׁי חָיִל" (שופטים כ מד, מו) - בניגוד מובהק לבועז המכונה אף הוא "אִישׁ גִּבּוֹר חַיִל" (רות ב א). גבורתו של בועז מתאפיינת באצילות רוחו, באומץ הלב המאפשר לו להתייצב מול המתנגדים לקבלת האישה הנכרייה ובכוח אישיותו המאפשר לו לשאת באחריות. גם רות עצמה מתוארת כ"אֵשֶׁת חַיִל" (ג יא) - לא כדי להלל את יכולת הלחימה שלה אלא את תכונותיה הפנימיות - עוצמתה, דבקותה במטרה ונחישותה ללכת בדרך הישר למרות הקשיים הרבים.

שופטים כא ומקבילותיו במגילת רות

עתה נוכל לבחון את השפה המתארת את תוצאות מלחמת האחים - הזוועה, הכאב והאבל. הסכנה ששבט בנימין יושמד כולו בעקבות המלחמה מתעצם בעקבות שבועה שנשבע העם, "אִישׁ מִמֶּנּוּ לֹא יִתֵּן בִּתּוֹ לְבִנְיָמִן לְאִשָּׁה" (שופטים כא א). השבועה מופיעה בהמשך כקללה, "אָרוּר נֹתֵן אִשָּׁה לְבִנְיָמִן" (שופטים כא יח). מצב זה מאיים על

59. ראו למשל כיצד תורגם הפסוק ב־NJPS (New Jewish Publication Society of America Bible).
60. רוב פרשני ימי הביניים (למשל רש"י, רד"ק) מניחים שזוהי משמעות המילה, הנגזרת מהמשמעות המדויקת של המילה "מנוחה".

סיכויי הנישואים של בני בנימין ומוליד מצוקה נוראה בקרב הנשבעים; כשבני העם מגלים את השלכותיה של שבועה הרסנית זו, הם יושבים אבלים "עַד הָעֶרֶב" וגם נושאים את קולם בבכי - "וַיִּשְׂאוּ קוֹלָם וַיִּבְכּוּ בְּכִי גָדוֹל" (שופטים כא ב). העם חש חרטה כנה על בנימין (הכתוב משתמש במילה "נִחָם", שופטים כא טו) ומתאבל על כך שהגברים ה"נּוֹתָרִים" מהשבט לא יוכלו להינשא ("מַה נַּעֲשֶׂה לָהֶם לַנּוֹתָרִים לְנָשִׁים"; שופטים כא ז, ראו גם שם טז). זקני הקהילה (שופטים כא טז) מציעים בסופו של דבר שני פתרונות כדי ש"לֹא יִמָּחֶה שֵׁבֶט מִיִּשְׂרָאֵל" (שופטים כא יז). שני הפתרונות כרוכים באלימות: הראשון כרוך בשפיכות דמים של ממש (שופטים כא ח-יב) והשני מחייב מארב וחטיפה של בנות שילו (שופטים כא כ-כב). אלא שכל זה נעשה לכאורה למטרה טובה, למטרת נישואים,[61] ובסוף הסיפור שבים השורדים מבנימין אל נחלותיהם אחרי שפתרו את הקושי לשביעות רצונם ("וַיִּתְהַלְּכוּ מִשָּׁם בְּנֵי יִשְׂרָאֵל בָּעֵת הַהִיא אִישׁ לְשִׁבְטוֹ וּלְמִשְׁפַּחְתּוֹ וַיֵּצְאוּ מִשָּׁם אִישׁ לְנַחֲלָתוֹ", שופטים כא כד). עם זאת, הקללה והאלימות ממשיכות לרחף בחלל האוויר ומותירות בלב הקוראים תחושה לא נוחה שהמצב החברתי הבעייתי לא בא על תיקונו. הזוועה והאיום הקיומי לא נעלמו באווירת חוסר האחדות שבה מסתיים הספר; האנשים שבים "אִישׁ לְשִׁבְטוֹ וּלְמִשְׁפַּחְתּוֹ" (שופטים כא כד) ואינם מותירים תקווה רבה לעתיד החברה הישראלית.

חלק גדול מהביטויים שצוינו כאן מופיע בהקשר ההרמוני ואף השמח של מגילת רות. רות עובדת כדי להשיג אוכל "עד הערב" (ב יז). היא ועורפה נושאות את קולן ובוכות פעמיים בצער לנוכח האפשרות שייאלצו להיפרד מנעמי: "וַתִּשֶּׂאנָה קוֹלָן וַתִּבְכֶּינָה" (א

61. מעניין לציין שהביטוי המשמש כאן (שופטים כא כג) לתיאור נישואים הוא "וַיִּשְׂאוּ נָשִׁים". פרט לכאן, הספר היחיד מהתקופה שלפני הגלות שבו מופיע ביטוי זה הוא מגילת רות (א ד). לצד העובדה שהוא יוצר חיבור לשוני נוסף בין הסיפור החותם את ספר שופטים לבין מגילת רות, הוא מחליש את טענת החוקרים (למשל בוש, רות, עמ' 26, 65) הרואים בו הוכחה לכך שמגילת רות חוברה אחרי גלות בבל. ראו קמפבל, רות, עמ' 25.

ט. ראו גם שם יד). רות נשבעת את השבועה היחידה בסיפור כולו (א יז) ושבועתה הבלתי־נשכחת מאחדת אותה עם נעמי באמצעות נאמנותה, נחישותה וחמלתה. השרש נח"ם במגילה משמש להבעת נחמה (ולא חרטה) - כך מתארת רות את התחושה הנעימה שהעניקה לה התחשבותו של בועז, "כִּי נִחַמְתָּנִי" (ב יג). המילה "נותר" קשורה לתחושת השובע של רות ולאוכל שהיא מביאה לנעמי (ב יד, יח). הפחד מפני מחיקת שמו של אדם מדרבן את בועז, הפועל כדי שלא "יִכָּרֵת שֵׁם הַמֵּת מֵעִם אֶחָיו" (ד י).[62] הפתרון שמציעה המגילה, בעידודם של זקני העיר, הוא פתרון של שלום, וקשר הנישואים מתקיים בסביבה שלווה ואוהדת. המגילה נחתמת בשפע של ברכות המולידות תקווה להמשכה של הרווחה החברתית.

טבלה 2 מסכמת את קווי הדמיון הלשוניים בין סוף ספר שופטים (מלחמת האחים) לבין מגילת רות.

טבלה 2: השוואה בין סוף ספר שופטים (כ–כא) לבין מגילת רות (ד)

שופטים	רות
וַיִּשְׁמְעוּ בְּנֵי בִנְיָמִן כִּי **עָלוּ** בְנֵי יִשְׂרָאֵל הַמִּצְפָּה (כ ג)	וּבֹעַז **עָלָה** הַשַּׁעַר (ד א)
וְלָקַחְנוּ עֲשָׂרָה אֲנָשִׁים (כ י)	**וַיִּקַּח עֲשָׂרָה אֲנָשִׁים** (ד ב)
וָאֹחֵז בְּפִילַגְשִׁי וָאֲנַתְּחֶהָ וָאֲשַׁלְּחֶהָ בְּכָל **שְׂדֵה נַחֲלַת** יִשְׂרָאֵל (כ ו)	חֶלְקַת **הַשָּׂדֶה** אֲשֶׁר לְאָחִינוּ לֶאֱלִימֶלֶךְ (ד ג) אֵשֶׁת הַמֵּת קָנִיתָה לְהָקִים שֵׁם הַמֵּת עַל **נַחֲלָתוֹ** (ד ה)

62. ההקבלה בין היעד של שימור בית אלימלך (במגילת רות) לבין היעד של שימור שבט בנימין (בספר שופטים) עולה גם מן העובדה ששני הסיפורים מסתמכים על לשון מצוות הייבום להגדרת מטרותיהם; ראו דברים כה ו-ז.

וְלֹא אָבוּ בְּנֵי בִנְיָמִן לִשְׁמֹעַ בְּקוֹל **אֲחֵיהֶם** בְּנֵי יִשְׂרָאֵל (כ יג)	חֶלְקַת הַשָּׂדֶה אֲשֶׁר **לְאָחִינוּ** לֶאֱלִימֶלֶךְ (ד ג)
וַיִּבָּהֵל אִישׁ בִּנְיָמִן כִּי רָאָה כִּי **נָגְעָה** עָלָיו **הָרָעָה** (כ מא)	הֲלוֹא צִוִּיתִי אֶת הַנְּעָרִים לְבִלְתִּי **נָגְעֵךְ** (ב ט) **טוֹב** בִּתִּי כִּי תֵצְאִי עִם נַעֲרוֹתָיו (ב כב)
וְהַמִּלְחָמָה **הִדְבִּיקָתְהוּ** (כ מב) **וַיַּדְבִּיקוּ** אַחֲרָיו עַד גִּדְעֹם (כ מה)	וְכֹה **תִדְבָּקִין** עִם נַעֲרֹתָי (ב ח) **וַתִּדְבַּק** בְּנַעֲרוֹת בֹּעַז לְלַקֵּט (ב כג)
וַיִּפְּלוּ מִבִּנְיָמִן שְׁמֹנָה עָשָׂר אֶלֶף אִישׁ (כ מד) וַיְהִי כָל **הַנֹּפְלִים** מִבִּנְיָמִן עֶשְׂרִים וַחֲמִשָּׁה אֶלֶף אִישׁ (כ מו)	**וַתִּפֹּל** עַל פָּנֶיהָ (ב י)
כָּל אֵלֶּה **אַנְשֵׁי חָיִל** (כ מד) כָּל אֵלֶּה **אַנְשֵׁי חָיִל** (כ מו)	**אִישׁ** גִּבּוֹר **חַיִל** מִמִּשְׁפַּחַת אֱלִימֶלֶךְ וּשְׁמוֹ בֹּעַז (ב א) כִּי יוֹדֵעַ כָּל שַׁעַר עַמִּי כִּי **אֵשֶׁת חַיִל** אָתְּ (ג יא)
וַאֲשֶׁר מֵהֶעָרִים **מַשְׁחִיתִים** אוֹתוֹ בְּתוֹכוֹ (כ מב)	פֶּן **אַשְׁחִית** אֶת נַחֲלָתִי (ד ו)
כִּתְּרוּ אֶת בִּנְיָמִן הִרְדִיפֻהוּ **מְנוּחָה** (כ מג)	יִתֵּן ה׳ לָכֶם וּמְצֶאןָ **מְנוּחָה** אִשָּׁה בֵּית אִישָׁהּ (א ט) בִּתִּי הֲלֹא אֲבַקֶּשׁ לָךְ **מָנוֹחַ** אֲשֶׁר יִיטַב לָךְ (ג א)
וַיֹּאמְרוּ **זִקְנֵי** הָעֵדָה (כא טז)	עֲשָׂרָה אֲנָשִׁים **מִזִּקְנֵי** הָעִיר (ד ב)
וְלֹא יִמָּחֶה שֵׁבֶט מִיִּשְׂרָאֵל (כא יז)	**וְלֹא יִכָּרֵת** שֵׁם הַמֵּת מֵעִם אֶחָיו (ד י)
וַיֵּלְכוּ וַיָּשׁוּבוּ אֶל **נַחֲלָתָם** (כא כג) וַיִּתְהַלְּכוּ מִשָּׁם בְּנֵי יִשְׂרָאֵל בָּעֵת הַהִיא אִישׁ לְשִׁבְטוֹ וּלְמִשְׁפַּחְתּוֹ וַיֵּצְאוּ מִשָּׁם אִישׁ לְנַחֲלָתוֹ (כא כד)	לְהָקִים שֵׁם הַמֵּת עַל **נַחֲלָתוֹ** (ד ה) לְהָקִים שֵׁם הַמֵּת עַל **נַחֲלָתוֹ** (ד י)

וַיִּבְכּוּ לִפְנֵי ה׳ **עַד הָעֶרֶב** (כ כג) וַיָּצוּמוּ בַיּוֹם הַהוּא **עַד הָעֶרֶב** (כ כו) וַיָּבֹא הָעָם בֵּית אֵל וַיֵּשְׁבוּ שָׁם **עַד הָעֶרֶב** (כא ב)	וַתְּלַקֵּט בַּשָּׂדֶה **עַד הָעָרֶב** (ב יז)
וַיִּשְׂאוּ קוֹלָם וַיִּבְכּוּ בְּכִי גָדוֹל (כא ב)	**וַתִּשֶּׂאנָה קוֹלָן וַתִּבְכֶּינָה** (א ט) **וַתִּשֶּׂנָה קוֹלָן וַתִּבְכֶּינָה** עוֹד (א יד)
וְהָעָם **נִחָם** לְבִנְיָמִן (כא טו)	וַתֹּאמֶר אֶמְצָא חֵן בְּעֵינֶיךָ אֲדֹנִי כִּי **נִחַמְתָּנִי** (ב יג)
מַה נַּעֲשֶׂה לָהֶם **לַנּוֹתָרִים** לְנָשִׁים (כא ז) מַה נַּעֲשֶׂה **לַנּוֹתָרִים** לְנָשִׁים (כא טז)	וַתֹּאכַל וַתִּשְׂבַּע **וַתֹּתַר** (ב יד) וַתּוֹצֵא וַתִּתֶּן לָהּ אֵת אֲשֶׁר **הוֹתִרָה** מִשָּׂבְעָהּ (ב יח)

המקבץ הדחוס של הקבלות לשוניות ותמטיות, לצד סממנים משותפים שונים מבחינת העלילה, הדמויות והמוטיבים, מציגים טיעון משכנע לקיומו של דו־שיח בין שני הסיפורים הללו. מגילת רות מצטיירת כתגובה מעוצבת היטב לתפקוד הלקוי המתואר בסוף ספר שופטים. השוואת שני הסיפורים הללו מאפשרת לנו לראות שכל אחד מהם ממוקד בפעילות גומלין חברתית וכולל מוטיבים משותפים: מזון, היחס לאישה פגיעה, והיכולת (או האי־יכולת) לזהות את האחר כסובייקט הזכאי לשם ולזכויות אדם בסיסיות. למעשה אפשר לראות בפעילות הגומלין החברתית את המפתח לכל אחד משני הסיפורים הללו, המייצג את הסיבה לנפילה המתוארת בספר שופטים ומקדם את מגילת רות לעבר הנהגה אפקטיבית ולעבר חברה שבה יש עדיין מקום להכרה בזולת, להמשכיות וליציבות.

סיכום: מגילת רות וספר שופטים כתמונת־מראה

נסקור עתה בקצרה את הנימה ואת האווירה בשני הסיפורים. סיפורה של רות הוא סיפור של נאמנות, נדיבות, אחדות, רוגע, נישואים, ברכה וחיים. העלילה של ספר שופטים מציגה מחלוקת, אנוכיות, מלחמה,

חורבן, קללות ומוות. אין פלא שספר שופטים נחתם בסכנת ההשמדה הנשקפת לשבט שלם בישראל ולצדה אבדון המאיים על העם כולו.

שני הספרים לא צורפו לספר אחד מפני שבמהותו של דבר אלה שני מודלים מנוגדים של חברה. בחברה המתוארת בספר שופטים חסרה מנהיגות, ופעילות הגומלין החברתית מתחילה להתפורר: בני האדם נוהגים בקמצנות ובאנוכיות ואינם מכירים זה בזה. חברה כזאת צועדת בהכרח לעבר כאוס ששיאו מלחמת אחים. שום תקווה אינה נראית באופק, שכן "אֵין מֶלֶךְ בְּיִשְׂרָאֵל, אִישׁ הַיָּשָׁר בְּעֵינָיו יַעֲשֶׂה". בחברה המתוארת במגילת רות נוטל בועז את המנהיגות ומתחיל לכונן פעילות גומלין חברתית חיובית: שוררים שלום והרמוניה ולצדם חסד, שלווה וחמלה. מצב זה מבשר את המלוכה ואת האחדות החברתית - התכלית שלשמה נכתבה מגילת רות.

שורשי מגילת רות: לוט ואברהם

כסיפורים רבים אחרים במקרא, מקורותיה של מגילת רות טמונים בספר בראשית. לוט, אביהן הקדמון של עורפה ושל רות, מחליט החלטה היסטורית להיפרד מעל דודו אברהם ולחיות בקרב תושבי סדום הרשעים. המעגל שנפתח בהחלטה זו נסגר במגילת רות, כשרות המואבייה, המשתייכת לצאצאי לוט, מחליטה לחזור ולפסוע בעקבות אברהם.

לוט ואברהם

בתחילת סיפורם של לוט ואברהם שוררת בין השניים תמימות דעים מבחינת התכלית והפעולה.[1] לאחר שה׳ מורה לאברהם לעזוב את

1. רד״ק מתאר בהתלהבות מיוחדת את לוט כשותפו של אברהם הפועל אתו בנכונות ובכשרון. רד״ק סבור כי צורת הרבים של הפעלים המתארים את מעשיו של אברהם בבראשית יב ה (״רָכָשׁוּ״ ו״עָשׂוּ״) מדגישה את שיתוף הפעולה בין אברהם ללוט. הוא סבור גם שהעובדה שלוט עוזב את סבו כדי להתלוות לדודו מלמדת על רצון מובהק מצד לוט להיות עם אברהם. הסיבה לכך לדעת רד״ק היא שלוט למד מאברהם את האמונה בה׳.

מולדתו, נוסעים אברהם ולוט יחד לארץ כנען. כשרעב בארץ כנען מאלץ את אברהם לרדת למצרים, הוא חוזר עם מקנה רב ונכסים ומלווה שוב באחיינו לוט (בראשית יג א).

אלא שמערכת היחסים האידילית הזאת נקטעת בפתאומיות בעקבות מריבה הפורצת בין רועי אברהם לרועי לוט, כשמתברר שאין די מרעה למקנה הרב. דומה כי המחלוקת בין הרועים אינה מצטמצמת לשאלה הכלכלית בלבד, מפני שאברהם פונה מיד אל לוט ומציע שדרכיהם ייפרדו. לוט מסכים, אך בניגוד להצעתו של אברהם שיבחר אם ללכת שמאלה (צפונה) או ימינה (דרומה), הוא בוחר ללכת היישר קדימה אל ערי הכיכר, כלומר אל סדום.[2]

מיד בפסוקים הבאים מעיבה עננה על החלטתו של לוט, שכן אנשי סדום מתוארים כ"רָעִים וְחַטָּאִים לַה' מְאֹד" (בראשית יג יג).[3] מדרשים שונים מציינים כי תיאור דואלי זה מרמז לשני חטאים שונים: עוולות חברתיות ("רָעִים") ופריצות מינית ("חַטָּאִים").[4] ואכן, בפרק יט בבראשית מפורטים חטאי סדום בהרחבה ואנשי העיר מוצגים כבעלי מוסר מיני קלוקל וכשקועים בשחיתות חברתית, שהרי הם דורשים לאנוס את אורחיו של לוט. ביחזקאל טז מט מופנית תשומת הלב להתנהגותם הקמצנית של אנשי סדום, שנהנו מ"שִׂבְעַת לֶחֶם וְשַׁלְוַת הַשְׁקֵט" ואף על פי כן לא תמכו בעניים ובנזקקים: "וְיַד עָנִי וְאֶבְיוֹן לֹא הֶחֱזִיקָה".

בחירתו של לוט לחיות בקרב אנשי סדום זכתה לפירושים שונים. כמה מהמדרשים שמביא רש"י רואים בצעדו של לוט הוכחה לאישיותו החטאה וטוענים כי בחר ללכת לסדום כי רצה לחיות בין

2. ספורנו מתייחס בביקורתיות אל סטייתו של לוט מהוראותיו של אברהם. הרעיון ששמאל וימין משמעם צפון ודרום עולה גם מתוך יחזקאל ד ד-ו. פיתוח נוסף של הרעיון מופיע ביחזקאל טז מו.
3. הרעיון הזה מודגש בבראשית יח, כשאברהם מפציר בה' להציל את אנשי סדום מהחורבן אך נכשל בניסיונו מפני שאינו מצליח למצוא שם אפילו עשרה צדיקים.
4. למשל ירושלמי סנהדרין י ג.

אנשים שפלים.[5] מדרשים אלה רואים בהחלטתו של לוט להיפרד מאברהם דחייה לא רק של אברהם אלא גם של ה'. רד"ק, לעומת זאת, רואה באור חיובי את צעדיו של לוט וטוען כי לוט דבק כל כך באמונתו עד שהוא סמוך ובטוח שלא יושפע ממעשיהם הרעים של אנשי סדום.[6]

הדרך הטובה ביותר לקבוע כיצד רואה הסיפור עצמו את לוט ואת החלטתו המפוקפקת לעקור לסדום היא לבחון את תוצאות ההחלטה ואת האופן שבו לוט מתואר בהמשך. ממש לפני חורבן סדום מתארת התורה את מחויבותו של לוט לאידיאל החסד המתגלם בדמותו של אברהם. לוט מארח את הזרים המגיעים לסדום (בראשית יט) באופן זהה כמעט לאברהם, המארח אותם זרים עצמם בפרק הקודם (בראשית יח).[7] כמה מהמפרשים מתמקדים בהבדלים הדקים בין שני הסיפורים,[8] אך רש"י ורד"ק כאחד מביאים את המדרש שלפיו למד לוט הכנסת אורחים מאברהם. גם הרמב"ן מזכיר לטובה את התנהגותו של לוט. קווי הדמיון בין אברהם לבין לוט בסיפורים אלה רבים במידה ניכרת מן ההבדלים. סמיכות המקום של שני הסיפורים, לצד העובדה המיוחדת שאברהם ולוט מארחים אותם אורחים ממש, מחזקות את התחושה שלוט ואברהם דומים הרבה יותר מכפי שהם שונים.

5. רש"י לבראשית יג י; תנחומא וירא יב.
6. רד"ק לבראשית יג יא.
7. אברהם הוא מכניס אורחים גדול, היושב בפתח האוהל ומצפה לבוא אורחים (בראשית יח א). הוא רץ לקדם את פני אורחיו, משתחווה ארצה (בראשית יח ב) וחולק לאורחיו כבוד בכנותו את עצמו "עַבְדֶּךָ" ואת אורחיו "אֲדֹנָי" (בראשית יח ג, ובפסוק ה אברהם מכנה את עצמו "עַבְדְּכֶם"). אחר כך הוא מציע לאורחיו מים לרחוץ את רגליהם ומגיש להם אוכל (בראשית יח ד–ה). לוט פועל בדרך דומה אך לא זהה. בבראשית יט אנחנו מוצאים את לוט יושב בשער סדום, כמצפה לאורחים (בראשית יט א). בראותו את המלאכים הוא קם לקראתם ומשתחווה אפיים ארצה (בראשית יט ב). גם הוא מתייחס אליהם בכבוד, מכנה את עצמו "עַבְדְּכֶם" ואת אורחיו "אֲדֹנַי" (בראשית יט ב). גם הוא מציע להם מים לרחוץ את רגליהם ומגיש להם אוכל (בראשית יט ב–ג).
8. ראו למשל אור החיים, בראשית יט א, ג, וספורנו לבראשית יט ג.

דומה שלמרות שינוי המקום, לא התערה לוט בתרבות ערי הכיכר סדום ועמורה. חסדו ונדיבותו, התכונות שלמד כנראה מאברהם, יוצרים ניכור בינו לבין אנשי סדום.[9] אפשר אפילו לטעון כי לוט, שחי בתוך הרשע והשחיתות, ראוי לשבח כפול ומכופל על יכולתו לשמור בתנאים אלה על משפט וצדק.

ואף על פי כן, החלטתו של לוט להתגורר בין אנשי סדום פירושה שגורלו קשור בגורלם. הסיפור הראשון המובא אחרי פרידתם של לוט ואברהם מספר על נפילת לוט בשבי במלחמה בין סדום (ובעלות בריתה) לבין ארבעת המלכים (בראשית יד). דומה שהסיפור מבקש להראות לנו שלוט הוא קרבן הסביבה שבה בחר להתגורר. עם זאת, הוא איננו קרבן תמים לגמרי - ההחלטה לחיות עם אנשי סדום היא החלטתו. אולי לפיכך משקיע הסיפור בבראשית יט מאמצים מיוחדים להבהיר שלוט לא ניצל מגורלה של סדום בזכות עצמו,[10] אלא בזכות יחסיו עם אברהם: "וַיְהִי בְּשַׁחֵת אֱלֹהִים אֶת עָרֵי הַכִּכָּר **וַיִּזְכֹּר אֱלֹהִים אֶת אַבְרָהָם** וַיְשַׁלַּח אֶת לוֹט מִתּוֹךְ הַהֲפֵכָה בַּהֲפֹךְ אֶת הֶעָרִים אֲשֶׁר יָשַׁב בָּהֵן לוֹט" (בראשית יט כט). אם אנשי סדום ראויים להיהרג הרי לוט, שישב אתם, היה אמור להיספות יחד אתם. ה׳ מציל אותו רק בזכות אברהם.

בחירתו של אברהם הפוכה מזו של לוט. מעצם הבחירה המודעת והמכוונת להיבדל מתושבי כנען הוא מפריד את גורלו מגורלם ובסופו של דבר יכול לעקור את הכנענים מארצם. למעשה, בכל פעם שהכתוב מבשר לנו על כנענים הנמצאים בקרבת אברהם, אברהם עוקר את אוהלו וממשיך הלאה (בראשית יב ו-ח; יג ז, ט, יח). זאת ועוד, כשאברהם קונה מהחתים קרקע לקבור בה את שרה, הוא מתעקש

9. יש לציין את המילים שאומרים אנשי סדום ללוט כשהוא מוחה נגד ניסיונם לפגוע באורחיו: "הָאֶחָד בָּא לָגוּר וַיִּשְׁפֹּט שָׁפוֹט? עַתָּה נָרַע לְךָ מֵהֶם" (בראשית יט ט). הם רואים בו מישהו שאינו שייך אליהם, והתנהגותו מאשרת את הראייה הזאת.

10. התקדמות העלילה הזאת מלמדת שהצעדים החיוביים של לוט תורמים להצלתו. עם זאת, הפסוק זוקף אותה במפורש לזכותו של אברהם.

לשלם תמורתה, ובדיאלוג המתפתח ביניהם הוא אומר את המילים המפורסמות: "גֵּר וְתוֹשָׁב אָנֹכִי עִמָּכֶם" (בראשית כג ד). הוא אינו רוצה להיות חייב דבר לבני כנען או לקיים אתם קשרי קרבה. משום כך הוא מסרב לקחת שלל מלחמה ממלך סדום (בראשית יד כב-כד) ועומד בתוקף על כך שבנו לא יישא אישה מבנות כנען (בראשית כד ג). לכל אורך חייו הוא מתאמץ להיבדל מתושבי כנען.[11]

תוצאות התנהגותו של לוט

לאילו תוצאות מביאה החלטתו של לוט? האם הוא מתחיל לדמות לאנשי סדום? למרות רצונו לנהוג במידת החסד, הוא אינו מצליח לחיות בסדום חיי יושרה. הוא משלם מחיר גבוה על בחירתו לחיות בקרב אנשי סדום, ולבסוף יביא הדבר, אולי באופן בלתי־נמנע, לנפילתו. תוצאות התנהגותו של לוט באות לידי ביטוי בשני תחומים שבהם נודעים בני סדום בהתנהגותם הפסולה: קשרי גומלין חברתיים נאותים ומוסר מיני.

חסד

עצם העובדה שלוט חי בסדום גורמת לעיוות מעשה החסד שלו. סיפור קבלת האורחים של לוט הופך ממעשה של חסד לקטסטרופה מזוויעה. תושבי סדום מקיפים את ביתו של לוט ודורשים שישליך את אורחיו לרחוב על מנת שייאנסו בידי אנשי העיר. לוט, המחפש פתרון, מעוות את מידת הצדק שבה נהג עד אז כלפי אורחיו ומציע לאנשי העיר להתעלל בבנותיו במקום באורחיו. זהו עיוות של עצם מידת החסד שהניעה אותו להציל את האנשים.

11. אין סתירה בין זה לבין תיאורו של אברהם בפי ה' כ"אַב הֲמוֹן גּוֹיִם" (בראשית יז ה). תפקידו האוניברסלי של אברהם אין פירושו השתלבות בתרבות הסביבה, שכן אברהם נועד לעקור את התרבות הפוליתיאיסטית של המזרח הקרוב. הדבר נכון במיוחד באשר לתושבי כנען, שרשעתם חרצה את גורלם (בראשית טו טז).

מתוך שבחו של האיש הזה באנו לידי גנותו, שהיה טורח מאד על אכסניא שלו להציל אותם [את אורחיו] מפני שבאו בצל קורתו. אבל שיפייס אנשי העיר בהפקר בנותיו - אין זה כי אם רוע לב (רמב"ן לבראשית יט ח).

הסביבה המושחתת שבה קבע לוט את מושבו מעוותת את צדיקותו האישית. בנסיבות שנקלע אליהן הוא נאלץ לפעול באופן המזכיר את התנהגותם של אנשי סדום, אף אם בעל כורחו.

בהמשך אוסרת התורה על צאצאי לוט, עמון ומואב, להתחבר בקשרי נישואים עם ישראל ותולה זאת בעובדה שהם חסרים נדיבות וחמלה: "לֹא יָבֹא עַמּוֹנִי וּמוֹאָבִי בִּקְהַל ה'... עַל דְּבַר אֲשֶׁר לֹא קִדְּמוּ אֶתְכֶם בַּלֶּחֶם וּבַמַּיִם בַּדֶּרֶךְ בְּצֵאתְכֶם מִמִּצְרָיִם" (דברים כג ד-ה). למרות מאמציו של לוט הפכו צאצאיו להיות ההפך הגמור ממכניסי אורחים. אי־נכונותם לגמול חסד הפכה אותם ליורשיה הרוחניים של סדום.

מוסר מיני

בחירתו של לוט להשתלב בתרבות סדום מביאה לפריעת המוסר המיני.[12] אחרי שהפיכת סדום ועמורה מאלצת את לוט ואת בנותיו להימלט להרים, הבנות משקות את אביהן לשכרה ושוכבות אתו. הן אינן עושות זאת מתוך עיוות או סטייה, אלא מפני שהן בטוחות שהגזע האנושי כולו נכחד ורק הן נותרו כדי לחדש את אוכלוסיית העולם ("אָבִינוּ זָקֵן וְאִישׁ אֵין בָּאָרֶץ לָבוֹא עָלֵינוּ כְּדֶרֶךְ כָּל הָאָרֶץ", בראשית יט לא). לוט עצמו, על פי המסופר, עשה זאת בלא יודעין ("וְלֹא יָדַע בְּשִׁכְבָהּ וּבְקוּמָהּ", בראשית יט לג, לה), ולכן כשהוא מתפכח מיינו אין הוא יודע מה עשה.[13]

12. גם החלטתו של לוט להפקיר את בנותיו לאנשי העיר היא הפרה של המוסר המיני. חכמים אחדים רואים בהתנהגותו זו הוכחה לסטייה מינית (למשל תנחומא וירא יב; רמב"ן לבראשית יט ח). מכל מקום, התנהגותו של לוט מתחילה להזכירה את התנהגותם של שכניו בני סדום.
13. ובכל זאת, חכמים נוטים לתלות את האשמה במקרה זה דווקא בלוט. בנושא

ושוב לוט עצמו אינו מתנהג במודע כאנשי סדום, אלא נופל קרבן לנסיבות שאולי אינן מעידות על יושרו האישי אבל הן ללא ספק תוצאה של החלטתו הגורלית לחיות בסדום.

בסופו של דבר החלטתו של לוט משפיעה על צאצאיו גם בתחום זה. נשות מואב, שהן פרי גילוי העריות בין לוט לבין בתו הבכורה, נודעות לימים במתירנותן המינית (״וַיָּחֶל הָעָם לִזְנוֹת אֶל בְּנוֹת מוֹאָב״, במדבר כה א).

תוצאות התנהגותו של אברהם

אברהם, שבניגוד ללוט בחר להיבדל מתושבי כנען, ממשיך לקיים את תכונות החסד והמוסר המיני. על תכונות אלה בונה עם ישראל את עקרונות המוסר שלו ואת הגדרתו למושג ״אומה״.

מידת החסד היא מושג מרכזי בהגדרת עם ישראל. מי שנוהג באי־חסד מנוע מלהצטרף לקהל ה׳. אכן, הרמב״ם קובע שאם ניתקל ביהודי הנוהג באכזריות, עלינו לפקפק במוצאו.[14]

זאת ועוד, אילו בחר אברהם להשתלב בעמי כנען, קרוב לוודאי שהיה מסכן את דבקותו של העם בהתנהלות מינית מוסרית. בפרקים יח ו־כ בספר ויקרא נאסר במפורש על עם ישראל לאמץ את ההתנהגות המינית של הכנענים, תושביה הקודמים של הארץ, מפני שרק התנהגות מינית הולמת תאפשר לעם להישאר בארץ ישראל.

היטמעותו של לוט וערכיו הנבדלים של אברהם

עד כה ניסיתי להראות שבעקבות בחירתו של לוט לחיות בסדום, הופכים צאצאיו ליורשיה הרוחניים של תרבות סדום.[15] התהליך מתחיל

זה נעסוק ביתר פירוט כשנבחן את פרק ג.

14. למשל משנה תורה הלכות מתנות עניים פ״י ה״ב.

15. הנביא צפניה (ב ט) רומז אולי לכך כשהוא מתנבא על חורבן מואב ועמון: ״לָכֵן

כבר בחייו של לוט עצמו ולמרות כוונותיו הטובות משפיע גם על התנהגותו שלו. היטמעותו של לוט בסביבתו מתבטאת במיוחד במידת החסד ובמוסר המיני. פשיטת הרגל הרוחנית והמוסרית של סדום ניכרת אצל צאצאיו של לוט, מואב ועמון. הואיל והחסד מהותי כל כך להגדרת עם ישראל, צאצאיו של לוט מנועים מלהיכנס בקהל ישראל.

אברהם, השומר על נבדלותו מתושבי כנען, מצליח לשמר את איכויותיו הייחודיות. החלטותיו של אברהם ממלאות תפקיד מרכזי בכך שהעם שומר על תכונות החסד והמוסר המיני ומעביר אותן לדורות הבאים.

ספר שופטים מול לוט ואברהם

ספר שופטים מתאר תקופה של התדרדרות מתמשכת. הוא נפתח בכך שעם ישראל לא השלים את כיבוש הארץ, מחדל שמשפיע על יכולתו לבנות חברה המבוססת על ערכיו הייחודיים. בני ישראל ממשיכים לחיות בקרב הכנענים ומאמצים את תרבותם ואת ערכיהם.[16] אחת התוצאות הצפויות של החלטה זו היא שעם ישראל מתחיל לעבוד את אלוהי כנען (שופטים ב ב; ו י; י ו). דומה שהחלטתם היא החלטה בנוסח לוט, המעדיפה התערות על היבדלות. כתוצאה מכך הולך עם ישראל ומתרחק בימי השופטים מדרכו של אברהם[17] והולך בדרכו של לוט, דרך המובילה לזניחת החסד והמוסר המיני.

חַי אָנִי נְאֻם ה׳ צְבָאוֹת אֱלֹהֵי יִשְׂרָאֵל כִּי מוֹאָב כִּסְדֹם תִּהְיֶה וּבְנֵי עַמּוֹן כַּעֲמֹרָה מִמְשַׁק חָרוּל וּמִכְרֵה מֶלַח וּשְׁמָמָה עַד עוֹלָם״.

16. שימו לב לתיאורי ישראל החיים בקרב הכנענים בפרק הראשון של ספר שופטים (למשל א כז, כט, ל). ראו במיוחד את הניסוח בפרק א לב, שם מתואר שבט אשר החי ״בְּקֶרֶב הַכְּנַעֲנִי יֹשְׁבֵי הָאָרֶץ״.

17. יש לכך רמזים רבים ומרתקים בספר שופטים. למשל, קיימות מקבילות רבות בין גדעון לאברהם המלמדות כי גדעון סטה מדרכו של אברהם. השוו למשל את בראשית יח לב עם שופטים ו לט. רבים הבחינו שהמדרש המפורסם על אברהם המנתץ את פסילי אביו בנוי על פי המודל של סיפור גדעון המנתץ את פסילי אביו. ראו למשל הלפגוט, מקרא ומשמעות, עמ׳ 55–64; בית המדרש

ככל שאנחנו מתקדמים בספר שופטים, מתברר שעם ישראל מתחיל להידמות לעמון ולמואב, צאצאיו של לוט ויורשיה הרוחניים של סדום. ראו למשל את התקרית הבאה: מלחמתו של גדעון מול מדיין מתחילה להתקרב לסיומה וגדעון רודף אחר מלכי מדיין אל מעבר לנהר הירדן. אנשיו המותשים והרעבים עוברים בשתי ערים ישראליות, סוכות ופנואל.[18] בקשותיו של גדעון לקבל מזון נענות בסירוב ציני (שופטים ח ו): "הֲכַף זֶבַח וְצַלְמֻנָּע [מלכי מדיין] עַתָּה בְּיָדֶךָ כִּי נִתֵּן לִצְבָאֲךָ לָחֶם?" אנשי סוכות ופנואל מונעים מזון מבני עמם הנלחמים למענם! תגובה זו מלמדת כי בני השבטים בעבר הירדן המזרחי, החיים בקרבה רבה לעמון ולמואב, הפנימו את ערכי שכניהם, הערכים של אלה שלא נחשבו ראויים להיכנס בקהל ישראל.

הסיום המזעזע של ספר שופטים (שופטים יט) הוא סיפור על השחתה מוסרית ומינית, ומבחינה לשונית ותמטית הוא בנוי על פי המודל של סיפור סדום ועמורה. יותר מבכל מקום אחר אנו רואים כאן את ההתרחקות המסוכנת של העם מדרכו של אברהם ואת ההליכה בעקבות לוט.[19] ערכי החסד והמוסר המיני, שבעבר ניצבו בלב לבו

הווירטואלי, שיעוריהם של הרב יעקב מדן והרב אמנון בזק על פרשת לך לך (נושאים/פרשת-לך-לך/http://etzion.org.il/he). למרות מתאם זה, דומה שהטעם העיקרי לכך הוא יצירת ניגוד בין מעשי גדעון למעשי אברהם. בדומה לזה, גם יפתח מתבסס במודע על המודל של אברהם בהקריבו את בתו, אלא שהדבר רק מדגיש את הניגוד האירוני ביניהם. ראו מדרש אגדה (בובר) ויקרא כז. עיוות דרכו של אברהם מגיע לשיאו בסיפור על בעלה של הפילגש המבתר את גופה במאכלת (שופטים יט כט). המקום היחיד הנוסף שבו מופיעה המילה "מאכלת" בתנ"ך הוא סיפור העקידה (בראשית כב י). זהו נושא רחב מאוד ויש לבחון אותו כראוי במסגרת קריאת ספר שופטים.

18. רש"י מציין במפורש כי תושבי סוכות הם מבני ישראל; ראו גם יהושע יג כז. פנואל הוא כנראה המקום שקיבל את שמו מיעקב אחרי המפגש עם המלאך בבראשית לב ל-לא. ראו גם מלכים א יב כה.

19. נוסף על ההשוואות לסיפור לוט בסדום קיימים רמזים רבים לכך שהסיפור הזה במיוחד מייצג את עיוות דרכו של אברהם. ציינתי לעיל את משמעות המילה המשותפת "מאכלת". ראו בפתיחת הסיפור גם את מקבץ ההקבלות לאברהם: הצעתו של אבי הפילגש להאכיל את הלוי, "סְעָד לִבְּךָ פַּת לֶחֶם" (שופטים יט ה),

של העם, נזנחו. יש לכך השלכות הרות אסון לעתיד העם והוא עלול להיתפס כחברה שאיבדה את הצדקת קיומה, ובדומה לסדום ועמורה היא עושה את דרכה אל ההרס המוחלט.

מגילת רות ודרכיהם של לוט ושל אברהם

בית לחם מתוארת במגילת רות כחברה שערכיה התנוונו והיא מתאימה את עצמה לרוח התקופה: תושביה מפגינים קמצנות[20] ושחיתות מינית.[21] עם זאת, כפתרון למצב הנורא הזה מציגה המגילה שתי דמויות המתוות כיוון חדש: נדיבות במקום קמצנות, מוסריות במקום הפקרות.[22] אם בפרק האחרון הדגשתי את תפקידו של בועז כמתקן השיבושים של ימי השופטים, בפרק זה אני מבקשת להתמקד באופן שבו רות מובילה את העם בחזרה מדרכו של לוט אל דרכו של אברהם.

בפרק הפותח את המגילה חייבות רות וערפה, צאצאיותיו המואביות של לוט, להחליט אם לשוב למואב או להפנות עורף לדרך חייהן הקודמת וללכת עם נעמי לבית לחם. במהותו של דבר זוהי בחירה בין דרכו של אברהם לדרכו של לוט.

המזכירה את נדיבותו הזהה כמעט של אברהם כלפי המלאכים המתארחים בביתו (בראשית יח ה); השכמתו המוקדמת של הלוי, "וַיַּשְׁכִּמוּ בַבֹּקֶר" (שופטים יט ח), המזכירה את אברהם (בראשית יט כז; כ ח; כא יד); רצף שלושת הימים, צמד החמורים החבושים והביטוי "וַיֹּאכְלוּ שְׁנֵיהֶם יַחְדָּו" (שופטים יט ו), המזכיר את "וַיֵּלְכוּ שְׁנֵיהֶם יַחְדָּו" (בראשית כב ו) ביחס לאברהם. הקבלות רבות אלה מזמינות את הקוראים להיזכר באברהם ויחד עם זאת להיווכח בהבדל התהומי בין הדמויות של ספר שופטים ובינו.

20. איש אינו מציע אוכל לנעמי בשובה לבית לחם, אף שהיא חוזרת בימות הקציר. מציאות זו מאלצת את רות ללקט שאריות בשדה ומלמדת על ידם הקפוצה של בני העיר כלפי נעמי וכלפי רות.

21. ראו את הוראתו המפורשת של בועז לקוצרים שלא להציק לרות בשדות ("הֲלוֹא צִוִּיתִי אֶת הַנְּעָרִים לְבִלְתִּי נָגְעֵךְ", רות ב ט).

22. במוסר המיני של הדמויות במגילה נעסוק כשנגיע לתכניתה המפוקפקת של נעמי בפרק ג.

עורפה

בתחילה מדברות עורפה ורות בקול אחד ומתעקשות ללוות את נעמי לבית לחם. בהמשך משתכנעת עורפה מטיעוניה של נעמי וחוזרת למואב. בחירתה של עורפה, לאור מאמציה של נעמי, נראית לגיטימית ואפילו סבירה. התנהגותה של עורפה כלפי חמותה מלמדת על היותה אישה טובה. נעמי מעתירה עליה ברכות רבות בשם ה׳. למעשה, דברי השבח של נעמי לאלה שעשו חסד עם המתים מכוונים לרות ולעורפה כאחת ומציבים את שתיהן כדמויות מופת שוות ערך לעשיית חסד. הביקורת החריפה שמותחים מקורות חז״ל על עורפה בשל בחירתה לציית לנעמי ולחזור למואב נדמית אפוא בלתי־צפויה ומבלבלת. למשל, מדרש אחד מציע את ההסבר הבא למקור שמה של עורפה: ״שם האחת ערפה, שהפכה עורף לחמותה״ (רות רבה פרשה ב ט).[23]

הפיכת עורף מלמדת על מנוסה פחדנית.[24] למרות האופן החיובי שבו אני מתארת את עורפה, ייתכן שאל מול נאמנותה העזה ויוצאת הדופן של רות לנעמי, אפשר לראות את מעשיה של עורפה באור שלילי יותר,[25] שהרי בסופו של דבר רות מקבלת עליה את האחריות על נעמי ואילו עורפה מוותרת. זאת ועוד, מבחינה טכנית זוהי אטימולוגיה מעולה: השם עורפה נקשר באופן טבעי עם המילה ״עורף״.[26] מדרש השם הזה משרטט אפוא דיוקן תקף, גם אם אולי ביקורתי יתר על המידה, של עורפה.

מפתיע אפוא לגלות שהגמרא מביאה אטימולוגיה אחרת לשמה של עורפה: ״ולמה נקרא שמה ערפה שהכל עורפין [בועלים] אותה

23. חז״ל מרבים להביא הסברים אטימולוגיים של שמות ככלי דרשני להצגת תובנות על טיבו של בעל השם.
24. ראו למשל יהושע ז ח; ירמיהו יח יז.
25. אולי מוטב לנסח זאת בצורה הפוכה: עורפה מוצגת כניגודה של רות. אופייה הראוי מדגיש את התנהגותה היוצאת דופן של רות. ראו קמפבל, רות, עמ׳ 82. ניסחתי זאת בצורה שלילית כדי להסביר את תפיסת חז״ל.
26. גם ברות זוטא א ד מוצג מדרש השם הזה כאטימולוגיה ראויה לשם עורפה, אלא ששם מסביר המדרש שראוי לערוף את ראשה של עורפה, דוגמת ״עגלה ערופה״ (דברים כא א–ט).

מאחריה" (סוטה מב ע"ב). קשה מאוד לקבל ביקורת חריפה זו על התנהלותה של עורפה, שהרי מגילת רות אינה מביאה שום רמז להתנהגות מתירנית מצדה. מדוע מציע המדרש אטימולוגיה שאינה מתיישבת כלל עם הצגת הדמות בטקסט, אף על פי שמדרש השם הראשון הולם היטב הן מבחינה לשונית הן מבחינה תמטית?

למרות העדר הביסוס לכך בטקסט עצמו, דווקא הצגת עורפה כאישה מתירנית היא התיאור הרווח שלה במדרש. כמה מדרשים מתארים אותה כאישה מופקרת, לא מוסרית ומתירנית, שאינה בוחלת במשכב עם בהמות, במעשה סדום ובפעילות מינית מרובה וחסרת אבחנה.[27]

קיים הבדל תהומי בין תיאור דמותה של עורפה במדרש לבין תיאורה במקרא. על פי הכתוב, עורפה היא אשת חסד בעלת מידות טובות. אין כל רמז למתירנות ואין כל ביקורת על אופייה. מדוע מתעקשים חז"ל להכפיש את דמותה?

נראה לי שהצגת עורפה כאישה חסרת לב ומתירנית לא נועדה לספר על עורפה עצמה אלא על בחירתה. החלטתה לשוב לחיות במואב, יורשתה הרוחנית של סדום, מעלה אותה על דרכו של אביה הקדמון לוט. כפי שקרה אצל לוט, ההחלטה לשוב לסביבה המרושעת, לחברה שטופה באכזריות ובפריצות, תקבע בהכרח את עתידה ואת עתיד צאצאיה.[28] באמצעות הצגת עורפה כמי שמפנה עורף לחמותה האומללה ומנהלת חיי פריצות חסרי בושה, יוצרים המדרשים הקבלה בין עורפה לבין לוט. גם אם כל אחד מהם מפגין התנהגות שאין בה כל דופי, עצם התערותם בחברה אכזרית ומתירנית יוצרת השלכות מרחיקות לכת - עליהם ועל צאצאיהם נגזר להנציח את ערכי החברה שבה בחרו לחיות.

27. ראו למשל רות רבה פרשה ב כ; רות זוטא א; פירושו של רש"י לשמואל א יז כג.

28. מסיבה זו, בין השאר, טוענים כמה מדרשים (למשל סוטה מב ע"ב) שיש לזהות את עורפה עם הרפה, אם גליית (שמואל ב כא טז-כב). מסורת זו מלמדת שבחירותיו של אדם ישפיעו בהכרח על חיי צאצאיו.

רות

רות, הדבקה בנעמי, מוצגת במקורות חז"ל כמופת לחסד. אין צורך להרחיב בעניין זה, מפני שגישה זו באה לידי ביטוי גם באופן שבו היא מוצגת במקרא. תופעה מוזרה יותר היא ייצוגה של רות אצל חז"ל כמופת לצניעות. צניעותה של רות מופיעה במדרשים בכמה וכמה צורות. היא כורעת בצניעות בעת ליקוט בשדה (שבת קיג ע"ב), היא נמנעת מלהתרועע עם הקוצרים הצעירים (רות רבה פרשה ד ט). רש"י מביא מדרש (ג ה) שבו רות מחליטה לתקן את ההוראות שנתנה לה נעמי ללכת לשדה בועז כשהיא לבושה יפה ומבושמת, פן יחשוד מישהו שהיא מופקרת. היא מעדיפה להתלבש ולהתבשם רק כשהיא מגיעה לשדה עצמו (תנחומא בהר ג).

ייצוג צנוע זה אינו נרמז בשום מקום בטקסט עצמו. למעשה, כשנעיין בפרק ב נדון באופן שבו מתוארת דמותה של רות כאישה שהגיעה מתרבות מתירנית ושלומדת רק בהדרגה להשתלב ולאמץ את הנורמות הצנועות יותר של התרבות הישראלית.

מקורות חז"ל מציירים שתי דמויות מנוגדות - דמותה של רות כאישה חסודה וצנועה מוצבת כהיפוכה הגמור של עורפה האכזרית והמופקרת. גם דמותה של רות מבוססת על בחירתה. בבחירה לעזוב את מואב ולהצטרף לעם אברהם הופכת רות לדמות של חסד ומוסריות, שאימצה את תכונותיו של אברהם ואִפשרה גם לצאצאיה לנהוג כך.

רות כתיקון ללוט

לצד ההשפעות המרחיקות לכת שיש לבחירתה של רות על האופן שבו יוגדרו היא עצמה וגם צאצאיה, בחירה זו מהווה תיקון היסטורי להיפרדות לוט מעל אברהם.[29] בועז מזהה במשתמע את ההיבט הזה

29. אחד ההיסקים מהקבלה זו הוא ההקבלות הלשוניות והתמטיות המחברות בין סיפור רות לסיפור רבקה. השוו למשל את בראשית כד כז לרות ב כ, ואת בראשית כד יב לרות א ח וב ג; את בראשית כד טו לרות ב ד; את בראשית כד נו לרות א טז; את בראשית כד יט לרות ב כא. תכונת החסד היוצאת דופן

בבחירתה של רות: "וַיַּעַן בֹּעַז וַיֹּאמֶר לָהּ: הֻגֵּד הֻגַּד לִי כֹּל אֲשֶׁר עָשִׂית אֶת חֲמוֹתֵךְ אַחֲרֵי מוֹת אִישֵׁךְ וַתַּעַזְבִי אָבִיךְ וְאִמֵּךְ וְאֶרֶץ מוֹלַדְתֵּךְ" (ב יא). בועז, המשתמש במילים המזכירות את דברי ה' לאברהם בבראשית יב א: "לֶךְ לְךָ מֵאַרְצְךָ וּמִמּוֹלַדְתְּךָ וּמִבֵּית אָבִיךָ", מאשר כי החלטתה של רות להתלוות לנעמי היא שיבה לדרך אברהם, אותה דרך שלוט, אביה הקדמון של רות, בחר לעזוב.

החלטתה חסרת ההיגיון של רות ללכת בכל מחיר עם נעמי ("כִּי אֶל אֲשֶׁר תֵּלְכִי אֵלֵךְ"), הרחק מכל דבר מוכר ואל הלא־נודע, מזכירה את הפקודה "לֶךְ לְךָ" הניתנת לאברהם. זאת ועוד, החלטתה להיפרד מבית אביה, מעברה ומתרבותה המואבית מזכירה את החלטתו הדומה של אברהם לזנוח את עברו ואת בית אביו ותרבותו.[30]

הנקודה הזאת מודגשת שוב באמצעות המילים שבהן בוחרת רות להצהיר על נאמנותה השלמה לחמותה. החלטתו של לוט להיפרד מעל אברהם מתוארת באמצעות השורש פר"ד: "וַיִּפָּרְדוּ אִישׁ מֵעַל אָחִיו" (בראשית יג יא).[31] הכרזת הנאמנות של רות לנעמי גם מכילה את המילה שבה מתוארת פרידתם של לוט ושל אברהם, "כִּי הַמָּוֶת יַפְרִיד בֵּינִי וּבֵינֵךְ" (רות א יז). עם זאת, השימוש של רות בפועל פר"ד הוא חלק משבועתה שרק המוות יפריד בינה לבין נעמי, בינה לבין דרכו של אברהם שבה בחרה ללכת באומץ לב. בתשובה להצעתו של אברהם ללוט להיפרד, צריך היה לוט לומר משהו דומה לסירובה המוצהר של רות לנטוש את נעמי למרות הפצרותיה. אלא שהוא לא

ואומץ הלב שמגלה רבקה כשהיא יוצאת במסע אל הלא־נודע מהווים הקבלה בולטת לאברהם ומכאן גם לרות. להתעמקות נוספת ברעיון זה ראו למשל גרוסמן, רות, עמ' 32–35; קורפל, תיאודיציה, עמ' 341; פורטן, מוטיב, עמ' 69–70; הלס, תיאולוגיה, עמ' 44–47.

30. מדרשים רבים עוסקים בהרחבה בנושא אברהם המשאיר מאחוריו את עברו (למשל בראשית רבה פרשה לח יג). העניין מבוסס בחלקו על הפסוק ביהושע כד ב שבו מתואר תרח כעובד אלוהים אחרים.

31. הצעתו הראשונית של אברהם לאחיינו לנוכח החיכוך בין רועיהם משתמשת באותו שורש: "הִפָּרֶד נָא מֵעָלָי" (בראשית יג ט).

עשה זאת, ורות, המבטאת את הדברים שהיו צריכים לצאת מפיו, סוגרת מעגל ומשלימה את סיפור פרידתו של לוט מאברהם.

ולבסוף, יש מקום לציין שמילת המפתח בפרק הראשון במגילת רות היא הפועל שו"ב, המופיע שתים עשרה פעמים.[32] מטבע הדברים הוא מתאר את פעולתה של נעמי, ששיבתה לבית לחם היא לב לבו של הפרק, אך הוא משמש גם לתיאור שיבתה של עורפה למואב.[33] עם זאת, מוזר שהמילה משמשת גם לתיאור מעשיה של רות: "וַתָּשָׁב נָעֳמִי וְרוּת הַמּוֹאֲבִיָּה כַלָּתָהּ עִמָּהּ **הַשָּׁבָה** מִשְּׂדֵי מוֹאָב" (א כב).

אם נכניס לסוגריים את תיאורה של רות בפסוק ("וְרוּת הַמּוֹאֲבִיָּה כַלָּתָהּ עִמָּהּ"), המילה "הַשָּׁבָה" מתארת את נעמי בלבד, אבל הפסוק יישאר רפטטיבי ומסורבל גם אם נקבל אפשרות זו. סביר יותר שהוא עוסק בהבלטה ב"שיבתה" של רות לבית לחם. שיבה זו איננה ברורה בהקשר הצר של מגילת רות.[34] היא באה ממואב ונטשה את מולדתה כדי להצטרף לנעמי בישראל. עם זאת, בהקשר רחב יותר, מסעה של רות לבית לחם הוא אכן "שיבה" - הוא מייצג את סגירת המעגל שהחל עם נטישת לוט את אברהם בבראשית יג. אירוע זה הביא ליצירת העמים עמון ומואב, יורשיה הרוחניים של סדום, המתבוססים באכזריות ובפריצות. צאצאיתו של לוט, רות המואבייה, חוזרת אל דרכו של אברהם והופכת לדמות מופת של חסד וצניעות.

32. מילת מפתח נוספת בפרק, השורש הל"ך, מופיעה עשר פעמים. המילים הללו נותנות תחושה של תנועה ומלמדות כי יעדו המרכזי של פרק זה הוא שיבת המשפחה לבית לחם.

33. השורש שו"ב מופיע שש פעמים בתיאור השיבה למואב ושש פעמים בתיאור השיבה ליהודה. ייתכן אפוא שהפרק מבקש לאו דווקא להחזיר משפחה למקומה הנכון אלא לתאר תנועה שבה הכול חוזרים למקומם הנכון. מי ששייך למואב נועד לחזור למואב, ומי ששייך ליהודה חייב לעזוב מאחוריו את מואב ולחזור לדרכו הנכונה.

34. כמה פרשנים מסורתיים דורשים כאן את חזרתה בתשובה של רות (שוב השורש שו"ב). (ראו **שורש ישי** [רבי סולומון הלוי אלקבץ]; גם בירושלמי יבמות ח ג נתפסת מילה זו כרמז לגיורה של רות.) במפתיע, כמה חוקרים מצטרפים לכיוון המדרשי הזה וטוענים שכאשר רות מאמצת בכל לבה את אלוהי ישראל ואת עם ישראל, נתפס בואה לבית לחם כשיבה. ראו למשל בוש, רות, עמ' 96.

אבל רות איננה היחידה הניצבת מול הבחירה בין הישארות במואב לבין חזרה לדרכו של אברהם. זוהי בדיוק הבחירה שבפניה עומד העם בתקופת השופטים. האם ימשיכו ללכת בדרך מואב, דרך שתביא בוודאות לחורבנם, או ישובו לדרכי אברהם? רות, השבה ממואב לישראל, רוכשת את הכלים ואת הסמכות לשמש דמות מופת שתוכל להנחות את העם בחזרה אל דרכו של אברהם.

רות איננה סתם דמות מופת אישית לתנועה זו של התרחקות מדרכו של לוט ושיבה לדרכו של אברהם. היא עושה הרבה יותר מכך: היא מביאה לעולם את שושלת בית דוד, המכשיר שיסייע לעם לשוב לדרכו של אברהם. מגילת רות מובילה את העם, שסטה סטייה מסוכנת מדרכו של אברהם, בחזרה לדרכו המקורית ומשכינה מחדש את החסד ואת המוסר.

טרגדיה: רות פרק א

מבוא: בִּימֵי שְׁפֹט הַשֹּׁפְטִים

וַיְהִי בִּימֵי שְׁפֹט הַשֹּׁפְטִים וַיְהִי רָעָב בָּאָרֶץ וַיֵּלֶךְ אִישׁ מִבֵּית לֶחֶם יְהוּדָה לָגוּר בִּשְׂדֵי מוֹאָב הוּא וְאִשְׁתּוֹ וּשְׁנֵי בָנָיו. וְשֵׁם הָאִישׁ אֱלִימֶלֶךְ וְשֵׁם אִשְׁתּוֹ נָעֳמִי וְשֵׁם שְׁנֵי בָנָיו מַחְלוֹן וְכִלְיוֹן אֶפְרָתִים מִבֵּית לֶחֶם יְהוּדָה. וַיָּבֹאוּ שְׂדֵי מוֹאָב וַיִּהְיוּ שָׁם. וַיָּמָת אֱלִימֶלֶךְ אִישׁ נָעֳמִי וַתִּשָּׁאֵר הִיא וּשְׁנֵי בָנֶיהָ. וַיִּשְׂאוּ לָהֶם נָשִׁים מֹאֲבִיּוֹת שֵׁם הָאַחַת עָרְפָּה וְשֵׁם הַשֵּׁנִית רוּת וַיֵּשְׁבוּ שָׁם כְּעֶשֶׂר שָׁנִים. וַיָּמֻתוּ גַם שְׁנֵיהֶם מַחְלוֹן וְכִלְיוֹן וַתִּשָּׁאֵר הָאִשָּׁה מִשְּׁנֵי יְלָדֶיהָ וּמֵאִישָׁהּ (א א–ה).

קטע מבוא זה (א א–ה) מתאפיין במשיחות מכחול רחבות ובתיאור רצף מהיר של אירועים.[1] הוא פורש את הרקע הראשוני של הסיפור,

1. הדעות חלוקות בשאלה היכן מסתיים המבוא. שני מקורות סבורים כי קטע הפתיחה מסתיים בפסוק ו: ששון, רות, עמ' 14, 21 וזקוביץ, רות, עמ' 45. אחרים קובעים את סיומו בחלק הראשון של פסוק ז: לדוגמה גרסמן, התחלה, עמ' 276. ויש המסיימים את קטע הפתיחה כמוני, בפסוק ה – ראו למשל קמפבל, רות, עמ' 49; גריי, רות, עמ' 384; מלצר, רות, עמ' 1. כמה מהסיבות לקביעה זו מוסברות לעיל. זאת ועוד, קמפבל (רות, עמ' 49) מדבר על אינקלוזיו הפותח את הסצנה הראשונה, זו המתארת את הכוונה לחזור משדי מואב (פסוק ו), ומסיים אותה

מביא תיאור תמציתי של הדמויות המרכזיות ומתאר בקווים כלליים את הרקע הטרגי. מבוא זה מסכם בקצרה את האירועים ומתאר בחמישה פסוקים תמציתיים תקופה של כעשר שנים. המניעים, הכוונות, הרגשות והמחשבות של הדמויות נעדרים לחלוטין. לא מבואר מה עשתה המשפחה במואב.[2] אין בכתוב נימה שיפוטית כלפי האירועים ואין כל הערכה דתית או מוסרית שלהם.

מבוא זה בן חמשת הפסוקים פורש מהלך טרגי של אירועים: הרעב בכנען מאלץ את המשפחה לעבור למואב, שם מת ראש המשפחה ואחריו מתים באבם גם שני בניו. נעמי נותרת לבדה, ללא בעל וילדים. הייאוש החריף המאפיין את המבוא מועבר היטב באמצעות המילה העזה החוזרת פעמיים בקטע קצר זה, "וַתִּשָּׁאֵר [נעמי]". מילה זו מופיעה בפעם הראשונה אחרי מות בעלה של נעמי ובפעם השנייה אחרי מות שני בניה.[3] מכאן ואילך נעמי נותרת לבדה בעולם.[4] הטרגדיה שלה מועצמת באמצעות התיאור הבלתי־שכיח של בניה הבוגרים כ"ילדיה", מילה המשמשת בדרך כלל לתיאור ילדים קטנים.[5]

(פסוק כב) עם מימוש הכוונה הזאת ומשתמש במילים דומות מאוד: "וַתָּשָׁב... מִשְּׂדֵי מוֹאָב". הוא לומד מכך שהמבוא אמור להסתיים בפסוק ה. מדרשים ופרשני מקרא מימי הביניים ממעטים מאוד להתייחס ישירות לשאלות מבניות כאלה, וגם במקרה זה הם לא עסקו בשאלת משך המבוא.

2. התרגום לארמית של רות א ב משלים את הפער הזה בהוספת מילה אחת לפסוק: "רופילין", שפירושו פקידי צבא, מילה הרומזת כי אלימלך ומשפחתו מילאו תפקיד ממשלתי במואב.

3. בניגוד לדעת בוש, רות, עמ' 60, לדעתי אין מילה זו מהווה אינקלוזיו, והחזרה עליה נועדה ליתר הדגשה. מילה החוזרת פעמיים בקטע מבוא קצר זה יוצרת מבע עז במיוחד.

4. הכתוב אינו מרמז שכלותיה של נעמי עשויות להקל את בדידותה. הצעתן להתלוות אליה אינה צפויה אפוא, ואולי אפילו אינה רצויה. מכל מקום, גם אחרי שרות מלווה אותה במסעה, נעמי ממשיכה לתאר את עצמה כריקה (רות א כא).

5. ראו למשל בראשית לג א-ב; שמות ב ג; שמואל ב יב יח-יט. המילה "ילד" מתייחסת אטימולוגית למילה לידה, ולפיכך מתארת את קרבתו של הילד לאירוע

מבוא תמציתי זה מותיר פערים מסוימים שפרשני המקרא ניסו למלאם. מה קורה בבית לחם בתקופה זו? מדוע עוזב אלימלך את עירו? מדוע הוא עובר למואב? מיהו אלימלך ומדוע נסיעתו למואב אמורה לעניין אותנו? מה הוא עושה במואב? האם אפשר להסיק שהאירועים הטרגיים הפוקדים את המשפחה ברצף מהיר מעידים על מורת רוחו של ה'? אם כן, מה הם החטאים המרחפים ברקע מבוא קצר זה? פרשני המקרא עיינו היטב בפסוקים קצרים אלה כדי למצוא בהם רמזים שיוכלו להסביר את המגילה.

וַיְהִי בִּימֵי שְׁפֹט הַשֹּׁפְטִים וַיְהִי רָעָב בָּאָרֶץ (א א).

הפסוק הפותח את מגילת רות מעורר כמה שאלות. מבחינה לשונית מתמקדים פרשנים רבים בהכפלה התמוהה "שְׁפֹט הַשֹּׁפְטִים". האם הכפלה זו נועדה להביע רעיון מסוים? מדוע לא נכתב פשוט "ויהי בימי השופטים"?[6] זאת ועוד, הביטוי הפותח את הספר, "וַיְהִי בִּימֵי", נקשר בדרך כלל לדמות מסוימת, ומדוע סוטה כאן הכתוב מהנוהג הזה? ולבסוף, התיאור המעורפל של התקופה, שאינו מאזכר שופט מסוים, מעורר סימני שאלה. מדוע לא נקבו בפשטות בזמן המדויק שבו מתרחשת העלילה?

"וַיְהִי בִּימֵי שְׁפֹט הַשֹּׁפְטִים"

רבים מפרשני המקרא הבינו את הביטוי הזה כניסיון להציג רקע שלילי להתרחשויות. יש לכך סיבות אחדות. מנקודת מבט לשונית, המילה

הלידה. ז'ואון, רות, עמ' 35, מציין כי המילה "ילד" לתיאור גבר נשוי מופיעה במקרא רק כאן.

6. הפשיטתא, תרגום התנ"ך לסורית, משמיט את המלה "שְׁפֹט". קשה לדעת אם הפשיטתא הכניס במכוון שינוי משמעותי כל כך או שמא מדובר רק בקושי תרגומי.

"וַיְהִי" נחשבת למילה אונומטופיאית הנשמעת כנהי, קינה.[7] חז"ל סבורים כי מילה זו מבשרת תמיד אסון.[8] הפסוק הפותח את המגילה כולל שני מופעים של המילה: אחד המציג את התקופה, ימי השופטים, והשני את הרעב.[9] זאת ועוד, רעב בארץ ישראל מלמד תמיד על מורת רוחו של ה' ועל אי־ציות מצד העם.[10] ואכן ימי השופטים מתאפיינים בהתדרדרות חברתית ודתית של העם.

הצירוף "וַיְהִי בִּימֵי" עשוי גם לרמז על הרקע השלילי של העלילה. הביטוי המדויק מופיע בתנ"ך ארבע פעמים נוספות.[11] ובכל פעם, ללא יוצא מן הכלל, הוא בא כהקדמה לתקופה שלילית. זאת ועוד, הוא תמיד מציג אדם (אם כי לא קבוצת אנשים) שהוא עצמו רשע. ולבסוף, בכל מקרה ומקרה הצירוף "וַיְהִי בִּימֵי" מקדים סיפור על מלך. המרת המלך בתקופה מעורפלת (ואולי כאוטית) זו של "שְׁפֹט הַשֹּׁפְטִים" מדגישה את העדרה של מלוכה בפתיחת מגילת רות.

הגמרא (בבבא בתרא טו ע"ב) המזכירה את הכפילות הזאת סבורה כי המילים "שְׁפֹט הַשֹּׁפְטִים" מדברות על שיפוט השופטים עצמם. במילים אחרות, הגמרא מאפיינת את הדור הזה כדור השופט את שופטיו. זוהי אמירה העוסקת הן במרדנותם של בני הדור, שאינם מקבלים את מרות השופטים, הן בהערכה שלילית של השופטים

7. המילה מורכבת לכאורה משתי אנחות: "וי!" "הי!"
8. מגילה י ע"ב; רות רבה פתיחתא ז; בראשית רבה פרשה מב ג; ויקרא רבה פרשה יא ז; אסתר רבה פתיחתא יא.
9. רות זוטא א א סבור כי המילה הפותחת "ויהי" מצביעה על העדר תורה, וה"יהי" השנייה מבשרת את הרעב.
10. ראו למשל ויקרא כו יח-כ; דברים יא טז-יז. התרגום של מגילת רות א א מציין במפורש שהרעב הוא עונש: "והוה כפן תקיף בארעא דישראל. עשרתי כפנין תקיפין אתגזרו מן שמיא למהוי בעלמא מן יומא דאתברי עלמא עד דייתי מלכא משיחא, **לאוכחא בהון** דירי ארעא". [=ויהי רעב קשה בארץ ישראל. עשרה זמני רעב קשים נגזרו מן השמים להיות בעולם מהיום שהעולם נברא ועד שיבוא מלך המשיח, **להוכיח בהם** את תושבי הארץ].
11. בראשית יד א; ישעיהו ז א; ירמיהו א ג; אסתר א א. מדרש אחד מפגין רגישות ספרותית אופיינית בציינו כי המשותף לכל חמשת הפסוקים הללו הוא פתיחה זו (רות רבה פתיחתא ז).

עצמם. הגמרא ממשיכה בסיפור אירוע שנועד להדגים את מצב העניינים המדורדר. שופט נוזף בעותר המופיע לפניו בביטוי שנועד לכוונו לחדול מחטא, "טול קיסם מבין שיניך!" אך סופג בתגובה את התשובה הפוגענית "טול קורה מבין עיניך", רמז של העותר שחטאי השופט עולים על חטאיו שלו.[12] מתוך קריאה פרשנית זו עולה תמונה של חברה כאוטית, נטולת תשתית שיפוטית של ממש. לא זו בלבד שהעם מזלזל בשופטיו ומסרב להישמע להוראותיהם, השופטים עצמם אינם ראויים לכבוד![13]

אבן עזרא קורא את הדברים באופן דומה, אבל מוסיף נופך משלו. הוא מניח שכפל הלשון מלמד כי בתקופה זו שפט **ה'** את השופטים, ובשל התנהגותם הלא־ראויה המיט רעב על הארץ כולה. גישתו של אבן עזרא מתבססת על היתרון התחבירי מפני שהוא מסביר את החיבור בין מילות הפתיחה, "וַיְהִי בִּימֵי שְׁפֹט הַשֹּׁפְטִים", לבין האיבר הבא, "וַיְהִי רָעָב בָּאָרֶץ". זאת ועוד, אבן עזרא מספק צידוק תיאולוגי לרעב, המוצג בסיפור ללא הסבר סיבתי כלשהו.

המלבי"ם מתייחס לתיאור המעורפל של מסגרת הזמן בתחילת מגילת רות. הוא טוען כי בדומה לתקופה המתוארת בסוף ספר שופטים, במהלך הסיפור של מגילת רות אין שופט מרכזי אחד. "וגם לא היה אז שופט אחד מיוחד לכל ישראל שאז היה השופט עוצר

12. נזיפת השופט עוסקת בחטאים הנעשים בעזרת השיניים, התייחסות הנוגעת כנראה לאכילה ואולי ליחס הקמצני המתלווה ליחסה של החברה לאוכל. המתלונן עונה שעיניו של השופט מכוסות - דומה שזוהי התייחסות לשימוש לרעה בכושר הראייה שלו, כלומר בהערכתו השיפוטית. הגמרא חותמת בפסוק מישעיהו א כב, המתאר את שחיתותו של העם, ואחר כך בפסוק המתאר את שחיתות שלטונות המשפט.

13. ראו גם רות זוטא א א, שם נאמר שחטאי השופטים היו גדולים בהרבה מחטאי העם. רות רבה פתיחתא ז, מתייחס בצורה דומה לכפל הלשון אך אינו מבהיר אם השופטים אכן ראויים לשיפוט זה בשל התנהגותם. התמונה שמציירת הגמרא אינה נאמרת במפורש בספר שופטים, אך מקריאת הספר דומה שאפשר לגלות התדרדרות מסוימת אצל השופטים עצמם מפרק לפרק. על סמך גמרא זו אפשר לשער מדוע אין עוד שופטים לקראת סוף הספר - העם עייף מהנהגתם והוא מסרב לקבל את סמכותו של כל שופט שהוא.

בעם, כי היה בין שופט לשופט שאז היו שופטים רבים החפץ ימלא את ידו, ואין מורא השופט על העם" (מלבי"ם לרות א א). כידוע לנו מסוף ספר שופטים, העדר הנהגה מרכזית זורע תוהו ובוהו וקריסה של הסדר הדתי והחברתי. המלבי"ם פותר בכך את שאלת התיאור המעורפל של התקופה ובד בבד תורם לתחושת התסיסה החברתית השוררת ברקע מגילת רות.[14]

הגמרא, אבן עזרא והמלבי"ם ממקדים כולם את תשומת לבנו בבעיית ההנהגה שבתחילת מגילת רות. הרקע שעליו מתרחשת העלילה הוא אפוא ההנהגה הכאוטית של תקופת השופטים שאין בה מלך. הפתרון לבעיות התקופה מופיע בסוף המגילה, המסתיימת בהולדת דוד, מייסד שושלת מלכי יהודה.

מיהו השופט בתקופה המתוארת במגילת רות?

מדוע בוחרת המגילה להגדיר את זמנה בצורה מעורפלת כל כך? הערפול הזה מכוון, שהרי המגילה יכלה לדייק יותר, לפתוח במילים "ויהי בימי דבורה" או "ויהי בימי יפתח". אלא שהעלילה לא נועדה כנראה להיתפס כמשהו שקרה בתקופה ספציפית בימי השופטים. הגדרת הזמן המעורפלת מאפשרת למגילה לעמוד כניגוד לספר שופטים כולו. כפי שראינו, המגילה כוללת מסר מובהק ומציירת מסלול חדש לכל התקופה הסוערת הזאת.

עם זאת, ההגדרה המעורפלת מותירה פערים שאותם ממהרים חז"ל למלא.[15] כמה מקורות חז"ל מזהים שופט המתפקד בתקופה

14. יתרונו של הסבר זה בכך שהוא מסביר גם את הרעב. בהעדר מנהיגות מתערערת לא פעם התשתית הכלכלית הנחוצה להתמודדות עם תנאים קשים לחקלאות, וכך עלול להתפשט רעב. עלינו להבחין כי הפסוק עצמו אינו מייחס את הרעב ישירות לה'. מבחינה תחבירית דומה שהוא מקשר את הרעב דווקא להנהגת השופטים.
15. הניסיון להשלים את המידע החסר שכיח במקורות חז"ל. חז"ל מרבים לנקוב בשמותיהם של אנשים אנונימיים ולזהותם עם דמויות מקראיות ידועות יותר.

שבה מתרחשת עלילת רות. אני מבקשת לבחון את ההצעות הללו לא כדי להגיע למסקנה חד־משמעית אלא כדי להבין כיצד הגישות המדרשיות השונות יכולות להעשיר את קריאתנו במגילה.

בניתוח המדרשים האלה אני יוצאת מנקודת הנחה שהם אינם באים לתארך את הסיפור עצמו אלא ללמדנו שהסיפורים המסוימים מתייחסים זה אל זה וכך עלינו לקרוא אותם. השאלה החשובה ביותר שיש לשאול על המדרשים הללו היא אפוא: איזה מסר הם מנסים להעביר כשהם קושרים את עלילת המגילה לאחד הסיפורים הספציפיים המופיעים בספר שופטים.

נפתח במדרש מרות רבה פרשה א א:

> "וַיְהִי בִּימֵי שְׁפֹט הַשֹּׁפְטִים". ומי היו?
>
> רב אמר: ברק ודבורה היו.
>
> ריב"ל [רבי יהושע בן לוי] אמר: שמגר ואהוד היו.
>
> רב הונא אמר: דבורה וברק ויעל היו. "שפט" חד [המילה "שפט" לבדה הייתה מלמדת על שופט אחד], "שפטים" תרין [המילה "שופטים" - על שניים], השפטים תלתא [המילה "השופטים" - על שלושה].

מדרש זה מביא שלוש דעות בדבר זהותם של השופטים שכיהנו בתקופת מגילת רות. כל אחת מהדעות מתבססת על ההנחה שצורת הרבים של המילה "הַשֹּׁפְטִים" מלמדת על תקופה שבה כיהנו כמה שופטים במקביל. מבחינה דקדוקית יש ממש בהנחה זו (אם כי השימוש בלשון רבים אינו מחייב, שכן היא עשויה פשוט לדבר באופן כללי על תקופה שבה כיהנו שופטים רבים בזה אחר זה), אבל ההסבר של רב הונא אינו משכנע מבחינה דקדוקית. האם התוספת של ה"א הידיעה

באותה רוח נוהגים חז"ל פעמים רבות לספק מידע חסר על התקופה שבה אירעו הסיפורים, במיוחד כשמידע כזה עשוי להעשיר את המסר הדתי של הסיפור. ההיבט המתודולוגי של פרשנות חז"ל מוסבר בהרחבה אצל היינמן, דרכי האגדה, עמ' 21–26.

למילה "הַשֹּׁפְטִים" אכן מלמדת שכיהנו שלושה שופטים ולא שניים? ויש קושי נוסף בדעתו של רב הונא, שלפיה עלילת מגילת רות התרחשה בימי כהונתם של דבורה, ברק ויעל: הוא אינו מציג עמדה מובהקת משלו אלא חוזר על עמדתו של רב, שטען כי סיפור העלילה התרחש בימי דבורה וברק.

אהוד ושמגר

אחזור אל רב הונא בהמשך, אבל עתה אנסה להבין את טענתו של רבי יהושע בן לוי. הוא סבור כי אירועי מגילת רות התרחשו בימי השופטים אהוד ושמגר.[16] גם מדרשים אחרים יוצרים חיבור כרונולוגי בין מגילת רות לבין סיפורו של אהוד. על פי מקורות אלה, עגלון מלך מואב שנרצח בידי אהוד היה סבה של רות (למשל נזיר כג ע"ב) או אביה (למשל רות רבה פרשה ב ט).

רבי יהושע בן לוי ממקם את הסיפור הזה ממש בתחילת ספר שופטים.[17] אהוד הוא השופט השני בספר והשופט הראשון שאיננו משבט יהודה. אם העובדה שלא מונתה הנהגה מקרב בני יהודה היא השיבוש הראשוני של התקופה והגורם המזרז את הקריסה, הרי סיפורה של רות מופיע בדיוק כשההנהגה מתחילה להשתבש.[18] ברוח

16. על מותו של אהוד מסופר (שופטים ד א) **אחרי** תיאור כהונתו של שמגר (שופטים ג לא). מכאן אפשר ללמוד שאכן התקיימה חפיפה בין כהונותיהם וכי מתקיים הקריטריון המדרשי: שופטים אחדים שכיהנו במקביל.
17. לא אתעמת עם השאלה ההיסטורית אם דעות אלה מתיישבות עם מרחק הדורות בין רות לדוד. על פי גישתי, חז"ל אינם מציעים לנו פרספקטיבה היסטורית כי אם מתעניינים ברעיון של יצירת הקבלה בין מגילת רות לבין סיפור מסוים בספר שופטים. ציר הזמן של ספר שופטים מעורר מידה לא מעטה של מחלוקת, שכן לא ברור אם השופטים מכהנים בזה אחר זה או שמא מתקיימת ביניהם חפיפה. ככלל, קשה לקבוע מעל לכל ספק את הנכונות ההיסטורית. מכל מקום, אני מתעניינת בראש ובראשונה ברעיונות הדתיים המופיעים במקרא ובדברי חז"ל.
18. אהוד איננו מנהיג שלילי כלל ועיקר, אבל בכמה מקומות בסיפור מרומז שהנהגתו היא ראשיתה של הגלישה האטית וחסרת הרחם אל הסוף. שימו לב למשל לאחת ההקבלות הלשוניות הבולטות בין סיפור אהוד לבין הסיפור המזוויע

זו, ממש בתחילתו של הסחרור כלפי מטה, מגילת רות מניחה את היסודות להתחדשות ההנהגה של שבט יהודה ובסופו של דבר לתיקון שיבושי התקופה.[19]

שיטתו של ריב"ל גם מפנה את תשומת לבנו לדמיון משמעותי בין הסיפורים: אויבו של אהוד הוא מואב, ואהוד גובר על המואבים ומכפיפם לשלטון ישראל לתקופה ממושכת בת שמונים שנה. ייתכן שריב"ל מבקש לומר לנו שמואב כפופה לישראל בתקופה שבה מתרחשת עלילת מגילת רות. דבר כזה עשוי להסביר ואפילו להצדיק את החלטתו של אלימלך לעבור למואב בתקופת הרעב.[20] לחלופין, ייתכן שהוא אומר שתקופת רות היא תקופה של עוינות בין ישראל למואב. דבר כזה מקשה עוד יותר על תושבי בית לחם לקבל את צעדו של אלימלך.[21] ייתכן שהם רואים בו בוגד, ויש בכך כדי להסביר את קבלת הפנים שלה זוכה נעמי בשובה לבית לחם ואת הזהירות והניכור שמפגינים תושבי המקום כלפי רות המואבייה.

על פילגש בגבעה: אהוד בן גרא מתואר כ"אִישׁ אִטֵּר יַד יְמִינוֹ" (שופטים ג טו), ובסיפור מלחמת האחים מסופר על "שְׁבַע מֵאוֹת אִישׁ בָּחוּר אִטֵּר יַד יְמִינוֹ" מבני בנימין (שופטים כ טז). בולטת גם הסיטואציה הדומה שבה מישהו פותח דלת ומגלה גופה: "וְהִנֵּה אֲדֹנֵיהֶם נֹפֵל אַרְצָה מֵת" (שופטים ג כה), "וְהִנֵּה הָאִשָּׁה פִילַגְשׁוֹ נֹפֶלֶת פֶּתַח הַבַּיִת" (שופטים יז כז). עוד נקודות דמיון הן האויב המואבי בסיפור אהוד, והדמיון בין בני בנימין לאנשי סדום (אביה הרוחני של מואב) בסיפור האחרון.

19. רעיון זה עולה בקנה אחד עם המטפורה השכיחה אצל חז"ל, שלפיה ה' יוצר את התרופה עוד לפני פרוץ המחלה. ראו למשל מגילה יג ע"ב. אין צורך לומר שעיקרון זה מדגיש את דאגתו האישית של ה' לברואיו.

20. ייתכן שלכך מרמז התרגום לארמית של מגילת רות, א ב: "ואתו עד חקל מואב והוו תמן **רופילין** [=ויבאו עד שדה מואב ויהיו שם **שרי צבא**]". האם התרגום מבקש לומר שאלימלך מונה לפקיד רשמי בידי תושבי מואב? ייתכן שהוא אומר שאלימלך הוא שופט צבאי מישראל שנשלח למואב כדי לנהל את ענייני מדינת הווסאלים הזאת בתקופה שבה ישראל שולטת בה.

21. מדן, תקווה ממעמקים, עמ' 22–23, מדגיש כי אם אלימלך יצא מבית לחם בתקופה שבה ישראל משועבד לעגלון, עזיבתו של אלימלך את ארצו ולכתו לארץ האויב היא בגידה של ממש.

דבורה וברק

רב אמר: ברק ודבורה היו... רב הונא אמר: דבורה וברק ויעל היו.

רב ורב הונא כאחד סבורים כי עלילת מגילת רות התרחשה במקביל לכהונת דבורה, השופטת והנביאה (שופטים ד–ה). הנחתו של רב, שברק ודבורה מתפקדים במשותף כשופטים, אינה עולה מן הפסוקים שבהם דבורה מוצגת כשופטת היחידה בפועל. עם זאת, אפשר לטעון שכאשר ברק ממלא את התפקיד הצבאי המוטל בדרך כלל על השופט המכהן, הוא מקבל עליו תפקיד חלקי של שופט לצד דבורה. סברתו של רב הונא, המוסיף לשניים גם את יעל, מחייבת גישה דומה אם כי מרחיקת לכת יותר. יעל איננה נבחרת מלכתחילה להנהיג את ישראל לקרב נגד סיסרא, אך אין ספק בעניין תרומתה החשובה להבסת הכנענים. יש בכך כדי להסביר מדוע רב הונא סבור שיש לראות בה אחד משופטי התקופה.

הרעיון שעלילת מגילת רות מתרחשת בימי דבורה מזמין השוואה בין שני הסיפורים. על פני השטח, בסיפור דבורה קיימים כמה גורמים משותפים ברורים מאליהם עם סיפור רות. בשני הסיפורים מופיעות שתי דמויות של נשים, שאחת מהן איננה שייכת לעם ישראל אבל נאמנה לו. שני הסיפורים מגיעים לשיאם כשאישה ניגשת לגבר ישן, אחרי שסיפק את רעבונו או את צימאונו. בשני הסיפורים יש גם דמות המספקת מזון ומשקה או אחד מהם לדמות אחרת: בועז נותן לרות מזון ומשקה ויעל נותנת לסיסרא חלב.

עם זאת, המשמעות האמיתית של השוואות אלה טמונה דווקא בניגוד שבין שני הסיפורים. רות ניגשת לבועז הישן בכוונה להציע לו אפשרות של נישואים מתוך שאיפה לקיים את רצף הדורות, ואילו יעל ניגשת לסיסרא הישן כדי לרצוח אותו. בועז נותן לרות מזון כמעשה של חסד, כדי לחזק את רוחה, ואילו יעל נותנת לסיסרא חלב כדי להרגו. זרם המעמקים השלו של סיפור רות, על מעשי החסד הנלווים אליו, שונה לחלוטין מהאווירה הלוחמנית של סיפור דבורה. שני

הסיפורים האלה אופייניים למפגש בין ספר שופטים למגילת רות - כל אחד מהם משקף במעוות את זולתו.

ההשוואה בין סיפור דבורה למגילת רות נתמכת בכמה קווי דמיון בין שני הספרים.

טבלה 3: השוואה בין סיפור דבורה לסיפור רות

רות	**דבורה** (שופטים ד)
וַתֵּהֹם כָּל הָעִיר עֲלֵיהֶן (א יט)	**וַיָּהָם** ה׳ אֶת סִיסְרָא (ד טו)
וַיֹּאמֶר **סוּרָה** שְׁבָה פֹּה פְּלֹנִי אַלְמֹנִי **וַיָּסַר** וַיֵּשֵׁב (ד א)	וַתֹּאמֶר אֵלָיו **סוּרָה** אֲדֹנִי **סוּרָה** אֵלַי אַל תִּירָא **וַיָּסַר** אֵלֶיהָ (ד יח)
וַתָּבֹא בַלָּט (ג ז)	**וַתָּבוֹא** אֵלָיו **בַּלָּאט** (ד כא)
כִּי אֶל אֲשֶׁר **תֵּלְכִי אֵלֵךְ** (א טז)	אִם **תֵּלְכִי עִמִּי וְהָלָכְתִּי** וְאִם לֹא **תֵלְכִי** עִמִּי לֹא **אֵלֵךְ** (ד ח)

1. "וַיָּהָם"/"וַתֵּהֹם"[22]

22. שתי המילים נגזרות משורשים שונים. "ותהם" (רות א יט) נגזרת מהשורש הו"מ, ואילו "ויהם" (שופטים ד טו) נגזרת מהשורש המ"מ (ראו למשל BDB, עמ׳ 223, 243). מכיוון שלמילים יש משמעות זהה כמעט (להקים רעש או לעורר המולה), דומה שלפנינו דוגמה למילים שיש להן "שורש חלש" משותף. ד"ר אבי שמידמן הסביר לי כי שורשיהן של כמה מילים עבריות נחשבים "שורשים חלשים", כלומר שורשים המורכבים למעשה משתי אותיות בלבד. לצורך הנוחות אנחנו מבטאים את השורשים החלשים כשורשים בעלי שלוש אותיות, אם על ידי הצבת האות וי"ו באמצע או הצבת האות ה"א בסוף, או על ידי הכפלת האות השנייה. עם זאת, רבות מהטיותיהם של הפעלים הנבנים מן השורשים הללו כוללות רק את שתי האותיות המקוריות. לפעמים יש ניתוק סמנטי גמור בין שורשים חלשים החולקים שתי אותיות מקוריות אך נענים לפרדיגמות דקדוקיות שונות, אך לפעמים קיימת ביניהם נזילות סמנטית מסוימת. במקרה הזה, השורשים הו"מ והמ"מ חולקים את צמד האותיות המקוריות (ה, מ) והחיבור הסמנטי והמהותי ביניהם תומך בהשוואה המוצגת כאן.

א. **דבורה:** שיא הקרב נגד סיסרא מתואר במילים "וַיָּהָם ה' אֶת סִיסְרָא" (שופטים ד טו).

ב. **רות:** אווירת המבוכה וההתרגשות המתלווה לשובה של נעמי לבית לחם מתוארת במילים "וַתֵּהֹם כָּל הָעִיר עֲלֵיהֶן" (רות א יט).

2. הציווי "סוּרָה", ומיד אחריו ההיענות, "וַיָּסַר"[23]

א. **דבורה:** יעל מורה לסיסרא לסור מדרכו ולהיכנס לאוהלה, שם היא עתידה לכאורה לארח אותו (שופטים ד יח): "וַתֵּצֵא יָעֵל לִקְרַאת סִיסְרָא וַתֹּאמֶר אֵלָיו **סוּרָה** אֲדֹנִי **סוּרָה** אֵלַי אַל תִּירָא **וַיָּסַר** אֵלֶיהָ הָאֹהֱלָה וַתְּכַסֵּהוּ בַּשְּׂמִיכָה".

ב. **רות:** בועז מכוון את הגואל לסור הצדה ולשבת בשער כדי לחפש קונה לנחלת נעמי ובעל לרות (ד א): "וּבֹעַז עָלָה הַשַּׁעַר וַיֵּשֶׁב שָׁם וְהִנֵּה הַגֹּאֵל עֹבֵר אֲשֶׁר דִּבֶּר בֹּעַז וַיֹּאמֶר **סוּרָה** שְׁבָה פֹּה פְּלֹנִי אַלְמֹנִי **וַיָּסַר** וַיֵּשֵׁב".

3. תואר הפועל בלאט

א. **דבורה:** יעל ניגשת לסיסרא בגניבה ובזהירות (שופטים ד כא): "וַתָּבוֹא אֵלָיו **בַּלָּאט** וַתִּתְקַע אֶת הַיָּתֵד בְּרַקָּתוֹ".

ב. **רות:** גם רות מקפידה לגשת בשקט אל בועז הישן (רות ג ז, ט): "וַתָּבֹא **בַלָּט** וַתְּגַל מַרְגְּלֹתָיו... וַתֹּאמֶר... וּפָרַשְׂתָּ כְנָפֶךָ עַל אֲמָתְךָ כִּי גֹאֵל אָתָּה".

קווי הדמיון הלשוניים האלה מדגישים את הפערים בין הסיפורים הללו. בספר שופטים משמשת המילה "ויהם" לתיאור תמונת קרב סוערת, ואילו במגילת רות המילה "ותהם" מתארת את התרגשותה

23. המקום הנוסף היחיד בתנ"ך שבו מופיע הצירוף "סורה... ויסר" הוא הסיפור על ניסיונו של לוט לארח את המלאכים בבראשית יט ב: "וַיֹּאמֶר: הִנֶּה נָּא אֲדֹנַי **סוּרוּ** נָא אֶל בֵּית עַבְדְּכֶם וְלִינוּ וְרַחֲצוּ רַגְלֵיכֶם וְהִשְׁכַּמְתֶּם וַהֲלַכְתֶּם לְדַרְכְּכֶם. וַיֹּאמְרוּ: לֹּא כִּי בָרְחוֹב נָלִין. וַיִּפְצַר בָּם מְאֹד **וַיָּסֻרוּ** אֵלָיו". ראו הערתו של הרמב"ן לפסוק זה, שבה הוא קושר בין שלושת המופעים האלה.

של העיר כולה לנוכח חזרתה של נעמי. בסיפור דבורה, הסטת הגבר מדרכו ("סוּרָה") אינה מבשרת לו טובות, שכן הכנסת האורחים לכאורה של יעל אינה אלא אמתלה להרוג את סיסרא. לעומת זאת, כוונותיו של בועז כנות והסטת הגואל מדרכו מבשרת את נישואיה של רות. יעל מאכילה את סיסרא ואחר כך מתגנבת אליו והורגת אותו בעודו ישן, ואילו רות מחכה שבועז יאכל, ואחרי שנרדם היא מתגנבת אליו ומצליחה להפיק ממנו הבטחה לנישואים. סיפור דבורה מצביע על מהומה, על מלחמה ועל מוות, ואילו הסיפור של רות מתאר איחוד, נישואים ורציפות.

מה מניע את הסיפורים השונים כל כך זה מזה המתרחשים באותה מסגרת זמן כללית? דוגמה בולטת אחרונה של דמיון לשוני מאפשרת לנו אולי להבין מדוע הספרים האלה מתפתחים לאורך קווים כה שונים.

4. הכפלת הפועל "לך": "כִּי אֶל אֲשֶׁר תֵּלְכִי אֵלֵךְ"[24]

נחישותה של דבורה להילחם באויב מביאה אותה אל ברק בן אבינועם. היא מבשרת לו שה' ציווה עליו להילחם באויב ומבטיחה לו שידו תהיה על העליונה:

> וַתֹּאמֶר אֵלָיו: הֲלֹא צִוָּה ה' אֱלֹהֵי יִשְׂרָאֵל לֵךְ וּמָשַׁכְתָּ בְּהַר תָּבוֹר וְלָקַחְתָּ עִמְּךָ עֲשֶׂרֶת אֲלָפִים אִישׁ מִבְּנֵי נַפְתָּלִי וּמִבְּנֵי זְבֻלוּן. וּמָשַׁכְתִּי אֵלֶיךָ אֶל נַחַל קִישׁוֹן אֶת סִיסְרָא שַׂר צְבָא יָבִין וְאֶת רִכְבּוֹ וְאֶת הֲמוֹנוֹ וּנְתַתִּיהוּ בְּיָדֶךָ (שופטים ד ו–ז).

ברק מתעלם מסמכותה הבלתי־מעורערת של דבורה ומההבטחה החד־משמעית של ה' ומציב תנאים לקבלת המשימה: "וַיֹּאמֶר אֵלֶיהָ בָּרָק אִם **תֵּלְכִי** עִמִּי וְהָלָכְתִּי וְאִם לֹא **תֵלְכִי** עִמִּי לֹא **אֵלֵךְ**" (שופטים ד ח).

24. ניסוח זה מופיע רק בשני הסיפורים האלה.

נאמנותו המסויגת של ברק (שימו לב לניסוח השלילי שהוא מוסיף: "וְאִם לֹא תֵלְכִי עִמִּי לֹא אֵלֵךְ!") בולטת בניגודה לנאמנותה החד־משמעית והבלתי־צפויה של רות לנעמי. דבריה המוכרים כל כך של רות נפתחים במילים המהדהדות את נאמנותו המסויגת של ברק: "אַל תִּפְגְּעִי בִי לְעָזְבֵךְ לָשׁוּב מֵאַחֲרָיִךְ, כִּי אֶל אֲשֶׁר תֵּלְכִי אֵלֵךְ" (שופטים א טז). רות מבטלת את ניסיונות השכנוע של נעמי שנועדו להניא אותה מללוותה לבית לחם ומביעה נאמנות בלתי־מותנית לחמותה (שימו לב לניסוח החיובי שבו היא בוחרת: "אֶל אֲשֶׁר תֵּלְכִי אֵלֵךְ".

ההבדל בין רות לבין ברק מדגיש את ההבדל הכללי יותר בין ספר שופטים למגילת רות. ספר שופטים נוטה להציג דמויות שאינן מחויבות לגמרי לחברה, שנאמנותן הראשונית היא לעצמן ולקידום האינטרסים שלהן. מגילת רות, לעומת זאת, מספרת על דמות יוצאת דופן המפגינה נאמנות ללא היסוס גם כשיש בכך כדי לפגוע באינטרס האישי שלה. נאמנויות מפוקפקות ואנוכיות מולידות חברה שסועה ממלחמה, תסיסה ושיבוש היחסים החברתיים. מגילת רות, לעומת זאת, מונעת על ידי חסד, חוסר אנוכיות ומסירות, ואלה יוצרים חברה שלווה, לכידה ובת־קיימא.

השוואות אלה עשויות להבהיר את הסיבה לעמדתם של רב ושל רב הונא. בטענתו שסיפורים אלה הם בני אותה תקופה מפנה רב את תשומת לבנו להבדלים ביניהם ומדגיש את ההבדל המהותי בין שני הספרים. אשר לרב הונא, העומד על כך שרב צודק ומוסיף לכך הוכחה דקדוקית לא משכנעת, ייתכן שהוא עושה זאת כדי לשכנע את הקוראים לתת את לבם לכך ולקבל את המסר החשוב הגלום בדברים. נוסף על כך, רב הונא מצרף את יעל כדי להדגיש את ההבדל בין תפקיד המפתח שהיא ממלאת לבין פעולותיה של רות.[25]

25. אין בכך בשום אופן כדי לומר שיעל היא דמות חיובית פחות מרות. למעשה, אין כמעט ספק ששתי נשים אלה, שאינן שייכות לעם ישראל, פועלות לטובת העם. עם זאת, כפי שכבר נאמר, מעשיה של יעל כרוכים באלימות ובמוות, ואילו מעשיה של רות פירושם חסד ולידה. זהו סימן מובהק להבדלים בין שני הספרים.

בועז ואבצן

אמר רבה בר רב הונא אמר רב: אבצן זה בועז (בבא בתרא צא ע"א).

רש"י (א א) מביא את הדעה המזהה את בועז עם אבצן, שופט שולי הנזכר בשופטים יב ח-י. בטכניקה מדרשית נפוצה זו של "שימור דמויות מקראיות", מזהה המדרש דמות מקראית שולית עם דמות מקראית אחרת, ידועה יותר.[26] מיזוג שתי הדמויות מאפשר למדרש להעשיר את הבנתנו בדבר תכלית הופעתה הקצרצרה של הדמות השולית בסיפור המקראי. במקביל, סוג זה של זיהוי משמש לא פעם ללמד משהו על הדמות הבולטת יותר.

כדי להבין את המדרש לעומקו ולראות כיצד הוא משפיע על הבנת דמותו של בועז, עלינו לבחון כיצד מתואר אבצן במקרא. תיאורו קצרצר וכולל שלושה פסוקים בלבד. הפסוק הראשון והפסוק השלישי מלמדים שאבצן בא מבית לחם ובה גם מת. הפסוק השני מספר כי שלושים בניו נישאו לבנות מן החוץ, כלומר לנשים זרות, ושלושים בנותיו נשלחו להינשא בחוץ, כלומר לגברים זרים.

הגורם לזיהויו של אבצן עם בועז הוא כנראה העובדה ששניהם מילאו תפקיד הנהגה בבית לחם בימי השופטים,[27] אך המידע הקשור לילדיו של אבצן מעניין באמת. אם בועז הוא אכן אבצן, הרי הפסוק מלמדנו שני דברים חשובים על בועז. ראשית, אנו למדים שהיו לו

26. לתופעה זו יש דוגמאות רבות. ראו למשל את זיהויו של פנחס עם אליהו (למשל פרקי דרבי אליעזר מו); את זיהויו של אברהם עם איתן האזרחי (ויקרא רבה פרשה ט א); או את זיהוי מלכיצדק עם שם (פרקי דרבי אליעזר ז). במהלך ספר זה נפגוש דוגמאות נוספות לטכניקה זו.

27. ראו רלב"ג לשופטים יב ח. בארץ ישראל של אותה תקופה היו לפחות שני מקומות ששמם בית לחם (ראו למשל יהושע יט טו). לא בטוח כלל שאבצן הוא מבית לחם יהודה. עם זאת, אין פלא שהמדרש מקשר שופט מבית לחם עם בועז, הממלא תפקיד הנהגתי בבית לחם בתקופת השופטים.

שישים ילדים. במילים אחרות, הוא לא נשא לאישה את רות כדי להמשיך את שושלת משפחתו. במגילת רות לא נמסר שום מידע על משפחתו של בועז, אבל זיהויו עם אבצן מלמד שהוא נושא את רות לאישה ממניע חף מכל אינטרס עצמי של יצירת דור המשך.[28] המדרש מלמד שאופיו של בועז מקביל לאופייה של רות, שהתנהגותה האלטרואיסטית היא סימן ההיכר המובהק של הסיפור. הוא גם מחזק את תיאור דמותו של בועז במקרא כאנטיתזה לנעמי. בועז מלא לעומת נעמי הריקה; לבועז יש שפע של צאצאים בעוד שעל נעמי מרחפת הסכנה של ניתוק השושלת המשפחתית.[29]

שנית, זיהוי בועז עם אבצן מלמד שבועז אינו מתנגד לנישואים מחוץ לקהילה, שהוא אינו שונא זרים ושכנראה היה מאפשר לנכרי הגון להיות חלק ממשפחתו.[30] זיהויו של בועז עם אבצן מכין אותנו לקראת נכונותו לשאת את רות בהמשך הסיפור למרות הסתייגויותיו של הגואל (ד ו). מדרש זה מצית בנו תקווה וציפייה שבועז יהיה הפתרון ההרואי לבעיה של מציאת בעל לרות המואבייה.

28. במסורת חז״ל אחת (בבא בתרא צא ע״א) מתואר בועז/אבצן כמי שערך מאה ועשרים מסיבות חתונה (שתיים לכל ילד).הוא לא הזמין למסיבות את מנוח, כי ידע שלא יקבל הזמנה חוזרת מפני שמנוח היה חשוך ילדים. לפיכך מתו כל ילדיו בימי חייו. מסורת זו מציירת דמות הפוכה לחלוטין מדמותו של בועז כפי שהיא מופיעה במגילת רות, כמופת לחסד חסר פניות. המדרש הנזכר כאן סבור כנראה שתפקידו של בועז במגילת רות היה לתקן את התנהגותו הקודמת. בסכימה זו בועז נוהג ככל בני עמו בתקופת השופטים, ולפיכך עשוי לשמש דמות מופת לשיפור החיוני של בני דורו. עם מות ילדיו הוא נותר אב שכול (כמו נעמי), ולידתו של עובד משמשת לו תיקון, כפי שהיא משמשת תיקון גם לנעמי ולקהל ישראל כולו.

29. ניגוד זה מקביל לאנטיתזה המשמעותית הנוספת שבה שדותיו הפוריים של בועז עם שפע היבול שלהם מוצגים כניגוד לעונייה של נעמי ולאי־יכולתה לפרנס את עצמה. הסיבה לכך היא ששדותיה של נעמי נמכרו, הופקעו או עמדו בשממונם בשל עזיבת המשפחה. נרחיב את הדיון על כך כשנעסוק ברות ד ג.

30. הביטוי ״מִן הַחוּץ״ איננו ברור לגמרי. אמנם ייתכן שאבצן אפשר לילדיו לשאת בני זוג משבטים אחרים, אך ייתכן שילדיו נישאו לבני זוג מחוץ לישראל. מכל מקום, התיאור המעורפל מרמז שאבצן אינו מתנגד לבני זוג ״מִן הַחוּץ״, יהיו אשר יהיו.

מסגרת הזמן המעורפלת במתכוון של מגילת רות מלמדת שכל ניסיון לתארך את עלילתו באופן חד־משמעי סותר את יעדה של המגילה עצמה, המציגה את רות כפתרון לתקופה כולה. עם זאת, הרמזים המופיעים במדרשים עשויים להעשיר את הבנתנו. מדרשים אלה מפנים את תשומת הלב לקווי הדמיון והשוני שבין מגילת רות לבין אירועים מסוימים בספר שופטים. הנגדת הסיפורים האלה והשוואתם מציירת נקודות מבט שונות ותובנות חשובות הן על המגילה הן על דמויותיה, ערכיה ומסריה.

משפחת אלימלך:
הטוב, הרע והחוטא

וַיָּבֹאוּ שְׂדֵי מוֹאָב וַיִּהְיוּ שָׁם. וַיָּמָת אֱלִימֶלֶךְ אִישׁ נָעֳמִי וַתִּשָּׁאֵר הִיא וּשְׁנֵי בָנֶיהָ. וַיִּשְׂאוּ לָהֶם נָשִׁים מֹאֲבִיּוֹת, שֵׁם הָאַחַת עָרְפָּה וְשֵׁם הַשֵּׁנִית רוּת. וַיֵּשְׁבוּ שָׁם כְּעֶשֶׂר שָׁנִים וַיָּמֻתוּ גַם שְׁנֵיהֶם, מַחְלוֹן וְכִלְיוֹן. וַתִּשָּׁאֵר הָאִשָּׁה מִשְּׁנֵי יְלָדֶיהָ וּמֵאִישָׁהּ (א ב-ה).

מה ידוע לנו על משפחת אלימלך? היכן היא שושלת היוחסין המקובלת המתלווה במקרים רבים להצגת דמות מקראית? אילו יחסים מתקיימים בין אלימלך לבין אנשי בית לחם? מה מניע את אלימלך לצאת למואב? האם יש משהו המלמד כי משפחת אלימלך מושפעת מההתנהגות הדתית והחברתית הפסולה הרווחת בתקופת השופטים? קריאה מהירה של הפסוקים הראשונים לא תספק בנקל תשובות לשאלות אלה, אך בדיקה מעמיקה יותר של הכתוב ושל דברי חז"ל תניב מידע חיוני להבנת הרקע של המגילה.

חטאים

הכתוב עצמו אינו נוקט נימה שיפוטית כלפי שורת הדמויות המופיעות בפתיחת המגילה, אבל שרשרת האסונות הפוקדת את משפחת אלימלך מסופרת כרצף מהיר של אירועים המלמדים על קשר סיבתי. אסון רודף אסון, וביניהם משובצות פעולות המסבירות לכאורה את מצב העניינים העגום. דומה שצרותיו של אלימלך נובעות מהעובדה שעזב את ארץ ישראל, ומות בניו קורה כמדומה בעקבות נישואיהם לנשים מואביות.[1]

אלא שלמעשה משתרעים האירועים הללו על פני רצף של יותר מעשר שנים. זאת ועוד, הטקסט אינו מזכיר במפורש קשר סיבתי בין מעשיהן של הדמויות לבין מותן.[2] ייתכן מאוד שאלימלך, אבי המשפחה, מת מוות טבעי מפאת גילו. האם יש אפוא לראות במקרי המוות הנזכרים בקטע המבוא עונש מידי שמים?

חז"ל אינם מסתפקים ברקע המצומצם הנמסר בכתוב. אירועים טרגיים כאלה מחייבים הסבר. חז"ל מנסים אפוא לפרט את החטאים הספציפיים שעליהם נענשה המשפחה. פשט הכתוב אינו מלמד בהכרח שהמשפחה נהגה שלא כשורה, אבל רוב פרשני המקרא לאורך הדורות סבורים כך. ננתח את המקורות ונחפש בהם תובנות ולקחים.

אלימלך המנהיג

אחת ההנחות השכיחות במדרשים היא שאלימלך היה מנהיג בדורו. התרגום לארמית מוסיף לפסוק הראשון את המילים "גברא רבא" [=איש

1. מקור חז"ל אחד (רות רבה פרשה ב י) יוצר חיבור בין כל האירועים הללו וטוען כי הם מלמדים על ענישה הדרגתית בידי שמים ("ואף במחלון וכליון כך היה, בתחלה מתו סוסיהם חמוריהם גמליהם ואח"כ וימת אלימלך ואחר כך וימותו גם שניהם מחלון וכליון").
2. אין זה מפתיע במיוחד. בדרך כלל סיפורי המקרא אינם שופטים במפורש את הדמויות או מציעים הסבר תיאולוגי גלוי למהלך האירועים.

גדול], וכך - "וילך איש גדול מבית לחם". בתנחומא בהר ג מתואר אלימלך כ"ראש הדור". הכתוב עצמו אינו תומך במישרין ברעיון זה, אך דומה שיש לכך עדויות נסיבתיות. ראשית, מוזר שהמגילה נפתחת בתיאורם של אלימלך, מעשיו ומשפחתו. מה לנו ולאדם אחד ולהתנהגותו בזמן רעב? תשומת הלב המתמקדת באלימלך אמורה ללמדנו שהוא לא היה אדם מן השורה, ולפיכך היה כנראה אישיות חשובה. רמזים אחרים לכך הם העובדה שאלימלך הוא איש יהודה, השבט שנועד למלוכה ולהנהגה, ובמיוחד שהוא מבית לחם, העיר הנקשרת בתודעה עם הנהגה ומלוכה.[3] מדרשים אחדים רואים בתואר החמקמק המתאר את משפחת אלימלך, "אֶפְרָתִים", רמז לגדולתם.[4] המילה "איש" המתארת פעמיים את אלימלך (א א-ב) נתפסת כרמז להיותו אדם בעל מעמד.[5]

את ניסיונות המדרש לייחס חטאים לאלימלך עלינו לראות בהקשר ההנחה שהוא החזיק בתפקיד של הנהגה. התנהגותו של אלימלך כמנהיג משפיעה הרבה יותר מאשר התנהגותו של האדם הפשוט.

3. לא ודאי שהקשר הזה התקיים לפני דוד, שנולד בבית לחם וממנו יצאה שושלת המלוכה. רמזים מסוימים מלמדים כי בית לחם נחשבת למקום ההנהגה כבר בספר שופטים. ראו למשל את דברי הנצי"ב על בראשית מט י, הסבור שיש לתארך לימי השופטים את נבואת מיכה (מיכה ה א-ג) המדברת על מושל שייצא מבית לחם.

4. ראו למשל רות רבה פרשה ב ה ורש"י לרות א ב. על פי הפשט, מילה זו אינה משמשת באופן עקבי לזיהוי שבט או מיקום גיאוגרפי. המילה "אפרתים" מתארת לפעמים אדם מהרי אפרים (שמואל א א א) ולפעמים בן לשבט אפרים (שופטים יב ה; מלכים א יא כו). במקרה שלנו נדמה שהם קשורים ליישוב אפרת, המשמש פעמים רבות שם חלופי לבית לחם (בראשית לה יט; מח ז; מיכה ה א; רות ד יא). ייתכן גם שמשפחת אלימלך מתייחסת אל אפרת אשת כלב (דברי הימים א ב יט, נ-נא).

5. למשל תנחומא שמיני ט.

התנהגות פסולה מבחינה דתית: עזיבת הארץ

ר״ש [רבי שמעון] בן יוחאי אומר: אלימלך מחלון וכליון גדולי הדור היו ופרנסי הדור היו. ומפני מה נענשו? מפני שיצאו מארץ לחוצה לארץ (בבא בתרא צא ע״א).

מדרש זה קובע כי עזיבת ארץ ישראל היא חטא הגורר עונש. קביעה זו מתבססת כנראה על הסמכת פסוק ב לפסוק ג, שם מסופר ברצף מהיר על יציאתו של אלימלך מהארץ ועל מותו. עם זאת, גם דמויות מקראיות אחרות עוזבות את הארץ בתקופות רעב ואינן נענשות על כך.[6] כך, למשל, אברהם יורד למצרים כדי לברוח מהרעב בארץ תשעה פסוקים בלבד אחרי שה׳ מצווה עליו ללכת לארץ (בראשית יב א, י). הרמב״ן מותח ביקורת על אברהם בשל צעדו זה, אבל הטקסט אינו נוקט עמדה כזאת.[7] כעבור זמן יורדים יעקב ומשפחתו מצרימה בימי הרעב, בהסכמתו המפורשת של ה׳ (בראשית מו ב-ד).[8]

זוהר חדש מציין את ההבדלים בין החלטת האבות לרדת מהארץ בזמן רעב לבין החלטתו של אלימלך:

6. יפת בן עלי, פרשן ופילוסוף קראי, רואה בירידת אברהם ויעקב מן הארץ בזמן רעב תקדים המצדיק את החלטתם של אלימלך ומשפחתו לצאת מהארץ עד יעבור זעם.
7. אפשר אולי לראות באירוע שבא אחרי עזיבתו של אברהם את ארץ כנען (לקיחת שרה בידי פרעה) רמז למורת רוחו של ה׳ מהעזיבה. עם זאת, המפרשים (פרט לרמב״ן) אינם מגנים את אברהם על עזיבת הארץ. פרקי דרבי אליעזר כו אפילו מונה במפורש את הרעב כאחד מעשרת הניסיונות שאברהם התנסה ועמד בהם.
8. יצחק, לעומת זאת, הצטווה שלא לעזוב את הארץ בתקופת הרעב. פרשני המקרא ראו לנכון להסביר מדוע לא הותר ליצחק לעזוב את הארץ כפי שהותר לאביו (למשל רש״י לבראשית כו ב).

> אמר רבי ברכיה: וכי לא דרכן של צדיקים לברוח מפני הרעב, והרי גדולים מאלימלך, אברהם ויצחק, עשירים ממנו, והלך זה למצרים מפני הרעב?... אמר רבי ברכיה אמר רבי יצחק: הקדוש ברוך הוא גרם לצדיקים הללו לצאת מתוך הרשעים ולהודיע טבעם בעולם, ולפיכך הביא הרעב. אבל אלימלך, במקום של צדיקים היה יושב, במקום של תורה, ובעושר רב. וכשבא הרעב, העניים היו באים אליו, והעלים עינו מהם, וברח. ועוד, שראה הדין חל על העולם, וברח והלך [לגור] בין האומות (זוהר חדש רות לה א).

עזיבתו של אלימלך בזמן הרעב אינה דומה לעזיבת האבות. האבות היו אנשים פרטיים שחיו בארץ בין עובדי אלילים. על פי מדרש זה, הרעב אף נועד לגרום להם לעזוב את הארץ ולהפיץ את תורת ה'. אלא שאלימלך חי בתוך עמו. הוא היה אמור לדעת שהרעב מלמד על יחסו של ה' ולהגיב בהתאם. אלימלך אמור היה לגייס את עצמו, את משפחתו ואת עמו ולחזור בתשובה. גישה זו מסבירה את ההבדל בין גורלו לבין גורל קודמיו: אברהם ויעקב עשו חיל ואילו משפחתו של אלימלך ספגה אבדן נורא.

התנהגות חברתית פסולה

המדרש המותח ביקורת על אלימלך העוזב את הארץ בתקופה זו מתקבל על הדעת הן מבחינה טקסטואלית הן מבחינה תיאולוגית, ולכן מפתיע לראות שמדרשים רבים מציעים הסבר שונה לעונש שהוטל עליו:

> למה נענש אלימלך?... אלימלך היה מגדולי המדינה ומפרנסי הדור, וכשבאו שני רעבון אמר: עכשיו כל ישראל מסבבין פתחי, זה בקופתו וזה בקופתו. עמד וברח לו מפניהם (רות רבה פרשה א ד).

לכאורה זהו מדרש מופרך שאינו מתבסס על הכתוב.[9] בכתוב אין כל רמז לכך שאלימלך היה קמצן או שהחליט לברוח בגלל הצורך לתמוך באחרים בתקופת הרעב. הכתוב אינו מרמז גם שאלימלך היה מפרנסי הדור, שעליהם הוטל לפרנס את העם. עם זאת, מקורות רבים בחז"ל סבורים כי חטאו של אלימלך היה חברתי מעיקרו וטוענים כי אלימלך, מנהיג לשעבר, נטש את עמו בשעת צרה,[10] למרות חובתו הספציפית לתמוך בהם.[11]

דומה שגישה זו נובעת משיקולים טקסטואליים ואידיאולוגיים כאחד. מנקודת מבט טקסטואלית, המקום שאליו בחר אלימלך להימלט מפני הרעב מעורר תמיהה. היעד המתבקש בימי רעב בארץ ישראל איננו מואב, שהתנאים האקלימיים השוררים בה דומים לאלה של בית לחם, אלא מצרים, המושקית באופן תמידי במי היאור.[12]

9. גישה שכיחה זו מופיעה בצורות אחדות בספרות חז"ל. ילקוט שמעוני רות רמז תר מביא את הרעיון הבא: "וימת אלימלך - וכי כל בני אדם אינם מתים? אלא ללמדך שאין הגזרה אלא על מי שיש בידו למחות ולא מיחה, ואין אדם משייר יתומים אלא אם כן עינו צרה בממונו, וכן הוא אומר ונוע ינועו בניו, ולמה יען אשר לא זכר עשות חסד". באופן דומה מתואר אלימלך במדרש שהובא לעיל (זוהר חדש רות לה א) כמי שנמלט מפני העניים הבאים אליו בימות הרעב. ראו גם רות זוטא א א, ד.
10. למשל רות רבה פתיחתא ו.
11. הרעיון שאלימלך היה פרנס הדור (כלומר שנשא באחריות כלכלית כלפי העם) מופיע בכמה מקורות חז"ל. ראו למשל המדרש שהובא לעיל (בבא בתרא צא ע"א) ורש"י (רות א א). שם עירו של אלימלך, בית לחם, מצייר דימוי של המנהיג כאיש המספק לחם.
12. אין בכך כדי לומר שהתנאים האקלימיים זהים בישראל ובמואב. האזור שמצפון לנהר ארנון (כלומר, האזור הנגיש ביותר מבית לחם) הוא אזור מושקה היטב המקבל כמות נאה של משקעים והתנאים בו שונים מאלה השוררים בהרי יהודה. עם זאת, באזור הזה התגורר שבט ראובן, ונראה שאלימלך ומשפחתו עברו לגור בין המואבים. אם המשפחה בחרה ללכת לחלק פורה פחות בארץ מואב, יש בכך רמז שעמדו לרשותה משאבים עצמאיים, כפי שיוסבר בהמשך. הסבר מפורט יותר לגבי היעדים האפשריים שעמדו בפניהם במואב מובא אצל קמפבל, רות, 51-50; הברד, רות, עמ' 86-87. הגמרא (תענית כה ע"א) מציינת כי לא פעם קיימים הבדלים אקלימיים בין מואב לבין ישראל, ומציעה לכך הסבר תיאולוגי. היא מספרת על מקרה שבו ה' מעניש את ישראל בעצירת גשמים, והעננים,

אברהם ויעקב בוחרים לרדת למצרים בזמן הרעב, ומצרים היא גם היעד שאליו מבקש יצחק להגיע (בראשית כו ב).

סימן שאלה נוסף על בחירתו של אלימלך במואב הוא העובדה שהמואבים אינם ידועים בנדיבותם ובנכונותם לחלוק את פתם עם זרים.[13] הרי בשל צרות העין שגילו אסור להם לבוא בקהל ישראל (דברים כג ד-ה). מדוע בחר אפוא אלימלך לברוח דווקא למואב בתקופת הרעב? דומה שהמדרש פותר את החידה הזאת בהנחתו שאלימלך אינו עובר למואב כדי למצוא מזון. הוא בעל אמצעים בלתי־תלויים ויכול לפרנס את עצמו ואת בני ביתו אפילו בהיותו זר בארץ לא ידידותית. מדוע אפוא עוזב אלימלך את בית לחם? מפני שהוא אינו רוצה לחלוק את משאביו עם שכניו, עם אלה שגורלם לא שפר עליהם כמוהו. מואב היא בעצם בחירה מצוינת אם מה שמניע את אלימלך הוא באמת צרות עין. בארץ שבה לא נהוג להתחלק במזון, אלימלך יכול בקלות לאגור מזון לו ולמשפחתו.

הנושאים את המשקעים הכבדים, שופכים את מימיהם על עמון ומואב. על פי גמרא זו, כשארץ ישראל סובלת כתוצאה מכעסו של ה', התנאים האקלימיים יהיו בהכרח שונים (וטובים יותר) במואב. למרות גישה זו, מואב תלויה בגשם בדיוק כמו בית לחם, ולפיכך סובלת מאי־יציבות דומה. מצרים, לעומת זאת, נשענת על מקור מים טבעי איתן, ולכן היא היעד המתבקש לאנשים המבקשים למצוא מפלט מבצורת או מרעב. מי שבוחר לעבור מארץ ישראל למואב בזמן רעב נוקט אפוא צעד חריג.

13. כדי לתרץ את בחירתו החריגה של אלימלך מנסים כמה חוקרים (למשל בוש, רות, עמ' 67) לטעון כי בין ישראל ומואב התקיימו באותם ימים יחסי ידידות. כעדות ליחסים אלה הם מזכירים גם את סיפורו של דוד הלוקח את הוריו למואב כדי למצוא שם מקלט (שמואל א כב ג-ה). אלא שסיפור זה אינו משכנע, שהרי ייתכן שיחסיו של דוד עם מואב קשורים לעובדת היותו צאצא למשפחה מואבית ולכן אינם יכולים להעיד על יחסים עם מואב בתקופה שקדמה להשתלבותה של רות בבית לחם. זאת ועוד, בדברים כג ג-ו מתואר העם המואבי באור שלילי, ודומה כי בתקופת שלטונו האכזרי של עגלון על ישראל, בערך באותה תקופה (שופטים ג יב-ל), שררו בדרך כלל יחסי עוינות בין העמים! בחירת יעד מסוים זה נותרת אפוא חידתית.

אפשר לטעון גם שמעברו של אלימלך למואב מלמד משהו על אופיו. הוא הולך למואב מפני שהוא דומה למואב; הוא מזדהה עם ערכי מואב, שהם ערכי סדום ועמורה.[14] מדרשים אלה מציגים אפוא את אלימלך כאדם המסרב לתת מזון לנזקקים, בדומה לסדום (יחזקאל טז מט) ולמואב (דברים כג ד–ה). התרחיש הדמיוני (המופיע במדרש) שבו אלימלך רואה בעיני רוחו את שכניו מקיפים את ביתו, איש איש וקופתו בידו, מזכיר את סיפור סדום ועמורה, שבו הקיפו תושבי העיר את ביתו של לוט. בפיתול מהופך של הסיפור מבראשית יט, המדרש מתאר את אנשי העיר המקיפים את בית אלימלך כחפים מפשע, ואילו מי שבורח ממחויבותו המוסרית הוא האיש שבתוך הבית, אלימלך עצמו.

אלימלך וספר שופטים

אלימלך, מנהיג ביהודה בתקופת השופטים, נוטש את ישראל ומחליפה במואב. אנו נזכרים שעם ישראל בתקופת השופטים נוטש את דרכו של אברהם ומעדיף על פניה את דרכו של לוט שבחר לחיות בסדום. אין פלא שדרך זו מובילה את בני ישראל לנהוג כתושבי סדום ועמורה (שופטים יט). על פי פירושם של חז"ל, המבוא למגילת רות משמש הסבר לחולי שפשה בעם באותה תקופה. אם גם מנהיגי העם, גדולי הדור משבט יהודה, בורחים למואב ומזדהים עם ערכיה החברתיים המושחתים, אין פלא שעם ישראל נוקט דרך דומה ומוצא את עצמו מתנהג בדומה לסדום/מואב.

תיאורו של אלימלך במדרש חשוב במיוחד בשל המסר שהוא מביא בדבר כישלון ההנהגה בתקופת השופטים. למרות דברים מפורשים שאומר ה' (שופטים א ב), יהודה אינו מקבל עליו את ההנהגה באותה תקופה. מה קרה לשבט יהודה? מדוע לא מימש

14. הסמיכות הגיאוגרפית בין סדום ועמורה לבין מואב ועמון מחזקת את הקשר בין ערים אלה. ראו גם צפניה ב ט.

השבט את אחריותו והחל להנהיג? מעשיו של אלימלך בקטע המבוא למגילת רות נועדו אולי לשמש הסבר לתפקודו הבעייתי של השבט בתקופה זו. אלימלך הוא מנהיג משבט יהודה הבורח מן הארץ. חז״ל מצביעים על האופן שבו אנשים אלה משבט יהודה מתנערים מאחריותם כמנהיגים וזונחים את אנשיהם מתוך אינטרסים אנוכיים. תיאור זה עשוי להסביר את היעלמותו של שבט יהודה כמנהיג לאורך ספר שופטים והוא מסביר מדוע העם מוצא את עצמו מתדרדר בקצב מהיר לחברה משוסעת וממוקדת בעצמה שאינה מצליחה להתלכד כיישות לאומית.

המילים הפותחות את מגילת רות, ״וַיְהִי בִּימֵי...״ צופנות תקווה שהספר עומד לספר על מלך, על פתרון לתקופה זו.[15] אלא שמגילת רות, בפיתול אירוני, מספרת על איש משבט יהודה שהדבר הראשון שאנחנו לומדים עליו הוא שעזב את אנשי עירו. אלימלך הוא האיש שעשוי היה להיות מלך, אך התנהגותו מסכלת את הסיכוי הזה.

במדרשי חז״ל מוצג אלימלך כדמות הפועלת ברוח תקופת השופטים. הוא שותף לפשע, הוא מסית, הוא מסייע ודוחף קדימה את המשבר החברתי. לכן אלימלך, שמלכתחילה מוצג כדמות מרכזית במגילה, נעלם פתאום כלא היה. הוא לא ימלא תפקיד משמעותי בנראטיב וגם לא ישתתף בכינון המלוכה.

רמז לאפסותו העתידית של אלימלך הוא העובדה שהכתוב מציג אותו ללא ייחוסו המשפחתי. בסיום הספר (ד יח-כב) אנחנו פוגשים את מה שעשוי היה להיות ייחוס זה, עדות לשושלת יוחסין מפוארת במיוחד, המובילה אל בית דוד. אבל אלימלך אינו מופיע שם ואת מקומו תופס קרוב משפחתו הנדיב, המשפיע והראוי - בועז.[16] אלימלך אינו זוכה לייחוס משפחתי משלו מפני שאיבד את זכותו לייחוס כזה.

15. לעיל צוין כי בכל מקום אחר בתנ״ך פרט לכאן משמש ביטוי זה להצגת מלך.

16. את תיאורו של אלימלך כקמצן במדרש יש להציב כניגוד לבועז, שנותן לרות מזון בנועם ובנדיבות. בהמשך נראה מדרשים נוספים שיוצרים ניגוד מודע בין משפחת אלימלך לבין בועז.

מעשיו פוסלים אותו מלהיות חלק משושלת מלוכה. זהו המסר הטמון באותם מדרשים המתארים את אלימלך כמנהיג קפוץ יד ובלתי־ראוי. איש יהודה שזנח את בני עירו ונמלט למואב הוא מנהיגם של אנשים דמויי מואב ואינו ראוי להביא לעולם שושלת מלוכה.

מות מחלון וכליון

רמזים אחדים מלמדים כי מחלון וכליון מתים באבם, ושמותם הוא עונש. פרט לעובדה שאמם עדיין בחיים, שניהם מותירים נשים שעדיין יכולות ללדת. והעובדה הקריטית יותר היא שמותם ללא עת מותיר אותם ללא יורש ומאיים בניתוק השושלת המשפחתית.[17]

כיצד רואים חז״ל את מותם של מחלון וכליון? יש חכמים הסבורים כי הם חטאו עם אביהם ולכן נענשו בעונש דומה. מדרש שכבר הובא לעיל (בבא בתרא צא ע״א) מגנה את מחלון ואת כליון לצד אביהם על עזיבת ארץ ישראל וזניחת אחריותם כפרנסי העם. מדרשים אחרים סבורים שמחלון וכליון נושאים במידה מסוימת של אחריות להחלטה לעזוב.[18] ביסוס מסוים לכך עשויה לספק המילה ״גם״, היוצרת זיקה בין מותו של אלימלך למות בניו: ״וַיָּמֻתוּ גַם שְׁנֵיהֶם, מַחְלוֹן וְכִלְיוֹן״ (א ה).

אלא שאין לכך עדות מפורשת בכתוב עצמו, המתאר את אלימלך כיוזם העזיבה (א ב): ״וַיֵּלֶךְ אִישׁ מִבֵּית לֶחֶם יְהוּדָה לָגוּר בִּשְׂדֵי מוֹאָב, הוּא וְאִשְׁתּוֹ וּשְׁנֵי בָנָיו״. זאת ועוד, הסיפור על מות אלימלך מופיע מיד אחרי תיאור בואה של המשפחה למואב, בעוד שהאחים נושאים נשים מואביות וחיים עשר שנים נוספות טרם מותם. הכתוב מפריד בין

17. מדן, תקווה ממעמקים, 13, לומד ממותם של בני המשפחה שהוטל עליהם עונש כרת, עונש הכרוך במוות מוקדם ללא צאצאים (ראו רש״י לבראשית יז יד).
18. ספרי זוטא י כט; תנחומא בהר ח.

מות אלימלך למות בניו,[19] מה שמלמד אולי שגם אם יש קשר סיבתי בין מות הבנים לבין התנהגותם, חטאיהם אינם קשורים לחטאי האב.

כמה פרשנים נדרשים אפוא לעובדה שמחלון וכליון נשאו נשים מואביות.[20] ציון העובדה הזאת מופיע בסמוך לסיפור מותם, מה שמלמד על קשר סיבתי בין שני האירועים.[21] שתי נקודות נוספות בטקסט תומכות באפשרות שנישואי מחלון וכליון אינם מקובלים. ראשית, הם נושאים נשים מואביות רק אחרי מות אביהם. שנית, הם אינם נועצים באמם בשאלת הנישואים וגם אינם מקבלים את רשותה, למרות העובדה שזה היה כנראה הנוהג המקובל באותה תקופה.[22]

19. על פי כמה מדרשים המעלים נקודה זו הטרגדיות לא ניחתו בבת אחת על המשפחה, וזאת כדי להראות כי ה׳ נפרע מהחוטאים רק בשלבים: ״בתחילה מתו סוסיהם חמוריהם גמליהם, ואחר כך ׳וימת אלימלך׳, ואחר כך ׳וימותו גם שניהם מחלון וכליון׳״ (רות רבה פרשה ב י). ראו גם ויקרא רבה פרשה יז ד; תנחומא בהר ג.

20. אמנם דומה שהכיוון הזה מובן מאליו, ובכל זאת מקורות חז״ל נוטים להעדיף את הגישה שחטאם של מחלון וכליון היה קמצנותם, כפי שהיה אצל אביהם; שהרי קשה לגנות את הנישואים לרות, האישה המואבייה שעתידה להיות אם מלכות בית דוד. הואיל וקיים קשר בין נישואיהן של רות וערפה, הפרשנים מעדיפים למחול לאחים על הנישואים הללו. כפי שנראה בהמשך, מדרש אחד (רות זוטא א) יוצר בכל זאת הבחנה בין נישואיו של מחלון לרות לבין נישואיו של כליון לערפה.

21. אף על פי כן, קשר הנישואים הזה נמשך עשר שנים, עד מותם. קשר הזמנים חסר אפוא גם אם סמיכות המקום הטקסטואלית בולטת מאוד. כפי שצוין, רות רבה פרשה ב י מסביר זאת כענישה מאוחרת בידי שמים.

22. העובדה ששמשון מבקש מהוריו להיות מעורבים בנישואיו (שופטים יד ב) מלמדת שזה היה הנוהג המקובל בימי השופטים. זאת ועוד, הבנים, המיוחסים לאביהם בפסוקים א וב, מיוחסים אחרי מותו לנעמי (רות א ג). הדבר מלמד כי נעמי נטלה לידיה את האחריות על בניה. כמה סיפורים מקראיים מדגישים את תפקיד האם (ובאופן פרטני, את תפקידו של בית האם) בנישואים (למשל בראשית יד כח; שיר השירים ג ד, יא). במגילת רות עצמה מופיע אזכור דומה: נעמי, בניסיונה לשכנע את כלותיה לחפש להן בני זוג במואב, שולחת כל אחת מהנשים הצעירות ״לְבֵית אִמָּהּ״ (רות א ח).

מחדל זה מודגש באמצעות הניסוח החריג של עובדת נישואיהם:[23]
"וַיִּשְׂאוּ לָהֶם נָשִׁים מֹאֲבִיּוֹת".

בתרגום מוצג מותם של הבנים כתוצאה ישירה של נישואיהם, שהם הפרה של דבר האל:

> ועברו על גזירת מימרא דה' ונסיבו להון נשין נוכראין מן בנת מואב. שום חדה ערפה. ושום תנייתא רות בת עגלון מלכא דמואב... ועל דעברו על גזירת מימרא דה' ואתחתנו בעממין נוכראין אתקטעו יומיהון ומיתו אף תרויהון מחלון וכליון בארעה מסאבתא [=ועברו על גזירת דבר ה' ולקחו לעצמם נשים נכריות מבנות מואב, שם האחת ערפה ושם השנית רות בת עגלון מלך מואב... ועל שעברו על גזירת דבר ה' והתחתנו עם עמים נכריים חייהם נקטעו וימותו גם שניהם מחלון וכליון בארץ טמאה] (תרגום רות א ד-ה).

גם מדרש תנחומא מציג את נישואיהם של מחלון וכליון לנשים מואביות כחטא: "ולא היה לבניו ללמוד מאביהם לחזור לארץ ישראל. ומה עשו? אף הם נשאו להם נשים מואביות, שלא הטבילו אותם ולא גיירו אותן" (בהר ג).[24] המלבי"ם (א ד) מציג בלשון בוטה את המצב הזה: "והנה הבנים הוסיפו לחטוא במה שנשאו נשים מואביות שלא גיירו אותן".[25]

23. המלבי"ם אומר כי המילה "וַיִּשְׂאוּ", במקום המילה המקובלת "ויקחו", מלמדת על נישואין ללא קידושין, כדוגמת נישואין לגוי. אמנם אין במקרא ביסוס להבחנה זו (ראו למשל את נישואיו של שמשון לאישה פלשתית, המתוארים בשופטים יד ב-ג במילה "קְחוּ", או נישואיו של שלמה לבת פרעה במלכים א ג א), אך יש לציין שהשורש נש"א מופיע גם בשופטים כא כג לתיאור נישואין המבוססים על פעולה אלימה. הדבר יוצר הקבלה נוספת בין משפחת אלימלך לבין השחיתות הפושה בעם ישראל בימי השופטים.
24. ראו גם רות רבה פרשה ב ד.
25. אצל חז"ל מופיעות דעות סותרות בשאלת נישואיהם של מחלון וכליון לרות

גמרא אחת זכתה לפירושים שונים: "ולמה נקרא שמן מחלון וכליון? מחלון, שעשו גופן חולין" (בבא בתרא צא ע"ב). מה מבקש המדרש לומר? רשב"ם מסביר שחטאם טמון בעצם העובדה שעזבו את הארץ. בהליכתם למקום טומאה הם טימאו את גופיהם. אפשרות שנייה, שאותה מציג המהרש"א, היא שהגמרא מתייחסת לנישואיהם לנשים נכריות. עם זאת, יש לציין שאף על פי שהגמרא מנוסחת בלשון מעורפלת, דומה שהיא מרמזת על התנהגות מינית פסולה. המדרש הבא מציג באופן דומה את משפחת אלימלך מול הפריצות של מואב:

> "וַיָּבֹאוּ שְׂדֵי מוֹאָב וַיִּהְיוּ שָׁם". בתחילה באי [באו] להם בעיירות, מצאו אותם פרוצים בעבירות. אחר כך באו להם לכרכים, מצאו אותם מדוחקין במים.[26] ואחר כך חזרו להם בעיירות: "ויבואו שדה מואב ויהיו שם"[27] (רות רבה פרשה ב ו).

במדרש זה מתוארת מואב בראש ובראשונה כמקום של פריצות מינית. על פי קריאה זו, אלימלך ומשפחתו אינם דומים למואב והם ממהרים להתנתק מהאנשים הנוהגים בפריצות. ובכל זאת, על פי המדרש, בשל מחסור במים נאלצת המשפחה לשוב למקום העבירה, והיא חיה שם מוקפת בהתנהגות פרוצה כל זמן שהותה במואב. האווירה השוררת במקום שבו בחרו להקים את ביתם משפיעה בהכרח גם עליהם.[28]

ולעורפה. אעסוק בהמשך באופן שבו פרשנים מסורתיים מתייחסים לשאלה האם רות ועורפה התגיירו לפני נישואיהן.

26. ייתכן שציון המחסור במים נועד ללמד על חברה שלא השכילה ליצור תשתית חברתית בריאה.

27. דברים אלה של המדרש מתייחסים לתוספת החריגה של המילים "וַיִּהְיוּ שָׁם". לא ברור מדוע יש צורך בכך, שהרי מדוע **לא** יהיו שם?

28. דבר דומה נאמר לעיל בפרק הראשון על לוט. זאת ועוד, זיהינו את הפגמים החברתיים המרכזיים של סדום ועמורה כהתנהגות פסולה מבחינה חברתית (למשל קמצנות) ופריצות מינית. האנשים שהלכו למואב מתוארים במקורות חז"ל כאשמים בשני סוגי ההתנהגות הפסולה המוכרת מסדום ומעמורה. כפי שצוין לעיל, מואב ועמון מתוארות כיורשותיהן הרוחניות של סדום ושל עמורה.

דבר זה מתיישב היטב עם האופן שבו מתאר המדרש את בני אלימלך כחוטאים בזירה של התנהגות מינית פסולה ("עשו גופן חולין"). יש להניח כי אחרי עשר שנים של חיים בסביבה מתירנית, מחלון וכליון מושפעים ממנה.

עם זאת, כמה ממקורות חז"ל מניחים שמחלון וכליון נטו להתערות במואב דווקא מפני שדמו מלכתחילה לאנשי מואב. המדרש הבא מלמד שבני המשפחה מתו בעקבות התנהגות המזכירה את סדום:

> "וימת אלימלך איש נעמי" (רות א ג). וכן מתו בניו, שנאמר: וימותו שני בניו מחלון וכליון, ותישאר האשה משני ילדיה ומאישה (א ה), שכן היו דנין את הדיינין כמו בסדום[29] (תנחומא שמיני ט).

המדרש אינו מבהיר במדויק את מעשיהם, אך משווה את התנהגותם לשחיתות של אנשי סדום. מדרש אחר מייחס במפורש את נישואיהם הפגומים של מחלון וכליון להתנהגותם הקמצנית, המזכירה את התנהגות אנשי סדום, עוד בהיותם בבית לחם, טרם נסיעתם למואב: "מה גרם לשבט יהודה לישא אשה מואביה? על שעשו מעשה עמון ומואב [על דבר אשר] לא קדמו אתכם בלחם ומים (דברים כג ה)" (רות זוטא א ד).

במדרש זה מכונה משפחת אלימלך "שבט יהודה", כלומר היא האב טיפוס של שבט יהודה כולו. מדרש זה מטשטש את הגבולות בין החטאים המיוחסים למשפחת אלימלך עצמה ולשבט יהודה, ומראה כי בתקופה זו אימץ השבט המנהיג את התנהגות מואב ואת ערכי מואב.

בין שאלימלך ומשפחתו עוברים למואב מפני שיש בהם מלכתחילה תכונות "מואביות" ובין שהם רק מטמיעים את הערכים

29. זהו פירוש למילות הפתיחה של המגילה (רות א א), "וַיְהִי בִּימֵי שְׁפֹט הַשֹּׁפְטִים". על פי קריאה זו, משפט הפתיחה של מגילת רות מתייחס באופן ספציפי להתנהגותה של משפחת אלימלך, שיציאתה למואב מבוססת על התנהגות המזכירה את סדום.

הללו אחרי בואם לשם, חז״ל רואים בדרך כלל את משפחת אלימלך כבעלת תכונות ״מואביות״. דומה שמדרשים אלה מכוונים את הקורא למסקנה קוהרנטית אחת: משפחת אלימלך מפגינה ערכים תרבותיים דומים למקובל במואב. מנהיגים אלה משבט יהודה אשמים אפוא בהתדרדרות העם בתקופה זו, ובהתקרבותו (המטפורית) של העם למואב, הבאה לידי ביטוי בעוולות החברתיות ובפריצות המינית הרווחות בו.

חז״ל משקיעים מאמצים רבים בניסיון לקבוע מה היו הביטויים המדויקים להתנהגות הפסולה של אלימלך ומשפחתו. ועדיין, דומה שהשאלה איננה מדוע מתו, אלא מדוע הם נעלמים ממגילת רות לחלוטין. למעשה, דמויות אלה אינן מוצאות את מקומן במגילה. במקום להיות חלק מהפתרון שמציעה המגילה, הם חלק מהבעיה של ספר שופטים. ספר שופטים מדגים לנו כמה עמוק שקע עם ישראל בהתנהגות חברתית ומינית פסולה ברוח סדום/מואב, עד שלא ברור אם הוא יכול בכלל להמשיך להתקיים כחברה. מגילת רות מציגה מנהיגים שיכולים להרחיק את ישראל מערכי סדום ולהעלותו מחדש על דרכו של אברהם. על ידי הצגת אלימלך ובניו כדמויות ״סדומיות״, חז״ל מסבירים מדוע אין הם ראויים להיות חלק מהפתרון, חלק משושלת בית דוד. המנהיג המכונן את שושלת המלוכה ומחיה את האומה בתקופה זו חייב להיות דמות מופת, מקור השראה למנהיגות, למוסריות ולחסד.

במשפחת אלימלך יש דמות מרתקת ומורכבת שטרם עסקנו בה, הלא היא נעמי. נעמי אינה נעלמת מן העלילה. ללא הסבר גלוי, היא נשארת דמות מרכזית במגילת רות. בהמשך נחזור ונבחן כיצד מתוארת דמותה של נעמי בכתוב ובמדרש.

מדרשי שם

וַיֵּלֶךְ אִישׁ מִבֵּית לֶחֶם יְהוּדָה לָגוּר בִּשְׂדֵי מוֹאָב הוּא וְאִשְׁתּוֹ וּשְׁנֵי בָנָיו. וְשֵׁם הָאִישׁ אֱלִימֶלֶךְ וְשֵׁם אִשְׁתּוֹ נָעֳמִי וְשֵׁם שְׁנֵי בָנָיו מַחְלוֹן וְכִלְיוֹן (א א–ב).

בפסוק הראשון של מגילת רות מוצגת המשפחה תחילה ללא שמות - מסופר על איש, אשתו ושני בניו. רק בפסוק השני מקבלים האנשים האלה שמות. פסוקי הפתיחה של מגילת רות מפנים את תשומת לבנו לאופן שבו נעה המשפחה בין שם לאלמוניות ומאפשרים לקוראים לזהות נושא מרכזי בסיפור.

תשומת הלב מופנית למוטיב זה באמצעות מקבץ השמות הדחוס המופיע בקטע הפתיחה. זאת ועוד, המילה "שֵׁם" מופיעה בקטע הפתיחה חמש פעמים.[1] היא מופיעה פעמיים גם בפרק ב, ובשתיהן היא מתארת את בועז. שבעת המופעים של המילה "שֵׁם" בפרקים א ו־ב מקבילים לשבעת המופעים שלה בפרק ד. מילה מנחה זו,

1. בקטע הפתיחה מופיעה פעמיים גם המילה "שָׁם". משחק מילים זה יוצר אפוא אפקט אליטרציה כפול שבע.

המתאפיינת הן בשיבוץ קפדני בתוך הכתוב הן במספר מופעיה, מעידה על חשיבות השם בספר זה.[2]

שמות והעדרם הם נושא מרכזי לכל אורך הסיפור: נעמי מוותרת על שמה (א כ), בועז הוא איש שיש לו שם (ב א), פלוני אלמוני איבד כמדומה את זכותו לשם משלו, והספר מסתיים ברשימה של עשרה דורות של שמות (ד יח-כב). סביר לומר שמטרת הספר היא להקים את שם המת על נחלתו (ד ה, י).

העניין הספציפי שמגלה רות בשמות מדרבן את הקוראים להקדיש תשומת לב מיוחדת למשמעויות של שמות דמויות שונות במגילה. שמות בסיפורים מקראיים מהווים לא פעם חלק בלתי־נפרד מן העלילה.[3] לפעמים הכתוב עצמו מפרש את שמה של דמות בתוך ההקשר הסיפורי, ללא קשר למשמעותו המקורית של השם. כך למשל מציעה אביגיל הסבר פוגעני לשם בעלה (שמואל א כה כה): "כִּי כִשְׁמוֹ כֶּן הוּא, נָבָל שְׁמוֹ וּנְבָלָה עִמּוֹ". אין כמעט ספק שהוריו של נבל לא התכוונו למשמעות זו.[4] אביגיל אינה מתכוונת להסביר את משמעותו המקורית של השם אלא מציעה לשם הסבר דרשני לאור התנהגותו של האיש בסיפור.[5]

המדרש נוטה לפרש את שמותיהן של דמויות מקראיות כדי לחשוף את אופיין האמיתי או את תפקידן בנראטיב המקראי. כך

2. משה דוד קאסוטו מדגיש שוב ושוב את חשיבות שבעת מופעי השורש בזיהוי המילה המנחה בסיפור. ראו למשל קאסוטו, שמות, עמ' 75, 91 ואילך.
3. משה גרסיאל פיתח את תחום מדרש השמות במקרא. ראו גרסיאל, מדרשי שמות, עמ' 163-164, העוסק בשמות במגילת רות. חוקרים רבים עמדו על חשיבותם של השמות במגילת רות. ראו למשל כהן ג', וקרא שם, עמ' 114-119; דמסקי, שמות.
4. יש לשער שהשם קשור לכלי הנגינה הקרוי נֵבֶל או לנאד לנשיאת נוזלים הנקרא אף הוא נבל.
5. דוגמה טובה נוספת היא השם יעקב, המתייחס במקורו לעובדה שהתינוק יצא מרחם אמו "וְיָדוֹ אֹחֶזֶת בַּעֲקֵב עֵשָׂו" (בראשית כה כו). עם זאת, כשיעקב נוטל מאביו במרמה את הברכה שנועדה לעשיו, עשיו הנגזל נותן לשם הסבר חדש המשנה את כוונתו המקורית: "הֲכִי קָרָא שְׁמוֹ יַעֲקֹב וַיַּעְקְבֵנִי זֶה פַעֲמַיִם" (בראשית כז לו).

למשל מציעים חז״ל מדרש שם שלילי כביקורת על הדמות. מדרשי השם מאלפים במיוחד כשהם סוטים מהמשמעות הפשוטה של השם, מה שמלמד כי הדמות עצמה סטתה מהשם שנועד לה ולפיכך מייעודה המקורי. להלן נבחן אילו מדרשי שם מציעים חז״ל לדמויותיהם של אלימלך, מחלון, כליון ונעמי.[6] בחינה זו נועדה ללמדנו כיצד תופסים חז״ל את הדמויות הללו וכיצד מדרשי השם עשויים להעמיק את הבנתנו במגילת רות כולה.

אלימלך, מחלון וכליון: מדרשי שם שליליים

אלימלך

השם אלימלך מרבה להופיע בטקסטים מהמזרח התיכון הקדום. הוא מופיע במכתבי תל אל־עמארנה, בטקסטים מאוגרית ובטקסטים אכדיים.[7] השם הוא צירוף של ״אל״ ו״מלך״ - הצהרת אמונה שנועדה לשמש מענה לבעיות התקופה: אם האל הוא מלך, די בכך לרפא את כל חוליי הדור. זהו אפוא שם הולם לילד שנולד בתקופה כאוטית זו, המתאפיינת בפריעת חוק ובתפקוד חברתי לקוי בשל העדרו של מלך (ראו למשל שופטים כא כה: ״בַּיָּמִים הָהֵם אֵין מֶלֶךְ בְּיִשְׂרָאֵל, אִישׁ הַיָּשָׁר בְּעֵינָיו יַעֲשֶׂה״). המלכת האל למלך אמורה לדרבן את העם לשוב ולכונן חברה מתוקנת.

״רבי מאיר היה דורש שמות. רבי יהושע בן קרחה היה דורש שמות. ׳וְשֵׁם הָאִישׁ אֱלִימֶלֶךְ׳, שהיה אומר: ׳אֱלַי תבא מלכות׳״ (רות רבה פרשה ב ה). מדרש השם המוצע כאן לשם אלימלך הוא דוגמה טובה לרוח היצירתית של המדרש, המוותר על המשמעות המובנת מאליה של השם ומשנה את התנועות: במקום ״אֱלִי״ הוא קורא ״אֱלַי״.

6. בפרק הראשון עסקנו בהסברים שנותנים חז״ל לשמה של עורפה. את שמה של רות נבחן באופן דומה כשנעסוק בדמותה.
7. ראו קמפבל, רות, עמ׳ 52; בוש, רות, עמ׳ 63.

מדרש זה, בדומה למדרשים אחרים שהובאו כאן, מנסה להבהיר מדוע בעצם נעלם אלימלך מהסיפור ואינו משתתף עוד בגורל משפחתו, העתידה להביא לעולם את שושלת בית דוד. אדם הרואה במלכות משהו שנועד לשרת את צרכיו שלו, או סבור שהוא ראוי למלוכה מעצם העובדה שנולד לשושלת מלוכה, הוא אדם שעתיד להשתמש לרעה בכוחה של המלוכה. עיוות המשמעות המובנת מאליה של השם "אלימלך" משמש את המדרש להסביר מדוע אין הוא ראוי למלכות. כדי ליצור מלוכה ראויה חייב מלך ישראל להיות מוכן לזוז מהמרכז ולפעול לקידום הרעיון שה' הוא המלך. משמעות השם אלימלך כפשוטו ("אלי הוא המלך") מלמדת שאלימלך עשוי היה להיות מלך, אילו הפנים כראוי את הרעיון הגלום בשמו. על פי מדרש זה אלימלך עצמו הוא המשבש את ייעודו, ובמקום לראות בה' את המלך הוא סבור שהמלוכה נועדה לו, שהיא זכותו הטבעית. לפיכך הוא נפסל מלהוליד מלוכה.

האטימולוגיה היצירתית של המדרש ("אלַי תבא מלכות") מוצאת הקבלה מפתיעה בכתוב. בפרק ג מופיעים ברצף שני מקרים זהים של "קרי ולא כתיב" (מילה הנקראת אך אינה נכתבת).[8] בשני המקרים רות מדברת אל נעמי, ובשני המקרים הקוראים מתבקשים לקרוא את המילה "אלַי" אף שאינה כתובה:

> וַתֹּאמֶר אֵלֶיהָ: כֹּל אֲשֶׁר תֹּאמְרִי [אֵלַי קרי] אֶעֱשֶׂה (ג ה).

> וַתֹּאמֶר: שֵׁשׁ הַשְּׂעֹרִים הָאֵלֶּה נָתַן לִי כִּי אָמַר [אֵלַי קרי] אַל תָּבוֹאִי רֵיקָם אֶל חֲמוֹתֵךְ (ג יז).

8. תופעות דומות כוללות את "קרי וכתיב" (מילה הנקראת בדרך אחת ונכתבת בדרך אחרת) ו"כתיב ולא קרי" (מילה הנכתבת אך לא נקראת). החוקרים עוסקים רבות בשאלת מקורותיה של תופעה זו. ראו למשל עופר, כתיב וקרי. עם זאת, פרשנים ומקורות חז"ל רבים מסכימים כי שתי הקריאות נתונות לפרשנות ויש להבינן בהקשר. ראו למשל את הקדמתו של אברבנאל לירמיהו. על יישום עיקרון זה ראו למשל רד"ק לשופטים יט ג; שמואל ב טו ח ועוד.

הכפלה חריגה זו מאפיינת היטב את דמותה של רות: היא מוכנה ומזומנה להוציא את עצמה, את המילה "אֵלַי", מתוך דבריה.[9]

בתיאור דמותו של אלימלך המבוסס על מדרש שמו, המדרש אינו פוסל את אלימלך למלוכה רק מפני שהוא רואה את המלוכה כזכות המוקנית לו מלידה, אלא גם מפני שאופיו הוא היפוכו הגמור של אופייה של רות. רות היא המוּעמדת האידיאלית להולדת המלוכה בשל האלטרואיזם הקיצוני שלה. היא מתעלמת מעצמה ומצרכיה האישיים (היא מוציאה את ה"אֵלַי" מתוך משפטיה). אלימלך, לעומתה, מתואר במכוון כמי שאינו פועל בצורה כזאת. על פי המדרש אלימלך נפסל מלשמש במלוכה בשל השימוש באותו מדד - ואפילו באותה **מילה** - המסבירים את בחירתה של רות.

מחלון וכליון

הפרטים משתנים ממדרש למדרש, אבל השמות מחלון וכליון משמשים כמעט אך ורק בסיס למדרשי שם שליליים,[10] אף שהדבר אינו מובן מאליו. אחת מבנות צלפחד נקראת מַחְלָה, אחד מבני מררי הוא מַחְלִי, סבתו של דוד (וגם בתו של ישמעאל) נקראת מָחֲלַת. אחת ההצעות האפשריות להסבר חיובי לשם מחלון היא קישורו למילים מחול, נחלה או מחילה (סליחה).[11] אפשר גם לומר ששמו של כליון קשור למילה

9. אני מודה לאחי, הרב ד"ר מרדכי זייגר, על רעיון מקורי זה, שאותו למדתי ממנו לפני שנים רבות כדבר תורה לחג השבועות.
10. בטקסטים חוץ־מקראיים לא נמצא שם שֵמי מקביל ל"מחלון" (אם כי בתנ"ך מופיעים שמות דומים), אך השם כליון מקביל לשם באוגריתית. ראו קמפבל, רות, עמ' 53.
11. במדרש אחד מובאת דעה מנוגדת למדרשי השם השליליים של מחלון: "אמר רבי יוחנן: צריך אתה לחוש לשם מחלון [שהוא] לשון מחילה, נזדווגה לו רות המואביה שהיתה רותחת מן העבירה. [ואילו] כליון, שהוא לשון כלייה, נזדווגה לו ערפה שעמד ממנה גלית הפלשתי" (רות זוטא א). מדרש זה הוא ניסיון להבחין בין מחלון לבין כליון באמצעות הנשים שבחרו לשאת. ראו גם זוהר - סתרי תורה, לך לך פ ב; רות זוטא א ג; ד ט. הכתוב עצמו אינו תומך בניסיון ליצור הבחנה בין שני האחים וכפי שנראה הוא גם מטשטש כל הבחנה ביניהם.

״כל״ המעידה על השלמה, שלמות.[12] במובן זה חפץ שהושלם נקרא ״כלי״. קשה להניח שנעמי קראה לבניה בשמות אלה מתוך כוונה שלילית.

עם זאת, המדרשים נוטים להשתמש במדרשי השם כדי לתאר באופן שלילי את מחלון ואת כליון. מדרש אחד קושר את שני האחים לזוג דמויות מקראיות (דברי הימים א ד כב): ״וְיוֹאָשׁ וְשָׂרָף אֲשֶׁר בָּעֲלוּ לְמוֹאָב וְיָשֻׁבִי לָחֶם וְהַדְּבָרִים עַתִּיקִים״.[13] בגמרא נבחנות כל האפשרויות העשויות לעלות מזיהוי כזה:

> כתיב [ברות] ״מחלון וכליון״ וכתיב [בדברי הימים] ״יואש ושרף״. רב ושמואל [חלוקים]. חד אמר: מחלון וכליון שמן, ולמה נקרא שמן שרף ויואש? יואש שנתייאשו מן הגאולה, שרף שנתחייבו שריפה למקום. וחד אמר: יואש ושרף שמן, ולמה נקרא שמן מחלון וכליון? מחלון שעשו גופן חולין וכליון שנתחייבו כליה למקום (בבא בתרא צא ע״ב).

שניים ממדרשי השם הללו מאזכרים את חורבנם השלם של מחלון וכליון בהתבסס על עונשם (״שנתחייבו שריפה למקום״, ״שנתחייבו כליה למקום״). מדרש אחד מתייחס כנראה לעובדת נישואיהם לנשים

12. מילה זו נושאת השתמעות חיובית במיוחד מפני שהיא משמשת לתיאור השלמת הבריאה (בראשית ב א-ב), לתיאור השלמת המשכן בידי משה (שמות לט לב; מ לג); ולתיאור השלמת מקדש שלמה (מלכים א ו לח; דברי הימים א כח כ). יש לשים לב במיוחד להסמכתה למילה ״שלם״ בדברי הימים ב ח טז. ראו גם דברי הימים ב ד כא, שם מפורש הביטוי ״מִכְלוֹת זָהָב״ כזהב מזוקק וצרוף (רש״י, רד״ק ומצודות שם).

13. זיהוי מחלון וכליון עם יואש ושרף במדרש מתיישב עם העיקרון המדרשי של שימור דמויות מקראיות. המידע הדל הנמסר בדברי הימים א ד כב על יואש ועל שרף אכן תומך ברעיון שיש לראות בהם את מחלון וכליון, שהרי אלה גברים שנשאו נשים מואביות (״בָּעֲלוּ לְמוֹאָב״), שהיו תושבי בית לחם (״וְיָשֻׁבִי לָחֶם״) ושחייהם קדמונים, ידועים ומתועדים בספר (״וְהַדְּבָרִים עַתִּיקִים״). רד״ק מסביר את המילה ״עתיקים״ כ״דברים ידועים בקבלה ובמסרה ונעתקים איש מפי איש״. על האטימולוגיה של המילה ״עתק״, ראו BDB, עמ׳ 801–802.

מואביות ("שעשו גופן חולין"),[14] והאחר לייאוש שהשניים נתפסו לו ("שנתייאשו מן הגאולה").

ייאושם של בני אלימלך אינו נזכר בכתוב עצמו. עם זאת, ייתכן שעצם עזיבת הארץ וההשתקעות במואב מעידים על צעד של ייאוש. כאשר בוחנים זאת על רקע ימי השופטים שבהם האויבים רבים וההנהגה חסרה, אפשר להבין היטב איך מאבדים תקווה ומוותרים על האופטימיות ועל האמונה בישועה.

עם זאת, נראה לי שיש משמעות עמוקה יותר למדרש השם המדבר על היוואשות מן הגאולה. יעדה של מגילת רות הוא הגאולה, מושג הבולט בהעדרו בתקופת השופטים. השורש גא"ל אינו מופיע ולו פעם אחת בעשרים ואחד פרקי ספר שופטים, אך במגילת רות זוהי מילה מנחה המופיעה עשרים ושלוש פעמים. השורש גא"ל מתפקד כמילה מנחה הן בפרק ג, שבו הוא מופיע שבע פעמים, והן בפרק ד, שבו הוא מופיע **חמש עשרה** פעמים!

אחד ממעשיו הגדולים של בועז הוא נכונותו לפעול כגואל למרות כל המכשולים. דרכו אל הגאולה היא המגדירה את בועז כגיבור סיפורנו ונותנת תוקף לתפקידו כמוליד שושלת המלוכה.[15] כפי שהמדרש הקודם מציב את אלימלך לעומת רות, המדרש הזה מציב את מחלון וכליון לעומת בועז. אם מחלון וכליון נואשו מהגאולה, אין להם תפקיד בפתרון לתיקון תקופה מייאשת זו. המדרש הזה מסביר מדוע מחלון וכליון נעלמים מהעלילה ומדוע אינם ראויים להשתתף בבניית המלוכה לעתיד לבוא.

הסבר אטימולוגי אחר לשמות מחלון וכליון מובא במדרש נוסף:
"'וְשֵׁם שְׁנֵי בָנָיו מַחְלוֹן וְכִלְיוֹן' - 'מַחְלוֹן' שנמחו מן העולם ו'כִלְיוֹן' שכלו מן העולם" (רות רבה פרשה ב ה).

14. לעיל עסקתי בשתי פרשנויות שונות לאמירה זו.
15. האדם המסרב לפעול כגואל בהמשך מגילת רות (פלוני אלמוני) הוא האנטי־גיבור, המסרב לפעול למציאת פתרון לרות ולנעמי או לעם כולו.

מדרש זה מגלה יצירתיות מיוחדת במדרש השם מחלון. במקום לשמר את השורש מח"ל, המדרש מוחק את האות ל' ומחליפה באות ה' (מח"ה). מדוע מחפש המדרש אטימולוגיה חדשנית כל כך לשם מחלון, כשיש שפע של אטימולוגיות המשתמשות בשלוש אותיות השורש המקוריות? דומה שהמדרש מבקש ליצור הקבלה לשמו של כליון. באופן זה, שמות שני האחים מצביעים על מחיקתם. באופן ספציפי יותר, המדרש מפנה את תשומת לבנו אל האופן שבו הצגתם הקצרצרה מסתיימת במותם בטרם עת ללא ילדים. מחלון וכליון לא הותירו מאחוריהם דבר ונמחו במכוון מעל פני האדמה.

מחיקתם של מחלון וכליון מזכירה את סופן של סדום ועמורה, שנהפכו ונזרעו מלח כדי שדבר לא יוכל לצמוח בהן (בראשית יט כד-כו; צפניה ב ט). התנ"ך סבור כנראה שהחברה נשחתה עד כדי כך שאין מנוס ממחיקתה ויש להבטיח כי דבר לא יבצבץ לעולם מתרבות מושחתת זו. זהו גם עונש ראוי להטיל על חברה שלא תרמה לעולם דבר בעל ערך.

מדרש זה ממשיך במגמה הכללית של המדרשים, לזהות את התנהגותה של משפחת אלימלך עם מנהגי סדום ועמורה. המדרש מביא מסר ברור: מי שנוהג כסדום ועמורה, נגזר עליו להיות שותף לגורלן של סדום ועמורה. עונשם של בני אלימלך הוא אפוא מחיקה וחורבן.

משפחת אלימלך ועם ישראל

סיפור מסעה של המשפחה למואב משקף את מצבו של העם בתקופת השופטים, וסופו המחריד של ספר שופטים מלמד על גורל דומה של מחיקה וחורבן המצפה לעם ישראל. סוף זה מותיר אותנו על פי תהום כשאנו עדים להתפוררות העם ולחיסול שבט בנימין, שהתנהגותו ה"סדומית" חוללה מלחמת אחים הרסנית. זקני העדה מקוננים על גורלו של שבט בנימין ומחפשים פתרון שימנע את חיסולו:

וַיֹּאמְרוּ זִקְנֵי הָעֵדָה: מַה נַּעֲשֶׂה לַנּוֹתָרִים לְנָשִׁים, כִּי נִשְׁמְדָה מִבִּנְיָמִן אִשָּׁה. וַיֹּאמְרוּ: יְרֻשַּׁת פְּלֵיטָה לְבִנְיָמִן וְלֹא יִמָּחֶה שֵׁבֶט מִיִּשְׂרָאֵל (שופטים כא טז–יז).

השפה המשמשת את זקני העדה בניסיונם למנוע את חיסול שבט בנימין ("וְלֹא **יִמָּחֶה** שֵׁבֶט מִיִּשְׂרָאֵל") מזכירה את האטימולוגיה המדרשית על השם מחלון ("**שנמחו** מן העולם"). אולי לשם כך בוחר המדרש לעוות את האטימולוגיה של השם מחלון. הוא יוצר אנלוגיה מודעת בין מצוקת אלימלך ומשפחתו לבין מצוקת העם באותה תקופה. המשפחה והעם כאחד איבדו את דרכם ואת ייעודם ולפיכך מרחפת מעליהם סכנת הכחדה.

משפחת אלימלך מוצגת כתמונה בזעיר אנפין של העם בימי השופטים. במבט ראשון מבקשת מגילת רות למנוע את מחיקת המשפחה באמצעות לידת ילד. אלא שזה איננו פתרון למשפחה בלבד, שכן הילד, שמחלציו תצא שושלת מלוכה, ירפא את כל החוליים הצופנים סכנה להכחדת העם.

מחלון וכליון: זהויות משולבות

מדרשי השם רואים במחלון ובכליון יישות אחת. כל אחד מהאחים מתואר בהם כבעל תכונות זהות לתכונות אחיו. מדרש כל שם מנוסח בלשון רבים: "'מַחְלוֹן' שנמחו מן העולם ו'כִלְיוֹן' שכלו מן העולם".[16] מדרשים אלה מרמזים כי אין לכל אחד מהם אישיות ייחודית או נפרדת ואין לומר על איש מהם כי מילא את ייעודו כיחיד.

16. רות רבה פרשה ב ה. מדרש מאוחר יותר מזהה את הניסוח החריג הזה ומתקן את מדרשי השמות של האחים ללשון יחיד: "וכן היה רבי יהושע בן קרחה דורש... ושם שני בניו מחלון שנמחה מן העולם, כליון שכלה מן העולם" (ילקוט שמעוני רות רמז תר).

נקודת מבט זו של המדרש על מחלון וכליון נלמדת למעשה מהכתוב. שימו לב כיצד מוצגים הבנים: "וְשֵׁם שְׁנֵי בָנָיו מַחְלוֹן וְכִלְיוֹן" (א ב) - בניגוד בולט לאופן שבו מוצגות רות וערפה: "שֵׁם הָאַחַת עָרְפָּה וְשֵׁם הַשֵּׁנִית רוּת" (א ד). מחלון וכליון, שהוצגו כיחידה אחת, אינם צפויים להיבדל זה מזה. רות ועורפה, שדרכיהן עתידות להיפרד, מוצגות כשתי דמויות נפרדות ומובחנות. עד כדי כך נתפסים מחלון וכליון כישות אחת, שמלכתחילה לא נאמר לנו אפילו מי מהם נשוי לאיזו אישה. המידע הזה אינו נחשב רלוונטי עד שמגיעה שאלת הירושה והנישואין לרות (ד י). מחלון הוא כליון וכליון הוא מחלון. ואולי גם הצליל הדומה של שמותיהם מרמז על כך.[17] בדומה לאלדד ומידד (במדבר יא), מחלון וכליון הם פשוט צמד, יחידה שאין בה מקום להבחנה.

נעמי: מדרש שם חיובי

נעמי היא היחידה ממשפחתה ששמה נדרש לחיוב: "'וְשֵׁם אִשְׁתּוֹ נָעֳמִי' שהיו מעשיה נאים ונעימים" (רות רבה פרשה ב ה). מדרש שם זה נצמד במדויק לשורש השם.[18] אלא שמדרש השם החיובי משמעותי אף יותר מכפי שנדמה, שכן שבחים דומים אינם נקשרים בהכרח לדמויות תנ"כיות אחרות בעלות שמות דומים:

> אמר רבי אבא בר כהנא: נעמה אשתו של נח היתה, למה היו קורין אותה נעמה? שהיו מעשיה נעימים. ורבנן אמרי: נעמה אחרת

17. בעברית נחוצה הברה חורזת מלאה ליצירת חרוז. טכנית, השמות מחלון וכליון אינם יוצרים אפוא חרוז (בניגוד לדעתו של קמפבל, רות, עמ' 54), אם כי יש כאן בכל זאת משחק צלילי או היבט של אסוננס. תודה לד"ר אבי שמידמן על עזרתו המקצועית בעניין זה.

18. שלא כמדרשי שמות אחרים, סביר מאוד להניח שזוהי המשמעות הראשונית שהשם נעמי נועד לבטא. זאת ועוד, הפופולריות של השם נעמי נלמדת מהשימוש הנרחב שלו בטקסטים שמיים מערביים ומלמדת על משמעותו החיובית. ראו קמפבל, רות, 52-53; הברד, רות, עמ' 88-89.

היתה [משמה], ולמה היו קורין אותה נעמה? שהיתה מנעמת בתוף לעבודת כוכבים (בראשית רבה פרשה כג ג).

ככל השמות, גם את שמה של נעמי אפשר לדרוש לשבח או לגנאי. השם שניתן לאדם עם בואו לעולם, כשאישיותו איננה מגובשת עדיין, אינו יכול לקבוע מראש את אופיו. כל אדם חייב לרתום את שמו במודע לטוב כדי שיקבל משמעות חיובית. הפרשנות החיובית של חז"ל לשמה של נעמי מלמדת על הכבוד שרוחש מדרש זה לאופייה. הדבר משמעותי במיוחד בשל הפרשנות השלילית שניתנה לשמות בני משפחתה הקרובים של נעמי.

במגילת רות עצמה מצטיירת נעמי כדמות מורכבת יותר. דומה שהיא עצמה חולקת על זכאותה לפרשנות החיובית הנקשרת לשמה, שהרי היא דוחה את שמה ואת נימת הנעימות וההחביבות הנלווית אליו. היא טוענת שאין לקרוא לה נעמי אלא מרה, שם המשקף את תחושתה וכן את החיים המרים שנפלו בחלקה (א כ). באופן זה היא מפנה את תשומת לבנו אל מורכבות שמה, ובהרחבה - אל מורכבות דמותה. דמותה של נעמי ראויה לבחינה נוספת, שכן היא ממשיכה למלא תפקיד פעיל לכל אורך הסיפור.

נעמי ועם ישראל

למרות הטרגדיה שפקדה את משפחת אלימלך וכמעט הכריתה אותה, נותרת ממנה דמות אחת: נעמי היא הדמות המרכזית בפרק א במגילת רות, הנסוב סביב החלטותיה של נעמי, הלוך רוחה ויחסיה עם אחרים. אני מבקשת לטעון כי נעמי היא הדמות המרכזית בסיפור כולו, שכן הבעיה שהספר מבקש לפתור היא הבעיה שלה.[19] נעמי היא הדמות

19. השאלה הספרותית מיהי הדמות המרכזית של סיפור זה עוררה את עניינם של חוקרים רבים. אני טוענת כאן כי נעמי היא הדמות המרכזית; ראו גם ברלין, פואטיקה, 59–61; בוש, רות, עמ' 68. אחרים עשויים בהחלט לטעון שהגיבורה היא רות, הדמות שעל שמה נקראת המגילה, שהיא גם הדמות הפעילה, שמעשי

המרכזית לא רק בסצנה הראשונה אלא גם בסצנה האחרונה.[20] בהיקף הסיפור שולטת דמותה של נעמי ובלבו נמצאת מצוקתה. מגילת רות יוצאת לתקן את ריקנותה ואת ייאושה ולהקים את שם משפחתה. מדוע צריכה מצוקתה של אישה אחת לגעת כל כך ללבנו? תשובה אחת לכך היא אולי שנעמי היא המפתח ליצירת המלוכה. לאבדנה יש אפוא משמעות לאומית גדולה. אלא שעל כך אפשר לשאול: מדוע זה צריך להיות כך? אם משפחתה של נעמי חטאה, מדוע לא תיבחר משפחה אחרת שממנה תצא המלוכה?

לעיל כתבתי כי חטאי אלימלך ובניו (כפי שהם מתוארים במקורות מדרשיים שונים) נועדו לשקף את חטאי העם באותה תקופה. נעמי היא הנותרת לשאת בתוצאות החטאים הללו. אני מבקשת לטעון כי הספר מציג את מצבה הנואש של נעמי כשיקוף למצב העם.

שורדי מלחמת האחים ההרסנית של סוף ספר שופטים הם אנשים שבורים ומיואשים הנמצאים על סף חורבן. ריקנותה של נעמי היא ביטוי לעקרות הלאומית וייאושה הוא מראה לייאוש הלאומי. האי־ביטחון הכלכלי של נעמי משקף את זה של העם בפתח מגילת רות. ולבסוף, ההתנערות משמה, ועמו מייעודה, מזכירה את העדר השמות והעדר הכיוון השוררים בפרקים האחרונים של ספר שופטים.

רות היא הפתרון למצוקתה הטרגית של נעמי. היא מחדשת את התקווה, המזון, הפוריות, הזהות והרציפות לחמותה הנואשת. פתרון מצוקתה של נעמי מספק את הפתרון לעם כולו, ולידת בן לנעמי

החסד שלה הם הצעד הראשון להקלת ייאושה ובדידותה של נעמי. לחלופין אפשר גם לטעון כי הדמות המרכזית בסיפור היא בועז, המספק מזון וצאצאים לרות ובכך מקל את מצוקתה של נעמי. בשאלה זו נתעמק בתחילת דיוננו בפרק ד.

20. בהמשך אטען כי רות ובועז מתפקדים כדמויות המרכזיות של פרקים ב ו־ג, ואילו נעמי נוכחת רק בשולי הפרקים הללו. עם זאת, לאור העובדה שהעלילה מתמקדת בעיקר בפתרון מצוקתה של נעמי, אני עומדת על דעתי שנעמי היא הדמות המרכזית במגילה.

מחדשת את התקווה, המחיה, הזהות והרציפות לעם כולו. השתנותה של נעמי והתחדשותה מבשרות את ההתחדשות הלאומית הקרבה ובאה. אם מצוקתה של נעמי אכן מוצגת כמראה למצוקה הלאומית, הרי באמצעות דמותה של נעמי נוכל להיטיב להבין את האופי הלאומי ואת מסלול ההתחדשות הלאומי.

נעמי: אשת אלימלך

וְשֵׁם הָאִישׁ אֱלִימֶלֶךְ וְשֵׁם אִשְׁתּוֹ נָעֳמִי וְשֵׁם שְׁנֵי בָנָיו מַחְלוֹן וְכִלְיוֹן אֶפְרָתִים מִבֵּית לֶחֶם יְהוּדָה. וַיָּבֹאוּ שְׂדֵי מוֹאָב וַיִּהְיוּ שָׁם. וַיָּמָת אֱלִימֶלֶךְ אִישׁ נָעֳמִי וַתִּשָּׁאֵר הִיא וּשְׁנֵי בָנֶיהָ (א ב–ג).

הכתוב משרטט תמונה סתומה של נעמי. מי היא? האם היא שותפה פעילה בהחלטה לעזוב את בית לחם בתקופת הרעב או שמא היא דמות משנית בלבד לבעלה, ואין לה אפשרות אלא להתלוות אליו למואב, גם אם דעתה שונה? איך עלינו להבין את החלטתה לשוב בסופו של דבר לבית לחם? האם היא חשה ייאוש ואבדן טעם החיים ושבה לבית לחם כדי למות, או שמא היא שבה לבית לחם מתוך אופטימיות זהירה כדי לשקם את חייה? האם היא חמות אמפתית הדואגת אך ורק לרווחת כלותיה, או שמא אישה המונעת מאינטרסים אישיים בלבד ועניינה העיקרי הוא להיות חופשייה מהתחייבות בשובה לעיר מולדתה? האם היא מופת לאדיקות, אישה המסוגלת להודות כי יש צדק במצב המר שאליו נקלעה, או שמא היא חשה זעם ומרירות כלפי ה׳ ואינה מסוגלת לקבל את דינו הלא־צודק?

כבר ציינו את מורת הרוח הכללית המתלווה לתיאורם של אלימלך ובניו אצל חז״ל. חז״ל מפרשים את מותם ואת פרישתם המהירה מהסיפור כסימן לכך שלא היו ראויים לקחת חלק ביצירת המלוכה, היעד הניצב בלב מגילת רות. מה אומרים חז״ל על נעמי? האם היא שותפה לאחריות על יציאת המשפחה למואב? האם העובדה שהיא נותרה בחיים מעידה שהיא ראויה יותר מבעלה ומילדיה? כיצד משיבים הפרשנים על השאלה מי היא נעמי ואילו תובנות בדבריהם מאפשרות הבנה עמוקה יותר של אופייה של נעמי?

נפתח בהצגת כמה נקודות מבט של חז״ל על דמותה של נעמי ואחר כך ננתח את האופן שבו מוצגת דמות זו בפרק הראשון של מגילת רות.

נעמי בספרות חז״ל

בספרות חז״ל מצטיירת נעמי כדמות של צדקת, כפי שמלמדת האטימולוגיה של שמה.[1] מדרשים רבים מתארים אותה כיראת שמים ומונעת משיקולים דתיים:

> ״ותאמר רות: אל תפגעי בי לעזבך לשוב מאחריך״. מהו ״אל תפגעי בי״? אמרה לה [רות]: מכל מקום דעתי להתגייר, אלא מוטב על ידך ולא על ידי אחרת. כיון ששמעה נעמי כך, התחילה סודרת לה הלכות גרים (רות רבה פרשה ב כב).

> כ״ג נשים ישרות גדולות בצדקות היו בישראל, ואלו הן: שרה רבקה רחל ולאה, יוכבד ומרים, ה׳ בנות צלפחד, דבורה, אשת מנוח, חנה, אביגיל, אשה התקועית היא אשה חכמה, האלמנה

1. יש מדרשים המתייחסים אל נעמי פשוט כ״צדקת״ (ראו רות רבה פרשה ב יב; ו ב).

> של אליהו, השונמית, יהושבע, חולדה, **נעמי**, ואשה אחת מנשי בני הנביאים, ואסתר המלכה.[2]

עם זאת, בכתוב נותרת מידה לא מבוטלת של אי־ודאות, הן בדבר אחריותה של נעמי לעזיבת הארץ בימי הרעב הן באשר למניעיה כלפי כלותיה. יש מדרשים שאפילו מטילים ספק בצדיקותה של נעמי (במדרש על סמך דבריה של נעמי ברות א כא): "״וריקם השיבני ה׳״, בלא תורה ובלא מעשים טובים" (זוהר לך לך פא א).

מדרש אחד מתאר תפיסות סותרות לחלוטין של צדקת נעמי:

> "ותלכנה בדרך לשוב אל ארץ יהודה".[3] אמר רבי יהודה א"ר יוחנן: עברו על שורת הדין והלכו ביום טוב.
>
> דבר אחר, "ותלכנה בדרך", הוצרה עליהם הדרך שהלכו בייחוד.[4]
>
> דבר אחר, "ותלכנה בדרך", מלמד שהולכות יחפות וגופן נוגעות בארץ.[5]

2. אייזנשטיין, אוצר, עמ׳ 486.
3. הסברים אלה מבקשים לבאר את נוכחותה של המילה העודפת "בדרך", שהרי ברור שהלכו בדרך. המדרש מייחס אפוא משמעות עמוקה יותר למילה זו. ראו הסבר דומה במדרש תהלים ג ג.
4. זאת הגרסה כפי שהיא מופיעה ברות רבה פרשה ב יב, מהדורת לרנר. במהדורת וילנא (רות רבה פרשה ב יב) הגרסה של המדרש שונה מעט: "דבר אחר ותלכנה בדרך: הוצרה עליהם הדרך שהלכו ביחף". ייתכן שקיים פה שיבוש בעקבות הדמיון בין המילה יחף לבין המילה ייחוד. מבחינת התוכן, דעה זו במהדורת לרנר משלבת בין שני ההסברים האמצעיים שהובאו לעיל: "הוצרה עליהם הדרך שהלכו בייחוד" ו"הולכות יחפות וגופן נוגעות בארץ". ייתכן שגרסה זו מבינה את הצירוף "הוצרה עליהם" לא במובן של היצרות אלא במובן של צרה, שהדרך הצרה להן מפני שהלכו יחפות. ככלל, הווריאציות הרבות של מדרש זה מקשות על שחזור גרסה מדויקת שלו.
5. המדרש שהוצג הוא צירוף של כמה גרסאות שונות. רוב המדרש לקוח מרות רבה פרשה ב יב (מהדורת וילנא). הדעה השלישית במדרש ("ותלכנה בדרך, מלמד שהולכות יחפות וגופן נוגעות בארץ") לקוח מתוך גרסת ילקוט שמעוני רות

"ותלכנה", היו עסוקות בהלכות גרים (רות רבה פרשה ב יב; ילקוט שמעוני רות רמז תרא).

הביטוי המתאר את מסעה של נעמי בחזרה לביתה, "ללכת בדרך" (א ז), מעורר את הקושי שעליו מתבסס מדרש זה. ייתכן שפירושו כאן הוא פשוט ללכת, אך בתנ"ך ביטוי זה משמש פעמים רבות יותר לתיאור הליכה בדרך המוסרית או הדתית הראויה.[6] מדרש זה מביא ארבעה הסברים דרשניים שונים לביטוי "וַתֵּלַכְנָה בַדֶּרֶךְ".

ההסבר השני מתמקד במרחק הפיזי המפריד בין נעמי לכלותיה בדרך. מדרש זה מבקש אולי לומר שבין נעמי לכלותיה שורר ניכור רגשי, שעליו נעמוד מיד. ההסבר השלישי מדגיש את דלותן של נעמי ושל כלותיה.[7] הוא נועד אולי להכין אותנו לקראת תגובתם של אנשי בית לחם לשובה של נעמי. שני ההסברים הנותרים במדרש מבטאים תפיסות סותרות בדבר אדיקותה של נעמי. בהסבר הראשון נעמי מתוארת כחוטאת, ההולכת כברת דרך ארוכה ביום טוב למרות

רמז תרא. במהדורת לרנר (רות רבה פרשה ב יב) נכתב: "ותלכנה בדרך - מלמד שהלכו יחפות והיה גופן מתפאר". משמעות הפועל הרפלקסיבי "מתפאר" בהקשר זה אינה ברורה. האם הכוונה שהליכתן ברגליים יחפות ייפתה את גופן? מכיוון שפירוש זה בלתי־סביר ואינו תורם משהו משמעותי לסיפור, בחרתי להביא בחלק זה של המדרש את גרסת ילקוט שמעוני ("מלמד שהולכות יחפות וגופן נוגעות בארץ").

6. ראו למשל דברים ח ו; יט ט; כו יז; שמואל א ח ה; טו כ; מלכים א ב ג; טו כו; מלכים ב ח יח; טז ג; ישעיהו ח יא; תהלים קכח א; משלי א טו; ב כ; טז כט; דברי הימים ב ו לא; יא יז. במקרא יש פחות מעשרים מקומות שבהם משמש הביטוי הזה כפשוטו, כלומר ללכת למקום כלשהו. ראו למשל בראשית לב א; במדבר כד כה; שופטים יט כז. לביטויים בפסוקים אלה אפשר לייחס בקלות גם משמעות מטפורית.

7. בפירושו לרות א הערה לו כותב הרב ברוך אפשטיין בתורה תמימה כי יש להעמיד את תיאור הליכתן בדרך של נעמי וכלותיה מול תיאור יעקב העושה את דרכו לחרן. על יעקב נאמר "וַיִּשָּׂא... רַגְלָיו וַיֵּלֶךְ" (בראשית כט א), מה שמלמד על זריזות וקלות רגליים. לעומת זאת, תיאור נעמי וכלותיה ההולכות בדרך מלמד על כבדות ותשישות, והמדרש מסביר זאת בקשיי ההליכה ברגליים יחפות.

האיסור.[8] ההסבר האחרון מציג גישה הפוכה: במהלך כל המסע הביתה עוסקת נעמי בהלכות גרים.

מדרש זה, על ההבדלים הקיצוניים בין נוסחאותיו, מצביע היטב על הגישות הסותרות להבנת אישיותה של נעמי. נעמי היא סלע מחלוקת במדרש. יש לבדוק אם ניתוח מדוקדק של הכתוב יוכל להטות את תפיסת דמותה לכאן או לכאן.

האם חטאה נעמי בעזיבתה את בית לחם?

> וַיָּבֹאוּ שְׂדֵי מוֹאָב וַיִּהְיוּ שָׁם. וַיָּמָת אֱלִימֶלֶךְ אִישׁ נָעֳמִי וַתִּשָּׁאֵר הִיא וּשְׁנֵי בָנֶיהָ (א ג).

האם נעמי קרובה ברוחה לאלימלך, מחלון וכליון וזונחת את עמה בשעת צרה מתוך מניעים אנוכיים?[9] ואולי היא קול בודד של התנגדות בתוך משפחתה, ואין לה ברירה אלא ללכת אחרי בעלה למואב למרות התנגדותה? רש״י מביא את הביטוי המתאר את אלימלך, ״אִישׁ נָעֳמִי״, כראיה לכך שנעמי אינה נושאת בכל אחריות למעבר המשפחה למואב בימות הרעב: ״ואמר [אלימלך] ׳איש נעמי׳, כלומר, לפי שהוא היה איש נעמי ושולט עליה, והיא טפלה לו, לכן פגעה בו מידת הדין ולא בה״ (רש״י א ג).

8. שלא במפתיע, יש ניסיונות ליישב אפילו חלק זה של המדרש עם אדיקותה לכאורה של נעמי. תורה תמימה (שם) טוען כי הדבר מלמד על אהבתה הגדולה של נעמי לארץ ישראל ועל התרגשותה לקראת השיבה: ״וטעם הדבר שהלכו ביום טוב יש לומר מפני שהיתה חביבה עליהן הכניסה לארץ ישראל לכן מהרו בהליכתן שחשבו שהוא מותר אפילו ביום טוב, ויתכן שכונו לתקן בזה חטא יציאת בעליהן מארץ ישראל לחוץ לארץ״. בהמשך נפגוש פירושים סותרים על שמחת השיבה של נעמי. באופן ספציפי יותר, מילות המדרש ״**עברו** על שורת הדין״ לא נועדו כנראה לתרץ את מעשיה של נעמי. דומה שהמדרש נחוש בדעתו לתאר את נעמי הרומסת את ההלכה - את הדרך הראויה - בדרכה הביתה.
9. אני נוקטת כאן במודע את הגישה השלילית של חז״ל כלפי אלימלך, מחלון וכליון.

אלא שאנשי בית לחם אינם שותפים לגישה סלחנית זו. הם מקבלים את פני נעמי בשובה אחרי היעדרות ממושכת במילים הפושרות "הֲזֹאת נָעֳמִי?" (א יט).[10] הקרירות שהם מפגינים כלפיה מלמדת כי הם חושדים בה שהיא אחראית לפחות במידה מסוימת למעשי המשפחה.

כמה מדרשים ידועים פחות נמנעים מלטהר את נעמי מאשמה בהנחה שהיא אשמה לא פחות מיתר בני המשפחה:

"ושם האיש אלימלך ושם שני בניו". מה צריך הכתוב להכריז עליו ועל אשתו ובניו? לפי שלא היו מעכבים זה את זה מצרות עין שהיתה בכולן. בזמן שהאיש רוצה ואשה ובניה אינם רוצים או איפכא הגזרה מסתלקת, אבל בזמן שאין אחד מעכב על חברו הגזרה חלה עליה (ילקוט שמעוני רות רמז תקצט).

אף במחלון וכליון. בתחלה מתו סוסיהם וגמליהם וחמוריהם, ואחר כך מת הוא, שנאמר "וימת אלימלך איש נעמי" (רות א ג). ואחר כך מתו שני בניו, "וימותו גם שניהם מחלון וכליון" (רות א ה). ואחר כך מתה היא (פסיקתא דרב כהנא [מנדלבוים] פסקה ז, י).

שורה אחרונה זו מלמדת שאף אם נעמי לא מתה בפסקת הפתיחה של המגילה, מותה לעתיד לבוא הוא חלק מהעונש המוטל על המשפחה.[11]

10. כפי שנראה, אחד המדרשים רואה בשאלה זו הערה ארסית הנגועה אולי אפילו בשמחה לאיד, ועניינה ההבדל בין יציאתה של נעמי כבת אצולה לבין שובה בחוסר כבוד.

11. גרסה זו מופיעה בפסיקתא דרב כהנא, אך גרסאות אחרות של אותו מדרש (ויקרא רבה פרשה יז ד; רות רבה פרשה ב י) משמיטות את השורה האחרונה. יש בכך היגיון, לאור העובדה שנעמי מתה כנראה שנים רבות אחר כך. השאלה היא מדוע נשמרה השורה בגרסת פסיקתא דרב כהנא. גרסה נוספת לאותו מדרש מסתיימת במילים "'ותשאר האשה': נעשתה שירי שירים" (רות רבה פרשה ב י). זהו תיאור מדויק יותר של עונשה של נעמי.

זאת ועוד, העובדה שהיא נשארת בחיים אין פירושה שלא נענשה, שהרי נשארה לבדה, ענייה ומרה. מדרש אחד סבור שאפשר לראות גם בדלותה של נעמי אות לעונש בידי שמים: "'אני מלאה הלכתי', מכאן מצינו שהיתה עשירה ומלאה, ומי גרם לה שירדה מנכסיה ומת בעלה ובניה? צרות עין שהיה בהן" (רות זוטא א כ).

איך ניישב את שתי הגישות הסותרות הללו? האם נעמי אינה מעורבת כלל בהחלטות המשפחה, עד כדי כך שאין לה כל תפקיד בהחלטה לעזוב את בית לחם בימי הרעב? או שמא נעמי אכן אשמה באישומים שמטיחים המדרשים בבעלה ובבניה? האם יש בכתוב רמזים שיוכלו לעזור לנו לקבוע אם נעמי אשמה בפשע עזיבת הארץ או חפה ממנו?

שורשים נרדפים: גו"ר, יש"ב, הי"ה

כדי להשיב על השאלות הללו ננסה לבדוק את הפעלים המשמשים בתחילת המגילה. הכתוב משתמש בשלושה פעלים שונים לתיאור שהותה של המשפחה במואב - גור, ישב, היה - כל אחד מהם מתאר סוג שונה של התיישבות. השורש יש"ב מלמד על מגורי קבע.[12] השורש גו"ר, שמבחינה אטימולוגית כולל גם את המילה גֵּר, מלמד על שהות זמנית.[13] השורש הי"ה מדבר על מצב הקיום האנושי.[14] כאשר הוא משמש לתיאור התיישבותו של אדם במקום ספציפי, הוא עשוי לתאר שהות פסיבית, לפעמים גם בניגוד לרצונו של האדם ובשל גורמים חיצוניים שמעבר לשליטתו.[15]

12. למשל בראשית לו ח; נ כב.
13. ראו למשל בראשית יב י. ראו גם בראשית מז ד ודברים כו ה, ומשם את המובאה מתוך ההגדה של פסח: "וַיָּגָר שָׁם - מלמד שלא ירד יעקב אבינו להשתקע במצרים אלא לגור שם". ראו פירוש **כלי יקר** לבראשית מז כז, המבאר באופן דומה את ההבדל בין גו"ר ויש"ב.
14. בדומה לפועל הגרמני sein, שפירושו להיות או להתקיים.
15. ראו למשל בראשית מ ד, שם נאמר על אנשים השוהים בכלא "וַיִּהְיוּ יָמִים

וַיְהִי בִּימֵי שְׁפֹט הַשֹּׁפְטִים וַיְהִי רָעָב בָּאָרֶץ וַיֵּלֶךְ אִישׁ מִבֵּית לֶחֶם יְהוּדָה **לָגוּר** בִּשְׂדֵי מוֹאָב הוּא וְאִשְׁתּוֹ וּשְׁנֵי בָנָיו... וַיָּבֹאוּ שְׂדֵי מוֹאָב **וַיִּהְיוּ** שָׁם... וַיִּשְׂאוּ לָהֶם [הבנים] נָשִׁים מֹאֲבִיּוֹת, שֵׁם הָאַחַת עָרְפָּה וְשֵׁם הַשֵּׁנִית רוּת. **וַיֵּשְׁבוּ** שָׁם כְּעֶשֶׂר שָׁנִים (א א-ד).

המגילה נפתחת באיש הלוקח את משפחתו למואב לגור שם זמנית. ייתכן שהוא מתכוון לשהות במואב רק עד תום הרעב, ואז לחזור לבית לחם.[16] בהגיעם למואב, הכתוב משתמש בפועל "ויהיו", כי מה שיקבע את משך שהותם שם הוא לכאורה משך הרעב.[17] רק אחרי מות האב ונישואי בניו לנשים מואביות משתמש הכתוב בפועל "וישבו", המלמד על השתקעותם במואב.

ומה על נעמי עצמה? מות בניה והידיעה כי הרעב הסתיים מדרבנים אותה לשוב לבית לחם. תיאור יציאתה של נעמי ממואב מספק תובנה מאלפת על יחסה של נעמי להחלטת המשפחה להתגורר במואב: "וַתֵּצֵא מִן הַמָּקוֹם אֲשֶׁר הָיְתָה שָׁמָּה" (א ז).

הפועל "היה", המשמש לתיאור שהותה של נעמי במואב, מלמד כי היא נשארה שם באופן סביל, באילוצי גורמים חיצוניים שמעבר לשליטתה (הרעב, ונישואי בניה והשתקעותם במקום). הניתוח הטקסטואלי של הפעלים מאפשר לנו להגיע למסקנה שנעמי לא השתלבה כלל במואב, לא התכוונה כלל להישאר שם וככל הנראה גם לא הייתה מעורבת בהחלטה המקורית לעזוב את בית לחם. נעמי נושאת אפוא אשמה מינימלית בלבד בעניין ההחלטה לעזוב את בית

בְּמִשְׁמָר]". ראו גם שמות לד כח; שופטים ג ד.

16. על פי רות ד ג טוען הרב מדן (תקווה ממעמקים, 16-17) כי אלימלך מכר את אדמתו טרם צאתו מבית לחם (ואולי לאחר שנשתקע שם), ובכך הראה שאין לו כל כוונה לחזור. אמנם הפסוק ברות ד ג איננו חד־משמעי, אך לדעתי השימוש בפועל "לגור" ברות א ב אינו מותיר ספק רב באשר לכוונתו המקורית של אלימלך - לצאת מארץ ישראל באופן זמני בלבד.

17. באחת ממגילות קומראן (4QRuth[a]) מופיע הפועל השכיח יותר "וישבו" במקום "ויהיו". עם זאת, כמעט כל כתבי היד (לרבות התרגומים ליוונית) משמרים את המילה "ויהיו".

לחם בימי הרעב. עם זאת, פירושי חז"ל משמרים את הערפול בעניין זה ומותירים את דמותה פתוחה לקריאות שונות, ומבחינה זו מאפשרים קריאה מורכבת יותר של דמותה.

תיאור זה מועיל במיוחד כשאנחנו תופסים את נעמי כהשתקפות העם באותה תקופה. בדיוק כפי שקשה לקבוע את מידת אשמתה של נעמי, כך קשה לקבוע באיזו מידה אשם העם בתקופת השופטים. מי אחראי בעצם להתדרדרות המתוארת בספר שופטים, להתפתחות המובילה ליצירת חברה "סדומית"? מי אחראי לסיום ההרסני של התקופה? האם האשמה מוגבלת למבצעי הזוועות עצמם או שמא מצביע הכתוב על מחלה חברתית מפושטת? למעשה, מצבים כאלה הם בדרך כלל מורכבים בהרבה מקביעה פשוטה של אשמתם או חפותם של אנשים מסוימים. ייתכן שיש לשפוט לחומרה את העם בימי השופטים ולהטיל על העם כולו את האחריות להתדרדרותה של החברה. עם זאת, ייתכן בהחלט שרוב העם נשאר מחוץ לקלחת ופשוט ראה את עצמו חסר אונים וחסר תקווה. המורכבויות הגלומות בדמותה של נעמי משקפות את מורכבויות העם כולו, ממש כפי שמצבה המר של נעמי מזכיר את מצבו העגום של העם. לאורך הספר כולו נבחן את ההקבלות בין דיוקנה של נעמי לדיוקן העם.

נעמי חוזרת לבית לחם

וַתָּקָם הִיא וְכַלֹּתֶיהָ וַתָּשָׁב מִשְּׂדֵי מוֹאָב, כִּי שָׁמְעָה בִּשְׂדֵה מוֹאָב כִּי פָקַד ה' אֶת עַמּוֹ לָתֵת לָהֶם לָחֶם. וַתֵּצֵא מִן הַמָּקוֹם אֲשֶׁר הָיְתָה שָׁמָּה וּשְׁתֵּי כַלֹּתֶיהָ עִמָּהּ וַתֵּלַכְנָה בַדֶּרֶךְ לָשׁוּב אֶל אֶרֶץ יְהוּדָה (א ו–ז).

הצעד שנוקטת נעמי כדי לעזוב את ארץ מואב מסמל את סוף פסוקי הרקע ואת ראשיתה של העלילה עצמה. מנקודה זו ועד סוף המגילה הסיפור מדווח בפירוט ניכר, מתעכב על אירועים מסוימים, על שיחות ורגשות ופעולות של דמויות. מדוע חוזרת נעמי לבית לחם דווקא עכשיו? החלטתה מושפעת מהידיעה כי "פָּקַד ה' אֶת עַמּוֹ לָתֵת לָהֶם לָחֶם". במבט ראשון דומה שנעמי משתמשת בטיעון מעשי המבוסס על שיקולים כלכליים אישיים. גם אם היא משתוקקת לשוב לבית לחם אחרי מות בעלה ובניה, הרי החזרה למקום ששורר בו רעב כשהיא אלמנה ואין מי שיתמוך בה עלולה להיות קשה. דומה שנעמי מחכה לתום הרעב כדי לחזור.

עם זאת, יש לבחון בזהירות את תיאור הדיווח המניע את נעמי לחזור. מה שמודגש כאן הוא תפקידו של ה' יותר מאשר הלחם. היא שומעת תחילה, ואולי בעיקר, כי "**פָּקַד ה' אֶת עַמּוֹ**", ורק אחר כך

מובאת המשמעות הנובעת מכך, "לָתֵת לָהֶם לָחֶם".[1] הפועל **פקד** משמש במקרים רבים לתיאור התערבות אלוהית ישירה בחיי העם, הן כדי להענישם הן כדי לגמול להם טוב.[2] יחסת הקניין המשמשת לתיאור היחס בין ה' לעם, **עַמּוֹ**, מעידה אף היא על מעורבותו של ה', הפועל בגלל יחסיו עם עמו. וכך, ייתכן שהגורם המניע המרכזי להחלטתה של נעמי איננו השיקול המעשי אלא דווקא השיקול התיאולוגי. נעמי חוזרת לבית לחם כשהיא נוכחת שה' חידש את הקשר עם עמו.[3]

יציאת נעמי

מדוע רואה הכתוב חובה לציין שנעמי יצאה מהעיר? האם לא היה די בתיאור שובה לבית לחם? זאת ועוד, שני הפסוקים המתארים את יציאתה של נעמי ממואב הם חֲזָרָתיים מאוד וכוללים ארבעה פעלים מובחנים: ותקם, ותשב, ותצא, ותלכנה. כל אחד מהפעלים האלה צריך היה להספיק כשהוא לעצמו לספר על יציאתה של נעמי.

1. זוהי הופעתו הראשונה של ה' במגילה, והוא מתואר בה כמי שממלא תפקיד פעיל בניהול ענייני העם. אחזור לנקודה זו כשנבחן את תפקידו של ה' בסיפור (כשנעסוק בפרק ג).
2. קיימות דוגמאות רבות לשימושים השונים של הפועל הזה. על השימוש בו לענישה ראו למשל שמות כ ד; ויקרא יח כה; שמואל א טו ב; ישעיהו י יב; ירמיהו ה ט; יד י. על השימוש בו לטובה ראו למשל בראשית כא א; נ כד; שמואל א ב כא. לרשימה מורחבת מאוד של השימושים השונים של המילה **פקד** ראו פסיקתא רבתי פרק מב. המחקר האקדמי בחן בתשומת לב רבה את המגוון הרחב של שימושי המילה. ראו למשל ון־הוזר, שורש פק"ד; פאולר, שורש פק"ד.
3. ראו מלבי"ם לרות א ו, שם נאמרים דברים אלה במפורש. שימו לב גם לקשר האליטרטיבי בין שם העיר **בית לחם** לבין הביטוי "לתת לחם". אפשר אולי ללמוד מכך שה' החזיר את עיר הלחם לתפקידה המקורי. עם זאת, ביטוי אופטימי זה אינו משפיע כמדומה על הלוך רוחה של נעמי, כפי שמבהיר הייאוש הכבד שהיא מפגינה לכל אורך הפרק. דומה שהסיבה לכך היא שהיא עצמה **לא** נפקדה על ידי ה' ונותרה לבדה, נטושה ומרוששת.

רש"י שואל על הַחֲזָרָתִיוּת של הפסוקים ומסתמך על מדרש המתאר את השפעת יציאתה של נעמי על העיר:[4]

"ותצא מן המקום" - למה נאמר? הרי כבר נאמר "ותשב משדי מואב", ומהיכן תשוב אם לא תצא מן המקום שהיתה שם? אלא מגיד שיציאת צדיק מן המקום ניכרת ועושה רושם. פנה זיוה, פנה הדרה, פנה שבחה של עיר. וכן (בראשית כח) ויצא יעקב מבאר שבע (רש"י א ז).

רעיון דרשני זה הוא סימן נוסף ליחסם של חז"ל במקרים רבים לצדקותה של נעמי.

מבחינה ספרותית, מקבץ צפוף של פעלים יוצר תחושה של להיטות ונכונות, של התלהבות קנאית המלווה את צעדיו של האדם.[5] לא קשה לדמיין את תחושת הציפייה הנרגשת שנלוותה כנראה להחלטתה של נעמי לצאת משדי מואב. כפי שצוין, הפועל "היה" המתאר את שהותה של נעמי במואב מלמד כי לא חייתה שם מרצונה. היא הגיעה בעקבות החלטת בעלה ובתוקף אילוצים שמעבר לשליטתה, וכנראה השתוקקה לחזור הביתה. הפועל הראשון, "ותקם", מרמז אולי על פעולה נלהבת במיוחד. אם פועל זה מרמז על קץ תקופת האבל, כשהאבל "קם" מאבלו, הרי מהלך השיבה של נעמי נפתח בהזדמנות הראשונה האפשרית אחרי מות בניה.[6]

עם זאת, במפגן מחוכם של ערפול ספרותי, ייתכן ששפע הפעלים המתארים את יציאתה של נעמי מבקש לומר דווקא את ההפך הגמור. ייתכן שפעלים אלה מלמדים בעצם כמה קשה היה

4. רות רבה פרשה ב ז.
5. דוגמאות מובהקות לתופעה זו מופיעות בבראשית כה לד ובשמואל א יז מח-נא.
6. פועל זה משמש גם לתיאור צעדיו הראשונים של אברהם לאחר ש"קם" מהאבל על מות שרה בבראשית כג ג. ראו גם את מעשיו של דוד בשמואל ב יב טז-כ.

לנעמי לעזוב את מואב! פעלים רבים (שכולם מתארים את צאתה של נעמי) עשויים לרמז שבכל צעד שנקטה נעמי לקראת היציאה לדרך, היא נסוגה בחזרה לעיר, אספה שוב כוח וניסתה שוב לצאת לדרך. אפשר להציב בסיפור את הפעלים הללו באופן הבא: "וַתָּקָם [ותחזור לשבת]. וַתָּשָׁב מִשְּׂדֵי מוֹאָב [ותחזור שנית]. וַתֵּצֵא מִן הַמָּקוֹם [ומיד שבה אליו]. וַתֵּלַכְנָה בַדֶּרֶךְ...".

ערפול ספרותי זה הוא דוגמה נפלאה לתחושות המעורבות שהתגוששו כנראה בלבה של נעמי לקראת חזרתה לבית לחם. למרות רצונה הכן לשוב הביתה, היא הייתה מוטרדת כנראה מאוד כשרגע העזיבה הגיע. היא עוזבת מאחוריה את קברי בעלה ובניה ושבה לעיר שאותה עזבה בשעת צרה. כשיצאה מבית לחם היה לה הכול ועתה היא שבה ריקם, רק עם זיכרונות מכאיבים על העבר המאושר בבית לחם. נעמי אינה מצפה בהכרח לקבלת פנים חמה בבית וגם אינה זוכה לקבלת פנים כזאת. לצד ההתרגשות היא חשה בוודאי רגשות רבים נוספים: חשש, אשמה, מבוכה וכאב.

יעקב: יציאה דומה

כדי לתמוך בקריאה זו עלינו לבחון את הדוגמה הנוספת במקרא שבה יש מקבץ של פעלי עזיבה, כפי שהיא מופיעה אצל רש"י. כשיעקב עוזב את אביו לצאת לחרן, יציאתו מוצגת פעמים אחדות תוך שימוש בפעלים חוזרים: "וַיִּשְׁלַח יִצְחָק אֶת יַעֲקֹב וַיֵּלֶךְ פַּדֶּנָה אֲרָם... וַיִּשְׁמַע יַעֲקֹב אֶל אָבִיו וְאֶל אִמּוֹ וַיֵּלֶךְ פַּדֶּנָה אֲרָם. וַיֵּצֵא יַעֲקֹב מִבְּאֵר שָׁבַע וַיֵּלֶךְ חָרָנָה" (בראשית כח ה-י).

רש"י מסביר את שתי היציאות הללו (של נעמי ושל יעקב) באופן דומה (כלומר, שיציאתו של צדיק עושה רושם על העיר). מעניין שלהיטותו של יעקב לצאת מבאר שבע מורכבת לא פחות. רצונו לעזוב אינו מחייב הסבר. אחיו עשיו זועם ומסוכן, ואם חפץ חיים הוא, עליו להימלט על נפשו מהר וללא היסוס. ועם זאת, איך

יכול יעקב לצאת ללא היסוס? מסעו משתרע על פני זמן בלתי־מוגדר ("עַד אֲשֶׁר תָּשׁוּב חֲמַת אָחִיךָ")[7] וייתכן שלא יראה שוב את מולדתו. הוא אינו יודע אם יזכה לראות שוב את הוריו.[8] זאת ועוד, ייתכן שיעקב חושד שהוא מגורש במכוון מהארץ המובטחת ומקבלת ברכת אברהם בגלל התפקיד שמילא בהונאת אביו.[9] יציאתו של יעקב, בדומה ליציאתה של נעמי, טעונה מתחים, אי־ודאויות ומורכבויות, ומכאן אולי הפעלים החוזרים המתארים אותה.

תיאור שובה של נעמי לבית לחם מאפשר קריאות שונות של מניעיה. במפגן של מיומנות טקסטואלית מצליח הכתוב לשמר תחושה של אמביוולנטיות ניכרת בדבר מניעיה של נעמי, גישתה ודמותה. אמביוולנטיות זו, הקיימת גם במקורות חז"ל, מחזקת עוד את השרטוט המורכב של דמותה של נעמי במגילת רות.

7. בראשית כז מד.
8. אמנם הכתוב אינו מספר לנו מתי מתה רבקה, אבל דומה שיעקב אינו זוכה לראות שוב את אמו, עובדה המצדיקה את חששו.
9. חששו של יעקב נובע אולי מהעובדה שאברהם העניק את הירושה רק לאחד מבניו ואת השני גירש מהבית (בראשית כא י).

על חֲמָיוֹת וכלות

וַתֹּאמֶר נָעֳמִי לִשְׁתֵּי כַלֹּתֶיהָ: לֵכְנָה שֹּׁבְנָה אִשָּׁה לְבֵית אִמָּהּ יעשה [יַעַשׂ קרי] ה׳ עִמָּכֶם חֶסֶד כַּאֲשֶׁר עֲשִׂיתֶם עִם הַמֵּתִים וְעִמָּדִי.[1] יִתֵּן ה׳ לָכֶם וּמְצֶאןָ מְנוּחָה אִשָּׁה בֵּית אִישָׁהּ. וַתִּשַּׁק לָהֶן וַתִּשֶּׂאנָה קוֹלָן וַתִּבְכֶּינָה. וַתֹּאמַרְנָה לָּהּ: כִּי אִתָּךְ נָשׁוּב לְעַמֵּךְ.

וַתֹּאמֶר נָעֳמִי: שֹׁבְנָה בְנֹתַי, לָמָּה תֵלַכְנָה עִמִּי? הַעוֹד לִי בָנִים בְּמֵעַי וְהָיוּ לָכֶם לַאֲנָשִׁים? שֹׁבְנָה בְנֹתַי לֵכְןָ כִּי זָקַנְתִּי מִהְיוֹת לְאִישׁ, כִּי אָמַרְתִּי יֶשׁ לִי תִקְוָה גַּם הָיִיתִי הַלַּיְלָה לְאִישׁ וְגַם יָלַדְתִּי בָנִים. הֲלָהֵן תְּשַׂבֵּרְנָה עַד אֲשֶׁר יִגְדָּלוּ? הֲלָהֵן תֵּעָגֵנָה לְבִלְתִּי הֱיוֹת לְאִישׁ?

1. בדברים שאומרת נעמי לכלתה מופיעה פעמיים לשון זכר רבים (עִמָּכֶם ועֲשִׂיתֶם) במקום הצורה התקינה בנקבה (עמכן ועשיתן). במגילת רות יש חמישה מופעים דומים כאלה (א ט, יא, יג, יט; ד יא). חוקרים מציעים הסברים שונים לתופעה זו, ואחת הדעות רואה בה את השפעת הלשון המדוברת על הניב הספרותי (בוש, רות, עמ׳ 75). קמפבל, המציין כי דבר כזה קורה רק כאשר הנמען הוא זוג נשים (רות, עמ׳ 65), מתאמץ להוכיח את קיומה של סיומת נקבית כפולה בעברית הקדומה שהסתיימה באות מ׳. קשה להוכיח את הרעיון הזה, במיוחד מפני שתופעה זו איננה עקבית: יש מופעים שבהם משמשת סיומת הרבים בנקבה גם במקומות שבהם מדברים אל זוג נשים (למשל א ט, יט).

אַל בְּנֹתַי כִּי מַר לִי מְאֹד מִכֶּם כִּי יָצְאָה בִי יַד ה׳. וַתִּשֶּׂנָה קוֹלָן וַתִּבְכֶּינָה עוֹד וַתִּשַּׁק עָרְפָּה לַחֲמוֹתָהּ וְרוּת דָּבְקָה בָּהּ. וַתֹּאמֶר: הִנֵּה שָׁבָה יְבִמְתֵּךְ אֶל עַמָּהּ וְאֶל אֱלֹהֶיהָ, שׁוּבִי אַחֲרֵי יְבִמְתֵּךְ.

וַתֹּאמֶר רוּת: אַל תִּפְגְּעִי בִי[2] לְעָזְבֵךְ לָשׁוּב מֵאַחֲרָיִךְ, כִּי אֶל אֲשֶׁר תֵּלְכִי אֵלֵךְ וּבַאֲשֶׁר תָּלִינִי אָלִין, עַמֵּךְ עַמִּי וֵאלֹהַיִךְ אֱלֹהָי. בַּאֲשֶׁר תָּמוּתִי אָמוּת וְשָׁם אֶקָּבֵר. כֹּה יַעֲשֶׂה ה׳ לִי וְכֹה יֹסִיף כִּי הַמָּוֶת יַפְרִיד בֵּינִי וּבֵינֵךְ.

וַתֵּרֶא כִּי מִתְאַמֶּצֶת הִיא לָלֶכֶת אִתָּהּ וַתֶּחְדַּל לְדַבֵּר אֵלֶיהָ. וַתֵּלַכְנָה שְׁתֵּיהֶם עַד בּוֹאָנָה בֵּית לָחֶם (א ח-יט).

בלב הפרק הראשון ניצב הדיאלוג בין נעמי לכלותיה המואביות. נעמי מפצירה בהן לשוב למואב אך למרות טיעוניה המשכנעים הן מתעקשות ללוותה. לבסוף נעתרת עורפה ומסכימה לשוב למואב, ואילו רות דבקה בחמותה ונשארת אתה.

תיאור זה מעורר כמה שאלות. ראשית, מה מניע את רות ואת עורפה להתלוות לחמותן? שנית, מדוע מנסה נעמי להניא אותן בצורה כה נמרצת? שלישית, מה בסופו של דבר מבדיל בין רות לבין עורפה? מדוע דווקא רות נשארת עם נעמי?

2. ״אַל תִּפְגְּעִי בִי״ - פג״ע פירושו להיתקל במישהו והוא עשוי ללמד על מגוון אופני פגישה: נייטרלי (בראשית כט יא; לב ב), עוין (יהושע ב טז; שופטים ח כא), או חיובי (לעתים נדירות, כמו בישעיהו סד ד). המילה מקבלת לא פעם משמעות של הפצרה (בראשית כג ח) או תפילה (ירמיהו ז טז). אני מעדיפה להבין פה את המילה במשמעותה העוינת, בניגוד לדעתם של רוב המתרגמים המודרניים (המושפעים כנראה מנאומה האידילי של רות). לתרגום זה יש שני יתרונות מובהקים: הוא מעביר בצורה טובה יותר את להטה ואת רצונה העז של רות, והוא מקביל לשימוש של נעמי במילה ברות ב כב.

כוונותיהן של רות ושל עורפה

מדוע מתלוות רות ועורפה לנעמי? שאלה זו מתחזקת שבעתיים לנוכח הפצרותיה של נעמי שישובו אישה לבית אמה. מתברר שמוטב לנשים צעירות להישאר עם אמותיהן מאשר עם חמותן.[3]

אחת הסיבות האפשריות להתעקשותן נלמדת מתוך שאלותיה של נעמי: "לָמָּה תֵלַכְנָה עִמִּי? הַעוֹד לִי בָנִים בְּמֵעַי וְהָיוּ לָכֶם לַאֲנָשִׁים?" נעמי מניחה שכלותיה פועלות מתוך מניע אינטרסנטי. כמו חוקי הייבום בתורה,[4] החברות הקדומות דאגו לקבוע בחוק שאלמנה ללא ילדים תינשא לגבר ממשפחת בעלה המנוח.[5] חוקים אלה התחייבו מעצם פגיעותן של אותן נשים, שנותרו ללא מפרנס ומגן. סביר שעורפה ורות הניחו באופן טבעי (ומוצדק) שילוו את נעמי בחזרה

3. ראו למשל פורטן, מגילת רות, עמ' 26; טריבל, קומדיה אנושית, עמ' 169. למעשה קיימת הנחה הלכתית שהיחסים בין חמיות לכלותיהן מתאפיינים בעוינות. ראו משנה תורה הלכות גירושין פ"ז ה"ג; פי"ב הט"ז. בין הפרשנים המודרניים נערך דיון נוסף בשאלה מדוע שולחת נעמי את כלותיה לבתי אמותיהן ולא לבתי אבותיהן. האם אין להן אבות? ואולי אבותיהן נישלו אותן? סביר להניח שהמקום הראוי שבו צריכה האישה להמתין לנישואיה הוא בית האם (ראה לעיל עמ' 111, הערה 22). מדרשים אחדים (רות רבה פרשה ב יג; רות זוטא א ט) אומרים שילדים שגדלו בבתיהם של עכו"ם אינם נחשבים כמי שיש לו אב (אולי מפני שסגנון החיים המתירני המיוחס לעכו"ם משאיר ספק לגבי זהותו של האב). הדבר הולם היטב את הרעיון שפותח לעיל, הבולט במיוחד במדרש, בדבר האווירה המתירנית השוררת במואב. אני מבקשת להעלות באופן טנטטיבי את ההשערה ששליחת אישה מואבייה צעירה בחזרה לבית אביה כדי לפתור את בעיית הפוריות עלולה להיראות בלתי־ראויה, לאור הסיפור על לוט ובנותיו ועל הפריצות הרווחת במואב. ראו קרמייקל, רות, עמ' 255, הערה 17.
4. מצוות הייבום מחייבת גבר לשאת לאישה את אלמנת אחיו אם נפטר ללא ילדים ובכך להקים שם לאחיו המת ולירושתו. ראו דברים כה ה־י. את דיני הייבום נבחן לעומק בהמשך, כשנעסוק בפרק ד.
5. חוקי אשור התיכונה, 33, אפשרו לאלמנה חסרת ילדים להינשא לחמיה או לאחי בעלה. ראו פריצ'רד, מזרח קדום, עמ' 182.

לעיר הולדתה, ושם היא תדאג לכל אחת מהן לבעל מקרב בני משפחתה.

בדבריה מצהירה נעמי בתוקף כי דבר כזה לא יקרה. אין ביכולתה להבטיח לכלותיה בעלים בבית לחם. לה עצמה אין בנים נוספים ואין גם תקווה ללדת בנים נוספים, בוודאי לא בזמן הדרוש. נוכל רק לשער מדוע נעמי אינה מביאה בחשבון קרובי משפחה אחרים דוגמת בועז או הגואל כבעלים פוטנציאליים לכלותיה. ייתכן שהסיבה לכך היא ההלכה היהודית שאינה מציגה זאת כמחויבות משפטית רשמית.[6] זאת ועוד, ייתכן שנעמי אינה יודעת בוודאות אם קרוביה אלה נותרו בחיים. וגם אם כן, האם יהיו מוכנים לקחת נשים מואביות, במיוחד כאלה הקשורות לאלימלך, שנטש אותם בשעת צרה? ולבסוף, ייתכן שנעמי פשוט אינה רוצה שכלותיה המואביות ילוו אותה ומשתמשת בתואנה זו כדי לשלחן מעל פניה.

עם זאת, ייתכן שהכתוב מלמד שרות ועורפה אינן מבקשות ללוות את נעמי מתוך מטרה מסוימת. למעשה, שלושת הפעלים הראשונים המתארים את מסעה של נעמי הביתה מופיעים בלשון יחיד (א ו–ז) ומתארים את נעמי בלבד.[7] הכלות מוצגות פעמיים כנספחות אליה (״וּשְׁתֵּי כַלֹּתֶיהָ עִמָּהּ״), ההולכות בעקבותיה ואינן מבטאות רצון משלהן. רק בסוף התיאור מופיע הפועל בלשון רבים לתיאור הנשים ההולכות בדרך (״וַתֵּלַכְנָה בַדֶּרֶךְ לָשׁוּב אֶל אֶרֶץ יְהוּדָה״).

על סמך זאת מביא המלבי״ם קריאה ייחודית ורגישה של האירועים:

> ״ותצא״, מפרש דבריו הקודמים שמצד היציאה מן המקום יצאה ושתי כלותיה עמה, שבזה השוו כלם בדעה אחת תיכף שצריך לצאת ממקום הזה ששם הורע מזלם, אבל במה שהיא הסכימה

6. מצוות הייבום מוטלת רק על אחיו של המת.
7. הפועל המסביר את הסיבה לשובה של נעמי (״כִּי שָׁמְעָה״) אף הוא נאמר בלשון יחיד ונוגע רק לנעמי, המקבלת בעצמה את ההחלטה לשוב לארצה ואינה מתייעצת עם כלותיה.

תיכף לשוב אל ארץ יהודה לא השוו תיכף כי הם היה דעתם לגור בשדה מואב, רק "ותלכנה בדרך" אחר שהחזיקו בדרך ובאו עד סוף ארץ מואב שהוא הדרך ההולך רק אל ארץ יהודה אז הסכימו גם הם לשוב אל ארץ יהודה (מלבי"ם לרות א ז).

המלבי"ם סבור שרות ועורפה לא התכוונו מלכתחילה ללוות את נעמי מחוץ לגבול מואב אלא רק לעזוב את העיר שבה חוו אסון כה נורא. תפיסה זו נתמכת אולי במילות הפרידה והתודה העדינות ברות א ח-ט: "לֵכְנָה שֹּׁבְנָה אִשָּׁה לְבֵית אִמָּהּ. יעשה [יַעַשׂ קרי] ה' עִמָּכֶם חֶסֶד כַּאֲשֶׁר עֲשִׂיתֶם עִם הַמֵּתִים וְעִמָּדִי.[8] יִתֵּן ה' לָכֶם וּמְצֶאןָ מְנוּחָה אִשָּׁה בֵּית אִישָׁהּ". מלכתחילה דומה שנעמי מניחה שהנשים יישמעו להצעתה. היא אינה משקיעה מאמץ גדול כדי לשכנען אך מבטאת ברוך הערכה לחסדן ומציעה להן ברכת פרידה. עם זאת, רות ועורפה מחליטות, אולי בספונטניות, ללוות את נעמי לבית לחם, ובכך מניעות את נעמי לניסיון מאומץ יותר להניאן מכך.

הסיבה להחלטתן של רות ושל עורפה להישאר עם נעמי, ספונטנית או לא, אינה ברורה לנו. האם היא נובעת בעצם ממניע אינטרסנטי או שמא היא הפגנה אמיתית של חמלה או חיבה לנעמי? ייתכן שזהו פשוט צעד סנטימנטלי המעיד על הקושי שלהן להיפרד מאם בעליהן המתים. יש לציין עוד כי רות ועורפה מבטאות את רצונן לשוב עם נעמי **לעמה** (א י), מה שמלמד אולי שהן מעוניינות להיות חלק מעם ישראל.[9]

8. כמה פרשנים מניחים שהחסד שעשו הכלות עם המתים הוא השתתפותן בקבורת מחלון וכליון (למשל, רות רבה פרשה ב יד). יש מחלוקת באשר לטיב החסד שרות ועורפה עשו עם נעמי. יש הטוענים כי הן ויתרו למענה על כתובתן (רות רבה פרשה ב יד) ואחרים סבורים שהתאבלו יחד עם נעמי, כמו במדרש אנונימי בערבית שתורגם ונערך בידי קאפח, חמש מגילות, עמ' 139–140. ברוח קריאתו של המלבי"ם את הקטע הזה, אפשר לומר שהחסד שנעשה עם נעמי הוא האופן שבו ליוו אותה בשלב הראשון של מסעה ממואב.
9. אין כמעט ספק שכך יהיה בהמשך עם רות, המתחייבת לאמץ לא רק את נעמי אלא גם את עמה ואת אלוהיה.

אולי לא נדע לעולם את המניעים הכמוסים שמאחורי צעדיהן הראשונים של כלות נעמי, אבל דבר אחד ברור - בהמשך חל פיצול בתכליתן ובהחלטתן של שתי הנשים הללו. למרות מניעיה הראשוניים, עורפה משנה את דעתה. רות, לעומתה, מפגינה נאמנות איתנה וכוונה נחושה להישאר לצד נעמי. הצעד היוצא דופן של רות הוא הקובע את מהלך הסיפור. בקרוב נחזור לבחון את מניעיה של רות, אך תחילה ננסה לעמוד על צעדיה של נעמי ביחסיה עם כלותיה.

מדוע מנסה נעמי לשלח את כלותיה?

מדוע נעמי מתאמצת כל כך להניא את כלותיה מרצונן ללוותה בחזרה לבית לחם? שלוש פעמים היא מנסה לשכנע אותן לשוב למואב.[10] הפצרותיה הנלהבות רוויות מרירות ודומה שהן צוברות תאוצה עד שהן מגיעות לשיאן בהכרזתה: "כִּי מַר לִי מְאֹד מִכֶּם כִּי יָצְאָה בִי יַד ה'" (א יג).

גם כאן קשה לפענח את צעדיה של נעמי. הכתוב אינו כולל רמזים ברורים העשויים לסייע בקביעת מניעיה האמיתיים של נעמי.[11] חז"ל, המנסים לעמוד על ניסיונותיה לדחות את כלותיה, מציגים שלוש השקפות מובחנות: החמלה שחשה נעמי כלפי כלותיה, רצונה הכן שהן לא יתלוו אליה, ותהליך הלכתי של גיור.

האי־בהירות השורה על מניעיה של נעמי מזכירה את האי־בהירות האופפת את מניעי ההחלטה לחזור לבית לחם. חז"ל מציגים

10. הפעם השלישית מאופקת מעט יותר. נעמי פונה אל רות בלבד, אחרי שעורפה הלכה לדרכה.

11. הכתוב אינו קובע במפורש **מדוע** נעמי מנסה להניא אותן, ובכך הוא מאפשר ואף מעודד הסברים רבים הממשיכים לרחף בחלל האוויר כאפשרויות, שכל אחת מהן מעשירה את קריאת הסיפור. למעשה, ערפול זה הנוגע לפרטים מכריעים מאפיין את התנ"ך ונותן מקום ליצירת דמויות ועלילות מורכבות המחייבות גם מעורבות פעילה של הקוראים. פיתוח של רעיון זה ראו אצל שטרנברג, פואטיקה, במיוחד בעמ' 186-229; אלטר, אמנות, במיוחד עמ' 133-149.

תפיסות סותרות של דמותה של נעמי, צדקתה ועולמה הפנימי. התיאור המקראי של נעמי מורכב ואף חידתי (אולי במכוון), וייצוג זה משתקף היטב בדברי חז"ל.[12]

חמלה

על פי גישה אחת, מעשיה של נעמי הם אלטרואיסטיים ונובעים מחיבתה ומדאגתה לכלותיה. תוכן דבריה מלמד כי היא מרעיפה עליהן שפע ברכות ומאחלת להן את הטוב ביותר בבתים החדשים שיקימו להן. גם נעימת הדברים מעבירה חיבה, כפי שאפשר ללמוד מהשימוש המשולש במילה "בְּנֹתַי" (או "בְּנֹתַי"). ייתכן שנעמי מתייחסת אל כלותיה כאילו היו עצמה ובשרה ומשלחת אותן הביתה בתקווה שימצאו בעלים מתוך דאגה לעתידן.

מדרש השותף לגישה זו מניח כי נעמי משלחת אותן מסיבות אלטרואיסטיות:[13]

> "אַל בְּנֹתַי" אללי בנותי. "כִּי מַר לִי מְאֹד מִכֶּם" בשבילכם. "כִּי יָצְאָה בִּי" ובבני ובבעלי "יַד ה'" (רות רבה פרשה ב יז).

התרגום (א יג) נוקט גישה דומה, אם כי מתרגם את המילה "מכם" במובן השוואתי, שמשמעו "יותר מכם": "בבעו ברתאי, לא תמררון נפשי, ארום מריר לי יתיר מנכון, ארום נפקת בי מחא מן קדם ה'"

12. גם פרשני המקרא המודרניים מבטאים תפיסות סותרות של דמותה של נעמי. למשל, פיואל וגאן, גאולה, עמ' 83, תומכים בקריאה צינית במקצת של יחסה של נעמי כלפי רות, לעומת נילסון, רות, עמ' 46–48, הסבורה כי נעמי פועלת מתוך רגש אמיתי של אמפתיה וחמלה.

13. מדרש אחר, המבקש להסביר מדוע נעמי נכנעת בסופו של דבר לרצונה של רות להישאר אתה, מתאר אף הוא את החמלה שחשה נעמי כלפי רות: "כיון שראתה נעמי שקיבלה [רות, את תנאי נעמי] והטריחה עליה בבכיה גדולה, נתגלגלו רחמיה והטריחה עליה וקיבלתה" (רות זוטא א יב).

[=אנא בנותי, אל תמררו לנפשי, כי מר לי יותר מכן, כי יצאה בי מכה מלפני ה׳]. (תרגום רות א יג).

שהרי מדוע צריכה נעמי לגרור את כלותיה עמה אל הייאוש שבאלמנותה וריקנותה? מדוע עליהן להתמודד עם הקשיים המצפים לנעמי? מזווית זו, נעמי פועלת מתוך אהדה ורוך כלפי כלותיה.

ניכור

הנחתה של נעמי שכלותיה פועלות מתוך מניעים אנוכיים עשויה ללמד על יחסים לא לגמרי טובים ביניהן. דבריה הנחושים עשויים לרמז על רצון כן מצדה להיפטר מכלות מואביות אלה.[14] תמיכה ברעיון זה אפשר למצוא בקריאה קפדנית של דבריה האחרונים של נעמי, המזרזות את עורפה להיעתר ולשוב למואב: ״כִּי מַר לִי מְאֹד מִכֶּם כִּי יָצְאָה בִי יַד ה׳״ (א יג). דומה שיש קשר בין שתי אמירות אלה. נעמי אומרת, אולי, שכלתה היא הגורם למרירותה בהיותה אחראית באופן כלשהו לעונש שקיבלה נעמי.

כבר עמדנו על שני תרגומים שונים למילה ״מכם״ - ״בשבילכן״ ו״יותר מכן״. הזוהר מביא אפשרות שלישית: ״בגללכן״. ״מַה זֶה מִכֶּם?״ שואל הזוהר. ״אָמַר רַבִּי קְרוֹנְיָא אָמַר רַב כַּהֲנָא, צָרָה בְּלִבִּי מִכֶּם, שֶׁאַתֶּן גְּרַמְתֶּן לְבָנַי שֶׁיָּמוּתוּ״ (זוהר חדש רות לז א).[15]

14. הרמב״ן (בראשית לז לה) בהתייחסו לתרחיש זה טוען כי המילה ״בנותי״ אינה מביעה בהכרח חיבה בשמשה כפנייה לכלות. לדבריו, זהו פשוט מונח מקובל לתיאור אשת הבן. זאת ועוד, מן הראוי לציין שכל אחד משלושת השימושים במילה ״בנותי״ מלמד כי נעמי מרחיקה את רות ואת עורפה צעד נוסף ממנה. פעמיים קודמת למילה ״בנותי״ המילה ״שובנה״ - ״שֹׁבְנָה בְנֹתַי״, ופעם אחת בוחרת נעמי לפתוח במילת השלילה ״אל״ (״אַל בְּנֹתַי״) כדי לדחות בכוח את החלטתן הנחושה של עורפה ושל רות להישאר אתה.

15. מקרים נוספים שבהם מופיעה המילה ״מן״ (או ״מ־״) במשמעות ״בגלל״ הם שמות ב כג; דברים כח לד; תהלים קיט נג. לדוגמאות נוספות ראו BDB, עמ׳ 580.

בניסיון לשכנע את כלותיה שלא להתלוות אליה, מטיחה בהן נעמי האשמה כבדה. היא מאשימה אותן באומללותה. אלמלא נישאו למחלון ולכליון, ה' לא היה כועס על בניה וממית אותם, והיא לא הייתה מגיעה למצב כזה.

מדרש נוסף מניח כי נעמי באמת ובתמים אינה רוצה שכלותיה יתלוו אליה, אם כי מסיבות אחרות: "ותאמר נעמי לשתי כלותיה ['לֵכְנָה שֹּׁבְנָה']. מפני מה היתה מחזרת אותן? כדי שלא תתבייש בהן" (רות זוטא א ח).

המדרש מוסיף ומסביר שנכרים ניכרו בלבושם השונה. אילו שבה נעמי לבית לחם ואתה שתי כלות מואביות, סביר להניח שהייתה זוכה לקבלת פנים מנוכרת אף יותר. ייתכן שמשום כך מביעה נעמי התנגדות כה עזה לכך שכלותיה יהיו אתה בשובה לבית לחם.

ייתכן אפוא שנעמי מסרבת לחזור בחברת כלותיה - מתוך טינה, אי־נוחות או מבוכה. אולי על כך מעידה תגובתה של נעמי להכרזתה התקיפה של רות שבדעתה להישאר עם חמותה. היא אינה מאמצת אליה בחום את רות, מודה לה בדמעות או משמיעה קריאות שמחה. היא שומרת על שתיקה מוחלטת בעקבות הכרזת הנאמנות הדרמטית של רות. במקום פשוט לסיים את השיחה, כמקובל בתנ"ך, נכתב "וַתֶּחְדַּל לְדַבֵּר אֵלֶיהָ" (א יח). השורש חד"ל מלמד על מעשה מכוון מצד נעמי, על סיום השיחה, ואולי אפילו על שתיקה מאובנת.

המשפט הבא, "וַתֵּלַכְנָה שְׁתֵּיהֶם", מזכיר את הביטוי המוכר המתאר את הליכתם של אברהם ויצחק אל העקידה. למרות המחלוקת העשויה להתלוות לאותה הליכה, ניכר השימוש במילה "יַחְדָּו", המתארת דווקא אחדות בין אב ובן, "וַיֵּלְכוּ שְׁנֵיהֶם יַחְדָּו" (בראשית כב ו). המילה "יַחְדָּו" אינה מופיעה בתיאור הליכתן של נעמי ורות, ואפשר ללמוד מכך שגם אם הניסוח מזכיר את הסכמת אברהם ויצחק, הליכה זו שונה. נעמי חוזרת לבית לחם לצדה של רות, אך אין ביניהן אחדות דעים. אפשר כמעט לראות את התמונה שבה נעמי וכלתה הלא־רצויה מהלכות בשתיקה על הדרך המאובקת ממואב לבית לחם,

כל אחת מהן שקועה בהרהוריה, בעוד נעמי מקבלת באי־רצון את עובדת נוכחותה של כלתה.[16]

בתמונה האחרונה בפרק ברור כי נוכחותה של רות אינה מקִלה בשום אופן את מרירותה של נעמי, כפי שעולה מהפעם השנייה שבה מתארת נעמי את עצמה כמרה (א כ). נעמי גם מתארת את ריקנות שובה ללא התייחסות אחת ויחידה לרות. במהלך השיחה כולה איש אינו מזכיר את רות: "וַתֵּהֹם כָּל הָעִיר עֲלֵיהֶן וַתֹּאמַרְנָה הֲזֹאת נָעֳמִי?" (א יט). השימוש בלשון רבים (עליהן) מבהיר כי רות נוכחת בזמן שאנשי העיר מדברים אל נעמי. זאת ועוד, כל שלושת הביטויים המתארים את שובן לבית לחם (א יט פעמיים; א כב) משתמשים בלשון רבים. לא סביר אפוא שאנשי העיר אינם מודעים לכך שרות ונעמי נמצאות יחד. אמנם ייתכן שרות פשוט נשכחת מלב לנוכח ההתרגשות והמבוכה שמעורר שובה של נעמי, אך סביר יותר שאנשי העיר מתעלמים מרות במכוון. ייתכן שהם סולדים מזרים וייתכן שהם פשוט קולטים את הלוך הרוח של נעמי ואינם מייחסים חשיבות לרות, לנוכח התעלמותה של נעמי עצמה מחברת כלתה.[17]

ניסיונה של נעמי לגייר את רות

מדרשים אחדים סבורים כי כל התרחיש שלפיו נעמי מניאה את כלותיה מלהצטרף אליה אינו אלא צעד הלכתי פורמלי, המבקש לבחון אם אותן נשים אכן מבקשות באמת להצטרף לעם ישראל. בעיני מקורות אלו, זהו תהליך מקדים לגיור:

16. הדבר מזכיר את המדרש שנזכר לעיל, ולפיו נעמי ורות לא הלכו זו לצד זו, מה שמדגיש עוד יותר את הניכור ביניהן: "'וַתֵּלַכְנָה בַדֶּרֶךְ' - הוצרה עליהם הדרך והלכו בייחוד" (רות רבה פרשה ב יב, מהדורת לרנר).
17. יש בכך כמובן אירוניה, שכן בדיעבד רות היא המענה לכל צרותיה של נעמי, אילו רק הייתה נעמי שמה לב לכך. ראו קמפבל, רות, עמ׳ 168.

"שׁבְנָה בְנֹתַי לֵכנה".[18] רבי שמואל בר נחמני בש"ר יודן ברבי חנינא: בשלש מקומות כתיב כאן "שׁבְנָה" "שׁבְנָה" "שׁבְנָה"[19] כנגד ג' פעמים שדוחין את הגר. ואם הטריח יותר מכאן מקבלין אותו (רות רבה פרשה ב טז).

על פי פרשנות זו, התרחיש כולו נועד לאפשר את גיורן של הכלות. כמה מדרשים סבורים כי הצהרת הנאמנות המרהיבה של רות לנעמי היא חלק מתהליך גיורה. חז"ל אף תיקנו על סמך זאת כמה תקנות הקשורות לגיור.[20] רש"י (על סמך יבמות מז ע"ב) מסביר את המילים "וַתֶּחְדַּל לְדַבֵּר אֵלֶיהָ" כמרכיב הלכתי בתהליך הגיור. הוא מסיק מכאן שבשלב מסוים אין לנעמי עוד הזכות להמשיך להניא את רות מהגיור: "ותחדל לדבר אליה - מכאן אמרו: אין מרבין עליו [על הגר] ואין מדקדקין עליו" (רש"י א יח).

שאלת גיורה של רות היא אנכרוניסטית, שכן בטקסטים מקראיים אין הוכחה לגיור פורמלי.[21] עם זאת, רצונה של רות להישאר לצד

18. כל שימוש במילה "שׁבְנָה" (רות א ח, יא, יב) מופנה לעורפה ולרות כאחת. אין כמעט ספק אפוא שעל פי מדרש זה נעמי גילתה עניין גם בגיורה של עורפה, ולא רק בגיורה של רות. זוהי אולי סיבה נוספת לכך שהמדרשים נוטים להתייחס בביקורתיות יתרה לעזיבתה של עורפה. אם נעמי ביקשה לגייר את שתי כלותיה, הרי עזיבתה של עורפה מקבילה לדחיית היהדות.
19. מדרש אחר משמר את הרעיון הזה אך הופך את כיוון המילה "שׁבְנָה": "נָעֳמִי אוֹמֶרֶת: שׁבְנָה בְנֹתַי, שׁוּבוּ שׁוּבוּ בִּתְשׁוּבָה" (זוהר חדש אחרי מות עח א).
20. על סמך תרחיש זה מרחיבה הגמרא (יבמות מז ע"ב) וגורסת כי תחילה יש לנסות להניא שלוש פעמים את המבקש להתגייר, ליידע אותו על כמה הלכות, על העול הכרוך בקיומן ועל העונש הצפוי על הפרתן. עם זאת, מתרחיש זה אנו למדים גם שאין לנסות להניא גרים בצורה מודגשת יתר על המידה, ואם נדמה שהם כנים, יש לחבקם ולקבלם (כפי שצוין לעיל ברות רבה פרשה ב טז; והשוו רות זוטא א יב). ראו גם משנה תורה איסורי ביאה פי"ג הי"ד; שולחן ערוך יורה דעה רסח ב ולבוש שם.
21. רעיון הגיור ותהליך ביצועו אינו מפותח בתנ"ך. אמנם יש כמה סיפורים המתארים אישים או קבוצות מבחוץ המצטרפים לעם ישראל באמצעות נישואין

נעמי כולל שאיפה מוצהרת לאמץ את עמה של נעמי ואת אלוהיה. בקטע הבא נבחן את שאלת גיורה של רות כפי שהיא מופיעה אצל מפרשים ונראה כיצד הם רואים את הצטרפותה של רות לעם ישראל. נציין את האופן שבו גישה חוץ־מקראית זו (שאין לה בסיס פורמלי בתנ"ך עצמו) שזורה בכל זאת בקריאה הקפדנית של הכתוב.

מתי הצטרפה רות לעם ישראל?

חז"ל חלוקים במידה רבה בשאלה מתי החליטה רות להצטרף לעם ישראל, ובעיקר בשאלה האם רות ועורפה התגיירו לפני נישואיהן למחלון ולכליון.[22] מדרשים רבים מניחים שהן לא התגיירו אז. למשל: "'וַיִּשְׂאוּ לָהֶם נָשִׁים מֹאֲבִיּוֹת', תני בשם רבי מאיר: לא גיירום ולא הטבילו אותם" (רות רבה פרשה ב ט).[23]

דומה שגישה זו מתבססת הן על תיאורן של רות ועורפה בפרק א הן על התבדלותה של רות מעורפה בהמשך הסיפור. בכתוב אפשר למצוא כמה רמזים לכך. כשרות ועורפה מתנגדות תחילה להצעתה של נעמי שיחזרו למואב, הן מצהירות פה אחד: "כִּי אִתָּךְ נָשׁוּב **לְעַמֵּךְ**" (א י). הניתוק העולה מהמילה "לעמך" עשוי להעיד על העובדה שבשלב זה רות ועורפה כאחת אינן רואות בעמה של נעמי את עמן.[24]

(למשל מלכים א ג א), ברית פוליטית (למשל יהושע ט), קרבה (שימו לב לנכרים הרבים המופיעים בסיפורי שאול ודוד: דואג האדומי, אתי הגתי, אוריה החתי ואחרים) או אפילו קרבה אידיאולוגית (ישעיהו יד א; נו ג; זכריה ח כג; אסתר ח יז; ט כז), אך נכרים אלה כנראה משמרים בדרך כלל את זהותם הנכרית. תהליך הגיור הפורמלי מובהר ומוסדר רק במקורות מאוחרים יותר. עוד על כך ראו אצל כהן ש', ראשית היהדות, ובמיוחד עמ' 109-139.

22. בכתבי חז"ל ניתנות הנחיות מפורשות לגיור (ראו למשל כריתות ח ע"ב-ט ע"א), וכפי שצוין לעיל, כמה מהן נלמדות ממגילת רות (יבמות מז ע"ב).

23. מדרש זה אינו מבטא נימה שיפוטית בשאלת נישואיהם למואביות, אך מקורות אחרים רואים בעצם הנישואים האלה חטא שעליו נענשו מחלון וכליון (למשל, תרגום רות א ד; תנחומא בהר ג; בבא בתרא צא ע"ב; מלבי"ם לרות א ד).

24. ראו גם רש"י לרות א יב, הטוען כי שתי הנשים לא גוירו כהלכה לפני נישואיהן

כחלק מהתבדלותה מעורפה משנה רות את יחסה ובוחרת לדבוק בעמה של נעמי (א טז): "עַמֵּךְ עַמִּי".[25]

זאת ועוד, כשנעמי משתמשת בשובה של עורפה למואב בניסיון לשכנע את רות לעשות כמוה, היא מציינת "הִנֵּה שָׁבָה יְבִמְתֵּךְ אֶל עַמָּהּ וְאֶל אֱלֹהֶיהָ" (א טו). שיבתה הלא־מסובכת של עורפה אל עמה ואל אלוהיה מלמדת אולי כי גם עד אז לא היה ניתוק חד בינה לבינם.[26]

ולבסוף, מדברי בועז בשבחה של רות שעזבה את מולדתה והלכה "אֶל עַם אֲשֶׁר לֹא יָדַעַתְּ תְּמוֹל שִׁלְשׁוֹם" (ב יא) אפשר ללמוד שבימי נישואיה של רות למחלון במואב לא התקיים קשר אמיתי בינה לבין עם ישראל. היא מצטרפת רשמית לעם רק אחרי שהיא מתלווה אל נעמי בשובה לבית לחם.

עם זאת, אבן עזרא קובע כי רות ועורפה התגיירו וסבור כי מחלון וכליון לא יכלו לשאת נשים מואביות אלמלא התגיירו תחילה: "ולא יתכן שיקחה מחלון וכליון אלו הנשים עד שנתגיירו, והעד 'אל עמה ואל אלהיה'" (אבן עזרא א ב). אבן עזרא מסתמך כאן בדיוק על אותו פסוק שממנו למדו חז"ל שהנשים לא התגיירו (א טו) כעדות לכך שהתגיירו. הוא מדגיש את המלה "שָׁבָה" ולומד ממנה שעורפה זנחה בעבר את עמה ואת אלוהיה, ואילו עתה היא שבה אליהם.

המדרש הבא נוקט גישה מורכבת יותר לשאלה זו:

ולפיכך לא היו נשואות כהלכה למחלון ולכליון. רש"י מתבסס בדבריו על רות א י.

25. ראו גם זוהר בלק קצ א: "ומתי נתגיירה? אחר כך, כשהלכה עם נעמי, אז אמרה 'עמך עמי'".

26. אכן, אם הנשים המואביות לא היו חלק מעם ישראל, יכולים חז"ל להסביר מדוע נעמי (בהנחה שהיא יראת שמים) משלחת ללא היסוס את רות ואת עורפה בחזרה למואב. על פי ההלכה - אם כי לא בהכרח כך היה גם בימי המקרא - אדם שמתגייר נשאר יהודי עד סוף ימיו, גם אם שב לדרכיו הקודמות (אם כי במקרים מסוימים עלול גיור להידחות בדיעבד אם קיימות סיבות טובות להאמין שהגר פעל ממניעים לא כנים או בדרכי רמייה במהלך הגיור). ראו למשל יבמות מז ע"ב; משנה תורה איסורי ביאה פי"ג הי"ז; שולחן ערוך, יורה דעה רסח ב. מנקודת מבטם של חז"ל הייתה נעמי רשאית לשלח את כלותיה בחזרה למואב רק אם לא התגיירו כהלכה קודם לכן.

> שאל רבי פדת את בנו של רבי יוסי איש סוכו: רות, כיון שנתגירה, מפני מה לא קראוה בשם אחר? אמר לו: כך שמעתי, ששם אחר היה לה, וכשנשאת למחלון, קראו שמה רות... שהרי כשנשאת למחלון נתגירה, ולא לאחר זמן.
>
> אמר לו: והרי כתוב אחר כך (רות א) ׳באשר תליני אלין ואלהיך אלהי׳ וכו׳. הרבה התראות עשתה נעמי, כמו ששנינו, וכלן קבלה עליה. ואם נתגירה קדם, למה לה כעת כל זה?
>
> אמר לו: חס וחלילה שנשאה מחלון והיא גויה, אלא כשנשאה נתגירה, ובחזקת אימת בעלה עמדה היא וערפה בענין זה. כיון שמתו בעליהן, ערפה חזרה לסורחנה, ורות עמדה בטעמה, שכתוב, הנה שבה יבמתך אל עמה ואל אלהיה, ורות דבקה בה, כמו שהיתה בתחלה. כיון שמת בעלה, ברצונה דבקה בתורה (זוהר חדש רות לב ב).

יש כאן דרך ביניים בשאלת גיורן של רות ועורפה. בדומה לאבן עזרא אין המדרש הזה מוכן לקבל את האפשרות שמחלון וכליון, צאצאים למשפחה נכבדת מיהודה, יכלו לשאת גויות בלי לגיירן תחילה.[27] עם

27. על פני הרצף הרחב של דעות החוקרים בשאלת תכליתה של מגילת רות (סקר של הדעות הללו מופיע אצל גורדיס, אהבה, עמ׳ 243–244; בוש, רות, עמ׳ 18–19), יש חוקרים הסבורים שהמגילה נועדה לשמש כתב פולמוס נגד הדרת מואבים מהקהילה, קריאה ליחס טוב לעובדי אלילים או מסה נגד מגמתם של עזרא ונחמיה לסלק בני זוג בנישואים מעורבים מהקהילה ששבה לארץ מגלות בבל; ראו למשל בוואר, ספרות, עמ׳ 282–284; וייזר, התנ״ך, עמ׳ 304. חוקרים אחרים נוקטים גישה הפוכה לחלוטין, שלפיה נועדה המגילה להגן על פעולותיהם של עזרא ונחמיה נגד נישואים מעורבים; ראו למשל ראולי, נישואי רות, עמ׳ 164. הטענה שהנימה האידילית השוררת במגילת רות אינה מלמדת כלל על פולמוס מופיעה אצל קמפבל, רות, עמ׳ 26–27. לנוכח הפערים הגדולים בין החוקרים, אין סיכוי רב להגיע להסכמה. לדעתי, אף על פי שמוצאה המואבי של רות הוא בוודאי נושא חשוב במגילה, יש בה נושאים רבים אחרים בעלי חשיבות שווה או אף גדולה יותר, ולכן לא סביר שזו הסיבה שלשמה חוברה המגילה. ככלל נראה לי שאין די ראיות המלמדות על סיבת כתיבתו של ספר כלשהו בתנ״ך, ובכולם יש נושאים רבים בעלי משמעות דתית עמוקה.

זאת, הוא מודה כי ייתכן שהגיור לא נעשה בלב שלם ושהסיבה היחידה שהנשים קיימו את יהדותן הייתה חששן מפני בעליהן. לפיכך, אחרי מות הבעלים, היה עליהן להכריז מחדש על מחויבותן.

הדיון בשאלת גיורן של רות וערפה עשוי לסייע לנו בפתרון שאלה שהועלתה קודם לכן. מדוע בעצם מתלוות רות וערפה מלכתחילה לנעמי בדרכה לבית לחם? אם אימצו את היהדות טרם נישואיהן למחלון ולכליון, עשוי צעד זה להבהיר מדוע הן מכריזות על נכונותן לעזוב את מואב ולהתלוות לנעמי. גם אם התגיירו בעבר (או ביטאו בדרך כלשהי את נאמנותן לזהות הלאומית של בעליהן), שיבתה הקלה של עורפה לעמה מלמדת שהחיבור היה חלש, ואילו החיבור של רות היה חזק. אם הנשים לא התגיירו (או לא אימצו את הזהות הלאומית של בעליהן), מה שנראה סביר יותר על סמך הכתוב, הרי צעדיה של עורפה מובנים לגמרי. ההתנהגות החריגה היא דווקא התנהגותה של רות.

רות: אהבה ונאמנות

וַתֹּאמֶר רוּת: אַל תִּפְגְּעִי בִי לְעָזְבֵךְ לָשׁוּב מֵאַחֲרָיִךְ. כִּי אֶל אֲשֶׁר תֵּלְכִי אֵלֵךְ וּבַאֲשֶׁר תָּלִינִי אָלִין, עַמֵּךְ עַמִּי וֵאלֹהַיִךְ אֱלֹהָי. בַּאֲשֶׁר תָּמוּתִי אָמוּת וְשָׁם אֶקָּבֵר. כֹּה יַעֲשֶׂה ה׳ לִי וְכֹה יֹסִיף כִּי הַמָּוֶת יַפְרִיד בֵּינִי וּבֵינֵךְ (א טז-יז).

נשיקות ודבקות

בניגוד לדעתם של אבן עזרא ומספר קטן של מדרשים, רוב הפרשנים סבורים שהנשים הצעירות היו מואביות שנישואיהן למחלון ולכליון לא היו כרוכים בהתחייבות להצטרף לעם ישראל.[1] הכרזתה של רות,

1. כפי שהצעתי לעיל, דומה שנישואים לנכריות במקרא אינם כרוכים בגיור ואינם מחייבים שינוי הזהות או האזרחות. זו אולי הסיבה לכך שרות מתקשה כל כך להיפטר מתווית המואבייה לכל אורך הדרך. לעומת זאת, הרמב״ם קובע (בעקבות חז״ל) חד־משמעית שלא יעלה על הדעת שדמויות מקראיות גדולות כמו שמשון ושלמה נשאו להם נשים נכריות שלא התגיירו. ראו איסורי ביאה פי״ג הלכות יד, טז. עם זאת, בלשון המקרא אין כל רמז לכך שהנישואים האלה

שבכוונתה לאמץ את נעמי, את עמה ואת אלוהיה (א טז), נראית אפוא מדהימה עוד יותר.

החלטתה הנחושה של רות להישאר עם נעמי אינה מובנת. מה מניע אותה? מה מבדיל את רות מעורפה בחלק הזה של העלילה?

רגע האינדיבידואציה שבו רות וערפה מתפצלות מתואר ברות א יד:[2] "וַתִּשֶּׂנָה קוֹלָן וַתִּבְכֶּינָה עוֹד. וַתִּשַּׁק עָרְפָּה לַחֲמוֹתָהּ וְרוּת דָּבְקָה בָּהּ".

פעולת ההבדלה הראשונה היא במעשה ולא במילים. עורפה נושקת לחמותה ("וַתִּשַּׁק"), מחוות פרידה שטחית.[3] נשיקתה של עורפה מסמלת את היעתרותה לרצון נעמי להיפרד, הבא לידי ביטוי בנשיקת הפרידה של נעמי עצמה (רות א ט). רות, לעומת זאת, נשארת עם נעמי ("דָּבְקָה בָּהּ"), והמעשה הזה הוא בלתי־צפוי ומאותת על סירובה של רות להישמע להוראותיה של נעמי. נעמי אינה עושה כל צעד שיסביר את המעשה המפתיע של רות. מדרש אחד סבור שהוא חושף את עצם מהותה של כל אחת מהנשים: "אמר רבי יצחק: אמר הקדוש ברוך הוא, יבואו בני הנשוקה ויפלו ביד בני הדבוקה" (סוטה מב ע"ב).[4]

שלוש פעמים נוספות מלווה הפועל דב"ק את רות: בועז מורה לרות לדבוק בנערותיו (ב ח), ורות מספרת על כך לנעמי בהתרגשות (ב כא) ועושה כדבריו (ב כג). אפשר אולי לראות בהצעתו של בועז לרות גמול על יחסה לנעמי והכרה בכך שפועל זה מאפיין את אישיותה של רות. רות היא "דבוקה", אישה היודעת להיצמד לאדם אחר.

היו כרוכים בהחלפת נאמנות לאומית או אפילו בהפסקת סגידה לאלים זרים (ראו למשל מלכים א יא א–י).

2. עד לפסוק זה כל מעשיהן של רות ושל עורפה מתוארים בלשון רבים, שכן הן פועלות כאישה אחת.

3. נשיקה עשויה ללמד על חיבה (למשל בראשית כז כז) ולפעמים אפילו על רגש עמוק (למשל בראשית מה טו; נ א), אבל במקרים רבים היא אינה אלא ביטוי לברכת שלום (למשל שמות ד כז; יח ז) או לפרידה (למשל בראשית לב א; שמואל ב כ ט).

4. מדרש זה מתייחס לקרב הנודע שבין דוד (צאצאה של רות) לגליית (צאצאה של עורפה על פי מסורת זו).

מה פירושו של דבר להיות "דבוקה"? פעולת ההידבקות לאדם אחר היא ההפך הגמור מאנוכיות. התנהגות אינדיבידואליסטית פירושה דאגה לעצמך, העמדת האינטרס האישי בראש מעייניך גם כשהדבר פוגע בצורכי האחר. גישה זו רווחה בימי השופטים, שבהם השבטיות והאינדיבידואליזם מנעו כל אפשרות לאחדות לאומית.[5] המעשה חסר התקדים שעושה רות, ההידבקות באדם אחר, הוא צעד חשוב ונחוץ מאין כמוהו לקראת התחדשותה של החברה.

השורש דב"ק מופיע פעמים רבות בהקשר היחסים בין אדם למקום (דברים ד ד; י כ; יא כב; ל כ; יהושע כב ה; כג ח; ירמיהו יג יא).[6] הוא משמש גם לתיאור טבעם האידיאלי של היחסים בין איש ואשתו (בראשית ב כד).[7] דוגמאות אלה מלמדות שהפועל "דבק" מצביע על קשר מקיף וכולל, מערכת יחסים המתאפיינת בהזדהות, שבה צד אחד מאמץ באופן שלם וגמור את הטוטליות של האחר. יש משהו לא הגיוני ביחסים מסוג זה שבהם האגו של האחד, המודעות העצמית, נבלע בתוך הדאגה לאחר. תיאור זה מיטיב להגדיר את יחסיה הבלתי־רגילים של רות עם נעמי, שבהם החלטתה להישאר עם חמותה חותרת תחת טובתה שלה.[8]

5. זורנברג, אלטרנטיבה, עמ' 71, מציינת כי פעולתו הראשונית של אלימלך מתאפיינת במה שהיא מכנה "אינדיבידואליזם עקר", המתואר באמצעות הפועל "וילך" המובא בלשון יחיד.
6. השורש דב"ק מופיע פעמים רבות גם במובן ההפוך לחלוטין של דבקות בעבודה זרה (למשל יהושע כג יב; מלכים א יא ב).
7. "עַל כֵּן יַעֲזָב אִישׁ אֶת אָבִיו וְאֶת אִמּוֹ וְדָבַק בְּאִשְׁתּוֹ וְהָיוּ לְבָשָׂר אֶחָד". ההקבלה הלשונית בין תיאור זה לבין היחסים בין רות לנעמי מתחזקת לנוכח האופן שבו מתאר בועז בהמשך את מעשיה של רות: "וַתַּעַזְבִי אָבִיךְ וְאִמֵּךְ וְאֶרֶץ מוֹלַדְתֵּךְ וַתֵּלְכִי אֶל עַם אֲשֶׁר לֹא יָדַעַתְּ תְּמוֹל שִׁלְשׁוֹם" (רות ב יא). הקבלה זו מורה על רצון עז מצד רות לשמור על קשר הדוק וחזק עם נעמי. הסבר נוסף להקבלה זו הוא שרות זונחת את כל סיכויי הנישואים כשהיא עוזבת את הוריה ודבקה בחמותה הנואשת.
8. בתנ"ך יש רק מקרה נוסף אחד שבו השורש דב"ק מתאר את היחסים בין שני אנשים הידועים לנו בשמם, וזה קורה דווקא בסיפור אהבת שכם לדינה (בראשית לד ג): "וַתִּדְבַּק נַפְשׁוֹ בְּדִינָה בַּת יַעֲקֹב". כאן מורה הפועל על אהבה

התמסרותה של רות לנעמי

רות אינה מוסרת כל הסבר לבחירתה ללכת לבית לחם. היא פשוט מכריזה על החלטתה הנחושה והבלתי־מעורערת להישאר נאמנה לנעמי עד יומה האחרון (א יז): ״כִּי הַמָּוֶת יַפְרִיד בֵּינִי וּבֵינֵךְ״. דבריה של רות תקיפים ומשכנעים והיא משיבה לנעמי על כל ניסיונותיה להניא אותה מהחלטתה. בטבלה שלפנינו מוצגים הדברים:

טבלה 4: ניסיונותיה של נעמי להניא את רות ותשובותיה של רות

ניסיונותיה של נעמי להניא את רות	תשובתה התקיפה של רות לנעמי
שֹׁבְנָה בְנֹתַי, לָמָּה **תֵלַכְנָה** עִמִּי? (א יא)	אַל תִּפְגְּעִי בִי לְעָזְבֵךְ לָשׁוּב מֵאַחֲרָיִךְ. כִּי אֶל אֲשֶׁר **תֵּלְכִי אֵלֵךְ** (א טז)
הַעוֹד לִי בָנִים בְּמֵעַי וְהָיוּ לָכֶם לַאֲנָשִׁים?... לֵכְןָ, כִּי זָקַנְתִּי מִהְיוֹת לְאִישׁ (א יא–יב)	בַּאֲשֶׁר תָּמוּתִי אָמוּת[9] (א יז)
כִּי אָמַרְתִּי: יֶשׁ לִי תִקְוָה, גַּם הָיִיתִי הַלַּיְלָה לְאִישׁ, וְגַם יָלַדְתִּי בָנִים (א יב)	וּבַאֲשֶׁר תָּלִינִי אָלִין (א טז)
הִנֵּה שָׁבָה יְבִמְתֵּךְ אֶל **עַמָּהּ** וְאֶל **אֱלֹהֶיהָ**. שׁוּבִי אַחֲרֵי יְבִמְתֵּךְ (א טו)	עַמֵּךְ עַמִּי וֵאלֹהַיִךְ אֱלֹהָי (א טז)
יעשה [יַעַשׂ קרי] ה׳ עִמָּכֶם חֶסֶד (א ח)	כֹּה **יַעֲשֶׂה** ה׳ לִי וְכֹה יֹסִיף, כִּי הַמָּוֶת יַפְרִיד בֵּינִי וּבֵינֵךְ (א יז)

לוהטת ומציפה במיוחד (ראו גם שמואל ב כ ב). מדרש יוצא דופן (בראשית רבה פרשה פ ז) טוען כי אהבת שכם לדינה מלמדת על אופי האהבה בין ה׳ לעמו, רעיון מקביל לרעיונות שיוצגו להלן.

9. הקבלה זו מלמדת כי דברי רות - ״בַּאֲשֶׁר תָּמוּתִי אָמוּת״ - מתייחסים לגורלן המשותף בהיות שתיהן חשוכות ילדים, מה שעתיד להביא לניתוק השושלת המשפחתית. ראו גם רות רבה פרשה ו ד.

רות מדברת בנימה תקיפה ואסרטיבית. חל כאן היפוך תפקידים מפתיע: נעמי, שעד כה לא הסתמן כל ערעור על סמכותה, נסוגה לתוך שתיקה, ואילו רות נוקטת שפה חזקה ונחושה כדי לבטא את רצונה. הרצון התקיף הזה עתיד לנצח ורות תישאר לצד נעמי ואכן תאמץ את עמה ואת אלוהיה.

הזיקה שיוצרת רות בין מותה שלה למותה של נעמי פירושה הכרה בכך שמציאות חייה הנוכחית של נעמי ספוגה במוות. היא מזדהה עם חמותה גם במחיר הפנמת ייאושה של נעמי. רות תמות כפי שנעמי תמות ותיקבר לצדה.[10] זהו ביטוי נפלא לנאמנותה של רות לנעמי. אבל לא ברור מה מניע את רות למסירות יוצאת דופן כזאת.

ההסבר הפשוט ביותר הוא שרות נשארת למען נעמי. ייתכן שהיא חשה חמלה כלפיה, ואולי היא אוהבת אותה באמת ובתמים. על פי הסבר זה רות אינה נוטשת את נעמי כי היא אינה מסוגלת לשאת את המחשבה על כך. כך או כך, מסירותה של רות לנעמי משיגה תוצאות חשובות: רות תהיה הזרז שיביא דור המשך לנעמי. בזכות רות לא תסבול נעמי מהכליה שנגזרה על בניה ועל בעלה.[11]

10. העובדה שגופותיהם של אלימלך, מחלון וכליון נותרו כנראה במואב מדגישה את חשיבות הבטחתה של רות להיקבר עם נעמי. ראיות ארכיאולוגיות מלמדות כי קברי משפחה היו צורת הקבורה הרווחת בימי התנ"ך. זמן מה אחרי התפוררות הגופה נאספו העצמות והוכנסו לכלי קיבול משותף בתוך הקבר המשפחתי. דבר זה מעניק משמעות חדשה להתחייבותה של רות להישאר עם נעמי גם בקבר. אלמלא הבטחה זו של רות, הייתה נעמי נקברת לבדה. הזכרתי לעיל את הרעיון שמביא הרב יעקב מדן, ולפיו תיאור מיתותיהם של בני משפחה בטרם עת וללא המשכיות מרמז כי הם נענשו בעונש כרת. אדם שמת בצורה כזאת נקבר בנפרד מאחרים, כדי לסמל את הדרתו מהעם, ולפיכך טוען מדן, תקווה ממעמקים, עמ' 55, כי רצונה של רות להיקבר לצד נעמי נועד לסייע בהמתקת עונשה של נעמי. כך נסללת הדרך לקראת החסד הגדול שגומלת רות לנעמי, כאשר היא יולדת עבורה תינוק ובכך מאפשרת לה להיפטר ממר גורלה.

11. אף על פי שאין ילדים הנולדים ישירות ממשפחת נעמי, כפי שנראה בהמשך, הנישואין בין לרות לבועז והולדת הילד מזכירים את המטרות של מצוות ייבום, ועשויים להקים את "שם המת" (רות ד ה, י), כלומר מחלון. מעשה זה מיועד למנוע את גזירת ההכחדה המרחפת על המשפחה ולהוות סוג של המשכיות עבורה, בדומה למצוות ייבום (ראו דברים כה ז). עם זאת, הסיפור מציג את רות

אהבת רות לה'

כמה מדרשים נוקטים גישה שונה: המניע להחלטתה האלטרואיסטית והאמיצה של רות איננו האהבה לנעמי, אלא האהבה לה'. גישה זו נגזרת מהכרזתה של רות שבדעתה לאמץ את עמה של נעמי ואת אלוהיה. זוהי הפעם הראשונה והיחידה שבה מזכירה רות את שם ה', ועובדה זו מדגישה עוד יותר את חשיבות הרגע הזה. דומה שבועז מניח שאהבת ה' היא לפחות חלק ממה שמניע את רות כשהוא משבח אותה על שעזבה את משפחתה ובאה לבית לחם לחסות תחת כנפי אלוהי ישראל (ב יב).

במדרש אחד נאמר שסירובה הנואש של רות לשוב למואב נובע מהרתיעה שהיא חשה כלפי עבודת האלילים הנהוגה בארצה:[12] "ורות התחילה מחננת לפניה... 'איני יכולה לחזור למשפחתי ולשאורה של עבודה זרה של בית אבא'" (רות זוטא א יב).

מדרשים אחדים אפילו ממעיטים במכוון במסירותה של רות לנעמי. מדרש אחד מציג אותה כמי שדוחקת הצידה את נעמי ומודיעה לה: "מכל מקום דעתי להתגייר, אלא מוטב על ידך ולא על ידי אחרת" (רות רבה פרשה ב כב).[13]

דואגת אך ורק לנעמי. בשום מקום לא מוזכר ניסיון מודע מצדה לדאוג לרצף משפחתי לבעלה המת. ובאמת, נעמי תיקח את הבן הנולד לרות ותגדל אותו (רות ד טז). כך ישתפר מצבה האישי העגום של נעמי והילד יהיה לה ל"משיב נפש". במישור הלאומי, ראוי לציין שנישואיה של רות הם תיקון לכישלונו של אלימלך (ושל כל שבט יהודה בתקופת השופטים) להביא מנהיגות לישראל, כישלון המאיים להשאיר את בני ישראל בתקופת השופטים במצב של כאוס: "אין מלך בישראל איש הישר בעיניו יעשה". הילד הנולד לרות ובועז יוביל למלכות בית דוד ולפתרון בעיות ספר שופטים בכלל, וכישלונות משפחת אלימלך בפרט.

12. מדרש זה מבקש להבהיר מהי הפגיעה שרות מבקשת למנוע: "אַל תִּפְגְּעִי בִי לְעָזְבֵךְ לָשׁוּב מֵאַחֲרָיִךְ" (רות ו טז).

13. גישה זו נתמכת בפרשנויות לאירועים מאוחרים יותר בסיפור. ברות זוטא ג ב מוסברת המילה "אֵלַי" (הנקראת אך אינה נכתבת ברות ג ה) כך: "חזרה [רות] ואמרה: יכול אפילו דיברה אלי דבר שלא לשם שמים, אשמע לה [אציית לה]!

כמה מדרשים המציגים את רות כדמות מופת של גיורת רואים בהכרזת הנאמנות והמסירות הנפלאה של רות לנעמי חלק מתהליך גיורה. על פי קריאתם, המונולוג של רות נתפס כדיאלוג, שבו הטקסט המקראי מתעד רק את תשובותיה של רות להוראותיה של נעמי הנוגעות להלכה (יבמות מז ע"ב).[14] (לצורך הבהרה מוצגות המובאות מהמקרא בגופן מודגש.)

אמר רבי אלעזר: מאי קראה דכתיב (רות א, יח) **ותרא כי מתאמצת היא ללכת אתה ותחדל לדבר אליה?**

אמרה לה [נעמי]: אסיר לן תחום שבת.[15]

[השיבה רות]: **באשר תלכי אלך.**

[אמרה לה נעמי:] אסיר לן יחוד [בין אישה נשואה לגבר זר].

[השיבה רות:] **באשר תליני אלין.**

[אמרה לה נעמי:] מפקדינן שש מאות וי"ג מצות.

[השיבה רות:] **עמך עמי.**

[אמרה לה נעמי:] אסיר לן עבודת כוכבים.

[השיבה רות:] **ואלהיך אלהי.**

[אמרה לה נעמי:] ארבע מיתות נמסרו לבית דין.

לפיכך אלי נקרא ולא נכתב". על פי קריאה זו, רות קובעת כי נאמנותה העיקרית נתונה לה'. לפיכך רות תישמע לנעמי רק כשזו תדריך אותה לעשות את רצון ה'.

14. גרסאות שונות במקצת של דיאלוג זה מופיעות ברות רבה פרשה ב כב-כד, ברות זוטא א יב, ובתרגום לארמית. עם זאת, המבנה הדיאלוגי נותר בעינו בכל המדרשים הללו.

15. וריאנט מעניין מופיע ברות רבה פרשה ב כב. נעמי פותחת שם בתהליך חינוכה של רות בהודעה שבנות ישראל אינן נוהגות לפקוד תיאטראות וקרקסים, "אין דרכן של בנות ישראל לילך לבתי תיאטראות ולבתי קרקסיאות שלהם" (ורות משיבה לכך: "אל אשר תלכי אלך"). בתי השעשועים הללו אינם רק מקומות של קלות דעת אלא מקומות של הוללות ופריצות. על פי קריאה זו, הדבר הראשון שמורה נעמי לרות קשור למתירנות המינית הכרוכה במואב. הווריאנט של מדרש זה מציג בבירור את החשיבות שמייחסת נעמי למוסר מיני: שתי ההוראות הראשונות מתוך השש מתמקדות בנושא זה.

[השיבה רות:] **באשר תמותי אמות.**
[אמרה לה נעמי:] ב׳ קברים נמסרו לבית דין.
[השיבה רות:] **ושם אקבר.**
מיד, **ותרא** [נעמי] **כי מתאמצת היא** [רות] וגו׳.

חז״ל מבהירים היטב את כוונתם. על פי התרחיש המוצג במדרש זה, החלטתה האלטרואיסטית של רות ונאמנותה הבלתי־מעורערת נובעות מרצון כן להצטרף לאלוהי ישראל ולהיות חלק מעם ישראל. עמדה זו מציבה את רות כדמות בולטת בהיסטוריה המקראית וכדמות מופת לדורות הבאים. בניגוד לקול ההיגיון, בניגוד לאינטרס האישי שלה, מוותרת מואבייה זו על עתידה מתוך רצון עמוק לדבוק באלוהי ישראל.

אהבת רות לנעמי כהשתקפות אהבתה של רות לאלוהי ישראל

אני סבורה שרות היא דמות מופת דתית גם אם היא מונעת ״רק״ מאהבתה לנעמי. אישה המוכנה לוותר על כל אפשרות לעתיד מזהיר בשל דאגתה הכנה ואהבתה לחמותה הקשישה, מצטיירת כדמות בעלת אופי מעורר התפעלות ורגישות. תכונת אופי זו מעידה על אהבת אדם, על ידידות ועל אחווה.[16] עם זאת, מחויבותה של רות לנעמי כוללת אולי גם לקח תיאולוגי. הרב סולובייצ׳יק טוען בכמה ממאמריו כי אפשר אולי לפתור את הקושי האינהרנטי של האדם ביצירת קשר עם אל אמורפי באמצעות התבוננות ביחסיו עם בני אדם: ״יחסו של האלהים אלינו ויחסנו שלנו אליו ניתנים לתיאור ולביאור בקטגוריות אנושיות סופיות. היהודי למד להודות בנאמנותו ובאהבתו הנלהבת לאלהים באמצעות סיפור מעשיהם של האנשים שהוא אוהב ושעמם

16. ברוח דומה סבור מדן, תקווה ממעמקים, עמ׳ 38–39, כי נכונותו של הלל הזקן לקבל את הגר אך ורק על סמך נכונותו לקבל את מצוות ״ואהבת לרעך כמוך״ (שבת לא ע״א) נלמדת מרות, שאהבתה לנעמי מכשירה אותה להתקבל לעם ישראל.

הוא מבקש להזדהות. האמונה והתיאולוגיה היהודיות קשורות בחוויות סופיות ובקשרים משמעותיים השוררים בין בני אנוש. באמצעות פיתוח מערכות הולמות של יחסים בין־אישיים לומד היהודי כיצד לאהוב, לירא ולעבוד את האלהים".[17]

אופייה של רות ויחסה לנעמי עשויים לשמש מודל לגיבוש מחויבות, אהבה ונאמנות לה'. מחויבותה לנעמי חורגת מעבר לצרכיה האישיים ומאפשרת לה לוותר על צרכיה שלה ולאמץ את המציאות העלובה של חיי נעמי.[18] רות, המפגינה התנהגות כזאת בעולם היחסים הסופיים המתקיימים בין בני אדם, מחנכת אותנו באמצעות התנהגותה ומורה לנו את הדרך לאמץ את ה' בכל לבבנו ובכל מאודנו.

רעיון דומה מופיע במדרש: "אמר הקב"ה: תבוא רות שהיא גיורת ולא כיחשה בחמותה, ותוכיח את ישראל שמרדו בי" (זוטא א ז). במילים אחרות, התייחסותה של רות לחמותה מוצגת כמופת, כדוגמה שנועדה ללמד את עם ישראל איך להתייחס לה', במיוחד בתקופה זו של התדרדרות ההתנהגות הדתית. רות מראה איך יכול אדם לכבוש את האגו שלו כשהוא מבקש ליצור מערכת יחסים עם זולתו, גם כשהדבר מנוגד להיגיון ולאינטרס האישי. בדרך זו החלטתה האמיצה והחפה מאנוכיות של רות לדבוק בנעמי עשויה לשמש לעם דוגמה לדבקות בה'.

החלטתה של רות להישאר לצד נעמי היא מפגן אמיץ של חמלה, אהבת אדם ומסירות אנושית. גם אם רות פועלת אך ורק מתוך מניעים הקשורים ליחסיה הבין־אישיים, התנהגותה עשויה להורות לנו את הדרך הנכונה לשרת את ה'. מקורות חז"ל נוטים להציג את מניעיה של רות כאהבת ה' ומפנים את תשומת לבנו לרמזים המופיעים בכתוב

17. סולוביצ'יק, אדם וביתו, עמ' 182–183.

18. חז"ל קובעים שיש לשאול את הגר: "מה ראית שבאת להתגייר? אי אתה יודע שישראל בזמן הזה דוויים דחופים סחופים ומטורפין ויסורין באין עליהם? אם אומר: יודע אני ואיני כדאי, מקבלין אותו מיד" (יבמות מז ע"א). דומה שרות מהווה מודל לתגובה יוצאת דופן כזאת כשהיא מביעה נכונות, ואפילו רצון עז, לסבול לצדה של נעמי למרות העובדה שיכלה בקלות לחמוק מגורל חמותה.

על יראת השמים של רות ועל נאמנותה לה׳. בכל דרך שבה נבחר להבין את המניע הראשוני שבגללו הצטרפה רות לנעמי, בסופו של דבר אופייה המיוחד ונאמנותה לנעמי מציגים אותה כדמות מופת למחויבות איתנה לה׳ ולאדם גם יחד.

שבועתה של רות

כֹּה יַעֲשֶׂה ה׳ לִי וְכֹה יֹסִיף, כִּי הַמָּוֶת יַפְרִיד בֵּינִי וּבֵינֵךְ (א יז).

כדי לתת תוקף להחלטתה האיתנה, מצהירה רות על כוונותיה בלשון שבועה. הנוסח ״כה יעשה... וכה יוסיף״ מופיע בתנ״ך שתים עשרה פעמים. הביטוי עצמו חסר פשר מפני שאין בו אובייקט ישיר. לא ברור מה בדיוק עתיד ה׳ לעשות למי שיעשה את המעשה הלא־מוגדר הזה. נוסח השבועה אינו מבהיר אפילו אם הדבר שיעשה ה׳ הוא חיובי או שלילי. המילית החמקמקה ״כה״ מלמדת אולי רק שהנשבע אינו מבקש לפרט עוד.[19] עם זאת, סביר להניח שהביטוי הוא קללה על תנאי המכוונת כלפי הנשבע עצמו.[20] אם כן, סוג שבועה זה מסוכן לנשבע עצמו ומעיד על מידה רבה של מחויבות, להט ותעוזה.

לא מפתיע שגורם משותף לכל הנשבעים בנוסח מסוכן זה הוא רגש עז המניע את התלקחות הקללה העצמית. הרגש מוביל להתפרצות ספונטנית, עזה ובעלת יכולת אפקטיבית לשכנע את המאזין ברצונו הכן של הדובר לקיים את התחייבותו.[21] יש לציין כי

19. סגל, השבועה והנדר, עמ׳ 217. דומה שהנוסח המעורפל נובע מהחשש לבטא קללות. ראו ליונשטם, שבועה, עמ׳ 483; בלנק, הקללה, עמ׳ 90–91. לחלופין, ייתכן שנוסח שבועה זה מעורפל מכיוון שהוא לווה במקורו במעשה, באמירה או במחווה שלימדה על אופן הענישה במקרה של הפרת השבועה. זקוביץ, רות, עמ׳ 61; ששון, רות, עמ׳ 30. עוד על כך ראו אצל ציגלר, הבטחות, עמ׳ 55–80.
20. אנדרסון, שמואל, עמ׳ 57; קראון, שבועה, עמ׳ 106.
21. לדוגמה, אצל פוקלמן, כסא ועיר, עמ׳ 72, מצוין כי מאחורי שבועתו הזועמת של אבנר בשמואל ב ג ט (״כֹּה יַעֲשֶׂה אֱלֹהִים לְאַבְנֵר וְכֹה יֹסִיף לוֹ כִּי כַּאֲשֶׁר נִשְׁבַּע ה׳ לְדָוִד כִּי כֵן אֶעֱשֶׂה לּוֹ״) עומדים ״חודשים של תסכול אצור״. הוא רואה גם

פרט לביטוי האהבה והנאמנות אצל רות, לכל מופעי נוסח השבועה האחרים נלווה רגש שלילי כלפי הצד האחר. דומה שעלינו לראות בנחישותה העזה של רות להצטרף לנעמי מפגן נדיר של רגש אהבה קיצוני, שמקבילים לו רק רגשות שליליים עזים.[22]

נוסח שבועה ספציפי זה כולל בדרך כלל את שם ה׳ האוניברסלי, אלוהים.[23] אבל רות משתמשת בשבועת הנאמנות שלה בשם המפורש, שם הוי״ה, שהוא השם המיוחד לאלוהי ישראל בתנ״ך:[24] ״כֹּה יַעֲשֶׂה ה׳ לִי וְכֹה יֹסִיף, כִּי הַמָּוֶת יַפְרִיד בֵּינִי וּבֵינֵךְ״ (א יז).

השימוש של רות בשם המפורש משמעותי במיוחד לאור העובדה שזוהי הפעם היחידה בסיפור שבה היא משתמשת בשם ה׳. בניסיון לשכנע את חמותה שבכוונתה לאמץ בלב שלם את הנורמות שלה ואת תרבותה, היא בוחרת לנקוב בשם המיוחד לאלוהי ישראל. הדבר מדגיש את קבלתה הפעילה והשלמה את ה׳, וכד בבד זוהי דחייה מכוונת ומודעת של כל אל אחר.

יש מופע חריג אחד נוסף של השימוש בשם הוי״ה בנוסח שבועה זה - בשבועת הנאמנות של יהונתן לדוד, שגם בה מופיע

בשבועה שנשבע שלמה בתגובה לבקשתו של אדוניהו לקבל את אבישג (״כֹּה יַעֲשֶׂה לִּי ה׳ וְכֹה יוֹסִיף כִּי בְנַפְשׁוֹ דִּבֶּר אֲדֹנִיָּהוּ אֶת הַדָּבָר הַזֶּה״, מלכים א ב כג) שחרור של ״כמות גדולה של רגשות״, והכעס הנלווה אליה הוא תגובת־יתר. ראו פוקלמן, המלך דוד, עמ׳ 396-397.

22. יכולתה של רות לרתום את רגשותיה החיוביים באותו להט שבו רוב האנשים נוהגים לרתום רגשות שליליים מעידה על כושר האהבה היוצא דופן שלה. ראו סולוביצ׳יק, על התשובה, עמ׳ 183-184, המרחיב את הרעיון שרגשות שליליים נוטים להיות דינמיים ועזים יותר מרגשות חיוביים.

23. אמנם בתרגום יונתן מובא תמיד הנוסח הזה תוך שימוש בשם המפורש ולא בשם ״אלוהים״. החריגים היחידים מכלל זה הם כשהנשבע הוא גוי המתייחס בבירור לאלים זרים (ראו התרגום לארמית של מלכים א יט ב; כ י). אופייני לתרגום שבקטעים רבים שבהם הטקסט המקראי משתמש בשם ״אלוהים״, מובא במקומו השם המפורש.

24. לפיתוח הרעיון הזה של שימוש בשמותיו השונים של ה׳ במקרא ראו קאסוטו, תורת התעודות, עמ׳ 18, 31-32.

השם המפורש:[25] "כֹּה יַעֲשֶׂה ה' לִיהוֹנָתָן וְכֹה יֹסִיף, כִּי יֵיטִב אֶל אָבִי אֶת הָרָעָה עָלֶיךָ וְגָלִיתִי אֶת אָזְנֶךָ וְשִׁלַּחְתִּיךָ וְהָלַכְתָּ לְשָׁלוֹם" (שמואל א כ יג).

מעניין לציין כי הצדדים המעורבים בשתי השבועות הללו מייצגים שתיים ממערכות היחסים הפחות מובנות מאליהן במקרא. יהונתן בוחר להישבע אמונים לדוד ולא לאביו שאול. הוא עושה זאת למרות העובדה שהצלחתו של דוד תשלול ממנו את מעמדו כיורש כס המלוכה (ראו את דברי שאול בשמואל א כ לא). רות דבקה בחמותה למרות טיעוניה המשכנעים של נעמי שלפיהם בכך היא תפגע בסיכוייה להינשא מחדש.

בשני המקרים האלה נעשים צעדים שאינם מתיישבים עם השכל הישר ונדמה שהם חותרים תחת עתידם של הנשבעים עצמם. לפיכך בוחרים שניהם להשתמש בשם הוי"ה בשבועתם. בניסיון לשכנע את הצד האחר שהם מחויבים לשבועת הנאמנות שלהם, הם משתמשים באמצעי המשכנע ביותר העומד לרשותם, שמו של אלוהי ישראל.

במקביל, השימוש בשם הוי"ה בשבועה עשוי להיתפס גם כניסיון להסביר את הבחירה שעשו. מה שמניע את יהונתן לוותר על המלוכה הוא אמונתו שזה מה שאלוהי ישראל דורש ממנו. בהתערבותו הישירה בגורלו של עם ישראל ובפעולות המכוונות גורל זה קובע ה' כי דוד יהיה מלך, ויהונתן נחוש לפעול על פי רצונו. זהו המסר שיהונתן מבקש להעביר כשהוא נשבע את שבועת האמונים היוצאת דופן הזאת, תוך שימוש בשם הוי"ה שבאופן רגיל איננו מופיע בנוסח השבועה הזה.

הוא הדין בהחלטתה של רות. בחירתה לוותר על כל תקווה להקמת משפחה משלה ממותנת באמצעות השימוש בשם הוי"ה. זו דרכה לבטא את אמונתה כי זה מה שאלוהי ישראל דורש ממנה. יהונתן

25. רוב כתבי היד של התרגומים ליוונית משתמשים בשם "אלוהים" בתרגום שמואל א כ יג. בטקסטים האלה, החריגה היחידה מנוסח שבועה זה, שבה נעשה שימוש בשם הוי"ה, מופיעה במגילת רות.

ורות כאחד מסבירים את צעדם החריג בהכרזה שהם בעצם ממלאים את רצונו של אלוהי ישראל, גם אם רצון זה נוגד את האינטרס הפרטי שלהם. ולסיום, מעניין ששתי ההחלטות האלה פועלות בסופו של דבר לייסוד שושלת בית דוד, מוסד שאלוהי ישראל רוצה בו.

השם רות – מה משמעותו?

נחתום את עיסוקנו בדמותה של רות בחזרה לנושא שכבר עסקנו בו בעבר: הטכניקה של המדרש, המשתמש באטימולוגיה של השם לגילוי מהותו של האדם. האטימולוגיה של השם רות אינה ברורה. העובדה שאין במקורות חז"ל הסכמה בעניין זה מעידה על הקושי לקבוע אטימולוגיה אמיתית כלשהי. עם זאת, כל רעיון יש בו מעין הצצה לתכונה מרכזית בדמותה של רות, וכל המדרשים הללו יחדיו מציירים תמונה מורכבת להפליא שלה.

בגמרא במסכת ברכות מובא הסבר אטימולוגי אחד: "מאי רות? אמר רבי יוחנן, שזכתה ויצא ממנה דוד **שריוהו** להקב"ה בשירות ותשבחות" (ברכות ז ע"ב).[26]

אטימולוגיה זו מתעלמת מתכונותיה של רות עצמה ותולה את עיקר חשיבותה בצאצאה דוד, מייסד המלוכה ביהודה. תהילתה של רות נגזרת בעיקר מנינה המפורסם, שלידתו בסוף הספר מסמלת את הישגה ואת ניצחונה. זאת ועוד, דמותה של רות שזורה לבלי הפרד בשושלת בית דוד - אלמלא רות לא הייתה השושלת באה לעולם.

הסבר אטימולוגי שונה מופיע במדרש אחר. "ושם השנית רות, שראתה דברי חמותה" (רות רבה פרשה ב ט; תנחומא בהר ג).[27] על פי

26. אטימולוגיה זו מבוססת על השורש רו"ה, שבו הה"א מתחלפת בתי"ו בשם רות. מילה דומה (ר-י-ת) מופיעה בכתובת מישע ממואב, וגם שם נראה שיש לה משמעות דומה. קמפבל, רות, עמ' 56, סבור אפוא שהסבר זה לשמה הוא המתקבל ביותר על הדעת. ראו גם הברד, רות, עמ' 94.

27. הסבר אטימולוגי זה מתרחק מהעיצורים של השם רות - הוי"ו מתחלפת באל"ף והתי"ו מתחלפת בה"א.

מדרש זה נגזר השם רות מהיבט אחר של דמותה, הלא הוא רגישותה כלפי חמותה נעמי. הבנת מדרש זה כפשוטו מלמדת ששמה של רות נגזר מיכולתה **לראות**, להבין, את דברי חמותה. זוהי אולי התייחסות להתעקשותה של רות להישאר עם חמותה למרות ניסיונותיה של נעמי להניא אותה מכוונתה. רות מצטיירת אפוא כאישה העומדת ברגישות על הכוונה האמיתית המסתתרת מאחורי דברי חמותה, המביעים את ההפך.

ברוח דומה מפרשת גם הפשיטתא את שמה של רות כ"רעות".[28] בנאמנותה של רות לנעמי מהדהד צליל עמוק של רעות. רות היא החברה האולטימטיבית שעצם מהותה מתבטאת ביחסיה עם אחרים. הדבר משפיע על תפקידה של רות כאם שושלת בית דוד, מוסד שיעדו העיקרי הוא להשיב את ההרמוניה ליחסים הבין־אישיים בחברה מפולגת.

ולבסוף, מדרשים אחדים סבורים כי שמה של רות נגזר מיחסיה עם ה': "ושם השנית רות, שהיתה מרתחת עצמה [כדי להתרחק] מן העבירה לעשות רצון אביה שבשמים" (רות זוטא א ד). רעיון זה מופיע במדרש נוסף: "נזדווגה לו רות שהיתה מרתתת מן העבירות" (ילקוט שמעוני רות רמז תר). גישה מדרשית זו מדגישה (פעם נוספת) את יראת השמים של רות. לכאורה, החלטתה להצטרף לעם ישראל נובעת מנאמנותה לנעמי, אך כפי שראינו, חז"ל נוטים לזהות דווקא את נאמנותה לה' כתכונת האופי המרכזית שלה.

האטימולוגיות המדרשיות לשמה של רות מתייחסות לשלושה היבטים שונים של אישיותה: רות שממנה יצא דוד; רות החברה החומלת והרגישה; ורות יראת השמים. אם נשלב את שלושת ההיבטים הללו לדמות אחת תצטייר תמונה מורכבת, דיוקן קורן של דמות יוצאת דופן שאישיותה מבשרת את המלוכה ואת ההתחדשות הדתית והחברתית של עם ישראל שתבוא בעקבותיה: רות, אימה של מלכות.

28. גם ההסבר הזה מופרך במקצת. כפי שמציין קמפבל, רות, עמ' 56, האות ע"ן היא צליל גרוני שלא סביר להשמיטו מן השם.

נעמי פוגשת את נשות בית לחם: אלמוניות, מרירות וייאוש

וַיְהִי כְּבוֹאָנָה בֵּית לֶחֶם וַתֵּהֹם כָּל הָעִיר עֲלֵיהֶן וַתֹּאמַרְנָה: הֲזֹאת נָעֳמִי? וַתֹּאמֶר אֲלֵיהֶן: אַל תִּקְרֶאנָה לִי נָעֳמִי, קְרֶאןָ לִי מָרָא, כִּי הֵמַר שַׁ-דַּי לִי מְאֹד. אֲנִי מְלֵאָה הָלַכְתִּי וְרֵיקָם הֱשִׁיבַנִי ה'; לָמָּה תִקְרֶאנָה לִי נָעֳמִי וַה' עָנָה בִי וְשַׁ-דַּי הֵרַע לִי (א יט-כא).

נשות העיר

השיח הראשון של נשות העיר עם נעמי אחרי שנים רבות נפתח בשאלתן על זהותה.[1] עיקר תפקידה של שאלה זו, הראשונה מרבות דוגמתה במגילת רות, איננו לאשר את זהותה הממשית של נעמי (שהרי הן מתייחסות לנעמי בשמה) אלא להביע את תדהמת הנשים.

ועדיין נותר קושי בשאלה "הֲזֹאת נָעֳמִי?" וגם ביחסן של הנשים

1. המילה "ותאמרנה" מלמדת כי נשים הן שקיבלו את פניה. ייתכן בהחלט שגם גברים נכחו שם (המילים "ותהום כל העיר" משמעותן שכל העיר היתה שם, נשים וגברים כאחד), אלא שרק הנשים מדברות. משמעות העניין תתברר כשנבחן את סיום הספר בפרק ד, שבו הנשים מופיעות לתמוך בנעמי ולברכה.

השואלות אותה. קריאת השאלה בטקסט אינה מאפשרת לנו לדעת באיזו נימה נשאלה. האם היא מבטאת תדהמה, שמחה לאיד, לגלוג, התרגשות, אימה, סקרנות, חרדה, אהדה, כעס או שילוב כלשהו של כל אלה?[2]

מעורפל גם הפועל "וַתֵּהֹם" המתאר את קבלת הפנים של העיר. השורש האונומטופיאי הו"ם עשוי להעביר רעש גדול (שמואל א ד ה), מבוכה או המולה (שמות יד כד; שופטים ד טו). הרעש עשוי לבטא רחמים (ירמיהו לא יט), פחד (תהלים נה ג) או התרגשות (שמואל א ד ה; מלכים א א מה).[3] ברבים מהפסוקים המובאים כאן המילה איננה חד־משמעית. לא נוכל אפוא לדעת בבירור איזה הלוך רוח שרר בקרב ההמונים שבאו לקבל את פני רות ונעמי.

אם נבחן את תגובתה המתגוננת של נעמי נוכל אולי להסיק כי נשות העיר מפגינות עוינות כלפיה. כשנעמי מכריזה על אומללותה ועל העונש שקיבלה, דומה שהיא מנסה להדוף את יחסן העוין באמרה שכבר קיבלה עונש הולם על הדברים שעוררו את כעסן.

זאת ועוד, מפתיע לראות שאיש אינו מגיב לדבריה המרירים ושוברי הלב של נעמי. אחרי המונולוג הכאוב שהיא נושאת דומה שהיא ממשיכה בדרכה בכבדות ואנשי העיר מביטים אחריה ללא מילים. למעשה, אנשי בית לחם זונחים את נעמי לגורלה. הם אינם מקבלים את פניה בעוגות, במזון או בהצעות לעזרה, למרות העובדה

2. ערפול זה משתקף אצל פרשני המקרא. בוש, רות, עמ' 59, סבור כי תגובת הנשים היא "קריאת שמחה של זיהוי" וטריבל, קומדיה אנושית, עמ' 173, מתאר את התרגשותן. הברד, רות, עמ' 123, קובע כי זוהי "קריאת הפתעה ושמחה". לעומתם מוריס, רות, עמ' 262 וקורפל, תיאודיציה, עמ' 339, מתארים זאת כביטוי לתדהמה לנוכח השינויים שחלו במראה ובמעמדה של נעמי. לי, רות המואבייה, עמ' 94, טוענת כי תגובה זו מבטאת מזיגה של "שמחה ותדהמה".

3. תרגומי התנ"ך נוטים לבטא את הסערה המתבטאת במילה זו. כך, למשל, NJPS מתרגם זאת: "The whole city buzzed with excitement", ובתרגום Jerusalem Bible נכתב: "All the city was astir at their arrival". תרגומים אלה משמרים את הערפול הקיים במקור. האם ההתרגשות מבטאת שמחה או כעס? מבוכה או מרירות? הפועל "וַתֵּהֹם" אינו מבהיר זאת.

שהיא באה ללא בעל וללא בנים, שאין לה שדות זרועים ולפיכך אין ביכולתה לכלכל את עצמה.[4] שום מילה נוספת אינה נאמרת בין נעמי לבין שכניה לשעבר עד שבועז נושא את רות בפומבי ומאפשר את קבלתה מחדש של נעמי.

בניסיון לחשוף מה עומד מאחורי שאלתן החידתית של נשות העיר, מבהיר המדרש כי נשות בית לחם המומות (ואולי גם שמחות מעט לאיד) לנוכח האבדן העצום שחוותה נעמי:[5]

> ותאמרנה: הזאת נעמי? זו היא שמעשיה נאים ונעימים? לשעבר היתה מהלכת באיסקפטיאות [באפיריון] שלה, ועכשיו היא מהלכת יחפה... לשעבר היתה מכסה בבגדי מילתין [צמר משובח] ועכשיו היא מכסה בסמרטוטין... לשעבר היו פניה מאדימות מכח מאכל ומשתה, ועכשיו פניה מוריקות מן רעבון (רות רבה פרשה ג ו).[6]

מדרש אחר מוצא בשאלה זו אמירה על העונש הצודק שקיבלה נעמי: "ותאמרנה: 'הזאת נעמי?' מאי 'הזאת נעמי'? א"ר יצחק: אמרו, חזיתם נעמי שיצאת מארץ לחו"ל מה עלתה לה" (בבא בתרא צא ע"א).

שני המדרשים הללו מתייחסים לקבלת הפנים הצוננת שלה זוכה נעמי ומוצאים נימת טינה בדברי הנשים. על פי אותם מדרשים נותר בבית לחם כעס מסוים על המשפחה שנטשה את העיר בימי הרעב.

4. מצבה של נעמי כה קשה, עד שרות נאלצת לצאת לשדה עם העניים וללקט שיבולים (רות ב ב).
5. ייתכן שמדרש זה מתבסס על העובדה שהשאלה נשאלת על ידי הנשים בלבד. סביר להניח שעזיבתה של נעמי, כשהיא לבושה (על פי המדרש) במיטב תכשיטיה ובגדיה, פגעה בעיקר בנשות בית לחם הרעבות ללחם. הנשים הן אפוא אלה השמחות במיוחד למפלתה.
6. מדרש דומה סבור כי שאלת הנשים מבטאת תימהון (רות זוטא א יט; ילקוט שמעוני רות רמז תרא): "כל בנות בית לחם היו תמהות עליה ואומרות הזאת נעמי, שהיו בנות בית לחם משתמשות בתכשיטיה, זאת היא נעמי שהיתה מגנה את הפז ביופי פניה".

הירושלמי שואל מדוע בעצם יצאו אנשי העיר לקדם את פני נעמי: "ואיפשר כן כל קרתא מתבהלה בגין נעמי על עליבתא? [אפשר שכל העיר מתבהלת (ויוצאת לקראת) נעמי בגלל עליבותה?] אלא אשתו של בועז מתה באותו היום עד כל עמא גמל חסדא [בעוד כל העם גומל חסד (כלומר עוסק בקבורת אשת בועז)]" (ירושלמי כתובות א א).[7]

המדרש מסביר כי אנשי בית לחם לא יצאו כלל לקבל את פני נעמי אלא נקלעו באותו יום במקרה לעיבורי העיר לרגל לוויית אשתו של בועז. המדרש מציב לעצמו כמה יעדים: ראשית, הוא מציין את האי סבירות שמישהו יטרח לבוא ולקבל את פניה של אישה כזאת, אישיות לא רצויה, בשובה לבית לחם. נוסף על כך, הוא מבקש להציג את הכשרת הקרקע לקראת נישואי רות לבועז עוד לפני בואה.[8] יותר מכך, יש חשיבות לעובדה שביום שהגיעה רות, המבשרת את הולדת בית דוד, האנשים עוסקים בקבורת המת, שהוא חסד של אמת.[9] המדרש כורך אפוא את בואה של רות עם אותו מעשה חסד של אנשי העיר, שבזכותו הם ראויים לאירועים העתידים לבוא.

ריקנותה של נעמי: "אֲנִי מְלֵאָה הָלַכְתִּי וְרֵיקָם הֱשִׁיבַנִי ה'"

נעמי מנגידה את מצבה ה"ריק" למלאותה הקודמת. למה בדיוק היא מתכוונת? הריקנות שהיא מגדירה מתארת היטב את מצבה. מבפנים היא חלולה ונקובה: מרוקנת מתקווה, משמחה ומסיכוי. מבחוץ היא שוממה לא פחות. אין לה משפחה ואין לה רכוש. היא מתבוססת בעוני ובעליבות. היא עזבה את בית לחם כשהיא מוקפת במשפחתה ועתה

7. ברוח דומה מסביר רות רבה פרשה ג ו כי האנשים לא נאספו לקבל את פניה של נעמי אלא לחוג את קציר העומר.
8. ראו בבא בתרא צא ע"א; ילקוט שמעוני רות רמז תרא.
9. ניסוח המדרש ברות רבה פרשה ג ו משרת את המסקנה הזאת: "אשתו של בעז מתה באותו היום, ונתכנסו כל ישראל לגמילות חסדים".

שבה לשם נטושה מכל האנשים שאִתם יצאה לדרך.[10] שני מכשולים עיקריים עומדים עתה בדרכה של נעמי. אין לה כל אמצעי כלכלי שיאפשר את הישרדותה המיידית: אין לה יבול ואין לה מזון. אין לה אמצעים כלכליים גם לטווח הארוך, שכן אין לה צאצאים ואין לה המשך. אין זרע שישביע את רעבונה ואין זרע שימשיך את משפחתה.

אחד המדרשים מתאר בצורה ספציפית מאוד את השובע שממנו נהנתה נעמי בעבר: "'אני מלאה הלכתי וריקם השיבני ה'': מלאה הלכתי בבנים ומלאה בבנות. דבר אחר: 'אני מלאה הלכתי': שהייתי מעוברת" (רות רבה פרשה ג ז).

מדוע קובע המדרש שנעמי הייתה מעוברת בצאתה מבית לחם? אין כל רמז להיריון כזה, לסיומו או ללידת ילד נוסף אחרי בואה למואב. ואילו היה ילד, מה עלה בגורלו? אילו מת, ודאי היינו שומעים על כך! ייתכן שהמדרש פשוט מסתמך על טקסטים מקראיים[11] ועל מקורות חז"ל[12] שבהם המילה "מלאה" פירושה הרה. וחשוב יותר, רעיון זה מתאר בצבעים עזים במיוחד את מפלתה של נעמי משמחה לייאוש. יציאתה לדרך בחיק המשפחה, עם בעלה ובניה ועם ההיריון המשמח, מסתיימת בשיבה נואשת, בגוף ריק, הבא לידי ביטוי בתמיהתה של נעמי: "העוד לי בנים במעיי?" (רות א יא). נעמי ריקה ממשפחה ומכל עתיד נראה לעין.

זאת ועוד, רעיון מדרשי זה מכוון את הקוראים להתמקד ביעד המרכזי של הסיפור, שהוא התעברות ולידת ילד. אם אבדן ההיריון של נעמי נמצא בראש מעיינינו, נוכל להעריך עוד יותר את ההישג שבו מסתיימת המגילה: הריונה של רות והתחדשות המלאוּת של נעמי.

10. גם התרגום לארמית של רות א כא קורא את הביטוי הזה כאזכור מפורש של אבדן משפחתה: "אנא מליא אזלית מבעלי ומבני. ורקניא אתיבני ה' מנהון" [=אני מלאה הלכתי עם בעלי ובניי. וה' השיבני ריקם מאִתם].

11. בקהלת יא ה מופיע הביטוי "בֶּטֶן הַמְּלֵאָה" לתיאור היריון. ראו גם את פירושו של אבן עזרא לפסוק זה בקהלת.

12. המשנה ביבמות פט"ז מ"א משתמשת במילה "מלאה" במשמעות הרה.

נעמי וה'

נעמי מדברת לא מעט בפרק זה, ואם נטה אוזן לדבריה נוכל להבין ביתר עומק כיצד מתוארות בטקסט תפיסתה העצמית ותפיסת יחסיה עם ה'. אין כמעט ספק באשר לתחושת המרירות והאבדן החריף שהיא חווה. היא מתארת את עצמה פעמיים במילה "מרה", המשמשת בתנ"ך בדרך כלל לתיאור אישה ללא ילדים וללא המשך.[13]

תפיסת יחסיה עם ה' ראויה לעיון נוסף. הצעדים הראשונים שהיא עושה נעשים בעקבות חמלת ה' על הארץ (א ו) ומילותיה הראשונות מבטאות את אמונתה כי ה' עדיין עושה חסד (א ח). אזכורים אלה של ה' מלמדים שהמרירות שמבטאת נעמי לא חוללה בה ניכור גמור מה'.

עם זאת, לא פעם מזכירה נעמי את ה' כמקור אומללותה. בדברים שהיא אומרת לכלותיה היא קובעת "יָצְאָה בִי יַד ה'" (א יג), ובמונולוג הטרגי שהיא נושאת באוזני אנשי בית לחם היא מייחסת לה' ארבע פעולות נפרדות: "כִּי הֵמַר שַׁ-דַּי לִי מְאֹד... וְרֵיקָם הֱשִׁיבַנִי ה'... וַה' עָנָה בִי וְשַׁ-דַּי הֵרַע לִי" (א כ-כא).

האם קביעות אלה נועדו למתוח ביקורת על ה' ולהציגו כאל קשוח וחסר רחמים או שמא הן מבטאות את קבלת הדין של נעמי? הכתוב אינו מבהיר אם נעמי מרגישה שהיא ראויה לעונשים שקיבלה מידי שמים או סבורה שנפלה קרבן לאכזריותו של ה'. כמה רמזים המופיעים בטקסט יוכלו אולי לעזור לנו לעמוד על הלוך רוחה.

הכרזתה הפטליסטית של נעמי "כִּי זָקַנְתִּי מִהְיוֹת לְאִישׁ" משקפת את תחושתה הברורה שאין לה כל סיכוי לשנות את מצבה. הדברים גם מזכירים אמירה דומה של שרה ("אַחֲרֵי בְלֹתִי הָיְתָה לִּי עֶדְנָה וַאדֹנִי זָקֵן", בראשית יח יב). ואכן, את תשובתו הכועסת של ה' לשרה, "הֲיִפָּלֵא מֵה' דָּבָר?" אפשר להחיל גם על דבריה של נעמי. מקבילה זו לספקנותה של שרה מרמזת על נימת ביקורת קלה של הטקסט

13. למשל, שמואל א א י; מלכים ב ד כז; איכה א ד.

על נעמי, המואשמת במובלע שאינה בוטחת מספיק ביכולתו של ה׳ להצילה ולהשיבה למעמדה הקודם. אמנם ביקורת זו נותרת מובלעת בלבד,[14] אך ההכרזה המופיעה בסוף הסיפור, ״יֻלַּד בֵּן לְנָעֳמִי״ (ד יז), מבקשת אולי לבטל את הכרזתה הספקנית של נעמי (״וְגַם יָלַדְתִּי בָנִים?!״ רות א יב).

המפתח להבנת גישתה של נעמי טמון אולי במציאת הפירוש הנכון לביטוי ״וַה׳ עָנָה בִי״ (א כא). המילה ״ענה״ נושאת כמה משמעויות, כפי שמובא במדרש הבא:

> וה׳ ענה בי: ענה בי [ב]מדת הדין, הא מה דאת אמר: (שמות כב) ״אִם עַנֵּה תְעַנֶּה אֹתוֹ״.
>
> דבר אחר: ״וה׳ ענה בי״, העיד עלי, כמה דאמר: (דברים יט) ״שקר עָנָה באחיו״.
>
> דבר אחר: ״וה׳ ענה בי״, כל ענייניה לא הוה אלא בי, לפי שבעולם הזה, אבל לעתיד לבא מה כתיב? (ירמיהו לב) ״וְשַׂשְׂתִּי עליהם להֵטיב אותם ״ (רות רבה פרשה ג ז).

שתי הדעות הראשונות במדרש מציגות פירושים מנוגדים לחלוטין.[15] הראשונה מלמדת שהמילה ״ענה״ זהה למילה המופיעה בשמות כב כב, שפירושה לרדוף, להציק או לייסר.[16] בקריאה זו (המקבילה לביטוי

14. הבדל חשוב נוסף בין שני הסיפורים הוא ששרה מביעה אי־אמון אחרי שקיבלה הבטחה שתלד בן. אמנם היא אינה יודעת שמקור ההבטחה הוא אלוהי, אך הספקנות הזאת נתפסת כביטוי לחוסר אמונה שלמה בה׳. נעמי אינה מקבלת הבטחה ורק נותנת ביטוי לתחושתה שנגזר עליה גורל מר שאין מוצא ממנו. ואף על פי כן גישתה של נעמי עשויה ללמד על חוסר אמונה ולעורר את כעסו של ה׳.

15. כפי שראינו במקרים אחרים, התרגומים חייבים לפרש את המילה כדי לתרגמה. במקרה הזה, התרגום ליוונית מתרגם את דבריה של נעמי: ״ש-די ייסר אותי״ (כמו הדעה הראשונה במדרש). התרגום לארמית מתרגם את המילה כעדות: ״ומן קדם ה׳ אתסהד בי חובתי״ [=ומלפני ה׳ העיד בי לחובה].

16. על השימוש במילה במשמעות זו ראו למשל דברים כב כד, כט; שמואל ב

הקודם, "הֵמַר שַׁ-דַּי לִי מְאֹד"), נתפס ה' בעיני נעמי כמי שמענה ומייסר אותה ללא קשר לשאלה אם היא ראויה לעונש כזה. המדרש מתבסס על פסוק מספר שמות האוסר לענות יתום או אלמנה. נעמי, בהיותה אלמנה, יכלה לצפות לקבל יחס רך יותר מה', שאותו היא מאשימה שהוא מענה אותה למרות פגיעותה. קריאה זו מציבה את נעמי בחברתן של דמויות מקראיות אחרות (דוגמת אברהם, משה, ירמיהו ואיוב), המתלוננות כלפי שמים. כמובן, אין פירוש הדבר שאמונתה של נעמי לוקה בחסר, אלא שלהט האמונה, המונע מכוח אמונתה בכוחו של ה' ובשליטתו בה, מחייב אותה להפנות אליו את כעסה ואת מרירותה.[17]

האפשרות השנייה שמציע המדרש לביאור הפועל "ענה" היא להעיד.[18] במובן זה נעמי אינה מאשימה את ה' אלא מודה באשמתה. ה' נתן לנעמי עונש נורא, אך לא במטרה לייסר אותה. הוא העיד נגדה, והיא נמצאה אשמה, ולפיכך קיבלה בהכרח את העונש המגיע לה.

אבן עזרא מנסה לפתור את המחלוקת המופיעה במדרש (א כא): "'וה' ענה בי'. יש אומרים מגזרת לענות מפני, ולפי דעתי שהוא מגזרת 'לא תענה ברעך', כטעם 'תחדש עדיך נגדי' (איוב י יז)".

אבן עזרא, המצדד בדעה השנייה שמביא המדרש, מפגין כדרכו רגישות ספרותית גבוהה. המילה "ענה" היא הומונים הכולל שתי משמעויות נפרדות. עם זאת, בכל פעם שבאה מיד אחריו מילית היחס "ב" (או "בי"), המשמעות היא להעיד נגד מישהו.[19] במקרה זה באה המילה "בי" מיד אחרי "ענה" ולפיכך פירושה להעיד.[20]

יג כב; איכה ג לג.

17. ראו קמפבל, רות עמ' 83, הטוען כי תלונה היא התגובה הנאותה של אדם ירא שמים הסובל ומתייחס לה' ברצינות. ראו גם בוש, רות, עמ' 95-96.
18. המילה "ענה" משמשת במובן זה בדיבר התשיעי (שמות כ יג; דברים ה יז). לשימושים דומים נוספים ראו למשל שמואל ב א טז; משלי כה יח.
19. עם זאת, אין בתנ"ך שום מקום אחר שבו משמשת המילה "ענה" במובן עדות נגד (כשלאחריה מלית היחס "בי") שנושאה הוא ה'. ראו מאיירס, רות, עמ' 22.
20. ראו גם BDB, עמ' 773. BDB, עמ' 34, סבור כי כאשר מילת היחס "בי" באה

אבן עזרא פותר אולי את המחלוקת המופיעה במדרש, אך עצם המחלוקת מפנה את תשומת הלב למורכבויות הכרוכות בדמותה של נעמי.[21] הפירושים הרבים ליחסה של נעמי כלפי ה׳ וכלפי העונש הנורא שקיבלה מעמיקים עוד כשאנו בוחנים את ההסבר האחרון המופיע במדרש. הניסיון השלישי לבאר את המילים "ענה בי" הוא הפחות מבוסס משלושת ההסברים וגם אינו נתמך במובאה ממקום אחר. הקשר האטימולוגי בין המילה "ענה" לבין המילה "עניין" הוא מפוקפק.[22] לפיכך יש עניין מיוחד דווקא בדעה אחרונה זו. איזה רעיון מתאמצים חז״ל להעביר כאן, עד כדי כך שהם מוכנים לסטות מהמשמעויות הפשוטות של המילה?

על פי דעה זו, ה׳ עסק כל היום כולו בעיניה של נעמי. במבט ראשון דומה שרעיון זה מתיישב עם הגישה הראשונה, שבה נעמי רואה את עצמה כקרבן של ה׳ הנוהג בה בחוסר רחמים ובאכזריות. אלא שהמדרש נוקט גישה חיובית ומסביר כי המציאות העגומה של נעמי (גם אם לא מגיע לה עונש כזה) מלמדת שה׳ משגיח עליה ושהיא תזכה בעתיד ליהנות מן הטובה: "וְשַׂשְׂתִּי עֲלֵיהֶם לְהֵטִיב אוֹתָם" (ירמיהו לב מא). זהו ביטוי של נחמה בעת צרה ומצוקה וחז״ל, באמצעות נעמי, מצבה ודבריה, מבקשים להעביר מסר של תקווה לכל אדם סובל.[23]

מיד אחרי המילה "ענה", מוצגת עדות שלילית. כשהמילה "ענה" מלווה במילית היחס "ל", מוצגת עדות חיובית.

21. אבן עזרא מביא תימוכין לדבריו מפסוק שבו מבטא איוב את תחושת התסכול והמבוכה שלו למרות העדים שה׳ שלח אליו. באופן דומה ייתכן שנעמי מתוסכלת אף על פי שמי שהעיד נגדה הוא ה׳ עצמו.

22. מקהלת (א יג וג י) משתמע קשר (ואולי זהו רק משחק מילים) בין השורש ענ״ה לבין המילה עניין. ראו BDB, עמ׳ 775, שם מובאת משמעות זו על סמך השימוש בשורש זה בשפות שמיות קרובות (ערבית וסורית). אלא ששימוש זה מופיע רק בקהלת והמדרש אינו מביא את הפסוקים האלה, ומכאן אפשר להסיק שכתימוכין אין הם משכנעים.

23. לא בכדי לקוח הפסוק התומך בקריאה זו מאחת מנבואות הנחמה הנדירות בספר ירמיהו (שנודע דווקא בנבואות החורבן שלו; ראו בבא בתרא יד ע״ב). ראוי לציין במיוחד שההקשר שבו נאמרת נבואה מרוממת נפש זו הוא האסון הנורא שיבוא לפני ההתחדשות.

המסר החיובי הזה הדהד לכל אורך ההיסטוריה היהודית וחיזק אנשים רבים בימים קשים.[24]

שם ה' – ש-די

במונולוג המריר שנושאת נעמי היא משתמשת פעמיים בשם השכיח פחות של ה', ש-די. פירושו ושורשיו של שם זה עלומים. תרגומים קדומים רואים בו ביטוי לכוחו של ה', משהו המקביל לתואר "כול-יכול".[25] חז"ל מציעים משמעות דומה ומסבירים כי השם "ש-די" מתאר את שליטתו של ה' בעולם.[26] משמעות השם בהקשר שלנו היא פשוט שנעמי מרגישה כי ה' השתמש בכוחו הגדול נגדה. תימוכין לכך אפשר למצוא בשימוש הרב שעושה איוב בשם זה, לא פעם בהקשר העונשים הנוראים שה' ממיט עליו (למשל איוב ו ד; כג טז).[27]

24. היזכרו בסיפור המפורסם על רבי עקיבא המנחם את חבריו אחרי חורבן המקדש, ומבטיח להם שהזמנים הרעים מבשרים את בוא הזמנים הטובים (מכות כד ע"ב).
25. בוולגטה, למשל, מתורגם שם זה omnipotens (כול-יכול). דומה כי בכמה טקסטים מקראיים נועד שם זה לעורר כוח (למשל יחזקאל א כד; י ה). לסקירה על דעות החוקרים על משמעות שם זה ראו קמפבל, רות, עמ' 76-77; הברד, רות, עמ' 124-125.
26. בספרות חז"ל מופיעים הסברים אחרים לשם זה. אחת הגישות המקובלות היא לפצל את המילה ולראות באות שי"ן מילית יחס ("אשר [אמר]"), המצורפת לשתי האותיות האחרות המבטאות "די", ולפיכך משמע השם כולו "אשר אמר די". שם זה מתאר אפוא את ה' המצווה על העולם לחדול להתרחב במהלך הבריאה (בראשית רבה פרשה ה ח; חגיגה יב ע"א). פירושים מאוחרים יותר מתייחסים אף הם לכוחו של ה' על הטבע, אם כי לא פעם באופן ספציפי בהקשר פוריותו של האדם (למשל רד"ק לבראשית יז א; בעל הטורים לשמות ו ב).
27. יש הקבלות נוספות בין נעמי לאיוב. שניהם דמויות מקראיות שהחלו את חייהן מתוך שפע ואיבדוהו, שתיהן מאשימות את ה' במפורש ושוב ושוב, ולבסוף שתיהן זוכות לבנות מחדש את חייהן. מקבילה לשונית עיקרית היא אמירתה של נעמי (רות א כ) "כִּי הֵמַר שַׁ-דַּי לִי מְאֹד" מול דברי איוב "וְשַׁ-דַּי הֵמַר נַפְשִׁי" (איוב כז ב). המדרש (רות רבה פרשה ב י) יוצר הקבלה מרומזת בין העונשים

אולי מתוך קישור לכוחו של ה׳ על הטבע צמח השימוש בהשם ״ש-די״ גם לתיאור דברים הקשורים לפוריות (בראשית יז א; כח ג; לה יא) ולהגנה חומלת (בראשית מג יד). ייתכן שזה מה שטמון בלב תלונתה המרה של נעמי - אלוהי הפוריות והלידה הנחית עליה מכה ניצחת ולא הוגנת.

יש לציין כי השם ״ש-די״ משמש רבות בברכות ה׳ לאבות. בספר שמות מודיע ה׳ למשה כי זה השם שבו התגלה לאבות: ״וַיְדַבֵּר אֱלֹהִים אֶל מֹשֶׁה וַיֹּאמֶר אֵלָיו: אֲנִי ה׳. וָאֵרָא אֶל אַבְרָהָם אֶל יִצְחָק וְאֶל יַעֲקֹב בְּאֵל שַׁ-דָּי וּשְׁמִי ה׳ לֹא נוֹדַעְתִּי לָהֶם״ (שמות ו ב-ג).

אמירה זו של ה׳, שהוא לא נודע לאבות בשם הוי״ה, איננה מדויקת על פי הכתוב, שהרי השם המפורש מופיע פעמים רבות בסיפורי האבות וה׳ אפילו מציג את עצמו לפניהם בשם זה (בראשית טו ז; כח יג). דומה אפוא שדברי ה׳ למשה מתייחסים להיבט מסוים של ה׳ שהתגלה רק ביציאת מצרים.[28] ואכן, חוקרים אחדים יוצרים קשר בין השם המפורש לבין התגלות ה׳ כאלוהיו הלאומי של עם ישראל, המתגלה אליו לראשונה בעת היווצרותם כעם במצרים.[29] על פי רעיון זה דומה אפוא שהשם ״ש-די״ קשור לאבות, הוא ה׳ המתגלה במישור האישי, ליחידים.

יש היגיון בכך שהאבות, שלא היו עדיין חלק מעם, ישתמשו בשם ש-די, אך לא כך באשר לנעמי. ייתכן שהשימוש בשם זה מרמז כי נעמי אינה רואה את עצמה ראויה להיות חברה בישות הלאומית, שהרי זנחה את אנשי בית לחם.[30] נעמי משתמשת כמובן גם בשם

שמקבלים נעמי ואיוב מידי שמים. רבים הבחינו בקווי הדמיון בין הדמויות הללו (למשל נילסון, רות, עמ׳ 51; מדן, תקווה ממעמקים, עמ׳ 11-12).

28. ראו למשל אבן עזרא (הפירוש הארוך) לשמות ו ג. בחרתי שלא להתייחס לחשיבות שיש בפסוק זה לאסכולה של תורת התעודות. בעיניי מעניינת יותר המשמעות הפרשנית והספרותית של השמות. על כך ראו יעקב, שמות, עמ׳ 143-156.

29. ראו למשל קאסוטו, תורת התעודות, עמ׳ 18, 23, 31.

30. לעיל צוין כי איוב מרבה להשתמש בשם ״ש-די״. מעניין שהרב סולובייצ׳יק מגנה את איוב דווקא בגלל סוג אנוכיות זה וטוען כי איוב לא ראה את עצמו

הוי"ה, אך שימוש כפול זה בשם הנדיר "ש-די" מדגיש אולי את תפיסתה העצמית כמנודה, כמי שנמצאת מחוץ לגבולות החברה הישראלית.

זאת ועוד, רמז נוסף מלמד כי נעמי סבורה שבעבר הייתה שקועה בעצמה ומנוכרת מהחברה. בביטוי מרכזי בדבריה, "אֲנִי מְלֵאָה הָלַכְתִּי וְרֵיקָם הֱשִׁיבַנִי ה'", מתגלות כמה מוזרויות לשוניות. התחביר העברי מציב בדרך כלל את הנושא במקום הראשון, ואילו כאן, בחלק השני של המשפט, מוצב הנושא (ה') בסוף. זאת ועוד, המילה "אני", המוצבת בתחילת המשפט, מיותרת מפני שהיא כלולה ממילא במילה "הלכתי".[31] שם הגוף המוכפל מבטא הדגשה. המשפט נועד במודע לפתוח ב"אני" של נעמי, בהתמקדותה בעצמה, ולהסתיים באזכור ה'.[32] ייתכן שנעמי מסבירה בדרך מרמזת זו מדוע היא אכן ראויה למצבה העגום. נדמה אפילו שהיא אומרת: "אני", האנוכיות שלי, ההתמקדות הבלעדית שלי בצרכיי, היא שגרמה לי לעזוב, והמילה האחרונה הייתה של ה', שהמיט עליי בצדק את החרפה בשובי.

רמזים טקסטואליים מלמדים כי מבט פנימי חודר זה של נעמי מאפשר לה בסופו של דבר לעמוד על הסיבה למצבה העגום. היא מזהה את העונש שקיבלה מידי שמים, וברוח הבנתו של אבן עזרא את המילים "וַה' עָנָה בִי", מודה כי מעשיה הקודמים מצדיקים את המצב שהגיעה אליו.

עם זאת, ספרות חז"ל מפתחת את הרעיון שנעמי אינה שלמה לגמרי עם יחסיה עם ה'. שוררת התחושה שמרירותה של נעמי אינה

חבר בעדת ישראל. ראו סולוביצ'יק, קול דודי דופק, עמ' 16–19. רק כאשר איוב "נפדה מן המיצר האגואיסטי" הוא מתחיל "לחיות את חיי הכלל" ולהיחלץ מייסוריו.

31. עם זאת, הכפלות כאלה שכיחות בעברית המקראית המדוברת. ראו מקדונלד, מאפיינים, עמ' 166–167.

32. תופעה דומה ניכרת גם באיכה ג, כשהפרק פותח במילה "אני" ומסתיים בשם ה'.

מכוונת אל עצמה אלא כלפי ה׳. שוב מופיעה תמונה מורכבת של נעמי, מלאה מורכבויות הגלומות בעצם היותה אנושית.

הייצוג המורכב של נעמי משקף את ייצוג העם באותה תקופה. הנסיבות העגומות המתוארות בסוף ספר שופטים מוצגות בהחלט כפועל יוצא של ההחלטות והמעשים של העם עצמו. אלא שבמקביל לכך העם חש בהכרח מרירות ומפנה אצבע מאשימה כלפי ה׳, שהוא בסופו של דבר האחראי לאסון של ימי השופטים: "לָמָה ה׳ אֱלֹהֵי יִשְׂרָאֵל הָיְתָה זֹאת בְּיִשְׂרָאֵל?" (שופטים כא ג).

וַתָּשָׁב נָעֳמִי וְרוּת הַמּוֹאֲבִיָּה כַלָּתָהּ עִמָּהּ הַשָּׁבָה מִשְּׂדֵי מוֹאָב. וְהֵמָּה בָּאוּ בֵּית לֶחֶם בִּתְחִלַּת קְצִיר שְׂעֹרִים (א כב).

פרק א מסתיים בנימת תקווה מפתיעה. למרות קטע הפתיחה המציג את נעמי ללא משפחתה, היא זכתה לבת לוויה נאמנה, כלתה רות. למרות הרעב השורר בתחילת הספר, הפרק מסתיים בתחילתו של קציר השעורים. סיום מבטיח זה מכין אותנו לקראת הפרק הבא, המצית את תחילתה של תקווה, הבטחה ליבול, למזון ולחבלי גאולה.

פרק א: סיכום

בתחילת פרק א מוצגת בהבלטה דמותו של אלימלך, אך עד מהרה מתחוור כי הפרק מספר את סיפורה של נעמי. היא הדמות הראשית ואילו הוא נותר (על פי אזכורו האחרון בפרק) "אִישׁ נָעֳמִי".[1] הפעלים מתארים את נעמי, הדיאלוג נסוב סביבה והסיפור מתמקד במצוקתה. שני הפרקים הבאים יסיטו את תשומת הלב אל רות ואל בועז, המניעים את העלילה קדימה, אבל כשנגיע לפרק ד תשוב תשומת הלב ותתמקד בנעמי.

ועם זאת, נעמי נותרת גיבורה מפוקפקת. היא ריקה, מרירה ונטולת תקווה. היא איבדה את נעימותה והיא דוחה את שמה, את מהותה, את עצמיותה. משפחת נעמי ניצבת על סף הכחדה, הן לטווח הקצר והן לטווח הארוך. העדרן המוחלט של ציפיות, תקוות ושאיפות מביא אותי למסקנה שנעמי שבה לבית לחם לא כדי לחיות אלא כדי למות. נעמי מרושׁשת בתוכה פנימה, רוצה להתבודד ואינה מבקשת לעצמה מזון, עזרה או נחמה. אדישות חלולה זו מלמדת על נכונותה למות.[2]

1. ראו קמפבל, רות, עמ' 82.
2. ייתכן שנכונותה המפורשת של רות למות לצד נעמי ("בַּאֲשֶׁר תָּמוּתִי אָמוּת",

מי שמונעת את ההתרחשות הזאת היא רות. נחישותה להתלוות לנעמי מלמדת שנעמי איננה ריקה לגמרי. השימוש שעושה רות בזמן עתיד בהצהרת הנאמנות שלה עומד בניגוד להתעסקותה הכפייתית של נעמי בעברה הקשה ומספק לסיפור מנה נחוצה ביותר של תקווה. בסופו של דבר תהפוך רות לא רק לנושאת התקווה אלא גם לנושאת הקיום והפריון. היא תהיה הערוץ להתחדשותן של נעמי ושל משפחת נעמי. אך נעמי אינה בוטחת ברות. מי היה מעלה על דעתו שדווקא כלה מואבייה תביא מזור לבעיות המזון והפוריות? הרי המואבים נודעו בחוסר נדיבותם ובמתירנותם. וגם אילו יכלה נעמי לבטוח ברות, ריקנותה העלובה מציפה אותה עד כדי כך שהיא אינה מבחינה כלל בנוכחותה של רות ולפיכך אינה מסוגלת לראות כל תקווה לעתיד.

כבר אמרנו שמצבה של נעמי משקף את מצבו של עם ישראל בתקופת השופטים. רעבונה משקף את רעבונם; ריקנותה וייאושה משקפים את שלהם; אלמוניותה עונה כהד אחר אלמוניותן של דמויות רבות בסוף ספר שופטים. וכפי שנראה, יחסה החששני כלפי רות משקף את חששם של אנשי העיר מפני אותה מואבייה בת נכר.

הפתרון שתביא רות ירפא לא רק את מצוקתה של נעמי אלא גם את מצוקת העם. ה׳ כבר שב להתעניין בעם כששם קץ לרעב. פוריות השדות מבשרת טובות לפוריות האדם, וגדל הסיכוי שהעם העקר עוד יוציא מקרבו מנהיג. בסוף הפרק נמצא ביטוי קונקרטי לתמורה זו במצב העם. הרעב פינה את מקומו לקציר שעורים. עם זאת, נעמי איננה יכולה עדיין להשתתף בהתחדשות משמחת זו. פרק ב יתמקד אפוא בניסיון למצוא מחיה לנעמי.

רות א יז) משקפת את מודעותה לייאושה של נעמי ואת ציפייתה (ואולי רצונה?) שחזרתה לבית לחם תסתיים במותה.

מחיה – פתרון לטווח קצר:
רות פרק ב

הצגת הגיבור: מיהו בועז?

> וּלְנָעֳמִי מידע [מוֹדַע קרי] לְאִישָׁהּ, אִישׁ גִּבּוֹר חַיִל מִמִּשְׁפַּחַת אֱלִימֶלֶךְ וּשְׁמוֹ בֹּעַז (ב א).

בועז מוצג בפתיחת פרק ב, לקראת בואה של רות לשדותיו. פסוק זה עשיר ברמזים המכינים אותנו לקראת הפתרון החיובי של מה שהיה עד כה סיפור טרגי. בועז הוא הגיבור, הוא הפתרון לאירועים הקשים שנפרשו לפנינו בפרק הראשון. ברוח זו נכתב בזוהר שמגילת רות צריכה הייתה להיפתח בפסוק המציג את בועז, בהתאם לעיקרון שהקב"ה מקדים רפואה למכה.[1] נבחן עתה כיצד מוצג בועז לראשונה וננסה לבחון את הרושם שיוצרת דמותו.

מודע לאישה

בועז שייך למשפחת אלימלך. אבל מהי בדיוק משמעות הצירוף "מודע

1. ראו למשל מגילה יג ע"ב. זוהר חדש רות מג א מיישם את הרעיון בהקשר של הצגת בועז במגילת רות.

לאישה" ומה הוא תורם לתיאורו של בועז? המילה "מודע" נגזרת מהשורש יד"ע, שפירושו להכיר מישהו באופן אינטימי,[2] ודומה שהיא מתארת כאן מכר קרוב. במדרש נאמר: "'ולנעמי מודע לאישה', היה אוהבו של בעלה ובן דודו" (רות זוטא ב א).

פרשנות זו מתבססת כנראה על שני גורמים נפרדים בפסוק זה המייצגים את כפל ייחוסו של בועז לבעלה של נעמי. על פי קריאה זו, המילים "מודע לאישה" מלמדות שבועז היה חבר קרוב ואהוב של אלימלך.[3] די בכך למקם את בועז בתפקיד המושיע האפשרי של המשפחה, כמי שדואג למשפחתו עד כדי כך שהוא מוכן לפעול לתיקון האסונות שנפלו בחלקה. זאת ועוד, המדרש (על סמך הפסוק) מציין את הקשר המשפחתי בין בועז לאלימלך, ומציב בכך את בועז בתפקיד גואל פוטנציאלי של המשפחה.

זה אולי פשוטו של הפסוק, אבל רש"י סבור שהמילה "מודע" פירושה קרוב משפחה, שאר בשר:[4] "מודע - קרוב. בן אחיו של אלימלך היה. אמרו רבותינו ז"ל: אלימלך ושלמון אבי בועז ופלוני אלמוני הגואל ואבי נעמי כולם בני נחשון בן עמינדב היו" (רש"י ב א).[5]

2. מילה זו מעבירה משמעות של קרבה כה עזה עד שהיא משמשת אפילו לתיאור אינטימיות זוגית במקרא (ראו למשל בראשית ד א, יז, כה; לח כו). אלא שזה איננו השימוש העיקרי של המילה, שפירושה בדרך כלל היכרות עמוקה עם מישהו (בראשית כט ה; שמות א ח; איוב מב יא). המילה עשויה גם לתאר ידיעה מקיפת־כול מצד ה' כלפי אדם מסוים (למשל שמואל ב ז כ; הושע ה ג; עמוס ג ב). השימוש במילה זו כאן נועד אולי להכין אותנו לקראת הופעותיה המרובות בפרק ג, שהשפה המשמשת בו מרמזת על אפשרות לאינטימיות זוגית.
3. ראו גם מלבי"ם לרות ב א; מצודת דוד לתהלים קא ד.
4. מעניין שבמקומות אחרים משמש הביטוי הזה אצל רש"י דווקא כהוכחה לכך שהמילה "ידע" מלמדת על חיבה ועל אינטימיות; ראו רש"י לבראשית יח יט. ראו גם הרמב"ן שם.
5. מן ההקשר ברור שרש"י משתמש במילה "קרוב" במשמעות שאר בשר. שימוש כזה מתיישב עם השימוש במילה "קרוב" במקומות אחדים בתנ"ך (למשל ויקרא ב ב–ג). לעובדה שמילה זו מלמדת על קרבת דם יש משמעות מיוחדת בדברים שאומרת נעמי ברות ב כ (ראו גם רות ג יב). עם זאת, בפועל, המשמעות של

ייתכן שרש״י מבסס את פירושו על הנאמר במשלי ז ד, שם מוצגת הקבלה בין המילה ״מודע״ למילה ״אחותי״, ומכאן שהמילה ״מודע״ מלמדת על קרבת משפחה.[6] עם זאת, הבעייתיות בהסבר זה ברורה: מדוע נניח שפסוק זה הוא חזרה סתמית? הקשר המשפחתי בין בועז לאלימלך מובא במפורש בפסוק. מפתיע במיוחד שהדברים מופיעים אצל רש״י, המקפיד בדרך כלל להוכיח שאין בפסוק שום רעיון מיותר.[7]

יש כמה יתרונות אפשריים לפירוש המילה ״מודע״ כאן כקשר משפחתי. ראשית, זה פוסל את האפשרות ליחסי חיבה קרובים בין בועז לאלימלך. קיומם של יחסים כאלה היה עלול לעורר את השאלה הבאה: מדוע זונח בועז את נעמי אם אכן היו לו יחסים כה קרובים עם בעלה אלימלך?[8] אמנם יש מקום לשאלה זו גם אם הקשר בין השניים

המילה ״קרוב״ היא יחסים הדוקים, ולפיכך שימוש במונח זה אצל פרשנים אחרים מרמז אולי רק על יחסי קרבה. ראו רות רבה פרשה ד א, שם המילה ״קרוב״ אינה מלמדת על קרבת בשר. ראו גם מצודת ציון על משלי ז ד; האופן שבו רד״ק מסביר את הפסוק שלנו בפירושו למלכים ב י יא; והסברו של רלב״ג לפסוק שלנו במשלי ז א.

6. אין ודאות שהמילים במשלי מוצגות כמילים מקבילות לחלוטין (כלומר זהות), במיוחד לנוכח העובדה שהמילה ״אחותי״ כוללת יחסת קניין, שלא כמילה ״מודע״. זאת ועוד, חבר קרוב עשוי לשמש מקבילה נאותה (אך לא זהה) לאחות. ספק אם התקבולת המקראית נועדה ליצור משפטים מקבילים המשקפים זה את זה במדויק, או רק רעיונות משלימים או קרובים אך לא זהים. ראו קוגל, שירה מקראית, הנוקט לכל אורך מחקרו עמדה משכנעת בזכות גישה אחרונה זו. מן הראוי לציין גם שהמילה ״מיודע״ (שיש בה קרבה גדולה לכתיב של המילה ״מודע״ בפסוק שלנו) מופיעה בתנ״ך שש פעמים (למשל תהלים לא יב; פח יט), במשמעות חבר או ידיד קרוב. עם זאת, אבן עזרא מביא את הפסוק ממשלי כתימוכין לפסוק שלנו ומבאר כי המילה ״מודע״ פירושה ״קרוב ידוע״, כלומר שאר בשר קרוב (זאת בהנחה שכאשר אבן עזרא משתמש במילה ״קרוב״ הוא מתכוון כמו רש״י לשאר בשר).

7. היבט זה בשיטת הפרשנות של רש״י והקשרו הרחב מוצג יפה אצל לייבוביץ וארנד, פירוש רש״י לתורה, עמ׳ 69–106, במיוחד בעמ׳ 94–98.

8. לא ברור איזהו הרגע שבו מתוודע בועז למצוקתה של נעמי. כמובן, ייתכן ששובה של נעמי לבית לחם לא הובא לידיעתו של בועז, אבל בסוף פרק ב הוא כבר

משפחתי בלבד, אבל האפשרות לקרבה אינטימית בין המשפחות מחמירה אותה.

סיבה אפשרית נוספת לפסילת האפשרות של ידידות בין בועז לאלימלך נובעת מהייצוג השלילי של אלימלך במדרשים, שכן אלימלך מתואר בהם ככילי הנוטש את בני עמו בשעת צרה, עוזב את ארץ ישראל ועוקר למקום שנודע בפריצותו ובקמצנותו. אין זה יאה להציג את בועז הצדיק כמי שבחר באלימלך לחבר קרוב. קשריו המשפחתיים של בועז עם אלימלך אינם נתונים לשליטתו, אבל קשרי הידידות שהוא יוצר הם עניין של בחירה אישית. רש"י מקפיד אפוא לעקוף את הרעיון שבועז בחר באלימלך להיות חברו הקרוב.

גישה אחרת לסוגיה זו היא לבחון את משמעותו של קשר משפחתי לעומת ידידות במגילת רות. המחלוקת סביב המילה "מודע" מתייחסת ליעד המרכזי של סיפורנו. מדוע אמור בועז לקבל עליו את האחריות לנישואיה של רות? האם הוא עושה זאת בשל ידידות העבר עם חבר יקר או בשל אחריותו המשפחתית, בהתאם למסורת ההלכתית או למנהג המקובל? התנ"ך אינו מייחס משקל מחייב רב לידידות, זאת לעומת קשרי משפחה הכרוכים במקרים רבים באחריות. האחריות המשפחתית כוללת שורה מיוחדת של חובות כלפי אלמנתו של קרוב משפחה שנפטר[9] וכלפי רכושו.[10] דומה שהקרבה הרבה בין בועז לאלימלך אינה תורמת דבר להבנת הסיפור, ואילו הקשר המשפחתי בין השניים ממלא תפקיד חיוני.

אם אכן יש חזרתיות בפסוק זה, הרי היא מרומזת מאוד ותפקידה למשוך את תשומת הלב אל יעדי הסיפור. הצגה זו של בועז מבשרת את תפקידו כגואלה של נעמי ושל משפחת אלימלך (ראו ב כ; ד ג, ט-י). החזרה על כך שבועז הוא מודע קרוב של אלימלך מחזקת בנו

יודע ללא ספק על מצבה הקשה; ובכל זאת אין הוא מנסה לחפשה או להציע לה עזרה ישירה.

9. אני מתייחסת כאן לחוקי הייבום (דברים כה) אך גם למנהג הגאולה הנזכר אצל הרמב"ן בבראשית לח ח.

10. ראו את דיני גאולת הקרקע בויקרא כה.

את הציפייה שהוא אכן ימלא את חובתו על פי האחריות המשפחתית המוטלת עליו.

ייתכן שהחזרה על זיקתו של בועז לבעלה של נעמי, ולא לנעמי עצמה, משרתת אף היא את המטרה הזאת. האחריות המשפחתית בענייני קרקעות ואלמנות מוטלת על קרוביו של הנפטר או של הבעל שהתרושש. לקרובי האישה אין כל אחריות מבחינה זו. וכך, למרות המדרש המדבר על קרבת משפחה גם בין נעמי לבועז, אין בכתוב שום התייחסות לקרבה כזאת והטקסט מתמקד אך ורק ביחסים בין בועז לבין בעלה של נעמי.

איש גיבור חיל

הביטוי הראשון המגדיר את דמותו של בועז הוא "אִישׁ גִּבּוֹר חַיִל".[11] מה פירושו? המילה "גבור" והמילה "חיל"[12] רומזות שתיהן על כוח צבאי.[13] אמנם כוח צבאי איננו אחד ההיבטים המובהקים בתפקיד

11. ביטוי זה ראוי לתשומת לב מיוחדת מפני שבדרך כלל התנ"ך נוטה להימנע מתיאורים ישירים של תכונות דמויותיו ומעדיף להניח למעשיהן ולדבריהן לדבר בעד עצמם. באופן זה מיוצגות הדמויות במלוא עומקן ומורכבותן ונוצר ערפול הצופן אפשרויות התפתחות רבות. במקביל (וכפי שצוין לעיל בעמ' 152 הערה 11, בנושא הערפול הטקסטואלי), התנ"ך מעודד את הקורא להיות משתתף פעיל בסיפור ולהסיק מסקנות משלו על אופייה של הדמות. איפוק זה משקף אולי בצורה המשמעותית ביותר תפיסה ספציפית של טבע האדם המובלעת בתנ"ך: בני האדם חופשיים ליצור את גורלם בעצמם ואינם נידונים לייצוגים חד־ממדיים הקובעים את מהותם. נושא זה זוכה לפיתוח קלאסי בספרו של אוארבך, מימזיס, עמ' 3-19. ראו גם אלטר, אמנות, עמ' 133-149; שטרנברג, פואטיקה, עמ' 321-364. יש לציין שאין זה כלל בל יעבור. לפעמים מאפיין התנ"ך דמות מסוימת בצורה מדויקת, והדבר מוסבר בהקשר הנתון. כאן, כשבועז מוגדר מלכתחילה כ"איש גבור חיל", דומה שהספר מבקש להעניק לו אפיון חיובי. אותי מעניין אופי התיאור הזה וגם הסיבה שבגללה מציע הכתוב את המידע הזה מראש, עוד לפני שאנחנו מתוודעים לבועז ולמעשיו.
12. BDB, עמ' 298, מסתמך על מילים מארמית, מאתיופית, מערבית ומאשורית, המלמדות כי המילה "חיל" פירושה כוח, במיוחד אם היא מופיעה בהקשר צבאי.
13. ראו למשל שמואל א יד נב; דברי הימים ב יג ג. ראו גם את פירושו של

שממלא בועז בסיפור, אך תכונה זו מבשרת את תפקידו כאבי סבו של דוד המלך. דרישת העם למלך התבססה מלכתחילה על השאיפה למישהו שיוכל להילחם את מלחמותיו (שמואל א ח כ), וזהו גורם מהותי בדיוקנו המקראי של דוד. בהופעתו הראשונה של דוד הנער הוא מתואר כ"גִבּוֹר חַיִל וְאִישׁ מִלְחָמָה" (שמואל א טז יח).[14] סגולותיו של דוד כלוחם באות לידי ביטוי בעמידתו האמיצה מול גליית ולימים מתגלות כגורם מרכזי בהצלחתו כמלך.[15]

אך כיצד משקף ביטוי זה את תפקידו של בועז בסיפור? רש"י, בפירושו לדברי הימים א כו ח, מתייחס לתיאור זה של בועז וקובע כי המילים "איש חיל" אינן מלמדות בהכרח על כוח גופני אלא על חשיבות. ייתכן שהמילים נגזרות מאחד השימושים הנדירים של הביטוי השלם, "אֲנָשִׁים גִּבּוֹרֵי חַיִל",[16] המתוארים במילים "אַנְשֵׁי שֵׁמוֹת, רָאשִׁים לְבֵית אֲבוֹתָם" (דברי הימים א ה כד).[17] המלבי"ם מצטרף לדעה זו: "והוא [בועז] בעצמו היה איש גבור חיל שכבר בארתי (בפ' יתרו יח כה) ששם אנשי חיל כולל כל המדות הטובות ובכללם הנדיבות ושנאת הבצע" (מלבי"ם לרות ב א).

רלב"ג לשמואל א יד נב.

14. מדרש אחד (רות רבה פרשה ד ג) מציין במפורש את הקשר הלשוני הזה בין בועז לדוד, אך טוען כי התואר "גבור חיל" מתאר את כוחם בלימוד תורה.

15. ראו את רשימת כיבושיו של דוד בשמואל ב ח. זאת ועוד, דומה שזוהי סיבה מרכזית לאהבה שרוחש העם לדוד (ראו שמואל א יח טז) עד שלבסוף הם רוצים בו כמלך (שמואל ב ה א–ג).

16. הביטוי השלם מופיע בתנ"ך שלוש פעמים, פעם אחת בסיפורנו בלשון יחיד (רות ב א) ופעמיים נוספות בלשון רבים (דברי הימים א ה כד; ח מ). נבחן באופן מיוחד את הפסוקים שבהם מופיע הביטוי השלם.

17. ייתכן שיש חשיבות מיוחדת לפסוק זה, לנוכח העובדה שהכתוב ממשיך ומתאר את אנשי החיל הללו כאנשי שם. גם בהמשך תיאורו של בועז כ"איש גבור חיל" מצוין שמו ("וּשְׁמוֹ בֹּעַז"), מילים המושכות את תשומת הלב אל מוטיב מרכזי זהבסיפור. גיבורה של מגילת רות חייב להיות איש חשוב, אדם בעל שם.

המילה ״חַיִל״ מתייחסת אפוא ללא ספק לכוח, אך היא עשויה ללמד גם על עוצמה פנימית, אומץ לב או סגולה מוסרית.[18] הרמב״ן סבור כי למילה זו יש ערך כללי יותר, שפירושו לאסוף, וכך היא עשויה לשמש בהקשרים שונים:

> וטעם ״אנשי חיל״ - אנשים ראויים להנהיג עם גדול, כי כל קבוץ ואוסף יקרא חיל, ואיננו ביוצאי צבא המלחמה בלבד... במשפטים - החכם הזריז והישר, ובמלחמה - הגבור הזריז היודע מערכות המלחמה. ותקרא גם כן האשה ״אשת חיל״ - בהיותה זריזה ויודעת בהנהגת הבית[19] (רמב״ן לשמות יח כא).

על פי קריאות אלה, בועז אכן ראוי להיחשב ״איש גבור חיל״. מעלתו המוסרית והדתית, אומץ לבו, חשיבותו, חכמתו[20] ומוסר העבודה שלו - בכל התכונות האלה נפגוש במהלך הסיפור, ולפיכך זהו תיאור הולם לאישיותו של בועז.

אני מבקשת לבחון שני הסברים נוספים לביטוי זה. רש״י בפירושו לשמות יח כא קובע כי המילים ״אנשי חיל״ מתארות בעלי ממון. פסוקים רבים בתנ״ך מעידים כי גם צבירת עושר מכונה ״חיל״.[21] קריאה כזאת תורמת בהחלט לייצוג הראשוני של בועז כמושיען הפוטנציאלי של נעמי ושל רות. עושרו והצלחתו כבעל אדמות מעמידים אותו במצב שבו יוכל לעזור לנעמי המרוששת ולמלא את

18. מדרש אחד (פרקי דרבי אליעזר מג) מתייחס לביטוי ״אנשי חיל״ בהקשר המלחמה בעמלק כתיאור של אנשים יראי שמים (״אמ׳ משה ליהושע: בחר לנו אנשים בית אבות אנשים גבורי חיל יראי שמים וצא הלחם בעמלק״) - זאת כמובן בניגוד לעמלק, המתואר בדברים כה יח כ״לֹא יָרֵא אֱלֹהִים״.
19. העובדה שבועז משתמש בביטוי ״אשת חיל״ כדי לתאר את רות ברות ג יא מחזקת את הרעיון שאין זה ביטוי צבאי בעיקרו.
20. חז״ל מרבים לייחס לבועז חכמה. ראו למשל ויקרא רבה פרשה כג יא, המפרש פסוק במשלי כד ה כהתייחסות לחכמתו של בועז.
21. ראו למשל בראשית לד כט; במדבר לא ט; ישעיהו ח ד, ס ה; עזרא כח ד; זכריה יד יד.

ריקותה במזון. הדבר עשוי לרמז גם שבועז יכול לקבל עליו את העול הכספי של נישואים לרות, ובכך ליצור המשכיות למשפחת נעמי.

ולבסוף, הביטוי "איש גבור חיל" מופיע בלשון רבים בדברי הימים א ח מ: "וַיִּהְיוּ בְנֵי אוּלָם **אֲנָשִׁים גִּבּוֹרֵי חַיִל** דֹּרְכֵי קֶשֶׁת וּמַרְבִּים בָּנִים וּבְנֵי בָנִים מֵאָה וַחֲמִשִּׁים. כָּל אֵלֶּה מִבְּנֵי בִנְיָמִן". בהקשר זה ייתכן שהביטוי "אנשים גבורי חיל" לתיאור בני אולָם הנושאים קשת מתייחס למיומנותם הצבאית, אלא שכוחם נקשר בפסוק גם לפוריותם: הם "מַרְבִּים בָּנִים וּבְנֵי בָנִים מֵאָה וַחֲמִשִּׁים". היכולת להוליד ילדים היא מידע בעל חשיבות באשר לתפקידו של בועז בסיפור, שהרי תרומתו הראשונית של בועז היא הילד שהוא מביא לעולם עם רות, המספק את הפתרון למשפחת אלימלך.[22]

ואסיים בהדגשת המובן מאליו: בשמו של בועז נכללות האותיות עז, שפירושן כוח, בדרך כלל מהסוג הצבאי (למשל שמואל ב כב יח; ישעיה כו א; תהלים כח ח). המשמעות היא גם עוצמה פנימית (למשל תהלים צו ו) ופוריות (בראשית מט ג). וחשוב מכול, המילה עֹז מבשרת את המלך ואת כינון המלוכה, שנועדה לתת עוז לעם. מלך ישראל מקבל את כוחו מה', כפי שנאמר בתפילת חנה: "וְיִתֶּן [ה'] עֹז לְמַלְכּוֹ" (שמואל א ב י).

אכן, הצגתו הראשונית של בועז במגילת רות מציירת דיוקן מבטיח: למזלה של נעמי יש לה קרוב משפחה שניחן ביושרה, בעושר ובחוסן. את פסוק המבוא המהדהד הזה אפשר אפוא לנסח כך:

> ולנעמי שאר בשר קרוב לאישה, איש בעל יושרה, אומץ לב, עושר ופוריות ממשפחת אלימלך ושמו בועז, שפירושו "בו העוז".

22. ייתכן שגם הרעיון הזה מתקשר לזיהוי בועז עם אבצן במדרש. התיאור הטקסטואלי הדל של אבצן כולל את המידע שהיו לו שישים ילדים. אם בועז הוא אבצן, הרי בועז מסוגל בהחלט להוליד ילדים.

חלקת השדה אשר לבועז

> וַתֵּלֶךְ [רות] וַתָּבוֹא וַתְּלַקֵּט בַּשָּׂדֶה אַחֲרֵי הַקֹּצְרִים. וַיִּקֶר מִקְרֶהָ: חֶלְקַת הַשָּׂדֶה [שאליה נקלעה רות הייתה שייכת] לְבֹעַז אֲשֶׁר מִמִּשְׁפַּחַת אֱלִימֶלֶךְ (ב ג).

מוטיב האדמה תופס מקום בולט במגילת רות. הוא קשור להיבט החשוב ביותר של מקורו של עם ישראל: הברית שכרת ה׳ עם אברהם כללה ארץ וזרע (ראו למשל בראשית יב ז; יג טו; טו יח; יז ח).[23] שתי ההבטחות שזורות זו בזו - אין כל משמעות לבעלות על אדמה בלא צאצאים, והפיכת משפחה לעם מחייבת ארץ מולדת.[24] קיום שמו של אדם שזור לבלי הפרד באדמתו (למשל במדבר כז ד) ובצאצאיו. כשאחד מהגורמים הללו חסר, עלול שמו של האדם להיכחד.[25]

דומה כי בחירתו של אלימלך לעזוב את ארץ ישראל ולעקור למואב מלמדת על דחיית אברהם וערכיו.[26] אין פלא אפוא שאדמתו של אלימלך, רציפות משפחתו ולפיכך גם שמו מצויים בסכנה חמורה. על שושלתו של אלימלך מרחפת סכנת כליה, וחלקת השדה השייכת לו עומדת למכירה ואולי אפילו נמכרה זמן רב קודם לכן. ברכות אברהם לארץ וזרע אינן שורות על אלימלך.

23. ברלין, רות והמשכיות, עמ׳ 260–255, סבורה שזהו הנושא המרכזי במקרא בכלל. פורטן, מוטיב, עמ׳ 69, רואה במגילת רות את ספר בראשית בזעיר אנפין, באופן שבו הוא עוסק ב"נושא הבסיסי של זרע ואדמה".
24. הרצף הסיפורי מספר בראשית ועד ספרי מלכים מתמקד בנושא זה, כשארץ ישראל היא הגורם המרכזי שסביבו מגבש עם ישראל את זהותו הלאומית והדתית.
25. בפרק ד נראה כיצד כל המוטיבים הללו מתלכדים יחדיו במצוות הייבום.
26. תפיסתי את דמותו של אלימלך הושפעה ללא ספק מהאופן שבו הוא מתואר אצל חז"ל, כפי שתואר בפרק הקודם. עם זאת, עצם ההחלטה לעבור למואב מזכירה את פרידתו של לוט מעל אברהם והדבר תומך בהשערתי. זאת ועוד, היעלמותו המהירה של אלימלך מהעלילה מרמזת שהיה אדם בלתי־ראוי, כפי שתואר בניתוח דמותו.

בועז, לעומתו, מוצג כאיש בעל שם ("וּשְׁמוֹ בֹּעַז") ובעל חלקת אדמה פורייה.[27] שלא כקרובו הבלתי־ראוי, בועז לא עבר למואב ודומה כי הוא דבק בערכי אברהם[28] והוא ראוי לקבל חלק מברכות ההבטחה שניתנו לאברהם. הצגת בועז מעלה את התקווה שיוכל להשיב את ערכי אברהם, ואתם את ברכותיו, לאלה שאיבדו את זכותם לאותן ברכות.

בועז אינו עוזר למשפחת אלימלך בלבד. התכונות שבהן ניחן מאפשרות לעם כולו להיחלץ מהמצוקה הלאומית המאפיינת את התקופה. לעיל נאמר כבר שבימי השופטים דחה עם ישראל את דרכו של אברהם. דחייה זו מאיימת לערער את קיומו הרציף כעם, את המשך זכותו על הארץ ואת הנצחת שמותיהם וזהויותיהם של בניו. הצגתו של בועז מלמדת שהוא מסוגל לתפקד כמנהיג וכדמות מופת, כאדם שנועד לתקן את המצב השלילי השורר בתקופה זו. בפרק הבא נמשיך לבחון את דמותו של בועז בהצגתו הראשונית.

27. מגילת רות אינה מבהירה אם לבועז יש ילדים. עם זאת, התמקדותו השלמה בצרכיה של רות להביא ילד לעולם (ולא בצרכיו שלו) מלמדת אולי כי יש לו ילדים. כפי שצוין, זהו כפי הנראה אחד מיעדי המדרש המזהה את בועז עם אבצן, אב לשישים ילדים.

28. לעיל צוין כי אברהם מצטיין במידת החסד ובמוסר מיני (לעומת סדום, ולפיכך גם מואב). נזהה את התכונות הללו אצל בועז כשנבחן את דמותו.

בועז: אדם של מעשים גדולים ומילים נשגבות

וַתֵּלֶךְ [רות] וַתָּבוֹא וַתְּלַקֵּט בַּשָּׂדֶה אַחֲרֵי הַקֹּצְרִים. וַיִּקֶר מִקְרֶהָ: חֶלְקַת הַשָּׂדֶה [הייתה שייכת] לְבֹעַז אֲשֶׁר מִמִּשְׁפַּחַת אֱלִימֶלֶךְ. וְהִנֵּה בֹעַז בָּא מִבֵּית לֶחֶם וַיֹּאמֶר לַקּוֹצְרִים: "ה' עִמָּכֶם", וַיֹּאמְרוּ לוֹ: "יְבָרֶכְךָ ה'" (ב ג-ד).

דומה כי דבריו ומעשיו הראשוניים של בועז מקיימים את ההבטחה הגלומה בהצגת דמותו בטקסט. יראת השמים שלו, הקפדתו על המצוות ודאגתו לאישה צעירה וענייה זו מלמדות שהוא ראוי להיות הגואל. ככל שאנחנו מתקדמים בקריאת הפרק גובר הסיכוי שבועז ינקוט צעדים לגאולת רות ונעמי.

דבריו הראשונים של בועז

וְהִנֵּה בֹעַז בָּא מִבֵּית לֶחֶם וַיֹּאמֶר לַקּוֹצְרִים: ה' עִמָּכֶם, וַיֹּאמְרוּ לוֹ: יְבָרֶכְךָ ה' (ב ד).

אחת הדרכים לתהות על קנקנו של בועז היא לבחון את הדברים הראשונים היוצאים מפיו. אופיין של דמויות מקראיות רבות נחשף באמצעות דיבורן, וחשיבות רבה במיוחד יש למילות הפתיחה שהן אומרות.[1] המילה הראשונה שיוצאת מפיו של בועז בסיפור זה היא שם ה׳: ״ה׳ עִמָּכֶם!״ בועז נכנס לתמונה בדמות אדם ירא שמים, ששם ה׳ בראש מעייניו ושגור על פיו.[2]

לא זו בלבד, אלא שמילותיו הראשונות של בועז מופנות אל הקוצרים העובדים בשדה ולא אל הנער הניצב על הקוצרים. הדבר מלמד כי אף על פי שבועז הוא בעל אדמות עשיר, הוא אינו נוהג בפועליו הפשוטים בהתנשאות.[3]

בועז יוצא לשדותיו

וַתֵּלֶךְ [רות] וַתָּבוֹא וַתְּלַקֵּט בַּשָּׂדֶה אַחֲרֵי הַקֹּצְרִים. וַיִּקֶר מִקְרֶהָ: חֶלְקַת הַשָּׂדֶה [הייתה שייכת] לְבֹעַז אֲשֶׁר מִמִּשְׁפַּחַת אֱלִימֶלֶךְ. וְהִנֵּה בֹעַז בָּא מִבֵּית לֶחֶם וַיֹּאמֶר לַקּוֹצְרִים: ״ה׳ עִמָּכֶם״, וַיֹּאמְרוּ לוֹ: ״יְבָרֶכְךָ ה׳״ (ב ג–ד).

העובדה שבועז מופיע בשדהו בדיוק ביום שבו רות מגיעה לשם מתוארת בפסוקים אלה כעניין מקרי לחלוטין (״והנה!״), כמזלה הטוב

1. דוגמאות טובות לכך הן מילות הפתיחה הנשמעות מפי אליהו (מלכים א יז א) ומפי איזבל (מלכים א יט ב). הן מספקות תובנות חשובות להבנת דמויותיהם. ראו גם את מילותיה הראשונות של רחל בבראשית ל א.
2. אין פלא שכמה מדרשים אכן מתמקדים ביושרתו הדתית של בועז. ראו למשל רות רבה פרשה ה טו. בירושלמי יבמות ח ג מתואר בועז כנקי מכל חטא. גם התרגום (רות ב א) מרחיב מעט את המילים ״איש גיבור חיל״ כדי להראות את אדיקותו של בועז ואת היותו לומד תורה: ״ולנעמי משתמודע לגוברה. גבר גבר, תקיף באוריתא, מן ייחוס אלימלך ושמיה בועז״ [=ולנעמי מודע לאישה, איש גיבור, חזק בתורה, ממשפחת אלימלך ושמו בועז].
3. תכונה זו עתידה להופיע גם אצל דוד, מלכו האהוב של העם. אהבת העם לדוד נובעת במידה מסוימת מנוכחותו בתוכם (ראו למשל שמואל א יח טז).

של רות.[4] הופעה זו משלימה את ה"מקרה" מהפסוק הקודם, המתאר את בואה של רות דווקא לשדה בועז. מובן ששני המקרים האלה לא נועדו כלל להיתפס כהתרחשות אקראית. למעשה, דומה שהכתוב משתמש בביטוי "וַיִּקֶר מִקְרֶהָ" כדי להבהיר שזהו אירוע מתוכנן בידי שמים.[5]

יחד עם זאת עלינו לשאול: מדוע בא בועז לשדהו? לשם מה צריך בעל אדמות אמיד לרדת לשדה בשיא עונת הקציר? ההסבר ההגיוני ביותר לכך הוא שבועז בא לבדוק איך מתנהל הקציר. אין פירוש הדבר בהכרח שבועז רודף בצע; ייתכן שזהו ביטוי לחריצותו. הוא אינו מתנער מאחריות אישית ואינו נמנע מעבודה קשה. דימוי זה עולה בקנה אחד עם תיאורו בהמשך כמי שזורה במו ידיו את השעורה בגורן (ג ב) ואחר כך ישן בגורן כדי לשמור על היבול מפני גנבים.[6]

אלא שבועז אינו שואל בשום מקום על מצב היבול. ייתכן שרות מסיחה את דעתו. מיד אחרי שהוא מברך את הקוצרים הוא שואל לזהותה של רות. במהלך כל ביקורו בשדות מתגלה דאגתו הפעילה לרות: הוא מתעניין בביטחונה, בכבודה וביכולתה להשיג מזון.

ייתכן שיש לבועז סיבה אחרת לבקר בשדותיו. המפתח להבהרת הסיבה לבואו לשדות טמון אולי בחילופי הדברים הראשונים בינו לבין הקוצרים. נוהגים לראות בכך חילופי ברכות רגילים, אך אפשר גם לראות בכך שיחה שבה בועז בודק באיזו מידה דבקים קוצריו בהלכה.[7] על פי קריאה זו, דברי בועז הם שאלה המופנית לעובדיו:

4. במקרים רבים המילה "והנה" מבשרת הפתעה חיובית, אף אם בלתי־צפויה. ראו למשל בראשית כד טו; מלכים א א מב; רות ד א.

5. שימושים אירוניים נוספים במילה "קרה", דוגמת השימוש שלפנינו, מופיעים בבראשית כד יב ובשמות ג יח. ראו גם מלבי"ם על פסוק זה. דוגמה לאירוע אקראי ונטול כל התערבות שמימית המתואר במילה "קרה" מופיעה בשמואל א ו ט.

6. כך מסביר רש"י (רות ג ב) את נוכחותו של בועז בגורן בלילה. רות רבה פרשה ה טו מביא סיבה אחרת.

7. גם הברכה הדומה שמברך המלאך את גדעון ("ה' עִמְּךָ גִּבּוֹר הֶחָיִל", שופטים ו יב) בן אותה התקופה נתפסת כאמירה בעלת משמעות (שאותה דוחה גדעון בשאלה: "וְיֵשׁ ה' עִמָּנוּ?") ולא כברכה סתמית.

"ה' עִמָּכֶם?" ופירושה: "האם אתם מקפידים על מצוות ה' בקציר שדותיי?" גם תשובתם של הקוצרים מתיישבת עם קריאה זו: "יְבָרֶכְךָ ה'". תשובתם מזכירה את הפסוק המדבר על הגמול המצפה לשומרי מצוות שכחה והמצוות הנוגעות לזכותם של עניים בשדות אחרים: "כִּי תִקְצֹר קְצִירְךָ בְשָׂדֶךָ וְשָׁכַחְתָּ עֹמֶר בַּשָּׂדֶה, לֹא תָשׁוּב לְקַחְתּוֹ. לַגֵּר לַיָּתוֹם וְלָאַלְמָנָה יִהְיֶה, לְמַעַן יְבָרֶכְךָ ה' אֱלֹהֶיךָ בְּכֹל מַעֲשֵׂה יָדֶיךָ" (דברים כד יט). בתשובתם מבטיחים הקוצרים לבועז כי הם מקפידים על שמירת המצוות בשדותיו ולכן הוא יזכה לברכה בכל מעשה ידיו.[8]

קריאה זו מציגה את בועז באור חדש לגמרי. העניין העיקרי ואולי היחיד המניע אותו לבוא לשדותיו בזמן הקציר איננו תאוות בצע כי אם יראת שמים.[9] בועז עצמו דואג לשמור בשדותיו על העקרונות המקראיים הנוגעים ליחס כלפי העניים.[10] יש בכך כדי להסביר היבטים רבים בצעדים שנוקט בועז לאורך הפרק כולו, ובראש ובראשונה את העובדה שהוא מבחין בנערה נכרייה ועניה. גם יש בכך כדי להסביר את ההוראות שהוא מחלק לקוצריו.

למי הנערה הזאת?

וַיֹּאמֶר בֹּעַז לְנַעֲרוֹ הַנִּצָּב עַל הַקּוֹצְרִים: לְמִי הַנַּעֲרָה הַזֹּאת? וַיַּעַן הַנַּעַר הַנִּצָּב עַל הַקּוֹצְרִים וַיֹּאמַר: נַעֲרָה מוֹאֲבִיָּה הִיא הַשָּׁבָה עִם

8. אבן עזרא (רות ב ד) מציע פירוש דומה אם כי לא זהה. לדבריו, בועז מברך את הקוצרים שה' יהיה אתם בעבודתם. הם משיבים שה' יברך את בועז בקציר יבולו. גם ברכת המלאך לגדעון מופיעה בהקשר של קציר. וראו גם תהלים קכט ו–ח.
9. דברים שכותב המלבי"ם (רות ב יד) תורמים לתיאור דומה של דמות בועז. הוא טוען כי בועז אוכל עם קוצריו כדי לוודא שיברכו את ברכת המזון.
10. בכרך, אמה של מלכות, עמ' 51, מראה כי התנהגותו של בועז מבוססת על משנה במסכת פאה (פ"ד מ"ה), "שלש אבעיות ביום בשחר ובחצות ובמנחה", שאותה מפרש הרב עובדיה מברטנורא כך: "שלש פעמים מתגלה בעל הבית ונראה בתוך שדהו כדי שיקחו העניים פאה". פרשנים אחרים מסבירים את המשנה הזאת בצורה שונה.

נָעֳמִי מִשְּׂדֵי מוֹאָב, וַתֹּאמֶר אֲלַקֳטָה נָּא וְאָסַפְתִּי בָעֳמָרִים אַחֲרֵי הַקּוֹצְרִים וַתָּבוֹא וַתַּעֲמוֹד מֵאָז הַבֹּקֶר וְעַד עַתָּה, זֶה שִׁבְתָּהּ הַבַּיִת מְּעָט (ב ה-ז).

שאלתו של בועז היא הראשונה מתוך שלוש שאלות מפורשות בספר הנוגעות לזהותה של רות. שאלות של זהות הן אחד המוטיבים המרכזיים במגילה כולה. שאלה ספציפית זו של בועז גוררת שתי שאלות נפרדות. ראשית, אל מי מתייחס כינוי השייכות בשאלתו של בועז "למי הנערה הזאת?"[11] האם זוהי שאלה על זהותה של רות עצמה או על מכריה? שנית, מוזר שבועז מבחין בכלל ברות. האם אין בשדה קוצרים רבים? נבחן את השאלות הללו כדי להבין טוב יותר את בועז - את אישיותו, את מניעיו ואת היחסים המתפתחים בינו לבין רות.

על פי התרגום (ב ה), בועז שואל לאיזה עם שייכת רות, ומכאן עולה שזרותה של רות ניכרת לעין. יש בכך גם להסביר מדוע בכלל שם לב אליה: ייתכן שלא היו זרים רבים בין הקוצרים. גישה זו מתיישבת היטב עם תשובתו של הנער הניצב על הקוצרים, המשיב קודם כול שרות מואבייה.

אבן עזרא עוסק בשתי השאלות הללו, וכדרכו בוחר בהסברים מעשיים: "'למי הנערה הזאת?' חשב שהיא אשת איש. אולי שאל את הנער כי ראה לבושה כלבוש ארצה, גם הצורות [של בני אדם] משתנות בעבור האוויר [האקלים]" (אבן עזרא ב ה). אבן עזרא סבור כי מילת השאלה "למי" מלמדת כי בועז שואל על קשריה האישיים: למי היא שייכת? אם יש לה בעל, מדוע היא נאלצת ללקט כאחד האביונים? השאלה מרמזת כי בועז מבקש להתחקות אחר הסיבות להזנחתה של רות.[12] אבן עזרא מציע אפוא הסבר פשוט לשאלה מדוע בועז מבחין

11. בתרגום ללטינית ובכמה כתבי יד יווניים מקבלת שאלה זו צורה פשוטה יותר: "מי היא נערה זאת?"

12. שאלה דומה שואל דוד את עבדו הרעב והצמא של האיש העמלקי בשמואל א ל יג: "לְמִי אַתָּה?" השאלה נשאלת לנוכח היחס הלא־מוסרי בעליל שקיבל האיש: מי אמור לדאוג לך ומדוע הזניח כך את חובותיו? בשני המופעים האלה

ברות: רות נראית שונה, אם מפני שהיא לבושה כנכרייה ואם מפני שיש לה צורת נכרייה.

רש"י מוותר על הסבר פשוט זה וגוזר רעיון מתוך מדרש המלמד כי דווקא התנהגותה של רות היא המושכת את תשומת לבו של בועז:[13]

> "למי הנערה הזאת?" וכי דרכו של בועז לשאול בנשים? אלא דברי צניעות וחכמה ראה בה. שתי שבלים לקטה שלשה אינה לקטה, והיתה מלקטת [שיבולים] עומדות מעומד [בעמידה] ושוכבות מיושב [בישיבה], כדי שלא תשחה [תתכופף] (רש"י ב ה).

בכתוב אין כל רמז לגישה מדרשית זו, אבל הרעיון המופיע בה מפנה את תשומת הלב הן אל תכונותיה האישיות יוצאות הדופן של רות הן אל רגישותו של בועז, המסוגל להבחין בתכונות אלה ולראותן באור חיובי. מעניין שחז"ל מתעלמים מהאפשרות הברורה מאליה שבועז מגלה עניין רומנטי ברות. ייתכן שהסיבה לכך היא שבמפגשים ובשיחות ביניהם במהלך הפרק הזה אין כל רמז לרומנטיקה. זאת ועוד, בסוף עונת הקציר מתברר כי בועז לא פנה שוב אל רות ורות שבה לנעמי, ללא כל גילוי נוסף של עניין מצד בועז. למעשה נראה לי שהכתוב נמנע במודע ובעקביות מכל רמז למעורבות רומנטית בין רות ובועז. אל נקודה זו נשוב בדיוננו בפרק ג.

אני מבקשת להציג קריאה הפותרת את השאלות שהועלו כאן ויחד עם זאת נצמדת לכתוב. כשאנשי בית לחם מתקהלים סביב נעמי בסוף פרק א והנשים קוראות "הֲזֹאת נָעֳמִי?" העניין שהם מגלים בנעמי מסתיר את חוסר העניין ברות. אולי מוגזם אפילו לומר שרות מקבלת יחס של התעלמות; לא ברור אם נוכחותה מעוררת די עניין כדי ליצור

יש מישהו שבבירור אינו מסוגל לדאוג לעצמו. השאלה עוסקת אפוא בזיהוי האדם האחראי לרווחתו של האדם השייך אליו. ובשני המקרים השואל מקבל עליו את האחריות.

13. ראו רות רבה פרשה ד ט ושבת קיג ע"ב.

התעלמות. רות איננה נחשבת וכמו אינה קיימת כלל. שאלתו של בועז היא בדיוק השאלה שציפינו לשמוע מפי אנשי העיר אחרי שאלתם על נעמי: "הזאת נעמי?" ואחר כך: "למי הנערה הזאת?" שאלתו של בועז מהדהדת בעוצמה דווקא לנוכח התעלמותם של אנשי העיר. הוא מוצג אפוא כגורם מרפא לעומת התעלמותם הגסה של אנשי העיר מן האחר, מבת מואב נכרייה. הוא ממהר להכיר ברות ומפגין דאגה פעילה לשלומה. רמז ליכולת ההנהגה המופתית של בועז הוא האופן שבו התנהגותו משפיעה בהמשך על אנשי העיר. ברכותיהם בסוף הספר, שיש בהן הכרה מפורשת ב"נערה הזאת", מהדהדות את שאלתו של בועז ("למי הנערה הזאת?"): "וִיהִי בֵיתְךָ כְּבֵית פֶּרֶץ אֲשֶׁר יָלְדָה תָמָר לִיהוּדָה מִן הַזֶּרַע אֲשֶׁר יִתֵּן ה' לְךָ מִן הַנַּעֲרָה הַזֹּאת" (ד יב).

הכרה באחר אצל בועז

אנשי בית לחם אינם מכירים ברות מרגע כניסתה לעיר. שיטוטיה בשדות בית לחם נעדרים תחילה כל מגע אנושי. דומה שהיא מהלכת בשדות בשתיקה, באלמוניות, בעקבות הקוצרים, דמות בלתי־מובחנת, חסרת שם וחסרת זהות. התעלמותם של אנשי העיר נובעת אולי מהעובדה שרות היא בת מואב או מקשריה עם משפחת אלימלך הזכורה לרע. לחלופין ייתכן שכך פשוט נוהגים אנשי בית לחם להדוף זרים ולמנוע מהם כל מחווה של קבלה או הכנסת אורחים.

שאלתו של בועז תפתח את תהליך הפיכתה של רות מנכרייה בלתי־מוכרת לאדם בעל זהות. השאלה מאלצת את הניצב על הקוצרים לזהותה. באופן זה גם מפנה בועז את תשומת לבו של הניצב לרות כסובייקט. אלא שהניצב אינו נוקב בשמה של רות ומכנה אותה "נַעֲרָה מוֹאֲבִיָּה" סתם.[14] שמה של רות נזכר פעמיים

14. ייתכן כמובן, ואולי אף סביר, שהניצב אינו מכיר את רות בשמה, שהרי גם בועז אינו נוקב בשמה של רות במהלך הפרק כולו. עם זאת, כפי שנראה בהמשך, לאורך הסיפור תופס בועז את רות כסובייקט בעל שם, וזאת בניגוד לניצב על הקוצרים ולאחרים.

בלבד בעשרים הפסוקים הראשונים של הפרק. בפעם הראשונה שרות מדברת עם נעמי (ב ב), נלווה לשמה התואר ״מואבייה״. רות מדברת כמואבייה אל חמותה ונעמי אינה עושה דבר כדי לשנות את מעמדה של רות כמואבייה. כך היא גם נתפסת בעיני אנשי העיר, והדבר עולה בבירור מדבריו של הניצב על הקוצרים. עם זאת, כשבועז פונה אל רות לראשונה, מתאר זאת הכתוב כך: ״וַיֹּאמֶר בֹּעַז אֶל רוּת״ (ב ח). לראשונה מאז בואה לבית לחם היא מכונה בשם רות, ללא תוספת המתאֵר ״מואבייה״. ניסוחו של המספר מלמד כי בועז אינו מדבר אל רות כאל מואבייה או כאל אישה צעירה לא מזוהה. בועז רואה את רות כרות, לא כמואבייה, לא כנספחת לנעמי, אלא פשוט כרות, סובייקט שיש לו שם ויש לו זהות.

בועז יציע לרות לא רק עזרה מעשית אלא גם חסד. אלא שהכרת הטובה שחשה רות כלפי בועז נובעת בראש ובראשונה מהעובדה הפשוטה שהוא הכיר בה: ״וַתִּפֹּל עַל פָּנֶיהָ וַתִּשְׁתַּחוּ אָרְצָה וַתֹּאמֶר אֵלָיו: מַדּוּעַ מָצָאתִי חֵן בְּעֵינֶיךָ לְהַכִּירֵנִי וְאָנֹכִי נָכְרִיָּה?״ (ב י).

המשחק בין המילים ״לְהַכִּירֵנִי״ ו״נָכְרִיָּה״ מדגיש את האופן שבו רות מפרשת את המצב. היא מניחה שיחס ההתנכרות והזלזול כלפיה נובע מהיותה נכרייה.[15] תגובתה להכרתו של בועז עזה כל כך מפני שכבר למדה לצפות ליחס של התעלמות. דומה שגם ציפיותיה של נעמי נמוכות, שכן גם היא מבטאת תדהמה לנוכח ההכרה ברות: ״וַתֹּאמֶר לָהּ חֲמוֹתָהּ: אֵיפֹה לִקַּטְתְּ הַיּוֹם וְאָנָה עָשִׂית? יְהִי מַכִּירֵךְ בָּרוּךְ״ (ב יט).

15. התרגום (רות ב י) מניח שרות סבורה כי הסיבה לנידויה היא היותה מואבייה: ״מא דין אשכחית רחמין בעינך לאשתמודעותני ואנא מעמא נוכראה מבנתהון דמואב. ומעמא דלא אידכי למיעל בקהלא דה׳״ [=מדוע מצאתי חן בעיניך להכירני ואנכי מעם נכרי, מבנות מואב, ומעם שאינו זכאי לבוא בקהל ה׳]. אלא שלדעתי, האי־נראות של רות אינה נובעת אך ורק מהיותה נכרייה. הסיפור מתרחש כזכור בתקופת השופטים, תקופה עגומה הניכרת ביחסים חברתיים חסרים ולקויים, והתנהגות נדיבה אינה בגדר נורמה. בתקופה כזאת לא סביר שמישהו, מוכר או נכרי, יתקבל בסבר פנים יפות, כפי שעולה בבירור מסיפור פילגש בגבעה.

השימוש השלישי והאחרון בשורש נכ"ר בספר עשוי לרמז על רעיון זה. שובה של רות לבית לחם אחרי הלילה שעשתה בגורן מלווה בדאגתו של בועז לשמה הטוב: "אַל יִוָּדַע כִּי בָאָה הָאִשָּׁה הַגֹּרֶן" (ג יד). רות מתעוררת אפוא "בְּטֶרֶם יַכִּיר אִישׁ אֶת רֵעֵהוּ" (ג יד). הפשט של תיאור זה הוא שרות מתעוררת לפני עלות השחר, לפני שיש די אור לזהות פניו של אדם, אך המילה "יכיר" מחברת את המשפט הזה אל הנושא הכללי יותר של הכרה בסיפור. כפי שנראה, פרק ג הוא נקודת מפנה הן במגילת רות עצמה הן בתקופת השופטים. עד שבועז מופיע ומכיר באחר, ברות, זוהי תקופה של "בְּטֶרֶם יַכִּיר אִישׁ אֶת רֵעֵהוּ". עוינות וניכור הדדי מגדירים את היחסים בין אדם לחברו.[16] מעשה ההכרה של בועז הוא רגע מכונן לא רק בהשבת כבודה האישי של רות אלא גם בהצבת דוגמה המורה לאנשי העיר להיחלץ מהתקופה שבה אנשים אינם רואים זה את זה כראוי. תהליך התיקון יוכל להתחיל רק אחרי שאדם יראה את רעהו.

רעיון זה מאיר באור חדש את המדרש הידוע הבא:

רבי תנחומא בשם רבנן אמר: שלשה דברים גזרו בית דין של מטה, והסכימו עמהם בית דין של מעלה, ואלו הן: לשאול שלום בשם [ה']... ועמד בועז ובית דינו והתקינו לשאול שלום בשם [ה']. שנאמר: "והנה בעז בא מבית לחם [ויאמר לקצרים: 'ה' עמכם']" (רות רבה פרשה ד ה).

16. באיכה ד ח מופיע ביטוי דומה, "לֹא נִכְּרוּ בַּחוּצוֹת", המתאר את תושבי ירושלים שאין להכירם עוד בשל פגעי הרעב. אך ברובד עמוק יותר עשוי התיאור הזה להצביע גם על התפוררות הרקמה המוסרית בשל פגעי הרעב. בתמונה כזאת, "לא נִכְּרוּ בחוצות" פירושו פשוט ניכור בין איש לרעהו ומניעת כל סוג של זיהוי בין אדם לחברו. קריאה זו מתיישבת עם תיאור האימהות, שבתוך התהליך האטי והמזוויע של גוויעה ברעב זונחות את ילדיהן על ידי מניעת מזון מפיהם (איכה ד ג-ד) ובהמשך על ידי אכילת בשרם (איכה ד י). ראו גם את תיאור הניכור בתהלים קמב ה, "אֵין לִי מַכִּיר".

כמה הולם שהמדרש מייחס את התקנה לבועז, האיש היודע את חשיבותה הגדולה של ההכרה באחר. בתקנה הקובעת שיש לברך אדם בשם ה׳ קושר בועז את התחום החברתי עם התחום התיאולוגי. תקנה זו מדגישה כי ה׳ מייחס חשיבות ליחסים בין אדם לחברו. ה׳ אחראי לרקמה התקינה של פעולות גומלין חברתיות והוא שזור בתוכה.[17] זהו מסר ראוי מפי אדם שמחלציו תצא המלוכה.[18]

דברי הפתיחה של בועז ומעשיו מבשרים יושרה, יראת שמים ודאגה לזולת. בועז הוא הגיבור הראוי לסיפור זה, האדם בעל המשאבים ותעצומות הנפש הנחוצים לגאולת משפחתה של נעמי בפרט ועם ישראל בכלל מסכנת ההכחדה המרחפת עליהם.

17. ראו את דברי המלבי״ם על רות ב ד.

18. על סמך ההקבלה שצוינה לעיל בין חילופי דברים אלה לבין חילופי הדברים בין המלאך לגדעון (שופטים ו יב) מסביר רות רבה פרשה ד ה כי החידוש שתיקן בית דין של מטה של בועז היה תקף בימי השופטים, כפי שמוכיח השימוש בו בשופטים ו.

רות המואבייה בשדות בית לחם

וַתֹּאמֶר רוּת הַמּוֹאֲבִיָּה אֶל נָעֳמִי: אֵלְכָה נָּא הַשָּׂדֶה וַאֲלַקֳטָה בַשִּׁבֳּלִים, אַחַר אֲשֶׁר אֶמְצָא חֵן בְּעֵינָיו. וַתֹּאמֶר לָהּ: לְכִי בִתִּי (ב ב).

רות ונעמי

לאחר שראינו כיצד מוצג בועז לראשונה בסיפור, נוכל לשוב ולבחון את התנסותה הראשונית של רות בבית לחם. הפרק נפתח בשיחה קצרה של רות עם נעמי, הראשונה מאז חדלה נעמי לדבר אל רות (א יח). את דבריה של רות לנעמי אפשר לקרוא כבקשת רשות או כהצהרת כוונות נחושה. את המילה "נא" המוצבת אחרי מילת הפתיחה "אֵלכה" נוהגים לתרגם כ"אנא" או "ברשותך". זוהי פניית כבוד אל נעמי ובקשת רשותה ללכת. אם כך, תשובתה של נעמי מלמדת שהיא נענית לבקשתה של רות.

לחלופין, ייתכן שהמילה "נא" היא הצהרת כוונות, המבטאת את נחישותה העזה של רות למצוא פתרון למצבן הקשה.[1] על פי

1. ראו למבדין, עברית מקראית, עמ' 170, הטוען שזהו השימוש הכללי במילה

קריאה זו מצטיירת רות (שוב) כצעירה בעלת רצון ברזל ותכלית ברורה, שאמונתה הבלתי־מעורערת בעשיית הדבר הנכון מאפשרת לה להחליט החלטות ברורות ותקיפות. לעומתה, תגובתה של נעמי נראית נרפית ועמומה מעט ומתאפיינת בקיצור ובחוסר התלהבות.[2] למעשה, תשובתה הקצרצרה של נעמי ("לכי בתי") מזכירה את ניסיונה הקודם להניא את כלותיה מלהתלוות אליה: "שֹׁבְנָה בְנֹתַי לֵכְןָ" (א יב, וראו גם את דברי נעמי ברות א ח). האם נעמי מרמזת כאן על רצונה שרות תעזוב אותה? העובדה שאלה המילים הראשונות שאומרת נעמי לרות מאז מאמציה לשכנע את רות לשוב אל עמה מלמדת אולי שנעמי הודפת שוב את רות מעליה, אף כי רות שואפת להתקרב אל חמותה ולשרתה.

מדוע אין נעמי מציעה להתלוות אל רות ואינה יוזמת בעצמה את החיפוש אחר מזון? לא מפתיע שנעמי אינה מציעה להתלוות אל רות, אם בשל גילה המתקדם אם בשל ההשפלה הכרוכה אולי בהופעתה הפומבית כקבצנית. על פי המדרש, נעמי יצאה מבית לחם עשירה,[3] ושובה כאישה ענייה עורר ממילא סקרנות, רחמים ואולי גם מידה לא מבוטלת של שמחה לאיד. הצעתה של רות ללקט שיבולים בשדה היא אפוא חסד כפול - שהרי רות אינה מצפה שנעמי תתלווה אליה והיא מוכנה ומזומנה למחול על כבודה. למעשה, החלטתה של רות לצאת לשדה וללקט שיבולים כאחד הקבצנים מלמדת על מידת הענווה והחסד שבה.[4]

"נא" במקרא. ראו גם קמפבל, רות, עמ' 72-71. דוגמאות לשימוש זה במילה "נא" מופיעות בבראשית יט ח, שמות ג ג ומלכים א א יב.

2. רות זוטא ב ב סבור שעד להכרזתה של רות דאגה נעמי לכלכלת שתיהן. אולם בכתוב אין רמז לאפשרות כזאת ונעמי מצטיירת כממלאת תפקיד סביל בחיפוש אחר מזון.

3. רעיון זה נתמך בכתוב בכמה גורמים, לרבות מילותיה של נעמי עצמה: "אֲנִי מְלֵאָה הָלַכְתִּי וְרֵיקָם הֱשִׁיבַנִי ה'" (רות א כא).

4. אמנם איננו יודעים דבר על הרקע שממנו באה רות, אך כמה מדרשים מתארים אותה כנסיכה, בת עגלון מלך מואב (למשל תרגום רות א ד; רות רבה פרשה ב ט; תנחומא ויחי יד). אחת הסיבות לכך היא האצילות והעוצמה שהיא מפגינה

עם זאת, מוזר שנעמי אינה יוזמת בעצמה את החיפוש אחר מזון, שהרי בלעדיו צפויה להן סכנת מוות ודאית. ישנם הסברים אפשריים אחדים לחוסר פעילותה של נעמי. ייתכן שהיא נמנעת מכך מדאגה לכבודה של רות. איך מסוגלת נעמי להקפיד על כבוד עצמה בשעה שהיא מורה לרות לוותר על כבודה שלה? ייתכן שהימנעותה של נעמי קשורה לניכור שהיא חשה כלפי רות. ייתכן שחוסר התלהבותה מהרעיון של רות נובע מסבלה ומאומללותה. ייתכן שאין לה כל עניין בהשגת מזון, שהיא שבה לבית לחם כדי למות ואין לה כל ציפייה או חשק למצוא מחיה.[5] במצב שאין בו תקווה לילדים, להמשכיות ולהישרדות לטווח ארוך, מה הטעם בהישרדות לטווח קצר? באין זרע הנטמן ברחם, מה התועלת בזרע הנטמן באדמה? לשני אלה יש משמעות רק כשהם משולבים זה בזה. בהמשך נראה כי רק אחרי שרות חוזרת מן השדות ומספרת לנעמי על מעשיו של בועז ועל חסדו, מתחילה נעמי להאמין באפשרות הישועה, מה שמלבה מחדש את רצון החיים שלה.

אחר אשר אמצא חן בעיניו

מדבריה של רות, שתלקט שיבולים אחרי האיש שבעיניו תמצא חן, עולה שהיא אינה בטוחה בסיכויי הצלחתה. מדוע עולה על דעתה שעליה למצוא חן בעיני מישהו כדי להשיג את הזכויות הבסיסיות המגיעות לכל גר, יתום, אלמנה או עני?[6] הרי היא גם זה וגם זה: זרה, אלמנה וענייה!

לכל אורך הדרך. ראו גם רות זוטא א יב; ב טו. רעיון מדרשי זה גם מדגיש עד כמה היה קשה כנראה לרות למלא בפומבי את תפקיד הקבצנית.

5. מרירותה המוצהרת של נעמי מלווה בפסיביות המלמדת על אדישות, התנהגות שמזכירה את המדרש המזהה את יואש מדברי הימים א ד כב כאחד מבני נעמי - ומסביר שנקרא כך על שום ייאושו (בבא בתרא צא ע"ב).

6. ראו ויקרא יט י; כג כב, שם מפורטות זכויות מסוימות הניתנות לעני ולגר בשדה. בדברים כד יט-כב ניתנות לגר, ליתום ולאלמנה זכויות דומות.

ייתכן שרצונה של רות למצוא אדם שייטה לה חסד איננו ניסיון להשיג היתר ללקט שיבולים שנותרו בשדה, שהרי זכות זו מוקנית לה ממילא. משימתה שאפתנית מעט יותר.[7] רש"י (ב ב) טוען כי רות מבקשת למצוא מישהו שלא רק יסכים להכניסה לשדותיו אלא גם לא יגער בה. דבריה של רות מעלים את שאלת יחסם של תושבי בית לחם לעניי עירם. מדוע צריכה רות לקוות שמישהו ינהג בה יפה?

ההנחה של רות היא עדות נוספת לניוון החברתי שפשה בתקופת השופטים. ואכן, מתברר כי חיפושה של רות אחר בעל אדמות טוב לב הוא חיוני. יחסו של בועז מתבטא בהוראה מפורשת לקוצרים בשדה לא לגעת ברות (ב ט), לא להכלימה (ב טו) ולא לגעור בה (ב טז)! דומה שאלמלא החסות שהוא פורש עליה, הייתה רות צפויה להשפלה ולהטרדות.[8]

עם זאת יש לציין כי כאשר רות אומרת את הדברים הללו היא מוצגת בכתוב כ"רות הַמּוֹאֲבִיָּה". רות מוצגת כמואבייה פעמים רבות,[9] אך לא בצורה עקבית: לפעמים היא מכונה "רות כַּלָּתָהּ"

7. יש חוקרים הסבורים שרות מבקשת למצוא גבר שירצה לשאת אותה לאישה. אני מעלה את האפשרות הזאת רק במסגרת הערת שוליים, כי היא אינה סבירה בעיניי, שהרי רות כבר שמעה מנעמי שאל לה לטפח תקווה להינשא בבית לחם. זאת ועוד, רות ראתה במו עיניה את קבלת הפנים הפושרת שלה זכתה נעמי בשובה לבית לחם וחוותה על בשרה את התעלמותם של תושבי העיר ממנה עצמה. רוב המופעים של הביטוי "למצוא חן בעיני מישהו" מתייחסים ליחס של אדם כלפי אדם נחות ממנו בדרגה, אם כי ישנם שימושים המלמדים אולי על מרכיב רומנטי הכלול בניב זה: דברים כד א; אסתר ה ח; ז ג. פורטן, מגילת רות, עמ' 32, סבור כי הביטוי "מצא חן" מתקשר לביטוי "מצא מנוחה", המרמז לנישואים ברות א ט. עם זאת, בסופו של דבר, סביר יותר שרות פשוט מקווה לזכות בחסדו של בעל אדמות עשיר כדי שתוכל ללקט שיבולים בשדותיו.

8. ייתכן, ואולי אף סביר (כפי שנראה בהמשך), שרות אכן ידעה יחס לא נעים קודם לבואו של בועז לשדה.

9. בועז קורא לה "רות הַמּוֹאֲבִיָּה" פעמיים בהקשר משפטי בפרק ד. המספר מכנה אותה כך שלוש פעמים (רות א כב; ב ב; ב כא). האדם היחיד הנוסף שמתייחס אל רות כמואבייה הוא הנער הניצב על הקוצרים, שמשמיט אפילו את שמה הפרטי ומסתפק באמירה "נַעֲרָה מוֹאֲבִיָּה הִיא".

(למשל ב כב) ולפעמים רות סתם (למשל א יד; ד יג). התנ"ך אינו מחלק כינויים ללא הבחנה, ובדרך כלל יש להם משמעות. הכינוי "מואבייה" מפנה את תשומת הלב לזרותה של רות.[10] במקרה זה עשוי הכינוי ללמד על בורותה בענייני הלכה (היא אינה יודעת על זכותה ללקט בשדות). עם זאת, סביר יותר שרות מדברת כאן כמואבייה בהכירה בכך שמעמדה כמואבייה מונע ממנה את הזכות ללקט ככל העניים. המואבים מנעו מבני ישראל לחם ומים בצאתם ממצרים (דברים כג ד–ה) ולפיכך מצווה עם ישראל "לֹא תִדְרֹשׁ שְׁלֹמָם וְטֹבָתָם כָּל יָמֶיךָ לְעוֹלָם" (דברים כג ז). ייתכן שרות מבינה שהמואבים אינם נהנים מהזכויות המוקנות לעניים אחרים בשדות. מעמדה של רות כמואבייה, המסובך עוד יותר בשל קשריה עם נעמי שזנחה את עמה בעת צרה, עשוי בהחלט להסביר מדוע היא סבורה שעליה למצוא אדם "אֲשֶׁר אֶמְצָא חֵן בְּעֵינָיו" כדי ללקט בשדות בית לחם.

"וַתֵּלֶךְ וַתָּבוֹא וַתְּלַקֵּט"

וַתֵּלֶךְ וַתָּבוֹא וַתְּלַקֵּט בַּשָּׂדֶה אַחֲרֵי הַקֹּצְרִים (ב ג).

מה בעצם קורה לרות המואבייה בגיחתה הראשונה אל שדות בית לחם? הכתוב מתאר רצף מעניין של פעלים: "וַתֵּלֶךְ וַתָּבוֹא וַתְּלַקֵּט בַּשָּׂדֶה אַחֲרֵי הַקֹּצְרִים". מדרש שמביא רש"י טוען כי רצף מהיר זה מלמד שרות לא ידעה את דרכה ביומה הראשון בשדות:[11]

"ותבא ותלקט בשדה" - מצינו במדרש רות עד לא אזלת אתת [שעד שלא הלכה, באה], שהוא אומר ותבא ואחר ותלקט, אלא שהיתה מסמנת הדרכים קודם שנכנסה לשדה והלכה ובאה וחזרה

10. ברנר, רות, עמ' 86–87, מציינת כי יוסף בן מתתיהו אינו משתמש כלל בתואר "מואבייה" באשר לרות ומציעה לכך כמה הסברים.
11. ראו רות רבה פרשה ד ד.

> לעיר כדי לעשות סימנים וציונים שלא תטעה בשבילין ותדע לשוב (רש״י ב ג).

תיאור זה, שכמו נלקח מתוך הסיפור "עמי ותמי", נובע מהופעתה הלא נחוצה של המילה "וותבוא" אחרי המילה "ותלך". המדרש קובע כי רות שבה אל נקודת המוצא שלה אחרי שכבר הגיעה לשדה כדי להשאיר סימנים בדרכה. לכאורה הוא מתאר את חששה המוצדק של רות פן תתעה בדרכה ביום הראשון בשדה, אך ייתכן שכוונתו העיקרית היא להדגיש את מסירותה של רות לנעמי. גם כשהיא עוזבת את חמותה, היא מקפידה ליצור לעצמה דרך חזרה ובכך מראה כי היא נחושה לשמור על קשר איתן עם נעמי.[12]

קריאה אפשרית נוספת של רצף פעלים מהיר זה מתייחסת למעמדה של רות כמואבייה ולקבלת הפנים הצוננת שציפתה לחוות בשדות בית לחם. בואה ולכתה מרמזים אולי לתנועותיה הנמשכות בין השדות. ייתכן שבאותו יום הלכה תחילה לשדות אחרים ורק אחר כך הגיעה לשדהו של בועז. בכל פעם שנכנסה לשדה נאלצה לצאת מיד, שכן הבעלים גירש משדהו ללא גינונים יתרים את כלתה המואבייה של נעמי.[13] תרחיש זה, המעיד על קבלת הפנים הצוננת שרות חווה בבית לחם, חוזר ונשנה פעמים אחדות עד ש"וַיִּקֶר מִקְרֶהָ: חֶלְקַת הַשָּׂדֶה [הייתה שייכת] לְבֹעַז אֲשֶׁר מִמִּשְׁפַּחַת אֱלִימֶלֶךְ". בהגיעה לשדה בועז, חווה רות יחס שונה. כפי שכבר נאמר, ביקוריו של

12. אין לכך כל נגיעה לשאלת רגשותיה של נעמי כלפי רות. כפי שצוין לעיל, נעמי אינה מפגינה התלהבות מיוחדת מחברתה של רות. אהבתה של רות לחמותה היא אפוא אהבה "שאינה תלויה בדבר" (אבות פ"ה מט"ז), גם לא בכך שהאהבה תהיה הדדית. יש כאן אולי קו דמיון נוסף בין רות ונעמי לבין יהונתן ודוד. גם אהבת יהונתן לדוד אינה נענית בהכרח מצדו של דוד, שעליו לא נאמר במפורש בשום מקום שאהב את יהונתן. אפילו בהספדו על יונתן הוא מדבר בעיקר על אהבת יונתן אליו: "נפלאתה אהבתך לי".

13. ייתכן שלכך מרמזת הגמרא במסכת שבת קיג ע"ב: "'ותלך ותבא ותלקט בשדה', אמר רבי אלעזר: שהלכה ובאת הלכה ובאת עד שמצאה בני אדם המהוגנין לילך עמהם".

בועז בשדותיו נבעו כנראה מדאגתו לקוצרים, ובמיוחד מדאגתו לכך שהקוצרים יקפידו על מחויבויותיהם הדתיות. אם כך אכן היה, הרי הקוצרים לא היו ממהרים לגרש אדם נזקק בלי להיוועץ קודם לכן באדונם ירא השמים. וכך, אף אם רות אינה זוכה בהכרח לחיבוק חם מהקוצרים בשדות בועז (כפי שנראה בהמשך), היא גם אינה מגורשת משם תיכף ומיד.

למן הרגע הראשון לא ברור אם תצליח רות למצוא מזון בשדות בית לחם. זרותה, שורשיה המואביים וקשריה עם משפחת אלימלך מקשים על סיכויי הצלחתה ומגבירים את סיכוייה לקבל יחס נוקשה. ובכל זאת היא יוצאת לדרכה בהחלטה נחושה להשיג מזון לה ולנעמי. כניסתה של רות לשדה בועז מסמלת אולי הצלחה חלקית, במיוחד אם קודם לכן נמנעה ממנה הכניסה לשדות אחרים. על פי קריאה זו מתברר שאפילו קודם בואו של בועז לשדה, אישיותו משפיעה על התנהגותם של הקוצרים הסרים למרותו.

הנער הניצב על הקוצרים

וַיֹּאמֶר בֹּעַז לְנַעֲרוֹ הַנִּצָּב עַל הַקּוֹצְרִים: לְמִי הַנַּעֲרָה הַזֹּאת? וַיַּעַן הַנַּעַר הַנִּצָּב עַל הַקּוֹצְרִים וַיֹּאמַר: נַעֲרָה מוֹאֲבִיָּה הִיא הַשָּׁבָה עִם נָעֳמִי מִשְּׂדֵי מוֹאָב, וַתֹּאמֶר אֲלַקֳטָה נָּא וְאָסַפְתִּי בָעֳמָרִים אַחֲרֵי הַקּוֹצְרִים, וַתָּבוֹא וַתַּעֲמוֹד מֵאָז הַבֹּקֶר וְעַד עַתָּה זֶה שִׁבְתָּהּ הַבַּיִת מְעָט (ב ה-ז).

מיהו אותו נער הניצב על הקוצרים וכיצד עלינו להבין את תפקידו הקטן בעלילה? אלמוניותו והופעתו הקצרה מרמזות שהוא איננו דמות חיובית. במגילת רות, הדמויות המאבדות את שמותיהן או נותרות ללא שם הן חלק מהבעיה בסיפור. אולי גם ההתייחסות אל הניצב כאל "נער" מרמזת לכך. המילה "נער" קשורה אטימולוגית לפועל "לנַעֵר" (למשל שופטים טז כ; נחמיה ה יג), לנענע. מילה זו, כשהיא מתייחסת לעלם צעיר, מתארת אולי מישהו שמסיר מעל עצמו את האחריות או באדם שעדיין אינו נושא באחריות, שאין עליו עול. כך ראוי לאדם בגיל מסוים וגם לאדם שבמתכוון מציב את עצמו בעמדת כפיפות למישהו גדול ממנו (למשל שמות לג יא). עם זאת, כתיאור של ניצב על הקוצרים, הממלא תפקיד בעל אחריות, יש כנראה במילה

נימה מסוימת של זלזול.[1] ההתייחסות אל הניצב כ"נער" מרמזת אולי שהוא מוותר על אחריותו לדאוג לעניים בשדותיו, כפי שנראה להלן.

תגובתו של הניצב לשאלתו של בועז שופכת אור מסוים על דמותו. תשובתו כוללת שלושה חלקים. הוא פותח בזיהויה של רות, מסביר מי היא ואל מי היא קשורה בבית לחם, ואז עונה יותר מכפי שנשאל ומדווח לבועז מה אמרה רות בציטוט המילים שבהן השתמשה. לבסוף הניצב מתאר את מעשיה של רות מאז הבוקר.

תיאורה של רות בפי הניצב מתאפיין תחילה בחוסר התלהבות.[2] הוא מתאר אותה כ"נערה מואבייה" חסרת שם - ועוד יותר מכך, קשורה לנעמי - שמוצאה בשדי מואב. הניצב מציין במפורש את עובדת היותה מואבייה ואת קשריה עם נעמי. הוא מזכיר גם שנעמי הייתה ב"**שדי**" מואב, שהיו כנראה מלאים יבול בזמן ששדות בית לחם עמדו שוממים בתקופת הרעב. ייתכן שכל הדברים האלה נועדו לשכנע את בועז שאין להרשות לנכרייה זו ללקט בשדהו. רות חסרת השם נתפסת בקלות כאובייקט, כמי שאינה ראויה להגנה או למחיה.[3]

1. המילה "נער" משמשת בפרק זה לתיאור הקוצרים והקוצרות של בועז (למשל ב כ-ט, טו). על פי הניתוח שלעיל, זהו כינוי ראוי בשל מעמדם ככפופים. התייחסותו הראשונה של בועז לרות כ"נערה" מושפעת כנראה מראייתו אותה כאחת הקוצרות בשדה.
2. חוקרים רבים סבורים אחרת: הם רואים בניצב דמות חיובית ומגלים בדבריו הערכה חיובית של רות (ראו למשל זקוביץ, רות, עמ' 71). ראו גם רות זוטא ב ז והתרגום לרות ב ו, המחזק את דבריו של הניצב במידע חיובי על היותה של רות גיורת. לעומתם גרוסמן, רות, עמ' 162, טוען כי הסתייגותו של הנער מרות תפקידה בסיפור להאיר את דמותו של בועז, הפונה אל רות בחביבות.
3. העובדה שהניצב מכנה את רות "נערה", בעוד שלמעשה זוהי אישה שהייתה נשואה עשר שנים, נגועה אף היא בזלזול. ראו בראשית מא יב, שם מכונה יוסף "נַעַר עִבְרִי" בנימת זלזול דומה. כינוי אדם בשם "נער" כשקודם לכן התייחסו אליו כאל מבוגר נתפס כניסיון להשפילו (ראו למשל יהושע ו כג; שמואל א לא ה-ו, יג). נעמי כבר התייחסה אל רות בשם "אישה" (רות א ט). ייתכן שגילו המתקדם של בועז מאפשר לו להשתמש במילה "נערה" ללא כוונה לפגוע. לחלופין, ייתכן שהוא משתמש במילה במשמעות ספציפית (כפי שנאמר בהערה 2). להלן אעלה את האפשרות שכאשר בועז מגיע לשדה, רות עומדת בצד וממתינה לקבל רשות ללקט. אם כן, ייתכן שכאשר הוא מכנה אותה "נערה"

הציטוט שמביא הניצב מדברי רות אולי איננו מדויק לחלוטין. בפסוק ב אומרת רות שבדעתה לצאת ללקט **שיבולים** ("אֵלְכָה נָּא הַשָּׂדֶה וַאֲלַקֳטָה בַשִּׁבֳּלִים"), כנהוג במצוות הלֶקֶט.[4] הניצב משנה מעט בדבריו את כוונותיה של רות. מדבריו עולה שהיא קובעת שכוונתה ללקט ולאסוף עומרים, ולא שיבולים ("אֲלַקֳטָה נָּא וְאָסַפְתִּי בָעֳמָרִים").[5] נדמה שתיאור זה של רות כחמדנית התובעת דבר שאינו מגיע לה על פי ההלכה נועד להבעיר את חמתו של בועז.[6] איך תעז נכרייה מואבייה זו להיכנס לשדה בבית לחם מתוך כוונות מחוצפות כל כך!

הוא מרמז לעובדה שהיא אינה נושאת באחריות. אפשר לנסח את שאלתו כך: "למי חסרת העול הזאת?"

4. מצוות הלֶקֶט קובעת את חובת הקוצר להשאיר לעניים את השיבולים הנופלות מידו או מהמגל תוך כדי איסוף היבול בשדה (ראו ויקרא יט ט; כג כב; משנה פאה פרקים ד–ה). מותר ללקט עומרים רק כשהם נשכחים בשדה (שִׁכחה) בזמן שהיבול נלקח אל הגורן (ראו דברים כד יט; משנה פאה פ"ה מ"ז - פ"ז מ"ב). על פי התרגום, רות מבקשת ללקט שיבולים כדי לאגדן לעומרים. רש"י (רות ב ז) מניח שהדברים המצוטטים מפיה נכונים ומקובלים מפני שרות מתייחסת כאן לזכותה ללקט עומרים שנשכחו (בהתאם להלכות שכחה). עם זאת, אמירה כזו אינה משקפת נכונה את התיאור שלפיו רות יוצאת לשדה ללקט "אחר הקוצרים", בתקווה לאסוף כמה שיבולים שיפלו מידיהם (לקט).

5. הואיל והחוקרים נוטים להתייחס לציטוט שמביא הניצב כפשוטו, בקשתה של רות ללקט **עומרים** עוררה דיון נרחב. איך ייתכן שנכרייה זו הנחבאת אל הכלים דורשת משהו כה בוטה ובלתי־מקובל? החוקרים מציעים לכך כמה הסברים: יש המשמיטים כליל את הביטוי, אחרים קוראים את המילה בשינוי, "בעמירים", כלומר בגבעולי החיטה. ששון, רות, עמ' 48, סבור כי רות הציגה במכוון בקשה מקוממת בתקווה שתזכה אותה בפגישה בארבע עיניים עם בועז עצמו. לדעתי אלה הם הסברים לא משכנעים. סביר יותר שהניצב פשוט מעוות את דבריה של רות. לקריאה זו יש כמה יתרונות: היא פשוטה, משכנעת ופותרת את הבעיות.

6. הרב מרדן (תקווה ממעמקים, עמ' 75–76) סבור שבועז מבחין מלכתחילה בליקוט של רות שאינו מתאים למסורת ישראל ולכן הוא שואל בכעס "לְמִי הַנַּעֲרָה הַזֹּאת?!" לקריאה זו יש כמובן יתרונות מסוימים, אך היא אינה מתיישבת עם אישיותו החיובית של בועז כפי שהיא מוצגת בסיפור. לדעתי אפשרי באותה מידה שהניצב מעוות במכוון את מילותיה של רות בניסיון לשכנע את בועז שאין להניח לרות המואבייה, בהיותה אישה חמדנית ונכרייה, ללקט בשדה בועז. כפי שנראה בהמשך, הדברים אינם משכנעים את בועז.

אם הניצב מצטט את דברי רות במדויק ואם לאו, לא ברור אם רות אכן פועלת כפי שהצהירה שתפעל. מדברי הניצב אין לדעת אם אכן הרשה לרות ללקט. האופן שבו הוא מתאר את מעשיה של רות עשוי להבהיר את מצבה. הוא מתאר שתי פעולות נפרדות: רות באה ועמדה מהבוקר עד עתה, ורות ישבה בבית (לנוח) רק לזמן קצר.[7] מוזר במיוחד תיאורה של רות כעומדת בשדה. הקוצרים אינם עומדים - הם מתקדמים לאורך השורות תוך כדי קציר. תמונת רות העומדת היא תמונה של חוסר מעש, ולא של פעולה נמרצת.

לנוכח מוזרות זו אני מבקשת להציע השתלשלות אירועים אפשרית: מוקדם בבוקר באותו יום ראשון רות הולכת בחשש אל השדות, מתוך ידיעה ברורה שעלולים לדחות אותה ולשלול ממנה את הגישה לאזור המוקצה על פי ההלכה למלקטים העניים. זוהי אכן ההתנסות הראשונית של רות, כשהיא עושה את דרכה בנחישות משדה לשדה, נכנסת ומיד יוצאת, כשהיא מלווה אולי בקריאות בוז עוינות מצד אנשי העיר. גם כשהיא מגיעה במקרה לשדהו של בועז, היא אינה זוכה ליחס טוב בהרבה. אלא שהניצב מהסס לגרשה מפני שהוא יודע שבועז מקפיד במיוחד על המצוות הקשורות ליחס לעניים

7. הביטוי "זֶה שִׁבְתָּהּ הַבַּיִת מְעָט" קשה לתרגום או להבנה. כמה חוקרים (למשל קמפבל, רות, עמ' 96) סבורים כי יש להוסיף למילה "מעט" את המילה "עם", כלומר - "עם מעט", עד עתה היא הצליחה ללקט רק מעט. פרשנים אחרים מניחים שמילים אלה מתייחסות באופן מסוים לחריצותה הבלתי־נלאית של רות בשדות. המלבי"ם, למשל, סבור שרות מתוארת כאן כחרוצה כל כך עד שרק הלכה לנוח מעט מהשמש בצל הסוכה. שימו לב לתרגום השבעים [תרגום שלי]: "ותבוא ותעמוד מאז הבוקר ועד ערב ואפילו לא נחה מעט בשדה". תיאור זה של דמותה של רות מתבסס בוודאי על יום העבודה הארוך בשדה (רות ב יז), אך ייתכן שהניצב (שעל פי הבנתי מציג את רות באופן שלילי) מדגיש את התנהגותה החמדנית המוכחת בעבודת הליקוט הבלתי־פוסקת שלה. בעיניי לא סביר שרות אכן עסקה בליקוט לפני בואו של בועז, ולפיכך אימצתי טנטטיבית את הקריאה שלפיה רות כמעט לא נחה בסוכה שבה היא עומדת וממתינה לבואו של בועז. לחלופין, המילה "בית" מתייחסת אולי לבית לחם ומתארת פשוט את בואה של רות לעיר לא מכבר. אף אחת מהקריאות הללו אינה משכנעת, ולכן נכתבו פירושים רבים לביטוי זה.

בשדות. אין פירוש הדבר שמניחים לרות לעבוד בשדה, אלא שהניצב מעכב את תשובתו לבקשתה ומורה לה להתייצב בצד ולהמתין לבואו של בעל השדה. תיאור זה מסביר מדוע היא עומדת ("ותעמוד"), שכן היא מנועה מללקט עד שתקבל לכך רשות מבועז.[8] בדרך מקרה מגיע בועז לשדהו זמן לא רב אחר כך ומבחין מיד בנערה העומדת בצד ומחכה לקבל רשות ללקט.[9] לשאלתו של בועז על רות משיב הניצב בנימה מתגוננת במקצת ומסביר את החלטתו לא להניח לה להיכנס לשדה. הסברו הארוך של הניצב עשוי ללמד כי בשאלתו של בועז הייתה נימה של כעס. מורת רוחו של בועז לנוכח ההסבר של הניצב היא אולי הסיבה לכך שהוא אינו עונה כלל לדבריו הארוכים של הניצב,[10] מתעלם ממנו כליל ופונה אל רות ישירות, כפי שנראה בהמשך.

הבוז שרוחש הניצב לרות ניכר מהאופן שבו הוא מתאר את קשריה, את דיבורה ואת מעשיה. ייתכן שהלעג הזה התבטא באופן מעשי, והניצב אכן מנע מרות לקצור ולפיכך היא נאלצה לעמוד בחוסר מעש. עוינותו של הניצב משקפת אולי את היחס הרווח בבית לחם כלפי זרים, כלפי מואבים או פשוט כלפי בני משפחת נעמי. על רקע זה, היחס המתחשב והחומל של בועז כלפי רות איננו צפוי ומרשים הרבה יותר.

8. הסבר זה למילה "ותעמוד" מובא אצל קמפבל, רות, עמ' 96 (ראו גם כיצד ששון משנה ומסביר את קריאתו של קמפבל ברות, עמ' 48). כחוקרים רבים אחרים, גם הם רואים את הניצב באור הרבה יותר חיובי מזה שהצגתי כאן.
9. יתרונו הנוסף של תרחיש כזה הוא שיש בו כדי להסביר מדוע בועז מבחין מיד ברות. הובאו כאן כמה הסברים אפשריים, אבל דומה שהסבר זה הוא הפשוט מכולם. בועז מבחין ברות מפני שאינה מלקטת אלא עומדת בצד בצורה בולטת וממתינה לבואו של בעל השדה.
10. דומה שבועז דוחה את הביקורת של הניצב, שלפיה רות רוצה ללקט עומרים בניגוד להלכה. גישתו השונה והחיובית של בועז ניכרת בהוראות שהוא נותן בהמשך לקוצרים. הוא דורש: "גַּם בֵּין הָעֳמָרִים תְּלַקֵּט [רות] וְלֹא תַכְלִימוּהָ" (רות ב טו). הוא רומז כי גם אם הציגה דרישה בלתי־מקובלת, ואפילו בלתי־חוקית, יש למלאה בהתאם לפקודתו האישית בלי לרמוז לה שלא כך נהוג.

חסדיו של בועז

הֲלוֹא שָׁמַעַתְּ בִּתִּי, אַל תֵּלְכִי לִלְקֹט בְּשָׂדֶה אַחֵר וְגַם לֹא תַעֲבוּרִי מִזֶּה, וְכֹה תִדְבָּקִין עִם נַעֲרֹתָי. עֵינַיִךְ בַּשָּׂדֶה אֲשֶׁר יִקְצֹרוּן וְהָלַכְתְּ אַחֲרֵיהֶן. הֲלוֹא צִוִּיתִי אֶת הַנְּעָרִים לְבִלְתִּי נָגְעֵךְ. וְצָמִת וְהָלַכְתְּ אֶל הַכֵּלִים וְשָׁתִית מֵאֲשֶׁר יִשְׁאֲבוּן הַנְּעָרִים (ב ח–ט).

דומה כי דברי בועז, המדגיש את כוונתו באמצעות חזרה ושכנוע, נועדו בראש ובראשונה לדבר על לבה של רות לא לעזוב את שדהו. המאמצים הניכרים שהוא משקיע כדי לשכנעה להישאר (החזרה המשולשת) מציגים את היפוכם של דברי נעמי שנועדו לשלחה בחזרה למואב. בניסיונותיה הנחושים של נעמי הופיעה שלוש פעמים המילה "לך", ומילה זו מופיעה גם באמירתה החטופה בת שתי המילים בפתיחת הפרק, "לְכִי בִתִּי". בפנייתו הראשונה של בועז לרות הוא משתמש באותה מילה אך בלשון שלילה, "אַל תֵּלְכִי". אם נעמי דוחה, בועז מקבל; אם נעמי מבקשת להדוף את רות ממנה והלאה, בועז מושך אותה פנימה.

דברי בועז מעוררים שאלה נוספת: אם רות מלקטת ממילא, מדוע צריך בועז לשכנעה שלוש פעמים להישאר בשדהו? הדבר

עשוי ללמד שכאשר בועז מדבר אליה, רות כבר מתכוננת לעזוב. על פי התיאוריה שהבאתי לעיל, רות חיכתה בצד עד בוש בשדהו של בועז. הניצב נהג בה כנראה בבוז, מדבריו של בועז עולה שהנערים הטרידו אותה, והשעות נקפו בלא שהצליחה להשיג את מבוקשה: מזון לה ולנעמי. רות נוטה ללכת ולנסות את מזלה במקום אחר. מילותיו המרגיעות של בועז נועדו לפייסה, לשכנעה לא ללכת, למשוך אותה בנועם אך בתוקף בחזרה לשדותיו כדי שיוכל להבטיח את שלומה ואת יכולתה למצוא מזון.

וַתִּפֹּל עַל פָּנֶיהָ וַתִּשְׁתַּחוּ אָרְצָה. וַתֹּאמֶר אֵלָיו: מַדּוּעַ מָצָאתִי חֵן בְּעֵינֶיךָ לְהַכִּירֵנִי וְאָנֹכִי נָכְרִיָּה? (ב י)

לאור התרחיש שהוצע לעיל, הכרת הטובה העמוקה שחשה רות על יחסו הטוב של בועז איננה מופרזת. עד כה לא זכתה ליחס טוב משום אדם בבית לחם. אזכור הדברים שאמרה לנעמי משקף את אכזבתה הקשה. היא עזבה את נעמי בתקווה קלושה שתצליח למצוא מישהו "אֲשֶׁר אֶמְצָא חֵן בְּעֵינָיו". ובכל זאת, כשהיא פוגשת את בועז, היא מתפלאת כל כך שמישהו נוהג בה יפה עד שהיא חוזרת על דבריה בתדהמה: "**מַדּוּעַ מָצָאתִי חֵן בְּעֵינֶיךָ** לְהַכִּירֵנִי וְאָנֹכִי נָכְרִיָּה?"

מהי באמת הסיבה ליחסו השונה כל כך של בועז כלפי רות? מדוע הוא נוהג בה יפה בעוד שאר אנשי העיר נוהגים בה בגסות? כבר עסקנו לעיל באופיו היוצא דופן של בועז והזכרנו את נדיבותו ואת יכולתו להכיר באחר. אלא שבועז מייחס את מעשיו דווקא לאופייה היוצא דופן של **רות**, לנדיבותה ולהחלטתה להתלוות אל נעמי ולהצטרף לעם ישראל.

וַיַּעַן בֹּעַז וַיֹּאמֶר לָהּ: הֻגֵּד הֻגַּד לִי כֹּל אֲשֶׁר עָשִׂית אֶת חֲמוֹתֵךְ אַחֲרֵי מוֹת אִישֵׁךְ, וַתַּעַזְבִי אָבִיךְ וְאִמֵּךְ וְאֶרֶץ מוֹלַדְתֵּךְ וַתֵּלְכִי אֶל עַם אֲשֶׁר לֹא יָדַעַתְּ תְּמוֹל שִׁלְשׁוֹם. יְשַׁלֵּם ה׳ פָּעֳלֵךְ וּתְהִי מַשְׂכֻּרְתֵּךְ שְׁלֵמָה מֵעִם ה׳ אֱלֹהֵי יִשְׂרָאֵל אֲשֶׁר בָּאת לַחֲסוֹת תַּחַת כְּנָפָיו (ב יא–יב).

הכרזתו הפומבית של בועז

תגובתו המופלאה של בועז להתנהגותה ולדבריה של רות נועדה אולי לא לאוזניה בלבד. הוא משמיע כאן הצהרה פומבית בדבר צדקתה של רות, הצהרה שנועדה לשמש לה מעין חותם כשרות ולאפשר את כניסתה לחברת בית לחם. אפשר ללמוד זאת משני הפעלים הנפרדים שבהם הוא משתמש: "ויען", "ויאמר". צירוף זה מעיד שאין זו אמירה פרטית בלבד אלא אמירה שניחנה בתוקף של הכרזה רשמית.[1] זאת ועוד, הכפלת השורש נג"ד ("הֻגֵּד הֻגַּד לִי") בפתח דבריו של בועז מלמדת כי מעשיה היוצאי דופן של רות ידועים.[2] במדרש מוסבר כי הכפלת הפועל מעידה שהמידע הגיע אל בועז מכל עבר: "למה שתי פעמים 'הגד הוגד לי'? הוגד לי בבית, הוגד לי בשדה" (רות רבה פרשה ה ג).[3]

גם אם מעשיה של רות ידועים לאנשי העיר, הם אינם מתפעלים מהם בהכרח,[4] ומכל מקום תיאורה ה"ידוע לכול" לכאורה של רות לא הניע איש מהם לנהוג בה עד כה בנדיבות. דבריו השליליים של הניצב משקפים אולי את הדעה הרווחת עליה. הפיתוח החיובי שמציע

1. ראו למשל בראשית כד נ; כז לז; לא מג; מ יח; שמות ד א; כד ג; במדבר יא כח; ודוגמאות רבות אחרות להצמדת שני הפעלים הללו.
2. השורש נג"ד, המרבה לשמש מילה נרדפת לשורשים אחרים שמשמעם דיבור כמו אמ"ר ודב"ר, מתייחס כנראה אטימולוגית למילה "נֶגֶד" במשמעות "מול" או "לנוכח" (למשל שמות לד י; יהושע ג טז). הוא מלמד אפוא כי משהו מוכרז בפומבי, או, בהקשר הכרזתו של בועז, שמה שהוא עומד לומר ידוע לו מפני שהוא ברור לכול, ונמצא לנגד עיניו. ראו BDB, עמ' 616–617.
3. גם קמפבל, רות, עמ' 99, סבור כי הכפלת הפועל נועדה להדגיש ולחזק. ראו גם מלצר, "רות", 17. לשימוש האחר בהכפלה זו (יהושע ט כד) יש כנראה קונוטציה שונה.
4. ייתכן שהם סבורים שרות פועלת מתוך מניע אינטרסנטי למצוא לעצמה בעל בבית לחם (ראו למשל את דברי נעמי ברות א יא–יג), וייתכן שנאמנותה לנעמי אינה נתפסת בעיניהם בהכרח כמעשה חיובי מפני שהם עדיין נוטרים טינה לנעמי. התייחסותו הפומבית של בועז למעשיה של רות היא אפוא צעד נחוץ במיוחד.

בועז נועד להניע את אנשי העיר לאמץ את רות ולנהוג בה כפי שמגיע לה בזכות מעשיה. בדבריו יוצא בועז נגד נימת הזלזול של הניצב, שדבריו (ב ו) נפתחים באותם שני פעלים ("ויען", "ויאמר") וכנראה נועדו גם הם להישמע בפומבי.

דבריו הפומביים של בועז פיוטיים ועוצמתיים ומבטיחים כי מעשיה של רות יזכו לגמול נאות.[5] הוא מציין את התנהגותה היוצאת דופן של רות ואז מעתיר עליה ברכה שה' יגמול לה על חסדה. ברכת בועז בשם ה' ("יְשַׁלֵּם ה' פָּעֳלֵךְ") מזכירה את ברכת נעמי ברות א ח-ט ("יַעַשׂ ה' עִמָּכֶם חֶסֶד... יִתֵּן ה' לָכֶם וּמְצֶאןָ מְנוּחָה"), אך למעשה תוכן ברכתו הוא היפוכה של ברכת נעמי. ברכת נעמי נועדה לשלח את רות לביתה והיא מבטיחה לה כי ברכת ה' תלווה אותה בדרכה חזרה למואב, ואילו ברכת בועז מושכת את רות פנימה ומצהירה כי ה' יגמול לה וברכתו תלווה אותה בדרכה להצטרף לעם ישראל. מילות ברכה אלה מחוזקות במטפורה של רות הבאה לחסות תחת כנפי ה'. אנשי העיר אולי לא קיבלו אותה עדיין, אבל בועז מעתיר עליה באופן ברור ופומבי את ברכת ה' ואת קבלתו.

נוסף על תוכן תמיכתו הגורפת של בועז ברות, ראוי להתעכב גם על השפה הפיוטית של נאומו.[6] דוגמאות לשפה פיוטית זו הן למשל השימוש הכפול בשורש נג"ד ("הֻגֵּד הֻגַּד לִי") והביטוי "תמול שלשום".[7] התיאור המטפורי של יחסי רות עם אלוהי ישראל, "אֲשֶׁר בָּאת לַחֲסוֹת תַּחַת כְּנָפָיו", הוא ביטוי בולט במיוחד לאופי הפיוטי של

5. גאו, רות, עמ' 46, קובע כי מילים אלה של בועז הן נקודת המשען של הסיפור כולו ולבו של פרק ב.
6. השפה הפיוטית של מגילת רות, שכותבים רבים עסקו בה, הולידה כמה תיאוריות שנויות במחלוקת. כך למשל, מאיירס, רות, עמ' 33-43, סבור כי במקור נכתבה המגילה בלשון פיוטית שהומרה בהמשך לפרוזה. רוב טיעוניו אינם משכנעים בעיניי. סיפורים מקראיים רבים כתובים בשפה המרחפת בין פיוט לפרוזה.
7. דוגמה נוספת היא צורת השם של השורש פע"ל ("יְשַׁלֵּם ה' פָּעֳלֵךְ"), שעל פי BDB, עמ' 821, משמש תמיד בהקשר פיוטי (ראו למשל דברים לג יא; ישעיהו מא כד; תהלים מד ב).

דברי בועז.[8] השימוש בשפה רשמית מבטיח כי איש לא יטעה ויראה בדבריו אמירה סתמית. הוא חורת את הדברים בזיכרון השומעים ובכך מאפשר את התקבלותה של רות.

גם מקצב הדברים יוצא דופן, שכן כל כמה מילים מסתיימות בסיומת הגוף השני "אֵךְ" ויוצרות התנגנות מובהקת:

הֻגֵּד הֻגַּד לִי כֹּל אֲשֶׁר עָשִׂית אֶת חֲמוֹתֵךְ
אַחֲרֵי מוֹת אִישֵׁךְ
וַתַּעַזְבִי אָבִיךְ וְאִמֵּךְ
וְאֶרֶץ מוֹלַדְתֵּךְ...
יְשַׁלֵּם ה׳ פָּעֳלֵךְ
וּתְהִי מַשְׂכֻּרְתֵּךְ
שְׁלֵמָה מֵעִם ה׳...

הדיבור הקצבי של בועז נועד להיחרת בלבותיהם ובמחשבותיהם של שומעיו ולדרבן את אנשי העיר להיזכר בהתפעלותו של בועז ממעשי רות ולקבל את רות לתוכם. תמיכתו הפומבית האישית מחזקת את ידיה של רות, גופנית ורגשית, ותורמת תרומה חשובה להתקבלותה העתידית בבית לחם.

בועז, פטרונה של רות: מדוע תומך בועז ברות?

מדוע נותן בועז את תמיכתו לרות? כפי שצוין, בועז תולה את מעשיו באופייה היוצא דופן של רות. על פי בועז, שרשרת מעשי החסד בספר זה נפתחת ברות. מבחינה לשונית, הדרך שבה הוא מתאר את מעשיה

8. דימוי או מטפורה הם "מהות השירה" בעיני ברלין, קריאת שירה, עמ׳ 2101. רות רבה פרשה ה ד מציין את חשיבות המטפורה המסוימת הזאת. ראו גם תהלים לו ח; צא ד.

החריגים - "וַתַּעַזְבִי אָבִיךְ וְאִמֵּךְ וְאֶרֶץ מוֹלַדְתֵּךְ" - מזכיר את הכרזת הנאמנות של רות עצמה לנעמי: "אַל תִּפְגְּעִי בִי לְעָזְבֵךְ".

תיאור צעדיה של רות ("וַתַּעַזְבִי אָבִיךְ וְאִמֵּךְ וְאֶרֶץ מוֹלַדְתֵּךְ **וַתֵּלְכִי** אֶל עַם אֲשֶׁר לֹא יָדַעַתְּ תְּמוֹל שִׁלְשׁוֹם") מזכיר את דברי ה' לאברהם: "**לֶךְ לְךָ** מֵאַרְצְךָ וּמִמּוֹלַדְתְּךָ וּמִבֵּית אָבִיךָ". בועז רומז כי מעשיה של רות שווים בערכם למעשהו של אברהם אבי האומה.[9] גם הגמול שמציע בועז לרות ("**מַשְׂכֻּרְתֵּךְ**") מזכיר את הבטחת ה' לאברהם: "אַל תִּירָא אַבְרָם, אָנֹכִי מָגֵן לָךְ, **שְׂכָרְךָ** הַרְבֵּה מְאֹד" (בראשית טו א).[10] ולבסוף, בועז מרמז כי בחירתה של רות, בדומה לאברהם, היא ללכת אחר ה' (ולא רק אחר נעמי), שתחת כנפיו היא באה לחסות. לפיכך אין לדחות את רות בגלל עברה אלא ראוי לאמצה בזכות אומץ לבה, נחישותה ויראת השמים שלה.

הרעיון שהמניע המרכזי למעשיו של בועז הוא התנהגותה של רות בא לידי ביטוי בכמה מדרשים. ראו למשל את המדרשים הקובעים כי בועז מבחין ברות לראשונה בשל התנהגותה החריגה בשדה.[11] מקורות חז"ל אחרים מציעים סיבה דומה לחסדו של בועז ומאשרים את הכרזתו שהוא פועל בהשראת התנהגותה של רות: "'וכה תדבקין עם נערותי [הקוצרות]' - וכי דרכו של בועז לדבק עם הנשים?[12] א"ר

9. כפי שמבחינה טריבל, קומדיה אנושית, עמ' 173, מעשיה של רות אינם מונעים על ידי הוראה או ברכה מעם ה'. מבחינה זו אפוא "קפיצת האמונה" של רות עולה אפילו על מעשהו של אברהם.

10. בפסוק המופיע מיד אחרי הבטחת ה' לאברהם (בראשית טו ב) קובל אברהם על היותו ערירי ובכך מרמז כי ה"שכר", לפי הבנתו, הוא פוריות. הדבר משתלב היטב עם המוטיב הכללי של הולדה והמשכיות במגילת רות. לשימושים דומים של המילה "שכר" ראו בראשית ל טז, יח; תהלים קכז ג.

11. למשל, רות רבה פרשה ד ט ושבת קיג ע"ב.

12. מהרש"א מדגיש כי שאלת הגמרא אינה מתבקשת מהכתוב, שבו למעשה מייעץ בועז לרות לדבוק בנערותיו הקוצרות (**ולא בו**). מהרש"א מעלה את האפשרות שהמילה "דבק" מרמזת על קשר בין גבר לאישה, ולפיכך מנסחת הגמרא את שאלתה כאילו בועז מתכוון בעצם לומר שרות תדבק בו. כך או כך, גמרא זו

אלעזר: כיון דחזא [שראה] (רות א יד) 'ותשק ערפה לחמותה ורות דבקה בה', אמר: שרי [מותר] לאידבוקי בה [לדבוק ברות]" (שבת קיג ע"ב).

גמרא זו מציינת כי השימוש שעושה בועז בפועל "דבק" מקביל לאופן שבו מתאר פועל זה את מסירותה של רות לחמותה ("דָּבְקָה בָּהּ"). רמז ספרותי זה מלמד כי נדיבותו של בועז כלפי רות היא שכר הולם על יחסה של רות אל נעמי. בועז פועל בעצם כחיקוי לצדיקותה של רות וכמשלם גמולה.

כך, יראת השמים של רות היא המניעה את מעשיו של בועז. עם זאת, דרושה תעוזה יוצאת דופן לפעול בניגוד לנורמות החברתיות ולנהוג במידת החסד כלפי מואבייה מנודה הקשורה למשפחה מנודה. מכאן שיחסו של בועז כלפי רות נעוץ בראש ובראשונה באישיותו, בחמלתו ובנדיבותו.

> רבי סימון בשם רבי אלעזר אומר:... מי הוא שעשה חסד עם מי שצריך חסד? זה בועז עם רות הדא הוא דכתיב [שנאמר]: "ויאמר לה בועז לעת האוכל: גשי הלום" (ויקרא רבה פרשה לד ח).

בועז: המדריך הרוחני של רות

כמה מדרשים מגדירים בצורה שונה את יחסיהם הראשוניים של בועז ורות - הם רואים בהם יחסים בין מורה רוחני לבין גיורת בראשית דרכה:

> "ויאמר בועז אל רות: הלא שמעת בתי, אל תלכי ללקוט בשדה אחר", על שם (שמות כ ג): "לא יהיה לך אלהים אחרים על פני".

(המבחינה בחשיבותו של השורש דב"ק בסיפור) היא דוגמה נוספת לרגישותם הספרותית של חז"ל.

"וגם לא תעבורי מזה", על שם (שמות טו ב): "זה אלי ואנוֵהו".
"וכה תדבקין עם נערותי", אלו הצדיקים שקרויין נערים...
"וצמית והלכת אל הכלים", אלו הצדיקים שקרויין כלים (רות רבה פרשה ד יא-יב).

על פי מדרש זה, דברי בועז נועדו להקנות לרות מושגי יסוד ביהדות. כשהוא אומר לה לא ללקוט בשדות אחרים, הוא אומר לה בעצם שאל לה לעבוד אלוהים אחרים. כשהוא אומר שאל לה לעבור מזה, הוא מתכוון ללמדה שעליה להלל את ה׳ כפי שעשו בני ישראל אחרי חציית ים סוף.[13] וכשהוא מבהיר לה שעליה לדבוק בנערות הקוצרות ולשתות מן הכלים, הוא מייעץ לה בעצם לדבוק בצדיקים.

מדרש זה מציב את בועז בתפקיד המיוחס גם לנעמי בכמה מהמדרשים שראינו - מדרשים שבהם נעמי ממלאת תפקיד פעיל בגיורה של רות ובהכשרתה לקראת חיים ברוח ההלכה.[14] המדרש הבא מפרש באופן דומה את ההנחיות שתיתן נעמי לרות בהמשך:

"ורחצת וסכת" - "ורחצת", מטנופת עבודת כוכבים שלך. "וסכת", אלו מצות וצדקות. "ושמת שמלותיך עליך", וכי ערומה היתה? אלא אלו בגדי שבתא (רות רבה פרשה ה יב).

גם המדרש הבא מייחס את התפתחות אישיותה של רות להשפעת נעמי:

13. הקשר נוצר באמצעות המילה המשותפת "זה", המחברת בין שני הקטעים.
14. ראו למשל יבמות מז ע"ב; רות רבה פרשה ב כב-כד, ה יב; רות זוטא א יב; ותרגום רות, א טז-יז.

"ויען הנער הנצב על הקוצרים ויאמר: נערה מואביה היא", ואת אמרת מעשיה נאים ונעימים?![15] אלא רבתה [גברתה, נעמי] רפתה לה [ריככה את דרכיה המואביות][16] (רות רבה פרשה ד ט).

מדרשים אלה מסבים את תשומת לבנו לתופעה טקסטואלית חשובה, דהיינו תפקידם המקביל של נעמי ובועז ואחריותם המקבילה כלפי רות. אמנם בשלב זה דומה שנעמי מנוכרת מרות, אבל התמורה המתרחשת בסיום פרק ב תניע אותה לפעול כהורה כלפי רות (כפי שעושה בועז). שניהם, בועז ונעמי, מכנים אותה "בתי" ושניהם מכוונים בעדינות את פעולותיה כדי לאפשר את התקבלותה בחברת בית לחם.[17] שניהם מכירים בסכנות שצופן השדה,[18] מביעים דאגה לשלומה הגופני של רות[19] ודוחקים בה לדבוק בנערות הקוצרות בשדות בועז (רות ב ח,

15. מדרש זה משתמש במילים "נאים" ו"נעימים" כדי לבטא את פליאתו של הניצב לנוכח התנהגותה הנעימה של רות. במילים אלה בדיוק משתמש המדרש ברות רבה פרשה ב ה כאטימולוגיה לשמה של נעמי. באופן זה מרמז המדרש שמואבייה זו נוהגת בצורה דומה לנעמי ובזכותה אימצה את המראה ואת ההתנהלות של בת ישראל מכובדת.
16. **עץ יוסף**, בפירושו למדרש זה, מסביר כי הניצב מתייחס לרות באופן שלילי ורואה בה מואבייה במהותה, אף על פי שהתנהגותה משקפת כלפי חוץ את התנהגותה של נעמי. פירושו תואם את גישתי כלפי הניצב.
17. בפרק ב פונים נעמי ובועז לרות בהזדמנויות נפרדות במילה "בתי" (רות ב ב, ח, כב). הוא הדין בפרק ג (רות ג א, י, יא, טז). זוהי הקבלה משמעותית במיוחד, מפני שצורת פנייה זו מופיעה רק פעם אחת מחוץ למגילת רות (שופטים יא לה), ושם היא נשמעת מפי הורה אמיתי.
18. שניהם משתמשים בביטוי "שדה אחר" לתיאור המקום שאל לה לרות ללכת לשם (רות ב, ח, כב).
19. בועז משתמש בשורש נג"ע ("הֲלוֹא צִוִּיתִי אֶת הַנְּעָרִים לְבִלְתִּי נָגְעֵךְ"; רות ב ט), שימוש המרמז על הטרדה מינית (ראו בראשית כ ו). נעמי משתמשת בשורש פג"ע (רות ב כב), המשמש פעמים רבות לתיאור מפגש עוין (ראו למשל שופטים ח כא; שמואל א כב יז-יח), אך לאו דווקא אלימות מינית. עם זאת, מדרשים אחדים מניחים כי גם נעמי מתייחסת לפגיעה מינית (למשל רות זוטא ב כב).

כב). מדרשים אלה מרחיבים את התפקידים המקבילים של אותן דמויות ובמקביל מניחים שכל תפקיד הורי כולל גם יסוד של פיקוח דתי.

הבטחה למלוכה

גישה מדרשית דומה (העוסקת בעובדה שבועז מזמין את רות לסעוד ברות ב יד) סבורה כי בועז מדריך את רות להבין את תפקידה העתידי כאם המלכות:[20]

"ויאמר לה בועז לעת האכל גשי הלום"... "גשי הלום", קרובי למלכות, ואין הלום אלא מלכות. הדא הוא דכתיב: (שמואל ב ז יח) "כי הביאותני עד הלום".
"ואכלת מן הלחם", זו לחמה של מלכות.
"וטבלת פתך בחומץ", אלו היסורין, שנאמר (תהלים ו ב) "ה' אל באפך תוכיחני" (רות רבה פרשה ה ו).

גם כאן מוצב בועז בתפקיד המחנך, אלא שהפעם הוא רואה לנגד עיניו מטרה ספציפית.[21] מדרש זה מתיישב היטב עם התפיסה שעיקר עניינה של מגילת רות הוא הצגת רות ובועז כאנשים שמהם ייצאו דוד והמלוכה.[22] על פי תפיסה זו, כל מילה בחילופי הדברים, כל מעשה וכל אירוע המופיעים בספר מבשרים את היעד הסופי, הלוא הוא הקמת שושלת בית דוד.

ייתכן שקריאה מדרשית זו מתבססת על הופעתה של המילה "לחם" בתמונה זו. מילה משמעותית זו מופיעה במגילת רות תשע

20. אני מביאה כאן רק חלק קטן מתוך מדרש ארוך המציע קריאות שונות של דברי בועז לעת האוכל, המתוארים בהן כהדרכת רות לקראת מלוכה.
21. גם ברות זוטא ב יג מתואר בועז כמי שמבשר לרות על תפקידה העתידי כאֵמה של מלכות.
22. ראו גם תרגום רות ב יא, המרחיב את המילים "הֻגֵּד הֻגַּד לִי" ומסביר את שכרה: "הגד הגד לי... בנבואה שעתיד לצאת ממך מלכים ונביאים על הטובה שעשית עם חמותך...".

פעמים, ובשבעה מהמופעים היא קשורה לשם העיר "בית לחם". לא פלא הוא שזוהי עיר הולדתה של שושלת בית דוד, ושהנביא מיכה (ה א) קובע כי מעיר זו יֵצא המושל בישראל. שהרי לחם הוא בסיסה של החברה, והמנהיג המסוגל לספק לחם הוא מכלכל ומגן אפקטיבי.[23] לחם הוא סמל להנהגה אפקטיבית, ומי שמציע לחם הוא מנהיג אפקטיבי. בועז הוא האדם היחיד הנותן לחם בסיפור זה,[24] ואפשר לראות בנתינה חשובה זו רמז לכך שבועז מציע לרות את אפשרות המלוכה.

רמז ספרותי נוסף עשוי לתמוך בגישה מדרשית זו. פעמיים כוללת ברכת בועז לרות את השורש של"ם, הפותח וחותם את המשפט הראשון בברכתו: "**יְשַׁלֵּם** ה' פָּעֳלֵךְ וּתְהִי מַשְׂכֻּרְתֵּךְ **שְׁלֵמָה** מֵעִם ה' אֱלֹהֵי יִשְׂרָאֵל" (ב יב). השימוש החוזר הזה מפנה את תשומת לבנו אל המילה, המלמדת כי גמולה הגדול של רות הוא תקופה שתביא עמה שלמות, תשלום ושלום. ייתכן שזוהי הבטחת המלוכה, המבשרת עתיד אידיאלי. זהו אולי גם רמז לשם שלֹמה, צאצאה המהולל של רות, הפותח את שושלת בית דוד, בונה את המקדש ומגבש את אמות המידה למלוכה האידיאלית.[25]

וכך מוצגת קריאה זו במדרש: "'ותהי משכרתך שְׁלֵמָה', שְׁלֹמֹה כתיב, א"ר יוסי א"ל: שְׁלֹמֹה יעמיד ממך" (פסיקתא דרב כהנא טז).

ואכן, המלוכה נועדה להשגת שלמות, מצב של שלום וביטחון לעם היושב בארצו.[26] שאיפה זו באה לכלל מימוש בתחילת מלכותו של שלמה:

23. ייתכן שקיים קשר אטימולוגי בין המילים "לחם" ו"מלחמה". ראו פורטן, מוטיב, עמ' 75-76. מנהיג המבקש לגייס חיילים למלחמה בוודאי לא יוכל לעשות זאת אם לא יצליח לדאוג להם לתזונה הולמת.

24. ה' הוא הדמות היחידה הנוספת הנותנת לחם בספר (רות א ו). העובדה שבועז נותן לחם לצד ה' מבשרת וחונכת את תפקיד המלך, המתפקד כשלוחו האנושי של ה' המרעיף על עמו באמצעותו את ברכותיו ואת תמיכתו הכלכלית.

25. ראו גם הרב ברוך אפשטיין (תורה תמימה, רות ב יב), המציין את החזרה הלא-נחוצה על המילה "שלם" ומסיק שזהו רמז סמוי לשלמה.

26. ראו למשל ספרי במדבר פיסקא מב.

> כִּי הוּא [שלמה] רֹדֶה בְּכָל עֵבֶר הַנָּהָר מִתִּפְסַח וְעַד עַזָּה, בְּכָל מַלְכֵי עֵבֶר הַנָּהָר, וְשָׁלוֹם הָיָה לוֹ מִכָּל עֲבָרָיו מִסָּבִיב. וַיֵּשֶׁב יְהוּדָה וְיִשְׂרָאֵל לָבֶטַח אִישׁ תַּחַת גַּפְנוֹ וְתַחַת תְּאֵנָתוֹ מִדָּן וְעַד בְּאֵר שָׁבַע כֹּל יְמֵי שְׁלֹמֹה (מלכים א ה ד-ה).

השם שלמה, לצד שם בירתו (ירושלים), מגלם את השלום המוחלט ואת הביטחון השלם שאליו שואפת המלוכה.[27] השימוש הכפול של בועז במילה "שלם" מרמז אולי על הבטחת המלוכה, העשויה להביא עמה שלום לא רק לרות אלא לעם כולו.

27. האישה המוצגת כמקבילתו של שלמה בשיר השירים ז א מכונה השולמית. שם זה, הנגזר מאותו שורש ומלמד על שלמות, משלים את המוטיב הזה.

כוח ייאושה של רות: על אימהות ומלוכה

וַתֹּאמֶר: אֶמְצָא חֵן בְּעֵינֶיךָ אֲדֹנִי כִּי נִחַמְתָּנִי וְכִי דִבַּרְתָּ עַל לֵב שִׁפְחָתֶךָ וְאָנֹכִי לֹא אֶהְיֶה כְּאַחַת שִׁפְחֹתֶיךָ (ב יג).

בועז מנחם את רות ומדבר על לבה

בעקבות התייצבותו הפומבית היוצאת דופן של בועז לצד רות, רות מציינת שתי סיבות להכרת הטובה שהיא חשה כלפיו. ראשית, בועז ניחם אותה. שנית, הוא דיבר על לבה. האם אין שני הדברים האלה זהים? התרגום (ב יג) מניח כי רות מתייחסת לשני היבטים שונים בחסדו של בועז: ״ארום ניחמתני, לאכשרותני למדכי למיעל בקהלא דה׳, וארום מלילתא תנחומין על לבא דאמתך דאבטחתני למחסן עלמא דאתי הי כצדיקתא״ [=כי ניחמתני, שהכשרתני לזכות להיכנס לקהל ה׳, וכי דיברת תנחומים על לב אמתך, שהבטחתני שאוריש בעולם הבא כצדיקה] (תרגום רות ב יג).

בכתוב עצמו לא נאמר איך בועז ניחם את רות.[1] האם היא מתארת שינוי שחל במצבה הרגשי (אולי בזכות העובדה שהכיר בה) או שינוי מעשי (אולי בזכות ההבטחה שתוכל להשיג מזון בשדהו)? אשר לביטוי השני, מפתה להבין את דבריה בהקשר הרומנטי. אפשרות זו קוסמת במיוחד לאור העובדה שאותו ביטוי בדיוק מופיע בחיזוריו של שכם אחרי דינה: "וַתִּדְבַּק נַפְשׁוֹ בְּדִינָה בַּת יַעֲקֹב וַיֶּאֱהַב אֶת הַנַּעֲרָ וַיְדַבֵּר עַל לֵב הַנַּעֲרָ" (בראשית לד ג).[2] עם זאת, מופעים אחרים של הביטוי אינם תומכים בפירוש זה ואינם נותנים מקום לתוכן רומנטי (למשל שמואל ב יט ח; ישעיהו מ ב; דברי הימים ב ל כב; לב ו). אדרבה, לדבר על לב מישהו מלמד כמדומה על ניסיון שכנוע, על מילים שנועדו לחדור ללב המאזין ולשכנעו בכנותו של הדובר.

מן הראוי לבחון את שני המקרים האחרים בתנ"ך שבהם מוצגים ביטויים אלה בסמיכות מקום.[3] אחרי מות יעקב מבטאים אחי יוסף חשש מפני נקמתו של יוסף על מה שעוללו לו. יוסף שולל במפורש כל כוונה כזאת, והכתוב מבהיר לנו שהדבר אכן מפיג את חששם של האחים: "וַיְנַחֵם אוֹתָם וַיְדַבֵּר עַל לִבָּם" (בראשית נ כא). מעניין שהמחצית הראשונה של אותו פסוק נפתחת בהבטחתו של יוסף לכלכל את אחיו ואת טפם. על סמך הדברים האלה נוכל להניח שגם דבריה של רות נובעים מהבטחתו של בועז לדאוג להישרדותה הגופנית (ולזו של נעמי).

שני הביטויים מופיעים יחדיו גם בנבואת נחמה לירושלים ולעם: "נַחֲמוּ נַחֲמוּ עַמִּי... דַּבְּרוּ עַל לֵב יְרוּשָׁלַם" (ישעיהו מ א–ב). מילים אלה פותחות את נבואות הנחמה המופיעות בספר ישעיהו, שרבות מהן

1. הפועל "נחם" משמש גם לתיאור הקלת סבלם של אבלים (למשל בראשית לח יב; שמואל ב יג לט). בהקשר שלנו נראה שלא זו המשמעות. בשום שלב בסיפור אין רות מזכירה את בעלה המת מחלון.
2. ראו גם הושע ב טז.
3. מעניין ששני הביטויים מופיעים גם בסיפור פילגש בגבעה ומלחמת האחים (שופטים יט ג; כא ו, טו). אמנם הם אינם מופיעים שם בסמיכות מקום, אבל העובדה ששניהם מופיעים בסיפור יוצרת מקבילה נוספת בין שני הסיפורים.

מבשרות גאולה וישועה בידי שמים.[4] מקבילה זו מציעה הבנה עמוקה יותר של תפקידו של בועז. דבריה של רות, גם אם הם נאמרים בלי משים, רומזים לקורא כי בועז החל להניע את דרך הגאולה האישית של רות, העתידה לסלול את הדרך לגאולה לאומית.

רעיון זה מוצא ביטוי עוצמתי במדרש נועז, שלפיו ה׳ לומד מבועז לנחם את העם הזקוק לגאולה:[5] ״אמר הקב״ה: בעז מנחם: ישלם ה׳ פעלך - ומה אם בעז שדבר על לבה של רות דברים טובים דברי נחומים ניחמה, שנאמר:... ׳כי נחמתני׳ - כשבא הקב״ה לנחם את ישראל על אחת כמה וכמה״ (ילקוט שמעוני ישעיה רמז תמג).[6]

במדרש זה מוצג בועז כמופת למנהיג אמפתי, שמעשיו מניעים את תחילת הגאולה.[7] ה׳ יעשה כמעשה בועז ויציע נחמה, שבעקבותיה ייגאל העם בשעת צרה. שזירה זו בין תפקידו של בועז לבין תפקידו של ה׳ היא רעיון חשוב בספר, המניח את היסודות למודל היחסים בין מלך בשר ודם לבין ה׳. בנושא זה נמשיך לדון כשנעסוק בתחילת פרק ג.

יראת הכבוד של רות

למרות דברי השבח של בועז וברכותיו הנדיבות, רות משיבה לו בנימת כבוד ואולי אפילו תוך השפלת עצמה. את בועז היא מכנה אדונה, ואת

4. שלא כנבואות ישעיהו בפרקים א-לט, המתמקדות בחורבן ובעונש, פרקים מ-סו מתמקדים בגאולה. ראו רש״י לישעיהו מ א.
5. זוהי דוגמה נוספת לדרך פעולתו של המדרש, המגלה רגישות יוצאת דופן לתקבולות ספרותיות. עם זאת, המדרש אינו מזכיר במפורש את ההקבלה הזאת (או את הפסוק בישעיהו) ומניח כי הקורא יעמוד בעצמו על המניע להשוואה מושכלת זו.
6. ראו גם פסיקתא דרב כהנא טז; ילקוט שמעוני רות רמז תרג.
7. ״גאולה״ היא יעד מרכזי (ומילת מפתח) במגילת רות. בועז עתיד לפעול כ״גואל״ בהקשר צר (למשפחת נעמי), אך בסופו של דבר יביא לעולם את שושלת בית דוד, העתידה להביא גאולה לעם כולו. נדון בכך ביתר פירוט כשנעסוק בפרקים ג וד.

עצמה - שפחתו. ואז היא ממהרת לתקן את עצמה ולהצהיר שאינה ראויה אפילו להידמות לאחת משפחותיו.[8] מלכתחילה דומה כי השימוש בכינוי הגוף "אָנֹכִי" נועד למשוך את תשומת לבו של בועז אליה, אך תוכן הדברים ("לֹא אֶהְיֶה כְּאַחַת שִׁפְחֹתֶיךָ!") מפריך את הרושם שיוצרת הפתיחה ומדגיש בצורה אירונית את הביטול העצמי של רות. ייתכן שגם בחירתה במילה "שפחה" במקום המילה "אָמָה" נועדה לשרת את תפיסתה העצמית הנמוכה.[9]

אלא שפסוק זה נקרא בצורה מסורבלת מעט. דומה שמילות הפתיחה של רות, "אֶמְצָא חֵן בְּעֵינֶיךָ", אינן זורמות היטב. האם זהו משפט חיווי? אם כן, לשם מה לומר אותו - במיוחד לאור העובדה שהיא כבר ציינה זאת בפסוק י? אולי היא מבטאת שאיפה לעתיד, כמו "אם נא מצאתי חן בעיניך". דבר כזה היה מלמד כי רות החליטה

8. התרגום ליוונית מפשט את הדברים בהשמיטו את לשון השלילה, ומביע זאת כך: "אהיה כאחת שפחותיך". אני מאמצת את גישתם של רש"י ושל אבן עזרא, שרות אינה ראויה לדעתה להיות אפילו שפחתו של בועז. על פי קריאה זו אין להתעלם מהאירוניה בדבריה של רות. רות זו, המכריזה שאינה ראויה אפילו להיות שפחתו של בועז, **לא** תהיה שפחתו של בועז אלא אשתו. מדרש אחד מבחין באירוניה זו ושם בפיו של בועז את התשובה הבאה לדברי רות (פסיקתא דרב כהנא טז): "אמר לה [בועז]: לא תאמרין כדין חס ושלום, לא מן האֲמהות את נימנית, אי אתה נימנית אלא עם האִמהות!" ראו גם רות רבה פרשה ה ה. המדרש מבסס את קריאתו על השמטת המפיק באות ה"א במילה לה. הואיל והשמטה זו מופיעה רק שלוש פעמים בתנ"ך (במדבר לב מב; זכריה ה יא - ראו תוספות, קידושין מט ע"ב), טוען המדרש כי אמורה להופיע שם המילה "לא" ולא המילה "לה". וכך, במקום לקרוא "ויאמר לה בועז" יש לקרוא: "ויאמר בועז: לא!" ראו פירוש עץ יוסף על רות רבה פרשה ה ה.

9. המחקר דן בשאלה אם המונח "אָמָה" (שרות משתמשת בו בפרק ג ט) מלמד על אישה בעלת מעמד גבוה יותר מזה של שפחה. ראו למשל ששון, רות, עמ' 53-54. הראיות אינן תומכות בהכרח בהבחנה זו, כפי שאפשר להיווכח מהשימוש המתחלף במילים אלה במופעים שונים בתנ"ך (למשל שמואל ב יד טו-יז). חריג בולט, שבו השימוש במונחים אלה מרמז אולי על הבדל משמעותי ביניהם, מופיע בשמואל א כה מא, שם אפשר ללמוד מדברי אביגיל לדוד ש"שפחה" היא המשרתת בעלת המעמד הנמוך ביותר במדרג החברתי. נבחן זאת ביתר הרחבה כשנגיע לפרק ג ט, שם רות מכנה את עצמה "אמה" (וגם שם בצמוד ל"אנכי").

לנהוג בתעוזה ולבקש מבועז טובות נוספות. אולי עלינו לקרוא את הפסוק כשורה של שאלות רטוריות, שכל אחת מהן מדגישה את פליאתה של רות על שחוותה חסד כה בלתי־צפוי:

> ותאמר: מצאתי חן בעיניך, אדוני? וכי ניחמתני? וכי דיברת על לב שפחתך? ואנכי לא אהיה [אפילו] כאחת שפחותיך! (ב יג)

בקריאה כזאת, פליאתה של רות מעבירה היטב את המרחק הקיים לפי הרגשתה בינה לבין בועז. ניכור זה, שהוא אולי פרי ההשפלות והטראומות שחוותה רות לאורך היום כולו, איננו ביטוי לאי־הכרת טובה אלא לייאוש. האם יוכל מישהו לנחם את רות? האם יוכל מישהו לדבר באמת על לבה? תקוותה של רות, אישה שלא זכתה לכל תמיכה חברתית או חמלה אנושית, נשחקת במהירות. ייתכן שהיא סבורה עדיין שאין לה תקנה. ייתכן שייאושה יוקל רק אחרי שבועז יציע לה אוכל בפסוק הבא, אך סביר יותר כי הייאוש יתמיד עד שיובטח עתידה באמצעות נישואים וגאולה. קריאה זו מלמדת כי הספר טרם הגיע לנקודת המפנה שלו.

רות וחנה

שילוב נימת הכבוד ונימת הייאוש בדברי רות מזכיר את חנה ואת דבריה בשמואל א א. עקרותה של חנה היא מקור לצער עמוק שגורם לה לבכות ולמאן לאכול. איש מן הסובבים אותה אינו מקל את כאבה. פנינה, אשתו הפורייה של בעלה, מתייחסת אליה בהתרסה גלויה.[10] אלקנה, בעלה האוהב של חנה, אינו מסוגל להבין את עומק כאבה. הדברים שהוא אומר לה, "לָמֶה תִבְכִּי וְלָמֶה לֹא תֹאכְלִי וְלָמֶה יֵרַע לְבָבֵךְ?

10. על אף דברי חז"ל, שפנינה פועלת מתוך כוונה טובה ומנסה להביא את חנה לידי תפילה (למשל בבא בתרא טז ע"א), מן הפסוק עצמו מצטיירת דמותה באור שלילי יותר. כך או כך, ברור שחנה סובלת מיחסה של פנינה כלפיה.

הֲלוֹא אָנֹכִי טוֹב לָךְ מֵעֲשָׂרָה בָּנִים", מעידים על אטימות או על חוסר אמפתיה למצבה של חנה.[11] בייאושה ובבדידותה מבקשת חנה נחמה במשכן, וגם שם שוגה עלי הכוהן הגדול בפענוח מניעיה וצרכיה. הוא מניח שלפניו אישה שיכורה, לא אישה נואשת. ההסבר המריר שהיא נותנת מניע את עלי להעניק לה ברכה: "וַיַּעַן עֵלִי וַיֹּאמֶר: לְכִי לְשָׁלוֹם, וֵאלֹהֵי יִשְׂרָאֵל יִתֵּן אֶת שֵׁלָתֵךְ אֲשֶׁר שָׁאַלְתְּ מֵעִמּוֹ" (שמואל א א יז). חנה, החווה סוף סוף חמלה ותמיכה, מוצפת בהכרת טובה ומשיבה ברוח דומה לתשובתה של רות לברכתו של בועז: "וַתֹּאמֶר: תִּמְצָא שִׁפְחָתְךָ חֵן בְּעֵינֶיךָ" (שמואל א א יח).[12]

יראת הכבוד וחוסר האמון של חנה נובעים, כמו אצל רות, מתחושת הניכור החברתי. שתי הנשים חוות השפלה ועלבונות. חנה סובלת מפנינה המקניטה אותה ורות סובלת מהקור ומהזלזול של אנשי בית לחם ושל הניצב על הקוצרים. אלא שהחוויה הקשה אינה מרפה את ידיהן. אדרבה, הבדידות והחרדה רק מחזקות את נחישותן והן פועלות בהחלטיות רבה עוד יותר למימוש יעדיהן.[13]

תכונה משותפת נוספת לשני הסיפורים היא הקרבן היוצא דופן של אותן נשים. אחרי מאמץ מרוכז להרות וללדת, כל אחת מהן מוותרת על בנה למען מטרה נעלה יותר. הדבר מתיישב עם הכרתן של שתי הנשים שבניהן אינם שייכים להן, אלא באו לעולם למלא שליחות שמימית ספציפית.[14] חנה מקדישה את בנה שמואל למשכן,

11. הביטוי "טוב לך מ..." הוא רמז נוסף לקשר הלשוני (ולפיכך המודע) בין שני הסיפורים הללו. אנשי בית לחם משתמשים בנוסח דומה כשהם מתארים את ערכה של רות בעיני נעמי (רות ד טו): "כִּי כַלָּתֵךְ... הִיא טוֹבָה לָךְ מִשִּׁבְעָה בָּנִים".

12. לחלופין אפשר לקרוא את הדברים (כפי שהצענו לקרוא את תשובתה של רות) כשאלה רטורית: "וַתֹּאמֶר: תִּמְצָא שִׁפְחָתְךָ חֵן בְּעֵינֶיךָ?!" (שמואל א א יח).

13. יש להבחין בין יעדה של חנה, שהוא לידת ילד, לבין יעדה של רות, שהוא לעזור לנעמי בכל דרך אפשרית, לרבות לידת ילד. בפרק זה יעדה של רות איננו למצוא בעל וללדת ילד, אלא להשיג לנעמי ביטחון לטווח הקצר: מזון והישרדות כלכלית.

14. זהו מוטיב חשוב בסיפורי נשים עקרות בתנ"ך. כל אישה עקרה אמורה להיות

שם הוא גדל כנערו של עלי הכוהן (שמואל א ב יא). רות מעניקה את בנה עובד לנעמי, המגדלת אותו כבנה ומבטיחה את המקום הראוי לו בגניאולוגיה של שושלת בית דוד.

צאצאיהן של אותן נשים פועלים יחדיו לייסודה של צורת הנהגה חדשה ומיוחלת: המלוכה. שמואל מושח מלכים ודוד מייסד שושלת מלכים. הבדידות והניכור עשויים להוליד דבקות ואופי חזק, והיכולת להקריב קרבן למען טובת הכלל היא תנאי מוקדם ליצירתה של הנהגת מופת. שתי נשים יראות שמים ומיוסרות אלה, שנואשו מלחוות חסד או תקווה, מחזירות אפוא לעמן את החסד ואת התקווה באמצעות יצירת המלוכה.

אימהות בישראל

כיוצרות המלכות, פותחות רות וחנה כאחת בתהליך התיקון של תקופת השופטים המנוונת. ספר שופטים לא רק מסתיים בכאוס חברתי ודתי - הספר עצמו כולל רמזים הולכים וגוברים לקריסתה הממשמשת ובאה של החברה. אחד הסימנים הבולטים לכך הוא התפקיד המושחת שממלאות הנשים, ובמיוחד האימהות.

מקורות מקראיים מלמדים כי אימהות נועדו לנהוג בחמלה - אהבת אם לילדהּ ורחמיה עליו נתפסים אולי כגורם היציב ביותר מכל היבטי אישיות האדם.[15] דיוקנה של חברה שניתקה מעוגניה ושל אנשים שמעשיהם חורגים מכל הסבר הגיוני משתמש בדימוי האם

מוכנה למסור את בנה למילוי תפקידו השמימי. מסירה כזאת היא הכרה בכך שהילד אינו שייך באמת להורה, וגם שכל אדם נולד עם ייעוד אלוהי. לדעתי, סיפור העקרות הוא פרדיגמה לתפיסה תיאולוגית כללית של התעברות ולידה. כל ילד שבא לעולם צריך להיתפס כנס, והוריו חייבים להוביל אותו למלא את ייעודו בעולם.

15. דוגמה טובה במיוחד לכך היא השאלות הרטוריות המופיעות בישעיהו מט טו: "הֲתִשְׁכַּח אִשָּׁה עוּלָהּ, מֵרַחֵם בֶּן בִּטְנָהּ?"

שחדלה לנהוג בחמלה בילדה, ואולי באופן גרוטסקי עוד יותר באם האוכלת את פרי בטנה כדי לשרוד.[16]

ברוח דומה, בתחילת ספר שופטים מתוארות בסיפור דבורה שלוש נשים (יעל, דבורה ואם סיסרא), שכל אחת מהן מתנערת מתפקידה האימהי. דומה שזהו ניסיון לתאר את דמותה של חברה מבולבלת, שכל דבר בה איבד את מקומו הטבעי ובניה עושים דברים בלתי־סבירים. נפתח ביעל, שמבחינות רבות היא גיבורת הסיפור. יעל בחרה לעזור לבני ישראל במלחמתם נגד הכנענים, ולשם כך היא רוצחת את סיסרא באוהלה. סיסרא מגיע מהקרב, מבקש אצלה מחסה, ויעל מזמינה אותו אליה בנועם:[17]

וַתֵּצֵא יָעֵל לִקְרַאת סִיסְרָא וַתֹּאמֶר אֵלָיו: סוּרָה אֲדֹנִי, סוּרָה אֵלַי, אַל תִּירָא. וַיָּסַר אֵלֶיהָ הָאֹהֱלָה וַתְּכַסֵּהוּ בַּשְּׂמִיכָה. וַיֹּאמֶר אֵלֶיהָ: הַשְׁקִינִי נָא מְעַט מַיִם כִּי צָמֵאתִי. וַתִּפְתַּח אֶת נֹאוד הֶחָלָב וַתַּשְׁקֵהוּ וַתְּכַסֵּהוּ (שופטים ד יח–יט).

התנהגות נדיבה זו, האופן שבו היא מכסה את סיסרא בשמיכה (פעמיים) ונותנת לו חלב, משלימים את תמונת הדמות האימהית. אלא שתמונה שלווה זו של חיבה חומלת מתנפצת באחת עם הצעד האלים והבלתי־צפוי שנוקטת יעל. היא אוחזת ביתד, מתקרבת אל סיסרא בלאט, נועצת את היתד ברקתו והורגת אותו ללא רחמים בשנתו. אינני מבקשת לגנות את יעל על מעשה הגבורה הזה, המשחרר את ישראל מאויב מר. ובכל

16. מגילת איכה מלאה דימויים כאלה, המביעים את תהומות הסבל והכאב בעקבות חורבן ירושלים. ראו למשל איכה ב יד, כ; ד ג–ד, י. ראו גם ויקרא כו כט; דברים כי נז; ירמיהו יט ט; יחזקאל ה י.

17. חשוב להקשיב לצלילי הפסוק הזה, שכן הטקסט המקראי נועד להישמע (ולא רק להיקרא). למעשה, הצליל החוזר בפסוק זה הוא "ס", צליל מרגיע ועדין – "סוּרָה אֲדֹנִי, סוּרָה אֵלַי, אַל תִּירָא. וַיָּסַר אֵלֶיהָ הָאֹהֱלָה וַתְּכַסֵּהוּ בַּשְּׂמִיכָה". יעל מזמינה את סיסרא להאמין בעדינותה ובכוונות השלום שלה.

זאת תיאור זה של יעל הבוגדת בדימוי האימהי מציג תמונה מטרידה, אולי אפילו במכוון.

זאת ועוד, בסיפור זה יש שתי נשים נוספות המתוארות במפורש כ"אם". הראשונה היא דבורה, המכנה את עצמה "אֵם בְּיִשְׂרָאֵל" (שופטים ה ז). דומה שזהו כינוי אירוני, שכן בחייה הפרטיים, שלא כרוב הנשים המקראיות, דבורה אינה מתפקדת בשום דרך ברורה כאֵם.[18]

אֵם סיסרא אינה זוכה אפילו לשם בכתוב - היא מזוהה רק על פי תפקידה האימהי. מעניין לראות שבעוד הפגם של דבורה הוא פשוט העובדה שהיא אינה פועלת בגלוי כאֵם, אמו של סיסרא, כמו יעל, בוגדת למעשה בטבעה האימהי. בסוף שירת דבורה מתוארת אֵם סיסרא כמי שצופה מחלונה לקראת שוב בנה כמנצח מהקרב. היא שואלת מדוע הוא מתאחר ומשיבה בעצמה לשאלתה: "הֲלֹא יִמְצְאוּ יְחַלְּקוּ שָׁלָל, רַחַם רַחֲמָתַיִם לְרֹאשׁ גֶּבֶר" (שופטים ה ל). המילה "רֶחֶם" קשורה אטימולוגית למילה רחמים.[19] למעשה, עצם תכונת החמלה קיימת אולי בעולם הזה רק בזכות יכולתה של האנושות להתרבות, ליצור חיים. הקשר העמוק בין אם וילדה, הנהֶרה, גדל ונולד מגופה של האישה, אחראי להגנה, לדאגה ולטיפול המאפיינים את רגשות האם כלפי ילדה. לפיכך יחסים אלה הם שמוצגים כמופת לחמלה

18. גם אם הכינוי מתייחס לחייה הציבוריים של דבורה, עדיין קשה להבין מדוע היא מכנה את עצמה כך. המלבי"ם (שופטים ה ז) מסביר כי דומה שעם ישראל חדל להיות עם והוא נולד עתה מחדש. על פי קריאה זו, דבורה היא האם היולדת את העם. מצודת דוד נוקט גישה דומה ואומר כי דבורה מענישה את ישראל כדי להחזיר את העם לדרך הנכונה, בדיוק כפי שעושה אם לבנה. הסברים אלה אינם משכנעים. ראשית, בסיפור אין כל רמז לכך שדבורה מענישה את ישראל או שהעם נולד מחדש בזכותה. זאת ועוד, דבורה אינה מצטיירת כדמות הורה יותר מכל מנהיג אחר בתנ"ך. נותרת אפוא השאלה מדוע הנהגתה של דבורה מדומה דווקא לזו של אֵם.

19. חז"ל מרבים להתייחס לקשר אטימולוגי זה. ראו למשל חולין סג ע"א; מדרש אגדה (בובר) דברים א א.

ויכולים ללמד את האנושות לפעול במידת הרחמים בכל מגע בין בני אדם.

אם סיסרא משתמשת בדבריה פעמיים במילה "רחם", אבל זהו אזכור בוטה של אונס נשים כשלל מלחמה. צהלת הניצחון של אם סיסרא כשהיא רואה בדמיונה את בנה מתייחס באכזריות לקרבנות חפים מפשע סותרת את עצם מהותה האימהית. אימהות אמורות להירתע מאכזריות, במיוחד כשהיא נוגעת לרחמה של אישה אחרת, גם אם הן שמחות בהצלחת ילדיהן.

שלושת הדיוקנאות הנפרדים הללו של נשים בסיפור הזה מתלכדים יחדיו ליצירת תמונה מורכבת של עיוות האימהות בתקופת השופטים.[20] גם אם מניעיהן מוצדקים לפעמים, השחתה זו של היבט טוב במהותו של טבע האדם מלמדת כי החברה נידונה לכליה, שהיא אינה יכולה לשמר את המאפיין ההומני הבסיסי ביותר שלה.

בניגוד לדיוקן זה, רות וחנה מתוארות כאימהות אופייניות, נחושות, חומלות ואמפתיות. רות מפגינה חמלה לכל אורך הדרך (בעיקר כלפי נעמי) ובסופו של דבר זוכה להיות אֵמה של מלכות.[21] דאגתה של חנה לבנה אינה פוסקת והיא מתפקדת כאֵם לכל אורך סיפורה.[22]

על פי קריאה זו, רות וחנה לא רק משיבות את הסדר לחברה פגומה באמצעות הולדת בנים הפועלים לייסוד המלוכה, אלא הן עצמן תורמות לשיקום החברה המושחתת מעצם תפקודן כאימהות אפקטיביות, המחזירות לחברה כולה את מידת החמלה שאבדה לה.

20. אינני מבקשת לרמוז על זהות בין שלוש הנשים הללו. יעל ודבורה מוצגות באור חיובי ואילו אכזריותה של אם סיסרא היא הרחבה של בנה, שהוא האויב. עם זאת, נראה כי התמונה המורכבת המצטיירת משלוש נשים שאינן פועלות כאימהות נועדה במכוון להדגיש את בעיות התקופה.

21. ראו רות זוטא א א.

22. חז"ל מייחסים לחנה שורה של תפילות נואשות לפרי בטן כדי להדגיש את מאמציה להיות לאם (ברכות לא ע"א-ע"ב). אלה הן עדויות חזקות לתשוקתה העזה של אישה לאימהות. ראו גם שמואל א ב יט, שם מדגיש הכתוב את האופן שבו ממשיכה חנה לדאוג לבנה.

חסותו של בועז: מזון והגנה (א)

וַיֹּאמֶר לָה בֹעַז לְעֵת הָאֹכֶל: גֹּשִׁי הֲלֹם וְאָכַלְתְּ מִן הַלֶּחֶם וְטָבַלְתְּ פִּתֵּךְ בַּחֹמֶץ. וַתֵּשֶׁב מִצַּד הַקֹּצְרִים וַיִּצְבָּט לָהּ קָלִי וַתֹּאכַל וַתִּשְׂבַּע וַתֹּתַר (ב יד).

בועז נותן לרות מזון

לא ידוע לנו כמה זמן חלף מאז שובן של נעמי ורות לבית לחם, אך סביר להניח שרות לא אכלה ארוחה של ממש זה זמן רב. למעשה, הרצף המהיר של הפעלים המתאר את סעודתה בשדה ("ותאכל", "ותשבע", "ותֹתר") מצביע אולי על רעבונה ועל המהירות שבה בלעה את מזונה. העובדה שבועז מזמין אותה להצטרף לארוחה שהוא מספק לקוצריו השכירים חושפת את רגישותו למצוקתה וחורגת מדרישות תפקידו. במהלך הארוחה רות יושבת עם הקוצרים, ואפשר ללמוד מכך על שיפור מעמדה ועל מידה רבה יותר של התקבלותה[1] – לא עוד

1. מדרשים אחדים (למשל שבת קיג ע"ב) רואים בתיאורה של רות היושבת מצד הקוצרים אות לצניעותה ולהחלטתה לאכול בנפרד. עם זאת, המילה "מִצד"

קבצנית מואבייה מושפלת אלא אורחת מוזמנת של בועז. האנשים בשדה מבחינים בוודאי שבעל אדמות עשיר ומכובד זה נותן לרות מזון ובכך מפגין את דאגתו לשלומה.

כתוצאה מכך רות אוכלת לשבעה ואף מותירה. אמנם הכתוב אינו מבשר לנו מיד על כוונותיה, אבל במהרה יתברר שרות שומרת מהשאריות בשביל נעמי, שגם היא בוודאי רעבה ללחם. למעשה, כשרות חוזרת לנעמי, היא נותנת לה את השאריות לפני שהיא אומרת מילה, כדי שנעמי לא תצטרך לסבול רעב רגע נוסף אחד: "וַתִּשָּׂא וַתָּבוֹא הָעִיר וַתֵּרֶא חֲמוֹתָהּ אֵת אֲשֶׁר לִקֵּטָה וַתּוֹצֵא וַתִּתֶּן לָהּ אֵת אֲשֶׁר הוֹתִרָה מִשָּׂבְעָהּ" (ב יח). בפסוק זה אין דיאלוג ואין שמות. העדר הדיאלוג מלמד כי רות ממהרת להשביע את רעבונה של נעמי, אך העדר השמות מדגיש אולי את הרעב הזה, שכן רעב הוא חוויה הגוזלת מהאדם את אנושיותו, את עצם זהותו, ולפיכך גם את שמו.

מי אחראי בעצם לכך שרות מותירה שאריות ולכן נעמי יכולה לאכול - בועז או רות? במילים אחרות, האם בועז מרעיף על רות כמות מופרזת של מזון מתוך ידיעה (אולי מבלי משים) שהשפע יאפשר להזין גם את נעמי? אפשרות זו נתמכת בעובדה שרות מתוארת פעמיים כשְׂבֵעה (ב יד, יח), מה שמלמד כי קיבלה מזון רב.

יחד עם זאת, התיאור המובא בטקסט מלמד דווקא על ההפך. הפועל שבאמצעותו מתאר הכתוב את בועז המציע מזון לרות הוא "ויצבט". זהו פועל יחידאי במקרא (hapax legomenon).[2] הפועל "צבט" מופיע בשפות שמיות קרובות (ערבית, אתיופית) במובן תפיסה חזקה, אחיזה והחזקה בכוח.[3] בעברית המשנאית מופיעה צורת שם של פועל זה, "בית הצביטה" (חגיגה פ"ג מ"א) ופירושה שם ידית

מופיעה גם בשמואל א כ כה (גם שם בהקשר של ישיבה לארוחה), ושם היא מלמדת ללא ספק על אכילה משותפת ואפילו על מושב כבוד.

2. אבן עזרא (רות ב יד) מכנה זאת "[מילה ש]אין לו[לה] חבר".

3. BDB, עמ' 840. ראיות משפות שמיות קרובות לעברית מילאו תפקיד חשוב במיוחד בהבהרת מילים וביטויים סתומים בעברית המקראית. המדקדקים העבריים הראשונים לא נהנו מכמות המקורות הזמינה לנו כיום, אך גם הם

של כד. באוגריתית מבטא שם זה מלקחיים או ידיות.[4] דומה אפוא שהמילה מלמדת על תפיסה ביד אחת, ואולי על אחיזה באצבעות בזמן החזקת המלקחיים.

על סמך המילה "צבט" טוען מדרש אחד כי בועז צבט לרות כמות קטנה של קלי בשתי אצבעות (רות רבה פרשה ה ו).[5] אם בועז נתן לרות כמות מזערית של מזון, רות נאלצה בוודאי לצמצם את אכילתה כדי להבטיח שגם נעמי תיהנה מהמזון. במקרה זה, העובדה שרות שבעה והותירה היא התרחשות נסית, המלמדת על התערבות שמימית. המדרש עוסק בשאלה בזכות מי התרחש נס גלוי זה:

> ויצבט לה [בועז] קלי. קַלִיל זְעֵיר בשתי אצבעותיו. אמר רבי יצחק: את שמע מינה תרתי [אפשר ללמוד מכך אחד משני דברים]: או ברכה שרתה באצבעותיו של אותו צדיק [בועז], או ברכה שרתה במעיה של אותה צדקת [רות].[6] [והתשובה נלמדת] ממה דכתיב: "ותאכל ותשבע ותותר". נראין הדברים שהברכה שרתה במעיה של אותה צדקת (רות רבה פרשה ה ו).

בוויכוח זה מציע המדרש תשובה ברורה לשאלה שהוא עצמו מעלה. במפתיע, בהמשך מותח המדרש ביקורת על בועז:

> אמר רבי יצחק בר מריון: בא הכתוב ללמדך, שאם אדם עושה מצווה יעשנה בלבב שלם. שאלו היה ראובן יודע שהקדוש ברוך הוא מכתיב עליו (בראשית לז) "וישמע ראובן ויצילהו

עמדו על ערכן של שפות אלה. ראו למשל את הקדמת המחבר של רבי יונה אבן ג'נאח לספר הרקמה.

4. גורדון, אוגריתי, עמ' 472.
5. זו גם המשמעות שקיבלה המילה בעברית המודרנית.
6. המדרש משתמש כאן במילה "מעיה" במובן בטן ונעמי השתמשה במילה במובן רחם (רות א יא). נוצרת אפוא תקבולת בין בטן מלאה מזון לבין רחם מלא ילד, בין פוריות האדמה ופוריות האדם.

> מידם" - בכתפו היה מוליכו [את יוסף] אצל אביו. ואילו היה יודע אהרון שהקב"ה מכתיב עליו (שמות ד) "הנה הוא [משה] יוצא לקראתך" - בתופים ובמחולות היה יוצא לקראתו. ואלו היה יודע בועז שהקדוש ברוך הוא מכתיב עליו "ויצבט לה קלי ותאכל ותשבע ותותר" - עגלות מפוטמות היה מאכילה.

מדרש זה סבור שבועז יכול היה לעשות יותר למען רות.

מעניין ששתי הדמויות הנוספות שהמדרש מותח עליהן ביקורת הן ראובן במכירת יוסף ואהרן מול משה. בכל אחד מהמצבים הללו מתואר מישהו שיש לו סיבה טובה לכעוס על האדם שלטובתו הוא פועל. לראובן, הבן הבכור, יש סיבה טובה מאוד להימנע מהצלת יוסף, שכן אחיו הצעיר מנסה ללא הרף לגזול את מקומו. אהרן יוצא לקבל את פניו של אחיו הצעיר משה, שאף כי לא סבל מעולם לצד אחיו, נבחר לפעול כגואל העם. גם לבועז יש כמה סיבות למנוע מזון מרות, כלתה המואבייה של נעמי, ולכן גם חסד קטן שנעשה במקרים אלה ראוי לשבח. בביקורתו על הדמויות הללו נוקט המדרש עמדה מוסרית חד־משמעית: מעשי חסד, אם הם קשים ואם לאו, צריכים להיעשות בלב שלם, מתוך תחושת מחויבות שלמה. אם החסד אינו נעשה בלב שלם, המטרה אינה מושגת ועושה החסד ראוי לגנאי.

עם זאת, דומה שהביקורת שמותח המדרש מופרזת ואפילו חסרת בסיס. רוחב הלב של בועז הוא עמוד התווך של פרק זה - הוא מתייחס לרות במידה לא מצויה של נדיבות וחסד. מדוע אפוא בוחר המדרש לגנותו? המדרש מתבסס אולי על הכתוב. אין ספק בנדיבות שבועז מגלה כלפי רות, אבל יחסו כלפי נעמי ברור פחות. למעשה, בועז ונעמי כלל אינם נפגשים בסיפור ובועז אינו מזכיר את נעמי באף אחד ממפגשיו עם רות. דומה שנדיבותו כלפי רות מכוונת אך ורק אליה ואינה נוגעת כלל לקרובת משפחתו נעמי. בועז מזכיר את נעמי רק בפרק ד, כשמדובר בהליכים משפטיים רשמיים. ייתכן שבועז, כשאר בני העיר, רוחש טינה לנעמי על עזיבתה את בית לחם בזמן הרעב. בדיוק כפי שאנשי העיר לא נחלצו לעזרת נעמי, גם בועז

נרתע מלהושיט לה עזרה. אולי משום כך מתואר בועז במדרש כמי שנותן לרות רק מעט מזון. גם אם בכוונתו להאכיל את רות לשבעה, ייתכן שאין לו עניין להבטיח שרות תוכל להותיר מזון גם לחמותה.

בביקורתו על בועז מספק המדרש הצצה למצב מורכב. העובדה שבועז ונעמי אינם נפגשים כלל בוודאי איננה מקרית. על פי קריאה זו, רות היא האחראית היחידה לקיומה של נעמי. בועז עוזר לנעמי בעקיפין, בזכות העניין שהוא מגלה ברות, אבל ייתכן שהיה מעדיף לנטוש את נעמי למר גורלה.

כתבתי לעיל שדמותה של נעמי משקפת אולי את דמות העם באותה תקופה. קריאה זו של בועז ושל נעמי עשויה להסביר שאלה מטרידה נוספת: מדוע בעצם נגאל העם דווקא בזכות רות הנכרייה והזרה? הריקבון החברתי בתקופת השופטים פשה באופן עמוק כל כך עד שלא נותר עוד מישהו מבפנים שיוכל להשלים את תהליך התיקון - אפילו לא בועז הצדיק. רק מי שאיננו מעורב במורכבויות ובטינות הנושנות עשוי להתעלות מעל המריבה ולתקן את השסעים בחברה. המדרש מפנה את תשומת לבנו לעובדה שרות היא האחראית לכלכלתה של נעמי והיא המספקת לנעמי את הפתרון להמשכיותה. רות מתווכת בין בועז לבין נעמי ומאפשרת לבועז לדאוג בעקיפין לגאולתה של נעמי. בכך מתחילה רות לתקן את המעוות ובסופו של דבר תביא לכינון מלוכה, העשויה להביא מזור לחברה השסועה.

בועז והקוצרים: בועז מגן על רות

וַתָּקָם לְלַקֵּט, וַיְצַו בֹּעַז אֶת נְעָרָיו לֵאמֹר: גַּם בֵּין הָעֳמָרִים תְּלַקֵּט וְלֹא תַכְלִימוּהָ. וְגַם שֹׁל תָּשֹׁלּוּ לָהּ מִן הַצְּבָתִים וַעֲזַבְתֶּם וְלִקְּטָה וְלֹא תִגְעֲרוּ בָהּ (ב טו-טז).

אחרי שבועז מזמין את רות לאכול, הוא מורה לקוצריו ארבע הוראות נוספות. ראשית, עליהם להניח לרות ללקט בעומרים - לא להסתפק בליקוט שיבולים בודדות. לעיל צוין כי ייתכן בהחלט שזוהי תגובה

לניצב על הקוצרים, המצטט בצורה מזלזלת - ואולי אף בשיבוש מכוון - את בקשתה של רות לאסוף עומרים (ב ז). בועז מוסיף שיש לעשות זאת בלי לבייש את רות או להביכה בכל דרך שהיא. הוא משתמש כאן בפועל חזק מאוד, "תכלימוה", שממנו אפשר ללמוד על עוינותם של הקוצרים כלפי רות. לעוינות זו עשויות להיות כמה סיבות: שורשיה המואביים של רות, קשריה עם נעמי, וההקשר, שבו מאשים הניצב את רות שהיא מבקשת דבר שאיננו מותר בדרך כלל למלקטים בשדות. בועז אוסר על הקוצרים להכלים את רות מכל סיבה שהיא, גם אם תסטה מנורמות הליקוט המקובלות.

בצעד של נדיבות יתרה מורה אפוא בועז לקוצרים לשמוט בחשאי שיבולים נוספות למען רות.[7] יש לציין כי הוא משתמש במילה "ועזבתם", אותו פועל ששימש אותו קודם לכן לתיאור התנהגותה היוצאת דופן של רות שעזבה את אביה ואת אמה ובאה להצטרף לעם זר (ב יא). קודם לכן הופיעה המילה בדבריה של רות (א טז), שהפצירה בנעמי לא לאלצה לעזוב אותה. הופעתה המשולשת של מילה זו היא רמז נוסף לכך שנדיבותו של בועז כלפי רות נובעת מהתנהגותה של רות עצמה.

ולבסוף, כתוספת לנדיבותו היוצאת דופן, דורש בועז מהקוצרים שלא יגערו ברות. קשה להבין מה מוסיפה מילה זו להוראתו הקודמת של בועז שלא להכלימה. דומה שהפועל "גער" מתייחס לדיבור (למשל בראשית לז א), ואולי הכוונה להתפרצות או לשאגה הבוקעות מן הפה, פי האדם או פי ה' (למשל, שמואל ב כב טז; ישעיהו נ ב). בהקשר זה, ייתכן שבועז מתכוון להזהיר את הקוצרים שלא רק לא

7. רש"י (רות ב טז) כותב כי בועז מורה לקוצרים להעמיד פנים ששכחו את השיבולים הנוספות כדי שרות תוכל ללקט הרבה. המלבי"ם מוסיף כי כוונתו של בועז כשהוא מורה לקוצרים לנקוט צעד זה היא "שתוכל לקחת כאות נפשה כי כונתו לפרנסה בכבוד". הברד, רות, עמ' 138, משער כי ההליכה בעקבות הקוצרים הייתה בדרך כלל פעילות מאוד לא־פרודוקטיבית שסיפקה למלקטים רק מעט מאוד מזון. כך קורה כשהקוצרים נזהרים במלאכתם. להוראותיו של בועז יש אפוא חשיבות רבה במיוחד.

יעשו דבר כדי להשפיל את רות, אלא גם יימנעו מכל דיבור שעלול להביכה. עליהם להתאים אליה את אופן דיבורם ולהקפיד לוודא שלא יפחידו אותה בדיבור רם או תקיף מדי.

> וַתְּלַקֵּט בַּשָּׂדֶה עַד הָעָרֶב וַתַּחְבֹּט אֵת אֲשֶׁר לִקֵּטָה וַיְהִי כְּאֵיפָה שְׂעֹרִים (ב יז).

ההוראות שנותן בועז לקוצרים בעניינה של רות עושות את שלהן. רות שבה לביתה עם איפת שעורים. זוהי כמות גדולה למדי;[8] על פי שמות טז טז, לו, אפשר להסיק שאיפה היא פי עשרה ממנת אוכל יומית הדרושה לקיומו של אדם מבוגר.[9] יכולתה של רות ללקט כמות כה גדולה היא יכולת חריגה, במיוחד לאור העובדה שהיא נכרייה וזהו יומה הראשון בשדה.[10] ונוסף על כך, זוהי כמות מרשימה לנוכח האפשרות שרות סולקה משדות אחרים ועד בואו של בועז לשדה איבדה זמן ליקוט יקר.

8. ראו גם שמואל א יז יז, שם מביא דוד איפה של קלי לאחיו הנמצאים בשדה הקרב.
9. בשמות טז טז נאמר שכל ישראלי במדבר רשאי לאסוף עומר אחד של מן ביום. זוהי כנראה כמות המזון היומית הנחוצה לאדם. בשמות טז לו נאמר לנו שעומר הוא עשירית האיפה. רות מלקטת אפוא פי עשרה מן הכמות הנחוצה לקיומה שלה, ופי חמישה מן הכמות הנחוצה לה לקיומה עם נעמי. עם זאת, רות הייתה צריכה ללקט כמות שתספיק לשתיהן לכל החורף, שאורכו בערך פי חמישה מעונת הקציר. פסוק זה מבשר לנו שרות תביא הביתה כמות שתספיק לה ולנעמי להתקיים לאורך החורף כולו. דבר זה נובע מחסדו היוצא דופן של בועז ומן ההוראות המיוחדות שהוא נותן לקוצריו, הוראות העולות על כל הציפיות.
10. אבן עזרא (רות ב יז) מספר מעשה משעשע על שאלה שנשאל בדבר המשמעות העמוקה יותר של איפת שעורים. תשובתו האופיינית (והארסית למדי) היא שהמידע ניתן פשוט כדי להודיענו מה קרה: "אמרתי לו אין טעם לשאלה הזאת כי הכתוב ספר מה היה". במילים אחרות, אבן עזרא סבור שלא כל פריט מידע נושא בהכרח משמעות עמוקה. אני נוטה יותר לגישתם של מדרשים ופרשנים רבים (למשל רש"י, המלבי"ם), המבקשים למצוא משמעות בכל פרט מידע המובא בסיפור המקראי.

בועז הוא הזרז לפתרון בעיית קיומה הפיזי של רות. בהבטיחו לה כמות מספקת של מזון לטווח הארוך ולטווח הקצר, הוא מכלכל בעקיפין גם את נעמי, מבלי משים או בכוונה תחילה. חשיבות גדולה יותר יש לאופן שבו נוהג בועז ברות בשדות בית לחם. כשהוא מציג אותה כאורחת כבוד ומבטיח שכל מי שנמצא בשדה ידע שהוא פטרונה ומגִנה, הוא מספק לה הרבה יותר ממזון וקיום גופני - הוא מעניק לה הערכה, יוקרה ותחילתה של התקבלות.

רות שבה לנעמי (א)

וַתְּלַקֵּט בַּשָּׂדֶה עַד הָעָרֶב וַתַּחְבֹּט אֵת אֲשֶׁר לִקֵּטָה וַיְהִי כְּאֵיפָה שְׂעֹרִים. וַתִּשָּׂא וַתָּבוֹא הָעִיר וַתֵּרֶא חֲמוֹתָהּ אֵת אֲשֶׁר לִקֵּטָה וַתּוֹצֵא וַתִּתֶּן לָהּ אֵת אֲשֶׁר הוֹתִרָה מִשָּׂבְעָהּ. וַתֹּאמֶר לָהּ חֲמוֹתָהּ: אֵיפֹה לִקַּטְתְּ הַיּוֹם וְאָנָה עָשִׂית? יְהִי מַכִּירֵךְ בָּרוּךְ. וַתַּגֵּד לַחֲמוֹתָהּ אֵת אֲשֶׁר עָשְׂתָה עִמּוֹ וַתֹּאמֶר: שֵׁם הָאִישׁ אֲשֶׁר עָשִׂיתִי עִמּוֹ הַיּוֹם בֹּעַז (ב יז-יט).

שאלות וחשדות

עבודתה הקשה של רות (בשילוב עם נדיבותו של בועז) מניבה את התוצאות הרצויות - היא שבה הביתה עם כמות נאה של שעורים. המראה הזה מעורר אצל נעמי תגובת תדהמה והיא מבינה שמישהו פעל כנראה למען רות. רות אינה בקיאה במלאכת הליקוט, וגם אילו ליקטה כמות רגילה של שיבולים הייתה לנעמי סיבה טובה להתפעל מחריצותה. זאת ועוד, כפי שצוין כבר כמה פעמים, רות זרה בבית לחם, מואבייה. היא גם קרובתה של נעמי, שאינה מעוררת רגשות חיבה בקרב בעלי האדמות של בית לחם. שובה של רות עם כמות

כה גדולה של שיבולים מפתיע בהחלט. התמקדותה של נעמי בכמות השיבולים מתגלה באמצעות משחק המילים בין שאלתה המופתעת ״אֵיפֹה״ לבין אֵיפַת השעורים שליקטה רות.

נעמי מבטאת את השתאותה ואת התרגשותה באמצעות שתי שאלות מיותרות לכאורה: ״איפה לקטת היום ואנה עשית?״ אמנם ייתכן שהייתור הזה רק מביע את הפתעתה ואת התלהבותה, אך פרשני המקרא נוטים לבחון אמירות חוזרות כמשהו שנועד להביע משמעויות מובחנות. שני היבטים בשובה של רות מניעים אולי את שתי השאלות הללו. בשאלה הראשונה, ״ איפה לקטת היום?״ מתייחסת נעמי לעובדה שרות שבה עם כמות גדולה במיוחד של שיבולים. השאלה השנייה, ״אנה עשית?״, מעורפלת יותר. אנה עשתה **מה**? לא סביר שנעמי מתייחסת כאן לעבודת הליקוט, שכן כבר שאלה על כך. המלבי״ם סבור כי שאלה זו היא תגובה לקלי השעורים שהביאה לה רות,[1] שהרי בעל האדמה אינו מחויב לספק לקבצנים המלקטים בשדותיו מזון מוכן לארוחת הצהריים!

משמעות השאלה השנייה נותרת עלומה. המלבי״ם מעלה רעיון מפתיע:

> ותאמר. כי מן המאכל שנתנו לה מורה שלא לקטה בין העניים רק שעשתה איזה עבודה לאיש ונתן לה לחם וקליות עבור עבודתה והלקט שהביאה מורה שכל היום לקטה ולא עסקה בענין אחר, ועז״א איפה לקטת היום שהוא תמוה על רוב הלקט ואנה עשית שבהכרח עשית איזה פעולה אצל איש שלכן נתן לך לאכול כי אין נותנים אוכל ללוקטי הלקט (המלבי״ם לרות ב יט).

1. המלבי״ם (רות ב יח) מסביר את שתי שאלותיה של נעמי כתגובה לשני הישגים שונים של רות: ״׳ותרא חמותה׳, רוצה לומר שראתה ותמהה על זה כי היה שלא כדרך לקט הנאסף ביום אחד, ונוסף לזה שנתנה לה מה שהותירה משבעה״.

לדעת המלבי"ם אפוא נעמי מניחה שרות עשתה משהו למען בועז כדי לקבל את המזון המבושל. שאלתה הראשונה של נעמי (איפה ליקטת?) מתייחסת ספציפית לליקוט, אך שאלתה השנייה (אנא עשית?) רומזת ל"מעשיה" של רות.

המלבי"ם אינו מרחיב מעבר לכך, אך מן הראוי לבחון את השערתו. על איזה מעשה חשבה נעמי? האם רות תיקנה בגדים לבועז או הכינה לו ארוחה? קשה להעלות על הדעת איזה שירות יכלה רות, זרה זה מקרוב באה, לעשות למען בעל אדמות בשדה ביומה הראשון במלאכת הליקוט. ייתכן שנעמי, החושדת עדיין בכלתה המואבייה, רומזת לאפשרות שרות פעלה ברוח מתירנית בתמורה ליחס מיוחד.[2] המדרש מתאר את תגובתה הראשונית של נעמי לשובה של רות כך: "כיון שראתה חמותה, נתייראה אמרה: חס ושלום נדבקה[3] לפריצים" (רות זוטא ב יח).

האומנם מבטאת שאלתה של נעמי חשד כזה? נבחן את הניסוח המיוחד של תשובת רות: "וַתַּגֵּד לַחֲמוֹתָהּ אֵת אֲשֶׁר עָשְׂתָה עִמּוֹ וַתֹּאמֶר: **שֵׁם הָאִישׁ אֲשֶׁר עָשִׂיתִי עִמּוֹ הַיּוֹם** בֹּעַז" (ב יט). רות חוזרת על דברי נעמי ותשובתה מעורפלת. הביטוי "לעשות עם" חוזר פעמיים ואינו משיב במדויק על שאלותיה של נעמי. רות אינה חושפת את פרטי מעשיה ועונה על שאלתה של נעמי רק בסוף הפסוק ממש, כשהמילה האחרונה, בועז, מגלה את מיקום הליקוט.[4]

2. ההוראות הסוגסטיביות שנותנת נעמי לרות בפרק הבא תומכות בקריאה זו. כפי שנראה, יש להן קונוטציה מינית. תכניתה של נעמי מסתיימת בהוראה אחרונה לרות: "וְהוּא יַגִּיד לָךְ אֵת אֲשֶׁר תַּעֲשִׂין" (רות ג ד). הפועל עשה, שבו משתמשת נעמי בשני המקומות, מלמד על קשר ביניהם. לפיכך ייתכן שגם לשאלתה של נעמי כאן יש משמעות מינית סמויה.

3. המדרש משתמש כאן במילה "נדבקה" באופן הולם. כבר צוין שזוהי מילת מפתח במגילת רות, המשמשת בדרך כלל לתיאור מעשיה החיוביים של רות. במדרש זה נעמי מזכירה באופן אסוציאטיבי את פעולתה המקורית של רות, שדבקה בה, ואולי רומזת (בנימה ביקורתית) שרות דבקה בה רק כדי להמשיך בדרכי הפריצות שלה.

4. הדרך היחידה שבה יכולה רות להסביר היכן ליקטה היא לזהות את בעל

מה באמת עשתה רות עם בועז? האם לא ההפך הוא הנכון, שבועז עשה משהו בשביל רות?[5] בשמואל ב יג טז הביטוי ״עשה עם״ מתייחס לפעילות מינית. תמר משתמשת בביטוי ״אֲשֶׁר עָשִׂיתָ עִמִּי״ כשהיא מזכירה לאמנון שאנס אותה.[6] רות המספרת לנעמי על ההתרחשויות התמימות בשדה בועז משתמשת פעמיים בביטוי טעון זה, המתייחס לשאלתה של נעמי ״אָנָה עָשִׂית״. ייתכן שהיא חוזרת על המילים מפני ששאלתה של נעמי, על החשד המרומז בה, ציערה אותה מאוד.[7] היא מבחינה בחשדותיה של נעמי, ומתוך כך עומדת על עומק הניכור שחמותה חשה כלפיה. ואולי היא משתמשת במכוון בביטוי סוגסטיבי כדי לשרש את הרעיון שעשתה משהו בלתי־ראוי. החזרה על המילים החשדניות של נעמי וסיום המשפט בזהותו של האיש שצדקתו אינה מוטלת בספק משמשים לרות ראיה משכנעת שנעמי פירשה את המצב באופן מסולף.

דומה שהפסוק נמתח במכוון כדי להשהות את תשובתה של רות לחמותה. זוהי טכניקה ספרותית מחוכמת ואפקטיבית. הבחירה לציין את שמו של בועז רק במילה האחרונה ממש[8] מאפשרת לנו

השדה שבו ליקטה.

5. מקורות חז״ל עומדים על הניסוח הבלתי־רגיל הזה ומעלים את האפשרות שהעני מספק לעשיר הזדמנות לעשות צדקה ובכך הוא עושה למען העשיר יותר מכפי שהעשיר עושה למענו (למשל, רות רבה פרשה ה ט; רות זוטא ב יט; ויקרא רבה פרשה לד ח).
6. כך מסביר רש״י את הביטוי בפירושו לשמואל ב יג טז.
7. הדבר מזכיר את תגובתו של עובדיהו לדבריו של אליהו (״לֵךְ אֱמֹר לַאדֹנֶיךָ הִנֵּה אֵלִיָּהוּ״, מלכים א יח ח) המרמז שאדונו של עובדיהו הוא אחאב ולא אליהו, כפי שעובדיהו טוען. הרמז מרגיז כל כך את עובדיהו עד שהוא מצטט אותו פעמיים (מלכים א יח יא, יד) בתשובתו המתגוננת והמתרברבת.
8. ייתכן שרות מעכבת את זיהויו של בועז לא למען האפקט הדרמטי של ביטוי שמו אלא מפני שאינה מודעת לחשיבותו בעיני נעמי. לחלופין, ייתכן שהיא יודעת היטב כי בועז הוא תקוותן האופטימלית ומעכבת במודע את אזכור שמו כדי לא לעורר לשווא את תקוותיה של נעמי. דומה שרות אכן משהה ככל האפשר את אזכור שמו של בועז ומנסה לתאר בצורה מסורבלת את יומה בלי לגלות את שם מיטיבה. התרגום לסורית (פשיטתא) מסדר את תשובתה של רות

לחוש כיצד גוברים אצל נעמי המתח והסקרנות, עד שרות חותמת את דבריה במילת ניצחון אחת, "בועז!"[9] ברגע שרות נוקבת בשמו של האיש, נעמי יכולה לפלוט אנחת רווחה. בועז הוא אדם בעל מחויבות דתית ויושרה, אדם שלא ינצל לרעה נכרייה מואבייה דלה. נעמי יכולה להיות סמוכה ובטוחה שרות לא עשתה דבר לא ראוי כדי לזכות במזון שניתן לה.

תקוותה המחודשת של נעמי

וַתֹּאמֶר נָעֳמִי לְכַלָּתָהּ: בָּרוּךְ הוּא לַה׳ אֲשֶׁר לֹא עָזַב חַסְדּוֹ אֶת הַחַיִּים וְאֶת הַמֵּתִים. וַתֹּאמֶר לָהּ נָעֳמִי: קָרוֹב לָנוּ הָאִישׁ, מִגֹּאֲלֵנוּ הוּא (ב כ).

הזכרת שמו של בועז לא רק מסלקת את חשדותיה של נעמי אלא גם מפיחה בה תקווה, אחרי זמן רב שבו דעכה התקווה בהתמדה. ניתן לחוש ממש את התרגשותה של נעמי למשמע שמו של בועז. זיהויו המפורש של בועז בדברי רות ("שֵׁם הָאִישׁ... **בֹּעַז**") מזכיר את הפסוק הראשון בפרק זה, המסתיים במילים "וּשְׁמוֹ בֹּעַז" (ב א). בספר המספר על אבדנם של שמות, יש אדם אחד השומר על שמו, על זהותו ועל אדמתו. אדם כזה יתאמץ לבטח לוודא שאיש מבני משפחתו לא ייוותר אנונימי, חסר שם.

בועז ניחן בכל הכישורים הנחוצים כדי לגאול את נעמי ממצבה הנוכחי. הוא אינו רק מיטיב נדיב המרחם על מואבייה דלה, אלא קרוב משפחה שקרבת הבשר בינו לבין משפחת נעמי מלמדת שהוא הפתרון

כך ששמו של בועז מופיע דווקא בהתחלה. זוהי דוגמה לאופן שבו תרגומים עלולים לעקר מן הטקסט משמעויות סמויות המובעות לאו דווקא במילים אלא באמצעות תחביר והצבת מילים קפדנית.

9. תופעה דומה קיימת בבראשית לא כז-ל. לבן נושא נאום יוצא דופן באורכו ובו הוא מתאר את כל הדרכים שבהן הרע לו יעקב כשברח בחשאי מביתו. דומה שכל נאומו מכוון אל מילות הסיום: "לָמָּה גָנַבְתָּ אֶת אֱלֹהָי?"

למצוקתה. נעמי מגיבה אפוא בהתלהבות, מרעיפה ברכות על בועז ומגלה לרות שבועז עשוי להיות גואלן.

השינוי שחל בנעמי ניכר היטב. קולה לא נשמע בחזקה מאז דבריה המרים בפרק א. תגובתה הקצרה והחלושה להצעתה של רות ללכת לחפש להן מזון ("לְכִי בִתִּי", ב ב) לימדה על הדכדוך ועל הייאוש שאחזו בה. תגובתה העולצת עתה מעידה כי רוחה שבה אליה. במקום להדוף ולסלק את מי שעשה חסד עם המתים ועמה כפי שעשתה קודם לכן ("לֵכְנָה שֹּׁבְנָה... יעשה [יַעַשׂ קרי] ה׳ עִמָּכֶם חֶסֶד כַּאֲשֶׁר עֲשִׂיתֶם עִם הַמֵּתִים וְעִמָּדִי", א ח), היא מאמצת אותו ("בָּרוּךְ הוּא לַה׳ אֲשֶׁר לֹא עָזַב חַסְדּוֹ אֶת הַחַיִּים וְאֶת הַמֵּתִים"). כאן היא משתמשת בשם ה׳ כדי לבטא ברכה ושמחה, לא עוד ריקנות ומרירות (כפי שראינו ברות א יג, כ–כא). וחשוב מכול, היא מבטאת את המילה "גואל", המופיעה כאן לראשונה בסיפור ועתידה להתגלות כמילת מפתח לפתרון מגילת רות. ולבסוף, זוהי ההזדמנות הראשונה שבה נעמי משתמשת בגוף ראשון רבים ("גֹּאֲלֵנוּ"), המלמד שהיא כוללת את רות בתכניותיה. התקווה הניצתת מחדש בלבה של נעמי, בזכות מעשיה של רות, מאלצת אותה לראות את רות באור חדש: לא עוד מכשול אלא שותפה לדרך.

יחסה החדש של נעמי לרות נגרם בעקיפין על ידי בועז. העובדה שהוא מקבל את רות כאדם וכבת לעם ישראל סוללת גם לנעמי את הדרך לראות בה חלק מהעם ובת משפחה, הראויה אף היא לזכות בעזרתו של גואל מקרב המשפחה. נעמי מחקה את יחסו של בועז אל רות גם בדרך נוספת. כבר ציינתי שבעוד הכול (לרבות רות עצמה)[10] רואים ברות מואבייה, בועז מתייחס אליה כאל רות, כפי שמלמדות מילות הפתיחה של דבריו: "וַיֹּאמֶר בֹּעַז אֶל רוּת..." (ב ח). וכך מוצגים גם דברי נעמי אל רות בסוף הפרק: "וַתֹּאמֶר נָעֳמִי אֶל רוּת כַּלָּתָהּ..."

10. ראו את הצגת דבריה של רות בתחילת הפרק, המרמזת שרות מוצגת כמואבייה ביחס לנעמי: "וַתֹּאמֶר רוּת הַמּוֹאֲבִיָּה אֶל נָעֳמִי" (ב ב).

(ב כב). יכולתה של נעמי לראות ברות סובייקט בעל שם ובעל זהות מושפעת מהדוגמה שנותנת התנהגותו של בועז. אכן, אם ייצוגה של נעמי בטקסט משקף את מצב העם באותה תקופה, הרי התמורה שחלה בנעמי ביחסה כלפי רות מבשרת את התמורה שתחול גם בעם, שאף הוא ילך על פי הדוגמה שמציב בועז ויאמץ את רות.

מי לא עזב את חסדו?

בָּרוּךְ הוּא לַה׳ אֲשֶׁר לֹא עָזַב חַסְדּוֹ אֶת הַחַיִּים וְאֶת הַמֵּתִים (ב כ).

בפעם השנייה בשני פסוקים מברכת נעמי את בועז. ברכה זו מהדהדת את הברכה שבירכו הקוצרים את בועז ברות ב ד, "יְבָרֶכְךָ ה׳". ברכת הקוצרים נועדה אולי להראות לבועז שהם מקפידים על הלכות השדה (דברים כד יט) ובכך מבטיחים לבועז את ברכת ה׳. זוהי אולי גם כוונתה של נעמי. הכמות הגדולה של שיבולים שהביאה רות מלמדת מעבר לכל ספק שבועז ממלא את חובותיו כלפי העניים בשדותיו ולפיכך הוא ראוי לברכת ה׳.

עם זאת, בברכת נעמי יש דו־משמעות ספרותית מעניינת. מניסוח הברכה לא ברור **מי** שומר על חסדו לחיים ולמתים: בועז או ה׳?[11] וחשוב יותר, מדוע מאפשר הטקסט לפסוק הזה לשמור על ערפול? מה תוכל ללמדנו כל אחת מהקריאות?

11. השאלה היא אם נושא המשפט "אֲשֶׁר לֹא עָזַב חַסְדּוֹ אֶת הַחַיִּים וְאֶת הַמֵּתִים" הוא המילה "הוא" (כלומר בועז) או ה׳. חוקרי המקרא הבחינו בקושי זה ועסקו בו. ראו למשל גלוק, חסד בתנ"ך, עמ׳ 40–42. כמה מהתרגומים (למשל הוולגטה, הפשיטתא) ויתרו למרבה הצער על הערפול וסילקו כל התייחסות לבועז: "ברוך ה׳ אשר לא עזב חסדו". פתרון זה פותר את הקושיה אך משמיט את הערפול הנפלא שנשמר בפסוק.

בועז, אשר לא עזב חסדו את החיים ואת המתים

רות רבה סבור שהתיאור מתייחס לבועז, שמשאביו הכלכליים תומכים בחיים וגם דואגים לתכריכים לקבורת המתים.[12] גם המלבי"ם מניח שבועז הוא שלא עזב את חסדו את החיים ואת המתים: "תחלה נתנה לו ברכה אשר לא עזב חסדו את החיים כי הבינה שעשה זאת לפרנס על ידי כך בכבוד את נעמי ורות שהם חיים והם ממשפחתו, ואת המתים כי הבינה גם כן שיעשה חסד עם המתים על ידי יבום שבזה יעשה טובה לנפש המת" (מלבי"ם לרות ב כ).[13]

כתמיכה לקריאה זו יש לציין שנעמי השתמשה בנוסח דומה כשבירכה את כלותיה על חסדן: "יעשה [יַעַשׂ קרי] ה' עִמָּכֶם חֶסֶד כַּאֲשֶׁר עֲשִׂיתֶם עִם הַמֵּתִים וְעִמָּדִי" (א ח). אם כן, התיאור עשוי בהחלט לתאר מעשי אדם. זאת ועוד, אם בועז הוא גומל החסד, הרי הכתוב יוצר הקבלה מצוינת בינו לבין רות.[14] על פי קריאה זו, החסד הוא תכונה משותפת לבועז ולרות, לא רק חסד כלפי החיים אלא גם חסד כלפי המתים. כאמור, חז"ל העניקו כינוי מיוחד לסוג זה של חסד, "חסד של אמת". זהו הביטוי מעורר ההשראה והטהור ביותר של חסד, מפני שהוא נקי מכל ציפייה או אפשרות לגמול. זהו חסד לשם חסד, ללא מניע זר. כפי שנכתב בפרק המבוא, היכולת להתמקד באופן שלם ומוחלט בצורכי הזולת היא תנאי בל יעבור ליכולת למלוך. רות ובועז, המגלמים באישיותם תכונות דומות להפליא, נועדו להביא לעולם

12. רות רבה פרשה ה י. ראו גם רש"י לרות ב כ.

13. המלבי"ם (רות ב כ) קורא גם את הדברים הבאים שאומרת נעמי בדרך חצויה דומה (כלומר, מחלק את דבריה לשני חלקים המקבילים לשני ההיבטים בחסדו של בועז): "ופרשה דבריה נגד מה שאמרה אשר לא עזב חסדו את החיים, כי קרוב לנו האיש, ועל כן עושה חסד עם קרוביו החיים, ונגד מה שאמרה עם המתים, אמרה מגואלנו הוא, והגואל צריך הוא ליבם שבזה יגאל נפש המת לבל ימחה שמו מישראל".

14. הביטוי יוצר הקבלה גם בין עורפה ובועז, אלא שעורפה כבר פרשה מהסיפור ולפיכך איננה רלוונטית עוד.

את שושלת בית דוד בתקווה שהמופקדים על הגה הספינה ילמדו את דרכי אבותיהם רות ובועז.[15]

ולבסוף, על פי קריאה זו, הפועל "עזב" מוסב כאן על בועז, שאינו מרפה מחסדו.[16] קודם לכן (א טז) השתמשה רות בפועל זה כשהפצירה בנעמי. אחרי שימוש ראשוני זה ממלא פועל זה תפקיד חשובבעלילה. בועז משתמש בו לתיאור נכונותה של רות להיפרד מאביה, מאִמה וממקום הולדתה (ב יא), וגם להנחיית הקוצרים שישאירו לה שיבולים רבות (ב טז). הופעתו של פועל זה כאן לתיאור בועז יוצרת מקבילה נוספת לרות, שבינה לבין הפועל "עזב" קיים חיבור חוזר ומשמעותי.

ה', אשר לא עזב חסדו את החיים ואת המתים

דרך חלופית לקרוא את הביטוי היא לייחסו לה' ולראות בו מי שלא עזב את החיים, כלומר את נעמי ואת רות, וגם לא את המתים, כלומר את אלימלך ובניו.[17] חיזוק לכך אפשר למצוא בביטוי דומה שאומר עבד אברהם על ה' (בראשית כד כז): "בָּרוּךְ ה' אֱלֹהֵי אֲדֹנִי אַבְרָהָם אֲשֶׁר לֹא עָזַב חַסְדּוֹ וַאֲמִתּוֹ מֵעִם אֲדֹנִי".[18] במקרה זה מדובר בה' שלא

15. המלך דוד, צאצאם של רות ובועז, מתואר בכמה הזדמנויות כעושה חסד עם המתים (שמואל ב ט א; י א-ב; רש"י למלכים א יא טו). דוד מתואר גם כמי שיודע להעריך את אלה שעושים חסד כזה, גם כשזה מנוגד לכאורה לאינטרס שלו (שמואל ב ב ה-ו).

16. פורטן, מגילת רות, עמ' 36, סבור כי הפועל "עזב" הוא משחק מילים על שמו של בועז. אמנם האותיות הן אותן אותיות, אבל נראה לי שהחיבור בין רות לבין הפועל "עזב" משכנע יותר ובעל משמעות טקסטואלית רבה יותר. לדעתי הקשר הזניח בין השם בועז לבין אותיות הפועל אינו תומך במשחק מילים כזה.

17. הרב ברוך אפשטיין מביא את הגישה הזאת בתורה תמימה (רות ב כ, הערה מג). תמיכה לקריאה זו מובאת גם בקמפבל, סיפור קצר, עמ' 97.

18. זוהי הקבלה נוספת בין סיפור רות לסיפור אברהם, שבו שמור תפקיד מרכזי ל"חסד", הן האלוהי הן האנושי.

עזב את חסדו. דמיון זה בניסוח עשוי ללמד שכך נהגו לתאר את ה׳, וזוהי גם כוונתה של נעמי כאן.

אם ביטוי זה מתאר את ה׳, הרי קריאתה של נעמי מבטאת את ההבנה שפגישתם של בועז ורות איננה מקרית כלל. נעמי מבינה את משמעות פגישתם של השניים בשדה ומסיקה מכך כי ה׳ לא עזב אותה או את אלימלך.

קריאה זו חשובה במיוחד להבנת השינוי החד שחל בנעמי בפסוק זה. בסוף פרק א ניכרת תחושה חריפה וקשה מצד נעמי, המרגישה ניכור מה׳. תלונותיה על כך שיד ה׳ יצאה נגדה, שה׳ המר לה מאוד, מהדהדות בפרק א כולו. אלא שבסוף פרק ב חל שינוי לטובה במצבה. כלתה העיקשת מתגלה כנכס וגורלה של נעמי מתחיל להשתפר. מתי בדיוק נוכחת נעמי בתפקיד החיובי שממלא ה׳ ביצירת השלב החדש הזה בחייה? אם נקרא את הדברים שהיא אומרת כתיאור המתייחס לה׳ שלא עזב את החיים ואת המתים, הרי שזוהי נקודת המפנה אצל נעמי. תחושת הניכור הקודמת מתחלפת בהכרת טובה ובכך פותחת את תהליך ההתאוששות שלה.

ערפול ספרותי נוטה לרמז על משמעות כפולה, ודומה שכך קורה גם כאן, בדבריה של נעמי. ייתכן שנעמי מתייחסת הן לבועז הן לה׳ כמי שאפשר לסמוך עליהם שלא יעזבו את חסדם לחיים ולמתים. יש כאן תקווה חדשה לנעמי, הן בה׳ הן באדם, המקדמת אותה בניסיונה למצוא גאולה.

ונקודה אחת אחרונה: מגילת רות מתארת מרקם מורכב של התנהגויות האדם וה׳. בני האדם מוצגים כמשתתפים פעילים במימוש תכניותיו של ה׳ ובהענקת נדיבותו, וזהו המפתח לייסוד מלוכה מוצלחת. ערפול נפלא זה שוזר יחדיו את בועז ואת ה׳ עד שאי־אפשר לומר מיהו בעצם מיטיבה של רות. רצון ה׳ כמעט אינו ניתן להפרדה מהכלי האנושי למילוי רצון זה, והערפול המלווה את הפסוק הזה מצליח לתאר להפליא את המצב.[19]

19. לפיתוח הרעיון ראו כהן מ׳, חסד.

רות המואבייה

וַתֹּאמֶר נָעֳמִי לְכַלָּתָהּ: בָּרוּךְ הוּא לַה׳ אֲשֶׁר לֹא עָזַב חַסְדּוֹ אֶת הַחַיִּים וְאֶת הַמֵּתִים. וַתֹּאמֶר לָהּ נָעֳמִי: קָרוֹב לָנוּ הָאִישׁ, מִגֹּאֲלֵנוּ הוּא. וַתֹּאמֶר רוּת הַמּוֹאֲבִיָּה: גַּם כִּי אָמַר אֵלַי עִם הַנְּעָרִים אֲשֶׁר לִי תִּדְבָּקִין עַד אִם כִּלּוּ אֵת כָּל הַקָּצִיר אֲשֶׁר לִי (ב כ-כא).

מיד אחרי ברכתה מזהה נעמי את ״האיש״ (בועז) כקרוב משפחה העשוי לגאול אותן. לקראת החלק השני בדבריה של נעמי, מציג הכתוב שוב את דבריה של נעמי: ״וַתֹּאמֶר לָהּ נָעֳמִי״. מדוע יש צורך בכך אם נעמי ממשיכה לדבר?[20] יש בכך רמז שמשהו קרה בין שני מופעי ה״ותאמר״. ייתכן שמדובר בתגובה לא מילולית כמו מחוות יד, שתיקה הרת משמעות או חוסר תגובה בולט.[21]

מדוע אפוא מוצגים דבריה הבאים של נעמי בנפרד? האם היא השתתקה לצורך העצמת הרושם, כדי להבהיר לרות את חשיבות הדברים שהיא עומדת לומר עתה? ואולי נעמי מהססת אם לבשר לרות שבועז איננו סתם בעל אדמות בבית לחם אלא גואלן הפוטנציאלי?

מכל מקום, דומה שההבנה המתחוורת לנעמי בדבר התפנית החיובית המסתמנת אינה משפיעה במיוחד על רות. תשובתה הנלהבת

20. דוגמאות נוספות לאמצעי ספרותי שכיח זה מופיעות בבראשית טז ט-יא; שופטים יא לו-לז; שמואל א יז ח-י; כו ט-י. לפעמים מביא התנ״ך שני פעלים רציפים המציגים את דברי הדובר, אך אחרי ה״ויאמר״ הראשון אין כל דיבור (למשל, מלכים א כ כח; אסתר ז ה). תופעות ספרותיות אלה עוררו תמיהה אצל חז״ל, שראו לנכון להסבירן. ראו למשל בראשית רבה פרשה מה ט-י; תנחומא אמור ג; מגילה טז ע״א; איכה רבה פרשה א מא; מדרש שמואל פרשה כד ח.

21. פרשני ימי הביניים מרבים לעסוק בתופעה שכיחה זו. ראו למשל את פירושו של רלב״ג לשני הציטוטים הרצופים מדברי אבימלך לאברהם בבראשית כ ט-י. רלב״ג מסביר שחוסר התגובה של אברהם לדברים הראשונים שאומר אבימלך הוא הסיבה לכך שהכתוב חוזר ואומר ״וַיֹּאמֶר אֲבִימֶלֶךְ״. אברבנאל (בראשית כ ח) מסביר זאת בחששו של אבימלך המשתק את דיבורו. ראו גם דברים שאומר רד״ק על תופעה זו בהסברו לבראשית טז ט-יא.

מתעלמת לגמרי מחשיבות דבריה של נעמי.[22] במקום להפנים את חשיבות הדברים שזה עתה שמעה, היא שבה ומביעה התפעלות מרוחב הלב שגילה בועז בשדה.

הגדרתה של רות כמואבייה בפסוק זה ("וַתֹּאמֶר רוּת הַמּוֹאֲבִיָּה") נועדה להדגיש שתגובתה נובעת מעצם מעמדה כמואבייה. יש לכך סיבות אפשריות אחדות. ייתכן שהפסוק מבקש לומר שדווקא אישה זו, בגלל מוצאה המואבי, אינה מבינה באמת ובתמים את הגילוי הדרמטי של נעמי. אין לה מושג מהו "גואל" ולפיכך אין היא מבינה את כוונתה של נעמי.

הסבר אפשרי נוסף הוא שרות מבינה היטב את כוונתה של נעמי, אך היא מתעלמת מהתרגשותה של זו בידעה כי בהיותה מואבייה אין לכך סיכוי. אחרי יום שלם שעשתה בשדות בית לחם, ואחרי שחוותה על בשרה את עוינותם של אנשי העיר, היא מתקשה להאמין שבועז, על אף נדיבותו, יפעל בניגוד לתפיסה המקובלת ויגאל אותה ואת נעמי.

צניעותה של רות

יש סיבה אפשרית נוספת להצגתה של רות כ"מואבייה". כשרות מביאה את דברי בועז לנעמי, היא משבשת מעט את דבריו. בועז יעץ לרות לדבוק בקוצרות, "נַעֲרֹתָי" (ב ח), אך רות מספרת לחמותה שהוא אמר לה לדבוק בקוצרים, "הַנְּעָרִים" (ב כא). מדרש אחד ברות רבה סבור ששיבוש זה נובע משורשיה המואביים:

> "ותאמר רות המואביה: גם כי אמר אלי עם הנערים אשר לי תדבקין". אמר רבי חנין בר לוי: בודאי מואביה היא זו, הוא אמר

22. הסמכת המילים "גם כי" נועדה בדרך כלל לבטא הנגדה (ראו למשל ישעיהו א טו; איכה ג ח), אלא שכאן אין בכך היגיון. מן ההקשר אפשר ללמוד שמילים אלה מבטאות את התלהבותה של רות ונועדו לומר בעצם "**ואפילו** אמר אליי".

> ״וכה תדבקין עם נערותי״, והיא אמרה ״עם הנערים אשר לי״ (רות רבה פרשה ה יא).

המלבי״ם מרחיב על הקשר בין שיבוש זה של רות לשורשיה המואביים:

> על זה אמרה ״גם כי אמר אלי עם הנערים אשר לי תדבקין״ באמת הוא אמר לה ״וכה תדבקין עם נערותי״, רק באשר היא היתה מואביה ושם אין מתרחקים מן הנערים, לא הבינה לדייק בדבריו וחשבה שכונתו שתדבק עם אנשיו, שהנערים היו עיקר אצלה, שחשבה שאחד מהם ישא אותה. ועל זה קראה המואביה, כי בת ישראל היתה מבינה... דבר בועז שאמר ״עם נערותי״ (מלבי״ם לרות ב כא).

גישה זו מנוגדת לגישה הרווחת יותר בדברי חז״ל, הרואה ברות מופת לצניעות: ״אמר רבי חסדאי: רות מצניעות שבהם היתה, ונכנסה תחת כנפי השכינה, ויצא ממנה דוד״ (זוהר חדש רות לב ב).

מדרשים אחדים סבורים שדווקא צניעותה של רות היא שמשכה מלכתחילה את לבו של בועז:

> ״למי הנערה הזאת?״ ולא הוה חכים לה [=וכי לא הכירה]? אלא כיון שראה אותה נעימה ומעשיה נאים התחיל שואל עליה. כל הנשים שוחחות [מתכופפות] וזו יושבת ומלקטת. כל הנשים מסלקות כליהם [מרימות בגדיהן] וזו משלשלת כליה. כל הנשים משחקות עם הקוצרים וזו מצנעת עצמה (רות רבה פרשה ד ט).

תמונה זו של רות היושבת תוך כדי ליקוט הונצחה ביצירות אמנות רבות לאורך הדורות ומופיעה במקורות חז״ל רבים:[23]

23. ראו גם שבת קיג ע״ב.

> בשעה שהיא יושבת לקצור עם הקוצרים, היתה הופכת פניה לצד אחר, ולא היתה נראית אחת מאצבעותיה, שבשעה שהיתה רואה שיבולת בקומתה עומדת ונוטלת, וכשהיתה רואה שיבולת מושלכת [לאדמה] היתה יושבת ולוקטת אותו. כיון שראה בה בועז ג׳ מידות הללו, מיד שאל בועז לנערו: ״למי הנערה הזאת?״ (רות זוטא ב ג).

במדרש אחר מתואר הניצב על הקוצרים כמי שמהלל באוזני בועז בהתלהבות את צניעותה של רות:[24] ״התחיל הנער מדבר בשבחה ובצניעות שבה: הרי יש לה כמה ימים שהיא עמנו שלא נראית אפילו אחת מאצבעות ידיה ורגליה... ואין אנו יודעין אם אלמת היא אם דברנית״ (רות זוטא ב ז).[25]

מדרשים אלה, המעלים על נס את צניעותה המולדת של רות עם בואה ממואב, אינם מתיישבים עם האופן שבו דמותה מתוארת בכתוב. מלכתחילה היא נמשכת לקצור לצד הנערים הקוצרים. כשהיא רק מגיעה לשדה, נאמר לנו שהיא מלקטת ״בַּשָּׂדֶה אַחֲרֵי הַקֹּצְרִים״ (ב ג). אמנם צורת הרבים בעברית נאמרת בלשון זכר גם אם היא כוללת נקבות, אבל ברור שלא מדובר בנקבות בלבד, שאז היה ראוי לומר ״קוצרות״. לאור העובדה שבועז ונעמי מתייחסים להפרדה מגדרית בשדות (ב ח, כב), הקרבה בין רות לבין הנערים הקוצרים עשויה אולי ללמד שהיא בוחרת דווקא שלא ללקט לצד הנשים בשדה.

זה אולי גם אחד המרכיבים בתיאור המזלזל של הניצב המדבר על כוונתה של רות לאסוף ״בָעֳמָרִים אַחֲרֵי הַקּוֹצְרִים״ (ב ז). עצתו המפורשת של בועז לרות לדבוק בקוצרות (ב ח) היא אולי ניסיון מודע להרחיקה מנטייתה ללכת אחרי הקוצרים. בועז מכוון את רות

24. במדרש זה מיוחס לניצב יחס אוהד הרבה יותר כלפי רות מכפי שתיארתי לעיל.

25. על פי מדרש זה, רות מגיעה לשדה בועז ימים אחדים לפניו. קריאה זו מצמצמת את מידת ה״מקריות״ שבבואו של בועז לשדה זמן קצר אחרי בואה של רות (רות ב ד).

להתקרב אל הנערות ואז משתמש פעמיים באופן בלעדי בלשון נקבה ("יִקְצֹרוּן", "אַחֲרֵיהֶן") כדי לוודא שרות הבינה את כוונתו (ב ח-ט). בועז מצרף להוראות האלה דיווח על התנהגותם התוקפנית של הנערים, אולי כדי להבהיר לרות מדוע עליה לדבוק בנשים ולהתרחק מכל מגע עם הנערים.

דומה שרות אינה תופסת את משמעות הדברים. היא סועדת את לבה "מִצַּד הַקֹּצְרִים" - לשון רבים שמעידה לפחות שלא כולם נשים. והציטוט השגוי שהיא מביאה מדברי בועז ברות ב כא מחזק את הדעה שהיא לא הפנימה את עצתו של בועז. הנורמות המואביות שקלטה בארץ מוצאה ניכרות היטב בפרק זה, שבו רות מתעלמת מהנורמה החברתית של ההפרדה המגדרית הנהוגה כנראה בשדות בית לחם.

בתגובה לפליטת הפה של רות, מתקנת אותה נעמי בעדינות: "וַתֹּאמֶר נָעֳמִי אֶל רוּת כַּלָּתָהּ: טוֹב בִּתִּי כִּי תֵצְאִי עִם נַעֲרוֹתָיו וְלֹא יִפְגְּעוּ בָךְ בְּשָׂדֶה אַחֵר" (ב כב).[26]

הוראה מפורשת זו להצטרף לנערות בשדות בועז מזכירה הנחיה קודמת של בועז. בדומה לבועז (שגם בדבריו מופיע הצירוף "בְּשָׂדֶה אַחֵר" ברות ב ח), נעמי מתייחסת לאנשים העלולים לפגוע ברות בשדות אחרים בבית לחם.[27] במדרש רות זוטא נרמז על אופייה המיני של הפגיעה, תזכורת לחששו של בועז כי הנערים יגעו בגסות ברות.[28]

26. אבן עזרא (רות ב כב) מציין את התיקון העדין של נעמי ומעיר: "**ולא** עם הנערים".
27. המילה "פגע" כפשוטה מתארת מפגש בין אנשים. בדרך כלל מתלווה אליה אסוציאציה עוינת ולפעמים היא אפילו מופיעה כמילה נרדפת להריגה (למשל שמות ה ג; שופטים ח כא; שמואל א כב יח). ניסיונה של נעמי להגן על רות במילים "וְלֹא יִפְגְּעוּ" הוא היפוכו של המצב המתואר בסוף ספר שופטים (יח כה), שם משתמשים בני דן הבריונים במילה "יִפְגְּעוּ" כדי לאיים על מיכה ועל בני ביתו.
28. רות זוטא ב כב: "'ולא יפגעו בך בשדה אחר'. לפי שאומות העולם חשודים [בהתנהגות מינית פסולה]... אלא מוטב לנו שתביא מעט מצילו של זה [בועז], ולא הרבה ממקום אחר, ותוציאי שם רע על משפחותינו". מעניין שהמדרש מעלה את האפשרות שרות תלקט בשדה בועז פחות מאשר בשדה אחר ובכך מזכיר את הרעיון המדרשי הקודם (שאינו נראה מבוסס היטב מבחינת הכתוב) שבועז

ורות אכן תופסת את משמעות נזיפתה המרומזת של נעמי. הפסוק הבא מבשר לנו שרות הפנימה סוף־סוף את הרעיון שעליה ללקט עם הנשים:

וַתִּדְבַּק בְּנַעֲרוֹת בֹּעַז לְלַקֵּט עַד כְּלוֹת קְצִיר הַשְּׂעֹרִים וּקְצִיר הַחִטִּים
וַתֵּשֶׁב אֶת חֲמוֹתָהּ (ב כג).

יש הבדל גדול בין האופן שבו מתוארת צניעותה של רות במדרש לבין תיאורה בכתוב. הטקסט המקראי מתאר את רות כגיורת טיפוסית, המפלסת לה דרך בצעדים כבדים אך נחושים בשבילי היהדות. דומה כי קשה לה יותר להבין את הגינונים החברתיים של היהדות מאשר את ההנחיות ההלכתיות החד־משמעיות. על פי תיאור זה, בועז ונעמי מנחים אותה בדרכה ומאפשרים בתקיפות אך בעדינות את כניסתה לחברת בית לחם.

המדרשים המציגים את רות כמופת לצניעות מתעלמים מהתהליך האטי והאופייני שבו מסתגל גר למערכת נורמות חדשה. יעדם העיקרי של מדרשים אלה הוא לשרטט דיוקן של רות שידגיש את צניעותה כתופעה מתמשכת וחריגה. כאמור בהקדמה לספר, תיאור זה של רות מוצג אצל חז"ל כהיפוכה הגמור של דמות עורפה, המוצגת כסמל המתירנות.[29] הצניעות הטבעית של רות כפי שהיא מתוארת במדרש נועדה להסביר גם את החלטתה של רות לעזוב את מואב. בבחירתה להצטרף לעם ישראל הצנוע מוכיחה רות שהיא שואפת לחיי צניעות ולפיכך מוצגת כמופת לצניעות לכל הדורות.

לא נתן לרות אוכל בנדיבות. ומה שחשוב יותר, מדרש זה ממשיך לתאר את נעמי כמי שחושדת באופייה המוסרי של רות המואבייה ומודאגת שמא תכתים את שמה הטוב של המשפחה.

29. ראו הפרק "שורשי מגילת רות: לוט ואברהם".

רות ונעמי: יחסים מתפתחים

לאור הראיות המוצגות בכתוב לשרידי ההתנהגות המואבית הניכרים עדיין אצל רות, דומה שיש הצדקה ליחסה הזהיר של נעמי כלפי כלתה. השיבה לבית לחם עם כלה שנוהגת כמואבייה איננה פשוטה לנעמי. עם זאת, בסוף פרק ב אנחנו עדים לתמורה ברורה ביחסה כלפי רות. החל בלשון הרבים שבה היא מתארת את עצמה ואת רות ברות ב כ (״קָרוֹב לָנוּ הָאִישׁ, מִגֹּאֲלֵנוּ הוּא״), הולכת נעמי ומקרבת אליה את רות ורואה בה שותפה ובת לוויה. יחסה אליה נעשה הורי יותר ויותר.[30] בדומה לבועז (ואולי בעקבותיו) היא מגוננת על רות ומכוונת אותה אל ההתנהגות הראויה. היא מגיבה בעדינות לטעותה של רות. המילים המגיבות לטעותה של רות מביעות חיבה ואפילו אימהיות: ״טוֹב בִּתִּי כִּי תֵצְאִי עִם נַעֲרוֹתָיו וְלֹא יִפְגְּעוּ בָךְ בְּשָׂדֶה אַחֵר״ (ב כב).[31]

ההערכה החדשה שרוחשת נעמי לרות נובעת ישירות ממעשיה של רות. אחת הדרכים שבהן מבטא זאת הכתוב היא הקישור הלשוני בין דאגתה של נעמי לביטחונה של רות לבין הכרזתה המקורית של רות שבדעתה להישאר עם נעמי. כשנעמי מציעה לרות הגנה היא משתמשת בפועל ״פגע״ במובן פגיעה לרעה ומזכירה את המילה שבה השתמשה רות עצמה כשהפצירה בנעמי שתניח לה להישאר אתה: ״אַל תִּפְגְּעִי בִי לְעָזְבֵךְ״ (א טז). נחישותה של רות לדבוק בנעמי

30. גם קודם לכן כינתה נעמי את כלותיה ״בְּנֹתַי״ (רות א יא, יב, יג), אלא ששם פקפקנו אם זהו מונח המעיד על חיבה, במיוחד לנוכח ההקשר שבו היא דוחה את הצעתן להישאר עמה. ברות ב ב נעמי מתייחסת לראשונה ישירות אל רות כ״בִתִּי״. לדעתי, בפתיחת פרק ב מתוארת נעמי כאדישה ומיואשת, ולכן לא נראה לי ששם נועדה המילה לצייר אותה כמי שנוהגת כהורה פעיל.

31. יכולתה של נעמי להשתמש במילה ״טוב״ מצביעה אף היא על התמורה המפתיעה שחלה בה. בסוף פרק א יכולה נעמי לראות רק את הרע, את תחושת המרירות ואת אומללותה שלה. מר לה והיא קובעת ״שַׁ-דַּי הֵרַע לִי״ (א כא). לעומת זאת, בסוף פרק ב, אחרי שרות הניעה את תהליך החלמתה והשתנותה של נעמי, מתחילה נעמי לצפות לעתיד טוב יותר ולכן היא יכולה להשתמש עתה במילה ״טוב״.

שיככה את רעבונה של נעמי והדפה את הסכנה המיידית למוות ברעב. נעמי, המזהה עתה את כנותה של רות ואת יכולותיה, מתרככת כלפיה ומשתמשת באותה מילה ששימשה את רות להכריז על נאמנותה לנעמי כדי להפגין את דאגתה לרות. היא מביעה בכך את כוונתה לגמול לרות על נאמנותה המופתית.

הפסוק האחרון

וַתִּדְבַּק בְּנַעֲרוֹת בֹּעַז לְלַקֵּט עַד כְּלוֹת קְצִיר הַשְּׂעֹרִים וּקְצִיר הַחִטִּים
וַתֵּשֶׁב אֶת חֲמוֹתָהּ (ב כג).

למרות ההצלחה המתוארת בפרק זה, הוא מסתיים ללא פתרון למצוקתה הממושכת של נעמי. נעמי מגיעה לבית לחם בתחילת הקציר ופרק ב מסתיים בתום הקציר. רות פותחת את הפרק בתנועה המתרחקת מנעמי לכיוון השדות ומסיימת אותו בתנועה בכיוון ההפוך. אמנם רות מבטיחה את קיומה ואת קיום נעמי לאותה שנה, אך אין תנועה מובהקת לכיוון הבטחת הרציפות. באין צאצאים שימשיכו את השושלת, אין כל משמעות לחתימת הסיפור בהבטחת הקיום הפיזי.

בועז, שסיפק את הפתרון למצוקת הקיום הפיזי, ממשיך להיות התקווה הגדולה. נעמי מבינה כי הפתרון לבעיותיה טמון כנראה בחסדו של בועז. רעיון זה בא לידי ביטוי בפרק כולו, המפרט את טובו ואת נדיבותו של בועז כלפי רות, הנפרשים גם על נעמי. יש בסיס מוצק למחשבה שבועז יחלץ את רות ואת נעמי ממצוקתן. עם זאת, הפרק מסתיים בנימה פסימית. בועז לא ניסה לחזר אחרי רות כל עונת הקציר. לא ברור אם הוא ורות ייפגשו שוב בשדות. ובסיום הפרק נפתרת שאלת המזון, אך בועז טרם עשה צעד כלשהו בתפקיד הגואל. הקיום לטווח הקצר הובטח, אבל פרק זה אינו מבטיח המשכיות למשפחת נעמי. ובכך בדיוק יעסוק פרק ג.

פרק ב: סיכום

מסעה של נעמי לבית לחם יוצר שתי בעיות הנראות לכאורה בלתי־פתירות. לטווח הקצר, צפויה לה סכנת רעב. בהעדר תמיכה של בעל או בנים, כשבבעלותה רק שדות שלא עובדו שנים רבות, אין לנעמי כל דרך להשיג מזון.[1] היא מגיעה במקרה לבית לחם דווקא בעונה שבה יש ציפייה עונתית לשגשוג, עונת הקציר שבה אנשים אוספים את פרי עמלם (א כב). אלא שנעמי צופה בכך בשתיקה. לה אין כל סיכוי, היא אינה יכולה לצפות לעזרה מאנשי בית לחם. מצבה הכלכלי עגום. הבעיה השנייה של נעמי היא בעיה לטווח ארוך יותר. גם אם תחזיק מעמד בחורף הקרוב, גם אם תצליח איכשהו להשיב לעצמה את השדות שבבעלותה ולהבטיח את מצבה הכלכלי, אין לה כל עתיד. ללא בעל, ללא צאצאים, בגיל מבוגר מכדי ליצור משפחה חדשה, נעמי נואשת מכל סיכוי להמשכיות ומתכוננת לקראת המוות.

1. כלומר, אם יש עדיין בבעלותה שדות. ייתכן ששדותיו של אלימלך נמכרו, אולי כעונש על שעזב את בית לחם בימי הרעב. ראו מלכים ב ח א–ו. בשאלה זו אעסוק בהמשך הדיון בפרק ד.

רות היא המענה לשתי הבעיות הללו, ובועז הוא המענה לבעייתה של רות. בפרק ג תפתור רות (באמצעות בועז) את בעיית ההמשכיות לטווח ארוך של נעמי. בפרק ב היא מתמודדת עם המצוקה הדוחקת והמיידית - סכנת הרעב. יש בכך אולי כדי להסביר את תשובתה הנאיבית לכאורה של רות לנעמי, כשזו מבינה בהתרגשות שבועז הוא גואל פוטנציאלי. במקום להגיב לאפשרות שמעמדו המשפחתי של בועז יוכל לגאול אותה באמצעות נישואים, רות המואבייה מסיטה את תשומת לבה של נעמי בחזרה לשאלת המזון. לעיל העליתי את הרעיון שרות עושה זאת מפני שהיא מבינה באופן שגוי את דברי נעמי או מפני שהיא נואשת מן האפשרות שבועז יוכל להיות הגואל. עם זאת, ייתכן פשוט שרות איננה חושבת באותם רגעים על פתרונות לטווח ארוך. בפרק ב תפקידה הבלעדי מתמקד בהבטחת הישרדותה של נעמי לטווח קצר.

לעומת זאת, דומה שלנעמי אין עניין בפתרון חלקי. הסכמתה הלא־נלהבת להצעתה של רות לדאוג לה למזון בתחילת הפרק מלמדת כי היא אינה משתוקקת במיוחד למצוא פתרון כלכלי. ללא ילדים וללא תקווה להמשך. דומה שהיא מעדיפה למות. רק כאשר רות מבשרת לה שקיבלה עזרה מבועז, מתעוררת מחדש תשוקת החיים של נעמי. התקווה למציאת פתרון שלם לשתי מצוקותיה מפיחה בה חיים חדשים. וכך נסללת הדרך ליזמה הנמרצת הפותחת את הפרק הבא.

אמנם רות פותחת את הפרק בפעולה לקראת פתרון כלכלי, אבל בועז הוא המספק לרות את האמצעי להשגת מזון לנעמי. שוב ושוב לאורך הפרק מקבלת רות מזון מבועז עד שהיא מבטיחה לה ולנעמי די אספקה לטווח הקצר ולטווח הארוך. את כל מה שבועז נותן לרות, רות מגישה לנעמי. היא מביאה הביתה את השיבולים שליקטה ואת השאריות מארוחתה. הארוחה שאכלה באותו יום והשיבולים שליקטה אינן שייכות אך ורק לה, על פי תפיסתה - היא רואה בעצמה אמצעי להעברת מזון לנעמי.

מהי מתנתו הגדולה ביותר של בועז בפרק ב? העלינו כמה אפשרויות. בועז מתייחס לרות יפה, מגן עליה מפני הפרחחים

הקוצרים בשדותיו, מכיר בה, משיב לה את כבודה ומכריז בפומבי על הערכתו אליה. כל אחד מהצעדים הללו כשהוא לעצמו ראוי לשבח, אבל העובדה שהוא מספק לה מזון ומבטיח את קיומה הגופני היא לב לבו של פרק זה.[2] מילת המפתח "לקט" מופיעה בפרק שתים עשרה פעמים, מה שתומך בהשערה שפרק זה עוסק בכך. מילת מפתח נוספת היא השורש קצ"ר, המופיע בפרק עשר פעמים. השדה נזכר שבע פעמים.[3] מילים אלה מפנות אותנו לא רק למזון אלא גם לאופן שבו הוא מושג - בזכות תכונות הנדיבות ויראת השמים של בעל השדה, המרשה לרות ללקט בשדהו.

אפשר אפוא להסיק שתרומתו הגדולה ביותר של בועז לרות בפרק זה היא העובדה שהוא מספק לה מזון. עם זאת, החלטתו של בועז לתת מזון נובעת מיכולתו להכיר את האחר, לראות את רות, את עונייה ואת צרכיה - לראות את רות כסובייקט ולא כאובייקט. אין זה דבר של מה בכך. כפי שראינו, ספר שופטים מתאר תקופה של ניכור, שבה אנשים אינם רואים בדמות הניצבת לפניהם אדם אלא אובייקט, ולפיכך יכולים להתעלם מצרכיו האנושיים הבסיסיים. להוציא שתי דמויות מרכזיות בסיפור - בועז ורות - המצב הזה מונצח גם במגילת רות. הנשים אינן מחבקות את נעמי ואינן דואגות למחייתה, והן מתעלמות כליל מרות. גם הניצב על הקוצרים, שדבריו המזלזלים על אותה "נַעֲרָה מוֹאֲבִיָּה" מעידים על נטייתו למנוע את כניסתה של רות לשדה, מזכיר את הדמויות של תקופת השופטים. ייתכן שהוא הדין בנעמי עצמה, שאדישותה כלפי השגת מזון מגלה אדישות גם ביחסה לרות.

2. כאמור, כמה מקורות חז"ל (למשל שבת קיג ע"ב) רואים במזון בפרק זה מטפורה למלוכה. על פי קריאה זו, הפרק צופה לקראת הפרק הבא, שבו יש הבטחה לנישואים (ולפיכך לצאצאים). שני הפרקים יחד מספקים פתרון לטרגדיה של נעמי ולאסון הלאומי המתאפיין בהעדר מלוכה.

3. יש התייחסות אחת לשדי מואב. נדון בשימוש במילה "שדה" בסיפורנו כשנעסוק בפרק ד.

הפרק פותר את בעיית הקיום לטווח קצר, הבעיה של השגת מזון לנעמי ולרות. במקביל פותר הפרק היבט אחד ממצוקתה של רות כמואבייה המבקשת להצטרף לקהל ישראל. על המואבים נאסר להצטרף לקהל ה׳ מפני שנחשבו קמצנים וצרי עין. הכתוב קובע במפורש שהסיבה לאיסור זה היא "עַל דְּבַר אֲשֶׁר לֹא קִדְּמוּ אֶתְכֶם בַּלֶּחֶם וּבַמַּיִם בַּדֶּרֶךְ בְּצֵאתְכֶם מִמִּצְרָיִם" (דברים כג ד). המעשה הראשון שעושה רות המואבייה בפרק זה הוא יציאה לשדות מרצונה הטוב כדי להביא מזון לנעמי. באופן זה מאפשרת רות את הצטרפותה לקהילה - היא מוכיחה שהיא נקייה מהתכונות השליליות שבגללן מנועים המואבים מלהצטרף לעם ישראל.

נספח לפרק ב: סצנת הבאר – אירוסין

וְצָמִת וְהָלַכְתְּ אֶל הַכֵּלִים וְשָׁתִית מֵאֲשֶׁר יִשְׁאֲבוּן הַנְּעָרִים (ב ט).

הצעתו של בועז לספק לרות מים שנשאבו מן הבאר מזכירה לקוראי התנ"ך תמונות מוכרות.[1] תרחיש שבו גבר ואישה נפגשים על פי הבאר שכיח למדי בתנ"ך. הפרשנים עוסקים במוטיב זה וסבורים שפגישות כאלה מביאות במקרים רבים לאירוסין: "'וַיֵּשֶׁב על הבאר' (שמות ב טו): [משה] קלט דרך אבות. שלשה נזדוגו להם זווגיהם מן [ליד] הבאר, יצחק יעקב ומשה" (שמות רבה פרשה א לג).

חוקרי מקרא מודרניים רואים בכך "סצנת דפוס", כלומר אירוע החוזר ונשנה במקרא ונסיבותיו צפויות להתפתח באופן נתון.[2] מעניין

1. אמנם אין בכתוב אזכור מפורש של באר בשדה בועז, אך נוכחותה של באר נרמזת מהמילה "יִשְׁאֲבוּן" (רות ב ט). מים נשאבים מגיעים תמיד מבאר.
2. הטכניקות של "סצנות דפוס" בספרות הכללית נבחנו במחקר קלאסי על **האיליאדה** של הומרוס: ראו ארנד, הומרוס. יש דוגמאות רבות לסצנות דפוס מקראיות. דוגמה אחת היא סיפור שבו איש היוצא לארץ זרה חושש שהמלך הזר יהרוג אותו כדי לגזול את אשתו היפה. האיש מציג אפוא את אשתו כאחותו והמלך לוקח אותה לאישה. הסיפור מסתיים בכך שהשליט מגלה את התרמית

לבחון את המוטיבים המשותפים לסיפורים המקבילים, אך נראה שבמקרים רבים דווקא הסטייה ממהלך האירועים הצפוי היא המדגישה את הרעיון המרכזי בסיפור. בפרק שכותרתו ״סצנת דפוס במקרא וחשיבותה של קונוונציה״ בוחן אורי אלטר את התופעה הספרותית הזאת.[3] הדוגמה שבאמצעותה הוא ממחיש את הרעיון היא סצנת אירוסין המתקיימת ליד באר.[4] לרשימת הסיפורים המקבילים במדרש מוסיף אלטר שני סיפורים: פגישת רות ובועז בשדה בועז, וכן, באופן תמוה, שאול הנתקל בקבוצת נערות בדרכן לשאוב מים (שמואל א ט יא–יד).[5]

סצנת הדפוס של האירוסין הצפויים נפתחת כשאיש נוסע לארץ רחוקה ושם פוגש נערה ליד הבאר.[6] מתברר שאותה נערה היא בת משפחתו המורחבת. המים נשאבים מהבאר והנערה ממהרת לביתה לספר למשפחתה על בואו של האיש. האיש מוזמן לארוחה ואז מוסכם על אירוסין בין האיש והנערה.

מדוע דמויות מסוימות במקרא זוכות לסצנת אירוסין כזאת ואחרות לא? ככלל אפשר להניח שסצנת אירוסין מדגישה את עניינו של התנ״ך בהנצחת מורשתו ואופיו של האדם המופיע בסיפור.

כדי לעמוד לעומק על משמעותה של סצנת דפוס זו במגילת רות, אבחן סצנות אירוסין בסיפורים מקראיים אחרים. המרכיבים

ומפצה את הזוג במתנות. סצנת דפוס זו מופיעה בשינויים קלים בשלושה סיפורים שונים במקרא (בראשית יב, כ, כו). במחקר מובאים כמה הסברים אפשריים לדפוסים אלה של אפיזודות חוזרות, אך אלטר, אמנות, עמ׳ 62–65, טוען כי זוהי קונבנציה ספרותית בסיפורים מקראיים וכך יש לפרשה.

3. אלטר, אמנות, עמ׳ 61–77.
4. זוהי דוגמה נוספת שבה מקורות חז״ל קדומים מבחינים בתופעה המיוחסת לא פעם לטכניקת מחקר מודרנית. ראו שמות רבה פרשה א לג המצוטט למעלה.
5. הדמיון בין סיפורו של שאול הפוגש נערות שיצאו לשאוב מים לבין הסיפורים האחרים הללו לא נעלם מעיני המדרש (פרקי דרבי אליעזר לה), המקביל ארבעה סיפורים שבהם אדם נכנס לעיר ופוגש נערות בדרכן לשאוב מים. מסקנת המדרש שונה במקצת - הוא רואה בכך סימן מבשר טובות להצלחתו של האיש.
6. הבאר, הכוללת מים, מסמלת רציפות וחיים. לחלופין, זהו אולי מקום מפגש ברור מאליו, שכן כל אנשי העיר חייבים ללכת לבאר לשאוב מים.

המשותפים בסצנה זו הם שמושכים מלכתחילה את תשומת לבנו, אבל דווקא הפערים בין הסיפורים חושפים את המסר הייחודי לכל אחד מהסיפורים.

יצחק ורבקה (בראשית כד)

הסטייה הבולטת ביותר מדפוס סצנת האירוסין בסיפור יצחק ורבקה היא העובדה שיצחק עצמו אינו נוכח בה.[7] הסצנה כולה נעשית בידי שליח, שאף אינו זוכה להיקרא בשם בסיפור הזה. הוא מכונה "עֶבֶד אַבְרָהָם". העבד, שבא לחפש אישה ליצחק, אינו פועל אפילו כשליחו של יצחק אלא כשליחו של אברהם. יצחק אינו שותף לתכנית כשאברהם שולח את עבדו וייתכן שאינו יודע דבר על נישואיו הממשמשים ובאים. העדרו של יצחק איננו עובדה טכנית בלבד - אפשר לראות בו את המפתח לסיפור כולו, המאפיין את תפקידו הכללי של יצחק ואת מורשתו.[8] יצחק חי בצל אביו לכל אורך חייו, ונקודה זו בולטת במיוחד בסיפור העקידה, הנפתח בדגש על אברהם ("וְהָאֱלֹהִים נִסָּה אֶת אַבְרָהָם", בראשית כב א). התנהגות זו ניכרת גם בפרק היחיד המוקדש לקריירה שלו, בראשית כו. פרק זה, המוקדש לכאורה לתיאור חייו

7. אני סוטה כאן מהקו שהתווה אלטר, שאמנם מבחין בהעדרו של יצחק אך אינו רואה בכך תכונה מרכזית בסיפור. ככלל אני חבה רבות לאלטר על רבים מהרעיונות המופיעים אצלו, אבל גישתי כוללת רעיונות ומסקנות משלי.

8. לצורך עניננו אני מתמקדת בגורם בולט אחד הסוטה מהדפוס המקובל, ונראה לי נקודת מפתח בחשיפת המסר המובהק שלו. מקוצר היריעה לא אוכל לפתח כל נקודה במלואה. בסיפור זה יש בוודאי גם גורמים ייחודיים אחרים המבטאים את המסר שלו ואת רעיונותיו. ראו למשל את המבחן הייחודי שמתכנן עבד אברהם למציאת הכלה המתאימה ליצחק (בראשית כד יב-יד). דומה שמבחן זה נועד למצוא מישהי שתוכל להמשיך היבט חשוב במורשתו של אברהם, הלא הוא החסד. העבד מצדיק פעם אחר פעם את קריאתו להתערבות אלוהית באמצעות אזכור סגולותיו של אדונו אברהם. דבר זה מאפיין את היחסים הייחודיים שבין אברהם לה', הנפרשים לעינינו כסדרה של ניסיונות וציפיות הדדיות.

של יצחק, מזכיר שוב ושוב את אברהם, ומעשיו של יצחק משקפים היטב את מעשי אביו.[9]

התנהגות חיקוי זו מייצגת כראוי את התפקיד השמור ליצחק ביצירת העם. האב הראשון, אברהם, הוא חוזה. יחסיו עם ה׳ והברית הייחודית שהוא כורת אתו נועדו להיות מופת לצאצאיו ולסלול לעולם דרך חדשה. בנו, השני בשלושת האבות, אינו יכול להיות חוזה. אם יתאפשר לו לחדש, יביא הדבר לשינוי מהותי, לעיוות החזון המקורי של אברהם.[10] תפקידו של יצחק הוא להמשיך את דרך אביו, לדרוך בזהירות בעקבות הגדולים מאוד שהותיר אביו. מורשתו של יצחק היא מורשת אביו ואל לו לסטות ממנה בשום אופן.[11] עניין זה מודגש באמצעות הדרך המיוחדת שבה מוצגות תולדות יצחק בכתוב: ״וְאֵלֶּה תּוֹלְדֹת יִצְחָק בֶּן אַבְרָהָם: אַבְרָהָם הוֹלִיד אֶת יִצְחָק״ (בראשית כה יט). אחרי הצגת תולדותיו של יצחק אנחנו מצפים לקבל את רשימת צאצאיו של יצחק,[12] אלא שהכתוב חוזר לאברהם ויוצר אפקט דמוי מראָה. הניסוח החריג הזה מלמד שאין לחפש את עתידו של יצחק,

9. הפרק מרבה להזכיר במפורש את אברהם (למשל, בראשית כו א, ג, טו, יח, כד), מה שמלמד כי הוא מבקש ליצור שיקוף מודע בין יצחק לאברהם. זאת ועוד, אירועים רבים בפרק מקבילים לאירועים בחייו של אברהם. ראו למשל את הדברים הבאים: יצחק חווה רעב שגורם לו לעזוב ולחפש מקום מגורים; ה׳ מתגלה ליצחק ומעניק לו את הברכה שניתנה במקור לאברהם; מחשש שמא ישפיע יופייה של אשתו על אנשי העיר מציג אותה יצחק כאחותו, ובכך מעורר את זעמו של השליט, המאשים אותו שכמעט גרם למישהו לנאוף עם אשתו; יצחק חופר מחדש את הבארות שחפר אביו ומעניק לבארות את השמות שנתן להן אביו; יצחק בונה מזבח וקורא בשם ה׳; יצחק כורת ברית עם אבימלך מלך גרר ועם פיכל שר צבאו ושני הצדדים נשבעים אמונים זה לזה, ולבסוף קורא עיר בשם באר שבע.

10. אברהם מתואר פעמים רבות כמי שרואה (למשל בראשית יג יד; טו ה; יח א; יט כח), ומעניין לציין שעיניו של יצחק כהו מראות.

11. לא מקרה הוא שהמילה הראשונה שאומר יצחק היא ״אבי״ (בראשית כח ז) והאחרונה היא ״לאברהם״ (בראשית כח ד). אני מודה לאליקים שחף על הבחנה זו.

12. ראו למשל בראשית ו ט-י; יא י-כו; יא כז; לו א-ה; ט יט.

את מורשתו, בצאצאיו, אלא ביכולתו לשקף ולהנציח את העבר, את מורשת אביו. תפקידו של יצחק חיוני ליצירת עם השקוע במסורה. ליהודי חשוב להביט אחורה ולשמר את העבר לא פחות מכפי שחשוב לו להביט קדימה ולבחון את העתיד.

חייו של יצחק בצל אביו מאפשרים לו למלא את תפקידו, חיזוק וגיבוש של שליחות אברהם. לאור זאת לא פלא שאת מקומו בסצנת האירוסין תופסת דמות חליפית המכונה בעקביות "עבד אברהם". משימת ההמשכיות של יצחק, תכלית נישואיו, לא נועדה לקדם חזון משלו אלא את חזון אברהם אביו.[13]

יעקב ורחל (בראשית כט)

שלא כמו בסצנה הקודמת, סצנת האירוסין של יעקב אינה מתקיימת בתום מסע נינוח אלא בעקבות מנוסת בהלה בניסיון לברוח מזעם אחיו. יעקב מגיע אל הבאר ללא גמלים, תכשיטים או ציפיות. הסממן הייחודי לסיפור זה הוא האבן הגדולה המכסה את פי הבאר.[14] כה גדולה האבן,

13. אלטר מציין כי כהשלמה לפסיביות של יצחק, תפקידה של רבקה בסיפור מצטיין דווקא בפעילות. לדעתי, פעילותה הנמרצת והמהירה, חסדה המיוחד במינו, ראייתה ונחישותה ללכת עם האיש למקום לא מוכר ("אֵלֵךְ") הופכים אותה דמות מראה לאברהם (שלא כסצנות אירוסין אחרות, בסיפור הזה האישה היא השואבת מים למען הגבר). למעשה, סצנת האירוסין כולה נסבה סביב מציאת רעיה המתייחסת לזרים במידה חריגה של חסד, תכונתו המובהקת של אברהם. פעילותה המיוחדת של רבקה גם מדגישה את חשיבותו של אברהם בסיפור אירוסין זה – **אברהם** הוא הזוכה כאן להמשכיות ותכונותיו של **אברהם** הן הנדרשות והנמצאות. תכונותיה של רבקה מבטיחות בסופו של דבר שחוסר הראייה של יצחק לא יביא לדעיכת חזונו של אברהם או לאי־יכולת של יצחק למנוע מאחרים לעוותה. רבקה נאבקת כדי לשמר את עתיד חזונו של אברהם, ואילו עיוורונו של יצחק לתכונותיו השליליות של עשיו מעמיד את החזון הזה בסכנה (בראשית כז).

14. כמו בתרחיש האחרון, גם כאן אני מנסה להתמקד במה שנראה לי המפתח לסיפור. סממן חריג נוסף בסצנה זו הוא האהבה העזה של יעקב לנערה שהוא פוגש ליד הבאר. רגש זה אופייני ליעקב ומדגיש את טבעו הלוהט. הלהט הזה

עד שהרועים חייבים להתקבץ יחד מדי יום ולגלול אותה כדי לשאוב מים. בואו של יעקב לבאר מלווה במידע שהגישה למים חסומה. אלא שהמכשול אינו קשה מדי: כשיעקב רואה את רחל הוא ניגש לבאר וגולל את האבן בכוחות עצמו.

גם כאן מקופל הרעיון המרכזי של הסיפור במרכיב הייחודי של האבן.[15] יעקב איננו רק סמל לאדם למוד קשיים, אלא גם סמל לאדם היכול לגבור על קשיים. כבר בהיותו ברחם אמו היה עליו להיאבק, וכך גם בלידתו, והדבר בא לידי ביטוי בשמו.[16] הוא נאבק למען הברכה ולמען הבכורה. כדי להינשא לבחירת לבו עליו להשקיע מאמץ אדיר, וגם יחסיו עם ילדיו כרוכים במריבות ובקשיים. בקצרה, יעקב לא זכה בשום דבר בנקל, כפי שניכר במאבק האדירים עם ה"איש" המשנה את שמו לישראל: "וַיֹּאמֶר: לֹא יַעֲקֹב יֵאָמֵר עוֹד שִׁמְךָ כִּי אִם יִשְׂרָאֵל. כִּי שָׂרִיתָ עִם אֱלֹהִים וְעִם אֲנָשִׁים וַתּוּכָל" (בראשית לב כט).

מאבק זה ניכר בסצנת האירוסין שלו, הכוללת כמה סטיות מהדפוס הרגיל. כפי שצוין, המסע לחיפוש רעיה הוא חלק מבריחתו של יעקב להציל את נפשו. הקושי לגלול את האבן מעל פי הבאר הוא מקבילה לאותה מצוקה. בניגוד למקובל בדפוס סיפור האירוסין, יעקב אינו מוזמן לארוחה. הוא אינו משיג את האישה בלא התחייבות לשנים ארוכות של עבודה קשה, ותחילה הוא גם אינו מקבל את האישה שהובטחה לו, האישה שנועדה לו, זו שפגש ואהב ליד הבאר

עתיד למלא תפקיד מרכזי בסיפורים הבאים, במיוחד באהבתו העזה ליוסף, ואחר כך לבנימין.

15. מעניין שמוטיב האבן מופיע לכל אורך סיפורו של יעקב. כך למשל האבנים שעליהן ישן יעקב בבית אל (בראשית כח יא), מצבת האבנים שהוא מקים בבראשית כח יח ולה יד, והאבנים המציינות את הסכם האי־תוקפנות שהוא כורת עם לבן בבראשית לה מה-נג. רעיון זה מופיע אצל פוקלמן, בראשית, עמ' 125, הסבור כי חיי יעקב מסומלים באבנים מפני שהוא מתמודד עם טבעם הקשה והבלתי־מתפשר של החיים. למעשה, יעקב אינו משיג שום דבר בקלות.

16. הכתוב מביא בעקיפין הסבר אטימולוגי לשם יעקב, המתייחס למאבקו להיוולד בכור: "וְאַחֲרֵי כֵן יָצָא אָחִיו וְיָדוֹ אֹחֶזֶת בַּעֲקֵב עֵשָׂו, וַיִּקְרָא שְׁמוֹ יַעֲקֹב" (בראשית כה כו).

(בראשית כט יח-כח). ואף על פי כן, יעקב גובר על הקשיים בזכות כוח רצונו ויוצא מכך אדם מחוזק.[17] יעקב מגייס מתוכו כוחות עצומים כדי לגבור על הקשיים בכל תחומי החיים ובכך משמש מופת לצאצאיו לדורות רבים אחריו.[18]

משה וציפורה (שמות ב)

אירוסי משה וציפורה מתאפיינים בכמה תווים ייחודיים. גם משה, כיעקב לפניו, לא יצא למסע רגוע למצוא לו אישה. הוא נמלט על נפשו מפני פרעה המבקש להרגו (שמות ב טו). החלק המוקדם של חיי משה מלא קונפליקטים, וזהו ההקשר שבו מוצג סיפור אירוסיו. סיפורו הראשוני של משה הוא מסעו של צעיר לעבר הבגרות. מילת המפתח במחצית השנייה של פרק ב בספר שמות (פסוקים יא-כב)[19]

17. הגמרא (פסחים פח ע"א) מיטיבה לתאר כמה מהרעיונות שלעיל כשהיא יוצרת חיבור בין אברהם להר (שממנו אפשר לראות הרחק ושהאדם נראה בו למרחקים), בין יצחק לשדה (בעל האופק המישורי והבלתי־משתנה) ובין יעקב לבית (מבנה חזק - בנוי מאבנים! - המגן מפני קשיים מבחוץ ושואב כוח מהמשאבים הפנימיים. בית מסמל גם משפחה והמשכיות). האסוציאציה בין הדמויות למקומות נובעת מהמקרא עצמו, שהרי אברהם מתהלך בהרים (בראשית כב ב), יצחק נמצא בשדה (בראשית כד סג) ויעקב בונה את הבית הראשון בתנ"ך (בראשית לג יז). ובכל זאת, המשמעות הסמלית של המקומות האלה (והקשר בינם לבין האבות) מתבקשת והולמת את המהות של חייהם.

18. יעקב הוא מופת להתגברות על קשיי הגלות, הרוחניים והגופניים כאחד. הוא עושה חלק גדול מחייו בגלות, כזר בארץ נכרייה. יכולתו לבנות בית חזק משמשת לקח לישראל בגלויותיו השונות. אפשר לראות זאת בסיפור המספר על ההתנסות הראשונה של עם ישראל על אדמת נכר, במצרים. סיפור יציאת מצרים מייחס חשיבות עצומה לבתי בני ישראל (בית הוא מילת מפתח המופיעה ארבע עשרה פעמים בשמות יב א-מב). בני ישראל אוכלים את קרבן הפסח בבתיהם בעוד המוות משתולל בחוץ. הבית האיתן המגן עליהם הוא גם מטפורה ליכולתם לעמוד בסכנות הרוחניות והגופניות האורבות להם בגלות, כך שיצאו משם ללא פגע ואולי אף מחוזקים. כוח זה נלמד מיעקב הנאבק ושורד בגלות ואף מתחזק בה, חוויה המאפשרת לו לבנות בית חזק.

19. החלוקות המבניות בפרק זה מוצגות אצל רדאי, שמות, עמ' 241–245; טי, משה.

היא "איש", המופיעה שבע פעמים;[20] אלא שרוב מופעי המילה אינם מתייחסים אל משה אלא אל האיש שמשה מחפש כדי לחקותו, לראות בו דוגמה אישית. אך משה אינו מזדהה עם אף אחד מן האנשים שהוא פוגש, המצרים והעברים כאחד.[21] בכל אשר יפנה הוא נתקל בעוול ובאכזריות, ואינו יכול לשאתם. הוא נתקף זעם למראה הנוגש המצרי (שמות ב יא-יב), אך אינו יכול להתאפק גם כשהוא רואה שני עברים נצים (שמות ב יג). שאיפת הצדק שלו גורמת לו לאבד אמון באנושות ולברוח מן הציביליזציה.[22]

הקונפליקטים הפנימיים של משה והיעדים שהוא מציב לעצמו לבסוף באים לידי ביטוי בתווים הייחודיים של סצנת האירוסין שלו. בסצנה זו בולטת שאיפת הצדק האופיינית למשה ויושרתו הבלתי־מתפשרת. הוא מזדרז להושיע את בנות יתרו כאשר הרועים מגרשים בגסות את צאנן מהמים שהן שאבו אל הרהטים ומשקה את צאנן (שמות ב טז-יז). שלא כיעקב, המתמודד עם עצם דומם, משה נתקל בסצנה זו במכשול אנושי, במקור אנושי של עוול. תכונות אופיו של משה כפי שהן מתגלות בסצנת האירוסין הולמות אדם שעתיד לשחרר את בני ישראל מעבדות ולהיות למחוקק המביא לעולם משפט וצדק ("אֶת חֻקֵּי הָאֱלֹהִים וְאֶת תּוֹרֹתָיו", שמות יח טז).

סצנת האירוסין של משה שונה מכמה בחינות חשובות מהדפוס המסורתי של סצנה זו, אך יש בה יסוד מובהק המשמש מפתח לסיפור

20. למעט צורת הרבים, "אנשים". המבנה הספרותי של הפרק מחוכם: מילת המפתח במחצית הראשונה של הפרק (שמות ב א-י) היא "הילד", שגם היא מופיעה שבע פעמים (בתוספת ה"א הידיעה).

21. בהסברו לפסוק "וַיִּפֶן כֹּה וָכֹה וַיַּרְא כִּי אֵין אִישׁ" כותב הנצי"ב (העמק דבר, שמות ב יב) כי משה רואה שאיש מן המצרים אינו מתכוון לעזור לעברי המוכה. למעשה, אין במצרים "איש" שעשוי לשמש מופת למשה. לדברי הנצי"ב אפשר להוסיף שמשה אינו רואה איש ראוי אף בין העברים. הפסוקים המקבילים בישעיהו נט טו-טז מלמדים שהביטוי "וַיַּרְא כִּי אֵין אִישׁ" מתאר מצב כללי של עוול חברתי.

22. ראו כיצד מתאר הרב משה ליכטנשטיין את ייאושו של משה אחרי שהיה עד לעוולות האנושות בתוך ליכטנשטיין, ציר וצאן, עמ' 19-44.

כולו: כאן ורק כאן האיש אינו פוגש ליד הבאר נערה אחת אלא שבע נערות,[23] שאף אחת מהן אינה נקראת בשם וכולן מועמדות שוות לנישואים. התיאור היחיד הנקשר לאותן נערות הוא היותן בנותיו של כוהן מדיין.[24] דומה שסצנת אירוסין זו אינה עוסקת במציאת אישה אלא בעיקר במציאת חותן, "איש", שעשוי לשמש למשה מודל לחיקוי.[25] המילה "איש" מופיעה בפעם האחרונה בפרק זה כאשר משה משתקע במדיין ומתחיל לחיות את חייו – לא עם אשתו אלא עם חותנו, המכונה שם "איש" ("וַיּוֹאֶל מֹשֶׁה לָשֶׁבֶת אֶת הָאִישׁ", שמות ב כא). משה נושא את ציפורה לאישה רק אחרי שהוא משתקע לצד האדם היחיד הראוי לכינוי זה בסיפור.[26] זוהי הסיבה לכך שסצנת

23. גם כאן השמטתי מהסיפור כמה סממנים מסקרנים, שאף כי יש להם משמעות בזכות עצמם אין הם מהווים לדעתי מפתח להבנתו. מקוצר הזמן והיריעה לא אוכל לפתח כראוי כל וריאנט בסיפור, אך אזכיר בקצרה את היעדרו הבולט של קשר משפחתי בין משה לבין נשותיו הפוטנציאליות. יש בכך אולי כדי להדגיש את האיזון הייחודי שמשה חייב לשמור בין היותו שייך ולא שייך. גם כשהוא מנהיג את בני ישראל, מייצגם ופועל בשמם בהזדמנויות רבות, עליו להישאר מרוחק, להיות קצת מבחוץ, כדי להיות מסוגל לשמור על הסמכות ועל הכבוד הדרושים לו למילוי משימתו הכבירה (ראו למשל שמות לג ז; לד ל, ואבן עזרא לשמות ב ג). אירוסיו של משה לאישה מבחוץ נועדו אולי להזכיר לו שלמען מורשתו, הוא עצמו חייב לשמור על מידה מסוימת של היבדלות ומרחק מהעם.

24. פרשני המקרא חלוקים בשאלה אם יש לזהות את רעואל, כוהן מדיין בשמות ב טז-כא, עם יתרו (למשל מכילתא דרבי ישמעאל, יתרו א), או שמא רעואל הוא בעצם אביו של יתרו (למשל ספרי זוטא י כט). אבן עזרא (במדבר י כט) סבור כי רעואל הוא אכן חותנו של משה ויתרו הוא גיסו. מכל מקום, סצנת האירוסין של משה מבטיחה את קיום קשריו המשפחתיים עם יתרו, שבהמשך ימלא תפקיד משמעותי בחייו של משה – סיוע לכינון התשתית המשפטית לעם ישראל.

25. חשובה העובדה שבמהלך סצנת האירוסין שלו מזהות הנערות את משה בטעות כ"אִישׁ מִצְרִי" (שמות ב יט). הדבר מרמז כי משה טרם גיבש את זהותו העצמית.

26. מעלתו של כוהן מדיין מתחוורת בשלב זה באמצעות גורמים אחדים. ראשית, הוא נוזף בבנותיו שעזבו את משה אחרי שפעל למענן ואחר כך הוא מורה להן להזמינו לארוחה בביתם. כוהן מדיין מציב מופת של הכרת טובה ונדיבות, תכונות המניחות את היסודות לחברה צודקת.

האירוסין אינה מתמקדת באישה יחידה אלא בבנות כוהן מדיין, שכל אחת מהן עשויה לחזק את הקשרים בין משה לבין אותו "איש" ראוי.

בסופו של דבר, אירוסיו של משה אינם מתמקדים בהעברת מורשתו מדור לדור, שכן ילדיו אינם יורשים את מעמדו או ממשיכים את חזונו.[27] מורשתו של משה היא הפצת תורת ה' והצדק. אלה אינם מועברים הלאה בצורה אנכית, באמצעות צאצאיו, אלא בצורה אופקית, לכל בני דורו, שכולם מעבירים את חוקי ה' ותורתו לדור הבא. יתרו הוא בעצם האיש שמאפשר למשה לגבש את מורשתו האמיתית. משה הופך למחוקק אפקטיבי בזכות השותפות עם חותנו, המאפשר לו לכונן את התשתית המשפטית שתוכל להפיץ את החוקים הצודקים שמנחיל משה לעולם (שמות יח יג-כז).[28]

שאול והנערות (שמואל א ט)

אפשר להקל ראש ברעיון שפגישתו של שאול עם הנערות שיצאו לשאוב מים קשורה באופן כלשהו לסצנת אירוסין, שהרי שאול אינו נושא לאישה נערה מן הנערות המשתתפות בסצנה זו.[29] אלא שסצנה זו כוללת כמה מהסממנים הבולטים של סצנת אירוסין טיפוסית.[30] הסיפור

27. נראה שילדיו של משה אינם מטרת נישואיו, שכן הם אינם ממלאים תפקיד משמעותי בחייו ואינם יורשים את תפקידו. דומה שהתכלית המרכזית של נישואיו היא חיבורם של משה ויתרו.

28. אברבנאל (שמות ב) מביא מדרש מאלף שעל פיו היה מטה האלוהים של משה (שמות ד כ) נטוע מלכתחילה בפרדסו של יתרו, ועד בוא משה לא היה איש מסוגל להזיזו ממקומו. בזכות היכולת שמפגין משה נותן לו יתרו את ציפורה בתו לאישה. אברבנאל מסביר את המדרש הזה בצורה מטפורית: המטה הוא מטפורה לחכמתו של משה, המאפשרת בסופו של דבר את נבואתו. אני מבקשת ללכת בכיוון שונה מעט ולומר שהמדרש מרמז לשותפות היוצאת דופן בין יתרו, שחכמתו טמונה בפרדסו הפרטי, לבין משה, המשחרר את הידע של יתרו אל העולם.

29. אצל שאול אין סצנת אירוסין של ממש. לא ידוע לנו כמעט דבר על אשתו, שאותה אנו פוגשים רק בפסוק קצר אחד (שמואל א יד נ).

30. כדי להסביר את פטפטנותן של הנערות בשמואל א ט יא, נאמר במדרש

מתחיל כששאול יוצא לחפש את אתונות אביו (שמואל א ט ד-ה). משאינו מוצא אותן, הוא יוצא לחפש את הרואה (הנביא), שממנו יוכל אולי לשמוע לאן הלכו האתונות. כשהוא מגיע לעירו של הרואה הוא נתקל בקבוצה של נערות שיצאו לשאוב מים (שמואל א ט יא). בהמשך הסיפור מזמין שמואל את שאול לאכול עמו (שמואל א ט יט, כב-כד), וזוהי ראשיתה של מערכת יחסים רבת חשיבות (אם כי לא נישואים).[31]

האנומליות הבאות לידי ביטוי בסצנה זו עשויות להביא אותנו למסקנה דומה לזו העולה מסצנת האירוסין של משה. מורשתו של שאול אינה טמונה בייסוד שושלת מלוכה, כי אם בייסוד מוסד המלוכה בישראל.[32] מוסד זה יוצא לדרך בצורה ראויה באמצעות הקשר שהמלך יוצר עם הנביא ובהעברת המסר שמלך אינו יכול לתפקד כהלכה ללא הדרכתו של נביא. וזוהי מורשתו של שאול.[33] לצורך הדגשת המסר הזה נקטעת סצנת האירוסין של שאול באבה. במקום לחתום אותה ביחסי נישואים, שנועדו להמשכת המורשת באמצעות צאצאים, חותם אותה הסיפור בתחילתה של מערכת יחסים שונה (המתקבעת באמצעות ארוחה משותפת), שהיא מערכת בין מלך ונביא. היחסים הללו חיוניים להגשמת מורשתו של שאול כמלך הראשון בישראל, הסולל את הדרך למלכות שבט יהודה.[34]

(ברכות מח ע"ב; מדרש תהלים ז יד) שהן מסיחות אתו כדי להתבונן ביופיו. מדרש זה מודע כנראה לכך שזוהי סצנת אירוסין פוטנציאלית.

31. הארוחה עצמה מפורטת בצורה יוצאת דופן, כדי להפנות את תשומת הלב לחשיבותה בסיפור.

32. ייתכן שסצנת האירוסין שאיננה מביאה לנישואין רומזת לנו ממש בפתיחת סיפורו של שאול כי הוא לא נועד לייסד שושלת, ומלכותו היא עניין חולף, חד־דורי. דבריו של שמואל בשמואל א יג יד סותרים לכאורה את הרעיון הזה, אך יש בהם כדי להסביר את השאלה הקשה מדוע נבחר למלוכה דווקא בן שבט בנימין, אף על פי שהמלוכה הובטחה ליהודה בבראשית מט י (ראו רמב"ן שם).

33. זהו תנאי בל יעבור למלוכה, כפי שעולה מפירושו של רש"י לדיני המלך (דברים יז כ).

34. הדבר מסייע לנו לזהות את כישלונו של שאול כמלך. שני חטאיו הגדולים של שאול נובעים מאי־ציות לנביא, המעורר את חמתו של הנביא ומביא אותו להכרזה שאי־ציות זה מסכן את המשך מלכותו (שמואל א יג ח-ד; טו א-כד).

עד כה ראינו סצנות אירוסין העשויות לשמש כלי מועיל לפרשנות הכתוב. הן יכולות להדגיש את הסממן המרכזי בכל אחד מהסיפורים, להפנות את תשומת הלב אל התכונות העיקריות של המשתתפים ולגלות את המורשת שכל אחד מהם אמור להבטיח ולהנציח.

רות ובועז (רות ב)

כאמור, מגילת רות מקפידה להימנע מכל רמז לאהבה או לרומנטיקה בין רות ובועז.[35] ואף על פי כן השניים נישאים בסופו של דבר. פגישתם הראשונה מבשרת אפוא את היעד הסופי של היכרותם, הלא הוא קשר הנישואים.

מעניין שבסיפור זה מופיעים כמעט כל סממני סצנת הדפוס של האירוסין שצוינו עד כה. דמות נוסעת לארץ רחוקה. היא פוגשת שם גבר ליד באר. חשיבות המפגש טמונה בקשרים המשפחתיים של הזוג. הדמות שהגיעה לבאר מוזמנת לארוחה. עם התפתחות הסיפור הזוג שנפגש ליד הבאר בא בקשר נישואים.

האנומליה של הסיפור הזה ניכרת מיד לעין. הדמות המרכזית בסיפור איננה הגבר כי אם האישה. אנחנו מתמקדים בנישואיה **שלה**; **לה** אנחנו מבקשים למצוא בן זוג. להמשך **שלה** אנחנו מייחלים, ואת מורשתה ותכונות אופייה אנחנו מבקשים להמשיך. זוהי בעצם תמציתה של מגילת רות. תכונות אופייה של הגיבורה, שעל שמה נקראת המגילה, יביאו לייסוד שושלת בית דוד. בועז משלים את תכונות אופייה של רות ובכך מבטיח את הצלחתה, אבל רות היא המגלמת בצורה השלמה ביותר את התכונות הנחוצות למלוכה. רות

35. ייתכן אפילו שבועז, המודע למשמעות שאיבת המים מהבאר, מתכוון לומר שהנערים השואבים הם המועמדים המתאימים לנישואים לרות ("וְצָמִת וְהָלַכְתְּ אֶל הַכֵּלִים וְשָׁתִית מֵאֲשֶׁר יִשְׁאֲבוּן הַנְּעָרִים", רות ב ט).

היא אפוא "אמה של מלכות", כשם שאברהם, יצחק ויעקב הם אבות עם ישראל.

"וישם כסא לאם המלך [שלמה]" (מלכים א ב יט). זו רות המואביה, שהייתה אמה של מלכות (ילקוט שמעוני מלכים א רמז קע).[36]

אני מבקשת לחתום את הדיון בסצנת הדפוס של האירוסין בשתי נקודות מתודולוגיות. ראשית, תרגיל זה בהבנת מוסכמות ספרותיות מקראיות הוא דוגמה לשימוש בטכניקות ספרותיות להבנת המסרים של הסיפור המקראי. שנית, ראינו שחז"ל מגיעים לא פעם להבחנות דומות לאלה של חוקרים מודרניים המשתמשים בכלים ספרותיים. קריאה צמודה, השוואה בין סיפורים וטכניקות ספרותיות נוספות אינן זרות ללימוד התנ"ך. חז"ל אינם משתמשים במינוחי המחקר הספרותי ("סצנת דפוס", למשל), אך השיטות הספרותיות נוטות להשתלב היטב בשיטות המסורתיות של לימוד התנ"ך ומתחברות לשרשרת של לימוד התנ"ך המסורתי.

36. מדרש דומה מופיע בבבא בתרא צא ע"ב. בחרתי להביא את הגרסה של ילקוט שמעוני המאוחר יותר מפני שהוא מציג את הנקודה בצורה ברורה יותר.

צאצאים – פתרון ארוך טווח:
רות פרק ג

מבנה פרקים ב-ג: מחיה וצאצאים

המבוא הטרגי למגילת רות מותיר את נעמי עם שתי בעיות קריטיות: הישרדות לטווח קצר (מזון) והישרדות לטווח הארוך (צאצאים). בעיית המזון באה על פתרונה בפרק ב, ופרק ג מתמודד עם אתגר המשכיותה של נעמי.

מבחינה מבנית קיימת הקבלה ברורה בין שני הפרקים.[1] פרק ב כולל שלוש סצנות. בראשונה מתקיימת שיחה קצרה בין רות לנעמי ובה מודיעה רות לנעמי על כוונתה לצאת ללקט בשדות (ב ב). הסצנה השנייה והארוכה מציגה את בועז ואת רות בשדה בועז. שם, אחרי שבועז מברר את זהותה של רות, הוא דואג לה למזון (ב ג-יז). לדברי בועז, מעשיה של רות עצמה הניעו אותו לפעולה. הסצנה השלישית מתארת את שובה של רות אל נעמי בבית לחם. היא מספרת לחמותה על הצלחתה ("וַתַּגֵּד לַחֲמוֹתָהּ אֵת אֲשֶׁר עָשְׂתָה עִמּוֹ"), מצטטת את דברי בועז ("כִּי אָמַר אֵלַי") ונותנת לנעמי מזון בתוספת הבטחה לאספקת מזון מספקת לעתיד (ב יח-כג).

1. חוקרי מקרא רבים עמדו על תופעה זו. ראו למשל ברטמן, עיצוב סימטרי, עמ' 165-166; פורטן, מגילת רות, עמ' 23; קמפבל, רות, עמ' 15-16.

פרק ג כולל שלוש סצנות זהות כמעט. בראשונה מתקיימת שיחה בין רות לנעמי בבית לחם. כאן נוטלת את היוזמה דווקא נעמי,[2] האומרת לרות שבדעתה לבקש לה "מָנוֹחַ" - כנראה רמז לנישואים (ג א–ה).[3] בסצנה השנייה בפרק ג שוב נראים רות ובועז בחוץ, הפעם בגורן בועז, ובועז שואל שוב לזהותה ואחר כך מבטיח לה גאולה עד הבוקר (ג ו–טו). גם הפעם מתרץ בועז את חסדו במעשי החסד של רות שהניעו אותו לפעולה. בסצנה השלישית מתוארת שיבתה של רות אל נעמי בבית לחם. רות מספרת לחמותה על הצלחתה ("וַתַּגֶּד לָהּ אֵת כָּל אֲשֶׁר עָשָׂה לָהּ הָאִישׁ"), מצטטת את דברי בועז ("כִּי אָמַר [אֵלַי קרי]") ונותנת לנעמי שש שעורים, שהן הסמל המוחשי להבטחתו של בועז (ג טז–יח).

הסימטריה המבנית של פרקים אלה ניכרת לעין כשהיא מוצגת בטבלה:

טבלה 5: הסימטריה המבנית של פרקים ב–ג

פרק ב	פרק ג
רות ונעמי: רות מתנדבת להשיג מזון (ב ב).	**רות ונעמי:** נעמי שולחת את רות להשיג נישואים/ילדים (ג א–ה).

2. לא קשה להסביר את ההבדל הזה בין הפרקים: ביזמתה של רות להשיג מזון אין כל פסול, אבל אילו התקרבה רות לבועז מיזמתה כדי לדרוש ממנו בתוקף נישואים או ילדים, אפשר היה לחשוד שהתנהגותה הישירה נובעת משורשיה המואביים. זאת ועוד, יזמתה של נעמי בפרק זה מציגה בחריפות רבה את תשוקת החיים המחודשת של נעמי, הנוטלת עתה את הפיקוד ומצפה בקוצר רוח לסיום חיובי של מצבה הטרגי.
3. המילה הנדירה "מָנוֹחַ" (היא מופיעה בתנ"ך שבע פעמים בלבד) משמשת את נעמי עוד קודם לכן (רות א ט) בהתייחסות לנישואים ("יִתֵּן ה' לָכֶם וּמְצֶאןָ מְנוּחָה אִשָּׁה בֵּית אִישָׁהּ", רות א ט). דומה שזוהי כוונתה של נעמי גם כאן, כשהיא מתווה את תכניתה לשכנע את בועז לשאת את רות לאישה. ראו גם רות רבה פרשה ה יא; אבן עזרא לרות ג א.

רות ובועז בשדה: בועז מברר את זהותה של רות, נותן לה מזון ומהלל בפומבי את התנהגותה (ב ג-יז).	**רות ובועז בגורן:** בועז מברר את זהותה של רות, נותן לה הבטחה (ושעורים) ומהלל את התנהגותה (ג ו-טו).
רות ונעמי: רות נותנת מזון לנעמי (ב יח-כג) 1. רות מספרת לנעמי את אשר קרה: "וַתַּגֵּד לַחֲמוֹתָהּ אֵת אֲשֶׁר עָשְׂתָה עִמּוֹ". 2. רות מצטטת את דברי בועז: "כִּי אָמַר אֵלַי".	**רות ונעמי:** רות נותנת לנעמי את השעורים (הסמליות) (ג טז-יח). 1. רות מספרת לנעמי את אשר קרה: "וַתַּגֶּד לָהּ אֵת כָּל אֲשֶׁר עָשָׂה לָהּ הָאִישׁ". 2. רות מצטטת את דברי בועז: "כִּי אָמַר [אֵלַי קרין]".

ממבנה הפרקים הללו מצטייר תרשים זרימה שבו בועז דואג לצרכיה של רות ואז רות דואגת לצרכיה של נעמי. רות פועלת כגורם מתווך בין שני הצדדים, שאין ביניהם תקשורת ישירה. מבנה זה מלמד כי בועז הוא הזרז למציאת הפתרון למצוקתן של רות ושל נעמי.

אלא שקריאה קפדנית יותר תגלה תמונה שונה. מגילת רות מציגה את ה' כגורם הממריץ המרכזי הפועל לפתרון הבעיות המוצגות בסיפור. מעורבותו הישירה של ה' באירועים מוצגת רק פעמיים בספר כולו.[4] ברות א ו נכתב כי "פָּקַד ה' אֶת עַמּוֹ לָתֵת לָהֶם לָחֶם". בהמשך, בתיאור מקראי ייחודי של פתרון בעיית עקרות, נאמר "וַיִּתֵּן ה' לָהּ הֵרָיוֹן" (ד יג). במגילת רות ה' הוא הספק העיקרי של מזון ושל ילדים. מזון לשובע ופוריות הם עניינים הנחשבים בדרך כלל כנתונים לחלוטין בידי שמים: "אמר רבי יוחנן: ג' מפתחות בידו של הקב"ה שלא נמסרו ביד שליח. ואלו הן: מפתח של גשמים ומפתח של חיה ומפתח של תחיית המתים" (תענית ב ע"א).

4. עובדה זו משמעותית במיוחד לאור ריבוי הפעמים שבהן נזכר שם ה' בפי הדמויות במגילת רות. למרות נוכחותו המתמדת בסיפור, מעורבותו הישירה של ה' בנעשה היא מינימלית בלבד.

בועז הוא אולי המקור האפשרי ביותר לאספקה ישירה של מזון וילדים לרות, אבל הכתוב מבהיר שה' הוא האחראי האמיתי לגאולתם של רות, נעמי, משפחת אלימלך והעם כולו.[5] למעשה, ביצירת ההקבלה בין מעשי ה' למעשה בועז מכוננת מגילת רות דו־קיום הרמוני בין האדם לה', מצב שנועד להניח את היסודות להקמת מלוכה מוצלחת.[6]

וזה מחזיר אותנו אל מוטיב החסד המצוי בלבו של ספר קצר זה. המילה "חסד" משמשת במגילה לתיאור מעשי אדם (רות ובועז) ומעשי ה'. המגילה יוצרת הקבלה בין רצון ה' לבין מעשי האדם, במיוחד בתחום ההתנהלות הנאותה בין איש לרעהו. זוהי מערכת יחסים הדדית. החסד האנושי בנוי על פי המודל האלוהי. עקרון ההידמות לאל ("והלכת בדרכיו") מתמקד במיוחד ביכולתו של האדם לחקות את מעשי החסד האלוהי.[7] כך כשמדובר באדם הפשוט, ושבעתיים כשמדובר במנהיגים ובמלכים של ישראל.[8] ובהיפוך, חסד אנושי מלמד על חסד אלוהי. מעשה החסד האנושי הוא כלי שבאמצעותו יכול ה' להעניק מטובו לאנושות.

מן הראוי לציין היבט אחד נוסף של יחסי גומלין אלה בין התנהגות האדם להתנהגות הקב"ה. בברכת הפרידה הראשונה של נעמי לכלותיה היא מזכירה את חסדו של ה' כגמול לחסד שהפגינו כלפיה: "יַעַשׂ (יעשה כתיב) ה' עִמָּכֶם חֶסֶד כַּאֲשֶׁר עֲשִׂיתֶם עִם הַמֵּתִים

5. בתרגום המגילה לארמית (רות א ו; ד כא) מופיע פעמיים רעיון מדרשי דומה, שלפיו ה' שם קץ לרעב בזכות תפילותיו של בועז.

6. זה אולי מה שהביא כמה מן החוקרים לטעון שהדמות המרכזית במגילת רות איננה רות, בועז או נעמי, אלא ה'. ה' מכוון בסתר את מהלך האירועים, מסדיר את צירופי המקרים ומניע את עלילת הסיפור, והוא המקור המוחלט לכל הישגים. ראו קמפבל, סיפור קצר, עמ' 98.

7. ראו למשל ספרי דברים פיסקא מט; משנה תורה הלכות יסודי התורה פ"א ה"ו; פ"ב ה"א.

8. הרעיון שמנהיגים בשר ודם אמורים לחקות בהתנהגותם את הנהגת הקב"ה הוא מוטיב שכיח ובסיסי במקרא השזור בקטעי תנ"ך רבים. כמה דוגמאות בולטות הן ירמיהו כג, יחזקאל לד ודברי הימים א כט כג.

וְעִמָּדִי" (א ח). על פי קריאה זו, החסד האנושי נעשה מודל ותמריץ להפעלת החסד האלוהי. יש בכך כדי להסביר מדוע וכיצד מצליחה מגילת רות להפוך על פיו את הכיוון השלילי של תקופת השופטים. רק אחרי שבני האדם מתקנים את היחסים בינם לבין עצמם, יש להם הזכות לדרוש כי ה' ישיב אליהם את חסדו. מגילת רות, השזורה ביחסים נאותים בין אדם לחברו, היא ספר המעורר ומפעיל את חסדי ה' לעמו.

קרבה גדולה זו בין התנהגות האדם להתנהגות הקב"ה לכל צורותיהן היא רעיון מרכזי במגילת רות.[9] היא סוללת את הדרך ליצירת חברה מצליחה שבה מתקיימים יחסי אנוש בריאים המאפשרים את חידושה של מערכת יחסים אמיצה בין ה' לעמו. היא גם פותחת את תקופת המלוכה, שבה המלך מחקה את ה' וגם משמש כלי למימוש לברכותיו.

9. קמפבל, רות, עמ' 28-29, 81, 113, מגלה רגישות מיוחדת למוטיב זה במגילת רות.

הצעתה הנועזת של נעמי

וַתֹּאמֶר לָהּ נָעֳמִי חֲמוֹתָהּ: בִּתִּי, הֲלֹא אֲבַקֶּשׁ לָךְ מָנוֹחַ אֲשֶׁר יִיטַב לָךְ (ג א).

תכניתה של נעמי: את מי היא נועדה לשרת?

ניסיונה של נעמי למצוא פתרון לרות נראה רצוי ממבט ראשון. כגמול הולם על נדיבותה של רות בפרק הקודם, מבהירה עתה נעמי כי היא מוכנה ללא היסוס לעזור לרות להתקבל בקהילה. בהיפוך שלם לעומת פרק א, שבו הדגישה נעמי נחרצות כי אין לרות שום סיבה לחשוב שתוכל למצוא בעל בבית לחם, היא רוקמת עתה תכנית שתכליתה למצוא לרות בעל.

אולם, עם מי באמת אמורה התכנית הזאת להיטיב? האינטרסים של מי עומדים במרכזה? נעמי מציגה לרות את תכניתה כמשהו שנועד לטובתה. כדי להדגיש שהיא דורשת את טובתה של רות היא משתמשת פעמיים במילה "לָךְ": "הֲלֹא אֲבַקֶּשׁ לָךְ מָנוֹחַ אֲשֶׁר יִיטַב לָךְ" (ג א). עם זאת, הצורה שבה מוצגים דברי נעמי בכתוב כוללת מוזרות טכנית שמרמזת אולי על קריאה שונה של כוונותיה.

בדבריה של נעמי אל רות יש ריבוי של שינויי קרי וכתיב,[1] ובכמה וכמה מהם ניכר עיקרון משותף. בקרי מדברת נעמי בגוף שני ונותנת לרות הוראות, אך בכתיב היא מדברת בגוף ראשון, המרמז כי היא עצמה יוצאת לשדות לפתות את בועז.[2] למשל, כשנעמי מורה לרות לרדת לגורן, מופיעים בכתיב העיצורים **וירדתי**, אך בקרי יש לומר **וירדת**. כשנעמי מורה לרות לשכב, מופיעים בכתיב העיצורים **ושכבתי** בעוד שעל פי הקרי יש לומר **ושכבת**. ייתכן שמסורה זו נועדה ללמדנו משהו על כוונותיה האמיתיות של נעמי. לכאורה היא שולחת את רות לשדות לטובתה שלה, אך באופן תת־מודע (ואולי דווקא מתוך מודעות מלאה) היא חושבת על עצמה ופועלת למען עצמה.[3] זאת ועוד, התופעה מלמדת אולי שנעמי מצפה לחיות בעקיפין באמצעות מעשיה של רות. מכל מקום, כל הצעדים שעושה רות עתידים לפעול גם לטובתה של נעמי, וכל מה שרות משיגה ייטיב גם עם נעמי.

1. כזכור, קרי וכתיב הם מקרים שבהם המילה נכתבת בתנ"ך בצורה אחת ונקראת בצורה אחרת, לא פעם שלא בהתאמה לעיצורים המופיעים בטקסט. ראו עמ' XXX הערה 10 לעיל.
2. חוקרים אחדים סבורים כי הכתיב במקרים אלה משקף סיומת בגוף שני נקבה (המצויה גם בטקסטים אוגריתיים), שבה הפעלים מסתיימים באות יו"ד. ראו קמפבל, רות, עמ' 120; מאיירס, רות, עמ' 11. דוגמאות נוספות לאופן שבו הקרי מתקן כתיב המסתיים באות יו"ד של גוף שני נקבה מופיעות בשופטים יז ב ובמלכים ב ד ב–ג, ז. עם זאת, במגילה כולה לא מובא בצורה הזאת אף אחד מהמופעים האחרים של הפועל בגוף שני יחיד נקבה. נראה שפעלים אלה נבחרו במיוחד כדי להיראות כפעלים בגוף ראשון שבהם מדברת נעמי על עצמה. כפי שנראה, גם חז"ל מעניקים משמעות מיוחדת לתופעה זו.
3. מדרש מעורפל למדי רומז אולי לאינטרס האישי של נעמי בשלב זה של העלילה (רות זוטא ג א): "ותאמר לה נעמי חמותה: בתי וגו'. התחילה מהרהרת ואומרת שמא ישא אותה שלא מדעתי, התחילה מפתה [את רות] בדברים עד שלא תאמר מה היא מתבקשת". סופו של המדרש אינו ברור, ולפיכך אין לדעת בבירור מה כוונתו. עם זאת, חששה של נעמי שרות תינשא שלא מדעתה מלמד אולי על האינטרס האישי שיש לנעמי בעניין זה.

בגמרא מובא הסבר שונה לפעלים המופיעים בכתיב בגוף ראשון אך נקראים בצורה שונה: "'וירדת הגורן', וירדתי כתיב. אמרה לה [נעמי]: זכותי תרד עמך" (ירושלמי פאה ח ז). במדרש זה מתוארת רגישותה העצומה של נעמי לחששותיה ולהיסוסיה של רות. נעמי מעודדת אותה תוך כדי מתן הוראות איך לבצע את המשימה האדירה המוטלת על כתפיה. ייתכן שנעמי אף מרמזת שהיא מוכנה לקבל עליה את האחריות לפן המוסרי המפוקפק במקצת המתלווה למעשיה של רות.[4]

מבחינת הטקסט לא ברור אם נעמי פועלת בעיקר מתוך דאגה לרות או שעניינה המרכזי הוא קידום האינטרסים האישיים שלה. רמז אחרון נלמד אולי מהאופן הייחודי שבו מתוארת כאן נעמי: "וַתֹּאמֶר לָהּ נָעֳמִי חֲמוֹתָהּ" (ג א).[5] ההכפלה הזאת נועדה אולי לתאר את המציאות המורכבת שבה מתרחשת הצעתה של נעמי: נעמי פועלת כאן הן למען עצמה הן למען רות, בתפקיד חמותה.

הצעה נועזת

גם אם נעמי פועלת מתוך מחשבה על טובתה של רות, הרי היא מציעה כאן תכנית תמוהה, במיוחד מבחינת רות.[6] נעמי מבקשת מרות לנהוג בפתיינות נועזת כלפי בועז:

וְעַתָּה, הֲלֹא בֹעַז מֹדַעְתָּנוּ[7] אֲשֶׁר הָיִית אֶת נַעֲרוֹתָיו, הִנֵּה הוּא זֹרֶה אֶת גֹּרֶן הַשְּׂעֹרִים הַלָּיְלָה. וְרָחַצְתְּ וָסַכְתְּ וְשַׂמְתְּ שמלתך [שִׂמְלֹתַיִךְ

4. קריאה זו מזכירה את הבטחתה של רבקה ליעקב, כשהיא זוממת את התכנית לרמות את יצחק: "עָלַי קִלְלָתְךָ בְּנִי" (בראשית כז יג).
5. המילה "חמותה" מופיעה במגילת רות שמונה פעמים. השם הפרטי נעמי מופיע עשרים ואחת פעמים. הצירוף "נעמי חמותה" מופיע רק כאן, ברות ג א.
6. על פי אחד המדרשים (רות רבה פרשה ז א) תכניתה של נעמי יוצרת מצב שעלול היה להביא לידי חילול השם.
7. פורטן, מגילת רות, עמ' 38, מציין כי המילה "מֹדַעְתָּנוּ" מתקשרת למילה "מוֹדָע", שבה מתואר בועז בפסוק הפותח את פרק ב. כך נוצרת הקבלה נוספת בין שני הפרקים.

קרי] עָלַיִךְ וירדתי [וְיָרַדְתְּ קרי] הַגֹּרֶן. אַל תִּוָּדְעִי לָאִישׁ עַד כַּלֹּתוֹ לֶאֱכֹל וְלִשְׁתּוֹת. וִיהִי בְשָׁכְבוֹ וְיָדַעַתְּ אֶת הַמָּקוֹם אֲשֶׁר יִשְׁכַּב שָׁם וּבָאת וְגִלִּית מַרְגְּלֹתָיו ושכבתי [וְשָׁכָבְתְּ קרי], וְהוּא יַגִּיד לָךְ אֵת אֲשֶׁר תַּעֲשִׂין. וַתֹּאמֶר אֵלֶיהָ: כֹּל אֲשֶׁר תֹּאמְרִי [אֵלַי קרי] אֶעֱשֶׂה (ג ב–ד).

נעמי רוקמת בקפידה את תכניתה לשלוח את רות לגורן כשהיא רחוצה, מבושמת ולבושה בשמלתה.[8] רות אמורה להתייפות ולהתכונן לקראת פגישתה עם בועז בשדותיו עם לילה. עליה להסתתר ולחכות עד שבועז יסיים לאכול ולהיטיב את לבו ביין.[9] רק אחרי שישכב לישון אמורה רות, שעד אז תבחן בחשאי את המקום שבו הוא עתיד לשכב, להתקרב לבועז, לגלות את מרגלותיו ולשכב לצדו. בשלב זה מורה נעמי לרות לחכות שבועז יגיד לה מה לעשות. בשום שלב אין נעמי מכנה את בועז "גואל", אף כי בעבר דיברה על מעמדו זה (ב כ). התרחיש אינו מותיר ספקות רבים בדבר כוונותיה של נעמי. רות נשלחת לפתות את בועז.

תכניתה של נעמי משופעת ברמיזות מיניות.[10] המילה "ידע",

8. מקבילות ליחזקאל טז ט-י מלמדות על דמיון להכנותיה של הכלה לקראת כלולותיה. לא נראה שרות באה לשדה לבושה בשמלת כלולות, אלא שזוהי אולי הכנה לקראת יחסי אישות. ברוח שונה, חוקרים אחדים מצביעים על דמיון להתנהגותו של דוד השומע על מות הבן שנולד מיחסיו האסורים עם בת שבע (שמואל ב יב כ). דוד מתרחץ, סך ומחליף את בגדיו כדי לסמל את סיום האבל (ראו גם שמואל ב יד ב). על סמך השוואה זו סבור בוש (רות, עמ' 52) כי הדבר מסמל את סיום אבלה של רות על מחלון. בעיניי נראה הרעיון הזה בלתי־סביר מהסיבה הפשוטה שבשום מקום בסיפור אין רמז לאבלה של רות על מחלון או לביטוי של געגועיה אליו.

9. המילה "לשתות" (רות ג ג) אינה מלמדת בהכרח על שתייה לשכרה, אבל כשבועז אוכל ושותה (רות ג ז) נאמר עליו "וַיִּיטַב לִבּוֹ", ביטוי המלמד פעמים רבות על שתייה לשכרה (ראו למשל שמואל ב יג כח; ישעיהו סה יג-יד, אסתר א י). סביר להניח שזהו חלק מתכניתה המקורית של נעמי, המורה לרות לחכות "עַד כַּלֹּתוֹ לֶאֱכֹל וְלִשְׁתּוֹת" (רות ג ג).

10. חוקרים רבים הבחינו בקטע זה במילים הנושאות רמיזות מיניות, ועומדות בניגוד אירוני לאירועים העתידים להתרחש. ראו קמפבל, רות, עמ' 131-132; פיואל וגאן, גאולה, עמ' 78, 124; ברנשטיין, שתי קריאות.

המרמזות במקרים רבים על קרבה מינית, מופיעה פעמיים ברצף מהיר (ג ג–ד).[11] המילה ״שכב״, המתקשרת למעשה המיני, מופיעה שלוש פעמים ברות ג ד ושלוש פעמים נוספות ברות ג ז–ח. המילה ״בוא״, המרבה להופיע בתנ״ך במשמעות מינית (ראו למשל רות ד יג), מופיעה בפסוקים אלה שלוש פעמים (ג ד, ז, יד). המילה ״גלה״ (לחשוף) מתחברת בתודעה אל הביטוי ״לגלות ערווה״, המופיע בפרקים יח וכ בספר ויקרא.[12]

תיאור האירועים על פי התרחשותם שזור אף הוא ברמיזות. הפסוק מתאר את שכרותו של בועז ואז מספר לנו שהוא שוכב ״בִּקְצֵה הָעֲרֵמָה״ (ג ז). המילה ״ערמה״ יוצרת משחק מילים עם המילה ״עירום״.[13] תיאור הרגע הדרמטי שבו בועז מתעורר באמצע הלילה סוגסטיבי אף הוא. הוא מגלה אישה השוכבת למרגלותיו - ״וְהִנֵּה אִשָּׁה״ - ביטוי המזכיר את משלי ז י, המקום הנוסף היחיד בתנ״ך שבו מופיע ביטוי זה בדיוק. שם מתוארת זונה (נכרייה!)[14] היוצאת לפתות גבר בזמן שבעלה נעדר לרגל מסעותיו.[15] זאת ועוד, ברות ג ח אין שמות פרטיים אלא רק ״אִיש״ המתעורר ומוצא למרגלותיו ״אִשָּׁה״.

11. המילה ״מֹדַעְתָּנוּ״ (רות ג ב) כוללת גם את אותיות השורש יד״ע, וכך מופיע שורש זה שלוש פעמים בשלושה פסוקים.
12. הקונוטציה המינית של ביטוי זה מתחזקת לנוכח האפשרות שגילוי הרגל הוא לשון נקייה לחשיפת איבר מינו של בועז (ראו למשל שמואל א כד ג ורד״ק שם; אבן עזרא [הפירוש הארוך] לבראשית א ה; קהלת ד יז וברכות כג ע״א; מלכים ב יח כז; ישעיהו ז כ ורד״ק שם; יחזקאל טז כה). אפשרות נוספת היא שזהו רמז למצוות הייבום ולחלופתה החליצה, שבה נחשפת כף הרגל עם חליצת הנעל. עם זאת, בהמשך הסיפור אין כל אזכור לכף הרגל של הגואל או של בועז, ורק הנעל נזכרת. סביר להניח שהוראותיה של נעמי נותרות כאן מעורפלות אך הרמיזות המיניות של הגילוי נשמרות. האופי הבלתי־הולם של תכניתה של נעמי מתחזק עוד יותר לנוכח העובדה שרות היא האישה היחידה בתנ״ך שהיא נושא הפועל ״גלה״!
13. למשל בראשית ב כה; ג ז; דברים כח מח; יחזקאל טז ז, כב, לט; איוב כב ו.
14. ראו משלי ז ה והשוו לרות ב י.
15. זו אולי הסיבה שהמדרש ברות רבה (פרשה ו א) מקשר מפורשות את הביטוי הזה לטהרתה של רות: ״׳והנה אשה׳ טהורה מכל הנשים שוכבת מרגלותיו״.

העדר השמות שולל מהדמויות את זהותן. הקורא הוא עד לרגע טעון במיוחד שבו שני יצורים מיניים בני מגדרים שונים נפגשים בשדה מבודד באישון לילה.

אחד המדרשים, המבחין ברמיזות הרבות ובאווירה המינית הטעונה של הסצנה, מציע קריאה חותכת של פיתוי בועז: ״כל אותו הלילה היה יצרו מקטרגו ואומר: את[ה] פנוי ומבקש אשה, והיא פנויה ומבקשת איש. עמוד ובועלה ותהיה לך לאשה״ (רות רבה פרשה ו ד).[16]

אלא שבועז ורות, במפתיע, אינם מקיימים יחסי אישות בגורן באותו לילה.[17] תיכף נבחן את הסיבה לכך ואת משמעותה. עם זאת, זהו עדיין תרחיש מוזר ומפוקפק. בפרק הקודם תוארה נעמי כמי שמדריכה את רות בעדינות איך לנהוג על פי כללי הצניעות המקובלים בחברת בית לחם, והנה כאן היא מבקשת מרות לזנוח את הכללים הללו ולפעול תוך הפרתם! תכניתה של נעמי אינה ברורה. מדוע היא מעודדת את רות לפעול ברוח זו? האם אין דרך טובה יותר? מדוע לא לגשת לביתו של בועז ופשוט להתדפק על דלתו?

נעמי משוכנעת כנראה שאין דרך ישירה יותר להשיג את מטרותיה. אמנם בועז קיבל עליו להזין את רות, אך דומה שאת האחריות להמשך (לנישואיה ולפוריותה) הוא משליך על ה׳: ״יְשַׁלֵּם ה׳ פָּעֳלֵךְ וּתְהִי מַשְׂכֻּרְתֵּךְ שְׁלֵמָה[18] מֵעִם ה׳ אֱלֹהֵי יִשְׂרָאֵל אֲשֶׁר בָּאת לַחֲסוֹת תַּחַת כְּנָפָיו״ (ב יב). וכמו כן, הרי עונת הקציר הסתיימה ודומה שבועז

16. אמירות נוספות במדרש עומדות על האופי המיני של ההתרחשות. ראו סנהדרין יט ע״ב - כ ע״א ורות זוטא ג ותרגום רות ג ח.
17. כמה חוקרים מודרניים סבורים כי למרות שתיקתו של הטקסט בסוגיה זו, רות ובועז אכן מימשו את יחסיהם באותו לילה על רצפת הגורן. לא ברור לי מדוע יבקש הכותב להסתיר זאת מעיני הקוראים. פרט לעובדה שהכתוב אינו מספק שום הוכחה לתיאוריה זו, הוא שולל מהסצנה את אחד מסממניה המרהיבים ביותר - הריסון העצמי של בועז.
18. כפי שצוין, השימוש של בועז במילה ״משכורתך״ מזכיר את הבטחתו של ה׳ לאברהם בבראשית טו ב-ג, המלמדת על פוריות. זאת ועוד, המטפורה המשמשת את בועז, בקשת מחסה בצל כנפיו של מישהו, תשמש בקרוב את רות בדברה על נישואים.

לא עשה כל צעד נוסף להתקרב אל רות.[19] הוא גם לא עשה כל צעד של התקרבות אל נעמי, שהיא קרובת משפחתו. התהום הפעורה בין השניים מצטיירת בבירור ממעשיה של נעמי, המלמדים כי הוא נתפס בעיניה כמרוחק ובלתי־נגיש.[20] ובכל זאת יש צורך להסביר את תכניתה של נעמי: מדוע היא שולחת את רות לפעול בצורה כה תמוהה?[21]

תכניתה של נעמי ותקדימיה

דומה שנעמי מבססת את תכניתה על תקדימים מקראיים מוצקים.[22] קיימים כמה מקרים מעניינים שבהם נשים נואשות זוממות להבטיח

19. אינני נוטה להתייחס בשלילה לחוסר הפעולה מצד בועז (שלא כדעתו של הברד, אות, עמ' 165, המתאר את בועז כמי שמשתמט מאחריותו בעניין זה). לא ברור כלל אם בועז צריך לקבל עליו את האחריות לשאת את רות לאישה, שהרי קיים גואל קרוב ממנו. ייתכן שבועז אינו עושה צעדי התקרבות לרות מפני שקיים גואל קרוב יותר, שעליו מוטלות הן המחויבות הראשונית הן הזכות לגאול את רות (ואת אדמתה של נעמי).
20. יש מקום להערה דומה בפרק ב: אם נעמי זקוקה למזון, מדוע אין היא פונה ישירות לבועז, שהוא קרוב משפחה עשיר? המלבי"ם (רות ב א) סבור כי היא בושה במצוקתה ומעדיפה לא לבקש את חסדו. עם זאת, ייתכן שזהו פשוט רמז נוסף המלמד על הניכור בין בועז לנעמי, אך שני המצבים אינם דומים. בפרק ב נעמי אינה יוזמת את החיפוש אחר מזון ומוכנה למות ברעב כדי להביא קץ למצבה הנואש וחסר התקווה. לפיכך אין היא פונה אל בועז או אל כל אדם אחר. היוזמה לצאת ולמצוא מזון באותו פרק היא של רות לבדה.
21. על פי קידושין פ"א מ"א, האישה נקנית גם באמצעות ביאה. עם זאת, דרך זו אינה עונה על הקריטריונים לנישואים כפי שהם מוגדרים בהלכה, כפי שכותב הרמב"ם (הלכות אישות פ"א ה"א): "קודם מתן תורה, היה אדם פוגע אישה בשוק. אם רצה הוא והיא לישא אותה, מכניסה לביתו ובועלה בינו לבין עצמו, ותהיה לו לאישה. כיון שניתנה תורה, נצטוו ישראל שאם ירצה האיש לישא אישה, יקנה אותה תחילה בפני עדים, ואחר כך תהיה לו לאישה, שנאמר: 'כי ייקח איש אישה ובא אליה'". ראו גם סבתו, שם המת.
22. ייתכן שנעמי פועלת על פי החוקים המקראיים של נישואי ייבום, החלים במעשה הביאה עצמו. ראו למשל קידושין יג ע"ב - יד ע"א. אין פירוש הדבר בהכרח שנעמי סבורה כי קשר הנישואין בין בועז ורות יהיה נישואי ייבום, אלא שלדעתה הוא יהיה קשר בעל תכונות ייבום, כפי שיובהר להלן.

את רציפות משפחתן באמצעים בוטים. התנהגות זו הולמת את האופן שבו מוצגות נשים בתנ״ך.[23] לא פעם הן נוקטות צעדים אמיצים ויצירתיים כדי להבטיח את הרציפות הזאת. בסיפור יציאת מצרים, למשל, המיילדות מסכנות את נפשן כדי להגן על ילדי העברים תוך הפרה ברורה של הוראה ישירה מפרעה (שמות א טו-כא). בסיפור הבא מסופר על שלוש נשים הממרות את צו המלך כדי להציל את משה: אמו, הרוקמת תכנית מפורטת להסתרתו; אחותו, השומרת עליו; ובת פרעה, המאמצת אותו (שמות ב א-י). המדרש, המכיר באומץ לבן ובנחישותן של הנשים בסיפור זה, מביא כמה סיפורים חוץ־מקראיים המדגישים את ההתנהגות היוצאת דופן של הנשים העבריות במצרים, המוכנות להשקיע מאמצים רבים כדי להבטיח את רצף הדורות.[24]

ברקע סיפורם של בועז ורות מרחפות שתי פרשיות מוקדמות יותר בתנ״ך. בשני המקרים מופיעות נשים נואשות המבקשות ללדת ילד ונעזרות בתכנית נועזת הכוללת מעשה רמייה או חוסר ידיעה (המצוין בביטוי ״לא ידע״) כדי לגרום לגבר לשכב אתן. ומעניין לציין ששני הסיפורים קשורים קשר גניאולוגי לסיפורנו. הסיפור הראשון הוא סיפורן של בנות לוט, המשקות את אביהן לשכרה כדי לשכב אתו (בראשית יט ל-לח).[25] הסיפור השני עוסק בתמר, המכסה את פניה ומעמידה פני זונה לצד הדרך בניסיון לפתות את יהודה

23. יזמתה של האישה מודגשת גם במצוות הייבום/חליצה, שבה מחויבת האישה לנקוט צעדים כדי למחות על סירובו של גיסה לייבם אותה (דברים כה ז). דומה שדבר זה מזין ומעודד את נחישותן הבלתי־מעורערת של נשים להמשיך את השושלת המשפחתית.

24. המדרש הידוע ביותר ברוח זו מספר כי כל הגברים העבריים התגרשו מנשותיהם (בעקבות עמרם) עד שבאה מרים (ובגרסאות אחרות - יוכבד) והצליחה לשכנע את עמרם שצעד כזה מאיים על רציפות העם עוד יותר מצווי פרעה. ראו שמות רבה פרשה א יג. ראו גם שמות רבה פרשה א יב; תנחומא פקודי ט.

25. המדרשים, וכן חכמי ימי הביניים וחוקרים מודרניים, מזהים את הקשר בין מורשתו של מואב לבין מעשי רות בסיפור זה. ראו למשל רות רבה פרשה ה יד; בראשית רבה פרשה נא י.

(בראשית לח).[26] מסיפור לוט ובנותיו נולד מואב, אבי העם שממנו באה רות. פרשת יהודה ותמר מביאה לעולם כעבור דורות רבים את בועז. הסיפורים הללו, והצעדים הנועזים המתוארים בהם, מולידים את הדמויות המככבות בסיפור השלישי, סיפורם של בועז ושל רות.[27]

הדמיון בין שלושת הסיפורים אינו מתמצה בנחישותן הנחרצת של הגיבורות ובמעשי הטעיה מתמיהים כלפי הגבר שבסיפור. קיימים כמה קווי דמיון מעניינים בין הסיפורים הללו. כל אחד מהסיפורים מתחיל בהפרדה בין אחים.[28] בכל אחד מהם, יעדו של הגיבור (לוט, יהודה, אלימלך) מפוקפק כיוון שהוא בוחר בתרבות בלתי־מוסרית (סדום, כנען, מואב). תרבות המקומות הללו מתוארת כהיפוך גמור של דמותו של אברהם ושל ערכיו, ומתאפיינת באכזריות ובפריצות מינית.[29] כל אחד מהם, כשהוא בוחר להשתקע במקום מפוקפק, מחליט בפועל להתנתק מחזונו של אברהם, מדרכו ומייעודו. בכך מוותר כל אחד מהם על זכותו לברכת ה׳ לאברהם: ברכת ההמשכיות (זרע)

26. המגילה עצמה רומזת לקשר בין הסיפורים האלה, כשבברכת העם לנישואי בועז ורות נקשרים הנישואים הללו עם בית פרץ, הבן שנולד לתמר מיחסיה עם יהודה ("וִיהִי בֵיתְךָ כְּבֵית פֶּרֶץ אֲשֶׁר יָלְדָה תָמָר לִיהוּדָה", רות ד יב). ראו גם רות זוטא א יב: "שתי נשים מסרו עצמן על שבט יהודה, תמר ורות". חוקרים עמדו זה מכבר על המקבילות בין מגילת רות לבין סיפור יהודה ותמר. ראו למשל קויפמן, תולדות האמונה, עמ׳ 213. זקוביץ, תמונת הגורן, עמ׳ 28–33, בוחן את ההקבלות בין רות לבין סיפור לוט ובנותיו. מאמרים אקדמיים אחדים בוחנים את היסודות המשותפים לכל שלושת הסיפורים. ראו למשל פיש, גישה סטרוקטורליסטית, עמ׳ 260–265. אתמקד כאן בקשר בין שלושת הסיפורים הללו.

27. אמנם מקורות חז"ל מחברים את שני הסיפורים מספר בראשית (למשל במגילה כה ע"ב), אך אינני מכירה מדרש המזהה מפורשות את הקשר בין שלושת הסיפורים.

28. אף שלא מדובר באחים ממש, המילה "אחים" בתנ"ך מופיעה גם במשמעות של קרובי משפחה. ראו BDB, עמ׳ 26. לוט ואברהם נקראים "אחים" בבראשית יג ח, ובועז מתייחס לאלימלך כאחיו שלו ושל הגואל ברות ד ג.

29. לעיל עסקתי ברעיון זה בנוגע לסדום ולירושתה הרוחנית, מואב. המקרא מציין במפורש את הפריצות המינית של כנען (ראו למשל ויקרא יח ג בהקשרו), אך לא את פגמיה החברתיים.

והאדמה (ארץ). מי שבוחר לזנוח את דרכו של אברהם נותר אפוא במצב שעלול להסתיים בגזירה של השמדת זרע וארץ, עונש הולם למי שזנח את דרכו וברכתו של אברהם. אכן, עונש של השמדה נגזר על המקומות המתוארים כנושאים ערכים הפוכים מאלו של אברהם: השמדה נגזרה על סדום (בראשית יט יג), על כנען (שמות כג כג), ובהמשך על מואב (צפניה ב ט). ובכל זאת, בסיפורים אלה, הנשים מצילות את הגבר מגזירת ההשמדה, אף כי ללא ידיעתו ובניגוד להחלטותיו ולבחירותיו.

לוט מופיע בסיפור כנספח של אברהם. הוא מלווה אותו בדרכו לכנען, ואחר כך יורד אתו למצרים ושב אתו לכנען (בראשית יב ד-ה; יג א). כשרועי אברהם רבים עם רועי לוט, אברהם מציע לאחיינו להימין (ללכת דרומה) או להשמאיל (לפנות צפונה) (בראשית יג ט).[30] לוט בוחר להמשיך דווקא מזרחה, לארץ סדום ועמורה, שאנשיהן "רָעִים וְחַטָּאִים לַה' מְאֹד" (בראשית יג י-יג). הוא נפרד מאברהם ("וַיִּפָּרְדוּ אִישׁ מֵעַל אָחִיו") - דחיית הצעותיו של אברהם והבחירה ללכת למקום של חטא מצטיירות כדחיית השותפות בייעודו השמימי של אברהם (בראשית יג יא).[31]

גם סיפור יהודה ותמר נפתח בניתוק בין אחים. מיד אחרי מכירת יוסף נפרד יהודה מעל אחיו: "וַיְהִי בָּעֵת הַהִוא וַיֵּרֶד יְהוּדָה מֵאֵת אֶחָיו" (בראשית לח א). פרידתו של יהודה מלווה בכמה צעדים משמעותיים המלמדים כי הפנה עורף למשפחתו ולייעודו.[32] ראשית, מיד אחרי צאתו הוא נושא אישה כנענית (בראשית לח ב).[33] התנגדותו העקרונית

30. כפי שצוין לעיל, הרעיון ששמאלה וימינה מתייחסים לצפון ולדרום מובא גם ביחזקאל ד ד-ו.
31. ראו בראשית רבה פרשה מא ז, ורש"י לבראשית יג יא.
32. סביר להניח שיהודה מחליט להיפרד מאחיו בעקבות מכירת יוסף, הסיפור שבו משובץ סיפור פרידתו של יהודה (בראשית לז לו; לט א). ראו למשל תנחומא וישב יא, יב; שמות רבה פרשה מב ג. הסיפור על עזיבת יהודה קוטע את סיפור מכירת יוסף, והדבר מלמד כי יהודה נוקט צעד כזה מפני שהוא דוחה את יחסי האחים שהובילו למעשה של רצח אח.
33. חז"ל ופרשנים שונים עוסקים בשאלה זו ובודקים אם אכן ייתכן שיהודה נשא

של אברהם לנישואי צאצאיו עם נשים כנעניות (בראשית כד ג) היא מרכיב בלתי־נפרד מהייעוד המשפחתי, לאור העובדה שמשפחת אברהם נועדה לעקור את הכנענים מהארץ ולא להתערות בהם.[34] זאת ועוד, נראה שיהודה אינו מוטרד בשאלת המשכיות השושלת, בזרע. אנו למדים זאת מהעובדה שהוא אינו נוזף בעֵר על שפיכת זרעו (בראשית לח ח-י) ומסרב לתת את בנו השלישי, שֵׁלָה, לתמר, ובכך מותיר אותה ללא זרע (בראשית לח יא). דומה שיהודה זונח במודע את חלקו בייעודה של משפחת אברהם, ייעוד המוגדר על פי הבטחת הזרע והארץ.[35]

גם סיפור רות נפתח באדם הנפרד מאחיו - כאן זהו אלימלך, היוצא למואב. בדומה לסדום ולכנען, גם מואב מייצגת תרבות של הפניית עורף לאורחים, צרות עין ומתירנות. מסעו של אלימלך למואב מרחיק אותו מדרכו של אברהם ומנתק אותו מגורלו ומייעודו של עם ישראל.

בכל אחד מהסיפורים האלה, הניתוק בין האחים מוליד אסון גדול ומסכן את המשך הרצף המשפחתי. דומה שאסון זה נובע מההחלטה לסור מדרכו של אברהם ובמקביל לוותר על ברכת הזרע

אישה כנענית לנוכח התנגדותם של אברהם ושל יצחק (בראשית כח א). ראו את דיונו של הרמב"ן בסוגיה בבראשית לח ב. אני נוקטת גישה הנצמדת לפשט הכתוב ורואה את נישואיו של יהודה לכנענית ממש מעשה מנוגד לדרכו של אברהם. ראו אבן עזרא (בראשית מו י). ראו גם בראשית רבה פרשה פה ב, היוצר קשר בין "ירידתו" של יהודה לבין נישואיו.

34. לכן גם יצחק מצווה על בנו יעקב לא לקחת אישה מבנות כנען (בראשית כח א).

35. גישה דומה מופיעה אצל מדן, תקווה ממעמקים, עמ' 19. דומה כי מלאכי (ב יא-יב), הנוזף ב(שבט) יהודה בדורו על שהוא "בָעַל בַּת אֵל נֵכָר", מציע פרשנות יצירתית לסיפור יהודה ובניו, ורומז שנגזרה גזירת כרת (הכרוכה בהשמדת הזרע) על כל מי שעושה מעשה של בעילת בת אל נכר. מדובר לא רק על יהודה: באמצעות משחק מילים יצירתי רומז מלאכי גם לער, בנו של יהודה: "יַכְרֵת ה' לָאִישׁ אֲשֶׁר יַעֲשֶׂנָּה **עֵר** וְעֹנֶה מֵאָהֳלֵי יַעֲקֹב". ראו בראשית רבה פרשה פה א; תנחומא וישב ט, הרומזים על קשר בין הפסוקים במלאכי לבין סיפור יהודה ובניו בבראשית לח.

של אברהם. זאת ועוד, דחיית הייעוד מייצגת איום קיומי ומסכנת את עצם הרציפות השושלתית. ולבסוף, הבחירה לחיות בתרבות לא מוסרית, בחברה שאין לה עתיד, גוזרת על האדם גורל זהה לגורלה של חברה שאין לה קיום – מחיקה וניתוק הרצף.

הנשים בסיפורים אלה ניצבות בפני הסכנה של הימחקות משפחותיהן, של ניתוק השושלת. סדום ועמורה נחרבות כליל בידי שמים וכל תושביהן נמחים מעל פני האדמה. בנותיו של לוט חוששות כי לא נותר עלי אדמות גבר שיוכל לעבֵר אותן ולהבטיח את הרציפות המשפחתית: "אִישׁ אֵין בָּאָרֶץ לָבוֹא עָלֵינוּ כְּדֶרֶךְ כָּל הָאָרֶץ" (בראשית יט לא). דבר דומה קורה כאשר שני בניו הגדולים של יהודה מתים והוא אינו מניח לבנו השלישי לשאת את אלמנתם, תמר. תמר חוששת בצדק כי תישאר אלמנה חשוכת ילדים. כמוה גם נעמי עדה למות בעלה ובניה. בהיותה, לדבריה, זקנה מכדי ללדת (א יב), ולנוכח העובדה ששתי כלותיה לא יוכלו כנראה להינשא בבית לחם, היא חוששת לניתוק הרצף המשפחתי.

הנשים בסיפורים הללו מסרבות להיכנע לגורלן. כל אחת מהן נוקטת יזמה נועזת שנועדה להמשיך את השושלת המשפחתית. נחישותן להשתמש בכל האמצעים העומדים לרשותן מניבה את התוצאות הרצויות: זרע ורצף. מזימתה הנועזת של נעמי, האמצעי המיוחד במינו המשרת את מטרותיה, הוא אפוא אופן פעולה צפוי, ואולי מקובל, אצל אישה תנ"כית צדקת.[36] בסופו של דבר, כאשר נשקפת סכנה לשושלת המשפחתית (בצדק או שלא בצדק), הנשים

36. חז"ל אינם חלוקים כמעט בשאלת נכונותם של הצעדים שנוקטות תמר ונעמי/רות (ראו למשל נזיר כג ע"ב ורש"י שם; הוריות י ע"ב). המעשה שעושות בנות לוט שנוי יותר במחלוקת, כפי שעולה מהדיון הסוער ברות רבה פרשה ה יד. חז"ל מותחים עליו ביקורת מסוימת (למשל, בראשית רבה פרשה נא יא; רש"י לבראשית יט לג), אם כי רבים מגלים הבנה למעשה (למשל בראשית רבה פרשה מט ח; נא ט; פסיקתא רבתי מב) ואפילו משבחים אותו (הוריות יא א; נזיר כג ע"א-ע"ב; רות רבה פרשה ה יד; רבנו בחיי על בראשית יט ל). ברות זוטא ד יב מצוין תפקידן של בנות לוט בהבאת המשיח לעולם.

מתייצבות לפעולה. כדי לקיים את הרצף המשפחתי הן נוקטות צעדים בלתי־מקובלים ואפילו מפוקפקים מבחינה מוסרית. זהו חלק ממורשתה של שושלת בית דוד. בוא המשיח לעתיד לבוא מעוגן באומץ ובנחישות להמשיך את השושלת.

עם זאת, מגילת רות שונה מהסיפורים האחרים מכמה בחינות משמעותיות. הגבר שבסופו של דבר ממשיך את הרצף בזכות נחישות הנשים איננו האדם שעוזב (אלימלך). מי שמשנה את מהלכו הצפוי של הסיפור הוא דווקא בועז, שלא נפרד מאחיו ולפיכך לא התנתק מייעודו. לכן כאן, שלא כמו בסיפורים האחרים, התרמית אינה מצליחה, הניסיון לרמות את הגבר נכשל, ורות ובועז אינם מממשים את יחסיהם בסצנת הפיתוי. בהמשך נעמוד על הסיבות לכך.

רות מצייתת לתכניתה של נעמי

וַתֹּאמֶר אֵלֶיהָ: כֹּל אֲשֶׁר תֹּאמְרִי [אֵלַי קרי] אֶעֱשֶׂה. וַתֵּרֶד הַגֹּרֶן וַתַּעַשׂ כְּכֹל אֲשֶׁר צִוַּתָּה חֲמוֹתָהּ. וַיֹּאכַל בֹּעַז וַיֵּשְׁתְּ וַיִּיטַב לִבּוֹ וַיָּבֹא לִשְׁכַּב בִּקְצֵה הָעֲרֵמָה וַתָּבֹא בַלָּט וַתְּגַל מַרְגְּלֹתָיו וַתִּשְׁכָּב (ג ה-ז).

תכניתה הסוגסטיבית של נעמי מציבה את רות במצב קשה מאוד. סביר להניח שרות הקדישה את עונת הקציר לניסיון להיפטר מתדמיתה המואבית. תכניתה של נעמי מחייבת אותה לסכן עתה את המוניטין שצברה בעמל רב. נקל לשער מה היו אנשי בית לחם חושבים אילו היה מי מהם מבחין ברות המבושמת, הרחוצה והמקושטת פונה לעבר שדהו של בועז, אל המקום שבו ידוע כי הוא עושה את לילותיו.[1] גם אילו הצליחה רות לחמוק בדרך כלשהי אל השדה מבלי שאיש יבחין

1. המדרש בתנחומא בא טז מכיר בכך ומציין כי רות ידעה היטב שאם תיראה הולכת במחלצותיה אל השדה, יחשבו עליה שהיא נוהגת בפריצות: "אמרה: מי שהיה רואה אותי כך אומר, זונה זו מה עשתה?" מדרש אחר (רות זוטא ג ט) מפרש את דברי בועז (ג י) כאנחת רווחה על כך שרות **איננה** מתירנית (כפי שהניח קודם לכן): "ואמר ברוכה את וגו' לבלתי לכת אחרי הבחורים. יפה עשית שלא הלכת אצל הפרוצים" (רות זוטא ג ט).

בה, עדיין עליה להתמודד עם תגובתו של בועז, העלולה להרוס את שמה הטוב.[2] וברגע שישמעו בני העיר כי מואבייה זו לא זנחה את דרכי מולדתה, יש לחשוש שיגיבו בחומרה ולא בסלחנות.

ייתכן שנעמי מניחה שרות תפעל על פי הוראותיה **דווקא** בשל היותה בת מואב.[3] אחד המדרשים יוצר זיקה בין ההוראות שנותנת נעמי לרות לבין זהותה הקודמת של רות במואב: "מה שמה [של רות] בתחילה?... גִּילִית שמה. כשנשאהּ מחלון, קרא לשמה רות" (זוהר חדש רות לב ב). אין זה מקרה שמדרש זה סבור ששמה הקודם של רות היה גילית.[4] זוהי בדיוק צורת המילה "גלה" המשמשת את נעמי ברות ג ה: "וְגִלִּית מַרְגְּלֹתָיו". על פי קריאה זו, ההוראות שנותנת נעמי לרות מבוססות על העצמי הקודם של רות, המואבייה ששמה המקורי מלמד על חשיפה ועל חוסר צניעות. נראה כי תכניתה של נעמי שואבת מהתפיסות המוקדמות שלה בדבר רות המואבייה ומאלצת את רות לשוב לדרכי העבר.

וַתֹּאמֶר אֵלֶיהָ: כֹּל אֲשֶׁר תֹּאמְרִי [אֵלַי קרי] אֶעֱשֶׂה (ג ה).

אפשר היה להבין את רות אילו סירבה לגמרי להישמע לנעמי והייתה מסכלת את תכניתה. אבל רות, כדרכה, אינה מביאה בחשבון את האינטרסים שלה. היא אינה נלהבת לסכן את שמה הטוב אבל מקבלת את הצעתה של נעמי ומצהירה: "כֹּל אֲשֶׁר תֹּאמְרִי [אֵלַי קרי] אֶעֱשֶׂה" (ג ה).[5] פסוק זה כולל "קרי ולא כתיב", שבו המילה "אלי" נעדרת

2. מדרש אחד (רות זוטא ג ב) סבור כי מעשה זה מסכן את עצם חייה של רות – ברגע שהיא מגלה את רגליו של בועז, הוא עלול להתעורר ולהרוג אותה!
3. בהלכה קיים איסור להזכיר לבעל תשובה את חייו הקודמים, שמא הדבר יפגע בו; ראו משנה תורה הלכות תשובה, פ"ז ה"ח; הלכות מכירה פי"ד הי"ג. ראו גם את הסיפור הידוע על ריש לקיש ורבי יוחנן בבבא מציעא פד ע"א.
4. העובדה שעיצורי השם גִלית זהים לעיצורי השם גָליָת מעוררת את סקרנותי. ייתכן שהמדרש מקשר את רות, המואבייה לשעבר, לגָליָת, שעל פי פירושי חז"ל (למשל סוטה מב ע"ב; רות זוטא א ב, יב) הוא מצאצאי של עורפה המואבייה.
5. ניסוח פשוט יותר של המשפט היה: "כל אשר **אמרת** אלי אעשה". השימוש

מהכתוב. רות מבינה שתכניתה של נעמי מנוגדת לאינטרס האישי שלה. ייתכן שהמילה "אלי" הוצאה מן המשפט ללמדנו שרות יודעת היטב כי מה שהיא עומדת לעשות לא נועד כלל **לטובתה** שלה. הכתוב מדגיש בכך שוב את חוסר האנוכיות הגמור של רות, את נכונותה לפעול בניגוד לאינטרס שלה כדי לענות על צרכיה של נעמי.[6]

עם זאת, הכתוב מרמז לאפשרות שרות איננה נצמדת לחלוטין לתכניתה המקורית של נעמי:

> וַתֵּרֶד הַגֹּרֶן וַתַּעַשׂ כְּכֹל אֲשֶׁר צִוַּתָּה חֲמוֹתָהּ (ג ו).

הפסוק אינו מתעד את יישום הוראותיה של נעמי **לפני** שרות יוצאת אל הגורן, ומכאן מסיק אחד המדרשים כי רות שינתה את רצף ההוראות שקיבלה מנעמי כדי לשמור על שמה הטוב כאישה צנועה:

> אמרה לה [נעמי]: ורחצת וסכת ושמת שמלותיך (ג ג). **ואחרי כן**, וירדת הגורן... ומה עשתה רות? לאחר שירדה לגורן, עשתה כל מה שאמרה לה, שנאמר: ותרד הגורן ותעש ככל אשר ציותה חמותה (ג ו). למה לא עשתה כך? אמרה רות כלתה: הדור פרוץ בעריות, שמא יראו אותי מקושטת ויאמרו שמא זונה היא (תנחומא בהר ח).[7]

על פי מדרש זה, רות אינה יורדת אל הגורן אחרי שהתרחצה, סכה והתלבשה, אלא יורדת לשם כפי שהיא. רק אחרי בואה לשם היא

ב"תאמרי" הופך את הנאמר לאמירה כללית של צייתנות: "כל אשר תאמרי אלי, בכל הקשר, לרבות זה הנוכחי, אעשה". ראו גם שמואל ב ט יא; מלכים ב י ה.

6. מדרש אחד מבקש לצמצם את נכונותה של רות לעשות הכול למען נעמי וטוען כי רות מסכימה לפעול על פי הוראותיה של נעמי רק אם יעלו בקנה אחד עם רצון ה', "לשם שמים" (רות זוטא ג ב). עם זאת, כפי שכבר צוין, הכתוב אינו מרמז כמעט שרות מבקשת רק לדבוק בה'. אדרבה, דומה שמעשיה מתמקדים בעיקר בנעמי ונובעים מנאמנותה לחמותה.

7. ראו גם שבת קיג ע"ב ופירוש רש"י לרות ג ו.

מתייפה, כפי שהורתה לה נעמי לעשות. זוהי דרכה של רות להגן על שמה הטוב לצד מילוי הוראותיה של נעמי.

מדרש אחר סבור כי רות מבקשת להגן לא רק על שמה הטוב. ייתכן שהיא חוששת שמישהו יראה אותה מקושטת ויתקוף אותה מינית:[8]

> "ותאמר אליה: כל אשר תאמרי אלי אעשה" (ג ה). "אלי" קרי ולא כתיב. אמרה לה: הדור פרוץ בעריות. שמא יבוא אחד מן הכלבים ויזדווג לי.[9] ואף על פי כן עלי ליישב הדברים. "ותרד הגורן ותעש ככל אשר ציוותה חמותה" (ג ו) (רות רבה פרשה ה יג).

למרות סטייה קלה זו מהוראותיה של נעמי, רות מקבלת את התכנית הכללית שרקמה:

> וַיֹּאכַל בֹּעַז וַיֵּשְׁתְּ וַיִּיטַב לִבּוֹ וַיָּבֹא לִשְׁכַּב בִּקְצֵה הָעֲרֵמָה; וַתָּבֹא בַלָּט וַתְּגַל מַרְגְּלֹתָיו וַתִּשְׁכָּב (ג ז).

רות פועלת בהתאם לאסטרטגיה שהתוותה נעמי. בשלב זה של העלילה דומה שאין כמעט ספק באשר לתוצאה. בועז יתעורר אל הפיתוי של רות וייכנע לו בהכרח, כפי שעשו קודמיו, לוט ויהודה. אלא שבועז פועל באופן בלתי־צפוי והופך על פיו את המהלך הצפוי.

8. מדרש זה מותח שוב ביקורת חריפה על הפריצות הרווחת בבית לחם בימי השופטים. כפי שראינו, מדרשים רבים מתארים את התקופה כמתאפיינת בפריצות מינית.

9. פירושים על מדרש זה רואים בכלב מטפורה לאדם מושחת או לזונה ממין זכר. מעניין שכמה מדרשים מספרים כי בלילה שבו נפרדה עורפה מעל נעמי ורות, היא הזדווגה עם כלב (רות רבה פרשה ב כ; מדרש שמואל פרשה כ ד). נראה כי ההיפוך הגמור בין דמותה של עורפה (המזדווגת עם כלב) אצל חז"ל לבין דמותה של רות (הנחושה להימנע מכך) הוא מכוון.

בועז כדמות מופת

וַיְהִי בַּחֲצִי הַלַּיְלָה וַיֶּחֱרַד הָאִישׁ וַיִּלָּפֵת וְהִנֵּה אִשָּׁה שֹׁכֶבֶת מַרְגְּלֹתָיו (ג ח).

שאלתו של בועז: "מִי אָתְּ?"

מדוע נחרד בועז? השורש חר"ד בתנ"ך מלמד בדרך כלל על תגובת בהלה, לא פעם כשאדם תופס פתאום שהוא נמצא במצב מסוכן או מטיל אימה.[1] מה מבהיל כל כך את בועז? פרשני מקרא שונים העלו אפשרויות שונות. ייתכן שהוא חש סכנה גופנית מול נוכחות בלתי־צפויה של אדם זר בשדה באישון לילה.[2] ואולי הוא חושש כי לא יוכל לעמוד בפיתוי ויחטא עם אישה זו. אך בועז מפוגג מיד את המתח המיני העומד באוויר:

1. ראו למשל בראשית כז כב; מב כח; שמות יט טז; שמואל א יד טו.
2. רש"י סבור שבועז אינו חושש מישות ארצית אלא משד.

וַיֹּאמֶר: מִי אָתְּ? וַתֹּאמֶר: אָנֹכִי רוּת אֲמָתֶךָ וּפָרַשְׂתָּ כְנָפֶךָ עַל אֲמָתְךָ
כִּי גֹאֵל אָתָּה (ג ט).

אין להפריז בחשיבותו של רגע זה.[3] במקום לתת למצב להתפתח ולהגיע אל פתרון מיני מספק (בהתאם למהלכה של הסצנה), בועז מתעלם מהפיתוי ושואל לזהותה של האישה השוכבת למרגלותיו. נעסוק מיד בחשיבותה של תגובת בועז, אך בינתיים אני מבקשת לבחון שאלה נפרדת: מה משמעות השאלה "מִי אָתְּ?"

כפי שראינו, שאלות של זהות מהוות מוטיב מנחה במגילת רות. כשבועז רואה את רות לראשונה בשדותיו, הוא שואל לזהותה: "לְמִי הַנַּעֲרָה הַזֹּאת?" תשובתו של הניצב על הקוצרים ("נַעֲרָה מוֹאֲבִיָּה הִיא") מפשיטה את רות מכל זהות. היא נכרייה ותו לא. הכרתו של בועז ברות היא מעשה גדול, ורות מביעה את פליאתה ואת הערכתה: "מַדּוּעַ מָצָאתִי חֵן בְּעֵינֶיךָ לְהַכִּירֵנִי וְאָנֹכִי נָכְרִיָּה?" (ב י).

בפרק ב בועז מתריס אפוא נגד התפיסה שרות היא אדם חסר שם וזהות מעבר למעמדה כמואבייה ונכרייה. בפרק ג הוא מתריס נגד התפיסה שרות היא רק המגדר שאליו היא שייכת, אישה שהיא מכשיר לרבייה (כפי שאולי רואה אותה נעמי) או לעונג (כפי שרואים אותה הגברים בעיר). למעשה, ממש לפני שאלתו של בועז בדבר זהותה של רות (ג ח), מתוארת רות כ"אִשָּׁה" השוכבת בפתיינות למרגלות בועז, ללא שם וללא זהות.

שאלתו של בועז מאפשרת לרות להחזיר לעצמה את זהותה ומעלה אותה ממצב של אובייקט מיני גרידא. כשהוא שואל לזהותה האינדיבידואלית, הוא מוכיח כי בתקופה זו, המתאפיינת בראיית הנשים כאובייקטים מיניים, יש אדם המסוגל לזהות אישה חסרת שם כסובייקט.[4] הטוהר המיני שמפגין בועז בהתרחשות זו הוא תיקון

3. לינפלט, רות, עמ' 54, סבור כי הרגע שבו מזדהה רות הוא נקודת המפנה של הסצנה. אני סבורה שרגע זה הוא אפילו נקודת המפנה של הספר כולו, כפי שאטען בהמשך.
4. כפי שצוין לעיל, ההתעלמות מזהותן של נשים בולטת במיוחד במעשה פילגש

של הפריצות המינית הרווחת בדורו. באופן זה בועז פותח בתהליך של תיקון התקופה המושחתת מבחינה מוסרית והכאוטית מבחינה חברתית שבה הוא חי.

לוט, יהודה ובועז

על משמעות שאלתו הכנה של בועז אפשר לעמוד גם בהקשר שונה. כבר צוין כאן כי שלוש נשים בתנ"ך מתנהגות בצורה ישירה דומה. בנות לוט, תמר ונעמי/רות נוקטות יזמות נועזות כדי להבטיח את קיום הרצף המשפחתי. צוין גם שכל אחת מהן משיגה את מטרתה באמצעות מעשה תרמית שנועד לגרום לגבר להיות אתה. התרמית מצליחה כי הגבר הולך שולל - "וְלֹא יָדַע".

לוט אינו יודע ששכב עם בנותיו. שני לילות, בזה אחר זה, אחרי שהן משקות את אביהן לשכרה, הן מצליחות לקיים אתו יחסי מין: "וְלֹא יָדַע בְּשִׁכְבָהּ וּבְקוּמָהּ" (בראשית יט לג, לה). מעניין שמדרש מסוים עושה שמות במובן הפשוט של הפסוק וטוען שהמילים "וְלֹא יָדַע" מעידות שדווקא ידע: "בשכבה לא ידע אבל בקומה ידע" (במדבר רבה פרשה ג יג).[5]

מניין שואב המדרש את הקריאה הנועזת הזאת? האם אפשר למצוא בכתוב רמז שלוט רק מעמיד פנים שאינו יודע? המדרש לומד זאת מהנקודה המופיעה על פי המסורה מעל האות ו׳ במילה הראשונה, "ובקומה".[6] על פי הפשט, יש להניח שהכפלת האירוע מעוררת חשד. איך ייתכן שבנות לוט הצליחו להוליך את אביהן שולל פעמיים?

בגבעה, המתרחש בתקופת זמן מקבילה - האישה שאין לה שם, אין לה קול ואין לה כל בחירה בסיפור (שופטים יט). כל הגברים - לרבות בעלה, אביה ואנשי גבעה - רואים בה אובייקט ותו לא.

5. ראו גם הוריות י ע"ב.

6 .ראו אבות דרבי נתן ב לז; סופרים ו ג; בראשית רבה פרשה נא לג; ספרי במדבר פיסקא סט. עוד על תופעה זו ראו אצל ליברמן, סימניות במקרא, עמ׳ .184-182

לי נראה שהמדרש אינו מתכוון להאשים את לוט במעשה מכוון של גילוי עריות, אלא שהוא מתעניין בשאלה **כיצד** הצליחו הבנות לרמות את אביהן בקלות שכזאת. לא קל לרמות אדם שאינו רוצה להיות מרומה, שרוצה לדעת. אי־ידיעה בתנ"ך היא כשל מוסרי. מי שמבקש יֵדע הוא זה שמשיג יֶדע.[7] על פי קריאה זו, חוסר הידיעה של לוט נובע **מחוסר עניין** בידיעה, מדחיית גורלו. הייאוש, האדישות וחוסר האמונה בעתידו שמפגין לוט הם שמחייבים את בנותיו לפעול.[8] בנות לוט הן היחידות המוטרדות בשאלת העתיד. לוט חדל להתעניין.

תמר מרמה את יהודה כשהיא מכסה את פניה ובכך מסתירה את זהותה.[9] לכן הוא אינו יודע ("כִּי לֹא יָדַע") שהזונה שהוא פוגש בדרך היא כלתו (בראשית לח טז). דומה כי האי־ידיעה של יהודה נובעת גם מחוסר רצונו לדעת, מהאדישות לגורלו העולה מהתנהגותו. החלטתו של יהודה ללכת לזונה, נכונותו למסור לידיה את סימני הזיהוי שלו,[10] והעובדה שהוא אינו מזהה את כלתו – כל אלה נובעים מאותה גישה

7. דוגמה בולטת לרעיון זה בתנ"ך היא דמותו של מרדכי, המתואר תמיד כמי **שיודע** (אסתר ב כב; ד א). יש מדרשים הרואים בו אדם נבון ויודע במיוחד (למשל מגילה יג ע"ב; מנחות סה ע"א), אך דבריו של מרדכי עצמו לאסתר מסבירים את מקור הידע שלו. בניסיון לשכנע את אסתר שעליה ללכת למלך ולדבר על לבו למען עמה, אומר מרדכי (אסתר ד יד): "וּמִי **יוֹדֵעַ** אִם לְעֵת כָּזֹאת הִגַּעַתְּ לַמַּלְכוּת?" ומי באמת יודע מדוע נבחרה אסתר? האי־יכולת האנושית להבין בוודאות את העולם אינה פוטרת את האדם מהחובה לנסות להגיע לידיעה. רק מי שמחפש ידע, כמו מרדכי, מגיע אליו בסופו של דבר.

8. ראו מדן, תקווה ממעמקים, עמ' 87. הרב מדן מייחס את ייאושם של לוט ושל יהודה לחורבן משפחותיהם. טענתי לעיל שדמויות אלה זונחות את גורלן ואת עתידן עוד **לפני** חורבן משפחותיהן, ושהתנתקותה של כל אחת מהן משמשת למעשה גורם המאיץ את הכחדת המשפחה והעתיד.

9. מדרש המפרש את בראשית לח טו מסביר כי יהודה אינו מכיר את תמר מפני שהיא, בצניעותה, כיסתה תמיד את פניה כשהתגוררה בביתו (מגילה י ע"ב; סוטה י ע"ב; רש"י ואבן עזרא שם). אלא שזה איננו פשט הפסוק (ראו רשב"ם, רמב"ן שם).

10. הרמב"ן (בראשית לח יח) סבור כי יהודה נותן לזונה-לכאורה זו את סמלי מלכותו – כלומר, את סמלי ייעודו! מסירת סמלי עתידו לזונה שהוא אינו מצפה לראותה שוב חושפת את אדישותו המזעזעת של יהודה לייעודו.

כללית. ההחלטה המודעת לפנות עורף לייעודם היא ההופכת את לוט ואת יהודה לשותפים ללא ידיעתם בתרמית המופעלת עליהם.[11]

דומה שגם תכניתה של נעמי מתבססת על אופני רמייה דומים. העצה שהיא נותנת לרות, להתלבש וללכת אל בועז, מזכירה את מעשה התרמית של תמר, וההנחיה להמתין עד שבועז יסיים לאכול ולשתות מזכירה את התרמית של בנות לוט. ומה שחשוב יותר, נעמי כוללת בדבריה את ההוראה: "אַל תִּוָּדְעִי לָאִישׁ" (ג ג).

השתלשלות האירועים גורמת לנו לצפות כי כפי שקרה בתרחישים הקודמים, גם בועז ייפול ברשתה של רות. בחסות החשיכה שניהם אינם רואים זה את זה והמעשה המיני יכול להתקיים באנונימיות גמורה. אך בועז (גם אם הוא שתוי במקצת) מסרב ללכת שולל ודורש גילוי מלא: "וַיֹּאמֶר: מִי אָתְּ?" (ג ט).

אילו שאל לוט את בנותיו את השאלה הזאת, או אילו שאל יהודה את תמר, המעשים הללו לא היו קורים. אבל הם לא ביקשו לדעת - אחרי שנטשו את דרכו של אברהם ודחו את ייעודם, איש מהם אינו רוצה לדעת.

הזוהר מצרף את הפסוק המתאר את האי־הידיעה של לוט עם ההתרחשות בגורן במגילת רות:

> התחבר עמה [עם רות] בעז להקים שם המת על נחלתו, והוקמו ממנה כל המלכים הללו וכל העילוי של ישראל. "וְלֹא יָדַע

11. בעקבות המסר החריף של תמר, "הַכֶּר נָא לְמִי הַחֹתֶמֶת וְהַפְּתִילִים וְהַמַּטֶּה הָאֵלֶּה" (בראשית לח כה), יהודה, שלא כלוט, שב כמובן למשפחתו ולייעודו. החלטתו של יהודה להכיר (וכפי שראינו, הפועל "הכר" מתפקד כמילת מפתח גם במעשיו של בועז) מאפשרת לו להביע חרטה במילים "צָדְקָה מִמֶּנִּי" (בראשית לח כו). יכולת זו להכיר את האחר היא מרכיב חשוב גם באופיו הייחודי של בועז ובעובדה שהוא מאפשר את תחילתה של תקופת המלוכה. אולי מסיבה זו זוכה יהודה להיזכר בברכה לרות ולבועז (רות ד יב). אכן, חז"ל רואים בצעד ההכרה של יהודה אות מבשר חשוב של המלוכה (למשל סוטה ז ע"ב; ראו רש"י שם), אולי מפני שצעד זה גורם לו לראות בתמר סובייקט ולא אובייקט (ובכך לסלול את הדרך לבנייתה של חברה בריאה), כפי שנאמר לעיל על בועז.

בְּשִׁכְבָהּ", שכתוב "וַתִּשְׁכַּב מַרְגְּלוֹתָו עַד הַבֹּקֶר" (ג יד). "[ולא ידע] בְקוּמָהּ", שכתוב "וַתָּקָם בְּטֶרֶם יַכִּיר אִישׁ אֶת רֵעֵהוּ וְגוֹ'" (ג יד) (זוהר וירא קיא א).

מדרש זה, המשתמש בביטויים "שכב" ו"קום" מסיפור לוט ובנותיו כדי לפרש את המילים הזהות המופיעות ברות ג, מורה על הניגוד המכריע בין התנהגותו של לוט לבין התנהגות בועז במצבים דומים.

בועז מבקש לדעת. הוא דואג לייעודו ולהמשכיותו.[12] הוא אינו רוצה ללכת שולל, ואינו הולך שולל. כך הוא משנה ומתקן את אופן הפעולה שתכליתה השגת המשכיות.

סגולתו של בועז

וַיֹּאמֶר: מִי אָתְּ? וַתֹּאמֶר: אָנֹכִי רוּת אֲמָתֶךָ, וּפָרַשְׂתָּ כְנָפֶךָ עַל אֲמָתְךָ כִּי גֹאֵל אָתָּה. וַיֹּאמֶר: בְּרוּכָה אַתְּ לַה' בִּתִּי, הֵיטַבְתְּ חַסְדֵּךְ הָאַחֲרוֹן מִן הָרִאשׁוֹן לְבִלְתִּי לֶכֶת אַחֲרֵי הַבַּחוּרִים, אִם דַּל וְאִם עָשִׁיר. וְעַתָּה, בִּתִּי אַל תִּירְאִי, כֹּל אֲשֶׁר תֹּאמְרִי אֶעֱשֶׂה לָּךְ. כִּי יוֹדֵעַ כָּל שַׁעַר עַמִּי כִּי אֵשֶׁת חַיִל אָתְּ. וְעַתָּה כִּי אָמְנָם, כִּי [אִם קרי] גֹאֵל אָנֹכִי וְגַם יֵשׁ גֹּאֵל קָרוֹב מִמֶּנִּי. לִינִי הַלַּיְלָה, וְהָיָה בַבֹּקֶר אִם יִגְאָלֵךְ טוֹב יִגְאָל, וְאִם לֹא יַחְפֹּץ לְגָאֳלֵךְ וּגְאַלְתִּיךְ אָנֹכִי, חַי ה'. שִׁכְבִי עַד הַבֹּקֶר (ג ט–יג).

12. השוואה זו בין לוט לבועז מגלה שאין ביניהם הקבלה אמיתית, שהרי, כפי שראינו, בועז איננו הדמות הפותחת את סיפור המגילה בהתנתקות מקרובי משפחתו - אלימלך הוא שיוצא למואב בימי הרעב בארץ ומסתלק מגורלו ומייעודו של עם ישראל. אלא שבועז מוצא את עצמו מול אישה הנחושה להשיג רציפות משפחתית באמצעי רמייה. לדעתי, ניסיונה של רות לרמות את בועז נכשל דווקא משום שבועז לא עזב את עמו, לא נכנע לייאוש ולא ויתר על ההמשכיות.

איך מצליח בועז לנטרל את האווירה הפתיינית שרקחה נעמי? כבר עסקנו במשמעות שאלתו הראשונה של בועז ברגע השיא שבו הוא מתעורר. הנאום הארוך שהוא נושא אחרי שרות מזדהה מפיג עוד יותר את האווירה הטעונה. בועז פותח את דבריו כשהוא מברך את רות בשם ה', מכנה אותה פעמיים בחיבה "בתי" ומתאר אותה כ"אשת חיל". הוא מדבר על שמה הטוב בקרב אנשי העיר ("כל שער עמי") והופך את בקשתה ממנו לעניין משפטי, לסוגיה שתקבע בהליך הלכתי מי יהיה גואלה של רות. המילה "גואל" מופיעה בדברי בועז שש פעמים בסמיכות גדולה, וברוב הפעמים הוא מתייחס לגואל הקרוב יותר. באופן זה מראה בועז כי רצונו האישי אינו נמצא במוקד הדיון - הוא מבקש למצוא את הדרך המשפטית הנכונה. כשבועז מפציר ברות להישאר בגורן עד הבוקר, הוא משתמש במילה "ליני", שאין לה קונוטציה מינית כלשהי בתנ"ך. הוא אפילו מטהר את המילה "שכב" מהקונוטציה המינית הנלווית אליה ומורה לרות לשכב עד הבוקר תחת הגנתו. בבוקר הוא משתמש במילה הסוגסטיבית "ידע", כדי להגן על שמה הטוב של רות: "וַיֹּאמֶר: אַל **יִוָּדַע** כִּי בָאָה הָאִשָּׁה הַגֹּרֶן" (ג יד).

בתמונה זו, יותר מבכל תמונה אחרת, מתבלטת דמותו המוסרית של בועז. אבל הוא בוחר לייחס את מעשיו דווקא לאופייה המיוחד של רות, לחסדה. יוצאת דופן במיוחד יכולתו להבין כי הופעתה הסוגסטיבית של רות בגורן היא מעשה של חסד.[13] במקום להניח כי רות הלכה בעקבותיו לטובתה שלה, או שהיא נוהגת במתירנות מינית בשל שורשיה המואביים, הוא מזהה את מעשה ההקרבה המסתתר בתוך ניסיונה הבוטה לפתותו.[14] המעשה הזה רק מחזק את דעתו הטובה על רות, ולא להפך.

13. בועז לא רק נוהג באיפוק, אלא גם אינו מתרעם על רות. המדרש ברות רבה פרשה עומד על ייחודיותה של תגובת בועז: "קרא עליו מקרא זה: 'חרדת אדם יתן מוקש ובוטח בה' ישוגב' (משלי כט כה)... חרדה שהחרידה רות לבועז, דכתיב: 'ויחרד האיש וילפת' ובדין הוא שיקללנה. אלא: ובוטח בה' ישוגב. נתת בלבו ובֵרכה, שנאמר: ברוכה את לה' בתי" (רות רבה פרשה ו א).

14. התרגום (רות ג י) רואה בדברי בועז שבח לכך שרות התגיירה ונטשה את דרכי

כדי להבהיר שהוא נוהג על פי הדוגמה שהיא נותנת, משבץ בועז בדבריו התייחסויות לנדיבותה של רות כלפי נעמי. המילים "כֹּל אֲשֶׁר תֹּאמְרִי אֶעֱשֶׂה לָּךְ" (ג יא) מזכירות את דברי רות לנעמי: "כֹּל אֲשֶׁר תֹּאמְרִי [אֵלַי קרי] אֶעֱשֶׂה" (ג ה). כשהוא מציע לה בנדיבות ללון בלילה בגורן, הניסוח מזכיר את הצהרת הנאמנות הבלתי־מעורערת של רות לחמותה, "וּבַאֲשֶׁר תָּלִינִי אָלִין" (רות א טז). כפי שראינו בפרק ב, שימוש לשוני זה מלמד כי בועז פועל כפי שהוא פועל בגלל התנהגותה של רות עצמה, הוא שואב השראה ממנה.

עם זאת, במרכז הפרק הזה עומד בועז, ולא רות.[15] אלמלא האיפוק שהוא מפגין, הפרק היה מתפתח בכיוון שונה לחלוטין שהיה מסכן את הטוהר המוסרי של המשתתפים. בועז לא רק כובש את יצרו אלא מכוון את ההתרחשות כולה לעבר ציפייה חיובית ומבטיח לרות כי ידאג לעתידה. נבחן עתה את כוחו ואת מקורו של האיפוק שמגלה בועז וכן את משמעותו בהקשר מקראי רחב יותר.

איפוקו של בועז

במדרש מובאים הסברים שונים להתנהגותו של בועז בפרק זה וכולם מצביעים על ההתנהגות המכובדת שהוא מפגין.[16] עוד לפני איפוקו אל

הזנות: "אוטיבת טיבותיך בתראי מן קדמאי. קדמאי דאתגירת ובתראי דעבדת גרמיך כאתתא דנטרא ליבם... בגין דלא למהך בתר רבין למעבד זנו עמהון". [=הטבת טובך האחרון מן הראשון. הראשון שהתגיירת והאחרון שפעלת כאשה השומרת לְיָבָם... ולא הלכת אחר בחורים לעשות זנות עמהם]. ראו גם רות זוטא ג ט. נעמי, שלא כבועז, לא עמדה מלכתחילה על מעשה החסד של רות והניחה שכלתה פועלת מתוך אינטרס עצמי (רות א יא–יג). בדומה לכך כבר אמרנו כאן שנעמי אולי חשבה לנצל את הרקע המואבי של רות כדי לבצע את תכניתה הלא־צנועה.

15. אחת הדרכים שבהן מודגשת נקודה זו היא האמצעי הספרותי של בניית העלילה מנקודת מבטו של בועז. ראו במיוחד רות ג ח, שם בועז מתעורר ומוצא אישה למרגלותיו. בצורה זו אנו מתמקדים בעיקר בתגובותיו של בועז, והוא שולט באירועים המסופרים.

16. לצורכי הספר הזה אניח – כפי שעושה המדרש – כי האיפוק שמגלה בועז אינו

מול הפיתוי שמציגה רות נאבק בועז, על פי המדרשים הללו, בפריצות המינית הרווחת בדורו. כמה מדרשים מציעים את ההסבר הבא לשאלה מדוע בועז, שהוא בעל אדמות עשיר, בוחר לישון בגורן:[17] "בועז גדול הדור היה, ואת אמרת [כי ישן] 'בקצה הערמה'? אמר לו: לפי שהיו אותו הדור שטופים בזימה, והיו נותנין שכר לזונות מן הגרנות" (רות רבה פרשה ה טו).[18]

מבחינת הכתוב בולטת דמותו הצדקת של בועז כשהוא מתעורר ומגלה את רות אך אינו מתנהג כצפוי ממנו. כמה מקורות מראים כי תכונת האופי העיקרית של בועז היא בעצם האיפוק הזה, שבזכותו אפשר לתאר אותו כצדיק:[19]

> בֹּעַ"ז בדיוקן עליון, צדיק, גיבור, שומר ברית, והתגבר על יצרו ונקרא גיבור חיל, ודאי שצדיק היה... ועל כן נקרא בֹּעַ"ז [בו העוז], בו הוא תקיף ליטול את כל עינוגי הגוף וכל יפי הגוף... ועל כן בו הוא תקיף ולא חלש (זוהר חדש רות מג ב).

מה מאפשר לבועז לעמוד בפיתוי? כמה מדרשים, המזהים את משימתו הקשה של בועז, טוענים כי בועז מקפיד להישבע (רות ג יג) כדי לכבול את עצמו להחלטתו שלא להיכנע ליצרו:[20]

נובע מגילו המתקדם או מחוסר תשוקה, אלא מניסיון מודע לכבוש את יצרו לטובת מטרה נעלה יותר.

17. וריאציות על מדרש זה מופיעות בתנחומא בהר ח; ילקוט שמעוני רות רמז תרה. החיבור בין הגורן לבין מתירנות מתבסס כנראה על הושע ט א.
18. כוונת המדרש היא כנראה שבועז מנסה למנוע את ההתנהגות המינית הפרוצה הרווחת בחברה.
19. ראו גם תרגום רות ג ח.
20. ראוי לבחון את הסיבה הטקסטואלית לשבועתו של בועז. לכאורה הוא עושה זאת כדי שרות תבין את כנות כוונותיו. זאת ועוד, שבועות הן סימן לסמכות ולביטחון, והנשבעים הם אנשים המאמינים כי יוכלו לקיים את שבועותיהם; ראו ציגלר, הבטחות, עמ' 189–263. גם כאן מתגלות תכונות המנהיגות של בועז.

> חַי ה׳ (ג יג), מלמד ש[בועז] השביע על יצרו שהיה מקטרגו ואומר לו: את פנוי והיא פנויה, הרי השעה שתזדקק לה, מיד נשבע אותו צדיק "חַי ה׳, איני נוגע בה בזו" (במדבר רבה פרשה טו טז).[21]

על פי גישה זו, בועז אינו בטוח שיוכל להמשיך לכבוש את יצרו. לכן הוא נשבע שבועה מחייבת, בשם ה׳, שנועדה לחזק את נחישותו לעמוד במשימה הקשה שקיבל עליו.[22] זהו אמצעי מחוכם אך הוא אינו מספק הסבר מלא להחלטתו של בועז להישבע.

שמשון ובועז

מדרשים רבים מהללים ומשבחים את צדיקותו של בועז ואת כוח עמידתו.[23] הוא נתפס כעולה על יוסף בכוח איפוקו (סנהדרין יט ע"ב) וכהיפוכה הגמור של אשת פוטיפר (בראשית רבה פרשה פז; רות רבה פרשה ו א).[24] מדרש מעניין מנגיד את איפוקו של בועז עם חולשתו של שמשון: "טוב לפני האלהים ימלט ממנה (קהלת שם ז), זה יוסף, וחוטא ילכד בה (קהלת שם ז), זה זמרי. ד"א [טוב] זה בועז שהוא אומר לרות ליני הלילה (רות ג יג), וחוטא ילכד בה, זה שמשון" (תנחומא נשא ד).

מדרש זה מודע לפיתויים הקיימים בתמונה המתוארת ברות ג ומציין כי בועז הצליח במקום שבו נכשל שמשון. פרשנויות חז"ל

21. ראו גם רות רבה פרשה ו ח; ויקרא רבה פרשה כג; רש"י לרות ג יג.
22. מקורות חז"ל שהובאו לעיל מלמדים כי שני אנשים נוספים השתמשו במנגנון דומה כדי להימנע מחטא: יוסף, שפותה על ידי אשת פוטיפר (בראשית לט ט), וצאצאו של בועז, דוד, כשרצה להימנע מהפיתוי לפגוע בשאול (שמואל א כד ו; כו י). אצל יוסף השבועה אינה מופיעה בכתוב עצמו.
23. ראו למשל את התרגום לרות א ו, המתאר את בועז כ"בועז חסידא" [=בועז החסיד]. במקום אחר (רות ד כא) מתאר אותו התרגום כ"בועז צדיקא" [=בועז הצדיק].
24. למעשה, סביר יותר שמדרש זה מבקש - גם אם לא במפורש - להציב את בקשתה הצנועה של רות ("וּפָרַשְׂתָּ כְנָפֶךָ עַל אֲמָתְךָ") אל מול דרישתה הפרוצה והבוטה של אשת פוטיפר ("שִׁכְבָה עִמִּי").

המציירות הקבלה בין שתי דמויות מקראיות מרמזות בדרך כלל על קשר עמוק יותר. לפיכך אנסה כאן לערוך השוואה רחבה יותר בין בועז ושמשון, ששניהם ממלאים תפקידי הנהגה בתקופת השופטים. תשוקותיו הבלתי־מרוסנות של שמשון מונעות ממנו לחלץ את העם מתקופה הרת אסון זו, אך התנהגותו המעוררת כבוד של בועז מצליחה להפוך את הכיוון שבו הולך העם.

חולשותיו של שמשון

סיפור לידתו של שמשון, המתרחש על רקע מחסור הולך ומחמיר בהנהגה בתקופת השופטים, מספק תקווה בלתי־צפויה. אמו של שמשון מתעברת אחרי שהיא מקבלת בשורה ממלאך, המטיל על הילד העתיד להיוולד את החובה להיות נזיר כל ימי חייו ומועיד לו את תפקיד מושיעו של עם ישראל (״כִּי הִנָּךְ הָרָה וְיֹלַדְתְּ בֵּן וּמוֹרָה לֹא יַעֲלֶה עַל רֹאשׁוֹ כִּי נְזִיר אֱלֹהִים יִהְיֶה הַנַּעַר מִן הַבָּטֶן וְהוּא יָחֵל לְהוֹשִׁיעַ אֶת יִשְׂרָאֵל מִיַּד פְּלִשְׁתִּים״, שופטים יג ה). בהמשך הסיפור נחה רוח ה׳ על שמשון ברגעים קריטיים ומעניקה לו כוח על טבעי (שופטים יד ו, יט; טו יד). בתפקידו כמנהיג הנהנה מתמיכת ה׳ יש לשמשון אפשרות לשנות את המסלול השלילי של תקופת השופטים. מעמדו כנזיר מלמד על פוטנציאל של הנהגה דתית, ואת להטו וכוחו אפשר לרתום לאיחוד העם. באופן זה עשוי שמשון להוביל את העם למהלך של שיפור יסודותיו החברתיים והדתיים ובהמשך גם לחלצו ממצוקה צבאית קשה. המדרש בבראשית רבה מבחין בפוטנציאל הגדול של שמשון וטוען כי הפוטנציאל הזה היה עשוי להפוך אותו למושיע הלאומי, המשיח: ״לפי שהיה יעקב אבינו רואה אותו [את שמשון] וסבור בו שהוא מלך המשיח. כיון שראה אותו שמת, אמר: אף זה מת! לישועתך קויתי ה׳ (בראשית מט יז)״ (בראשית רבה פרשה צח).[25]

25. פירוש זה מתבסס על פסוק המופיע אחרי ברכת יעקב לדן, אבי השבט שממנו בא שמשון (״לישועתך קויתי ה׳״). המדרש מנסה להסביר את צמידותו של פסוק

לאכזבתנו הרבה, שמשון אינו מגשים את התקוות הגדולות שנתלו בו. בתום שני פרקים (שופטים יד-טו), המתארים בפרוטרוט את תשוקתו לאישה פלשתית ואת סדרת פעולות הנקמה האישיות שהוא עושה בפלשתים, מופיעה סוף סוף סצנה מבטיחה שבה צימאונו מאלץ אותו להתפלל לה׳, להכיר בחלקו של ה׳ בניצחונותיו הצבאיים הרבים ולקבל עליו את הנהגת העם לעשרים שנה (שופטים טו יח-כ). אך מיד לאחר מכן הוא הולך לעזה, רואה שם אישה זונה, שוכב אתה ואז מתגלה בידי אנשי העיר, הזוממים כל הלילה להרוג את השופט של עם ישראל שנקלע לידיהם (שופטים טז א-ב).[26] למרות העובדה ששמשון מצליח להיחלץ מידי העזתים בחצי הלילה, הסיפור שבו הוא מחלץ את עצמו רומז על הזדמנות שהוחמצה. ביטוי חיובי (ונדיר) זה, ״בחצי הלילה״, מזכיר את המכה האחרונה והמכרעת שהביאה ישירות לגאולת העברים ממצרים (שמות יב כט). זה היה האירוע שהוציא את ישראל מאפילת השעבוד אל שחר החירות. אלא שמעשיו של שמשון בנקודת המפנה של הלילה אינם מביאים לגאולה או לחילוץ עם ישראל מהתקופה החשוכה שנקלע אליה. אדרבה, שמשון מנצל את הרגע להפגנת כוח יוצאת דופן כדי להיחלץ מצרה שנקלע אליה באשמתו. הוא עוקר את שער עזה על מזוזותיו ובריחו ונושא אותו על כתפיו עד חברון.[27] שם הוא מניח אותם ללא גינונים מיותרים על האדמה וממשיך בדרכו (שופטים טז ג). הוא אינו מגלה מודעות לכך שכוחו הגדול ניתן לו מאת ה׳ לצורך תפקידו כמנהיג העם. הוא מבצע מעלל גבורה חסר משמעות לאומית וממשיך בדרכו.

זה לברכת דן. המדרש סובר שיעקב אומר את הפסוק כתגובה למותו של שמשון שאינו מממש את הפוטנציאל שלו להיות מלך המשיח. אכזבתו של יעקב מן המושיע האנושי גורמת לו לפנות אל ה׳ לבקש ישועה.

26. מקורות חז״ל שונים מזהים בפרשייה זו את תחילת מפלתו של שמשון. ראו למשל סוטה ט ע״ב.

27. גם גיחתו הקצרה לחברון טעונה משמעות. חברון היא עיר הולדתו של דוד ושל המשיח לעתיד לבוא, מיקום המרמז על ההזדמנות המוחמצת של שמשון.

אך דרכו ממשיכה להיות מעוותת. אין רמז בכתוב ששמשון חוזר לתפקידו כשופט. מיד אחרי הסיפור עם הזונה שמשון מתאהב באישה נוספת, דלילה. פרשייה זו מטרידה לא פחות מקודמתה. תשוקתו של שמשון לדלילה מניעה אותו לגלות לה את סוד כוחו (שופטים טז יז);[28] אלא שהסוד איננו סודו ואין הוא רשאי למסור אותו. מסירת הנכס הלאומי הזה לא רק מביאה ללכידתו של שמשון אלא שמה קץ לסיכוי ששמשון יוכל להושיע את העם מידי הפלשתים וממצבו הצבאי ההולך ומחמיר. ברגעיו האחרונים, כשהוא עיוור ומשמש מטרה לחצי הלעג של אדוניו הפלשתים, שמשון מתפלל לנקמה אישית (ולא לאומית: "אֲדֹנָי ה', זָכְרֵנִי נָא וְחַזְּקֵנִי נָא אַךְ הַפַּעַם הַזֶּה הָאֱלֹהִים וְאִנָּקְמָה נְקַם אַחַת מִשְּׁתֵי עֵינַי מִפְּלִשְׁתִּים"; שופטים טז כח), מניח את ידיו על עמודי התווך ומפיל את הבית על סרני פלשתים ועל כל העם אשר בו (שופטים טז כט-ל). פלשתים רבים מוצאים את מותם לצד שמשון, שמשמעות מותו היא קץ ההנהגה בספר שופטים וקץ התקווה למנהיג שיוכל לעצור את ההתדרדרות המהירה המתוארת בספר.[29] בהיפוך מצער של ציפיותינו, מתגלה כי מעשיו של שמשון סבים סביב נשים,[30] ולמרות תחילתו המבטיחה, הכוללת בשורת מלאך,

28. מהנאמר בשופטים טז טז אנו למדים שדלילה מציקה לשמשון עד שהוא שואל את נפשו למות. לא ברור כיצד היא עושה זאת, אך על פי מסורת חז"ל היא מענה אותו בזמן הביאה עד שהוא אינו מסוגל לעמוד בכך (סוטה ט ע"ב ורד"ק לשופטים טז טז).

29. מידת הצלחתו של שמשון שנויה אולי במחלוקת, אך אין כמעט ספק שלכידתו ומותו אינם מטרה נאצלת למנהיג בישראל, נקודה שעליה עומדים בחריפות הרשב"ם (בראשית מט טו) והרמב"ן (בראשית מט יח). באופן ספציפי יותר, הרמב"ן מציין כי שמשון הוא אחרון השופטים ומותו מחיש את בוא התקופה חסרת ההנהגה המתאפיינת בתוהו ובוהו חברתי ובשחיתות דתית וחברתית. הקשרים הלשוניים בין סיפור שמשון לבין הסיפור הבא מחזקים עוד יותר את התחושה ששמשון אחראי במידה מסוימת להתדרדרות העם לתוהו ובוהו המתואר בסוף ספר שופטים. השוו למשל את שופטים יג כה לשופטים יח ב, ח, וכן את שופטים טז ה לשופטים יז ב.

30. ראו בראשית רבה פרשה צח יד: "יהי דן נחש עלי דרך, מה נחש זה מצוי בין הנשים, כך שמשון בן מנוח מצוי בין הנשים".

שמשון אינו נעשה למנהיג המצליח לחלץ את עם ישראל מהצרות של תקופת השופטים.

עם זאת, במקביל לספר שופטים קיים ספר נוסף בן התקופה, והוא מגילת רות. בספר זה יש איש אחר, מנהיג, הנדרש לכבוש את יצרו "בחצי הלילה" (רות ג ח). בואה של רות לשדהו מציב את בועז בפני ברירה שתקבע את גורלו. אם ייכנע ליצרו, ידמה לשמשון, והעדר הישגיו בזירה הלאומית ישקף את כישלונו של שמשון הנכנע שוב ושוב ליצרו ולתשוקתו לנשים. אלא שבועז, בהפגנה מרשימה של סיבולת הרואית וחסידות גדולה, עומד בפיתוי ומשנה את מהלך התרחיש הפתייני. בכך הוא מצליח לתקן כמה מהפגמים המאפיינים את החברה בימיו, לרבות השחיתות המוסרית הרווחת.

המקבילות הלשוניות הרבות בין שתי הפרשיות מלמדות כי הטקסט מנגיד במודע את איפוקו של בועז לחולשתו של שמשון. בהקבלה למעלליו הרי האסון של שמשון בעזה, איפוקו של בועז קורה "בחצי הלילה" (ג ח),[31] ממש בנקודת המפנה של הלילה, רגע טעון בפוטנציאל למימוש הגאולה, שסמלה הוא השחר.[32] מקבילה ספרותית שנייה מתמקדת במילה הנדירה "וַיִּלָּפֵת", המופיעה רק בשני הסיפורים הללו.[33] רש"י (רות ג ח) מבחין במופעים המקבילים של מילה זו בסיפור שמשון ובמגילת רות.[34] משמעות המילה היא כנראה לפתל או לאחוז בתנועת פיתול.[35] ייתכן שבועז אוחז ברות כדי לזהות מי השוכבת לצדו (למשל תנחומא בהר ח). לחלופין, אולי הוא מתהפך

31. העובדה שביטוי זה מופיע בשלושה אירועים בלבד (מכת בכורות, שמשון בעזה ובועז בגורן) מחזקת עוד יותר את ההקבלה בין שמשון ובועז.
32. עלות השחר היא מטפורה לבוא הגאולה, ממש כפי שהלילה מסמל את הזמן שבו בולט העדרה של השכינה. בראייה זו, נקודת האמצע של הלילה היא נקודת המפנה.
33. בשופטים טז כט נהגית המילה בצורה שונה, "וַיִּלְפֹּת", בבניין קל (במקום בניין נפעל לגבי בועז), אך העיצורים זהים.
34. הבחנתו של רש"י כאן מתבססת על המדרש (תנחומא בא טז).
35. BDB, עמ' 542, מציין כי מילה דומה קיימת בשתי שפות שמיות קרובות – בערבית פירושה לפתל או לסחוט ובאשורית (לפתו) פירושה להפיל.

מצד אל צד (אבן עזרא ג ח), אם מפחד ואם בניסיון למנוע מעצמו פיזית להיכנע לפיתוי האישה השוכבת לצדו. כך או כך, אותה מילה מתארת את הצעד האחרון והדרמטי שעושה שמשון, הלופת את שני עמודי התווך ומפיל את הבית על יושביו.

המעשה של הפלת הבית זכה לשבחים רבים. יש אולי ברכה בכך שהוא מביא למותם של שלושת אלפים אויבי ישראל, אך פעולה זו אינה מביאה לתבוסת הפלשתים.[36] יש גם לזכור שהפלת בית כשהיא לעצמה איננה מעשה בונה. טבעו השברירי של הבית הוא אחד המוטיבים שעליהם מצר ספר שופטים. בכמה סיפורים מרחפת סכנה על "הבית" והוא חדל להיות מבנה בטוח או יציב.[37] דומה שזוהי מטפורה לחוסר היציבות השורר בתקופה זו ומאיים על רציפות העם ועל יציבותו. שמשון, שהמעשה החלול שלו אינו מביא לתבוסת הפלשתים או להצלת ישראל, אף אינו מצליח לבצר את בית ישראל. בפעולה המסמלת היטב את הפוטנציאל הלא־ממומש שלו, מפיל שמשון את הבית על עצמו.

בועז: בונה הבתים

בועז מספק את הפתרון למחדליו של שמשון. בניגוד לשמשון הוא בונה בתים ומבצר אותם. בתיאור נישואיו לרות נזכרת המילה "בית" חמש פעמים ("יִתֵּן ה׳ אֶת הָאִשָּׁה הַבָּאָה אֶל בֵּיתֶךָ כְּרָחֵל וּכְלֵאָה אֲשֶׁר בָּנוּ שְׁתֵּיהֶם אֶת בֵּית יִשְׂרָאֵל וַעֲשֵׂה חַיִל בְּאֶפְרָתָה וּקְרָא שֵׁם בְּבֵית לָחֶם. וִיהִי בֵיתְךָ כְּבֵית פֶּרֶץ אֲשֶׁר יָלְדָה תָמָר לִיהוּדָה מִן הַזֶּרַע אֲשֶׁר יִתֵּן ה׳ לְךָ מִן הַנַּעֲרָה הַזֹּאת", ד יא-יב). קשר הנישואים הזה אין פירושו רק

36. הפלשתים עתידים להתאושש ולנצח בקרב הבא נגד ישראל בשמואל א ד.
37. את המוטיב הזה נבחן באריכות רבה יותר כשנגיע לפרק ד. לעת עתה אזכיר את אנשי אפרים שאיימו לשרוף את ביתו של יפתח עליו (שופטים יב א). דוגמה חריפה יותר היא דמותה הטרגית של הפילגש המושלכת מחוץ לבית כדי שאנשי העיר יחללו את גופה. התמונה של ידיה המוטלות על סף בית המארח (שופטים יט כז) מלמדת כי הבית (והחברה ככלל) נכשל במשימתו להגן על יושביו.

הקמת בית לבועז עצמו, אלא גם חיזוק של בית ישראל בכך שהוא סולל את הדרך לבנייתו לעתיד של בית דוד, וכן של בית המקדש.[38] איפוקו של בועז והכבוד שהוא רוחש לאחר מאפשרים לו לבנות בתים, ובכך להביא את הפתרון לספר שופטים - דבר ששמשון לא הצליח לעשות. מעניין כי פרט למיטוט העמודים, הבית הנוסף היחיד שיש בו התייחסות לעמוד ימני ועמוד שמאלי הוא בית המקדש (מלכים א ז כא). שני העמודים שעליהם נתמך מבנה המקדש קיבלו שמות משל עצמם: האחד נקרא יכין,[39] והאחר - בועז, ולא בכדי.[40]

בזכות הפגנת המנהיגות ויכולת האיפוק יכול בועז להתחיל בתהליך התיקון של תקופת השופטים. הוא בונה בית משלו וגם את בית המלוכה, המאפשר את תחילת התחדשותו של בית ישראל. וחשוב מכול, בועז סולל את הדרך להקמת המקדש, כפי שמעיד שמו של עמוד התווך הנושא את שמו.

38. על פי מסורת חז"ל מוטלת על שבט דן (שבטו של שמשון) אחריות חלקית להקמת בית המקדש: "המשכן נעשה בשני שבטים אלו [יהודה ודן] ואף בית המקדש כן, עשוהו שלמה מיהודה וחירם **מדן**" (תנחומא כי תשא יג).

39. השם יכין (המילה קרובה לשורש כו"ן, שפירושו לבסס, לייסד) קשור אולי לבית דוד העומד על מכונו (ראו את חשיבותו של השורש כו"ן בפרק ז המרכזי בספר שמואל ב [ז יב, יג, טז, כו], ושימו לב ששמו של אחד המלכים לבית דוד הוא **יהויכין**). שימו לב גם שמילה זו מופיעה בסמיכות למלכות ה' בתהלים צג א; צט ד. הפירוש המיוחס לרש"י בדברי הימים א ג יז מלמד כי העמוד יכין מתייחס בעצם לדמותו של שמשון. הסיבה לכך היא ששמשון הורס את העמודים שעליהם **נכון** הבית (שופטים טז כט). אני מבקשת להציג גישה הפוכה, המתיישבת עם התזה שפותחה לעיל. שמשון **עשוי היה** לשמש העמוד שעליו נשען המקדש, אך הואיל ומוטט את הבית והרס את עמודי התווך שלו, שמו נמחק מהעמודים והוחלף במילה גנרית לתמיכה, דהיינו יכין.

40. מקור שמותיהם של עמודי המקדש הוא נושא לדיון ער. ראו למשל סקוט, יכין ובועז. יש הסבורים כי שניהם נקראו על שם אבותיו של שלמה - ראו למשל ייבין, יכין ובועז, עמ' 21-22; קמפבל, רות, עמ' 91.

חיפוש הגאולה אצל רות

אָנֹכִי רוּת אֲמָתֶךָ וּפָרַשְׂתָּ כְנָפֶךָ[1] עַל אֲמָתְךָ כִּי גֹאֵל אָתָּה (ג ט).

הצעדים הנחרצים שעושה רות בשדה מלווים באמירה קצרה אחת. הדברים שהיא אומרת לבועז מפתיעים במקצת, שהרי נעמי, שתכננה את כל ההתרחשות הזאת, לא הורתה לרות לדבר. היא הנחתה אותה לפעול, ופירוש הדבר לדרבן את בועז לדבר (ג ד): "וְהוּא יַגִּיד לָךְ אֵת אֲשֶׁר תַּעֲשִׂין". הסצנה אינה מתפתחת באופן הפסיבי שעליו חשבה נעמי, וזאת, כפי שכבר נאמר, גם בזכות בועז. עם זאת יש לזקוף

1. המילה "כנף" מתארת תוספת הנמצאת בקצה גוף מסוים. בתנ"ך מופיעה מילה זו במשמעויות הבאות: כנפיים שהן איבר תעופה (למשל שמות יט ד; ישעיהו י יד), קצה או אמרה של בגד (למשל דברים כב יב; שמואל א טו כז; כד ה, ו, יב; יחזקאל ה ג), וקצוות הארץ (למשל ישעיהו יא יב; איוב לז ג). לצרכינו כאן תוכל המשמעות של איבר התעופה או אמרת הבגד להתאים לדבריה של רות, מפני שהמילה עשויה להיות ביטוי פיגורטיבי המתייחס להגנתו של בועז, כנראה באמצעות נישואים.

לזכותה של רות את העובדה שנטלה יוזמה בנקודה שבה מסתיימות הוראותיה של נעמי.[2]

בתשובה לשאלתו של בועז מזדהה רות בשמה, "אנכי רות אמתך". השאלה מספקת לרות את ההזדמנות להזדהות בסיטואציה שבה היא מציגה את עצמה לפניו כאובייקט מיני, ובכך להפוך מאובייקט לסובייקט. יכולתה להשתמש במילה "**אנכי**" בזכות בועז מאפשרת לה לבטא את הגדרתה העצמית ומהווה הכרה עמוקה באני שלה.[3] וחשובה עוד יותר ברגע זה העובדה שבועז נותן לרות הזדמנות לבטא את שמה. הכרזה זו תורמת תרומה משמעותית למטרותיה הכלליות של המגילה. אחד מיעדיה המרכזיים הוא הקמת שם למחלון, שמת ללא ילדים. יעד זה משקף יעד כללי יותר - חידוש הזהות הלאומית של עם ישראל, שהתערערה בשל התפקוד החברתי הלקוי של התקופה. כשבועז מאפשר לרות להכריז על שמה ולקבל מחדש את זהותה, הוא חונך את הפתרון למצוקה המוצגת בספר.[4] במקביל, רגע זה מצביע על הפתרון לתקופת השופטים כולה.

אחרי שרות מציגה את עצמה, היא מיידעת את בועז בדבר תפקידו כגואל. האם זוהי בקשה, דרישה, תחינה? האם רות מציגה את עצמה כענייה בפתח או כמי שנטלה לידיה את השליטה במצב? קשה לדעת. מצד אחד, השימוש במילה "אמתך" מעיד על יחס של כבוד

2. יש משמעות עמוקה לעובדה שרות מודיעה לבועז על היותו הגואל. את המידע הזה קיבלה רות מדבריה של נעמי ברות ב כ. עם זאת, משמעותית אולי יותר העובדה שנעמי משמיטה כליל את התואר הזה משמו של בועז כשהיא שולחת את רות לשדות. כפי שראינו, דומה שמטרתה של נעמי בתכניתה בפרק ג איננה גאולה או ההשלכות המשפטיות/ההלכתיות הנלוות אליה, אלא פיתויו של בועז על פי תקדימים מוכרים מהתנ"ך. מסיבה זו יוצאת רות למסע לילי חשאי במקום לפנות אל בועז בצורה ישירה יותר.

3. דברי רות מוקבלים לדברי בועז המשתמש באותה מילה להגדרת עצמו כגואל פוטנציאלי לרות, "כי אם גֹאל **אנכי**" (רות ג יב).

4. אולי משום כך בחר התרגום לרות ג ט להחליף את המילה "כנפך" במילה "שמך" ("ואמרת אנא רות אמתך ויתקרי שמך על אמתך למסבי לאנתו ארום פריק את" [=ותאמר אנכי רות אמתך ויקרא שמך על אמתך לקחתי לאישה כי גואל אתה]), והתוצאה היא בקשה מפורשת של רות שבועז יפרוש את שמו מעליה.

כלפי בועז. מצד שני, רות נוהגת בביטחון ונימת הדברים מעבירה את התחושה שהיא מבקשת את מה שמגיע לה בזכות ולא בחסד.

אחת הדרכים לפענח את התנהגותה של רות בשלב זה של הסיפור היא להשוות את האופן שבו היא מתייחסת לעצמה בפרק ג לאופן שבו היא מתייחסת לעצמה בפרק ב (בכל המקרים הללו היא משתמשת במילה "אנכי"). בפנייתה הראשונה של רות לבועז היא כוללת בתיאורה את זרותה ומעידה בכך כי אינה שייכת לשום מקום (ב י): "וְאָנֹכִי נָכְרִיָּה". בהמשך אותו פרק, תגובתה ליחסו הטוב של בועז היא הגדרת עצמה על פי מה שאיננה וראיית עצמה כמי שאינה ראויה אפילו להיות שפחתו של בועז: "וְאָנֹכִי לֹא אֶהְיֶה כְּאַחַת שִׁפְחֹתֶיךָ" (ב יג). בפרק ג, לעומת זאת, נדמה שהגדרתה העצמית של רות עברה תמורה. המילה "אנכי" שבה היא מציגה את עצמה נעשית חיובית. היא מכריזה על שמה ומוסיפה בקשה נועזת מבועז לפרוש את כנפיו "על אמתך".[5] תשובתה של רות מלמדת אפוא על זהותה העצמית החדשה, שהתפתחה בהדרגה, בעקבות מעשיו של בועז במהלך הסיפור.

מהו מקור ביטחונה העצמי החדש של רות? ראוי לציין כי דבריה של רות מזכירים, משכתבים ושוזרים יחדיו שתי אמירות שהיא עצמה שמעה קודם לכן. החלק הראשון בדבריה של רות לקוח מבועז, שקודם לכן תיאר אותה כמי שבאה "לַחֲסוֹת תַּחַת כְּנָפָיו" של ה' (ב יב). רות משתמשת במטבע לשון זה ואומרת לבועז כי הוא זה שצריך לפרוש את כנפיו עליה. בדרך זו מעבירה רות את האחריות מה' ישירות אל בועז.[6]

5. לדעתי חל שינוי משמעותי בתדמיתה העצמית של רות למרות השימוש במילה "אמתך", המלמדת לכאורה על פחיתות ערך. כפי שראינו לעיל (עמ' 149, הערה 9).

יש ספק מסוים אם המונח "אמה" מלמד על אישה במעמד חברתי גבוה יותר מ"שפחה", ולפיכך מורה על שינוי משמעותי בהערכתה העצמית של רות.

6. העובדה שבועז מפקיד את גורלה של רות בידי ה' ואילו רות מעבירה את האחריות אליו מזכירה את מאבקה של חנה בפסיביות של הגברים הצדיקים

המחצית השנייה של דברי רות לקוחה מדברי נעמי. עם שובה של רות מן השדות הודיעה לה נעמי שבועז עשוי להיות גואלה וטענה בהתלהבות כי "קָרוֹב לָנוּ הָאִישׁ, מִגֹּאֲלֵנוּ הוּא" (ב כ). רות, בדברים שהיא אומרת כאן, ממתנת מעט את הכרזתה של נעמי ומשמיטה כל שם גוף אישי מהמילה "גואל". היא אינה אומרת: "גואלי אתה", אלא "גֹאֵל אתה". היא אינה בטוחה. היא סבורה שבועז יוכל לקבל ביתר קלות אזכור לא־אישי של אחריותו כלפיה. בדומה לנעמי, רות אינה משתמשת ביידוע ואינה טוענת שבועז הוא הגואל בה"א הידיעה. עם זאת, היא מנסחת מחדש את ההכרה המפורשת המצויה בדברי נעמי, שבועז איננו אלא אחד מכמה גואלים פוטנציאליים ("מִגֹּאֲלֵנוּ"). סביר להניח שרות רואה בבועז את תקוותה היחידה, את הגבר היחיד בבית לחם שניחן במידה מספקת של ביטחון, יראת שמים וכוח להתייצב מול הנטייה הרווחת בחברה לנדות את המואבייה שהתלוותה לנעמי. האופן המחוכם שבו שוזרת רות בדבריה את מה ששמעה מפי בועז ומפי נעמי מעיד על ביטחונה העצמי החדש, ביטחון השאוב משני פטרונים אלה שהעניקו לה תקווה חדשה.

בחייה, אלקנה ועלי. על אף הצעתו של אלקנה שהיא תשלים עם עקרותה ("לָמֶה תִבְכִּי וְלָמֶה לֹא תֹאכְלִי וְלָמֶה יֵרַע לְבָבֵךְ הֲלוֹא אָנֹכִי טוֹב לָךְ מֵעֲשָׂרָה בָּנִים"), חנה ממשיכה לפעול למען שינוי מצבה ומקבלת עליה את האחריות למצב שאליו הגיעה. בכך חנה משנה את מהלכה של תקופת השופטים. רות, בדומה לחנה, מזכירה לבועז הצדיק שעליו לקבל עליו את האחריות האישית למצבה ולא לנהוג בפסיביות ולבטוח כי ה' ישלם לה כגמולה. גישתן של רות וחנה סוללת את הדרך אל המלוכה, משטר שבו בני אדם מקבלים עליהם את האחריות לגורלו של העם.

רות: אשת חיל בשערי בית לחם

וַיֹּאמֶר: בְּרוּכָה אַתְּ לַה' בִּתִּי, הֵיטַבְתְּ חַסְדֵּךְ הָאַחֲרוֹן מִן הָרִאשׁוֹן לְבִלְתִּי לֶכֶת אַחֲרֵי הַבַּחוּרִים, אִם דַּל וְאִם עָשִׁיר. וְעַתָּה בִּתִּי אַל תִּירְאִי, כֹּל אֲשֶׁר תֹּאמְרִי אֶעֱשֶׂה לָּךְ כִּי יוֹדֵעַ כָּל שַׁעַר עַמִּי כִּי אֵשֶׁת חַיִל אָתְּ (ג י–יא).

ההתרחשויות הליליות בגורן הן שיאה של מגילת רות.[1] מהרגע שבו בועז מאפשר לרות להזדהות בשמה (ומיד אחר כך מבטיח לה כי תיגאל בקרוב), הסיפור סובב על צירו ומתחיל לנוע לקראת פתרון.

1. כל קורא יגדיר כמובן את נקודת המפנה של סיפור על פי האופן שבו הוא תופס את מטרתו העיקרית. מי שרואה את היחסים בין רות לבועז כסיפור אהבה יתייחס בחשש לגילוי העובדה שקיים גואל קרוב יותר העלול לשבש את מימוש יעדו המרכזי של הספר. על פי קריאה זו, שיאו של הספר צריך להופיע בפרק ד, אחרי שהגואל מודיע כי לא ייקח את רות לאישה ובכך משחרר את בועז לעשות זאת. הואיל ועל פי קריאתי היעד המרכזי של הסיפור איננו הנישואים בין רות ובועז אלא המשך הרצף המשפחתי של נעמי והקמת שם למשפחה ולעם, אינני סבורה כי החלק הקובע את זהותו המדויקת של הגואל מאריך את משך המתח בסיפור. לדעתי, המתח העיקרי נעלם ברגע שבועז מציע לרות זהות ומבטיח כי יאפשר את נישואיה לקרוב משפחה זה או אחר.

המפגש בין בועז לרות מתקיים בסביבה אינטימית. אפיזודה זו, שלא כקודמותיה, מתרחשת בחסות החשיכה, בסיטואציה שבה שני בני אדם אחראים רק זה כלפי זה. יש אפוא חשיבות לעובדה שבועז מרחיב במכוון את הסצנה וכולל בדבריו גם את דעתם של האנשים היושבים בשער וממקד את תשומת לבה של רות אל החוץ, אל הספירה הציבורית. אזכורם של גורמים חיצוניים בדברי בועז מבהיר כי לשיחתם הפרטית יש גם השלכות פומביות.[2]

הדברים שאומר בועז בהמשך, לרבות הבטחותיו המעודדות, מביעים גם את הכבוד שהוא רוחש לרות ואת התפעלותו מאישיותה. בועז מבהיר כי הוא אינו היחיד הרוחש הערכה לרות, "כִּי יוֹדֵעַ כָּל שַׁעַר עַמִּי כִּי אֵשֶׁת חַיִל אָתְּ" (ג יא). אם המילים "שער עמי" מתארות את ההמונים העוברים דרך שערי העיר מדי יום[3] או את האליטה היושבת לשפוט בשער העיר או להנחות את העם,[4] דבריו של בועז מעידים על התקבלותה הגוברת של רות. הדבר משקף את הכרזתו של בועז בפרק הקודם (ב יא): "הֻגֵּד הֻגַּד לִי כֹּל אֲשֶׁר עָשִׂית אֶת חֲמוֹתֵךְ אַחֲרֵי מוֹת אִישֵׁךְ". מי הגיד לבועז את כל מעשי החסד של רות? דברי בועז שם מעידים כי אנשי העיר מדברים על רות; ועכשיו נודע אופייה המצוין של רות גם בשער העיר. דומה ששמה הולך לפניה.

ייתכן כי רשמיו של בועז נכונים וכי אנשים אכן החלו להעריך את רות, אך ייתכן גם שהדברים שהוא אומר משקפים רק את יחסו האישי כלפיה. ייתכן שהוא רואה את רות בעיניים כה חיוביות, עד שהוא מניח שגם כל האחרים רואים אותה בצורה דומה ומייחסים לה את הכבוד ואת ההתפעלות שלהם היא ראויה בעיניו. כך או כך, ההכרה הזאת לא הניעה את אנשי העיר לעזור לרות ואפילו לא הבטיחה לה יחס של כבוד. לא נוכל לשכוח את הדברים שעברו עליה

2. אזכורם של גורמים חיצוניים מסייע גם לנטרל את האווירה המינית הטעונה בגורן, כפי שנאמר לעיל.
3. דומה שזהו השימוש במונח בעובדיה א ג ובמיכה א ט.
4. ראו תרגום רות ג יא. העובדה שזקני העיר יושבים בשער ושופטים את העם בפרק הבא (רות ד ב) מחזקת קריאה זו.

בבית לחם, דברים שאינם מלמדים טובות על אנשי העיר: התעלמותן של הנשים שקיבלו את פני נעמי בבואה לבית לחם, יחסו של הניצב על הקוצרים, אלימותם של הקוצרים והניכור שחווה רות לאורך הסיפור. גם הגואל אינו מצטייר כדמות חיובית, שכן הוא יביע סירוב מוחלט לעשות את המוטל עליו כלפי אשת חיל זו (ד ו).

בסיכומו של דבר אין חשיבות רבה למה שאנשי בית לחם יודעים על רות או חושבים עליה. היחיד שפועל על סמך הידיעה הזאת הוא בועז, הנוקט צעדים להבטיח לרות מחיה וביטחון. אמנם ברור ששמה הטוב של רות יקר לבועז. הוא מרבה לבחון את יחסו של הציבור אליה. יהיו לכך השלכות חשובות על רות עצמה, שכן דאגתו של בועז לשמה הטוב ולהכרה בה תישא פרי בפרק האחרון.

רות: אשת חיל שעלתה על כולנה

במהלך הסיפור מיוחסים לרות כינויים רבים - מואבייה, שפחה, אָמָה, אישה וכלה - אך הכינוי הזכור ביותר הוא זה שבו בוחר בועז לתארה: אשת חיל. רות היא הדמות היחידה בתנ"ך המכונה כך, ודומה שהיא ראויה לשבח הזה. המילה "חַיִל" מלמדת על כוחה של רות, על יושרתה, נחישותה, כנותה, מנהיגותה ויעילותה.[5] היא גם מהדהדת תיאור קודם של בועז (ב א) ובכך מציבה את רות על מישור אחד עם המנהיג המכובד משבט יהודה.[6] תמונת מראָה זו מרמזת על ההתאמה ביניהם ועל האפשרות ליצירת נישואים בין שווים. ברוח זו יש משמעות לעובדה שבועז עצמו מתאר את רות כאשת חיל, גם אם הוא מציג זאת כדעתם של אנשי העיר.

5. בדיוננו בפרק ב צוינו המשמעויות הרבות של המילה "חיל" בהקשר תיאורו של בועז כ"איש גיבור חיל".
6. המדרש ברות רבה (פרשה ד א) מבחין בתמונת מראָה זו של בועז ורות. נבחן את המוטיב הזה ואת תמונת המראה שהוא מייצר בסוף ספר זה.

תיאורה של רות כאשת חיל מזכיר את המזמור לאשת החיל במשלי לא.[7] אותה אשת חיל, שבעלה ובניה מהללים אותה, היא אישה חרוצה, טובה, אצילה ומכובדת, והדבר הולם היטב את אישיותה של רות.[8] חריצותה של רות, הנלמדת מנכונותה לעבוד בשדות מבוקר (ב ז) עד ערב (ב יז), תואמת את תכונתה המרכזית של אשת החיל העמלנית (משלי לא יג-טז, יח-יט, כז). נדיבותה של רות כלפי נעמי מרת הנפש והמרושׁשת מזכירה את נדיבותה של אשת החיל כלפי העניים (משלי לא כ). רות נוהגת בחסד, בדומה לאשת החיל שתורת חסד על לשונה (משלי לא כו). והיא מביאה טוב לנעמי (ד טו) ולבועז (ג י) כפי שאשת החיל ממשלי גומלת טוב לבעלה (משלי לא יב).[9]

מעניינת גם ההמעטה בחשיבותו של היופי ("שֶׁקֶר הַחֵן וְהֶבֶל הַיֹּפִי", משלי לא ל), לאור העובדה שאין כל תיאור פיזי של רות במגילה. תיאורה של אשת החיל הקמה בעוד לילה (משלי לא טו) מזכיר את "וַתָּקָם" של רות בעוד לילה, "בְּטֶרֶם יַכִּיר אִישׁ אֶת רֵעֵהוּ" (ג יד). המילה "בית" מופיעה ארבע פעמים בפרק במשלי (לא טו, כא [פעמיים], כז).[10] הדבר מקביל לאזכור המחומש של המילה "בית" בסיום מגילת רות (ד יא-יב).

7. המשמעות הפשוטה של פרק זה במשלי היא שיר הלל לרעיה האידיאלית, אך יש מפרשי מקרא הסבורים כי זהו שיר הלל לחכמה (רלב"ג למשלי לא י) או לתורה (למשל רש"י למשלי לא י). רעיון זה מתבסס אולי בחלקו על אסוציאציות לשוניות מסוימות בין שיר זה לבין פסוקים במשלי המתארים את החכמה או את התורה. השוו, למשל, משלי לא י עם משלי ג יג, טו.
8. בהצבת שני הטקסטים האלה זה מול זה אני מבקשת לומר כי קיים ביניהם קשר מכוון ומשמעותי. לא אתייחס כאן לשאלות של תיארוך ולשאלה המתבקשת מכך, איזה טקסט קדום יותר ואיזה טקסט מפרש את הטקסט האחר. מעניינת אותי יותר משמעות ההקבלות והאופן שבו הן משפיעות על הבנתנו את מגילת רות. זקוביץ, אשת חיל, עמ' 409–410 מציין את הקרבה בין משלי לא לבין מגילת רות.
9. רות לא רק גומלת טוב לנעמי אלא גם פועלת להפיכת חווייתה של נעמי מרעה (רות א כא) לטובה (רות ב כב; ד טו).
10. שימו לב לשימוש העקבי במילה "ביתה", ההדגשה שהבית הוא **שלה**.

חיזוק נוסף לקשר בין מגילת רות למזמור אשת חיל במשלי לא הוא מילות מפתח (לחם, נערות, שדה) המופיעות בשני המקומות. במזמור יש גם רמז לשמו של בועז ("חָגְרָה **בְעוֹז** מָתְנֶיהָ"), משחק מילים שלא נעלם מעיני המדרש.[11] גם האופן המכובד שבו מתנהגת רות כלפי חוץ ודברי החכמה שהיא אומרת מזכירים את תיאורה של אשת החיל (משלי לא כא-כב, כה-כו). שיאו של הפרק במשלי הוא האמירה שאישה אידיאלית זו תבוא על גמולה ותזכה לשבחים על מעשיה בשערי העיר ("תְּנוּ לָהּ מִפְּרִי יָדֶיהָ וִיהַלְלוּהָ בַשְּׁעָרִים מַעֲשֶׂיהָ", לא לא). זו הקבלה מעניינת לדברי בועז, המספר לרות (ג יא) שהאנשים היושבים בשער מכירים בסגולותיה. בפרק ד יהללו כל העם אשר בשער העיר את רות ויברכו אותה (ד יא-יב).

המדרש מזהה את הקשר הכללי הזה ואומר כי הפרק במשלי מתייחס אולי לרות:

> "רבות בנות עשו חיל, ואת עלית על כולנה" - זו רות המואביה, שנכנסה תחת כנפי השכינה.
>
> "שקר החן והבל היופי" - [נאמר על רות] שהניחה אמה ואבותיה ועושרה, ובאה עם חמותה, וקיבלה כל המצוות...
>
> לפיכך נאמר: "תנו לה מפרי ידיה ויהללוה בשערים מעשיה" (מדרש משלי לא כט-ל).

אם רות היא התגלמות אשת החיל, היא אכן יכולה לצפות שיתנו לה מפרי ידיה בכמה תחומים חשובים. לצד השבחים שקושרים לה בעלה וילדיה (משלי לא כח) - שהרי בעל וילדים הם, אחרי הכול, מטרתה של מגילת רות - היא תוכל להתבשם מכבוד בעלה ה"נוֹדָע בַּשְּׁעָרִים"

11. מדרשים אחדים משתמשים בביטוי "חָגְרָה בְעוֹז מָתְנֶיהָ" לתיאור האופן שבו קשרה רות את המטפחת המתוארת ברות ג טו (למשל, רות רבה פרשה ז טו). באמצעות השימוש הזה יוצר המדרש הקבלה בין רות לבין הפסוק המקורי במשלי לא יז, הקבלה שנעשית משכנעת במיוחד לאור השימוש במילה "בְעוֹז" בפסוק המקורי.

״בְּשִׁבְתּוֹ עִם זִקְנֵי אָרֶץ״ (משלי לא כג). תיאור זה הולם בהחלט את בועז (ד א–ב), שבכנותו את רות ״אשת חיל״ דומה שהוא מציע את עצמו לשמש בן זוג הולם לאישה זו, על שלל סגולותיה התרומיות.

העובדה שבועז מהלל את רות כ״אשת חיל״ משיגה מטרה חשובה מאין כמוה. אשת החיל המופיעה בסוף משלי מתפקדת כתמונת ראי לדמות ה״נָכְרִיָּה״ המרבה להופיע בתחילת הספר כסכנה מאיימת. אישה זו משתמשת בתחבולות ובדברי חלקות כדי להשחית את ערכי המוסר של החברה.[12] המילה ״נכריה״ מקבילה למושג ה״זונה״ המתירנית (משלי כג כז), העוזבת את אלוף נעוריה, שוכחת את אלוהיה ו״שָׁחָה אֶל מָוֶת בֵּיתָהּ״ (משלי ב טז–יח). ייתכן בהחלט שאנשי בית לחם מניחים כי רות היא אותה אישה בוגדנית. תיאורטית היא עדיין נכרייה, כפי שהיא עצמה אומרת (ב י), ואפשר להאשימה בגרימת מות בעלה. התגנבותה אל בועז בלילה מזכירה את דמות הזונה במשלי ז, העוזבת את ביתה ״בְּאִישׁוֹן לַיְלָה וַאֲפֵלָה״, עטה על קרבנה ואינה מרפה ממנו.[13]

בהקשר זה, בחירתו של בועז להכריז על רות כ״אשת חיל״ נעשית משמעותית עוד יותר. למרות המעשה האסרטיבי של רות, בועז הבין כי היא איננה מוּנעת על ידי אינטרסים בלתי־מוסריים, שהיא היפוכה של אותה נכרייה זדונית: רות היא התגלמות אשת החיל.[14] בסצנה זו אין שום אזכור למואביותה של רות. אדרבה, היא ההפך הגמור: אישה של חיל, כבוד ויושרה.

12. למשל משלי ב טז–יט; ה כ; ו כד–כו; ז ה.
13. לא מיותר להזכיר שוב את המקבילה הספרותית הייחודית (הנסמכת על המילים ״וְהִנֵּה אִשָּׁה״) בין בואה של האישה המופקרת בלילה במשלי ז י לבין הרגע שבו בועז מגלה את רות למרגלותיו בלילה ברות ג ח.
14. אחת הסיבות לכך שרות אינה מתוארת כאישה יפה ושאשת החיל בזה ליופי (משלי לא ל) היא אולי הקסם המסוכן של הנכרייה יפת התואר כפי שהיא מתוארת במשלי ו כד–כה.

בועז ורות: סיפור אהבה?

בנקודה זו אני מבקשת לחזור ולעסוק בטיב היחסים בין רות ובועז. האם בועז מבטא במודע רצון לשאת את רות לאישה? ובאופן כללי יותר, האם בשלב כלשהו בספר אפשר להבחין בעניין רומנטי בין השניים?

לומדי מקרא רבים רואים בסיפור הזה סיפור אהבה,[15] אך מגילת רות נמנעת בעקביות משימוש ברמזים מקראיים מוכרים לאהבה או לרומנטיקה בין רות לבועז.[16] הכתוב מספר על כבוד, על התפעלות ועל מחויבות והכרת טובה, אך לא על תשוקה. בועז מרבה לכנות את רות "בתי", גם כשהיא מופיעה לפניו בשדה בחצי הלילה מבושמת, לבושה ומוכנה לעשות את רצונו. לעומת זאת רות מכנה את בועז "אדוני" ואת עצמה אמתו (ב יג).[17] ביטויים אלה רחוקים מאוד מלהעיד על אהבה. השורש אה"ב אינו מופיע אף פעם אחת במגילה לתיאור היחסים בין רות לבועז.[18] זאת ועוד, המראה החיצוני של רות אינו

15. ראו למשל מדן, תקווה ממעמקים, עמ' 36–37, שם מתייחס הרב מדן פעמים אחדות לאהבה בין רות ובועז. גם חוקרי מקרא רבים אחרים בני תקופתנו רואים כאן סיפור אהבה. ראו למשל הברד, רות, עמ' 1 והלאה; זקוביץ, רות, עמ' 3; קורפל, תיאודיציה, עמ' 341.

16. השמטה טקסטואלית זו משתקפת במקורות חז"ל. אמנם הפרשנים מביאים הסברים אפשריים שונים לעניין הראשוני שמגלה בועז ברות בפרק ב, אך אינני מכירה מקורות חז"ל הסבורים כי עניין זה נושא אופי רומנטי. מדרש אחד טוען כי דברי רות ברות ב י מנבאים שהיא ובועז עתידים לקיים יחסי מין (רות רבה פרשה ה ב), אך אפילו מדרש זה אינו סבור כי רות **משתוקקת** ליחסים כאלה, אלא רק שהיא צופה את קיומם.

17. דבר זה כשהוא לעצמו אינו פוסל את האפשרות של כוונות רומנטיות. ראו למשל את סיפור אביגיל ודוד בשמואל א כה - המונחים הללו מרבים להופיע שם והסיפור מסתיים בנישואים (ראו במיוחד שמואל א כה מב). עם זאת, אפשר לטעון כי גם נישואים אלה אינם מבוססים על תשוקה או על אהבה אלא על כבוד והכרת טובה.

18. השורש אה"ב מופיע רק ברות ד טו לתיאור אהבתה של רות לנעמי, הכוח המניע אותה לכל אורך העלילה.

מתואר כלל, מה שמלמד אולי שהסיפור אינו עוסק במשיכה גופנית בין רות ובועז או בלבלוב של אהבה או תשוקה ביניהם.[19] כפי שצוין, פרק ב מסתיים בלי שבועז יתקרב שוב לרות. רות חוזרת לחיות עם נעמי, הנוקטת צעדים בוטים ויוצאי דופן בניסיון לעורר את עניינו של בועז ברות.

תשובתו של בועז לבקשתה הבוטה של רות, "וּפָרַשְׂתָּ כְנָפֶךָ עַל אֲמָתְךָ", מציגה תגובה פושרת אם כי חביבה. הוא מודה שהוא גואל, אבל "יֵשׁ גֹּאֵל קָרוֹב מִמֶּנִּי... אִם יִגְאָלֵךְ, טוֹב, יִגְאָל, וְאִם לֹא יַחְפֹּץ לְגָאֳלֵךְ, וּגְאַלְתִּיךְ אָנֹכִי" (ג יב–יג). דברים אלה אינם נשמעים כדבריו של מישהו המשתוקק לשאת את רות לאישה. אם הגואל יישא אותה, יהיה הדבר טוב ויפה בעיני בועז.[20] אם לא, בועז מחויב לקיים את חובתו כלפי אישה מואבייה ראויה זו.

מגילת רות מדגישה כי היחסים בין בועז לרות מבוססים על נכונות שניהם למלא את התפקיד המוטל עליהם גם במחיר אישי כבד. לכל אחד מהם יש סיבה טובה לא לרצות להינשא לאחר. בועז עשוי להסס מפני שרות מואבייה, ולא בכדי. כפי שנראה מסירובו המבועת של הגואל הקרוב ביותר לגאול את רות, לא קל לנפץ את החיץ החברתי ולשאת מואבייה: "לֹא אוּכַל לגאול [לִגְאָל קרי] לִי פֶּן אַשְׁחִית אֶת נַחֲלָתִי. גְּאַל לְךָ אַתָּה אֶת גְּאֻלָּתִי, כִּי לֹא אוּכַל לִגְאֹל" (ד ו).

מנקודת מבטה של רות, בועז איננו הגואל האידיאלי בגלל גילו המתקדם. כחלק מתגובתו לפיתוי של רות הוא מודה במפורש כי עושרו אינו יכול לשמש פיצוי נאות על חיסרון זה: "וַיֹּאמֶר: בְּרוּכָה

19. השמטת התיאור הפיזי אינה תופעה שכיחה במקרא כשמדובר בנשים, במיוחד באישה שכל סיפורה מתמקד בחיפוש אחר נישואים. עם זאת, פרשנים שונים דווקא מתייחסים ליופייה של רות (רות רבה פרשה ד ד; אבן עזרא לרות ג י).

20. רעיון מדרשי ידוע מפתל את פשט הכתוב וקורא את המילה "טוב" (ג יג) כשם פרטי, שמו של הגואל (למשל רות רבה פרשה ו ג, ו). רעיון זה שכיח כל כך עד שלא פעם חז"ל פשוט מכנים את הגואל בשם הפרטי טוב (למשל רות זוטא ג יד; ד א, ו).

אַתְּ לַה' בִּתִּי. הֵיטַבְתְּ חַסְדֵּךְ [במקרה] הָאַחֲרוֹן מִן [המקרה] הָרִאשׁוֹן, לְבִלְתִּי לֶכֶת אַחֲרֵי הַבַּחוּרִים,[21] אִם דַּל וְאִם עָשִׁיר" (ג י).

עם זאת, רות ובועז מסכימים להינשא זה לזה מתוך תחושת מחויבות ואחריות. רות מסכימה להינשא לבועז בשל רצונה לתמוך בנעמי, כפי שעולה מנכונותה להיעתר לתכניתה מרחיקת הלכת של נעמי. בועז מכריז על נכונותו לשאת את רות כחלק מקבלת עול האחריות המשפחתית (ד ה, י).[22] לצורכי הסיפור הזה, כל רגש רומנטי רק יוליך שולל או לפחות יהיה מיותר. מגילת רות נמנעת מכל רמיזה רומנטית כדי להבהיר את היעד המרכזי של דמויות אידיאליסטיות אלה.

21. קיים קשר אטימולוגי בין המילה "בחורים" לשורש בח"ר (למשל במדבר יא כח; שמואל א ט ב). פעמים רבות מתארת מילה זו נעורים וכוח (למשל משלי כ כט) ואולי גם גבריות (ישעיהו סב ה).

22. עם זאת, בכל מעשי החסד שגומל בועז לרות בפרקים ב וג, הוא אינו מתייחס ולו פעם אחת למשפחתו; הוא אינו מזכיר את אלימלך, את נעמי או את משפחתם. הוא מתמקד אך ורק ברות ומשבח את מעשיה ואת אופייה הראוי.

הגאולה במגילת רות

אָנֹכִי רוּת אֲמָתֶךָ וּפָרַשְׂתָּ כְנָפֶךָ עַל אֲמָתְךָ כִּי גֹאֵל אָתָּה. וַיֹּאמֶר... וְעַתָּה כִּי אָמְנָם כִּי [אם קרי]גֹאֵל אָנֹכִי וְגַם יֵשׁ גֹּאֵל קָרוֹב מִמֶּנִּי. לִינִי הַלַּיְלָה וְהָיָה בַבֹּקֶר אִם יִגְאָלֵךְ טוֹב יִגְאָל, וְאִם לֹא יַחְפֹּץ לְגָאֳלֵךְ, וּגְאַלְתִּיךְ אָנֹכִי חַי ה'. שִׁכְבִי עַד הַבֹּקֶר (ג ט–יג).

גאולתה האישית של רות

דבריה הראשונים של רות מייצגים את הזהות החדשה שגיבשה לה, את התמורה העמוקה שחלה בה מאובייקט לסובייקט. אבל מה היא המשמעות הממשית של בקשתה מבועז לפרוש את כנפיו עליה ושל אמירתה כי בועז הוא גואל?

התרגום, רש"י, אבן עזרא והרמב"ן[1] מניחים כי בקשתה של רות

1. ראו הערתו של הרמב"ן לדברים כז כ, שם הוא מסביר את הפסוק הזה.

מבועז לפרוש עליה את כנפיו[2] היא בקשה לנישואים.[3] ביטוי מקביל מופיע ביחזקאל טז ח, שם מדובר על נישואים מטפוריים בין ה' לעמו: "וָאֶעֱבֹר עָלַיִךְ וָאֶרְאֵךְ וְהִנֵּה עִתֵּךְ עֵת דֹּדִים, וָאֶפְרֹשׂ כְּנָפִי עָלַיִךְ וָאֲכַסֶּה עֶרְוָתֵךְ וָאֶשָּׁבַע לָךְ וָאָבוֹא בִבְרִית אֹתָךְ נְאֻם אֲדֹנָי ה' וַתִּהְיִי לִי" (יחזקאל טז ח).[4]

עם זאת, ברור פחות מה מבקשת רות לומר כשהיא קובעת מפורשות "כי גֹאל אתה". מה הקשר בין קביעה זו לבין הבקשה "ופרשת כנפך על אמתך"?[5] האם גם זוהי הצעה לנישואים, המכונים אצל רות גאולה, או שמא היא מתייחסת לחובתו-לכאורה של בועז לקנות את נחלתה של נעמי?

2. לעיל נאמר כי המילה "כנף" בתנ"ך פירושה במקרים רבים איבר התעופה או שולי הבגד. שתי המשמעויות האלה מלמדות על הגנה ועשויות לרמז על נישואים.
3. הרעיון שפרישת כנף של אדם על זולתו פירושה יחסי נישואים עשוי להילמד גם ממקומות שבהם מדובר על אדם המקיים יחסי מין עם אשת אביו ומעשהו מתואר כגילוי כנף אביו (למשל דברים כג א; כז כ). המלבי"ם (רות ג ט) רואה בבקשתה של רות שידול ליחסי מין: "ופרשת כנפך על אמתך, היא מליצה נלקחה מן העופות שפורשים כנפיהם על בני זוגם בעת הזיווג". המלבי"ם מסביר כי בקשתה של רות מקובלת אם היא מבקשת לקיים מצווה. המלבי"ם מרמז כנראה שהמצווה היא ייבום (ראו את הסבריו לרות ג ד, ט, י, יא; ד ה), אולם בהמשך הוא מבטא את דעתו כי למעשה זהו מנהג דומה לייבום אך לא ייבום ממש (ראו מלבי"ם לרות ד יג).
4. המטפורה של קשר נישואים המתייחס ליחסי האדם עם ה' מופיעה בתנ"ך כולו. ראו למשל ישעיהו סב ה; הושע ב כא-כב. רוב המקורות המסורתיים (למשל שיר השירים רבה, והתרגום לארמית של שיר השירים) טוענים כי שיר השירים כולו כתוב כמטפורה לאהבה שבין ה' לעמו. מקבילה זו ליחזקאל, שם הנישואים הם מטפורה לברית בין ה' לעמו, מלמדת אולי שרות מבקשת יותר מנישואים בלבד. בקשתה לקבל מבועז הגנה מלמדת אולי על רצונה שיכניס אותה לקהילת הברית. השוו רות ב יב.
5. התשובה לשאלה זו תלויה גם במשמעות המילה "כי", שמופיעה בתנ"ך במובנים שונים (ראו למשל BDB, 474-471). כאן אפשר להבינה כקשר סיבתי (**מפני** שגואל אתה) או כהדגשת עובדה (**אכן**, גואל אתה!).

המילה "גואל"

כדי לעמוד על כוונתה של רות עלינו להפנות את תשומת לבנו למשמעות המילה "גואל", המופיעה שבע פעמים ברצף מהיר בשיחה בין רות לבועז. המילה מופיעה לראשונה בתורה אצל יעקב, המתאר את גאולתו האישית בידי שמים (בראשית מח טז): "הַמַּלְאָךְ הַגֹּאֵל אֹתִי מִכָּל רָע יְבָרֵךְ אֶת הַנְּעָרִים". עם זאת, השורש גא"ל מתייחס בדרך כלל להתערבות של אדם למען שאר בשרו.[6] שאר הבשר מחויב להתערב כגואל כאשר קרובו נקלע למצוקה כלכלית ונאלץ למכור את נחלת אבותיו, את ביתו או את עצמו לעבדות (ויקרא כה).[7] לפעמים מתארת המילה "גואל" קרוב משפחה המבקש לנקום (לגאול) את דם קרובו (במדבר לה; דברים יט; יהושע כ).[8]

התורה משתמשת במילה גואל רק פעמיים לתיאור התערבותו של ה' למען עם ישראל (שמות ו ו; טו יג). אבל בנביאים ובתהלים משמשת המילה פעמים רבות לתיאור ה' כגואל העם (ראו במיוחד ישעיה מ-סו).

בהקשר של מגילת רות, הגואל הנזכר פעמים רבות הוא בבירור גואל אנושי.[9] אין פלא אפוא שפרשני מקרא רבים מניחים כי אמירתה של רות שבועז הוא גואל מתייחסת למחויבותו של בועז לפדות את נחלתה של נעמי, ששבה מרוששת משדי מואב:

6. גורדיס, אהבה, עמ' 254-253, טוען כי המשמעות הראשונית של השורש המקראי גא"ל היא "השבת אובייקט למצבו הראשוני". ראו גם דאובה, משפט, עמ' 62-39. הואיל והאחריות להשבת האובייקט למצבו הראשוני מגולגלת על קרוב המשפחה, השורש גא"ל פיתח משמעות משנית של דבר הנעשה על ידי קרוב משפחה.
7. ראו גם ירמיהו לב ו-ט.
8. השורש גא"ל משמש גם כשמישהו מבקש להיחלץ מנדר שנדר (ויקרא כז). שימוש זה במילה אינו קשור כנראה למעשיו של שאר בשר קרוב ולפיכך אינו נוגע לדיוננו כאן.
9. השורש גא"ל מופיע 23 פעמים במגילת רות.

> אמר לה: מי את? ותאמר: אנכי רות אמתך. אמר לה: ומה באתה לעשות כאן? אמרה לו: לקיים את התורה, שנאמר: "וכי ימוך אחיך ומכר מאחוזתו" (ויקרא כה כה). אלא עמוד וקיים את התורה (תנחומא בהר ח).

רש"י סבור כי רות קושרת בדבריה את גאולת השדה לנישואיה:

> כי גואל אתה – לגאול נחלת אישי, כמו שנאמר: "בא גואלו הקרוב אליו וגאל" (ויקרא כה כה). וגומר: חמותי ואני צריכות למכור נחלתנו, ועתה עליך לקנות. קנה גם אותי עמה, שיזכר שם המת על נחלתו – כשאבוא אל השדה יאמרו: "זאת אשת מחלון" (רש"י ג ט).

על פי קריאה זו, הבקשה שמבקשת רות מבועז בחצי הלילה כוללת שני חלקים: הראשון נוגע לנישואיה והשני לגאולת שדה נעמי. רש"י סבור כי רות היא זו הקושרת בין האחריות לקניית שדה נעמי לבין נישואיה. לקישור הזה אין כל בסיס בתנ"ך. ובכל זאת בועז יקשור בין שתי החובות הללו, וזה יהפוך למוטיב מרכזי בפרק ד. בסוף מגילת רות יתמזגו שני המוטיבים של ארץ (אדמה) וזרע (נישואים), המוצגים בנפרד בפרקים ב וג, וישיבו את משפחת אלימלך לעם אברהם.

ולבסוף, הכרזתה של רות כי בועז הוא גואל קשורה אולי בקשר סיבתי לאמירתה הקודמת. למעשה, ייתכן שרות מסבירה לבועז שעליו לשאתה לאישה מפני שהוא גואל – כלומר, זה הנושא באחריות לשאתה. נוסח התרגום בפסוק זה הוא: "ואמרת אנא רות אמתך ויתקרי שמך על אמתך למסבי לאנתו ארום פריק את" [=ותאמר אנכי רות אמתך ויקרא שמך על אמתך לקחתני לאישה כי גואל אתה].[10]

10. התרגום מגלה רגישות למוטיב השם, המרכזי כל כך בסיפור הזה, מוטיב שבו עסקנו לעיל ועוד נשוב אליו בפרק ד. בקשתה של רות מבועז (בעל אדמות שיש לו שם) לקבל עליו את האחריות לה ולפעול כגואל תביא בסופו של דבר לכך שבועז יעניק שם לרות וגם למשפחתה של נעמי.

על פי התרגום לארמית, הגאולה כרוכה בנישואים לרות ואינה מתייחסת לגאולת האדמה. אמנם אין אינדיקציה לשימוש במילה "גואל" בהקשר זה בשום מקום אחר בתנ"ך, אך הרמב"ן טוען כי זוהי למעשה אחת מהוראות המילה, גם אם היא משמשת במובן זה במגילת רות בלבד. כשהוא דן בשאלת הייבום בסיפור תמר ויהודה,[11] הרמב"ן טוען כי בשל חשיבותו של הייבום פיתחו ראשוני החכמים מנהג דמוי-ייבום שנקרא "גאולה".[12] הוא מסביר כי נישואים דמויי-ייבום עשויים להתקיים בין קרובי משפחה המועמדים לרשת את הנחלה (כל עוד אין מדובר באיסורי עריות). את טענתו לקיום מנהג זה הוא מבסס על נישואי בועז ורות.

על פי קריאתו של הרמב"ן, המילה "גואל" כאן אכן מתייחסת למחויבותו של בועז לשאת לאישה את רות ואינה קשורה ישירות למחויבותו לגאול את האדמה. הבנה זו של המילה "גואל" מתקבלת מתוך תפיסה רחבה של רעיון האחריות המשפחתית הגלום במושג התנ"כי "גאולה". את עקרון ה"גאולה" יש להחיל על כל מצב שבו המשפחה המורחבת נדרשת לקבל עליה אחריות להמשך רווחתו של קרוב משפחה. הדבר כולל דאגה לנחלת אבותיו של אותו קרוב, פדייתו מעבדות וכנראה גם שאלת רציפות משפחתו. כפי שמיטיב הרמב"ן להבחין, הלכות הייבום תומכות ברעיון שהמשפחה המורחבת מקבלת עליה את האחריות להמשך השושלת המשפחתית. בועז, כקרוב משפחה, מחויב אפוא במקרה זה לפעול כגואל על ידי נישואים לרות וגאולת משפחת אלימלך מסכנת כליה.

11. ראו פירוש הרמב"ן לבראשית לח ח.
12. בהמשך תהיה לנו הזדמנות לבחון את הגרסה המלאה של הרמב"ן.

רות והגאולה הלאומית

כפי שכבר נאמר, המילה "גואל" ממלאת תפקיד מכריע בסיפור שלנו ומלמדת על מרכזיותו של מושג זה. דבריה הייחודיים של רות בסצנה זו באים לשיאם במילה "גואל". השימוש הרב של בועז במילה (ברצף מהיר של שש פעמים) בתגובה לאמירתה הנועזת של רות מלמד על מרכזיותה של מילה זו:

> וְעַתָּה כִּי אָמְנָם כִּי [אִם קרי] **גֹאֵל** אָנֹכִי, וְגַם יֵשׁ **גֹּאֵל** קָרוֹב מִמֶּנִּי. לִינִי הַלַּיְלָה וְהָיָה בַבֹּקֶר אִם **יִגְאָלֵךְ** טוֹב **יִגְאָל**, וְאִם לֹא יַחְפֹּץ **לְגָאֳלֵךְ וּגְאַלְתִּיךְ** אָנֹכִי חַי ה'. שִׁכְבִי עַד הַבֹּקֶר (ג יב–יג).

בגאולתה של רות נעסוק גם בפרק הבא, שבו הציר המרכזי הוא השאלה מי יקבל עליו את תפקיד הגואל. שם, דומה שהגאולה היא יעד מרכזי בעלילת הפרק. כיצד אפשר להסביר את מרכזיותו של רעיון הגאולה בספר זה? איך הוא עשוי להעמיק את הבנת המטרות הרחבות יותר של הספר?

נראה לי שאת רעיון הגאולה במגילת רות יש להבין בשלושה מישורים נפרדים - הפשט ושני רובדי משמעות עמוקים יותר. המובן העיקרי של המושג "גואל" בטקסט נוגע לגאולתה האישית של רות, שהיא גם גאולת בית אלימלך. עם זאת, אני מבקשת לדון באפשרות שלרעיון הגאולה הנטוע במגילה יש שתי משמעויות נוספות.

רובד משמעות עמוק אחד מתייחס לגאולה הלאומית הנחוצה עד מאוד בתקופת השופטים, תקופה הרסנית בתולדות העם. על פי קריאה זו, הכרזתה של רות שבועז הוא גואל מתייחסת אולי בלא יודעין למטרה הסופית של איחוד בועז ורות. הבן שייוולד להם בסיום הספר יביא את מלכות בית דוד, הפתרון לכאוס השורר בארץ. שושלת מלוכה תקינה אמורה להשיב את היציבות לעם, לבנות את בית

המקדש[13] וליצור תשתית דתית וחברתית איתנה. בועז פועל כגואל לא רק לרות ולבית אלימלך אלא לעם כולו.[14]

הגאולה

רובד המשמעות השלישי והאחרון למילה "גואל" בפרק זה מתייחס אולי לגאולה הלאומית העתידית, הסופית, שהיא כמובן המובן המקובל של המושג "גאולה". רובד אחרון זה מתייחס אל הסבטקסט של ספר קצר זה, שיש לו השפעה על המטרות הבוערות ביותר של סיפורי העלילה התנ"כיים: יצירת חברה אידיאלית וחנוכת תקופה אידיאלית.

יש לראות במגילת רות ספר המחיש את גאולתו העתידית של העם, החזון האסכטולוגי המכונה גם "אחרית הימים". רעיון זה, התופס מקום בולט בספרות חז"ל, שואב את השראתו מהתמונה האידילית שמצייר ישעיהו בפרק יא. זהו חזון של צדק ויושר, של נאמנות ושל שלום בין הבריות. ויותר מכול, אחרית הימים היא תקופה שבה כל היצורים שטופים ביראת ה' ובידיעת ה', שבעקבותיהן לא ירעו ולא ישחיתו עוד (ישעיה יא ט). עם זאת, חזון זה אינו פורץ מאליו. הוא נסב סביב הופעתו של מלך אידיאלי, חוטר שיצמח מגזע

13. העובדה שהמקום שבו מבטיח בועז לרות את הגאולה הוא הגורן מרמזת אולי לרגע שבו דוד קונה את גורן ארוונה היבוסי (שמואל ב כד יח, כא), המקום שבו עתיד להיבנות בית המקדש.

14. הדבר מזכיר מדרש שבו עסקנו לעיל, המזהה את מחלון וכליון עם יואש ושרף ומציע הסברים אטימולוגיים שונים לשמות אלה. אחד ההסברים לשם יואש הוא שבניה של נעמי "נתייאשו מהגאולה" (בבא בתרא צא ע"ב). השורש גא"ל אינו מופיע בספר שופטים אף פעם אחת - השמטה אופיינית לספר זה, שאין בו גאולה לאומית או אחריות משפחתית/חברתית. על פי מדרש זה, מחלון וכליון מצטיירים כהיפוכו הגמור של בועז. הם נעלמים מן העלילה בהיותם דמויות טיפוסיות לזמנם, אנשים שאינם מסוגלים ואינם מוכנים לדחוף את מגילת רות קדימה, אל עבר היעד הסופי של גאולה לאומית.

ישי (אבי דוד) ויאפשר את התקיימות התרחיש האידילי הזה. במילים אחרות, מלך זה יבוא משושלת בית דוד. המלך מתואר כאדם שרוח ה׳ נחה עליו, שניחן בחכמה ובבינה, בעצה ובגבורה, ברוח דעת וביראת ה׳ (ישעיה יא ב). לענייננו חשוב לזכור כי מלך זה הוא גם תוצר של הסיפור שלפנינו, שהוא צאצא האיחוד בין רות ובועז, השניים שיצרו בכך גאולה לאומית הן לתקופתם הן לעתיד לבוא.[15]

המפגש בין בועז לרות בגורן צופן בחובו אפוא את ראשית הגאולה הסופית של עם ישראל.[16] בדברים שאומר בועז לרות מהדהדים רובדי משמעות עמוקים: ״לִינִי הַלַּיְלָה וְהָיָה **בַבֹּקֶר** אִם יִגְאָלֵךְ טוֹב יִגְאָל, וְאִם לֹא יַחְפֹּץ לְגָאֳלֵךְ וּגְאַלְתִּיךְ אָנֹכִי חַי ה׳. שִׁכְבִי עַד **הַבֹּקֶר**״ (ג יג).

התנ״ך מרבה להשתמש בדימויי הלילה והיום לתיאור הגלות והגאולה.[17] וכך מפנה הזוהר את תשומת לבנו למשמעות העמוקה של מגילת רות באמצעות קריאה דרשנית של דברי בועז לרות. על פי קריאה זו, המילים נאמרות בעצם מפי ה׳, הפונה לעמו במהלך שנות הגלות הארוכות:

15. מדרש שמביא רש״י ברות ג טו מציין את הקשר בין תמונה זו לבין הולדת המלך האידיאלי המתוארת בישעיהו יא. המדרש טוען כי כאשר בועז נותן לרות שש שעורים, הוא מרמז להולדתו של המלך הרצוי (או אולי שישה מלכים ממלכות בית דוד), ששש סגולותיו מתוארות בישעיהו יא (רות רבה פרשה ז ג).

16. מדרש נוסף (זוהר רות מח ב) סבור כי תמונה זו מבשרת את הגלות ומייחלת לסיומה. מדרש זה מקצה לרות תפקיד בונה של הפניית תשומת לבו של ה׳ למצבו העגום של העם הגולה. כאבה וייסוריה של רות למען העם במהלך הגלות הם יסוד כה מרכזי באישיותה, עד שמדרש זה מוצא בהם את האטימולוגיה של שמה.

17. נושא זה ראוי למאמר בפני עצמו, אך אסתפק כאן באזכור כמה דוגמאות בולטות בתנ״ך. ראו למשל ישעיהו, במיוחד פרקים מט וס, ודימויי החושך/לילה לעומת הבוקר הבהיר בסיפור יציאת מצרים, בפירוט הגאולה ממצרים (למשל שמות יב כט, מא). הואיל וגם שיר השירים נחשב לספר שעניינו גלות וגאולה, מסקרן לבחון את האופן שבו משמשים דימויי הלילה והיום במודע בשיר השירים ב יז; ד ו; ו י. ראו גם ירושלמי יומא ג ב.

"לִינִי הַלַּיְלָה" - תהיי כעת בגלות, והנהיגי את בניך שם בתורה ובמעשים טובים. ואם יעידו עליך מעשים טובים לגאול אותך - יגאל, ואם לא - וגאלתיך אנכי, חי ה'. "שִׁכְבִי עַד הַבֹּקֶר" - עד שיבוא הבוקר והֶארת הגאולה (זוהר חדש רות ח).

מדרש זה מלמד שהסיפור שלפנינו אינו עוסק אך ורק בגאולתן האישית של רות ונעמי, ואפילו לא רק בגאולת העם בימי השופטים. רובד אחד שלו שואף אל עבר הגאולה הסופית של עם ישראל. גאולה זו תתאפשר עם הופעתו של נצר לשושלת בית דוד, המשיח, שיצמח מזרעי הסיפור הזה.

חשוב ללא ספק להבחין בין המובן הפשוט של הטקסט לבין הרבדים העמוקים יותר, אך השמטתם של אלה תביא לזניחת רובד משמעותי של הסיפור ושל מטרתו. קיומם בצוותא של רבדים שונים של הנראטיב הוא אחד הרעיונות המרתקים ביותר הנלמדים ממגילת רות. יחדיו מציירות המשמעויות השונות הללו תמונה מורכבת של גאולה אישית ולאומית הכורכת יחד את ההווה, את העתיד המיידי ואת העתיד הרחוק, המתקיימים כולם יחד כחלק בלתי־נפרד מהמרקם העשיר והאמנותי של מגילת רות.

חסותו של בועז: מזון והגנה (ב)

וַתִּשְׁכַּב מַרְגְּלוֹתָו עַד הַבֹּקֶר וַתָּקָם בטרום [בְּטֶרֶם קרי] יַכִּיר אִישׁ אֶת רֵעֵהוּ. וַיֹּאמֶר: אַל יִוָּדַע כִּי בָאָה הָאִשָּׁה הַגֹּרֶן. וַיֹּאמֶר: הָבִי הַמִּטְפַּחַת אֲשֶׁר עָלַיִךְ וְאֶחֳזִי בָהּ. וַתֹּאחֶז בָּהּ, וַיָּמָד שֵׁשׁ שְׂעֹרִים וַיָּשֶׁת עָלֶיהָ וַיָּבֹא הָעִיר (ג יד-טו).

בועז מגן על רות: "אל יִוָּדע"

פעולותיו האחרונות של בועז בפרק זה מזכירות מעשים קודמים של חסד ונדיבות מצדו, את דאגתו המגוננת לרות (הבאה לידי ביטוי בהוראות שהוא נותן לקוצרים) ואת רצונו לתת לה סיוע חומרי (לספק לה מזון).

דומה שרות קמה מוקדם בעצמה, אך בועז הוא המבקש להסתיר את שהותה בגורן בלילה. השימוש שלו בשורש יד"ע, למשל במשפט "אל יִוָּדע", הוא הד אירוני לניסיונה של נעמי להסתיר ממנו משהו בתחילת פרק זה ("אַל תִּוָּדְעִי לָאִישׁ עַד כַּלֹּתוֹ לֶאֱכֹל וְלִשְׁתּוֹת"; רות

ג ג).[1] בועז מסרב להרשות לעצמו ללכת שולל ומתעקש לדעת בעצמו. עם זאת, מנוי וגמור אתו למנוע יֵדע ממי שעלול לפרש שלא כהלכה את התנהגותה של רות.

המדרש מחזק עוד יותר את מאמציו של בועז לוודא שאיש לא ידע: "ויאמר: הבי המטפחת אשר עליך (ג טו). [אף על פי ש'הבי' לשון נקבה], 'הבה' כתיב,[2] מלמד שהיה מלמד אתה בלשון זכר, שלא ירגיש בו בריה [שיש אישה בשדה]" (רות רבה פרשה ז ב).

מדוע בועז מתאמץ כל כך למנוע את פרסום הסיפור בציבור? דומה כמובן שהוא מבקש לשמור על שמה הטוב של רות,[3] אך מדרש אחד סבור שניסיונו לשמור על חשאיות נובע מדאגתו לחילול שם שמים ברבים:[4]

1. צורת הנפעל של הפועל המשותפת לשני הפסוקים מחזקת עוד יותר את ההקבלה הזאת.
2. לא כך הכתיב בטקסט שבידינו. על פי מתנות כהונה, מדרש זה מתבסס על כתב יד שבו נכתב "הבה" במקום "הבי".
3. מדרשים שונים מעצימים את יחסו הדאגני של בועז לרות ומחזקים ומרחיבים את תפקידו המרכזי של יחס זהבעלילה. דוגמה אחת שעדיין לא ראינו כאן היא מדרש שבו מסופר שבועז עוקב אחרי רות השבה הביתה לנעמי כדי להבטיח שאיש לא יפגע בה לרעה בדרכה ("מלמד שהיה מהלך אחריה, שלא יפגעו בה אחד מן הבחורים", רות רבה פרשה ז ג).
4. רש"י (רות ג יד) סבור כי בועז חרד לכבודו שלו. זוהי קריאה מפתיעה, שאינה משקפת את אופיו של בועז כפי שהוצג עד כה במגילה. הביטוי שמכניס רש"י לפיו של בועז, "אין כבודי", מופיע פעמים אחדות במדרשים בנוגע לדוד. במדרשים אלה דוד מסיים את המשפט "אלא בכבוד ה'". במילים אחרות, דוד משתמש בביטוי כזלזול בכבוד עצמו לשם כבוד ה'. במדרש אחד (מדרש ילמדנו, פרשת בלק) מסופר שבלעם השתמש בביטוי זה לשמירת כבודו שלו - מקבילה לא מחמיאה מאוד לבועז. לא ברור לי אם רש"י התכוון לתאר את בועז באור לא מחמיא. ספק אם היה מאיר את בועז באור שלילי בשלב זה. לא מצאתי מקבילה לרעיון זה במדרשים ואני מודה שאין לי הסבר טוב לאופן הבלתי־סביר שבו קורא רש"י את הכתוב.

ויאמר: "אל יוודע כי באה האשה הגורן". למי אמר?[5] אמר רבי מאיר: לבן ביתו. אמר רבי חוניא ורבי ירמיה בשם רבי שמואל בר רב יצחק: כל אותו הלילה היה בועז שטוח על פניו ואומר: רבון העולמים, גלוי וידוע לפניך שלא נגעתי בה, כן יהי רצון מלפניך, אל יוודע כי באה האשה הגורן, ולא יתחלל בי שם שמים (רות רבה פרשה ז א).

קריאה זו מתיישבת היטב עם הצגתו של בועז בטקסט כאיש ירא שמים. הוא פועל בשם ה׳, ושם ה׳ הוא גם המילה הראשונה שהוא אומר במגילת רות. אין פלא אפוא כי קריאה מדרשית מניחה שה׳ נמצא בראש מעייניו של בועז.

ראינו כמה קריאות מדרשיות המציגות מעשים של התחשבות חברתית כמעשים הנעשים מטעמים דתיים. למשל, החלטתה של רות להישאר עם נעמי מוצגת בטקסט כמעשה של נדיבות כלפי נעמי, אך מדרשים רבים רואים בכך סמל לרצונה של רות לדבוק באלוהי נעמי. בדומה לזה אין כמעט ספק שבועז רואה לנגד עיניו את טובתה של רות כשהוא מנסה להסתיר את אירועי אותו לילה, אך המדרש שהובא כאן מסיט את תשומת הלב מהתנהגותו המופתית של בועז כלפי בני אדם לדאגתו לכבוד ה׳.

וזה מחזיר אותנו אל הקשר ההדוק שבין טובת החברה לבין יראת שמים הטמון בלב לבו של ספר זה. המדרשים מודעים בוודאי לכך שהטקסט מציג תמונה שונה מכפי שהם מציירים. אני סבורה שמדרשים אלה נועדו במפורש להעביר את הרעיון שמעשי נדיבות כלפי בני אדם מונעים מיראת שמים ותואמים לרגש זה. גישה זו

5. שאלה זו איננה הכרחית מבחינת הטקסט, שכן יש בנראטיב המקראי מקומות רבים שבהם המילה "אמר" מתארת מחשבות. ראו למשל בראשית כ יא; כו ט; שמואל א כ כו; שמואל ב יב כב; מלכים ב ה יא. אלטר, אמנות, עמ׳ 83–84, טוען כי מחשבות מובאות כמעט תמיד בצורת דיבור ממש והוא מביא כמה הסברים לתופעה זו. עם זאת, המדרש מפנה את תשומת הלב לעובדה המשונה שבועז אינו מפנה בבירור את המילים האלה אל רות.

סוללת את הדרך אל מלוכה מוצלחת, שבה המלך מבין כי שמירת הרווחה החברתית היא ציווי משמים והדאגה לאדם מקבילה למעשה של יראת שמים ואף מובילה אליה.

בועז נותן לרות מזון: שש שעורים

וַיֹּאמֶר: הָבִי הַמִּטְפַּחַת אֲשֶׁר עָלַיִךְ וְאֶחֳזִי בָהּ. וַתֹּאחֶז בָּהּ, וַיָּמָד שֵׁשׁ שְׂעֹרִים וַיָּשֶׁת עָלֶיהָ וַיָּבֹא הָעִיר (ג טו).

כמו בפרק הקודם גם כאן נותן בועז לרות מזון בסוף פגישתם. אך שלא כמו בפרק הקודם, מטרת הפרק הזה איננה השגת מזון אלא נישואים והמשכיות. מדוע אפוא נותן בועז לרות מזון בסוף פרק זה? יש חוקרים הסבורים כי הוא נותן לה שעורים כדי להסוות את האופי האמיתי של ביקורה החשאי בגורן.[6] אם היא חוזרת ובידיה שעורים, מי שיראה אותה יניח כנראה שבגלל עונייה היא נאלצה לעבוד שעות נוספות וללקט שיבולים רבות ככל האפשר. אלא שהסבר זה נראה בלתי־סביר. רות חוזרת עם עלות השחר וברור שעשתה את הלילה בשדה. האם יניח מישהו שהיא עסקה בליקוט שעורים כל הלילה? ספק אם אישה צעירה יכלה בכלל להישאר בשדה כל הלילה בימי השופטים, הן בשל הסכנות הכרוכות בכך הן מפני שאישה שלא נמצאה בביתה עם רדת החשיכה ודאי נחשדה בכוונות לא ראויות (למשל משלי ז ט–י).

דומה כי בועז מציע לרות סמל מוחשי להבטחת הנישואים, ההירין והגאולה. שימו לב כי בועז מניח את השעורים בתוך המטפחת הנתונה בידי רות. המילה "מטפחת" מתייחסת אל השורש טפ"ח, המלמד על משהו בעל נפח, משהו שאולי יש בו מידה של טפח.[7] השימוש המדויק של המילה "מטפחת" בתנ"ך אינו ברור (היא מופיעה

6. ראו למשל הברד, רות, עמ' 222, הערה 18.
7. BDB, עמ' 381, מראה שבשפות שמיות אחרות כולל השורש טפ"ח את המשמעות "פרוש".

רק כאן ובישעיה ג כב) - היא מתארת כנראה כסות כלשהי הנפרשת על הגוף. מילוי המטפחת המכסה את גופה של רות בשעורים יוצר, באופן ציורי להפליא, תפיחה ניכרת המרמזת על הבטחה של היריון ומלאות.

הרעיון הזה נלמד גם מהשמטה מוזרה. בניגוד לנאמר ברות ב יז, בפסוק זה לא מצוינת יחידת המידה של השעורים שבועז נותן לרות. מקורות חז״ל וחוקרי המקרא מנסים לקבוע את המידה שאליה מתכוון הפסוק מבלי לציין זאת. החוקרים דוחים את האפשרות שהפסוק מתייחס לשש איפות שעורים (כמו ברות ב יז) מפני שכמות כזאת אמורה להיות כבדה מאוד.[8] שישה עומרים (עשירית האיפה) נראים כמות קטנה מדי. רוב החוקרים מתפשרים אפוא על סאה (כשליש האיפה), דעה המצויה כבר בתרגום ובסנהדרין צג ע״ב.

דיון זה נסוב סביב הניסיון לקבוע את המציאות ההיסטורית, את כמות השעורים האמיתית שנתן בועז לרות. אך אותנו מעניינת יותר השאלה הספרותית: **מדוע** בוחר הכתוב להשמיט את יחידת המידה? אם זוהי אכן השמטה מכוונת, איך היא משרתת את הבנת המטרות והמסרים הסמויים בנראטיב? תשובה אפשרית לכך היא שהכתוב מבקש בעצם לומר שבועז נתן לרות שש שעורים - כלומר, שש שיבולי שעורה, שהן כמות זעירה! מדוע ירצה בועז לתת לרות כמות כזאת של שעורים? אולי הוא מבקש להבהיר לרות שהוא מתעתד לפעול מיד למענה. בנתינת כמות שיבולים שאין בה די אפילו לארוחה אחת מבקש בועז לומר לה שעוד לפני שתסיים לאכול את השעורים יסיים הוא את ההסדרים החדשים שנועדו לדאוג לרווחתה.[9]

8. אין ביכולתנו לקבוע באופן ודאי ובמדויק את המידות והמשקלות המקראיות. על סמך ראיות ארכיאולוגיות וטקסטואליות (ראו קמפבל, רות, עמ׳ 104) מעריכים החוקרים כי משקלן של שש **איפות** שעורים עשוי להגיע ל־90–150 ק״ג! אם נכון הדבר, כי אז שישה **עומרים** שקלו 9–15 ק״ג. ההערכות בדבר שש **סאים** שעורים נעות בין 30 ל־50 ק״ג, משקל כבד אך לא בלתי־סביר לרות. ראו בוש, רות, עמ׳ 178.

9. מלבי״ם לרות ג טו אומר דבר דומה לזה.

ברוח המוטיב המרכזי של פרק זה אני מבקשת להביא הסבר אפשרי נוסף. בועז התכוון אולי לשוות לשש השעורים ערך סמלי ולאו דווקא פרגמטי. במילים אחרות, הוא אינו מתכוון שהשעורה תשמש לרות למאכל, אלא שתייצג את הצאצאים ואת ההמשכיות שתשיג כתוצאה מהאירועים שסופרו בפרק זה. זוהי גם הגישה העולה מכמה פירושי חז"ל לפסוק זה:

"שש השעורים האלה נתן לי": מאי שש השעורים? אילימא שש שעורים ממש, וכי דרכו של בועז ליתן מתנה שש שעורים? אלא שש סאין. וכי דרכה של אשה ליטול שש סאין? אלא רמז לה שעתידין ששה בנים לצאת ממנה שמתברכין בשש ברכות ואלו הן דוד ומשיח דניאל חנניה מישאל ועזריה (סנהדרין צג ע"א-ע"ב).[10]

משמעות סמלית זו הולמת יותר את נושא הפרק הזה ויוצרת הקבלה נוספת בין הפרקים ב וג. בפרק ב, אחרי שבועז דואג לספק לרות מחיה לאורך זמן, הוא מציע לה ארוחה, המייצגת את מחויבותו לספק לה מזון. בפרק ג, אחרי שבועז מבטיח לרות לדאוג לה לנישואים ולביטחון, הוא מציע לה שש שיבולים, המייצגות את מחויבותו לספק לה המשכיות.

רמז ספרותי שעשוי להצביע על פרשנות זו הוא הפועל הבלתי־שכיח המשמש לתיאור העברת השעורים מבועז לרות, "וַיָּשֶׁת עָלֶיהָ" (ג טו). הפועל הזה מופיע פעם נוספת, בסוף הספר. נעמי לוקחת לחיקה את עובד, הבן שנולד לרות ולבועז, והפועל המתאר זאת הוא "וַתְּשִׁתֵהוּ" (רות ד טז). ההקבלה בין השעורים לבין הילד מסתמכת אפוא על בסיס טקסטואלי.

10. גרסאות אחרות של מדרש זה מופיעות בתרגום לרות ג טו; ברות רבה פרשה ז ג; ברות זוטא ג טו; ואצל רש"י לרות ג טו. כמה גרסאות (למשל זו שהובאה לעיל) מצביעות גם על שש התכונות, או הברכות, שספר ישעיהו (יא ב) מייחס למנהיג האידיאלי, הנעלה, לבית דוד, כפי שראינו לעיל.

מוטיב המזון עובר במקביל למוטיב הילדים במגילת רות. שניהם נוצרים מזרע ושניהם חיוניים לשינוי המסלול הטרגי של חיי נעמי. השילוב בין פרק ב (שבו בועז ורות פותרים את בעיית חוסר המזון של נעמי) ופרק ג (שבו בועז ורות פותרים את בעיית חוסר הצאצאים של נעמי) מאפשר את פרק ד, שבו מצוקתה הטרגית של נעמי תבוא על פתרונה הנאות.

רות שבה לנעמי (ב)

וַתָּבוֹא אֶל חֲמוֹתָהּ וַתֹּאמֶר: מִי אַתְּ, בִּתִּי? וַתַּגֶּד לָהּ אֵת כָּל אֲשֶׁר עָשָׂה לָהּ הָאִישׁ. וַתֹּאמֶר: שֵׁשׁ הַשְּׂעֹרִים הָאֵלֶּה נָתַן לִי, כִּי אָמַר [אֵלַי קרי] אַל תָּבוֹאִי רֵיקָם אֶל חֲמוֹתֵךְ (ג טז-יז).

בירורים וציפיות

"מִי אַתְּ, בִּתִּי?"

אמרנו כי שאלות של זהות מהוות מוטיב מרכזי במגילת רות. בועז שואל פעמיים לזהותה של רות, פעם כשהוא רואה אותה לראשונה (ב ה) ופעם נוספת כשהוא מתעורר בחצי הלילה ומוצא אישה למרגלותיו. שאלתו הישירה "מי את?" (רות ג ט) מהדהדת בשאלה זהה ששואלת נעמי כשרות שבה הביתה מוקדם בבוקר המחרת: "מי את, בתי?" (רות ג טז).[1]

1. התרגום (רות ג ט) מוסיף את המילה "בתי" לשאלתו של בועז וכך יוצר הקבלה שלמה בין שאלותיהם.

שאלתה של נעמי מוזרה מבחינות רבות. יש פרשנים הרואים בה תהייה אמיתית, אם מפני שהיה חשוך מכדי לראות (מלבי"ם ג טז) אם מפני שרות נמצאת מעבר לדלת כשנעמי שואלת את שאלתה (אבן עזרא ג טז). אמנם קשה לקבל שנעמי מנסה לברר את זהותה של רות. הרי היא שלחה אותה ערב קודם לכן אל הגורן ובוודאי ציפתה בחרדה לשובה. העובדה שנעמי משתמשת במילה "בתי" מאשרת שהיא יודעת היטב מי עומדת לפניה כשהיא שואלת את שאלתה. תשובתה של רות מחזקת את ההשערה ששאלתה של נעמי לא נועדה לברר את זהותה.[2] עלינו לנסות אפוא לפרש את העניין מעבר לפשט המילים.

סביר להניח שנעמי אינה מתכוונת לשאול **מי את**, אלא **מה את**. מה מעמדך? האם הנך כבר אישה נשואה? המילה "מי" נושאת לפעמים משמעות של "מה".[3] מדרש רות רבה תומך בפרשנות זו של שאלת נעמי:

"ותבוא אל חמותה ותאמר: מי את, בתי?" וכי לא היתה מכירה? אלא אמרה לה: מה את, פנויה או אשת איש? אמרה לה: פנויה. ותגד לה את כל אשר עשה לה האיש (רות רבה פרשה ז ד).

אני מבקשת להוסיף לדיון זה שתי נקודות ספרותיות. ראשית, השאלה עצמה מעוררת סקרנות, כי עולים ממנה בעת ובעונה אחת אינטימיות ("בתי") וניכור ("מי את?"). פנייתה המהוססת של נעמי אל רות מבטאת אולי את הספק המלווה אותה מלכתחילה בעניין שליחתה של

2. התרגום לסורית (פשיטתא) מביא תשובה לשאלה: "ותאמר אליה: אנכי רות". תוספת זו יוצרת הקבלה נוספת בין הדו־שיח בין בועז לרות (שמכיל את תשובתה של רות, "אנכי רות אמתך") לבין הדו־שיח בין נעמי לרות (שעל פי הפשט אינו מכיל תשובה של רות). הדעת נותנת שזוהי תוספת מאוחרת, שהתבקשה בשל השמטת התשובה לשאלתה הישירה של נעמי.

3. למשל, שופטים יג יז; עמוס ז ב, ה. קריאה זו של הפסוק שלפנינו מופיעה בפרגמנט קדום (מהמאה הראשונה לפנה"ס) של כתב יד שנמצא בקומראן, מערה 2. במקום "מי" נכתב שם "מה". ראו קמפבל, רות, עמ' 40, 41, 129.

רות לגורן. היא גם מזכירה את יחסה המסובך של נעמי לרות, כלתה המואבייה, שאל התנהגותה התייחסה פעמים אחדות במהלך הסיפור בחשד ובחשש עמוק.

את שאלתה של נעמי יש לבחון גם כבבואה לשאלתו של בועז. כבר ראינו מקרים אחדים של שיקוף כזה אצל בועז ונעמי בהתנהגותם כלפי רות. שניהם, בועז ונעמי, מגוננים על רות מפני פגיעה בשדה ומורים לה לדבוק בנערות הקוצרות, ושתי הדמויות ההוריות האלה מכנות את רות "בתי" ומדריכות אותה כיצד לנהוג. שניהם, בועז ונעמי, מדברים אל "רות" בפרק ב (ב ח, כב), בתיאור נראטיבי המופיע פעמיים בלבד במגילה ("וַיֹּאמֶר בֹּעַז/ וַתֹּאמֶר נָעֳמִי אֶל רוּת"). מניסוח זה אפשר ללמוד כי שניהם, בועז ונעמי, רואים ברות אדם שיש לו שם ולא מואבייה או כלה סתם.

עם זאת, בכל אחד מהמצבים הללו נדמה שיחסה הטוב של נעמי אל רות בא בעקבות יחסו הטוב של בועז ומבקש לחקותו. גם כאן, דומה ששאלתה של נעמי באה בעקבות השאלה ששאל בועז קודם לכן.[4] אפשר אולי ללמוד מכך כי החלטתו של בועז לשאול לזהותה של רות ולראות בה אדם היא המאפשרת גם לנעמי לעשות כך. יכולתה של נעמי לזהות את רות כאדם בפני עצמו מבשרת את יכולתם של אנשי בית לחם ככלל לעשות זאת - גם הם עתידים לעשות כמעשה בועז ולקבל את רות לקהל ישראל.

תשובתה של רות

תשובתה של רות לשאלת נעמי בפרק ג מקבילה לתגובתה לשאלת

4. הערה זו מבוססת על הקומפוזיציה הספרותית של הפרק. אינני טוענת שנעמי מודעת לשאלתו של בועז, אלא שהפרק עצמו מפנה את תשומת לבם של הקוראים אל האופן שבו שאלתה של נעמי מהדהדת את שאלתו הקודמת של בועז. יש לציין כי הכרתה של נעמי ברות כאישיות היא אולי היפוך של התנהגותה כלפיה בתחילת הפרק. דומה כי מזימתה המפוקפקת של נעמי מתבססת על תפיסתה את רות כמואבייה, ובהחלט דומה שהיא רואה את תפקידה העיקרי של רות במונחים מגדריים.

נעמי בפרק א: "וַתַּגֶּד לָהּ אֵת כָּל אֲשֶׁר עָשָׂה לָהּ הָאִישׁ" (ג טז). בפרק ב, לעומת זאת, מספרת רות לנעמי את אשר עשתה היא עמו (ב יט).[5] תיאור האירועים בפרק ג בוודאי מדויק יותר. הצעדים שנוקט בועז כלפי רות הם עמוד התווך של כל אחד מהפרקים האלה. אבל מהי כוונתה המדויקת של רות? מה עשה לה בועז? לכאורה, בלי להעיק על הטקסט בפרטים שכבר נאמרו, רות מדברת כאן על העובדה שבועז הכיר בה, שיבח אותה, הגן עליה והבטיח שיימצא לה גואל.[6]

בהיפוך סופי של התכנית שרקמה נעמי בעמל רב, תיאור אירועי היום מפי רות מכוון אל סיומו הבלתי־צפוי. מלכתחילה הורתה נעמי לרות לשכב לצד בועז ולחכות, "וְהוּא יַגִּיד **לָךְ** אֵת אֲשֶׁר תַּעֲשִׂין" (ג ד). בשובה מדווחת רות לנעמי ("ותגד לה") "את כל אשר עשה **לה** האיש" (ג טז). היפוך זה מבהיר לנעמי שתכניתה לא התבצעה בדיוק כמתוכנן. רות נעשתה זו שמגידה (כפי שראינו באמירתה הנועזת לבועז לכסות אותה בכנפיו) ובועז נעשה זה שעושה משהו למען רות.

מילות הסיום של רות: מה אמר בועז לרות?

> שֵׁשׁ הַשְּׂעֹרִים הָאֵלֶּה נָתַן לִי, כִּי אָמַר (אֵלַי): אַל תָּבוֹאִי רֵיקָם אֶל חֲמוֹתֵךְ (ג יז).

עם שובה מספרת רות לנעמי על העניין שמגלה בועז ברווחתה של נעמי. בדברי רות אפשר למצוא מקבילה טקסטואלית מרתקת המלמדת כמה דרוכה רות לקלוט את צרכיה של נעמי וכמה היא מצליחה להקל על תחושת האבדן שלה. הדברים המרירים שאומרת נעמי לנשות בית לחם עם הגיעה מלמדים על תחושת הריקנות והאומללות שלה: "אֲנִי מְלֵאָה הָלַכְתִּי **וְרֵיקָם** הֱשִׁיבַנִי ה'" (א כא). הריקנות הזאת מתייחסת הן למחסור במזון הן לאבדן ילדיה, משפחתה והמשכיותה. ריקנות

5. בדיוננו בפרק ב בחנתי את הניסוח החריג זה.
6. אבן עזרא (רות ג טז) מציין כי רות מתייחסת ספציפית להבטחתו של בועז.

זו מהדהדת לאורך הסיפור כולו, ודומה שכל מעשיה של רות נועדו למלא את ריקנותה הנוראה של נעמי. כשרות מספרת לנעמי על דברי בועז, היא משתמשת במילה "ריקם", שהובאה בדברי נעמי: "אל תבואי **ריקם** אל חמותך" (ג יז). השימוש הזה מגלה את מודעותה למצוקתה של נעמי ואת המאמץ שהיא משקיעה לתיקון המצב. שש השעורים שנותנת רות לנעמי הן מתנה של מזון וגם הבטחה סמלית להמשכיות. דברי רות כאן לובשים משנה חשיבות מפני שהם הדברים האחרונים שרות אומרת במגילה, והם מייצגים את היעדים ארוכי הטווח שלה.

המילים שרות מייחסת לבועז אינן מופיעות בחילופי הדברים ביניהם בגורן. התנ"ך מרבה להציג מידע (לרבות דיבור ישיר) זמן רב לאחר מעשה. דוגמה לכך מופיעה כבר ברות ב ז. בתשובה לשאלתו הראשונה של בועז על רות מביא הניצב על הקוצרים את דברי רות, אף שבפסוקים עצמם לא הופיעו דברים אלה - אנחנו שומעים עליהם לראשונה בדברי הניצב.

אפשר להסביר תופעה זו בכמה דרכים. ייתכן שזוהי פשוט אחת מצורות הציטוט המשמשות בנראטיב המקראי.[7] ההתרחשויות אינן מסופרות בדרך כלל במלואן ונאמרים רק הדברים החיוניים.[8] על פי קריאה זו, דברי בועז בקשר לנעמי מסופרים רק מפי רות בדברה עם נעמי.

עם זאת, סוג זה של דיבור מצוטט מותיר מקום לנימה מסוימת של ערפול ולפיכך יש לבחון אותו בספקנות מסוימת. ייצוג עקיף של אמירות מותיר את האפשרות שדבריו של מישהו אינם אלא המצאה.[9] באפשרות זו עסקנו כשדנו בדברי הניצב המצטט את דברי רות. על הקוראים לבדוק אם ייתכן שכך הדבר גם בפסוק שלנו, ולשאול את עצמם מדוע הטקסט מאפשר זאת.

ייתכן שרות ממציאה **בלא יודעין** את הדברים שהיא מייחסת לבועז. חוסר האנוכיות שלה בולט כל כך, עד שהיא מסלקת את עצמה

7. תופעה זו נסקרת בהרחבה אצל סברן, ציטוט.
8. ראו אלטר, אמנות, עמ' 81; ברלין, פואטיקה, עמ' 96-97.
9. מצב שבו אמירות המובאות בעקיפין הן בהכרח המצאה מופיע בשמואל א יט יז. ראו גם בראשית נ טז-יז ורש"י שם; כמו כן יבמות סה ע"ב.

באופן עקבי מן הסיפור. כל מה שהיא עושה היא עושה למען נעמי, וכל מה שהיא מקבלת היא מקבלת למען נעמי. ייתכן בהחלט שגם אם בועז לא אמר את הדברים שהיא מייחסת לו על נעמי כשנתן לה את השעורים, זה מה שרות **שמעה** כשקיבלה ממנו את המתת. רות מבטלת את צרכיה שלה עד כדי כך שהיא רואה את עצמה אך ורק כלי למילוי צרכיה של נעמי.

ייתכן שרות משנה במודע את דברי בועז. כפי שכבר צוין, נעמי ובועז אינם נפגשים בסיפורנו. למעשה, נדמה שבועז מתעלם לחלוטין מנעמי - מנוכחותה, מהטרגדיה שלה, מעונייה. הוא ממקד את דאגתו במואבייה הצדקת והראויה שאין שום אפשרות לבוא אליה בטענות. ייתכן גם שבועז, כמו יתר אנשי בית לחם, נוטר טינה לנעמי שזנחה את בית לחם בימי הרעב. אם הוא מסייע לה בעקיפין, על ידי נתינה לרות המעבירה לנעמי, לא זו בהכרח כוונתו. עד כאן, בועז לא הזכיר את נעמי ולו פעם אחת בכל מגעיו עם רות. בפרק ב הוא מבהיר כי הוא מציע לרות אוכל ויחס טוב רק בזכותה שלה (ולא מפני שהוא חש אחריות כלשהי כלפי נעמי).[10] התעלמותו מנעמי נמשכת גם בפרק ג, כשהבטחתו למצוא לרות גואל אינה מביאה בחשבון את נעמי ואינה מתייחסת אליה כלל. השמטה זו בולטת עוד יותר אם נזכור כי תגובתה הנלהבת של נעמי לחסדו הראשון של בועז מתייחסת במפורש לעצמה כמוטבת פוטנציאלית של הגאולה שבועז עשוי להביא: "קָרוֹב **לָנוּ** הָאִישׁ, מִגֹּאֲלֵ**נוּ** הוּא".[11] אולי נעמי רואה את עצמה כשותפה בהנאה מחסדו של בועז כלפי רות, אך בועז עצמו מתעלם מנעמי לחלוטין.

רות היא הנותנת לנעמי את המזון שקיבלה מבועז, ועתה רות תדאג להמשך השושלת של נעמי על ידי העברת ההבטחה (והשעורים,

10. לעיל צוין כי ההזדמנות היחידה שבה דומה כי המדרש מאיר את בועז באור שלילי (רות רבה פרשה ה ו) קשורה לאופן שבו הוא מספק בעקיפין מזון לנעמי.
11. למעשה בועז משתמש במילותיה של נעמי ("קרוב" ו"גואל") ברות ג יב. עם זאת, השימוש שלו בהן שונה מאוד מתפיסתה של נעמי: "וְגַם יֵשׁ גֹּאֵל קָרוֹב מִמֶּנִּי".

סמל ההבטחה) שקיבלה מבועז. אך רות אינה מסתפקת בכך שהיא מעבירה לנעמי את מה שקיבלה מבועז - היא גם מתווכת בין בועז לנעמי בניסיון לתקן את יחסיהם הפגומים.[12] כאשר רות מכניסה דברים לפיו של בועז היא מנסה אולי להראות לנעמי שבועז דואג לשלומה גם אם הדבר איננו נכון ומדויק. באופן זה היא מנסה להשכין שלום ולתקן את הקרע בין בועז לנעמי.[13]

תפקידה של רות כמגשרת בין אנשים משמעותי במיוחד לאור מעמדה כאם שושלת דוד וכאִמה של מלכות. מוסד המלוכה נועד בראש ובראשונה לתקן את השסעים המאפיינים את העם. שסעים סיעתיים בעם מתדרדרים למלחמת אחים הן בסוף ספר שופטים הן אחרי מות שאול. יכולתו של דוד לאחד את העם המפוצל מודגשת במעשה הראשון שהוא עושה אחרי משיחתו למלך בידי כל השבטים (שמואל ב ה א-ג). בהפגנה מחוכמת של שאיפתו לאחדות הוא מעביר את בירתו מהמאחז הבטוח שלו בחברון שבהרי יהודה לעיר הספָר ירושלים, המשמשת גבול בין שבטי יהודה ובנימין. בהפיכת ירושלים לבירה יוצר דוד חיבור בין השבטים הנצים בנימין ויהודה. זאת ועוד, העברת השלטון המרכזי לגבול המשותף בין יהודה לבנימין (בנימין הוא שבטו של שאול) מאפשרת לדוד להכריז שאין בדעתו לאכוף בכוח את שלטונו על בני בנימין (או על כל שבט יריב אחר) כאדם מבחוץ. תפקודה של רות כמתווכת אפקטיבית בין נעמי לבועז סולל את דרכו של דוד, צאצא שלה לעתיד לבוא, לתפקד באופן דומה בצומת קריטי בחיי העם.

12. המבנה המקביל של פרקים ב-ג מגלה תרשים זרימה שבו בועז דואג לרות ורות דואגת לנעמי. מבחינה מבנית, רות מתפקדת כמתווכת בין שני צדדים שאינם מסוגלים כנראה לקיים ביניהם תקשורת ישירה.

13. הדבר מזכיר את דיוקנו של אהרן כפי שהוא משורטט במדרש - אדם שיכול לתקן קרעים בין אנשים בכך שהוא אומר לכל צד כי יריבו מבקש להתפייס עמו (ראו למשל אבות דרבי נתן ב כד).

דבריה האחרונים של נעמי

וַתֹּאמֶר: שְׁבִי בִתִּי עַד אֲשֶׁר תֵּדְעִין אֵיךְ יִפֹּל דָּבָר. כִּי לֹא יִשְׁקֹט הָאִישׁ כִּי אִם כִּלָּה הַדָּבָר הַיּוֹם (ג יח).

השיחה בין רות לנעמי נענית לדפוס הבסיסי של הפרק הקודם. רות שבה הביתה מפגישה עם בועז ומשיבה לשאלותיה של נעמי על מה שעבר עליה באותו יום. ואז היא מראה לנעמי את מה שהביאה הביתה ומצטטת את דברי בועז (בשני המקרים באופן לא מדויק, המלמד משהו) ונעמי מפרשת את הפגישה ברוח אופטימית ונותנת כמה עצות מועילות לרות.

ציפייתה של נעמי בפרק ג מבוססת יותר מהתרגשותה האימפולסיבית בפרק ב. היא מתייחסת לידיעה העתידית של רות ("עד אשר תדעין") ומדברת על התרחשויות הקרבות אל סיומן באותו יום ממש. ביטחונה של נעמי בפתרון המיידי מתבסס כמדומה על תיאור המאורעות כפי ששמעה אותו מפי רות, ובמיוחד על התנהגותו של בועז ("אֵת כָּל אֲשֶׁר עָשָׂה לָהּ הָאִישׁ"). זאת ועוד, ייתכן שנעמי כבר יודעת על בואו של בועז לעיר (ג טו) והיא למדה מכך על נחישותו ועל זריזותו.[14]

עם זאת, דבריה של נעמי מבטאים מזיגה של ביטחון ואי־ודאות. היא בוודאי בטוחה שהמצב עתיד לבוא מיד על פתרונו, אך עדיין קיימת מידה לא מבוטלת של אי־ודאות בשאלה כיצד תושג הגאולה. זהות הגואל עצמו נותרת עלומה. נעמי מביאה אפוא תיאור מעורפל

14. המילים "וַיָּבֹא הָעִיר" קוטעות את הזרימה הטבעית של הסיפור, שהיה אמור להסתיים עם בואה של רות העירה. הפסוקים אינם מספרים בעצם על בואה של רות, השמטה המפנה תשומת לב מיוחדת לתיאור הבלתי־צפוי של בואו של בועז. בכמה כתבי יד עבריים, בתרגום לסורית ובגרסה אחת של תרגום השבעים אכן מופיעה צורת הנקבה של הפועל, כלומר "ותבוא העיר", אך ייתכן שהכתוב מבקש להפנות את תשומת לבנו לצעדים המעשיים שנוקט בועז מיד אחרי שהוא משמיע את הבטחתו לרות.

של האירועים העתידים לבוא ומורה לרות להמתין בסבלנות ולראות כיצד יתפתחו הדברים: "שבי בתי עד אשר תדעין איך יפֹּל דבר".

הניב "איך יפֹּל דבר" ייחודי. משמעותו היא לחכות ולראות מה יקרה. השימוש במילה "יִפֹּל" כציפייה למשהו חיובי משמש הד ותיקון לרות הנופלת על פניה (ב י). שם הנפילה היא תגובה ליחסו ההוגן של בועז, בתקופה שבה רות אינה זוכה ליחס טוב בבית לחם. תיאורם של הדברים ה"מוצאים את מקומם" בסוף פרק ג מתווה את הכיוון החדש והחיובי של העלילה, גם אם לא לגמרי ברור כיצד יגיע הסיפור אל סופו הטוב.

הביטוי "איך יפֹּל דבר" מזכיר גם את ה׳, המתואר פעמים אחדות בתנ"ך כמי ש"דברו" אינו נופל.[15] עלילת הסיפור במגילת רות מוּנעת על ידי דמויות אנושיות, אך ה׳ מניע את הסיפור אל הכיוון החיובי, כפי שראינו במקומות אחדים. ה׳ מתואר כספק העיקרי של מזון ושל ילדים בנראטיב ולפיכך ברור שהוא מקור הגאולה הנעשית בפועל על ידי בועז. הביטוי המופיע בפסוק זה -"איך יפֹּל דבר" - מרמז אולי גם על מעורבותו של ה׳ בעניין. התרגום מרחיב לצורך זה את הפסוק: "ואמרת תיבי ברתי עמי בביתא עד זמן דתדעין איכדין יתגזר מן שמיא ואיכדין יתפרש פתגם" [=ותאמר: שבי בתי עמי בבית עד זמן שתדעי כיצד ייגזר מן השמים וכיצד יתפרש הדבר].[16]

דברי נעמי מזמינים אותנו להיזכר כי ה׳ הוא הגואל האמיתי בסיפור זה. כפי שרומז התרגום, כשנעמי אומרת לרות "שבי", היא מתייחסת אולי גם לתהליך המשפטי הקרב, שבו צריכים כל השופטים לשבת כדי לפסוק את דינם (ד א-ב). מילים אלה, שהן מילותיה האחרונות של נעמי בסיפור, מבטאות לא רק את ביטחונה בבועז - את ציפייתה שיטפל בעניינים עוד באותו יום - אלא גם את ביטחונה המחודש בה׳, שידאג לכך שהכול יבוא על מקומו בשלום. המהפך

15. למשל יהושע כא מג; כג יד; מלכים א ה נו; מלכים ב י י. ביטוי זה אינו נאמר בשום מקום אחר בתנ"ך על אדם, חוץ מאשר בדברי אחשוורוש להמן (אסתר ו י), המציגים כנראה באירוניה את הדרך שבה אחשוורוש משווה עצמו לה׳.
16. ראו גם אבן עזרא לרות ג יח.

הדתי והרגשי של נעמי נשלם, ביטחונה בה׳ ובאדם התחדשה. עתה חייבות הנשים להמתין ולראות איך בועז וה׳, בהתאמה, יאפשרו את פתרון הבעיה היסודית.

פרק ג: סיכום

פרק זה נסוב על נושא ההמשכיות. מילת המפתח היא "גואל", המופיעה בו שבע פעמים. גם פרק זה, כקודמו, מתמקד בפתרון מצוקתה של נעמי. עם פטירת כל בני משפחתה הועמדה נעמי בפני בעיית שימור השושלת לטווח ארוך. בניה מתים, כלתה המואבייה אינה נחשבת ראויה לנישואים בבית לחם, ולנעמי אין כמעט תקווה להמשכיות. האם תזכה המשפחה להתקיים? האם יהיה יורש לרכוש המשפחתי ולנחלת המשפחה? פתרון הבעיה נכנס לתוך העלילה בפרק זה כאשר רות, הפועלת על פי הוראותיה של נעמי, מגיעה בנחישות אל הגורן ושומעת מפי בועז את הצעתו להגן עליה ולפרוש עליה את חסותו. לא ברור איך בדיוק יתגלגלו הדברים, אבל הבטחתו של בועז לדאוג באופן אישי למציאת גואל מפרקת את המתח הטמון בשאלת המשכיות הרצף המשפחתי של נעמי.

עם זאת, ברובד עמוק יותר מתמודד פרק זה (כקודמו) עם קשייה של רות כמואבייה המבקשת להתקבל בבית לחם. אחת הסוגיות הבעייתיות הנוגעות לשורשיה המואביים של רות היא פריצותן

הנודעת לשמצה של בנות מואב.[17] מואב נולד בעקבות גילוי עריות בין לוט לבתו הבכורה. סיפור מאוחר יותר מתאר את בני ישראל המודחים לפריצות מינית ולעבודת אלילים בידי בנות מואב (במדבר כה א). הבאנו כאן הן את הרמזים הטקסטואליים הן את מקורות חז״ל המזהים את ניסיונותיה של רות להתעלות מעל לחשד ששורשיה המואביים הופכים אותה למתירנית. ואכן, גם זוהי אולי אחת ממטרות הפרק. למרות הצעתה הסוגסטיבית של נעמי ולמרות האווירה הטעונה, רות אינה שוכבת עם בועז בגורן. אמנם זקפנו כאן את חלק הארי לזכותו של בועז, אך לא נוכל להתעלם ממעורבותה של רות. מקורות חז״ל מציינים כי רות משנה קלות (אך בצורה מחוכמת) את הוראותיה של נעמי ומקפידה לנהוג ביתר צניעות. ומה שחשוב יותר, היא אינה מחכה שבועז יאמר לה מה לעשות, כפי שיעצה לה נעמי, אלא פונה אליו בעצמה - בכבוד אך בתקיפות - ומבקשת כי ידאג לה להגנה ולגאולה.

קריאה זו לקבלת אחריות רחוקה מאוד מהכיוון שאליו פונה לכאורה הפרק בתחילתו. אמירתה של רות מייצגת ניסיון נחוש לשמור כמיטב יכולתה על טהרה ועל יראת שמים, בנסיבות הקיימות. רות המואבייה איננה מתירנית והיא מצליחה לגבור על פיתויי הפרק הזה, כמוה כבועז. באופן זה היא סוללת לעצמה את הדרך אל עם ישראל, כשהיא מראה שאינה פועלת בדרכים המתירניות המיוחסות בדרך כלל למואביות.

17. אמנם לא מצוין בתורה כי המואבים אסורים לבוא בקהל ה׳ בגלל התנהגות זו, אך ייתכן שהאזכור של הבאת בלעם לקלל את ישראל (המוצג בדברים כג ה כסיבה לאיסור זה) קשור גם להתנהגותן הפרוצה של בנות מואב בסיפור המובא מיד לאחר קללת בלעם (במדבר כה א). ראו במדבר לא טז, שם כנראה מואשם בלעם בעניין זה. ראו גם רש״י לבמדבר כה א.

הפתרון: רות פרק ד

בועז: הדמות המרכזית בפרק ד

וּבֹעַז עָלָה הַשַּׁעַר וַיֵּשֶׁב שָׁם, וְהִנֵּה הַגֹּאֵל עֹבֵר אֲשֶׁר דִּבֶּר בֹּעַז, וַיֹּאמֶר: סוּרָה שְׁבָה פֹּה פְּלֹנִי אַלְמֹנִי. וַיָּסַר וַיֵּשֵׁב (ד א).

הפרק האחרון במגילת רות נפתח בעלייתו של בועז אל השער, ככל הנראה כדי למלא ללא דיחוי את ההבטחה שנתן לרות. כבר בסיום הסצנה הקודמת צפתה נעמי את יזמתו הנחושה והנלהבת של בועז: ”כִּי לֹא יִשְׁקֹט הָאִישׁ”, אמרה לרות, ”כִּי אִם כִּלָּה הַדָּבָר הַיּוֹם” (ג יח). ופרק זה אכן נפתח בצעד נחוש של בועז, שממנו משתלשלים כל האירועים הבאים בפרק.

בשלב זה אני מבקשת לבחון שאלה שכבר עלתה פעמים אחדות לאורך ספרנו: מיהי בעצם הדמות הראשית במגילת רות? במבט ראשון נדמה שהתשובה מובנת מאליה, שהרי המגילה נקראת על שמה של רות והיא אפוא גיבורתה. היא מניעה את העלילה ומביאה אותה אל סופה הטוב. אין כמעט ספק שרות היא דמות משמעותית - אם לא הדמות המשמעותית בה"א הידיעה - בסיפור.

אלא שגם אם רות מניעה את העלילה לקראת פתרונה, הסיפור בנוי בעצם סביב דמותה של נעמי. בפרק א ציינו את מקומה המרכזי

של נעמי בפרק הפתיחה. בסופו של דבר, ייתכן שהסיפור כולו הוא סיפורה של נעמי - כל האירועים עוסקים בניסיון לפתור את בעייתה של נעמי ולשחרר אותה מן הטרגדיה שלה. ברוח זו קובעת אדל ברלין כי כל הדמויות המרכזיות האחרות במגילה מוצגות יחסית לנעמי.[1]

התפקיד הראשי שממלאת נעמי בסיפור עשוי לתמוך באמירתי כי סיפורה מציג בזעיר אנפין את סיפורו של עם ישראל בימי השופטים. בפתרון מצוקתה של נעמי טמון היעד האמיתי של ספר קצר זה: פתרון אסונו של עם ישראל. כשהמגילה מספקת לנעמי את הדרך להשתחרר מחוסר המוצא שאליו נקלעה ומתחושת המרירות, היא מאפשרת גם לעם ישראל להיחלץ מהתקופה האפלה והמנוונת של ימי השופטים.

כדי להשלים את הדיון בדמות המרכזית במגילת רות, עלינו לבחון את הדמויות האחרות התורמות לקו העלילה. הדמות היוזמת את הפעולה בכל פרק תופסת כמובן תפקיד מכריע בכיוון מהלך האירועים של אותו פרק.[2] כל פרק נפתח בפועל המתאר את פעולתה של דמות אחרת. מסעו של אלימלך למואב פותח את הפרק הראשון. הפרק השני נפתח בדברי רות לנעמי. פרק ג נפתח בדברי נעמי לרות. עלייתו של בועז לשער העיר היא הפעולה הראשונה של פרק ד.

1. ברלין, פואטיקה, עמ' 83–84. ראו גם בוש, רות, עמ' 49.
2. חלוקת הפרקים אינה נובעת מנוסח המסורה היהודית. על פי כתבי יד של נוסח המסורה, אין חלוקה לפרקים או סיומי פרקים במגילת רות ממש עד סופה (בפרק ד פסוק יז מסתיימת פרשה, ופרשה חדשה מתחילה בפסוק הבא). אלא שחלוקת הפרקים במגילה מתיישבת היטב עם הסצנות השונות המתוארות בה. כפי שצוין, יש בפרקים ב וג פתיחות וסיומות ברורות מאוד, המקבילות זו לזו. אפשר לטעון כי חמשת הפסוקים הראשונים של פרק א הם מבוא לספר ויש לראות בהם חלק נפרד מהפרק עצמו, אך אני נוטה לראות במעשיו של אלימלך את מה שפותח את שרשרת האירועים של הפרק.

טבלה 6: אמירה והליכה, במבנה כיאסטי

פרק א	פרק ב	פרק ג	פרק ד
אלימלך	רות	נעמי	בועז
וילך	ותאמר	ותאמר	עלה

כשבוחנים את הפרקים כך, מתקבלת תבנית סימטרית. בשולי הסיפור מניעים מעשיהם של גברים את העלילה. תנועותיו של כל אחד מהם מניעות את העלילה קדימה וקובעות את מהלכה. אלימלך עוזב את אחיו והולך למואב, וכל האירועים הבאים בפרק נועדו להפוך את הצעד הזה על פיו. מעשהו של בועז כרוך בתנועה לעבר בני עמו. ניסיונו למצוא צדק בשער העיר מתואר באמצעות הפועל "עלה", המציג את תנועתו אל המקום המרכזי של ניהול ענייני העיר.[3] הפועל מלמד על תנועה כלפי מעלה, לא רק מבחינה טופוגרפית אלא גם מבחינה רוחנית - צעדו של בועז הוא מעשה מרומם מבחינה רוחנית.[4] שני הפרקים האמצעיים מציגים דיבור נשי: דבריה של רות אל נעמי פותחים את תהליך פתרונה של המצוקה המיידית על ידי השגת מזון,

3. לעיל צוין כי "עלייתו" של בועז מלמדת אולי שהוא המנהיג הממלא את מצוות ה' בשופטים א ב: "יְהוּדָה יַעֲלֶה". זאת ועוד, תנועתו של יהודה מציגה אולי ניגוד מעניין נוסף בינו לבין שמשון. שמשון אוחז את דלתות שער העיר ומסיע אותן מעלה, לחברון - "וַיַּעֲלֵם אֶל רֹאשׁ הָהָר" (שופטים טז ג). אלא שמעשהו של שמשון לא נועד לשרת תכלית גדולה ממנו ודומה שאינו יוצר בו תנועה רוחנית כלפי מעלה. אדרבה, חייו של שמשון מלאים דווקא תנועה של ירידה, וזו ממשיכה להגדיר את מסלול חייו (למשל שופטים יד א, ז, י; טו ח; טז כא).
4. פעלים המלמדים על תנועה כלפי מעלה וכלפי מטה בתנ"ך נוטים ללמד משהו שמעבר לתנועה הפיזית גרידא. לצד הדוגמה של שמשון, לעיל, אפשר לראות דוגמה של מסע רוחני כלפי מטה אצל יונה (יונה א ג, ה). ראו גם בראשית רבה פרשה פה ב, המעיר על טבע ירידתו של יהודה בבראשית לח א. תנועות כלפי מעלה המתארות את אליהו טעונות נימה רוחנית (למשל מלכים א יז יט; יח מא-מד; מלכים ב א ג; ב א, יא), כמוהן כתנועותיו של דוד בשמואל ב ב א-ג.

ודבריה של נעמי אל רות פותחים את תהליך פתרונה של המטרה ארוכת הטווח, השגת בעל וילדים.

אם נחלק את הספר לשני חצאים, נגלה רעיון נוסף הקשור לדמויות המרכזיות ולתכליתו של הספר. המחצית הראשונה של הספר (פרקים א–ב) מתמודדת עם בעיית המזון. אלימלך מגיב לרעב בבית לחם בעזיבת העיר ובמעבר למואב, כשהוא משאיר מאחוריו את החורבן שהמיט הרעב.[5] תגובתה של רות לסכנת הרעב שונה ביותר: היא אינה זונחת את נעמי אלא פועלת למענה ומציעה ללכת ולחפש מזון. במחצית הראשונה של הספר יש במעשיה של רות משקל נגד להחלטותיו ולהתנהגותו של אלימלך.

המחצית השנייה של הספר מתמקדת בבעיית הנישואים והצאצאים. הפעולה הראשונה שעושה נעמי למען רות שנויה במחלוקת. היא ממליצה לרות לנהוג בחוסר צניעות ולנקוט צעדים נועזים ואולי אפילו מתירניים. האירוע מתקיים באישון לילה, והרקע הפרטי והחשאי שלו מלמד על רמייה ופיתוי. התנהגותו של בועז בפרק ד פועלת כמשקל נגד לסצנה הקודמת.[6] גם הוא מבקש למצוא לרות נישואים וביטחון, אך מעשהו מתקיים בזירה הציבורית ואינו נעזר באמצעי רמייה או פיתוי.[7] הוא פועל בשקיפות, מכנס את זקני העיר, נושא את רות לאישה לעיני העם ומאפשר את כניסתה הלגיטימית לעם ישראל. במחצית השנייה של הספר, מעשיו של בועז מאזנים את מעשיה של נעמי.

בסכמה הזאת מייצגים אלימלך ונעמי את הדור הישן. הם אנשי תקופת השופטים ומעשיהם משקפים את המבנה החברתי שהושחת. רות ובועז מחליפים את המנהיגים הללו ומציעים כיוון רענן וחברה

5. כפי שראינו, כך נוהגים חז״ל להציג בדרך כלל את דמותו של אלימלך.
6. שימו לב שרות מצייתת לנעמי (רות ג ג) המורה לה **לרדת** לגורן: ״וַתֵּרֶד הַגֹּרֶן״ (רות ג ו). עלייתו של בועז מצטיירת כהיפוך הוראותיה של נעמי, מה שמונע ״ירידה״ להתנהגות לא־ראויה.
7. שימו לב לריבוי ההתייחסויות לעדים הנוכחים בעסקת החליפין בפרק זה (רות ד ב, ד, ט, יא).

מחודשת, בהסתמך על אתוס שונה, צופה קדימה, של הנהגה ושל התנהגות אישית.

רמז לפגם המצוי בתכניתה של נעמי ובתכניתו של אלימלך הוא העובדה שהן אינן נושאות פרי. מסעו של אלימלך למואב מסתיים באופן טרגי ואינו מניב שום תוצאה חיובית. אדרבה, הספר כולו הוא ניסיון נואש לתקן את תוצאות הטעויות שעשה אלימלך. גם האסטרטגיה שמתכננת נעמי מסוכלת באופן דומה. למרות תכניתה, המדיפה ריח עז של פיתוי, באותו לילה בגורן לא מתקיים שום מגע מיני בין רות ובועז. בועז בוחר לקבל עליו את האחריות לעתידה של רות. כתמיכה בפעולות התיקון של בועז ושל רות, כל אחת מפעולותיהם ההחלטיות מביאה ל״צירוף מקרים״, המלמד על התערבות ההשגחה העליונה:

וַתֵּלֶךְ וַתָּבוֹא וַתְּלַקֵּט בַּשָּׂדֶה אַחֲרֵי הַקֹּצְרִים. וַיִּקֶר מִקְרֶהָ חֶלְקַת הַשָּׂדֶה לְבֹעַז אֲשֶׁר מִמִּשְׁפַּחַת אֱלִימֶלֶךְ. **וְהִנֵּה** בֹעַז בָּא מִבֵּית לֶחֶם (ב ג–ד).

וּבֹעַז עָלָה הַשַּׁעַר וַיֵּשֶׁב שָׁם, **וְהִנֵּה** הַגֹּאֵל עֹבֵר אֲשֶׁר דִּבֶּר בֹּעַז! (ד א)

השימוש במילה המביעה הפתעה ״והנה״, ואחריה נושא ופועל, מלמדת כי האדם הנכון מגיע בדיוק ברגע הנכון.[8] העובדה שהדבר קורה פעמיים במגילת רות מצביעה על קשר בין ההתרחשויות.[9] צירוף מקרים בנראטיב המקראי מלמד על התערבות משמים, כפי שמובא במדרש המפרש את הופעת הגואל בדיוק ברגע שבו מתיישב בועז בשער.

8. ראו קמפבל, רות, עמ׳ 93. ביטוי בסגנון זה מופיע במקומות נוספים בתנ״ך, למשל בראשית כד טו; מלכים א א מב.
9. מופע שלישי של המילה ״והנה״ הוא ברות ג ח, שם הוא מלמד על תדהמתו של בועז כשהוא רואה אישה למרגלותיו. אלא שבמקרה זה לא הקוראים מופתעים מהתפנית המקרית במהלך האירועים, שתוכננו מראש בקפידה בידי נעמי אלא בועז; והפתעתו מתוארת בכתוב כפחד ולא כצירוף מקרים רצוי.

> "ובועז עלה השער וישב שם והנה הגואל עובר אשר דבר בעז" (ד א). מה לאחורי תרעא הוה קאים [האם עמד מאחורי השער]? אמר רבי שמואל בר נחמן: אפילו היה בסוף העולם, הטיסו הקדוש ברוך הוא והביאו לשם, כדי שלא יהא אותו צדיק יושב ומצטער מתוך ישובו... רבי אליעזר אומר: בעז עשה את שלו ורות עשתה את שלה ונעמי עשתה את שלה, אמר הקדוש ברוך הוא: אף אני אעשה את שלי (רות רבה פרשה ז ז).

הופעתו של בועז בשדה בדיוק ביום בואה של רות לשם מרשימה אף היא כצירוף מקרים. האם בועז, בעל הקרקעות העשיר, אכן נהג לבקר בשדהו מדי יום? קשה להניח כך. מכל מקום, ההפתעה שעליה מלמדת המילה "והנה" מורה שאין זה כך. דומה שאנו הקוראים אמורים להבין ששני האירועים אינם מקריים. ביטוי זה מלמד על כך שה' רואה בעין יפה את התנהגותה של רות ואת התנהגותו של בועז, כל אחד מהם בעתו.

בועז הוא הדמות המרכזית בפרק ד, אך דומה שדמויות שונות נוטלות את המושכות לידיהן בשלבים שונים בספר. ניתוח של צעדים אלה מראה כי נעמי ואלימלך נכשלים בסופו של דבר במעשיהם ואילו בועז ורות מצליחים ומשמשים תיקון למעשיהן של אותן דמויות, המייצגות את כישלונה של תקופת השופטים. באופן זה מוצגים בועז ורות כמבשריו של עידן חדש, עידן שבו ה' תומך במעשי הדמויות ומתערב בהם בהתאם.

מיהו פלוני אלמוני?

וַיֹּאמֶר: סוּרָה שְׁבָה פֹּה, פְּלֹנִי אַלְמֹנִי (ד א).

מיהו הגואל, אדם שהנו שאר בשר קרוב יותר מבועז למשפחת אלימלך (ג יב)? מקורות חז"ל שונים טוענים כי זהו אחיו של אלימלך (ודודו של בועז):[1] "אמרו רבותינו ז"ל: אלימלך ושלמון אבי בועז ופלוני אלמוני הגואל ואבי נעמי כולם בני נחשון בן עמינדב היו" (רש"י ב א).[2] מקורות אחרים סבורים כי הגואל הוא אחיו הגדול של בועז.[3] כך או כך, הגואל הקרוב יותר מבועז אינו מזוהה בסיפור. לא זו בלבד

1. דוד נחשב שאר בשר קרוב יותר מדודן לצורך מטלות וזכויות משפחתיות. ראו ויקרא כה מח-מט.
2. ראו בבא בתרא צא ע"א; תנחומא בהר ג ג. הבאתי את גרסתו של רש"י למדרש כי רש"י מבהיר במדויק את הקשר המשפחתי בין שלמון לבועז.
3. ראו רות רבה פרשה ו ה; תנחומא בהר ח; רות זוטא ד א. קריאה זו מניחה כי יש להתייחס למילה "אחינו" (רות ד ג) כפשוטה. עם זאת, כפי שמלמד המדרש ברות רבה פרשה ו ה, המילה "אח" מרבה לשמש בתנ"ך כהתייחסות לקרוב משפחה ממין זכר שאיננו בהכרח אח ממש.

שלא מוגדרת קרבתו המדויקת לרות, הוא אפילו אינו זוכה לשם![4] הוא נשאר בגדר "פלוני אלמוני".

הצירוף "פלוני אלמוני" מופיע בשני סיפורים מקראיים נוספים לציון מקום שאין לנקוב בשמו מסיבות של סודיות צבאית (שמואל א כא ג; מלכים ב ו ח).[5] ההופעה היחידאית של ביטוי זה ביחס לאדם מרמזת על השמטה מכוונת של שמו.[6]

רש"י, בבואו להסביר את הביטוי "פלוני אלמוני", מביא תחילה את התרגום של שמואל א כא ג: "כסי וטמיר".[7] אחר כך הוא מביא הסבר אטימולוגי נפתל למילה "פלוני", שלפיו היא קשורה למילה "פלא", משהו שמעבר להבנת האדם.[8] סביר יותר להניח שהמילה

4. על פי דעה אחת במדרש (למשל רות רבה פרשה ז ז), פלוני אלמוני הוא שמו של הגואל. אלא שלאור השימושים האחרים בניב זה בתנ"ך (ראו הדיון בהמשך פרק זה), קשה לקבל את הקריאה הזאת. כפי שצוין לעיל, על פי הנאמר ברות ג יג קובעים כמה מדרשים כי שמו הפרטי של הגואל הוא "טוב" (וריאציות על שם זה מופיעות במקומות אחדים בתנ"ך: ראו למשל זכריה ו י; עזרא ב ס; נחמיה ג לה). אבן עזרא (רות ג יג) סבור שאין זה סביר, אך יש סיבות אחדות לקריאה זו. כשבועז אומר: "וְהָיָה בַבֹּקֶר אִם יִגְאָלֵךְ טוֹב יִגְאָל" (רות ג, יג), הוא מפגין אדישות לאפשרות שהוא עצמו יישא לאישה את רות. איך ייתכן שבועז יהיה אדיש לנוכח הסיכוי לאבד את רות הצדקת? לכן מציע המדרש שהמילה "טוב" מייצגת כאן שם פרטי. זאת ועוד, ייתכן שמדרש זה מבקש להביא הסבר להצגת הגואל הזה בהמשך כאלמוני במכוון. אם הגואל אינו טוב, כפי שמרמז שמו, הרי ודאי שעליו לאבד את השם הזה! ולבסוף מן הראוי לעמוד על הופעת המילה "טוב" לאורך הסיפור כולו. כהיפוך להכרזתה של נעמי כי ה' הרע לה (רות א כב), המילה "טוב" מופיעה כמה פעמים (רות ב כב; ג א, ז, י). האפשרות שאדם ששמו טוב עשוי לתקן את הטרגדיה של נעמי היא אפשרות קוסמת.

5. ביטוי דומה, "פַּלְמוֹנִי", מופיע בדניאל ח יג.

6. בכמה מהתרגומים ליוונית מופיע הביטוי "פלוני אלמוני" כ־κρύφιε, חשאי או סודי. בכתבי יד אחרים של תרגום השבעים מופיעות המילים ὁ δεῖνα, שפירושן "כזה" או "אדם מסוים".

7. בתרגום רות ד א מתורגם "פלוני אלמוני" כ"גבר דצניען אורחתיה" [=האיש שדרכיו מוצנעות].

8. רש"י מציין שתי מובאות שבאמצעותן הוא מסביר כיצד משמשת המילה "פלוני" (מלשון פלא) בפסוק זה: דברים יז ח ובראשית יח יד. שני המקומות הללו עוסקים בידע חמקמק או בידע הנמצא מעבר ליכולת ההבנה האנושית. הסבר זה אינו

"פלוני" מתייחסת למילה דומה, "פלון" (או "פולן"), המופיעה בשפות קרובות (כמו ארמית וערבית) במשמעות "אדם מסוים".[9] מכל מקום, קריאתו של רש"י מתיישבת ככלל עם המסקנה שלעיל, כי משמעות הביטוי היא אדם ששמו מושמט במכוון.

המילה "אלמוני" מתייחסת כנראה למילה "אלמן" או "אלמנה". הקשר הסמנטי בין מילים אלה מתבסס אולי על הרעיון שהעדרו של הבעל מוחק את שמה של האלמנה ואת מעמדה ומותיר אותה אנונימית.[10]

כמה מקורות חז"ל קושרים את המילה "אלמוני" למילה "אילם":[11]

> רבי שמואל בר נחמן אמר: אִלם היה מדברי תורה, אמר: הראשונים [מחלון וכליון] לא מתו אלא על ידי שנטלו אותן [נשים מואביות] ואני הולך ליטל [מואבית לאישה]?! חס לי ליטלה, לית אנא מערבב זרעייתי, איני מערב פסולת בבני. ולא היה יודע שכבר נתחדשה הלכה: עמוני ולא עמונית, מואבי ולא מואבית (רות רבה פרשה ז ז).

ההסבר הפשוט של הגדרת "פלוני אלמוני" מרמז על השמטה מכוונת של שם האיש. מדוע מתייחסים אל הגואל כאל אדם ללא שם? ישנן מספר סיבות אפשריות שבגללן הסיפור המקראי משמיט את שמו של אדם. ישנן דמויות שנותרות באלמוניותן כי אינן נחשבות בעלות חשיבות בפני עצמן, אלא הן כלי, מלוות או שליחות של דמויות

קרוב לפשט, כי הוא מחייב את השמטת האות נ' והחלפתה בא' בשורש המילה "פלוני".

9. ראו BDB, עמ' 811.

10. רש"י (רות ד א) מרמז לקריאה זו: "אלמני - אלמון מבלי שם".

11. ראו למשל רות רבה פרשה ז ז. גם אטימולוגיה זו מחייבת את השמטת האות נ'.

אחרות, דמויות המוצגות כניגוד לדמות אחרת או דמויות שכל מהותן היא לקדם את העלילה.[12]

לא פעם האנונימיות היא מרכיב מרכזי במהותה של הדמות או במסר של הסיפור. היא עשויה למשל לרמז על חפצון (למשל הפילגש בשופטים יט או בת יפתח בשופטים יא) או על מצב של עבדות, שבו נשללת זהותו האישית של האדם (שמות ב א). היא עשויה גם לשמש לתיאור חברה המתאפיינת בניכור (שופטים יז-כא). לעומת זאת, ייתכן שהאנונימיות המצטיירת בפרקים האחרונים של ספר שופטים מתארת מצב שבו מעשים הנעשים בידי דמויות אנונימיות מייצגים כל־אדם. האדם האנונימי עשוי להיות כל אדם שהוא, וכולם נושאים אפוא באחריות לחטאי החברה כפי שהם מתוארים שם.

האנונימיות עשויה להופיע בכתוב גם כצורה של ענישה. מי שאיבד את שמו הוא אדם שאינו ראוי לשם, אם מפני שחטא אם מפני שלא מילא את ייעודו אלא התחמק ממילוי חובתו.[13] זה מה שקרה כנראה לפלוני אלמוני, שחמק מאחריותו. רש״י קובע זאת במילים פשוטות: ״פלני אלמני - ולא נכתב שמו לפי שלא אבה לגאול״ (רש״י ד א).

המדרש שהובא לעיל, המציג את אי־בקיאותו של הגואל בהלכה כנימוק לכך שהוא משתמט מחובותיו, הולך בכיוון דומה. אכן, הגואל אינו נושא את רות לאישה ואינו נעשה חלק משושלת

12. דוגמאות לדמויות אלמוניות מעין אלו הן האיש המוצא את יוסף תועה בשדה ומניע אותו קדימה במסע למציאת אחיו (בראשית לז טו); הפליט המספר לאברהם על לכידת לוט (בראשית יד יג); עבד אברהם המשמש כזרועו הארוכה של אברהם (בראשית כד); והאיש המצרי שהעמלקים חסרי הרחמים זנחו בשדה למות שם (שמואל א ל יא-טו).

13. זוהי לדעתי הסיבה לכך שאשת מנוח מאבדת את שמה בשופטים יג. אין כמעט ספק כי היא הדמות הדומיננטית בסיפור, למרות האנונימיות שלה. פרופ׳ אוריאל סימון נהג להעיר בשנינות כי מנוח הוא ״בעלה של אשת מנוח״ - דמות פחותה מאשתו, גם אם יש לה שם. על פי קריאתי, אשת מנוח אינה נזכרת בשמה מפני שהיא מסרבת לחנך את שמשון למילוי משימתו, ובכך מניחה את היסודות לכישלונו העתידי. קצרה היריעה כאן מלעסוק בדוגמה זו.

המלוכה - בהיסטוריה היהודית הוא נזכר כדמות אנונימית בלבד, חסרת כבוד וחסרת זהות.

דומה כי אבדן השם הוא עונש הולם לגואל,[14] שלא רק השתמט מחובותיו אלא סירב לעשות מעשה שכל מטרתו היא "להקים שם המת על נחלתו" (ד ה, י). אדם המסרב לקיים את מצוות הייבום (שגם היא נועדה לקיים את שמו של אח שנפטר)[15] מקבל כינוי חדש ומשפיל המוחק את שמו הקודם. הוא מכונה בישראל "בית חלוץ הנעל", רמז לטקס המתקיים עם סירובו לשאת את גיסתו. מחיקת שמו של אדם שסירב להקים את שם קרובו המת היא עונש של מידה כנגד מידה. הגואל, האדם שניתנה לו האפשרות והחובה להקים את שמו של המת, מאבד את שמו במהלך הסיפור - כמתבקש מסירובו למלא את חובתו.

14. הסבר זה התקבל על דעתם של רוב חוקרי המקרא. ראו למשל קמפבל, רות, עמ' 142-141; פורטן, מגילת רות, עמ' 44; טריבל, קומדיה אנושית, עמ' 184.
15. ראו דברים כה ו.

שאלה הלכתית: שדה אלימלך

וּבֹעַז עָלָה הַשַּׁעַר וַיֵּשֶׁב שָׁם וְהִנֵּה הַגֹּאֵל עֹבֵר אֲשֶׁר דִּבֶּר בֹּעַז. וַיֹּאמֶר: סוּרָה שְׁבָה פֹּה פְּלֹנִי אַלְמֹנִי. וַיָּסַר וַיֵּשֵׁב. וַיִּקַּח עֲשָׂרָה אֲנָשִׁים מִזִּקְנֵי הָעִיר וַיֹּאמֶר: שְׁבוּ פֹה, וַיֵּשֵׁבוּ. וַיֹּאמֶר לַגֹּאֵל: חֶלְקַת הַשָּׂדֶה אֲשֶׁר לְאָחִינוּ, לֶאֱלִימֶלֶךְ, מָכְרָה נָעֳמִי הַשָּׁבָה מִשְּׂדֵה מוֹאָב. וַאֲנִי אָמַרְתִּי אֶגְלֶה אָזְנְךָ לֵאמֹר, קְנֵה נֶגֶד הַיֹּשְׁבִים וְנֶגֶד זִקְנֵי עַמִּי - אִם תִּגְאַל, גְּאָל, וְאִם לֹא יִגְאַל, הַגִּידָה לִּי וְאֵדְעָה (ואדע כתיב) כִּי אֵין זוּלָתְךָ לִגְאוֹל וְאָנֹכִי אַחֲרֶיךָ. וַיֹּאמֶר: אָנֹכִי אֶגְאָל (ד א-ד).

מגילת רות ידועה בעיסוקה היוצא דופן בשאלות הלכתיות.[1] מצוות הקשורות ללקט ושכחה, גאולת קרקע וייבום (או צעד דמוי־ייבום) הן נושאים מרכזיים בנראטיב. עם זאת, חז"ל מרחיבים על סמך הכתוב פסיקות הלכתיות בעניינים משניים. מגילת רות היא המקור להלכות

1. ברמן, הרמנויטיקה הוא מאמר מצוין, הקורא את מגילת רות כסיפור שעלילתו נפרשת על פי סדר רציף של העניינים המשפטיים המופיעים בדברים כד טז - כה י.

הגיור, לרשות לברך אדם בשם ה׳ ולחובה לומר את ברכות החתנים (״שבע ברכות״) במניין של עשרה גברים.[2]

הואיל והסיפור קשוב במְיוחד לעניינים משפטיים, מפתיע להיזכר במדרש שהובא לעיל, האומר דבר שונה: ״א״ר זעירא: מגילה זו אין בה לא טומאה ולא טהרה ולא איסור ולא היתר ולמה נכתבה? ללמדך כמה שכר טוב לגומלי חסדים״ (רות רבה פרשה ב יד).

מובן מאליו שאין לקרוא את המדרש הזה כפשוטו. לא יעלה על הדעת שרבי זעירא אינו מודע לאינספור הסוגיות ההלכתיות הדחוסות בספר תמציתי זה. הוא מנסה אולי להסיט את תשומת לבנו ממרכזיותם של עניינים אלה בספר - רמז לכך שהמסר האמיתי של מגילת רות איננו ההלכה, אלא אופן קיומה; לא השאלה אם מתירים לעני ללקט בשדה או אם הגואל מוכן לגאול, אלא האם הדבר נעשה ברוח של חסד וטוב לב.[3]

למרות הסתייגות זו של המדרש, נפנה עתה את מלוא תשומת הלב אל העניינים המשפטיים המופיעים בפרק ד ותופסים בו מקום בולט מאוד. הנושאים המשפטיים שיעלו קשורים לשתי סוגיות נפרדות, גאולת קרקע ונישואיה של אלמנת אדם שמת ללא ילדים (מנהג המזכיר את מצוות הייבום). הפרק עוסק בנושאים הללו בצורה מבלבלת, בכמה מובנים. ראשית, דומה שהפועל ״גאל״ מאחד את שני הנושאים הנפרדים האלה, ולכל הפחות המילה משמשת לתיאור שתי המחויבויות המשפטיות הללו, לא פעם בלי לומר לאיזו משמעות ספציפית היא מתכוונת. זאת ועוד, בועז עצמו יוצר זיקה בין שני הנושאים, כנראה ללא בסיס משפטי. כלל לא ברור מי (אם בכלל) מחויב לשאת את אלמנתו של אדם שמת ללא ילדים אם אחיו של הנפטר אינו בחיים.[4] מהו מקורה של חובה זו ואיזה קשר קיים, אם בכלל, בינה לבין מצוות הייבום? את הסבך הזה ננסה להתיר.

2. ראו למשל (בהתאמה) יבמות מז ע״ב; ברכות נד ע״א; כתובות ז ע״א.
3. עוד על כך ראו אצל גרוסמן, רות, עמ׳ 35–39; פרגר, רות.
4. מצוות הייבום, המפורטת בדברים כה ה-י, נעשית רק בין אחים שלהם אב אחד. ראו למשל יבמות יז ע״ב.

בועז מכנס טקס רשמי בשער העיר

שער העיר הוא המרחב הציבורי העיקרי בעיר המקראית, מקום שבו אנשים נוהגים להתכנס, וזוהי בדרך כלל האפשרות היחידה להיכנס לעיר ולצאת ממנה.[5] פעילויות ציבוריות רבות מתקיימות בשער העיר, בהן מסחר,[6] השמעת תוכחות נבואיות,[7] ענישה פומבית,[8] עבודת אלילים[9] וקריאה משותפת בתורה.[10] מתחם שער העיר שימש גם מקום כינוס לשופטים לשבת במשפט.[11] תפקידו הציבורי של השער נרמז כבר בדבריו של בועז לרות, "כִּי יוֹדֵעַ כָּל שַׁעַר עַמִּי כִּי אֵשֶׁת חַיִל אָתְּ" (ג יא).

בהגיעו אל שער העיר אוסף בועז עשרה מזקני העיר. מדוע מגייס בועז את הזקנים? "זקני" העיר הם מנהיגיה, האנשים האחראים לה,[12] אלה שדעתם נחשבת.[13] דומה שתפקידם כאן הוא לשמש עדים מכובדים ולאו דווקא שופטים רשמיים,[14] שהרי אין כאן התנהלות משפטית, לא התדיינות ולא החלטה רשמית המתקבלת בידי גוף זה

5. ראיות ארכיאולוגיות מערים ישראליות קדומות (כמו חצור, גזר ודן) מגלות מבנים מורכבים בשערי הערים. התכנית המדויקת של השער משתנה מעיר לעיר, אך מבנים אלה כוללים במקרים רבים תאים שונים וכיכר גדולה ופתוחה מוקפת בספסלים.
6. מלכים ב ז א.
7. ישעיהו כט כא; ירמיהו יז יט-כ; עמוס ה טו.
8. דברים יז ה.
9. מלכים ב כג ח.
10. נחמיה ח א, ג.
11. דברים טז יח. ראו גם עמוס ה טו ורשב"ם לבמדבר טז יב. רות זוטא ד א מעיר כי "שער" פירושו בית מדרש. ברוח דומה תורגמה המילה "שער" בתרגום רות כ"תרע סנהדרין רבא" [=שער הסנהדרין הגדול]. הרחבה זו של התרגום לרות מפנה את תשומת לבנו לרעיון שהשער משמש כאן כמקום שבו מתקבלות הכרעות הלכתיות.
12. למשל שופטים ח יד; שמואל א יא ג.
13. מלכים א יב ו-יא; ירמיהו כו יז; יחזקאל ז כו. ספרות חז"ל מציעה הבנה פרשנית של המילה "זקן" ורואה בה קיצור של הצירוף "זה שקנה חכמה". ראו למשל קידושין לב ע"ב; ספרא קדושים ג ז; סדר עולם רבה ל; רות זוטא ד ב.
14. בדברים לא כח נזכרים זקנים בתפקיד דומה.

של עשרה אנשים. עם זאת, כמה חכמים סבורים כי יש כאן כינוס רשמי של בית דין, שפסיקותיו מחייבות וחוקיות.[15] הכתוב מתאר בבירור כי כל הצדדים הנוגעים בדבר - בועז, הגואל והזקנים - מתיישבים בזה אחר זה למצוותו המפורשת של בועז.[16] הישיבה הזאת מלמדת על הליך שיפוטי רשמי, אם כי בדרך כלל רק השופט הוא היושב בדין.[17]

בתנ"ך מתוארים לפעמים הזקנים כעוסקים בעניינים הנוגעים לנישואים ולרציפות המשפחתית. זקני העדה מופיעים בתפקיד זה בסוף סיפורה של מלחמת האחים בתקופת השופטים (שופטים כא טז). דאגתם העיקרית שם היא למצוא נשים לבני בנימין שכמעט נמחו מן הארץ. זאת ועוד, זקנים היושבים בשער העיר מופיעים בטקסי הייבום והחליצה,[18] והד למושג הלכתי זה מופיע כאן במגילת רות.[19]

כל הראיות מצביעות על כך שבועז הולך לשער העיר במטרה לערוך טקס רשמי ולהודיע ברבים על ההחלטה שתתקבל. עוד מלמדות הראיות כי בועז כינס את הזקנים בשער מתוך כוונה לטפל בשאלת נישואיה של רות, כפי שאכן הבטיח לה ברות ג יג.

גאולת שדה אלימלך: פרשה ציבורית

להפתעתנו הרבה, דבריו הראשונים של בועז אינם מתמקדים בנישואיה של רות. למרות ציפיותינו, בועז עוסק בנושא שטרם הוזכר בספר

15. כמה מקורות חז"ל טוענים כי תכלית הכינוס המשפטי הזה היא להודיע את הפסיקה ההלכתית, שלפיה איסור הנישואים עם עמוני או מואבי (דברים כג ד-ז) אינו חל על נשים. ראו למשל רות זוטא ד ב. על תפקידם השיפוטי של הזקנים, ראו דברים יט יב; כא ב-ט, יח-כא; כב טו-יט. בסנהדרין יז ע"א נקבע כי רק זקנים רשאים להתמנות לחברים בסנהדרין. ראו גם ספרי דברים פיסקא כה ז.
16. בכל ההתרחשות הזאת ניכרת בעליל סמכותו של בועז. הוא מצווה והאחרים מצייתים ללא עוררין.
17. שמות יח יג; שופטים ד ד-ה.
18. דברים כה ז.
19. להלן נבחן את הקשר המדויק בין מנהג הייבום והחליצה לבין הנישואים במגילת רות.

זה: שדה אלימלך. בועז מכריז בבירור על יעדו, והעסקה מתקדמת למישרין. תגובת הגואל להצעתו של בועז מהירה וישירה: "אנכי אגאל". דומה שהגואל צפוי לגרוף רווח נאה מעסקה זו. שמו הטוב עשוי להתחזק בזכות ביצוע חובתו המשפחתית, ומה שחשוב עוד יותר - העסקה תניב רווח כלכלי. באמצעות הכפלת נחלת אבותיו זוכה הגואל לירושה בלתי־צפויה. והואיל ולאלימלך אין יורשים, נמנעת אפילו הסכנה שיצטרך להשיב את השדה בשנת היובל (כשכל השדות חוזרים לבעליהם המקוריים).[20]

בועז מציג את העובדות ואז מציע דרך פעולה. חלק זה בדבריו נפתח במילה "אני". אחרי כינוי הגוף בא הפועל, שגם הוא כולל גוף ראשון סמוי, "אמרתי". בדיבור נושאת החזרתיות הזאת, כנראה, דגש טונאלי הממקד את תשומת הלב בדובר.[21] הכתוב משמר את החזרתיות הזו ובכך מדגיש את בועז ואת קבלת האחריות האישית שלו לעניין העומד על הפרק.

דבריו של בועז הם אמירה פיוטית ופומבית כאחת.[22] הם נועדו להרשים את שומעיו ולהציג את שקיפות העסקה. השימוש שעושה בועז בשפה רשמית ("אגלה אזנך", "נגד") הולם כאן מאוד הן את ההקשר המשפטי הן את הסביבה הקהילתית.

נוסף על הגוון הטקסי של הצירוף "אגלה אזנך", יש בו גם רבדים נוספים של משמעות. בועז מתכוון לומר לפלוני־אלמוני משהו

20. ויקרא כה יג-טז.

21. מורואוקה, עברית מקראית, בוחן באריכות את הסיבות לתופעה הלשונית של חפיפה בין כינוי גוף אישי בלתי־תלוי לבין צורת פועל שכינוי הגוף כלול בה ממילא. דוגמה נוספת לתופעה זו מופיעה ברות ד ו, כשהגואל מדגיש כי ברצונו להעביר לבועז את הזכות לגאול את רות: "גְּאַל לְךָ אַתָּה אֶת גְּאֻלָּתִי". ראו מורואוקה, עברית מקראית, עמ' 55.

22. חוקרים פיתחו תיאוריות שונות בדבר הסגנון הפיוטי של מגילת רות (ראו למשל קמפבל, רות, עמ' 6-13, וראו לעיל עמ' 141, הערה 6). לענייננו כאן אני רוצה להדגיש כי השימוש המובהק של בועז בשפה גבוהה, לצד סגנונו הטקסי הרשמי, מלמד כי הוא מבקש ליצור רושם בלב שומעיו וגם להתנסח באופן הולם להקשר המשפטי.

שיש בו גם צביון של גילוי סוד.[23] כשצירוף כזה נאמר בפומבי, הוא פועל ליצירת שקיפות של משהו שקודם לכן נעשה בחשאי. זאת ועוד, המילה "אגלה" מזכירה את השימוש במילה "גלה" בהקשר הפיתוי בפרק הקודם (ג ד, ז). השימוש בו כאן, בהקשר פומבי, שקוף, לא מיני, מצביע על הניגוד שבין שני הפרקים.

השימוש הכפול במילת היחס "נגד" מלמד כמעט תמיד על הקשר טקסי.[24] היא מסמנת משהו בולט, נראה או הולם - עדות נוספת לאופיו הפומבי והגלוי של הטקס.

אחרי הפתיחה הרשמית נעשים דבריו של בועז משובשים במקצת. הוא משנה את צורת הפנייה תוך כדי דיבור: תחילה הוא מדבר ישירות אל הגואל ואחר כך מדבר עליו בגוף שלישי, ואז חוזר לפנות אליו בגוף שני. גם כאן דומה כי הכתוב מבקש להפנות את תשומת לבנו ישירות החוצה, אל השומעים. בועז אינו מדבר רק אל הגואל, אלא אל הזקנים[25] (ואל הצופים מהצד) שהתאספו בשער, והם עדים לעסקאות הנערכות כאן ומאשררים אותן.

שדה נעמי

העסקה הראשונה מתנהלת אולי למישרין, אבל נסיבות המכירה מותירות כמה שאלות פתוחות. השאלה הקשה ביותר בדברים הנאמרים קשורה לשדה נעמי. מתי מכרה נעמי את השדה השייך לאלימלך?[26] מדוע לא שמענו על השדה עד לרגע זה? האם לנעמי יש רכוש בבית לחם?

23. ראו שמואל א כ ב, יב, יג; כב ג, יז.
24. למשל שמואל א יב ג; טו ל; שמואל ב יב יב. מילה זו חזקה יותר מהמילה "לפני" ואופייה רשמי יותר.
25. המדרש, המגלה כדרכו רגישות ספרותית מחודדת, טוען (רות רבה פרשה ז ט) כי בועז מפנה לרגע את דבריו לבית הדין.
26. בעיה נוספת היא הבעלות על השדה. אם שדה זה אכן שייך לאלימלך (כפי שנאמר ברות ד ג, ט), איך יש לנעמי הזכות למכרו? על פי חוקי הירושה (במדבר כז ח-יא), שדהו אמור לעבור תחילה לילדיו ואחר כך לשאר בשרו הקרוב ביותר ממשפחתו, כדי להבטיח כי השדה יישאר בידי השבט. אחד ההסברים הוא

בניין קל עבר של הפועל "מכרה" מלמד כנראה על פעולה שכבר נעשתה. במילים אחרות, נעמי כבר מכרה את השדה.[27] אלא שאם כך, מתי עשתה זאת? ואיזה מין הליך משפטי היה זה? אחת האפשרויות היא שנעמי מכרה את השדה עוד לפני שמשפחתה עזבה את בית לחם.[28] לחלופין, ייתכן שהיא מכרה את הנחלה עם שובה. כך או כך, התרחיש עכשיו כרוך בגאולת הנחלה המשפחתית על ידי שאר הבשר הקרוב ביותר, הקונה בחזרה את שדה אלימלך מהקונה, הצד השלישי.[29]

הפירושים הללו בעייתיים מאוד.[30] אם המשפחה כבר מכרה את השדה, מדוע מצוין בפירוש ברות ד ה, ט כי השדה נמכר עתה "מִיַּד נָעֳמִי"? ואם השדה נמכר לפני שהמשפחה עזבה את העיר, מדוע נאמר כי **נעמי** היא שמכרה אותו? האם לא סביר יותר שאלימלך הוא שמכר את שדהו? זאת ועוד, האם יקנה מישהו שדה בזמן רעב? ואם נעמי מכרה את השדה עם שובה, מה קרה לכספי המכירה? מדוע לא שמענו על מכירה משמעותית כל כך עד לרגע זה? מדוע נאלצה נעמי להיות תלויה במזון שליקטה רות בשדות? ואם יש לה שדה,

שהנחלה שייכת לנעמי, שקיבלה אותה בירושה מאביה (כיוון שלא היו לה אחים, וראו במדבר כז ח, ובבא בתרא קטו ע"א). יחד עם זאת, עדיין יש להסביר מדוע הנחלה נקראת על שמו של אלימלך. אפשרות נוספת היא שאלמנת אלימלך (נעמי) רשאית למכור את הנכס כדי שתוכל להתקיים, על פי ההלכה (כתובות יא ב).

27. ראו למשל תנחומא (בובר) בהר ח.

28. ראו מדן, תקווה ממעמקים, עמ' 19, שם מועלית גם הסברה שהמשפחה מכרה את השדה אחרי שהגיעה למואב והחליטה להישאר שם. זוהי הסיבה האמיתית, לדעתו של הרב מדן, למותם של מחלון וכליון, שכן בתנ"ך האדמה קשורה לבלי הפרד עם צאצאים, עד שהוויתור על נחלה פירושו זניחת העתיד והייעוד, ולפיכך ניתוק השושלת המשפחתית.

29. ראו ויקרא כה כה. הרעיון המונח בבסיס המושג ההלכתי הזה הוא שהבעלות על האדמה איננה של היחיד בלבד אלא של המשפחה המורחבת ושל השבט. ראו ויקרא כה. לדוגמה נוספת ליישום מחויבות זו בתנ"ך, ראו ירמיהו לב ו-י.

30. קשיים אלה ניכרים בהבדלים שבין התרגום ליוונית לבין התרגום לסורית של רות ד ג.

מדוע היא אומרת שה׳ השיבה ״רֵיקָם״ (א כא)? אם במכירה מעורב צד שלישי, היכן הוא נמצא במהלך ההתרחשות הזאת?

לאור הקשיים האלה ייתכן שבניין קל בזמן עבר של הפועל ״מָכְרָה״ משמש הכרזה משפטית רשמית המורה על זמן הווה,[31] ופירושה ״בזאת מוכרת נעמי את השדה״.[32]

סביר אפוא להניח כי נעמי מוכרת את השדה עתה.[33] האם השדה לא עוּבּד לאורך יותר מעשר שנים? אם כך, ניתן להבין מדוע נקלעו נעמי ורות למצב כה קשה למרות קיומה של אותה נחלת אבות. עם זאת, ייתכן ואפילו סביר שהאדמה לא נזנחה ולא עמדה בשיממונה מאז לכתו של אלימלך, אלא עברה לרשות אנשי בית לחם למשך זמן העדרו.[34] בכפר חקלאי קטן, קשה להניח שחלקת אדמה חקלאית תישאר בור לתקופה כה ארוכה. עצם העובדה שאלימלך נטש את הרכוש בימי הרעב נחשבה אולי עילה משפטית להפקעת הקרקע בידי אנשי בית לחם.[35] אם שדה אלימלך הופקע מפני שהמשפחה עזבה את נחלת אבותיה, יש משמעות נוספת לטקס פומבי זה. חילוצו של שדה מידי אנשי העיר שנהנו מפירותיו יותר מעשר שנים איננו עניין פשוט.

31. על גישה זו ראו קמפבל, רות, עמ׳ 144. ראו גם את הדיון אצל בוש, רות, עמ׳ 202. בוש סבור כי אפשר להבין את הפועל הזה גם כאמירה שעצם אמירתה היא פעולה, אמירה שבה הדיבור והפעולה סימולטניים וזהים. משמעות זו מרבה להופיע בפעלים של שבועה, שבהם ההכרזה היא גם ביצוע הפעולה. ראו אוסטין, כתבים; אוסטין, מילים, עמ׳ 233–252; ציגלר, הבטחות, עמ׳ 28–30.
32. שימוש דומה מופיע אצל עפרון (בראשית כג יא): ״הַשָּׂדֶה נָתַתִּי לָךְ״. הואיל ועפרון לא יכול היה לתת את השדה לאברהם לפני אותו רגע, יש להניח כי הוא מכריז שהוא מוסר בזאת את השדה לאברהם, ומשתמש לצורך זה בזמן עבר.
33. המלבי״ם סבור כי נעמי כבר הודיעה על כוונתה למכור את השדה. השימוש בזמן עבר נובע מכך שהשדה כאילו כבר נמכר.
34. הרב יואל בן־נון העלה באוזניי את האפשרות שהגואל (פלוני אלמוני) עיבד את האדמה בתקופת העדרה של משפחת אלימלך. אך בהיות הגואל שאר בשרו הקרוב ביותר של אלימלך, ייתכן שאדמתו הייתה סמוכה לאדמת אלימלך. הרב בן־נון שיער כי בועז רוקם כאן תכנית שנועדה להחזיר לנעמי את האדמה מידי הגואל, שרכש לעצמו מידה מסוימת של ״זכויות פולשים״ באדמת אלימלך.
35. ראיה לכך אפשר למצוא במלכים ב ח א–ג.

הספר מדגיש שוב ושוב שמשפחה זו נסעה ל"שְׂדֵי מואב" (א א, ב, ו [פעמיים], כב; ב ו; ד ג). בהדגשה זו מובלעת אולי ביקורת מסוימת על המשפחה שהמירה את שדות אבותיה בשדות זרים.[36] בתקופה שבה שהתה משפחת אלימלך בחוץ לארץ ועיבדה שדות אחרים, שדהו של אלימלך היה אולי טרף קל. אלא שעתה, עם שובה של נעמי משהותה בשדות זרים, יש לעיר מחויבות להשיב לה את זכותה לשדות המשפחה. בטקס רשמי זה משתמש בועז פעמיים במילה "שדה" (ד ג): פעם אחת בהתייחס לנחלתו הזנוחה של אלימלך, ופעם נוספת בהתייחסות למסעה של המשפחה לשדי מואב. בועז, המכיר בהחלטתו הלא־ראויה של אלימלך, מותח ביקורת סמויה אך בד בבד תומך בשלטון החוק: אנשי העיר צריכים להניח לרגשותיהם האישיים ולהחזיר את שדה אלימלך לידי בעליו החוקיים.[37]

השדה ונישואיה של רות

עדיין נותרה לנו השאלה מדוע סוטה בועז מדרך הפעולה הצפויה, מדוע הוא חורג משאלת נישואיה של רות ומתמקד דווקא ברכישת שדה אלימלך?

36. על חומרת העניין אפשר ללמוד מרתיעתו הנבעתת של נבות לשמע הצעתו של המלך אחאב כי יחליף את נחלת אבותיו בחלקת אדמה אחרת בארץ, "חָלִילָה לִּי מֵה' מִתִּתִּי אֶת נַחֲלַת אֲבֹתַי לָךְ" (מלכים א כא ב). הרעיון שאלימלך מוותר בקלות על שדותיו בבית לחם תמורת שדות במואב מקומם אפוא מאוד.
37. המילה "שדה" מופיע בסיפורנו שש עשרה פעמים. פעמיים מתוכן מדברות על שדהו של אלימלך (רות ד ג, ה). היא מופיעה שבע פעמים (כולן בפרק ב) לתיאור חיפושיה של רות אחר שדה בבית לחם שבו תוכל ללקט, ושבע פעמים בהתייחס לשדות מואב, לשם נסעה המשפחה. יש להציב את שבעת האזכורים של שדות בית לחם כתמורה לשבעת האזכורים של הביטוי "שדי מואב". הנדיבות שמגלה בועז כלפי רות בשדותיו מקבלת אפוא משמעות רבה יותר כשאנו מבינים כי הוא מתעלם מקשריה עם נעמי, שזנחה את שדות בית לחם למען שדות מואב. גם כאן מגלה בועז נחישות ונוקט את הצעדים הראויים מבחינה משפטית למען נעמי, למרות אמירתו הפומבית כי היא שבה משדי מואב.

דומה שלבועז יש תכנית והיא מחייבת אותו להתנהל בזהירות לעבר הנושא שמעסיק אותו באמת. על פי התכנית הזאת השדה יוצע תחילה לגואל[38] ואז תותנה מסירתו בנישואים לרות (ד ה). באופן זה יוצר בועז זיקה בין שני נושאים משפטיים נפרדים, ששניהם קשורים לחובתו של קרוב המשפחה.

הצעת השדה למכירה (ד ד) בדבריו הראשונים של בועז צופה כבר את הזיקה הזאת. כפי שראינו ברות ג ט ויב-יג, המילה "גואל" (הנושאת משמעות של אחריות משפחתית לרכוש ולאדמה) מרמזת אולי גם על נישואים, על מנהג הדומה לייבום, שנועד לאפשר המשכיות לאדם שנפטר ולא הותיר צאצאים. הגואל אינו מודע כנראה למשמעות הנישואים הצפונה בשימוש של בועז במילה זו, אך בועז מודע לה בהחלט. כשהוא מציע את השדה לגואל (ד ד), קשה שלא לשמוע את הדי הדברים שאמר כשהבטיח לרות גאולה (ג יב-יג). ארבעת המופעים של המילה "גואל" ברצף מהיר בפרק ד הם תזכורת ברורה למדי לששת המופעים של מילה זו בדברים שאמר בפרק ג. בועז גם נשען כאן על טרמינולוגיית ה"אם" ו"אם לא" ("אִם תִּגְאַל גְּאָל וְאִם לֹא יִגְאַל הַגִּידָה לִּי") שבה השתמש שם ("אִם יִגְאָלֵךְ טוֹב יִגְאָל וְאִם לֹא יַחְפֹּץ לְגָאֳלֵךְ וּגְאַלְתִּיךְ אָנֹכִי"). ולבסוף, בועז מכריז שוב על הבנתו כי הוא הבא בתור על פי קרבת המשפחה ומבטא את נכונותו למלא את חובתו אם הגואל יסרב לעשות זאת. גם אם שיחה זו עוסקת לכאורה בשדה נעמי, בועז חושב על גאולתה של רות, כפי שעלתה בשיחתם בפרק ג. ומחשבה זו ניכרת בפסוק הבא, שבו בועז יוצר זיקה מפורשת בין רכישת השדה לבין הנישואים לרות.

38. המדרש בתנחומא בהר ח מניח כי בועז מתכוון לקיים את העניין הפשוט של המחויבות המשפחתית לרכישת האדמה כפי שהיא מוצגת בויקרא כה.

שאלה הלכתית:
רכישת אדמה ונישואים

וַיֹּאמֶר בֹּעַז: בְּיוֹם קְנוֹתְךָ הַשָּׂדֶה מִיַּד נָעֳמִי וּמֵאֵת רוּת הַמּוֹאֲבִיָּה אֵשֶׁת הַמֵּת קָנִיתָ (קניתי כתיב) לְהָקִים שֵׁם הַמֵּת עַל נַחֲלָתוֹ (ד ה).

תחביר הפסוק הזה מסורבל. לא ברור מיהו המושא הישיר של המופע השני של הפועל ״קָנִיתָ״.[1] האם מה שנקנה הוא אשת המנוח או השדה?[2] וממי נקנה השדה - מנעמי או מנעמי וגם מרות המואבייה? האם הן

1. בדומה למילה ״מָכְרָה״ ברות ד ג, יש להבין כנראה את המילה ״קָנִיתָ״ לא כפועל בעבר אלא כפועל בהווה פורמלי (אולי משפטי) מיידי (״בזאת אתה קונה״).
2. אם הפועל מתייחס לשדה, דרוש פסיק שיחלק את המשפט אחרי המילים ״רוּת הַמּוֹאֲבִיָּה אֵשֶׁת הַמֵּת״. ואז ייקרא הפסוק כך: ״בְּיוֹם קְנוֹתְךָ הַשָּׂדֶה מִיַּד נָעֳמִי וּמֵאֵת רוּת הַמּוֹאֲבִיָּה אֵשֶׁת הַמֵּת, קָנִיתָ [אותו]״. על פי קריאה זו, המילה ״קנית״ ניצבת לבדה, והמשמעות היא שהגואל קנה את האדמה. קריאה זו אינה מתקבלת על הדעת, שהרי אם כן, בועז אינו קושר באופן ברור בין קניית השדה לבין לקיחת רות לאישה. זאת ועוד, הפסוק נעשה טאוטולוגי: ״בְּיוֹם קְנוֹתְךָ הַשָּׂדֶה... קָנִיתָ [אותו]״. ולבסוף, אם יש כאן פשוט אזכור של קניית השדה, מדוע הגואל נבהל ומזדרז להתכחש להסכמתו הקודמת?

בעליו המשותפים של השדה?[3] אם רות המואבייה היא אחד מבעליו החוקיים של שדה אלימלך, העניינים מסתבכים בהחלט![4]

הקריאה המקובלת עליי מחייבת הצבת פסיק אחרי המילים "רות המואביה", ואכן מראה כי לרות יש בעלות חוקית חלקית על השדה.[5] עם זאת, על פי טעמי המקרא (המשמשים גם לפיסוק), ההפסקה המרכזית במשפט (האתנחתא) מופיעה אחרי המילה "נעמי", ובכך מפרידה בין נעמי לבין רות. בכל אופן, קשה לקרוא כך את המשפט. המילה "מאת" קשה במיוחד. אלמלא הייתה כאן, היינו מבינים בפשטות מדברי בועז שביום שבו הגואל קונה את השדה מידי נעמי הוא גם קונה את האחריות לשאת לאישה את רות, אשת המת.

בכל דרך שבה נבחר לקרוא את הפסוק הנפתל הזה, כוונתו של בועז ברורה. הגואל אינו יכול להסכים לקנות את האדמה בלי לקבל עליו את האחריות לשאת לאישה את רות המואבייה.[6] האירועים המופיעים בהמשך הפרק תומכים בקריאה זו: סירובו המבועת של

3. השימוש במיליות יחס שונות בעניין קניית השדה - **מִיַּד נָעֳמִי וּמֵאֵת** רות - מלמד כי הן אינן אפוטרופסיות שוות של השדה. על סמך אנומליה טקסטואלית זו סבורים כמה חוקרים כי נעמי היא בעליו האמיתי של השדה, בעוד שלרות יש "אינטרס משפטי" בעסקה. ראו גאו, רות ד, עמ' 309. מעניין שהתרגום משתמש באותו כינוי יחס - "מן ידה" [=מידה] - אצל שתי הנשים.

4. כך בדיוק טוען המלבי"ם על פסוק זה. לדעתו, נעמי ורות קיבלו כל אחת חלק משדה אלימלך כחלק מכתובתן. חלקה של נעמי זמין לקנייה קונבנציונלית, אך חלקה של רות עשוי להיקנות רק באמצעות צעד של נישואים דמויי-ייבום. וזה מה שנראה לגואל קשה, שכן חלקה של רות נועד להקים את שם המת על נחלתו, ולכן לא ייקשר לשמו של הגואל. המלבי"ם אינו מפרט מהי בדיוק משמעות הרעיון הזה.

5. התרגום ליוונית מתייחס למילה "קנית" כאילו היא כוללת מושא ישיר סמוי בגוף שלישי, כמו "בזאת אתה קונה אותה". הכתוב אמנם אינו מלמד זאת, אבל המשמעות דומה לאופן שבו אני קוראת את הפסוק.

6. התרגום (רות ד ה) מבהיר את הנקודה הזאת: "ביום זבנותך ית חקלא מן ידא דנעמי ומן ידא דרות מואביתא אתת מיתא חייב את למפרק ובעי ליבמא יתה למסבה לאנתו מן בגלל לאקמא שום שכיבא על אחסנתיה" [=ביום קנותך השדה מיד נעמי ומיד רות המואבייה אשת המת חייב אתה לגאול וצריך לייבם אותה לקחתה לאישה להקים שם המת על נחלתו].

הגואל, העברת זכויותיו של הגואל לבועז, ורכישת השדה בידי בועז בד בבד עם נישואיו לרות. אבל מה הם הטעמים המשפטיים לזיקה הנוצרת כאן בין שתי סוגיות נפרדות אלה? התחביר המסורבל של הפסוק משקף אולי את הבסיס הרעוע לקשירת שני הנושאים הנפרדים הללו ואת החיבור המסורבל ביניהם.

האם יש בעצם טעמים לשילוב המחויבות המשפחתית לקנות את נחלת האבות (גאולת קרקע) לבין האחריות לדאוג לאלמנת האח המת (ולשאתה לאישה) - מעין ייבום?[7] האם יש בכלל מקום לחבר בין שני הנושאים הללו? נראה שלא. הגואל ודאי אינו חושד שכך יהיה. מדוע אפוא יוצר בועז זיקה בין שתי הסוגיות הנפרדות הללו?

גם אם אין טעם משפטי מחייב לחיבור שתי המחויבויות הללו, ההתניה שקובע בועז, שלפיה הגואל צריך להסכים גם לשאת את רות, מתקבלת ללא התנגדות אצל הזקנים והנוכחים (לרבות הגואל עצמו). ייתכן שהדבר נובע ממעמדו הסמכותי של בועז, אבל סביר להניח שחיבור שתי החובות הללו מתקבל על דעתם של אנשי בית לחם. מהו הרעיון הטמון בחיבור של שתי מחויבויות משפחתיות נפרדות אלה?

חלק מהתשובה לשאלה זו קשור לאופן שבו הנישואים לרות נקשרים למצוות הייבום. החיבור הברור ביותר בין אירועי פרק ד לבין מצוות הייבום הוא היעד המוצהר של מציאת בעל לרות: "לְהָקִים שֵׁם הַמֵּת עַל נַחֲלָתוֹ". ביטוי זה, המופיע פעמיים במהלך ההליכים המשפטיים ברות ד (פסוקים ה, י), מזכיר את מטרת נישואי הייבום:

> כִּי יֵשְׁבוּ אַחִים יַחְדָּו וּמֵת אַחַד מֵהֶם וּבֵן אֵין לוֹ, לֹא תִהְיֶה אֵשֶׁת הַמֵּת הַחוּצָה לְאִישׁ זָר. יְבָמָהּ יָבֹא עָלֶיהָ וּלְקָחָהּ לוֹ לְאִשָּׁה וְיִבְּמָהּ. וְהָיָה הַבְּכוֹר אֲשֶׁר תֵּלֵד **יָקוּם עַל שֵׁם אָחִיו הַמֵּת** וְלֹא יִמָּחֶה שְׁמוֹ

7. כאמור, רש"י (רות ג ט) סבור כי רות כבר חיברה את שתי הסוגיות הללו בפרק ג: "'כִּי גֹאֵל אָתָּה' - לגאול נחלת אישי, כמו שנאמר: 'בא גואלו הקרוב אליו וגאל' (ויקרא כה). וגומר: חמותי ואני צריכות למכור נחלתנו, ועתה עליך לקנות. קנה גם אותי עמה, שיזכר שם המת על נחלתו - כשאבוא אל השדה יאמרו: 'זאת אשת מחלון'". ראו גם רש"י לרות ד י.

מִיִּשְׂרָאֵל. וְאִם לֹא יַחְפֹּץ הָאִישׁ לָקַחַת אֶת יְבִמְתּוֹ, וְעָלְתָה יְבִמְתּוֹ הַשַּׁעְרָה אֶל הַזְּקֵנִים וְאָמְרָה: מֵאֵן יְבָמִי לְהָקִים לְאָחִיו שֵׁם בְּיִשְׂרָאֵל, לֹא אָבָה יַבְּמִי (דברים כה ה–ז).

מטרת הייבום היא לשמר את שם המת. הואיל והמת לא הוליד יורש, שמו עלול להימחות.[8] כיצד בעצם מקים הייבום את שם האח המת?[9] אפשר להניח שהילד שייוולד מנישואי הייבום הללו פשוט ייקרא על שם המת. אבל חז"ל, בבואם לפרש את הקטע הזה, סבורים אחרת.[10] הם מניחים כי מטרת הנישואים היא לספק יורש לנחלת המת.[11]

הרעיון שקיום שמו של אדם קשור לשמירת נחלתו מוכר מסיפורן של בנות צלפחד.[12] כאשר הבנות דורשות את זכותן לרשת את אדמת אביהן למרות היותן נשים, הן מעלות את הטיעון הבא:

8. ראו שמואל ב יח יח; ישעיהו נו ה.
9. רש"י מביא רעיון מעניין בפירושו לרות ג ט (ראו לעיל, הערה 7): לטענתו, כאשר אנשים יראו את אשת המת, הם יזכירו את שמו של המת ויאמרו: "זאת אשת מחלון".
10. חז"ל מציעים קריאה שונה של דברים כה ו, ומשמעות הדבר השלכות הלכתיות שונות מאוד, אך הם מודים כי קריאה זו סוטה מפשוטו של מקרא. ראו את הדיון ביבמות כד ע"א. רשב"ם ואבן כספי (דברים כה ו) טוענים על פי פשוטו של מקרא כי הילד שייוולד מנישואי הייבום ייקרא על שם המת. הרמב"ן (בראשית לח ח; דברים כה ו) חולק עליהם ומבסס את דבריו על העובדה ששם הבן שנולד לרות ולבועז הוא עובד, ולא מחלון. אבן כספי טוען כי רות אכן קראה לבנה מחלון, אבל השכנים קראו לו עובד!
11. מרכזיותה של הירושה לקיום השם אינה עולה מהקטע בדברים, אך הזיקה בין שני הדברים קיימת בצורה ברורה מאוד במגילת רות, שבה מכריז בועז פעמיים שהמטרה היא "לְהָקִים שֵׁם הַמֵּת **עַל נַחֲלָתוֹ**" (רות ד ה, י). רש"י (דברים כה ו) מביא את ההסבר הבא: ""יקום על שם אחיו' - זה שייבם את אשתו יטול נחלת המת בנכסי אביו". ראו גם תרגום פסאודו יונתן, דברים כה ה-ו. ברוח זו נאמר ביבמות יז ע"ב כי לצורך הייבום, רק אחים השותפים בנחלת אביהם נחשבים אחים.
12. ביבמות כד ע"א אין התייחסות לסיפור בנות צלפחד, וטענת הקשר בין שם המת לשמירת נחלתו מבוססת על בראשית מח ו.

"לָמָּה יִגָּרַע שֵׁם אָבִינוּ מִתּוֹךְ מִשְׁפַּחְתּוֹ כִּי אֵין לוֹ בֵּן? תְּנָה לָּנוּ אֲחֻזָּה בְּתוֹךְ אֲחֵי אָבִינוּ" (במדבר כז ד).

על פי ההלכה, האח המייבם יורש את נחלת אחיו המת.[13] אלא שגישה זו מעוררת קושי טקסטואלי וקושי לוגי. מבחינה טקסטואלית, פשט הפסוק בדברים כה ו הוא שמי שיקים את שמו של המת הוא **הילד** שייוולד לזיווג בין האח לבין אלמנת המת. מבחינה לוגית, הרעיון שהאח החי יכול לקיים את שם אחיו המת על ידי קבלת אדמתו הוא בעייתי, שהרי האח יקבל את נחלת אחיו שמת ללא יורשים (או לפחות חלק ממנה) בין אם יבצע ייבום ובין אם לאו. וחשוב יותר, לא נראה שהאח החי נדרש לציין בנפרד את חלקת אחיו המת או לשמר שריד לחלקו המובהק של אחיו.[14] אם האח פשוט מספח את נחלת אחיו לנחלתו, איך יש בכך כדי לשמר את זכר האח המת?

נדמה שהדרך הטובה ביותר לקיים את שם האח המת על נחלתו היא לתת את אדמת האח המת לבכור הבנים שייוולד מנישואי הייבום.[15] באופן כזה יוכל הילד לשמר את הנחלה הנפרדת והמובחנת של האח המת (במקום שזו תיבלע בתוך נחלת האח החי).[16] ראיות מן הכתוב והשכל הישר כאחד מורים כי הילד שנולד מנישואי הייבום הוא

13. יבמות פ"ד מ"ז; יבמות כד ע"א; משנה תורה הלכות נחלות פ"ג ה"ז.
14. מעניין שהתלמוד בבבא בתרא יב ע"ב מביא ויכוח בשאלה אם היבם אמור לקבל שתי נחלות הגובלות זו בזו (כמו הבכור). מסקנת הוויכוח היא שאין זו זכותו לדרוש זאת. במילים אחרות, היבם יורש שתי חלקות נפרדות, בניגוד לבכור, המקבל חלק כפול. עם זאת אין פירוש הדבר שהאח חייב לשמר את החלקה הנפרדת של אחיו המת. אני מודה לרב ד"ר יהודה גולדברג על מקור זה ועל הדיון בסוגיה. אני מודה גם לרב דני וולף שדן אתי במורכבויות הנושא הזה.
15. הרב מדן (תקווה ממעמקים, עמ' 83), כותב: "אם יוליד היבם בן עבור אחיו המת, יקבל הבן את חלק המת בנחלה המשותפת העתידה לעבור מן הסב". אמנם לא כך פוסקת ההלכה, אך הרב מדן הסביר לי שכוונתו בהסבר זה הייתה לבאר את פשט הפסוק בדברים כה ו, שההיגיון הפנימי שלו משכנע.
16. אמנם אין זו ההלכה בנוגע למצוות הייבום, אך פשט הפסוק בדברים כה ו מלמד כי רעיון זה טמון במושג המקורי של הייבום. בהינתן העובדה שהתרחיש שלנו הוא לכל היותר הד למצוות הייבום, אפשר בהחלט לשער שירושת מחלון תינתן

הגורם המשמעותי שנועד לשמר את שם המת. אמנם אין זו הפסיקה ההלכתית בשאלת הייבום, אך בהחלט אפשרי שכך היה נהוג לעשות בנוגע למנהג הגאולה דמוי־הייבום המיושם במגילת רות.

מטרתו של בועז היא להבטיח כי שם המת לא יימחה. לשם כך לא די שאחד מקרובי המשפחה יישא את רות לאישה, ולא מספיק גם לגאול את נחלתו של אלימלך. ברוח הקריאה שהובאה לעיל יש להביא לעולם יורש, שינחל את זכויות האדמה של אלימלך ובכך יבטיח שאדמה זו לא תיבלע בנחלת אבותיו של אדם אחר.[17] שמה של משפחת אלימלך יונצח באמצעות שמירת זהותה המובחנת של האדמה. ייתכן שמשום כך מחליט בועז לחבר את שני הרעיונות הנפרדים של קניית האדמה ולקיחת רות לאישה.[18] רק כאשר שני המעשים הללו ייעשו בידי אותו אדם, יהיה כל אחד מהם מסוגל להגשים את ייעודו האמיתי.

יש בכך כדי להסביר מדוע הגואל מסרב מניה וביה לשאת את רות לאישה אחרי שהביע הסכמה נלהבת כל כך לגאול את האדמה. כפי שצוין, גאולת האדמה הייתה צעד שיבסס אותו מבחינה כלכלית. אבל קשירתו לניסיון להביא לעולם יורש שהאדמה תימסר לו מבטלת את כל היתרון הכלכלי לגואל ולצאצאיו. האדמה לא תיבלע לעולם בתוך נחלת אבותיו של הגואל. הילד שייוולד יקבל בעלות שלמה על נחלת המת. הגואל יצטרך להאכיל פיות נוספים ולא יזכה בשום

לבן שייוולד לרות מנישואיה הקרבים, בהתאם לפשט אותו פסוק. ראו מדן, תקווה ממעמקים, עמ' 84–85, 91.

17. הואיל והצעד של לקיחת רות לאישה איננו בעצם ייבום, כפי שנברר בהמשך, נחלת מחלון לא תעבור אוטומטית לילד שייוולד לרות. לפיכך חייב האדם שלו היא נישאת לרכוש את האדמה ולמסור אותה לילד מתוך הכרה במטרה של קיום שם המת על נחלתו.

18. רעיון זה תואם את הרעיון המונח בבסיס הדואליות של ברכת אברהם, אדמה וזרע. לעיל צוין פעמים אחדות כי ברכות אלה תלויות זו בזו ושתיהן חיוניות לקיום השם והייעוד של עם ישראל. הצלחתו של צעד דמוי־ייבום זה לחדש את אדמתו, זרעו ושמו של אלימלך תוכל להשפיע על המטרות הלאומיות הכלליות של המגילה: חידוש ברכות אברהם לעם ישראל.

רווח על השקעתו. שלא במפתיע, תשובתו השלילית של הגואל אינה מבוששת לבוא.

הנישואים לרות אינם עניין פשוט. בשל מוצאה המואבי וההסרונות הכלכליים של עריכת נישואי ייבום שאינם מביאים אתם שום יתרון כספי נראה לעין, לא רבים ישתוקקו לשאת אישה כזאת. נכונותו הבלתי־מעורערת של בועז לשאת את רות לאישה היא תופעה יוצאת דופן המעידה על חוסר אנוכיותו ועל אופיו הטוב.

ייבום במגילת רות

השאלה ההלכתית הבוערת ביותר הנמצאת ברקע מגילת רות נוגעת ליחס שבין סוגיית נישואי רות לבין מצוות הייבום וחלופתה, החליצה.[1]

דומה שחז"ל אינם רואים באירועי מגילת רות קיום של מצוות הייבום. הגמרא קובעת בפשטות: "ובועז אלמון שנשא אלמנה".[2] גם אבן עזרא קובע כך באמרו "אין הגאולה יבום".[3] אחרי הכול, לא בועז ולא הגואל הם אחים למחלון, בעלה המנוח של רות. לפיכך, על פי חוקי הייבום (דברים כה ה) אין כאן קיום של מצווה זו. נוסף על כך, בשום מקום אין הכתוב אומר שבסיפור זה מופיע קיום מצוות הייבום.

עם זאת, המגילה מלאה רמיזות לשוניות ותמטיות למצווה זו. ראו למשל את החיבורים הלשוניים הבאים:

- ברות ג יג מציין בועז כי אולי הגואל לא ירצה לשאת את רות ("וְאִם לֹא יַחְפֹּץ"). מילים אלה מזכירות את תיאור היבם המסרב

1. שתי האפשרויות, הייבום והחליצה, מוצגות בדברים כה ה-י.
2. כתובות ז ע"א.
3. אבן עזרא לרות ב כ. לאמירה קצרה זו נלווית התוספת הסתומה במקצת: "רק הוא דרך אחרת". יש להניח שאבן עזרא מתכוון לומר שהגאולה היא דרך אחרת להגיע למטרות דומות לאלה של הייבום.

לשאת לאישה את גיסתו ומעדיף את אופציית החליצה ("וְאִם לֹא יַחְפֹּץ הָאִישׁ", דברים כה ז).

- פעמיים מתוארים הנישואים לרות כצעד שתכליתו "**לְהָקִים שֵׁם** הַמֵּת" (רות ד ה, י). אמירות אלה מזכירות את הנאמר בדברים כה ו-ז על מטרת הייבום ("**יָקוּם** עַל **שֵׁם** אָחִיו הַמֵּת", "**לְהָקִים** לְאָחִיו **שֵׁם** בְּיִשְׂרָאֵל").
- בועז מודיע כי תוצאת הנישואים היא ששם המת לא יימחה: "**וְלֹא יִכָּרֵת שֵׁם** הַמֵּת מֵעִם אֶחָיו" (ד י). אמירה זו מזכירה את התחביר ואת התוכן של דברים כה ו, שם מוצג הייבום כצעד שנועד לשלול את האפשרות ששם המת יימחה: "**וְלֹא יִמָּחֶה שְׁמוֹ** מִיִּשְׂרָאֵל".
- המילה יבם מופיעה פעמיים במגילת רות (א טו).[4] יש לכך חשיבות מיוחדת מפני שהיא מופיעה רק בשני מקומות נוספים בתנ"ך כולו: בסיפור יהודה ובניו (בראשית לח ח) ובפירוט מצוות הייבום בדברים כה.
- הצירוף "אשת המת" מופיע רק בדברים כה ה וברות ד ה.
- הביטוי "לקרוא שם בישראל" מופיע רק בדברים כה י וברות ד יד.
- בנישואים עצמם (ד יג), "**וַיִּקַּח** בֹּעַז אֶת רוּת וַתְּהִי **לוֹ לְאִשָּׁה**" מזכיר את הנאמר בדברים כה ה, "**וּלְקָחָהּ** [יבמה] **לוֹ לְאִשָּׁה**".
- דבריו המבוהלים של הגואל לנוכח הסיכוי לשאת את רות, "פֶּן **אַשְׁחִית** אֶת נַחֲלָתִי" (רות ד ו), מזכירים את התנגדותו של אונן לייבם את אשת אחיו המת במצוות אביו יהודה. התרסתו כלפי אביו מביאה אותו לניסיון למנוע הולדת יורש: "**וְשִׁחֵת** אַרְצָה" (בראשית לח ט).

4. המילה יבם אינה מופיעה בפועל בסיפור זה (ובוודאי אינה מתארת את צעד הנישואים לרות), אלא מציינת את היחס בין עורפה לרות. אבן עזרא, במסגרת ניסיונו להוכיח שנישואי רות אינם קיום של מצוות הייבום, מציין (דברים כה ה) כי שם זה מתייחס לנשים הנשואות לשני אחים, ולאו דווקא בהקשר של ייבום.

יש גם קווי דמיון תמטיים המרמזים על קשר בין שני המקורות. העלייה אל הזקנים היושבים בשער העיר (ד א–ב), המחוזקת באמצעות תפקיד הנעל בשחרור הגואל מחובתו (ד ח), מזכירה את טקס החליצה (דברים כה ז, ט). זאת ועוד, ברות ד י נאמר סוף־סוף שבעלה של רות היה מחלון, מה שמלמד כי בעלה המת של רות הוא גורם בטקס זה.[5]

מצוות הייבום מהדהדת בחזקה לכל אורך מגילת רות. עובדה זו הולידה את עמדת הקראים, שלפיה היא מוכיחה כי מצוות הייבום מוטלת על קרוב משפחה ולא רק על אח ממש. כך מציג אבן עזרא את עמדת הקראים (ודוחה אותה בהמשך):

> "כי ישבו אחים יחדו". גם הם אמרו כי אינם אחים ממש כי אם קרובים, והביאו ראיה מבועז. ולא אמרו כלום [בעל ערך], כי אין שם זכר יבום כי אם גאולה... והנה נואלו ונסכלו כי הנה מפורש בבני יהודה [שזהו ייבום, שנאמר]: "ויבם אותה" (בראשית לח ח)... [וזאת] בעבור [שתמר נישאה...] לשני אחים... והנה הכתוב אמר על אונן שלא נתן זרע לאחיו "וירע בעיני ה'" (בראשית לח י). על כן אנחנו נסמוך על הקבלה, ש[המצווה מתייחסת ל] אחים ממש (אבן עזרא לדברים כה ה).

הקראים יצאו נגד נישואי ייבום עם אחי הנפטר והביאו תימוכין לעמדתם ממגילת רות.[6] מצוות הייבום מלווה בתחושת צרימה, שהרי

5. עד לרגע זה לא הובהר בכתוב אם בעלה של רות היה מחלון או כליון. זאת ועוד, דומה שבועז התעניין קודם לכן רק באלימלך (רות ד ג) ולא במי שהיה בעלה של רות.
6. השקפה זו הופצה בידי מייסד התנועה הקראית ענן בן דוד, בן המאה השמינית, בספרו "ספר המצוות". מסורת קראית קדומה (וגם המסורת השומרונית) אפשרה נישואי ייבום לאח רק במקרה מותו של בעלה של אישה **מאורסת**. בהמשך התפלגו בני הסמכא הקראים בשאלה מהי הדרך הנכונה לערוך נישואי ייבום. ראו גורדיס, אהבה, עמ' 250, 262.

בכל מצב אחר אשת האח (אפילו אחרי מותו) אסורה במפורש על אחיו (ויקרא יח טז; כ כא).[7] הקראים פתרו את הבעיה בכך שהחילו את המילה "אח" על כל קרוב משפחה חוץ מאח ממש.[8]

עם זאת, קריאה מסורתית במגילת רות לא תוכל לקבל את נישואי רות כקיום מצוות הייבום,[9] ולא רק מפני שהאדם הנושא אותה איננו אח ממש. אין אפילו פרט אחד מפרטי מצוות הייבום והחליצה המתקיים כהלכה בספר זה.[10] נעלו של הגואל אינה נחלצת בידי רות (אשת המת), ועל פי המסופר ברות ד י לא ברור אפילו אם הנעל של הגואל נחלצת בכלל.[11] רות אינה עולה השערה אל זקני העיר וגם אינה אומרת שהגואל מיאן לייבמה, ואינה יורקת בפניו.[12] לא ברור אם רות נוכחת בכלל בטקס.[13]

7. חז"ל ערים כמובן לבעיה זו. ראו למשל ירושלמי נדרים ג ב; ספרי דברים פיסקא קלג; מכילתא דרבי ישמעאל יתרו ז.
8. אחד השימושים המקובלים של המילה "אח" בתנ"ך הוא קרוב משפחה, ולאו דווקא אח ממש. ראו למשל בראשית יג ח; כט יב; במדבר טז י; שמות ד יח; דברים טו יב. ראו גם BDB, עמ' 26.
9. אמנם תרגום רות ד ה מרמז לכאורה כי הנישואים בין רות לבועז הם אכן צורה של ייבום. וזו לשון הקטע: "ביום זבנותך ית חקלא מן ידא דנעמי ומן ידא דרות מואביתא אתת מיתא חייב את למפרק **ובעי ליבמא יתה למסבה לאנתו** מן בגלל לאקמא שום שכיבא על אחסנתיה" [=ביום קנותך השדה מיד נעמי ומיד רות המואבייה אשת המת חייב אתה לגאול וצריך **ליבם אותה לקחתה לאישה** להקים שם המת על נחלתו]. אלא שדומה שזוהי דעת יחיד.
10. ראו שאלתו העשרים של אברבנאל על דברים כה ותשובתו שם.
11. בהמשך נדון בשאלה של מי הנעל שנשלפה. מעניין שהפועל המשמש לתיאור הסרת הנעל (חלץ) שונה מזה המופיע ברות ד ח (שלף).
12. ב**קדמוניות היהודים** מתקן יוסף בן מתתיהו את הטקס המוצג במגילת רות כדי שידמה לטקס ייבום. המשפט הבא מבהיר את כוונתו של יוסף בן מתתיהו: "וכן העיד בעז את מועצת הזקנים וצווה לאשה לגשת ולחלוץ נעלו של האיש לפי החוק ולירוק לו בפניו" (**קדמוניות**, ספר חמישי, 9, 335, תרגום: אברהם שליט). על פי יוסף בן מתתיהו, המילה "בפניו" (דברים כה ט) פירושה יריקה בפני היבם ולא יריקה "לפניו", וזה בניגוד לפירושם של רש"י ואבן עזרא לדברים כה ט.
13. רות אינה ממלאת כל תפקיד בטקס. אולם העדים מכנים אותה "הנערה הזאת"; והמילים "זאת" או "זה" משמשות בדרך כלל לתיאור מישהו או משהו נוכח, לא פעם בלוויית הצבעה על אותו סובייקט. ראו למשל רש"י לשמות יב ב.

הוכחה טקסטואלית מסקרנת צפונה בפסוק המסביר בקפידה את תפקידה הטקסי של הנעל: "וְזֹאת לְפָנִים בְּיִשְׂרָאֵל עַל הַגְּאֻלָּה וְעַל הַתְּמוּרָה. לְקַיֵּם כָּל דָּבָר שָׁלַף אִישׁ נַעֲלוֹ וְנָתַן לְרֵעֵהוּ, וְזֹאת הַתְּעוּדָה בְּיִשְׂרָאֵל" (ד ז). פסוק זה, המסביר כי הנעל משמשת בסוגים מסוימים של עסקאות משפטיות, בלי להזכיר את טקס החליצה, נועד לכאורה לשכך את החשד המקנן בנו שמאחורי הטקס הזה מסתתר מעשה החליצה התנ"כי.

רמזים נוספים לכך שמגילת רות אינה כוללת מעשה ייבום עולים מהתנהגותן של כמה מדמויות המפתח בעלילה. כשבועז משבח את רות על כך שלא ביקשה לעצמה בחור צעיר יותר, "אִם דַּל וְאִם עָשִׁיר" (ג י), הוא מגלה כי רות יכלה לבחור לה בעל לפי רצונה. אילו היה עניין הייבום תקף, היא הייתה חייבת לקבל את הייבום או לעבור את טקס החליצה עם יבמה ורק אז הייתה חופשייה לחפש לה בעל. אישוש נוסף נלמד מהתנהגותה של נעמי. אילו היה עניין הייבום תקף לאחר מות בניה, מדוע שלחה את כלותיה בחזרה למואב להינשא שם? אישה הנדרשת לעבור ייבום נחשבת לאישה נשואה ואינה יכולה להינשא לאחֵר עד שתקיים את טקס החליצה עם אחי המת. זאת ועוד, אם אכן קיימת חובת ייבום, קשה להניח שנעמי הייתה שולחת את רות לפתות את בועז בצורה חשאית שכזאת, שכן הדרך הפשוטה יותר הייתה לדרוש ממנו ייבום על פי ההלכה. גם מתגובתו של הגואל אפשר ללמוד כי הייבום לא היה בתוקף: הכרזתו של בועז כי הגואל נדרש לשאת את רות מפתיעה אותו לגמרי. הייתכן שהגואל היה מגיב כך אילו היה חייב לייבם אותה? ולבסוף, הסיפור יוצר זיקה בין פרי הזיווג החדש לבין בועז, ולא בין הילד הנולד לבין המת. העדים מברכים את בועז שה' יתן **לו** זרע מרות: "מִן הַזֶּרַע אֲשֶׁר יִתֵּן ה' לְךָ מִן הַנַּעֲרָה הַזֹּאת" (ד יב).

אפשר כמובן לטעון כי אחת מהדמויות המופיעות לעיל אינה מודעת לחובת הייבום או להציע הסבר חלופי לכמה מההתנהגויות שנזכרו כאן. אבל התמונה הכללית המצטיירת מבהירה בצורה משכנעת שנישואי בועז לרות אינם נובעים מחובת הייבום, אם כי

יש בהם משהו מתכונות מצווה זו וממטרותיה. מגילת רות שואבת רבות ממצוות הייבום כדי להדגיש ולהפנות את תשומת הלב לקווי הדמיון הקיימים בין שני המצבים, אך לאור הראיות הרבות עלינו להסיק כי נישואי רות בפירוש אינם ייבום.

מטרת הייבום

נישואי ייבום ממלאים תפקיד חשוב בחברה - הם מנציחים את שמו של אדם שמת ללא ילדים וסכנת כליה מרחפת אפוא על שמו ועל מורשתו. הלכת הייבום גם מגִנה על האלמנה שנותרה ללא ילדים וסיכוייה להינשא שנית בחברה הקדומה היו נמוכים.[14]

חוקים מהמזרח הקדום מתעדים מנהג דומה:[15]

> אשה כי תשב בבית אביה, ומת בעלה ובנים יש לה, בביתם תשב כאשר תבחר. אם בנים אין לה, חמיה ישיא אותה לבן כבחירתו...[16] ואביה לחמיה יתננה לקחתה לו לאשה. אם בעלה וגם חמיה מתו, ובן אין לה אלמנה היא, אל אשר טוב בעיניה תלך (דיני אשור התיכונה, לוח A, סעיף 33).[17]

הרמב״ן, בפירושו לסיפור בניו של יהודה, מבחין שהייבום התקיים לפני מתן תורה (דהיינו בחברה הקדומה). הוא מסיק מסיפור יהודה

14. זוהי תכליתו העיקרית של חוק הייבום, לפי נויפלד, דיני נישואין, עמ׳ 30.
15. נישואי ייבום מופיעים גם בתרבויות אינדו־אירופיות ומלנזיות קדומות. ראו וסטרמארק, היסטוריה, עמ׳ 63–261, 229–207.
16. קטע חסר במקור.
17. ראו גם חוקי החתים 193, הקובע כי האחריות לשאת את אלמנת המת מוטלת תחילה על אחיו, אחר כך על אביו, ולבסוף על האחיין מצד האב. אחד מלוחות נוזי מתעד גבר הרוכש לבנו כלה בתנאי שאם בנו ימות, תינתן האישה לבן אחר. למידע נוסף בנושא זה ראו בורוס, ייבום; וסטברוק, רכוש.

ותמר שהייבום הקדום נעשה גם על ידי קרובי משפחתו של הנפטר ולא רק על ידי האח:[18]

> והיו החכמים הקדמונים קודם התורה יודעים כי יש תועלת גדולה ביבום האח... כי כל שארו הקרוב אליו ממשפחתו אשר הוא יורש נחלה יגיע ממנו תועלת. והיו נוהגים לישא אשת המת האח או האב או הקרוב מן המשפחה. ולא ידענו אם היה המנהג קדמון לפני יהודה... וכאשר באתה התורה ואסרה אשת קצת הקרובים, רצה הקב"ה להתיר איסור אשת האח מפני היבום, ולא רצה שידחה מפניו איסור אשת אחי האב והבן וזולתם, כי באח הורגל הדבר ותועלת קרובה ולא בהם (רמב"ן לבראשית לח ח).

על רקע זה מסביר הרמב"ן את מגילת רות:

> וחכמי ישראל הקדמונים, מדעתם הענין הנכבד הזה, הנהיגו לפנים בישראל לעשות המעשה הזה בכל יורשי הנחלה, באותם שלא יהיה בהם איסור השאר, וקראו אותו גאולה, וזהו ענין בעז וטעם נעמי והשכנות, והמשכיל יבין[19] (שם).

פירושו של הרמב"ן מסביר את השימוש במילה "גואל" המופיעה

18. הוא מתבסס כמובן על כך שתכניתה של תמר כוללת סוג כלשהו של ייבום עם אבי בעלה - יהודה.
19. הרמב"ן אינו משתמש כאן בביטוי הנפוץ "על דרך האמת", אבל כשהוא משתמש בביטוי "והמשכיל יבין" (במיוחד כאשר לאחריו ישנו רמז לסוד כלשהו), הוא מתייחס בדרך כלל לרעיון קבלי. במקרה דנן, נראה שהוא מתייחס להנחת היסוד בקבלה, שלפיה הייבום קשור לרעיון גלגול הנשמות. ראו גם רבנו בחיי, דברים כה ו; זוהר משפטים תפ; של"ה (רבי ישעיהו הלוי הורוביץ) סוף פרשת כי תצא; מלבי"ם לרות ג ד; ד יד, טו. הזוהר בפרשת וישב מאריך בחשיבות של הולדת ילדים ובהשלכות של מוות ללא צאצאים. הזוהר מתייחס במפורש לנישואי רות ובועז במהלך דיון בהשלכות של הייבום ובכך שהייבום מאפשר לנשמתו של המת להמשיך ולהתקיים.

פעמים רבות במגילה: היא מתייחסת לנוהג קדום הדומה לייבום הן מצד מקורו הן מצד מטרותיו. נחזור בקרוב לרעיון זה של הרמב"ן.

חסד וייבום

מדוע אפוא מסתמכת מגילת רות על מצוות הייבום? באיזה אופן משמשת המצווה רקע אידיאולוגי לנעשה במגילה?

כאמור, הייבום הוא מצווה קשה במיוחד, כפי שניתן ללמוד מהמסלול העוקף שמציגה התורה (החליצה), המאפשר ליבם להימנע מקיום המצווה. ההעדפה הראשונית של התורה היא הייבום, ולפיכך היא יוצרת טקס משפיל לאדם הממאן לקיים את חובתו, אבל במערכת ההלכתית מובנה המסלול החלופי של החליצה.[20] יתרה מזאת, בשני הסיפורים המקראיים שבהם מופיע ייבום או מעין־ייבום, ישנו סירוב עיקש לקיים את הייבום. אונן מעדיף לשחת את זרעו ולא לתת זרע לאשת אחיו המת, והסירוב המבוהל של הגואל מלמד שהוא מעדיף לוותר על קרקע ולא לשאת את רות לאישה.

את הקושי הכרוך במצווה זו אפשר להסביר בכמה דרכים. ראשית, כפי שכבר צוין לעיל, הייבום כולל בתוכו עבירה על ציווי מקראי אחר, ולמרות היתר מפורש בתורה העוקף את האיסור ייתכן שדי היה בכך ליצור רתיעה אינסטינקטיבית מקיומו. זאת ועוד, כאמור, במעשה זה אין בהכרח תועלת כלכלית והוא אף עלול לגרום להפסד כספי. לבסוף, יכול להיות שהייבום דורש מהאדם להתעלות מעל נטייה אנושית בסיסית, הרצון הגורם לאנשים לחפוץ במחיקתו של אח, הדחף לרצח־אח.[21]

20. מנהג הייבום נפוץ בעולם הקדום, אך נראה כי החליצה היא חידוש של התורה. לא רק שאיננו מכירים מנהג דומה לזה בחברה של המזרח הקדום - דומה כי יהודה אינו מודע כלל לאפשרות זו.

21. ראו מדן, תקווה ממעמקים, עמ' 83–84. הרב מדן מציע בנוסף כי חלופת הייבום, החליצה, נובעת אולי גם מהשאיפה הלא־ראויה להשתלט על אדמת האח על ידי כך שתעבור לרשותו, במקום להוליד יורש לאותו אח מת.

אין כמעט ספק כי התנ"ך, הגם שהוא מתיר את החליצה, אינו רואה אותה בעין יפה.[22] אדם הממאן למלא את חובתו כלפי גיסתו נקרא לסדר בפומבי. הוא מופיע לפני זקני העיר (ככל הנראה בשער העיר), והם מדברים עמו. אם הוא עומד בסירובו, עליו להכריז על כך בריש גלי, ואז יבמתו חולצת את נעלו, יורקת לפניו[23] ואומרת "ככה ייעשה לאיש אשר לא יבנה את בית אחיו". בסופו של הטקס נקרא שמו בישראל "בית חלוץ הנעל", שם מבזה ביותר. נראה כי הטקס לפרטיו נועד להביך אדם הממאן לייבם. טקס פומבי ומשפיל זה, והמילים המוטחות ביבם הסרבן, מרתיעים ויוצרים תחושת גינוי עמוקה.[24]

גם הייבום וגם תולדתו, הגאולה (מנהג דמוי־ייבום של נישואים לקרוב משפחה), נתפסים כמעשים מאתגרים וראויים לשבח. לצורך עשייתם דרושה מחויבות מוסרית כלפי האח יחד עם מוכנות לעשות חסד של אמת, נדיבות שהנותן אינו מרוויח ממנה דבר. נכונותו הבלתי־מעורערת של בועז לעשות זאת היא ביטוי לגישתו חסרת האנוכיות ולנכונותו לעזור לאחרים. מתוך תגובת הבהלה של הגואל ניתן ללמוד עד כמה מעשה זה של בועז הוא התנהגות יוצאת דופן, כפי שנבחן עתה בפרוטרוט.

22. גישה זו השתנתה בתקופת חז"ל. המקורות מעידים שבתחילה נחשב הייבום עדיף על חליצה (בכורות פ"א מ"ז; יבמות לט ע"ב; כתובות סד ע"א). אלא שכיום, מסבירים אותם מקורות, החליצה קודמת לייבום, שכן אין ודאות שהיבם עושה זאת לשם המצווה. ראו במיוחד שיטתו של אבא שאול בסוגיות דלעיל (וביבמות ג ע"א). זוהי הפסיקה המקובלת זה שנים רבות בקהילות אשכנז, אף שבקהילות ספרד הייבום היה נוהג מקובל בדורות קודמים.

23. על היריקה כאות לבוז ראו במדבר יב יד; ישעיהו נ ו; איוב ל י.

24. טקס משפיל זה בולט במיוחד בהקשר שבו הוא מופיע. עונש המלקות מבהיר את ההגבלה על הפגיעה בכבוד המוכה: "אַרְבָּעִים יַכֶּנּוּ לֹא יֹסִיף פֶּן יֹסִיף לְהַכֹּתוֹ עַל אֵלֶּה מַכָּה רַבָּה **וְנִקְלָה אָחִיךָ לְעֵינֶיךָ**" (דברים כה ג). אך שישה פסוקים בלבד אחר כך (דברים כה ט) מורה התורה על ביזויו הפומבי של היבם לשעבר, בשפה המזכירה את ההירתעות הקודמת מפני התנהגות זו ("וְנִגְּשָׁה יְבִמְתּוֹ אֵלָיו **לְעֵינֵי** הַזְּקֵנִים וְחָלְצָה נַעֲלוֹ מֵעַל רַגְלוֹ וְיָרְקָה בְּפָנָיו וְעָנְתָה וְאָמְרָה: כָּכָה יֵעָשֶׂה לָאִישׁ אֲשֶׁר לֹא יִבְנֶה אֶת בֵּית **אָחִיו**). ראו ברמן, הרמנויטיקה, עמ' 26.

סירובו של הגואל

וַיֹּאמֶר הַגֹּאֵל: לֹא אוּכַל לִגְאָל (לגאול כתיב) לִי פֶּן אַשְׁחִית אֶת נַחֲלָתִי. גְּאַל לְךָ אַתָּה אֶת גְּאֻלָּתִי כִּי לֹא אוּכַל לִגְאֹל (רות ד ו).

כבר הצענו מספר סיבות לקושי שבנישואי ייבום. למרות זאת, אפשר שהמפתח להבנת הגואל מצוי במילים "פֶּן אַשְׁחִית אֶת נַחֲלָתִי". מה פירוש הדבר? אפשרות אחת היא שהגואל חושש מפני התוצאות הדתיות והחברתיות של נישואים למואבייה. יש לציין כי בועז מתייחס במפורש לרות כמואבייה לפני שהגואל מגיב כך (רות ד ה). ייתכן שהגואל חושש כי נישואיו למואבייה יחללו את טוהר המשפחה, במיוחד אם ייוולדו ילדים מזיווג זה.[1]

אפשרות נוספת היא שהגואל מדבר על ההשלכות הכלכליות ההרסניות העלולות להיות לנישואים כאלה. אבן עזרא מפרש שלגואל ישנה כבר נחלה גדולה, וכוונתו היא אולי שהגואל חש שאין ביכולתו לדאוג לנחלה המאוחדת. אם אכן זוהי כוונת הגואל, הדבר נראה כתירוץ עלוב, שהרי קודם לכן הביע התלהבות רבה מהאפשרות

1. רות רבה פרשה ז ז, י; רש"י לרות ד ו.

לקבל את האחריות לשדה. ההסכמה ההיא באה כמובן לפני שהגואל ידע שקניין השדה תלוי בנישואים לרות. ייתכן שהוא חישב ומצא כי ההוצאות הכרוכות בכלכלת רות, הילדים שייולדו ממנה ואולי גם נעמי יהיו כבדות מדי.[2]

אבן עזרא מביא הסבר אפשרי נוסף לכוונותיו של הגואל. הגואל חושש אולי מתגובת אשתו לכך שהוא יישא את רות. גישה זו באה לידי ביטוי גם בתרגום המגילה לארמית:

> ואמר פרוקא כהאיי גונא לית אנא יכיל למפרק לי על דאית לי אתתא, לית לי רשו למסב אוחרנתא עלה דלמא תהי למצו בביתי ואיהי מחביל ית אחסנתי. פרוק לך את ארום לית לך אתתא ארום לית אנא יכיל למפרק [=ואמר הגואל במקרה זה איני יכול לגאול לי כיוון שיש לי אישה, אין לי רשות לשאת אחרת עליה, פן תהיה למריבה בביתי, ואשחית את נחלתי. גאל לך אתה כי אין לך אישה כי לא אוכל לגאול] (תרגום רות ד ו).

תהא אשר תהא הסיבה לסירובו של הגואל לשאת את רות - חברתית, כלכלית, דתית או שילוב כלשהו של כל אלה - דומה שסירובו של הגואל נובע מכך שבראש מעייניו עומדים צרכיו שלו ולא האינטרסים של רות או של אלימלך המנוח. המלבי"ם מתמקד בשימוש של הגואל במילה "לי": "על זה השיב [הגואל]: 'אחר שלא אוכל לגאל [אותה] לי' - דייק מלת לי, רצונו לומר שלא אוכל שיהיה לעצמי... לא יקרא על שמי" (מלבי"ם לרות ד ו).

סירובו הפומבי של הגואל עלול היה להנחית על רות מכה קשה. עד לאותו רגע הוכרה בפומבי רק תמיכתו הגורפת של בועז בה, המופיעה ברות ב יא-יב. השפעתה של אמירה זו על אנשי העיר הובילה מן הסתם לשיפור משמעותי במעמדה החברתי. אך לקיחת רות לאישה היא מעשה הרבה יותר אישי מאשר פשוט לברך אותה.

2. הברד, רות, עמ' 245; קמפבל, רות, עמ' 159.

הסירוב הנסער והפומבי של הגואל לשאתה לאישה עלול להשפיע במידה רבה על מעמדה החברתי של רות ועל עתידה.

בועז מגיע להחלטה שונה מזו של הגואל. ייתכן שבשלב זה של הסיפור הוא כבר רוצה לשאת את רות לאישה. נמנעתי באופן עקבי מלעסוק ברעיון זה, במיוחד לנוכח האיפוק שבועז מפגין בפרק ג, ועוד יותר מזה לאור נכונותו לוותר על רות לטובת גואל אחר. עם זאת, ייתכן שעתה, משעמד על אופייה המופתי של רות, שינה את טעמו ועתה הוא שואף לקחתה לעצמו לאישה. אפשר ללמוד זאת משני גורמים. האחד הוא שבדבריו אל הגואל מכנה אותה בועז "מואבייה" - אולי במכוון כדי להניא אותו מלשאת אותה לאישה. שנית, בהכרזתו של בועז יש מופע מעניין של קרי וכתיב. הוא משתמש בגוף שני בדווחו לגואל כי חובתו היא לקנות את רות (קנית), אך בכתיב מופיע הפועל בגוף ראשון (קניתי). הפרשנות המסורתית נוטה לראות בקרי את המשמעות הפשוטה של הכתוב ואת הכתיב כאמצעי לגילוי משמעות עמוקה יותר.[3] ייתכן אפוא כי בתוך הצעתו של בועז נחשף כאן רצונו האישי לשאת בעצמו את רות.

את זאת נוכל רק לנחש. ידוע לנו בבירור רק שבועז מוכן לשלם מחיר גבוה, שהוא מוכן להקריב את שמו הטוב ואולי אף את רווחתו הכלכלית, כדי לבצע את החובה הדרושה למען אשת קרובו המת. החלטתו האצילית של בועז לקיים את המנהג דמוי־הייבום ולשאת את רות לאישה מדגישה את התנהגותו האלטרואיסטית ואת תחושת המחויבות העמוקה שלו. מכל מקום, הגואל ובועז מוצגים כאן כתמונת ראי. כפי שהתנהגותה הנורמטיבית של עורפה הדגישה את אופייה

3. לעיל עסקנו בתופעת הקרי והכתיב (ראו עמ' 120, הערה 8). פרשני ימי הביניים מרבים להיעזר בה כאמצעי פרשני המשמר הן את המשמעות שעל פני השטח (הקרי) הן את המשמעות העמוקה יותר (כתיב). המחקר האקדמי מניח שיש רק קריאה מקורית אחת ולפיכך מתמקד במציאת הקריאה ה"נכונה". אצל בוש, רות, עמ' 216–229, אפשר למצוא עיסוק אקדמי מקיף בתופעת הקרי וכתיב בפסוקנו, לרבות סקר של גישות אקדמיות שונות.

היוצא דופן של רות, כך משמשים חישוביו של הגואל רקע להבנת אישיותו המיוחדת של בועז.

חוסר האנוכיות המדהים של בועז משקף את חוסר האנוכיות של רות. זיווגם של שני אנשים כה ייחודיים המצטיינים בחסד לזולת ובנדיבות הלב נועד להביא לעולם שושלת מלוכה הרואה לנגד עיניה את צורכי הנתינים ולא את צורכיהם האישיים של בני משפחת המלוכה.

הנעל והערת המספר

וְזֹאת לְפָנִים בְּיִשְׂרָאֵל עַל הַגְּאֻלָּה וְעַל הַתְּמוּרָה. לְקַיֵּם כָּל דָּבָר, שָׁלַף אִישׁ נַעֲלוֹ וְנָתַן לְרֵעֵהוּ. וְזֹאת הַתְּעוּדָה בְּיִשְׂרָאֵל (ד ז).

הערה מערכתית חריגה זו מוסיפה לסיפור הערה בסוגריים המזכירה את הנוהג הקיים בעם ישראל הקדום: במקרים הקשורים לגאולה ולתמורה נהגו להשתמש בנעל לאשרור עסקאות.

המחקר המודרני רואה בכך הוכחה כי המחבר כתב את הספר זמן רב אחרי התרחשות האירועים המתוארים בו.[1] דומה שההערה נועדה לעיני ציבור שאינו מכיר עוד את המנהג הזה. לחלופין אפשר לטעון כי בועז החיה מנהג נשכח שאבד שנים רבות.[2] המילה "לְפָנִים" עשויה

1. ראו למשל גריי, רות, עמ' 399, 421; קליין, עולם התנ"ך, עמ' 100; זקוביץ, רות, עמ' 107; נילסון, רות, עמ' 89. דומה כי הברד, רות חולק על עמדה זו בעמ' 248, אף כי בעמ' 23 הוא מביא אותה כראיה.
2. ראו רות רבה פרשה ז יא; אבן עזרא לרות ד ז; מלבי"ם לרות ד ז. המלבי"ם מסביר מדוע נזנח מנהג זה. אני מציעה לראות בזניחתו של מנהג ישן משהו המלמד על ההתנוונות הדתית שנפוצה בתקופת השופטים.

לתאר מנהג קדום[3] או מנהג שהתקיים בעבר הקרוב, אולי אפילו לפני פחות מדור.[4] אמנם אין אפשרות לדעת מתי נזנח המנהג, אך מתקבל הרושם שעם ישראל נטש את מנהגיו ושכח את מסורתו ההלכתית.[5] רושם זה מזכיר את ההתנוונות הדתית של ימי השופטים ורומז כי המנהגים נזנחו באותה תקופה.[6] ייתכן אפוא שפסוק זה שולב כאן כדי להראות כיצד מגילת רות משקמת את העם מבחינה חברתית ודתית ומחדשת את מסורותיו העתיקות.

פסוק זה קוטע את העלילה בצורה המעוררת שאלה מסוג שונה: מהו תפקידה הספרותי של הערה זו? מדוע הספר עוצר - ממש באמצע דבריו של הגואל - ומביא את ההסבר הזה? הברד טוען כי הפסוק משמש הפסקה ספרותית בין סירובו של הגואל לבין הנוסח המשפטי הרשמי.[7] סירובו של הגואל יוצר רגע של מתח. לנוכח האופי החגיגי והרשמי של פסוק זה, מצטיירים האירועים הבאים כרשמיים ומשפטיים.[8] לפסוק יש פתיחה פורמלית וסיום פורמלי, החל במילים

3. למשל תהלים קב כו.
4. ראו שופטים ג ב; איוב מב יא.
5. מסקנה דומה אפשר ללמוד מן הפסוק המופיע לקראת סוף ספר שופטים ובו מוצגות הוראות הגעה למשכן בשילה, כפי שהראינו לעיל בספרנו. פרט זה רומז כי ההוראות מיועדות לבני בנימין, שלא הרבו לפקוד את המשכן בשילה. הואיל ונחלתם הייתה כה קרובה לשילה (יש הסבורים אפילו ששילה הייתה בנחלת בנימין), צפוי היה שדווקא הם ירבו לבקר במשכן יותר מבני שבטים אחרים. מתוך העובדה שההוראות מוצגות באופן כללי (ולא לבני בנימין באופן ספציפי), אפשר להניח שהעם לא ידע כלל איך להגיע לשילה.
6. לדעתי אפשר למצוא תמיכה מסוימת לקריאה זו ברות רבה פרשה ז יא: "רבי חנינא פתר קרא בישראל... לשעבר היו מקלסין על הגאולה, שנאמר: 'זה אלי ואנוֶהו' (שמות טו), ועכשיו על התמורה, שנאמר: 'וימירו את כבודם בתבנית שור אוכל עשב' (תהלים קו כ)". המדרש משתמש בפסוק זה כדי להראות את ההתנוונות הדתית המהירה של העם אחרי יציאת מצרים, המובילה אותם לחטא העגל. הצגת דברים זו מלמדת כי ההתנוונות הדתית המהירה אחרי יציאת מצרים מקבילה להתנוונות הדתית המהירה אחרי כיבוש הארץ, שהובילה למצב הדתי העגום בתקופת השופטים.
7. הברד, רות, עמ' 248.
8. כבר טענתי לעיל שפסוק זה נועד אולי לבטא (בהדגשה) כי הטקס הרשמי

"וזאת לפנים בישראֵל" וכלה במילים "וזאת התעודה בישראל". אמצעי זה, לצד המצלול המילולי הקצבי (הגאולה, התמורה, התעודה), משווה לפסוק נופך טקסי.

עלינו לבחון גם את תוכנה של הערה חריגה זו בהקשר שבו היא משובצת בסיפור. לכאורה נועדה אמירה נדירה זו גם להפנות את תשומת הלב אל הפרטים הכלולים בה. הוא הדין לפחות בפסוק המקראי הדומה להפליא, "לְפָנִים בְּיִשְׂרָאֵל, כֹּה אָמַר הָאִישׁ בְּלֶכְתּוֹ לִדְרוֹשׁ אֱלֹהִים: לְכוּ וְנֵלְכָה עַד הָרֹאֶה, כִּי לַנָּבִיא הַיּוֹם יִקָּרֵא לְפָנִים הָרֹאֶה" (שמואל א ט ט). הערת מספֵּר זו מפנה את תשומת הלב למוטיב חשוב בספר שמואל א: הראייה. האמירה מוצגת בסגנון עובדתי ופורמלי, אך המסקנה הנובעת ממנה היא אולי שהראייה הנבואית (ולפיכך התובנה) איננה עוד מה שהייתה פעם.[9] למעשה, זה קשור למה שה' עתיד לומר לשמואל בהמשך העלילה (שמואל א טז ז), שם מופיע השורש רא"ה ארבע פעמים. נזיפתו של ה' בשמואל רומזת אולי גם שהעדר התובנה אצל שמואל הוא הבסיס לנפילתו של שאול. באופן דומה מפנה הערת המספר במגילת רות את תשומת הלב לעסקאות המשפטיות החשובות המצויות בבסיס פרק זה, דהיינו גאולה ותמורה.[10] עם זאת, ההערה מפנה את תשומת הלב במיוחד אל הנעל, ובה נתמקד עתה.

איננו טקס חליצה, למרות חליצת הנעל.

9. שורשה של המילה "נביא" שנוי במחלוקת. מכל מקום, המילה "רואה", ששימשה פעם להגדרת הנביא, קשורה לראייה, מה שרומז שנביאי ההווה לא ניחנו בראייה החדה של קודמיהם.

10. המילה "תמורה" נדירה בתנ"ך. היא מופיעה בצורתה זו רק שש פעמים, ובדרך כלל קשורה לסוג מסוים של עסקת חליפין – אם בתחום הפולחן (ויקרא כז י, לג) אם בתחום המסחר (איוב כ יח; כח יז). משמעות אפשרית נוספת מופיעה באיוב טו לא: גמול על מעשיו הרעים של האדם. במגילת רות מביעה המילה "תמורה", כפי הנראה, את העברת הזכויות מהגואל לאחר. חז"ל רואים בכך סוג מסוים של עסקת חליפין, שבה נרכש משהו על ידי שימוש בחפץ כצורת תשלום בידי שליח (בבא מציעא מז ע"א–ע"ב [גם יא ע"ב]). הברד, רות, עמ' 249, אומר שהמילה יוצרת מֶריזם (אמצעי פיגורטיבי שבו שילוב של שני מרכיבי השלם

הנעל

מהי תכליתה של הנעל? האם יש לה משמעות סמלית? באילו נסיבות אחרות בתנ״ך מופיעה נעל?

הנעל מרבה להופיע בהקשר של רכישת אדמה.[11] הליכה על אדמה מבטאת בעלות,[12] והנעל נתפסת כייצוג פעולת ההליכה על האדמה.[13] בתרחיש שלפנינו דומה כי נעלו של הגואל מוסרת כסמל לוויתורו על זכותו לרכוש את נחלת אלימלך.[14] יש חוקרים הסבורים כי הנעל מסמלת אולי גם את הזכות לרכוש אישה.[15] הנעל מתייחסת אולי לאישה ולאדמה כאחת, שני מושגים המתמזגים בשימוש במילה ״גואל״.

אבן עזרא, בדרכו המעשית הייחודית, טוען כי הנעל משמשת בעסקאות פשוט מפני שזהו פריט זמין לכל אדם.[16] גישה זו עשויה להסביר שינוי מסקרן בלשון הפסוק בתרגום לארמית:

משמש להגדרת כוליותו של השלם) עם המילה ״גאולה״, ומטרת השילוב הזה היא לבטא שכל העסקאות כלולות כאן.

11. ראו תהלים ס י; קח י. ראו גם את הסברו של חזקוני לדברים כה ט.
12. ראו בראשית יג יז; יהושע א ג. רות רבה פרשה ז יא דן בשאלה אם הליכה על האדמה פירושה רכישתה למעשה. ראו גם בבא בתרא ק ע״א; בראשית רבה פרשה מא י.
13. במסמכים נוזיים מופיע ניב המבטא תיקוף לעסקת נדל״ן: האדם ״מרים את רגלו מנחלתו״ ו״מניח עליה את רגלו של האחר״. ראו לכמן, הערה, עמ׳ 53-56.
14. כפי שנראה, הסובייקט שנעלו נחלצת אינו ברור, וכך שתי האפשרויות נשארות פתוחות.
15. זה קשור כמובן לתפקיד הנעל בטקס החליצה, שבו הגבר מוותר על חובתו־זכותו לשאת את אשת אחיו המת. קרמייקל, טקסי, עמ׳ 323, מצטט את גסטר, מיתוס, עמ׳ 449-450, המציין כי בשפה הערבית מופיעה לפעמים התייחסות פיגורטיבית אל האישה כאל נעל. פרט לקטע הנוגע לחליצה, אין בתנ״ך כל ראיה למשמעות כזאת. גזירת הרעיון שהנעל מסמלת אישה משני קטעי מקרא אלה (דברים כה ט-י ורות ד ט) יוצרת טיעון מעגלי, מפני שבמגילת רות יש התייחסויות רבות לקטע מספר דברים. לדעתי זוהי אפוא תיאוריה לא משכנעת.
16. ראו גם בבא מציעא מז ע״א, בדיון העוסק בשאלה אילו פריטים עשויים

> וכהדא מנהגא בעידנא דמלקדמין מתנהגא בישראל. בזמן דשקלן וטרן ופרקן ומחלפן חד מן חבריה ומקימין כל מדעם - אטלע גבר נרתיק יד ימיניה ואושיט ביה קנין לחבריה. והכי נהגין בית ישראל למקני חד מן חבריה קדם סהדיא. ואמר פרוקא לבועז: אושיט ידך לקנינא וקני לך. וטלע בועז ית נרתיק יד ימיניה וקני ליה [=וכמנהג שנהגו בימים קדומים בישראל בעת המשא ומתן והגאולה והתמורה אדם עם רעהו ולקיים כל דבר - גבר שלף את כיסוי יד ימין והושיט בו לרעהו כקניין. וכך נוהגים בית ישראל לקנות אדם מאת רעהו לפני עדים. ויאמר הגואל לבועז: הושט ידך לקניין וקנה לך. וישלוף בועז את כיסוי יד ימינו ויקנה לו] (תרגום רות ד, ז-ח).

בתרגום מוחלפת הנעל בכסיה, והדבר מלמד כי לנעל אין חשיבות אינהרנטית.[17] לתיקוף העסקה עשוי לשמש כל חפץ יומיומי.[18]

עם זאת, בתנ"ך מתוארים מקרים אחרים של חליצת נעל שבהם השימוש הסמלי במנהג זה חורג כנראה מעסקת חליפין מסחרית גרידא. ה' (או מלאך ה') מצווה הן על משה[19] הן על יהושע[20] לחלוץ את נעליהם. בשני המקרים הללו חליצת הנעל קשורה לנוכחות ה' עלי אדמות.[21] יש פרשנים הסבורים שהם חולצים את נעליהם כדי שלא תהיה חציצה בין כפות רגליהם לבין האדמה הקדושה.[22] אחרים סבורים

לשמש בסוג זה של עסקת חליפין. גם דיון זה נמנע מלייחס משמעות מיוחדת לנעל.

17. כנראה התרגום מבין את המילה נעל כסוג של כפפה. בכל מקרה, תרגום זה מלמד שאין לייחס משמעות מיוחדת לתפקיד הנעל בעסקה זו.
18. מגישה זו אנו למדים שזוהי רכישה הנעשית בידי שליח ומכונה "קניין חליפין" או "קניין סודר". ראו להלן.
19. שמות ג ה.
20. יהושע ה טו.
21. רעיון זה קיבל ביטוי מעשי בהלכות הנוגעות לנעילת מנעלים בבית המקדש. ראו למשל ברכות פ"ט מ"ה ושמות רבה פרשה ב יג.
22. למשל, רלב"ג ליהושע ה יג.

כי חליצת הנעל מסמלת את סילוקו של כל דבר חומרי כהכנה לקראת ההתגלות האלוהית.[23] על פי קריאות אלה, חליצת הנעל נתפסת כצעד חיובי שאינו קשור כמעט לתרחיש המתואר במגילת רות.[24]

ויחד עם זאת, חליצת הנעל בתנ"ך מסמלת לפעמים את חיסול כבודו של האדם או רצונו החופשי.[25] אפשר לראות זאת בתיאורו של דוד היוצא את ירושלים במהלך מרד אבשלום כשהוא יחף, חפוי ראש והוא עולה ובוכה.[26] יש בכך גם הסבר לעובדה שחליצת הנעל מסמלת אֵבל.[27] זה כנראה מה שקורה בטקס החליצה, שבו נחלצת הנעל כסמל להתנהגותו המבישה של הגבר הממאן לבצע את טקס הייבום.[28] ייתכן שזהו גם הבסיס לטקס חליצת הנעל ברות ד ח. בהנחה שהנעל הנחלצת היא נעלו של הגואל, הטקס נועד כנראה להשפילו בפומבי. מנגנון זה של השפלה פומבית ייחודי לחקיקה בתנ"ך ומשמש אך ורק בטקס החליצה. זאת ועוד, בספר המייחס חשיבות כה רבה לשמירת כבודו של האדם (למשל רות ב טו-טז), ההשפלה הפומבית של הגואל מרשימה במיוחד.

עדויות ארכיאולוגיות ומקראיות מסוימות מגלות כי הנעל משמשת סמל משפטי במיוחד במצבים ספציפיים, שבהם העסקה אינה עולה בקנה אחד עם רוח ההלכה.[29] האשורולוג הנודע אפרים אביגדור

23. ראו אברבנאל, שמות ג ד. ברוח זו כדאי לציין כי לפעמים משמשת הנעל, כנראה, סמל לעושר ולאצולה (שיר השירים ז ב), ולפיכך הסרתה מסמלת סילוק החומריות.
24. עם זאת, הנצי"ב מציין הקבלה בין משה המסיר את נעליו (צעד שנראה לו כסילוק החומריות) לבין הסרת נעלו של החולץ. ראו הנצי"ב, שמות ג ה; דברים כה ט.
25. ראו הברד, רות, עמ' 251.
26. שמואל ב טו ל.
27. ישעיהו כ ב-ד; יחזקאל כד טו-כד.
28. אישוש לכך נותן השם המשפיל הניתן לו, "בית חלוץ הנעל". ראו גם קרמייקל, טקסי, עמ' 321-336.
29. ראו את המאמר ספייזר, נעליים. כראיה נוספת לתיאוריה זו מקבל ספייזר את הגרסה היוונית לנאום הפרידה של שמואל בשמואל א יב ג. בגרסה היוונית (הנתמכת גם בבן סירא מו יט) נכתב: "את שור מי לקחתי וחמור מי לקחתי

ספייזר גילה ראיה בשני מסמכי נוּזי שבהם נזכרות נעליים כסמלים משפטיים. בשני המקרים נמסרות הנעליים כתשלום סמלי לתיקוף עסקה משפטית חריגה ואולי גם לעקיפת מכשולים משפטיים.[30] פסוקים מנבואת עמוס (ב ו; ח ו), המדברים על מכירת עני בתמורה לנעליים, עשויים גם הם לתמוך בשימוש זה בנעל.[31] מכירת עני לעבד היא אולי עסקה כשרה מבחינה משפטית, אך זהו מעשה מחפיר שמשמעותו דיכוי האדם. מצב שבו גבר מסרב לקיים את מצוות הייבום הוא בהחלט מעשה לא ראוי. במקרה זה משמשת הנעל בטקס החליצה, המראה כי המעשה נחשב אולי חוקי אבל אינו הולם את התכלית האידיאלית של הלכה זו.

תפקיד משפטי זה של הנעל יוצר הקשר חדש להבנת המתרחש במגילת רות. ייתכן שהנעל משמשת שם כהכרה בהחלטתו הלא־כל־כך־נאצלת של הגואל לוותר על זכותו לשאת את רות. העברת זכות זו לבועז היא אולי בעלת תוקף משפטי, אך בוודאי לא התוצאה המשפטית הצפויה או הראויה.

נעלו של מי נשלפת?

וַיֹּאמֶר הַגֹּאֵל לְבֹעַז: קְנֵה לָךְ, וַיִּשְׁלֹף נַעֲלוֹ (ד ח).

על מי נאמר כאן "וישלֹף"? מי חולץ את נעלו? ולמי שייכת הנעל? חז"ל דנים בשאלה האחרונה:

ואת מי עשקתי את מי רצותי, ומיד מי לקחתי כופר **וזוג נעליים?**" זוהי פרשנות מעניינת, שכן שמואל מכריז בנאום זה כי מעולם לא נתן את ידו לפעילות משפטית מפוקפקת.

30. ספייזר, נעליים, עמ' 17. עם זאת, בוש, רות, עמ' 235, מפקפק באפשרות להסיק מסקנות מהטקסטים של נוזי מפני שאלה קשים במיוחד לפרשנות. ספקות בדבר הקשר הזה מופיעים גם אצל גסטר, מיתוס, עמ' 449–450, הטוען כי במגילת רות הדגש ניתן **בחליצת** הנעל, ואין הדבר דומה למסמכי נוזי.

31. גורדיס, אהבה, עמ' 261, דוחה קריאה זו של עמוס ב ו וטוען כי שם הנעליים הן אובייקט העסקה ולא המכשיר המאפשר אותה.

> נעלו של מי? רב ולוי [נחלקו]. חד אמר נעלו של בעז, וחרינא אמר נעלו של גואל. נראין הדברים [כי התשובה הנכונה היא] כמאן דאמר נעלו של בועז, שדרך הלוקח להיות נותן ערבון [לתשלומו] (רות רבה פרשה ז יב).

נבחן את האפשרויות האלה. ייתכן שהנעל שייכת לבועז - זוהי מסקנתו של המדרש שהובא כאן (ועמו כל מקורות חז"ל).[32] על פי גישה זו, זוהי עסקת חליפין חוקית של רכישה באמצעות חפץ (במקרה זה נעל) המכונה "קניין חליפין".[33] בעסקה מסוג זה הקונה נותן למוכר חפץ כדי לקבל את הבעלות.[34]

אפשרות נוספת היא שהנעל שייכת לגואל.[35] תחביר המשפט, שבו הגואל הוא הדובר, נוטה מעט לטובת קריאה זו. תרחיש זה עשוי ללמד כי הגואל שולף את נעלו כסמל מוחשי לכך שהוא מוותר על זכויותיו לאדמה, על הנישואים לרות או על שניהם. צעד זה מזכיר גם את טקס החליצה, שבו נעלו של היבם נחלצת כשהוא ממאן למלא את מצוות הייבום.

גם אם הפסוק מתייחס לנעלו של הגואל, מושא הפועל ("וישלֹף") נותר מעורפל והאפשרות שבועז הוא השולף את הנעל מרגלו של הגואל נותרת פתוחה.[36] אפשרות זו יוצרת מקבילה משכנעת עוד

32. ראו גם בבא מציעא מז ע"א.
33. התלמוד בבבא מציעא מז ע"א רואה בתרחיש זה מקרה קלאסי של "קניין חליפין" (המכונה גם "קניין סודר", על שם הסינר או המטפחת המשמשים במקרים רבים של עסקאות מסוג זה. הקוראים מכירים אולי את סוג העסקאות הזה ממכירת החמץ). ראו משנה תורה הלכות מכירה פ"ה ה"ה; רש"י לרות ד ז. רס"ג, רות ד ז, קובע כי זוהי הדוגמה הראשונה לעסקה מסוג זה, ועוד - שזוהי תקנה שתיקן בועז.
34. תופעה זו עולה מתרגום רות ד ז-ח, שהובא לעיל, שבו בועז משתמש בכסייתו לסימול העברת הבעלות.
35. זוהי הקריאה בתרגום הלוקיאני ליוונית של המגילה, הבאה לידי ביטוי במילים "וישלוף נעלו **ויתננה לבועז**". בדומה לזה נכתב בוולגטה כי הגואל מורה לבועז להרים את הנעל (שאותה חלץ כנראה הגואל).
36. קריאה זו סבירה פחות, מפני שדומה כי סופית המילה "נעלו" מתייחסת

יותר לטקס החליצה, שבו האלמנה חולצת את נעלו של היבם.[37] עם זאת, אם מושא הפעולה הזאת הוא אכן הגואל, העובדה שזהותו נותרת עלומה מכינה אותנו לקראת היעלמותו הקרובה מהסיפור. בעקבות סירובו הרשמי לקיים את הגאולה המחויבת, הוא נעלם מהסיפור ואינו נזכר בו שוב.

הערפול בדבר בעליה של הנעל מעוגן עמוק כל כך בסיפור, עד שדומה שהוא־הוא הרעיון הטמון בו. ערפול פותח פתח לריבוי משמעויות, שכל אחת מהן תורמת רעיון משמעותי להבנת העניין.

במדרש שהובא לעיל מוצגות דוגמאות נוספות לסיפורים מעורפלים. בדומה לנעל שלנו, שני המקרים הראשונים המובאים במדרש זה עוסקים בשאלת בעליו של פריט לבוש מסוים:[38]

> ודכוותה [וכמוהו] "ויתפש אחיה בשלמה החדשה [אשר עליו ויקרעה שנים עשר קרעים]" (מלכים א יא ל). שמלתו של מי? רב ולוי [נחלקו]. חד אמר: שמלתו של ירבעם. וחרינא אמר: שמלתו של אחיה. אמר רבי שמואל בר רב נחמן: מסתברא כמאן דאמר [סביר כמי שאמר] שמלתו של אחיה, שדרך הצדיקים להיות קורעים [את בגדיהם] בשעה שמחלוקות במלכות בית דוד. ודכוותה [וכמוהו] "ויסב שמואל ללכת ויחזק בכנף מעילו ויקרע" (שמואל א טו כז). מעילו של מי?[39] רב ולוי [נחלקו]. חד אמר: מעילו של שאול, וחרינא אמר: מעילו של שמואל. ומסתברא כמאן דאמר [וסביר כמי שאמר] כנף מעילו של שמואל,

למושא הפועל הקודם, "וישלֹף", ומלמדת כי האדם השולף את נעלו הוא גם בעליה של אותה נעל.

37. דברים כה ט.

38. המדרש מביא גם דוגמה שלישית אך דומה שהיא אינה קשורה לסיפורים האחרים. ראשית, היא אינה עוסקת בפריט לבוש. שנית, בפסוק המובא אין ערפול טקסטואלי מובהק. מסיבות אלה לא אבחן כאן את החלק האחרון של המדרש..

39. המדרש אינו עוסק בערפול הנוסף המופיע בפסוק: מיהו נושא הפועל "ויקרע"? ערפול נוסף זה נוכח כאמור גם בפסוקנו (סביב נושא הפועל "וישלוף").

שדרך הצדיקים להיות קורעים [את בגדיהם] בשעה שאין נטיעתן משבחת (רות רבה פרשה ז יא).

מדוע סבור המדרש כי שני הסיפורים הללו מקבילים לסיפור שלנו? ואם נחדד את השאלה, מה המשותף בין הפסוקים העוסקים בנעלו של בועז, בשלמתו של אחיה ובמעילו של ירבעם? המדרש מביא שתי דוגמאות למקרים שבהם הבגדים מסמלים קרע בעל משמעות לאומית המתייחס למלוכה. ממלכת דוד נקרעת מנכדו רחבעם במעשים הרי משמעות הנעשים במפגש בין אחיה לירבעם. אצל שמואל ושאול נקרע המעיל בהקשר הרה אסון כדי לסמל את קריעת המלוכה משאול (שמואל א טו כח). יצירת ההשוואה המשולשת הזאת משמשת אולי את המדרש כרמז למשמעות דומה בסיפור שלנו. שליפת נעלו של בועז ומסירתה לגואל מסמלת אירוע בעל משמעות לאומית. זהו הרגע שבו הגואל מאבד את זכותו להיות חלק משושלת המלוכה וזכות זו עוברת לבועז.

ראוי לציון שבשני המקרים קובע המדרש כי האדם שבבגדו נעשה שימוש סמלי הוא הצדיק בסיפור. ייתכן כי המדרש מדבר על נכונותו של הצדיק, שמעשהו הסמלי הפעיל מלמד על זריזותו ועל דאגתו לנושא. המדרש אינו מכנה את בועז "צדיק", אך מסקנת המדרש היא שהנעל ששימשה במעשה הסמלי הייתה נעלו של בועז. ייתכן להסיק מכך שהמדרש מבקש לומר כי בועז הוא הצדיק הזריז. בנכונותו ובחמלתו הוא מקבל עליו את האחריות למצב ומזדרז לשלוף את נעלו שלו כדי לקדם את ההתרחשויות לקראת סופן הטוב.

פרידה מהגואל

אחרי חליצת הנעל נפרד בועז מהגואל ללא גינונים יתרים ואינו מפטיר אף מילה לעברו. הוא פונה אל הזקנים ואל העם ואינו מזכיר את הגואל בדבריו אפילו פעם אחת. בדרך זו נמחק הגואל מההליכים המשפטיים. מחיקה פתאומית זו מזכירה את התנהגותו של בועז כלפי

הנער הניצב על הקוצרים ברות ב ה-ז. אחרי תיאורו הארוך (והמזלזל לטעמי) של הניצב את רות, בועז פשוט מתעלם ממנו ופונה ישירות אל רות. בשלב זה נעלם הניצב מהסיפור. אמנם ייתכן שכך מתפוגגות בדרך כלל דמויות שוליות מסיפורים,[40] אך דומה שיחסו של בועז לדמויות אלה מבקש לומר משהו: דמויות שאינן ממלאות תפקיד חיובי בסיפור דינן להימחק ממנו.

המילה "גואל" נזכרת פעם נוספת אחרי ירידתו של הגואל מן הבמה: "וַתֹּאמַרְנָה הַנָּשִׁים אֶל נָעֳמִי: בָּרוּךְ ה׳ אֲשֶׁר לֹא הִשְׁבִּית לָךְ גֹּאֵל הַיּוֹם. וְיִקָּרֵא שְׁמוֹ בְּיִשְׂרָאֵל" (ד יד). אלא שכאן אין זו התייחסות לאדם שנקרא בכינוי זה לכל אורך הפרק. לעיל דיברנו על הופעתו של השורש גא"ל שבע פעמים בפרק ג. בפרק ד מופיע שורש זה חמש עשרה פעמים, וארבע עשרה מהן הן התייחסויות לאותו אדם, הגואל המקורי.

כדי להיטיב ולהבין את האופן שבו מצייר הכתוב את דמותו של גואל זה, נבחן את סדר הופעתה של המילה בפרקנו.[41] היא מופיעה בשתי קבוצות של שבע בתוספת המופע החמישה עשר הבלתי־צפוי.

שבעת המופעים הראשונים של השורש גא"ל קשורים לנכונותו של הגואל לגאול את נחלתו של אלימלך. בועז משתמש בשורש זה ארבע פעמים ברצף מהיר בהצעתו הראשונית לפלוני אלמוני "אִם **תִּגְאַל גְּאָל** וְאִם לֹא **יִגְאַל** הַגִּידָה לִּי וְאֵדְעָה (ואדע כתיב) כִּי אֵין זוּלָתְךָ **לִגְאוֹל** וְאָנֹכִי אַחֲרֶיךָ" (ד ד). הופעתה השביעית של המילה בקבוצה הראשונה היא נקודת השיא בהסכמתו של הגואל: "אָנֹכִי **אֶגְאָל**" (ד ד).

שבעת המופעים הבאים של השורש גא"ל קשורים לסירובו של הגואל לגאול. למרות החלטתו החד־משמעית לא לגאול, ממשיכה המילה גואל להתייחס דווקא אליו.[42] גם בסירובו המבוהל לשמש

40. ראו למשל את דבריו של סימון, הדמויות.

41. ראו עתשלום, אשר שם, המציין סידור דומה (אם כי שונה במקצת) של המילה גואל בפרק זה.

42. הפסוק הבא מנוסח בצורה אירונית מפני שהגואל מתכחש לתארו, לתמצית הווייתו (רות ד ו): "וַיֹּאמֶר הַגֹּאֵל: לֹא אוּכַל לגאול [לִגְאָל קרי] לִי".

גואל לרות מופיע השורש גא"ל ארבע פעמים ברצף מהיר, בהקבלה ישירה להצעתו של בועז (ובדחייתה): "לֹא אוּכַל **לגאול** [לִגְאָל] לִי פֶּן אַשְׁחִית אֶת נַחֲלָתִי. **גְּאַל** לְךָ אַתָּה אֶת **גְּאֻלָּתִי** כִּי לֹא אוּכַל **לִגְאֹל**" (ד ו).

המופע החמישה עשר והאחרון של המילה הוא חלק מברכת הנשים: "בָּרוּךְ ה' אֲשֶׁר לֹא הִשְׁבִּית לָךְ **גֹּאֵל** הַיּוֹם". אל מי היא מתייחסת כאן? על פי ההקשר, הגואל כאן הוא הילד,[43] אך על פי ההקשר הרחב יותר זהו כנראה בועז.[44] כך או כך, בועז הוא המתייצב לפעולה במקום הגואל המקורי, האדם המוצג בתואר "גואל", ומחליף אותו ואת תפקידו בנראטיב – הוא גואל את הנחלה ונושא את רות לאישה.

43. מלבי"ם לרות ד יד; בוש, רות, עמ' 253; הברד, רות, עמ' 271, טוען כי רעיון זה מקובל על רוב החוקרים.

44. בוואר, הגואל. ראו את התייחסותו של ששון לסוגיה זו, שבה הוא דוחה בסופו של דבר את מסקנתו של בוור (ששון, רות, עמ' 163–164).

עדים וברכות

וַיֹּאמֶר בֹּעַז לַזְּקֵנִים וְכָל הָעָם: עֵדִים אַתֶּם הַיּוֹם כִּי קָנִיתִי אֶת כָּל אֲשֶׁר לֶאֱלִימֶלֶךְ וְאֵת כָּל אֲשֶׁר לְכִלְיוֹן וּמַחְלוֹן מִיַּד נָעֳמִי. וְגַם אֶת רוּת הַמֹּאֲבִיָּה אֵשֶׁת מַחְלוֹן קָנִיתִי לִי לְאִשָּׁה לְהָקִים שֵׁם הַמֵּת עַל נַחֲלָתוֹ וְלֹא יִכָּרֵת שֵׁם הַמֵּת מֵעִם אֶחָיו וּמִשַּׁעַר מְקוֹמוֹ. עֵדִים אַתֶּם הַיּוֹם (ד ט–י).

המילה "קנה"

בתיאור האקט הרשמי המשפטי של קניית האדמה ורות בידי בועז מופיעה פעמיים המילה "קניתי". מה פירושה של המילה בהקשר של נישואים? האם בועז אכן קנה את ידה של רות בצעד דומה לזה של רכישת האדמה?

בתנ"ך משמשת המילה "קנה" בדרך כלל במשמעות רכישה מסחרית של אדמות, בתים, מקנה[1] או עבדים. במקרים רבים היא

1. המילה "מקנה", שמשמעותה בקר (עם קונוטציה של רכוש ועושר) קשורה כנראה לשורש קנ"ה. ראו רמב"ן לבראשית יד יט; גזניוס, לקסיקון, עמ' 504.

משמשת לתיאור קניית אדמה, למשל קניית מערת המכפלה בידי אברהם (בראשית כה י; מט ל; נ יג), קניית שדה בשכם בידי יעקב (בראשית לג יט) וקניית גורן ארוונה בידי דוד, המקום שבו עתיד לקום המקדש (שמואל א כד כא, כד). כששורש קנ"ה מתייחס לה', הוא משמש בכמה דרכים יוצאות דופן.[2] אבל בשום מקום אחר בתנ"ך הוא אינו משמש בהקשר של נישואים.[3]

במגילת רות המילה "קנה" משמשת במובנה המקובל כשמדובר ברכישת שדה אלימלך (ד ג-ד). החידוש שמחדש בועז, כשהוא קושר את חובתו של הגואל לקנות אדמה לאחריותו לשאת לאישה את רות, כרוך גם בשימוש מקורי במילה "קנה" במשמעות של רכישת רעיה. שימו לב לשימוש הכפול של בועז בפועל "קנה": "בְּיוֹם **קְנוֹתְךָ** הַשָּׂדֶה מִיַּד נָעֳמִי וּמֵאֵת רוּת הַמּוֹאֲבִיָּה אֵשֶׁת הַמֵּת, קניתי (**קָנִיתָ**) לְהָקִים שֵׁם הַמֵּת עַל נַחֲלָתוֹ" (ד ה).

כאשר הגואל מעביר את זכויותיו לבועז ומצהיר בלקוניות: "קְנֵה לָךְ", דומה שהוא מתייחס בעת ובעונה אחת לקניית השדה ולקניית רות. הכרזתו הרשמית של בועז לנוכח סירובו של הגואל (ד ט) משתמשת שוב פעמיים במילה "קניתי" - פעם אחת כשהוא מתייחס לכל מה ששייך למשפחה (כנראה הרכוש) ופעם אחת במפורש ביחס לנישואיו לרות.

גזניוס מבחין בין השימוש המסחרי במילה לבין משמעות כללית יותר של רכישה (לא במובן הכספי). ייתכן שזהו השימוש הראשוני

2. למשל, בבראשית יד יט וכב מתואר ה' כ"קֹנֵה שָׁמַיִם וָאָרֶץ". רש"י אומר שם כי "קונה" פירושו "בורא", ומכאן שיצירת משהו היא צורה של קנייה. גזניוס, לקסיקון, עמ' 735, סבור כי המילה "קנה" קרובה ל"כון", לכונן. פשט הביטוי הזה הוא אפוא שה' כונן שמים וארץ.

3. עם זאת, הפועל "קנה" משמש לפעמים לתיאור רכישת בני אדם, כלומר עבדים (ראו בראשית לט א; עמוס ח ו; נחמיה ה ח). אלא שהדוגמה היחידה לנישואים על ידי קנייה היא כאן. ונגמרן, מילון, עמ' 940-941, ממזג את שני השימושים של המילה "קנה" לגבי בני אדם וקובע כי כפי שהיא עשויה לתאר רכישת בני אדם לעבדים, כך היא עשויה לתאר רכישת רעיה. אין תימוכים רבים לרעיון זה.

במילה ״קנה״ בהופעתה בקשר לחכמה במשלי (למשל ד ז; טו לב; טז טז).[4] גזניוס כולל את קניית רות בקטגוריה אחת עם הפסוקים הללו המתארים את קניית החכמה. דומה שהוא מוצא שתי משמעויות שונות של המילה בפרק זה. למעשה, דומה שבועז אכן מפריד בין עסקת קניית האדמה לבין הנישואים לרות על ידי השימוש במילה ״וגם״ בתחילת הפסוק השני של דבריו (ד י). על ידי הצבת קניית האישה בפסוק נפרד מקניית האדמה, מנסה אולי הכותב ליצור הבחנה בין שני סוגי קנייה אלה.

עם זאת, בפרק ד משמש השורש קנ״ה שוב ושוב הן בהקשר האדמה והן בהקשר הנישואים. שימוש זה כורך יחד את שתי הקניות ומראה כי בועז קונה את האדמה ואת רות במקביל, כחלק מאותה עסקה. האם אפשר באמת להבחין בין שתי משמעויותיה השונות של אותה מילה באותו פסוק, כשהכתוב עצמו אינו רומז לנו שיש לעשות זאת?

כאמור, המילה ״קנה״ אינה מופיעה בשום מקום אחר בתנ״ך במשמעות של קניית אישה, אך היא מופיעה במשנה במובן זה.[5] חוקרי תלמוד רבים רואים במגילת רות את ההוכחה לכך שנישואים על ידי קניין היו קיימים בתקופת המקרא, אך דוד וייס הלבני טוען כי המילה ״קנה״ משמשת בהוראת נישואים (הן בספרות המקרא הן בספרות התנאים) רק בהקשרים שבהם מתקיימות גם קניות אחרות במקביל.[6] על פי קריאה זו מתקבל על הדעת השימוש במילה ״קנה״ במשמעות לקיחת רות לאישה. הנישואים מתקיימים כחלק מעסקה כללית יותר הקשורה לקניות אחרות. כדי לענות על הצורך

4. גזניוס, לקסיקון, עמ׳ 735.
5. למשל קידושין פ״א מ״א. התלמוד שואל מדוע משמשת מילה זו לתיאור נישואים במשנה (קידושין ב ע״א - ב ע״ב), אלא שגמרא זו אינה מבססת על הקטע שלנו במגילת רות את ההסבר לכך שהמילה ״קנה״ היא תיאור הולם לנישואים.
6. סקירה על הוויכוח בין חוקרי התלמוד ראו אצל הלבני, נישואין, עמ׳ 248-244.

באחדות סגנונית משתמש הכותב במונח אחד הכולל את כל הקניות המתקיימות יחד.

השימוש במילה "קנה" כאן מבוסס אולי גם על רעיון תוכני. מעניין שבהקשר מקראי אחר משמש הפועל "קנה" בהקבלה למילה "גאל".[7] הקבלה מעניינת זו מתקיימת בשירת הים (שמות טו), שם מתואר ה' כגואל העם: "נָחִיתָ בְחַסְדְּךָ עַם זוּ גָּאָלְתָּ" (שמות טו יג). כמה פסוקים אחר כך, במבנה תחבירי דומה להפליא, מתואר ה' כמי שקנה את העם הזה: "עַם זוּ קָנִיתָ" (שמות טו טז). תרגום אונקלוס משלב את שני הפעלים הללו ומתרגם את שניהם באותה מילה, "דפרקתא", "שגאלת". על פי קריאת אונקלוס, המילה "קנה", בנגיעתה ליחסי ה' עם עמו, לובשת משמעות זהה למילה "גאל". זה מה שקורה אולי גם בסיפור שלנו, שבו המילים "גאל" ו"קנה" נושאות משמעות של גאולה.

דמיון זה קושר שוב את תפקידו של בועז במגילת רות לתפקידו של ה' כגואל העם. מעשהו של בועז המשלב גאולה וקנייה מזכיר את חסדו המקורי של ה' לעמו.[8] ובהיפוך, מעשה הקנייה והגאולה שעושה בועז משמש את ה' ככלי לגאולת העם, העולה מנראטיב זה.

ליבת הברכה: עֲשֵׂה חַיִל וּקְרָא שֵׁם

וַיֹּאמְרוּ כָּל הָעָם אֲשֶׁר בַּשַּׁעַר וְהַזְּקֵנִים עֵדִים: יִתֵּן ה' אֶת הָאִשָּׁה הַבָּאָה אֶל בֵּיתֶךָ כְּרָחֵל וּכְלֵאָה אֲשֶׁר בָּנוּ שְׁתֵּיהֶם אֶת בֵּית יִשְׂרָאֵל, וַעֲשֵׂה חַיִל בְּאֶפְרָתָה וּקְרָא שֵׁם בְּבֵית לָחֶם. וִיהִי בֵיתְךָ כְּבֵית פֶּרֶץ

7. המילים "קנה" ו"גאל" מופיעות יחד בהקשרים שונים שבהם הנושא הוא גאולת הקרקע (ויקרא כה כה-נה; ירמיהו לב ז-ח). עם זאת, בהקשרים אלה הן שומרות על משמעויות מובחנות. ההקבלה בספר שמות מעניינת מפני שהיא מלמדת כי לשתי המילים יש משמעות דומה. את הרעיון הזה למדתי מקמפבל, רות, 159-160, המיטיב לתאר את ההקבלה הזאת ואת חשיבותה בסיפור שלנו.
8. מעשי ה' למען עמו במהלך יציאת מצרים הם המודל לגאולה לכל אורך התנ"ך. ראו למשל ישעיהו יא י-טז; מב ד, יא-יב; ירמיהו טז יד-טו.

אֲשֶׁר יָלְדָה תָמָר לִיהוּדָה מִן הַזֶּרַע אֲשֶׁר יִתֵּן ה׳ לְךָ מִן הַנַּעֲרָה הַזֹּאת (ד יא–יב).

עד כה היו הזקנים והעם עדים לפורום המשפטי הפומבי שכינס בועז. בעקבות הכרזתו המשפטית של בועז, מעתירים העדים על בועז מילות ברכה המעניקות להסכם לא רק לבוש פורמלי אלא גם נופך של שירה, היסטוריה ופאתוס.

בדברי הברכה אפשר להבחין בכמה מוטיבים מרכזיים: מעורבות ה׳ במזלם הטוב, הקמת בית איתן, אזכור אישים נודעים מן העבר, הערים בית לחם ואפרת,[9] נתינת שם, אזכור המושגים חיל, לידה וזרע.[10] הברכה מקרבת את הסיפור אל סופו בתחושה מספקת של חגיגיות ונועם.

מבחינה שירית בנויה הברכה במבנה כיאסטי (תקבולת מוצלבת: א ב ג ג׳ ב׳ א׳),[11] המפנה את תשומת הלב אל כמה מיעדי הנישואים בין בועז ורות:

9. לעיל עסקנו במשמעותן של הערים הללו כמקום לידתו המיועד של המלך העתידי (ראו למשל עמ׳ 103 הערה 4 לעיל).

10. המדרש (רות רבה פרשה ז טו) מדגיש כי המילה "זרע" מזכירה את נחישותן של בנות לוט, האומרות: "וּנְחַיֶּה מֵאָבִינוּ זָרַע" (בראשית יט לב). מדרש זה מלמד שהמילה "זרע" מתייחסת למשיח. המדרש אינו מביא אמנם את הסיפור השלישי הזה, אך גם סיפור יהודה ותמר מתייחס להקמת זרע (בראשית לח ח–ט). המילה "זרע" יוצרת אפוא הקבלה נוספת בין שלושת הסיפורים המביאים להקמת שושלת בית דוד.

11. המבנה הכיאסטי הוא אמצעי ספרותי שיש בו סידור מוצלב של מושגים או של מילים המובאים בסדר הפוך ויוצרים מבנה טבעתי (א ב ב׳ א׳). צורת כתיבה זו הייתה נפוצה בספרות המזרח הקרוב הקדום. ראו ולץ׳, כיאזם. מבנים כיאסטיים מרבים להופיע בתנ״ך (הן בפרוזה הן בשירה) ממגוון סיבות. לפעמים הם מדגישים את מושג השכר והעונש (ראו למשל בראשית ט ו) ולפעמים פשוט מפנים את תשומת הלב למקבילות בקומפוזיציה. לפעמים המבנה הוא קונצנטרי והחלקים חגים סביב ציר מרכזי שאין לו מקבילה (א ב ג ב׳ א׳). אמצעי זה משמש רבות להדגשת הציר המרכזי. על מבנה זה נכתבו מאמרים רבים. ראו למשל בר־אפרת, כמה אבחנות; רדאי, הכיאזם, עמ׳ 48–72.

הפתרון: רות פרק ד

א יִתֵּן ה׳ אֶת **הָאִשָּׁה** הַבָּאָה אֶל בֵּיתֶךָ

ב כְּרָחֵל וּכְלֵאָה אֲשֶׁר בָּנוּ שְׁתֵּיהֶם אֶת **בֵּית** יִשְׂרָאֵל,

ג **וַעֲשֵׂה** חַיִל **בְּאֶפְרָתָה**

ג׳ **וּקְרָא** שֵׁם **בְּבֵית לָחֶם.**

ב׳ וִיהִי **בֵיתְךָ כְּבֵית** פֶּרֶץ אֲשֶׁר יָלְדָה תָמָר לִיהוּדָה

א׳ מִן **הַזֶּרַע** אֲשֶׁר **יִתֵּן ה׳** לְךָ מִן **הַנַּעֲרָה** הַזֹּאת.

א וא׳: בהיקף דברי העם והזקנים קיימת הברכה שה׳ יתן מטובו לרות ולבועז. שתי דמויות נפרדות זוכות לתשומת לבו של ה׳ (״יִתן ה׳״) - תחילה רות (א) ואחר כך בועז (א׳). ה׳ הוא הגורם המניע את הנישואים האלה, הוא שגרם לרות להגיע אל בית בועז והוא שהבטיח כי מן הקשר הזה יהיה זרע.[12]

ב וב׳: המקטע הבא מציג דמויות נודעות מראשית תולדותיו של עם ישראל. לזכותה של כל אחת מהן נזקפת בניית בית (הבית הלאומי של ישראל [ב] והבית השבטי של יהודה [ב׳]), והברכה שמקבלים רות ובועז היא שיבנו בית דומה. בניית בית מוצגת אפוא כאחת המטרות המרכזיות של זיווג זה.

ג וג׳: ליבת הדברים ממקדת את תשומת לבנו בתוצאה החזויה והרצויה מכניסתה של רות לבית בועז. לא לגמרי ברור מי בדיוק אמור לעשות חיל[13] באפרתה ולקרוא שם בבית לחם. לכאורה ניתנים האיחולים הללו לבועז,[14] אם כי הם עשויים להתייחס גם לילד שייוולד מזיווג זה. ייתכן שזהו גם תיאור של הבית המשותף של בועז ורות.

12. ההתייחסות ל״זרע״ שייצא מזיווג זה יוצרת הקבלה נוספת לסיפור חנה. ראו שמואל א א יא. שימו לב במיוחד לביטוי הדומה בברכת עלי לאלקנה ולחנה בשמואל א ב כ: ״יָשֵׂם ה׳ לְךָ זֶרַע מִן הָאִשָּׁה הַזֹּאת״. אנו למדים שוב שה׳ מעצים הן את חנה הן את רות והן מבורכות בצאצאים (שמואל ודוד) שיביאו את התיקון של תקופת השופטים וישיקו את תקופת המלוכה המביאה אתה תקוות רבות.
13. הביטוי ״חיל״ נושא עמו משמעויות רבות (ואולי מקבילות): אומץ לב, כוח צבאי, עושר, הנהגה, יושרה ופוריות.
14. רש״י (רות ד יא) סבור כי הברכה נסבה סביב בועז, ששמו יהולל. ראו גם מלבי״ם לרות ד יא.

עשה

״וַעֲשֵׂה חַיִל בְּאֶפְרָתָה וּקְרָא שֵׁם בְּבֵית לָחֶם״ (ד יא).

במרכזה של הברכה ניצבים שני פעלים נפרדים (״עשה״ ו״קרא״) שבהם כבר נתקלנו במגילת רות. הראשון הופיע עד כה שתים עשרה פעמים. עשרת המופעים הראשונים שלו נקשרים לרות, וברובם מתארים את נדיבותה כלפי נעמי. ראו למשל כיצד מכיר בועז בחסדה של רות: ״הֻגֵּד הֻגַּד לִי כֹּל אֲשֶׁר **עָשִׂית** אֶת חֲמוֹתֵךְ״ (ב יא). בהזדמנויות אחדות מתוארת רות כמי שעושה ״עם״ בועז (ב יט) או אמורה לפעול על פי הוראותיו: ״וְהוּא יַגִּיד לָךְ אֵת אֲשֶׁר תַּעֲשִׂין״ (ג ד).

שני המופעים האחרים של פועל זה מדגישים את נדיבותו של בועז כלפי רות (ג יא, טז) ויוצרים הקבלה בין התנהגותם של השניים. הקבלה בולטת בין השימוש של בועז ורות במילה זו, כל אחד מהם בתורו, מופיעה בתשובתה של רות להוראותיה של נעמי: ״כֹּל אֲשֶׁר תֹּאמְרִי (אֵלַי) **אֶעֱשֶׂה**״ (ג ה). כעבור פסוקים מעטים אומר בועז, בתשובה לבקשתה הבוטה של רות: ״כֹּל אֲשֶׁר תֹּאמְרִי **אֶעֱשֶׂה** לָּךְ״ (ג יא).

דומה כי הופעת הפועל עשה בלב ברכת הנישואים מדגישה את התכונה המשותפת לבועז ולרות, המתגלה במופעים הקודמים של פועל זה. רות ובועז כאחד פועלים מתוך חסד ונדיבות, וזהו רמז לכך שתכונות אלה יצמחו גם מתוך הזיווג ביניהם. הרעיון הזה מתחזק עוד יותר לנוכח מושא הפועל, המילה ״חיִל״, המתארת את בועז (ב א) ואת רות (ג יא) כאחד. הופעת הביטוי ״עשֵׂה חיל״ ממש באמצע הנאום הזה מלמדת כי הברכה מתארת את ההצלחה הבלתי־נמנעת הצפויה לזיווג בין השניים.

קרא

גם הפועל השני, קרא (לצד מושאו הישיר, שֵׁם), נושא משמעות רחבה יותר בסיפור שלנו. הפועל מופיע במגילה בסך הכול שבע פעמים,

ושש מהן קשורות ישירות לנעמי.[15] שלושת המופעים הראשונים הם בתחילת המגילה, בדברים הראשונים, הקצרים והמרירים שאומרת נעמי לנשים עם שובה לבית לחם:

> וַתֹּאמַרְנָה: הֲזֹאת נָעֳמִי? וַתֹּאמֶר אֲלֵיהֶן: אַל **תִּקְרֶאנָה** לִי נָעֳמִי, **קְרֶאןָ** לִי מָרָא, כִּי הֵמַר שַׁ-דַּי לִי מְאֹד. אֲנִי מְלֵאָה הָלַכְתִּי וְרֵיקָם הֱשִׁיבַנִי ה'; לָמָּה **תִקְרֶאנָה** לִי נָעֳמִי? (א יט-כא)

שלושת המופעים האחרונים של המילה נמצאים בסוף המגילה בדברי הנשים המברכות את נעמי וקוראות בשם הילד:

> וַתֹּאמַרְנָה הַנָּשִׁים אֶל נָעֳמִי: בָּרוּךְ ה' אֲשֶׁר לֹא הִשְׁבִּית לָךְ גֹּאֵל הַיּוֹם. **וְיִקָּרֵא** שְׁמוֹ בְּיִשְׂרָאֵל... **וַתִּקְרֶאנָה** לוֹ הַשְּׁכֵנוֹת שֵׁם לֵאמֹר: יֻלַּד בֵּן לְנָעֳמִי. **וַתִּקְרֶאנָה** שְׁמוֹ עוֹבֵד, הוּא אֲבִי יִשַׁי אֲבִי דָוִד (ד יד, יז).

הסימטריה המבנית כאן בולטת מאוד.[16] הנשים המדברות בסוף המגילה הופכות את שלילת השם בדברי נעמי בתחילת המגילה ונותנות לה ילד עם שם, שיוכל לחדש את שמה. ההצבה הקפדנית של המילה בפי הנשים, המהדהדות את דברי נעמי מהימים שבהם הייתה נתונה בחבלי הייאוש, מראה באיזו מידה השתנה גורלה מן הקצה אל הקצה.

15. ראינו במגילה כמה מילים שמופיעות במכפלות של שבע. הדבר מחזק את התיאוריה של קאסוטו שהובאה לעיל, עמ' 118 הערה 2.
16. ההקבלה הזאת מרשימה עוד יותר מפני שדומה כי פסוק יז בפרק ד חוזר ללא סיבה נראית לעין על הביטוי "ויקרא שמו בישראל". ואכן, יש חוקרים שניסו לתקן את הפסוק. ראו למשל את דיונו של קמפבל בכך (רות, עמ' 165–166). לדעתי, השימוש המשולש בפועל קרא בסוף המגילה נועד ליצור הקבלה מכוונת לשימוש המשולש בו בתחילתה. כמו במקרים רבים, תיקון של פסוק עלול לשלול ממנו דקויות ספרותיות מופלאות.

המופע השביעי (והמרכזי) של המילה ״קרא״ מופיע בליבת שבעת המופעים ובלב ברכת העם: ״**וּקְרָא** שֵׁם בְּבֵית לָחֶם״.

טבלה 7: שבע קריאות

פרק א	מופע אמצעי של המילה קרא	פרק ד
אַל תִּקְרֶאנָה (א כ)		וְיִקָּרֵא (ד יד)
קְרֶאןָ (א כ)	וּקְרָא שֵׁם בְּבֵית לָחֶם (ד יא)	וַתִּקְרֶאנָה (ד יז)
לָמָּה תִקְרֶאנָה (א כא)		וַתִּקְרֶאנָה (ד יז)

המילה ״שֵׁם״ היא אחת ממילות המפתח בפרק ד וגם לה שבעה מופעים. המופע המרכזי של המילה נמצא אף הוא במרכז הברכה, לצד המילה ״קרא״.

טבלה 8: שבעה מופעים של הקמת שם וקריאת שם

פרק ד	מופע אמצעי של המילה ״שם״	פרק ד
לְהָקִים שֵׁם הַמֵּת (ד ה)		וְיִקָּרֵא שְׁמוֹ בְּיִשְׂרָאֵל (ד יד)
לְהָקִים שֵׁם הַמֵּת (ד י)	וּקְרָא שֵׁם בְּבֵית לָחֶם (ד יא)	וַתִּקְרֶאנָה... שֵׁם לֵאמֹר (ד יז)
וְלֹא יִכָּרֵת שֵׁם הַמֵּת (ד י)		וַתִּקְרֶאנָה שְׁמוֹ עוֹבֵד (ד יז)

הברכה ״וּקְרָא שֵׁם בְּבֵית לָחֶם״ (ד יא) מודגשת בבירור, אלא שהיא חידתית במקצת. מי אמור לקרוא שם בבית לחם? בועז? הבית שיבנו בועז ורות? תוצר האיחוד ביניהם? לא ברור גם מה בדיוק משמעות

הפעולה של קריאת שם בבית לחם. האם פירוש הדבר שהאדם יעשה שם לעצמו? ואולי הרעיון הוא שעליו לבסס את שמו הטוב בבית לחם.[17]

המושג החשוב של נתינת שם עמד במרכז העלילה לכל אורכה. בסופו של דבר, בועז מאפשר לרות להקים את שמה וכן את שמותיהם של נעמי ושל קרובי משפחתה המתים. חשוב לציין שהכרזתו הרשמית של בועז על קניית האדמה מונה במפורש את שמותיהם של כל אחד מבני משפחת אלימלך, לרבות הבנים, שלא נזכרו בסיפור מאז מותם בפרק א ה: "וַיֹּאמֶר בֹּעַז לַזְּקֵנִים וְכָל הָעָם: עֵדִים אַתֶּם הַיּוֹם כִּי קָנִיתִי אֶת כָּל אֲשֶׁר **לֶאֱלִימֶלֶךְ** וְאֵת כָּל אֲשֶׁר **לְכִלְיוֹן וּמַחְלוֹן** מִיַּד **נָעֳמִי**" (ד ט).

אך הפתרון המהותי לאבדן השמות מתחיל עתה, באיחודם של בועז ושל רות בבית לחם. מהאיחוד הזה ייוולד ילד שיקים את שמות משפחת אלימלך. בסופו של דבר ממנו תצא המלוכה, שנועדה להחזיר את החברה למקום שבו אנשים מקיימים את שמותיהם ואת זהויותיהם ומתייחסים זה לזה בהתאם.

לסיכום, שני הביטויים המהווים את ליבת הברכה ("עֲשֵׂה חיל" ו"קְרָא שם") הם גם לב העלילה של מגילת רות והם מפנים את הזרקור אל שני הרעיונות החשובים ביותר בסיפור. הביטוי "עֲשֵׂה חיל" מזכיר את נדיבותם ואת חסדם של שני האנשים שהתחברו זה לזה ליצירת איחוד שסופו יצירת חברה של חסד, חברה שתחליף את קודמתה שהתאפיינה באנוכיות ובבטלה. הביטוי "קְרָא שם" ממקד את תשומת לבנו ביעד נוסף של נישואי רות ובועז: הקמת שמותיהם של בני משפחת נעמי ושל העם כולו בתקופת השופטים.

הבית המפולג בתוך עצמו: הבית המעורער בימי השופטים

מגילת רות נפתחת באדם ההולך למואב ונוטש את עירו בית לחם. אותו אדם נוטש לא רק את ביתו הפיזי אלא גם את ביתו השבטי, יהודה,

17. רש"י סבור שהכוונה היא ששמו של בועז יגדל.

ואת ביתו הלאומי, ישראל.[18] ככל שהעלילה מתקדמת, דומה שבית אלימלך (ביתו, משפחתו ושושלתו) מתפוגג עד שהוא נכחד כמעט כליל. ניסיונה של נעמי לשכנע את כלותיה כי הסיכוי היחיד שלהן להקים משפחה הוא לשוב למואב כולל ניסיון לכוונן למצוא מנוח, כל אחת מהן בבית אישהּ (א ט).[19] דומה כי נעמי סבורה שאין לכלותיה כל אפשרות לבנות בית אם יתעקשו ללוותה לבית לחם.

לכל אורך הסיפור אין ולו אזכור אחד ויחיד של המבנה הפיזי שבו חיות נעמי ורות.[20] הרקע שעליו מתקיימות שיחותיהן נותר מעורפל במכוון. הדבר בולט במיוחד כשרות חוזרת לנעמי אחרי יום העבודה בשדות בית לחם. הטקסט מלמדנו כי "וַתָּבוֹא **הָעִיר**, וַתֵּרֶא חֲמוֹתָהּ אֵת אֲשֶׁר לִקֵּטָה" (ב יח). תיאור חמקמק נוסף הוא שיבתה של רות מהגורן שבו עשתה את הלילה עם בועז: "וַתָּבוֹא **אֶל חֲמוֹתָהּ**" (ג טז). המילים הכלליות המתארות את בואה של רות "העיר" ו"אל

18. המילה "בית" מתארת בתנ"ך מקום מגורים (למשל בראשית יט ג; יהושע ב ו–ח) או קבוצה של המשפחה הקרובה (למשל דברים כה ט) או המשפחה המורחבת (למשל שמואל ב ג ו). המילה מתארת גם את צאצאיו של אדם ואת התפתחותה של שושלת (ראו למשל שמואל א ב לה; שמואל ב ז יא–טז; מלכים א יא לח). עוד צורה נפוצה מאוד לשימוש במילה "בית" היא הביטוי "בית ישראל", הכורך כמובן יחדיו את העם כולו בקבוצה משפחתית אחת. ראו למשל גזניוס, לקסיקון, עמ' 116.
19. תחילה שולחת אותן נעמי לבית אמן (רות א ח) - וההשתמעות כאן, כאמור, היא מקום שבו אפשר למצוא נישואים (ראו למשל בראשית כד כח; שיר השירים ג ד).
20. בגרסה הארמנית לתרגום השבעים נוסף ברות ב א, אחרי אזכור שמו של בועז, המשפט "ויתן לנעמי בית אלמנה לדור בו". ייתכן שהמשפט נוסף כדי לבאר פער שנוצר בסיפור. זאת ועוד, הוא מתאר את בועז כמי שעוזר ישירות לנעמי, וזאת בניגוד למתואר בפסוקים עצמם, כפי שצוין כאן לא פעם. ברות ב ז יש ביטוי לא ברור המתייחס לסוג של בית שרות שבה אליו ("זֶה שִׁבְתָּהּ **הַבַּיִת** מְעָט"), אבל נראה שההתייחסות כאן היא לסוכה בשדה בועז ולא לבית שבו מתגוררות רות ונעמי. גם אם נקרא את המילים באופן המציב את רות בבית פיזי משלה (ואת זאת קשה לבסס), יש משמעות למילה "מעט", המגבילה לכאורה את מנוחתה באותו בית.

חמותה" מטשטשות כל תמונה של רות או של נעמי בתוך בית.[21] ייתכן שזהו ניסיון מכוון להציג את חוסר היציבות בחייהן של נעמי ושל רות, העולה מהעדרו של מבנה יציב בסיפור.

בסיפור, צפוי שרות לא תזכה לבנות בית לעצמה או לבעלה המנוח. סירובו של הגואל לשאת אותה לאישה מעלה על הדעת את החולץ, המסרב לבנות את בית אחיו (דברים כה ז-י). המילים שאומרת אלמנת האח המנוח כשהיא חולצת את נעלו של יבמה הן: "כָּכָה יֵעָשֶׂה לָאִישׁ אֲשֶׁר לֹא יִבְנֶה אֶת **בֵּית** אָחִיו" (דברים כה ט). משום כך, האדם המסרב לקיים את מצוות הייבום המוטלת עליו יכונה תמיד "**בֵּית** חֲלוּץ הַנָּעַל" (דברים כה י). המסרב לבנות בית לאחיו ייענש בכך שביתו יישא שם המשקף את סירובו המחפיר.

המצב המסוכן הזה בא על תיקונו בסוף המגילה בזכות בועז, הגואל הראוי לשמו. ברכת העדים מדברת על בניית ביתם של בועז ורות. זהו בית גשמי ופיגורטיבי כאחד. מצד אחד, הוא מתואר תחילה כבית שרות באה אליו (ד יא) - מה שמלמד אולי על המבנה הממשי. אך במקביל נמשל ביתם של רות ובועז לבית ישראל ולבית יהודה, מה שמלמד שמדובר בהרבה יותר מסתם מבנה פיזי. רות ובועז מקימים בית שיהיה חוליה חיונית בבית פרץ (שושלת המלוכה) וגם יסייע בשיקום בית ישראל. חמשת המופעים של המילה "בית" ברות ד יא-יב מהווים אפוא סיום הולם ותיקון בספר.

יש להבין את הקמת הבית גם בהקשר רחב יותר. בימי השופטים עמדו הבתים בפני סכנת קריסה.[22] ספר שופטים אורג מרבד מרשים שבו קריסת המבנה הפיזי, קריסת בתיהן של משפחות ושושלות

21. ייתכן שאיננו אמורים לצפות למצוא את הפרט הזה. כידוע, התנ"ך מתעד לא פעם אירועים בסגנון לקוני ומציין רק נקודות שיש להן נגיעה ישירה לעניין. אלא שהמוטיב הכללי של בית בתקופת השופטים הוא בעל משמעות, ולפיכך אני מציגה את העדרו של בית פיזי לנעמי ולרות כהשמטה בעלת משמעות, ואולי מכוונת.
22. במוטיב הזה עסקנו לעיל, בהקבלה בין בועז לשמשון.

מסוימות וקריסת עם ישראל כולו נשזרות זו בזו לכלל יצירת נראטיב מגובש של קריסה חברתית.

נפתח בסכנה המרחפת מעל הבית הפיזי. בית יפתח הוא הבית הראשון העומד בפני חורבן ממשי. אנשי אפרים כועסים על יפתח שלא צירף אותם למלחמתו ומאיימים עליו: "בֵּיתְךָ נִשְׂרֹף עָלֶיךָ בָּאֵשׁ" (שופטים יב א). בצורה דומה מאיימים הפלשתים על אשתו הראשונה של שמשון בניסיון לאלצה לגלות להם את הפתרון לחידתו של שמשון: "פַּתִּי אֶת אִישֵׁךְ וְיַגֶּד לָנוּ אֶת הַחִידָה, פֶּן נִשְׂרֹף אוֹתָךְ וְאֶת בֵּית אָבִיךְ בָּאֵשׁ" (שופטים יד טו).[23] בהמשך הסיפור מפיל שמשון בית על יושביו כשהוא הודף את שני עמודי התווך וממוטט את הגג על החוגגים (שופטים טז כט-ל).

דימוי הבית בספר שופטים מלמד על מקום שחדל להיות מקלט בטוח - הבית מתחיל להתערער כסמל ליציבות המתערערת בחברה. ועובדה זו מתוארת בצורה הברורה והמבעיתה ביותר בסיפור פילגש בגבעה, שבו אנשי גבעה אינם מקבלים אורחים ואינם מציעים לאיש מקלט בבתיהם (שופטים יט טו, יח). כשזקן אחד בכל זאת מציע לנוסעים מחסה בביתו, צרים אנשי גבעה על הבית ותובעים מהמארח למסור לידיהם "אֶת הָאִישׁ אֲשֶׁר בָּא אֶל **בֵּיתְךָ**" (שופטים יט כב) כדי שיוכלו לאנוס אותו. הבית איבד את תפקידו הראשוני כמקלט וכמחסה מפני אלימות, והדבר משתקף בעשרת האזכורים של בית המארח המחולל בידי אנשי העיר. הסיפור מסתיים בשובו של האורח (ופילגשו המחוללת) אל ביתו הפרטי. שם מבצע הבעל הנזעם פעולה אלימה נוספת על האישה (בביתו): הוא מבתר את גופתה ושולח את הנתחים בכל גבול ישראל (שופטים יט כט).

סכנה מרחפת גם על בתים ממשיים, שהם קבוצות משפחתיות, לכל אורך ספר שופטים. אבימלך בא אל בית אביו[24] והורג את כל אחיו

23. אפשר לטעון כי איום החורבן בסיפור זה אינו נוגע לבית הפיזי אלא למשפחת אביה של האישה. איום זה מזכיר את סיפור יפתח ושבט אפרים.
24. לא ברור אם זוהי התייחסות למבנה פיזי או לשבט, אפשרות שנראית סבירה יותר.

ובכך מוחה כמעט כליל את שושלת אביו (שופטים ט ה). יפתח מגורש מבית אביו ושומע מאחיו שאין לו נחלה שם (שופטים יא ב, ז). בני דן מאיימים ליטול את חייו של מיכה ואת חיי האנשים המשתייכים לבית אביו, "וְאָסַפְתָּה נַפְשְׁךָ וְנֶפֶשׁ בֵּיתֶךָ" (שופטים יח כה).

אין פלא שספר שופטים מסתיים בהתפוררות גמורה כמעט של בית ישראל בדמות מלחמת אחים. בהכרזת המלחמה מדברים השבטים האחרים באימה על הסיפור הנורא של האיש שחווה את "הכנסת האורחים" של אנשי גבעה ומתחייבים כי "לֹא נֵלֵךְ אִישׁ לְאָהֳלוֹ וְלֹא נָסוּר אִישׁ לְבֵיתוֹ" (שופטים כ ח). במישור הבסיסי מדובר כאן על ביתו הפיזי של כל אחד מהם, אך אפשר להבין זאת גם כמטפורה: הם לא יוכלו לשוב לבית ישראל כי עד אשר ייעקר הרע מקרבם לא יהיה להם בית - אישי או לאומי - שאליו יוכלו לשוב. ה"בית" חדל לתפקד.

המוטיב הזה מודגש במיוחד לאור תפקידן של הנשים בבית בספר שופטים. בשתי הזדמנויות שונות, יציאתה של אישה מהבית מאיצה את חורבנו. הראשונה היא יציאה מרצון: בת יפתח יוצאת מביתה כדי לקבל את פני אביה. למרות התופים והמחולות, עצם היציאה מבשרת את מותה,[25] את הטרגדיה של אביה ואת הקריסה המטפורית של ביתו.[26] הסיפור הזה מבשר ומתריע על הסיפור האחרון בספר שופטים, אונס הפילגש בגבעה, שבו האישה אינה יוצאת מרצונה מהבית אלא מגורשת ממנו בכוח, ובכך מאיצה את חורבנו. כתוצאה מהסיפורים הללו בית ישראל אינו מייצג עוד ישות יציבה אלא מבנה מעורער המתנודד על סף ההרס העצמי.

25. יש מחלוקת מסוימת בשאלה אם יפתח קיים את נדרו במובן הפשוט והעלה אותה לקרבן (ראו למשל רלב"ג ורד"ק לשופטים יא לט). על פי פשט הכתוב, הבת אכן הומתה (ראו גם תנחומא בחוקותי; תענית ד ע"א; רמב"ן לויקרא כז כט).

26. שימו לב למשחק המילים בין "ביתו" של יפתח לבין "בתו" בשופטים יא לד. משחק מילים זה מלמד על הקשר העמוק בין הבית לבין הבת היחידה. לבית אין המשך ללא צאצאים.

תיקון המצב הזה במגילת רות נפתח בהשבת אישה לתוך בית. דומה שגם חז״ל רואים זאת כך:

> ״יִתֵּן ה׳ אֶת הָאִשָּׁה [הַבָּאָה אֶל בֵּיתֶךָ (ד יא)]״. אמר רבי אחא: כל הנושא אשה כשרה כאילו קיים התורה מראש ועד סוף... ולפיכך נכתבה ׳אשת חיל׳ מאל״ף ועד תי״ו. ואין הדורות נגאלים אלא בזכות נשים צדקניות שבדור (רות זוטא ד יא).

המדרש מזכיר מדרש ידוע אחר, שלפיו נגאלו ישראל ממצרים בזכות נשים צדקניות.[27] רשימת הנשים שסייעו לגאולת ישראל ממצרים ארוכה: המיילדות שפרה ופועה, יוכבד, מרים, בת פרעה וציפורה. כל אחד מבני יעקב יורד למצרים עם כל ביתו (״איש וביתו באו״), אך אלמלא הנשים, עלול היה בית ישראל כולו לרדת לטמיון. מעניין שהמיילדות, הראשונות להמרות את פי פרעה תוך סכנת מוות, באות על שכרן כשה׳ עושה להן **בתים** (שמות א כא)![28] סיפור השעבוד והיציאה ממצרים מגיע אל סופו הטוב בשמות יב, פרק המתמקד בבית. המילה ״בית״ נזכרת ארבע עשרה פעמים בשמות יב א-לו, כשעם ישראל מתגבש סביב מצוות המתקיימות בבתים.

המדרש קובע כי הגאולה בימי השופטים נפתחת ברות, אישה עקורה הנכנסת סוף סוף לבית. צעד זה מבשר את חיזוקו של בית ישראל הרעוע ובסופו של דבר מוליד צאצאים המקימים את בית המלכות ובונים את בית ה׳.

27. שמות רבה פרשה א יב-יג. ראו גם תנחומא פקודי ט.
28. למרות מידה לא מבוטלת של מחלוקת בשאלה מי קיבל את הבתים הללו (ראו רמב״ן שם), מה היו בעצם (ראו למשל רש״י, שד״ל שם) והאם יש לראות בכך שכר (ראו למשל רשב״ם, רבי יצחק עראמה והמלבי״ם שם), המשמעות הפשוטה של הפסוק היא שהבתים ניתנו למיילדות כשכר על פועלן. לענייננו אין חשיבות לזיהוי המדויק של הבתים.

ברכה על שני בתיך: רחל ולאה, אשר בנו שתיהם את בית ישראל

ברכת העדים קושרת את רות אל ההיסטוריה הלאומית של ישראל. רות חדלה להיות גורם חיצוני וזר, שכניסתו לחברת בית לחם היא מקור לדאגה ולחרדה, והיא נוטלת עתה את מקומה כחברה מלאה בעם ומזוהה עם כמה מדמויות הנשים המפוארות ביותר בתנ"ך.[29] אלא שיש לבחון את הבחירה בדמויות הספציפיות: מדוע קושרת הברכה את רות דווקא עם האימהות רחל ולאה?

תשומת לב רבה הוקדשה להצבתה של רחל לפני לאה. לדעת אחדים, הסיבה לכך היא היותה של רחל האישה האהובה וזו המופקדת על משק הבית.[30] אחרים מציינים כי רחל קשורה לבית לחם ואפרת, מקום קבורתה.[31] עם זאת, דווקא ילדיה של לאה ירשו בנחלתם את בית לחם ואת אפרת. וחשוב יותר, לאה, אם יהודה, היא בעצם האם הקדמונית של שושלת בית דוד.[32] כמה חוקרים משערים אפוא כי המקום השני הוא בעצם המקום החשוב יותר.[33]

אותי מעסיקה יותר השאלה מדוע נזכרו האימהות בברכת רות

29. לעיל בחנו את ההשוואה בין רות ובועז לבין תמר ויהודה (לצד סיפור לוט ובנותיו), ולא נחזור לפתוח את הדיון גם כאן. די אם נאמר כי סיפורים אלה בונים את שושלת בית דוד ואת שושלת המשיח. יש המייחסים זאת לעוז הרוח ולאומץ הלב של כל הנשים הללו, אך מרבים להבליט את סיפור יהודה ותמר כמבשר משמעותי במיוחד של שושלת המשיח (כפי שניכר מאזכורו בסוף דברי הברכה כאן). ייתכן שהסיבה לכך היא נכונותו של יהודה להודות בטעותו (בעזרת השימוש במילת מפתח במגילת רות, "הכר"), וגם אופייה של תמר, שהמסר האמיץ שהיא מעבירה ליהודה (כשהיא שולחת לו את סמלי מלכותו) מזכיר לו את ייעודו ואת אחריותו ומחזיר אותו לתלם.
30. תנחומא ויצא טו; רות רבה פרשה ז יג; רות זוטא ד יג; רש"י ואבן עזרא לרות ד יא.
31. ראו קמפבל, רות, עמ' 152.
32. המדרש מציין גם זאת; ראו רות רבה פרשה ז יג וראו תורה תמימה שם.
33. ששון, רות, עמ' 154. שימו לב כי רות עצמה נזכרת במקום השני כשהיא ועורפה מופיעות לראשונה ברות א ד. עם זאת, התיאוריה אינה מחזיקה מעמד בבדיקה

מלכתחילה. סיבה אפשרית לכך היא הקושי של לאה להתחתן והקושי של רחל ללדת: כפי שמאמציהן נשאו לבסוף פרי, ברכת העם רומזת שכמוהן תזכה גם רות לאושר דומה. על פי התרגום לארמית של פסוק זה, הברכה מתמקדת בשנים עשר הבנים שנולדו לרחל וללאה (ולשפחותיהן). יצירת ההשוואה בין רות לבין הנשים הללו מלמדת על הפוריות שבה יתברך הזיווג של רות ובועז. ייתכן שיש הקבלה גם בין תפקידיהן של רחל ושל לאה כאימהות עם ישראל לבין תפקידה העתידי של רות כאִמה של מלכות.[34]

המלבי"ם (ד יא) מדגיש את העובדה שרחל ולאה באו מרקע מפוקפק.[35] אף על פי שגדלו בבית לבן, הן הצליחו לבנות בית ראוי להן ולמשפחותיהן. רות, שזהותה הלאומית המפוקפקת אורבת ברקע העלילה כולה, מבורכת כי בדומה לאימהות המהוללות תהיה גם היא ראויה ליצור שושלת מפוארת.

נוסף על מגוון הגישות שהובאו כאן, נראה לי שהמפתח להבנת היבט זה של הברכה טמון בחיבור שהיא יוצרת בין רחל ללאה. המילה "שתיהם" מדגישה את הקשר בין שתי הנשים הללו, שנאבקו זו בזו בחייהן (בראשית ל א, ח, טו). היריבות האישית ביניהן מניעה את

מהירה של סדר האנשים הנזכרים בתנ"ך. ישנם מדרשי חז"ל שמניחים כי מי שמוזכר ראשון חשוב יותר. ראו למשל בראשית רבה פרשה א טו.

34. יש חוקרים הסבורים גם שהקשר נובע מהדמיון בין רות לבין רחל ולאה באופן שבו הרמייה ממלאת תפקיד בסיפוריהן (נישואי יעקב עם לאה בליל חגיגת הנישואים מזה וניסיון התרמית הלילי של רות בפרק ג מזה). ראו למשל פייפר, אימהות, עמ' 327–328. אין בכך כדי להסביר את העובדה שרחל נזכרת לצד לאה, אלא אם מניחים שהדברים לא יכלו להתרחש ללא הסכמתה (ורמייתה) של רחל, הנחה המשותפת לרבים מפרשני חז"ל (למשל בבא בתרא קכג ע"א; איכה רבה פתיחתא כד). בכל מקרה, לדעתי, אין פה רעיון שאמור לתפוס מקום בברכת העם.

35. ברות רבה פרשה ח א נאמר כי העדים מביאים דווקא את הדוגמה הזאת בגלל הבעייתיות של נישואי בועז למואבייה. גם נישואים לשתי אחיות נאסרו (ויקרא יח יח), ואף על פי כן התקבלו נישואי יעקב לשתי אחיות והניחו את היסודות לעם ישראל. גם הזיווג בין רות ובועז זוכה לברכה ולתוקף למרות היותה של רות מואבייה.

הקרע המרכזי בתוך העם - הקרע בין בני לאה לבני רחל. ההתנגשות ההיסטורית הזאת באה לידי ביטוי בסכסוכים רבים במהלך ההיסטוריה המקראית. חִשבו למשל על העוינות בין יוסף (בנה של רחל) לאֶחיו (שהאיש המתפקד כמנהיגם הוא יהודה, בנה של לאה) ובין שאול (מבית רחל) לבין דוד (מבית לאה).

רגע זה בהיסטוריה המקראית מייצג הזדמנות היסטורית לאחדות, כפי שאולי נרמז בתרגום לארמית המוסיף לפסוק שנים עשר שבטים: "יתין ה׳ ית אתתא הדא דאתיא לביתך כרחל וכלאה דבנו תרויהון ית בית ישראל אבונא בתרי עסר שבטין" [=יתן ה׳ את האשה הזאת הבאה אל ביתך כרחל וכלאה אשר בנו שתיהם את בית ישראל אבינו עם שנים עשר שבטים] (תרגום רות ד יא).

האיחוד בין רות לבועז כולל בחובו את הפוטנציאל ליצירת ישות לכידה המורכבת משנים עשר השבטים. דוד, פרי האיחוד הזה, ניחן ביכולת ייחודית להתעלות מעל לסיעות השבטיות ולאחד את העם. למרות עוינותו המוצהרת של שאול לדוד (למשל שמואל א יח ט, כט; כד יט), ולמרות ההבטחה הנבואית כי דוד יזכה במלוכה (שמואל א טז יב-יג), דוד משתוקק קודם כול לממש את ההבטחה הנבואית הזאת באמצעות נישואים עם בית שאול, ולא באמצעות חיסולו. לכל אורך הסיפור מתנגד דוד ללא הרף לנקיטת אמצעים אלימים נגד שאול (שמואל א כד ו; כו ט). הוא מנסה להגיע להסכמה במקום מלחמה, כפי שעולה בבירור מנכונותו לעשות שלום עם אבנר (שמואל ב ג). ייתכן שהצעד החשוב ביותר שהוא עושה ליצירת הרמוניה הוא זה שהוזכר לעיל: העברת הבירה מעומק שטח יהודה (חברון) אל גבול יהודה ובנימין - ירושלים (שמואל ב ה).

הצלחתו הראשונית של דוד בעניין זה עולה אולי מהדברים שאומרים השבטים עם משיחתו למלך על העם כולו: "וַיָּבֹאוּ כָּל שִׁבְטֵי יִשְׂרָאֵל אֶל דָּוִד חֶבְרוֹנָה וַיֹּאמְרוּ לֵאמֹר: הִנְנוּ עַצְמְךָ וּבְשָׂרְךָ אֲנָחְנוּ" (שמואל ב ה א). רד"ק מדגיש את אווירת האחדות בקרב העם, הנלמדת מהאמירה המלמדת על הקשר המשפחתי בינם לבין

דוד: "'הננו עצמך ובשרך אנחנו' - אף על פי שאתה ממשפחת יהודה והננו קרובים לך, אנחנו גם כן עצמך, כי כולנו בני ישראל אחים אנחנו" (רד"ק לשמואל ב ה א).

דוד זכה אולי לממש חלקית את חזון האחדות בחייו, אך כעבור שני דורות בלבד נקרעה הארץ שוב ונחלקה לשתי ממלכות. שלא במפתיע, העם התפצל שוב לאורך קו השבר של הסכסוך ההיסטורי, וירבעם בן נבט מבית רחל הקים לבית לאה את ממלכת ישראל הנפרדת משושלת בית דוד (מלכים א יא-יב). זהו צעד הרה אסון לעם ישראל, שסופו בגלות ובאסונות הנלווים אליה. אך התקווה המשיחית לאחדות ממשיכה להיות מוטלת על השושלת שיצרו רות ובועז. בעתיד אידיאלי כלשהו יצא חוטר מגזע ישי (ישעיה יא א) ויקים ממלכה אחת. הצלחתה של ממלכה זו תובטח כשיבוא הקץ לעוינות בין בני רחל ובני לאה וכולם יתאחדו תחת דגלה של שושלת בית דוד:

> וְהָיָה בַּיּוֹם הַהוּא שֹׁרֶשׁ יִשַׁי אֲשֶׁר עֹמֵד לְנֵס עַמִּים אֵלָיו גּוֹיִם יִדְרֹשׁוּ וְהָיְתָה מְנֻחָתוֹ כָּבוֹד... וְסָרָה קִנְאַת אֶפְרַיִם וְצֹרְרֵי יְהוּדָה יִכָּרֵתוּ. אֶפְרַיִם לֹא יְקַנֵּא אֶת יְהוּדָה וִיהוּדָה לֹא יָצֹר אֶת אֶפְרָיִם (ישעיה יא י, יג).

חזון דומה מופיע בדברי ה' ליחזקאל:

> קַח לְךָ עֵץ אֶחָד וּכְתֹב עָלָיו: לִיהוּדָה וְלִבְנֵי יִשְׂרָאֵל חֲבֵרָו; וּלְקַח עֵץ אֶחָד וּכְתוֹב עָלָיו: לְיוֹסֵף עֵץ אֶפְרַיִם וְכָל בֵּית יִשְׂרָאֵל חֲבֵרָו. וְקָרַב אֹתָם אֶחָד אֶל אֶחָד לְךָ לְעֵץ אֶחָד וְהָיוּ לַאֲחָדִים בְּיָדֶךָ... וְעָשִׂיתִי אֹתָם לְגוֹי אֶחָד בָּאָרֶץ בְּהָרֵי יִשְׂרָאֵל, וּמֶלֶךְ אֶחָד יִהְיֶה לְכֻלָּם לְמֶלֶךְ וְלֹא יִהְיוּ (יהיה כתיב) עוֹד לִשְׁנֵי גוֹיִם וְלֹא יֵחָצוּ עוֹד לִשְׁתֵּי מַמְלָכוֹת עוֹד... וְעַבְדִּי דָוִד מֶלֶךְ עֲלֵיהֶם וְרוֹעֶה אֶחָד יִהְיֶה לְכֻלָּם (יחזקאל לז טז-כד).

סיפורה של רות כולל בחובו את הפוטנציאל לתיקון הקרע בין רחל ללאה. בית ישראל המאוחד ייבנה בסופו של דבר בידי נצר לזיווג בין בועז לרות, צאצאו של דוד.

בית לחם הוא אולי המקום הראוי לסמל את המיזוג בין שני הבתים, שהרי זהו חלק מהנחלה שירשו בני לאה והוא קשור למקום קבורתה של רחל. אין פלא אפוא שהמלוכה, שנועדה לאחד בין שני המחנות הללו, יוצאת ממקום זה של אחדות.

נישואים, הריון ולידה

וַיִּקַּח בֹּעַז אֶת רוּת וַתְּהִי לוֹ לְאִשָּׁה וַיָּבֹא אֵלֶיהָ וַיִּתֵּן ה׳ לָהּ הֵרָיוֹן וַתֵּלֶד בֵּן (ד יג).

התנועה המהירה של פסוק זה, הכולל בעצם את יעדה של המגילה כולה, יוצרת תיאור תמציתי להפליא. חמישה פעלים ברצף מהיר, והמעשה נשלם. רות יולדת בן. לא לידת הילד היא העניין העיקרי, אלא ההגעה אל הרגע הזה. אירוע שיא זה מחוויר בהשוואה לדרך הנפתלת שהביאה את הספר הזה אל פתרונו.

עם זאת, הריונה של רות מפרק את המתח הסופי בנראטיב. הפוריות חוזרת. סיכוייה של רות להינשא ולהקים משפחה נראו תחילה זעומים, אך עקרותה באה על תיקונה. כנשים רבות אחרות בתנ״ך שסבלו מאותה מצוקה, רות אינה נותרת ללא ילד.[1] המקור האלוהי

1. אני נוטה שלא לראות במגילת רות את סיפורה של אישה עקרה מהסוג המוכר היטב בתנ״ך. רבים מהפרמטרים של סצנת דפוס מקראית שכיחה זו נעדרים ממנה (דבר ה׳, האזכור המפורש של עקרות), ומאמציה של רות להשיג מזון ותמיכה בקיום הפיזי מרכזיים לסיפורה לא פחות מניסיונה להינשא ולהרות. עם זאת, רגע הפתרון למצוקתה של רות (דהיינו לידת הילד) מצדיק את ההשוואה הזאת.

לתיקון שחווה רות אולי אינו מפתיע כשהוא לעצמו, אך האופן שבו מסופר על ההתעברות מדהים, ממש כך. אצל נשים אחרות נאמר כי ה׳ ״זוכר״ או ״שומע״ אותן, וכתוצאה מכך הן הרות (למשל בראשית כא א; ל כב-כג; שמואל א א יט-כ), אך אצל רות ה׳ ״נותן לה״ הירָיון.[2]

מן הראוי לעמוד על מעורבותו של ה׳ בהתעברותה של רות. זהו אחד משני המקרים היחידים בסיפור שבהם ה׳ מתערב כדי להביא משהו (בשתי הפעמים נעשה שימוש במילה ״נתן״).[3] התערבויות אלה ממסגרות את המגילה ופותרות את שתי הבעיות המרכזיות של הסיפור: מזון וצאצאים.[4] כאמור, ה׳ מוצג כמקור הברכה העיקרי, בעוד בועז מתפקד כערוץ שדרכו מספק ה׳ מזון וזרע.

תפקידו של בועז בסיפור מכין אותנו לקראת המלוכה. אחד מיסודות המלוכה הוא הרעיון שהמלך הוא התיווך האנושי למימוש רצון ה׳,[5] והוא מתפקד כנציגה האנושי של מלכות ה׳. ה׳ הוא המלך

2. רות רבה פרשה ז יד עומד על הניסוח החריג הזה ואומר כי עד שה׳ יצר לרות רחם, לא היה לה רחם כלל. הפירושים למדרש זה מציינים כי הרעיון התפתח בשל התיאור החריג מאוד של מעורבות ה׳ בהיריון (ראו מתנות כהונה ומהרז״ו על רות רבה פרשה ז יד).

3. ההתערבות הישירה הראשונה של ה׳ היא ברות א ו: ״כִּי פָקַד ה׳ אֶת עַמּוֹ לָתֵת לָהֶם לָחֶם״. הפועל ״נתן״ מופיע גם בכמה מהברכות במגילה לתיאור מעשי ה׳ (רות א ט; ד יא-יב), אבל שם אלה הם ביטויים לרצון או לשאיפה, ולא לעובדה.

4. המקרה הראשון מופיע ממש בתחילת הסיפור, כשנעמי שומעת כי ה׳ זכר את עמו ונתן להם לחם (רות א ו). הברד סבור כי שתי ההתערבויות הישירות של ה׳ בסיפור הן ״האינקלוזיו (inclusio) התיאולוגי״ של הספר. הברד, רות, עמ׳ 267.

5. הרעיון שבועז הוא הכלי למימוש רצון ה׳ מובא בדרכים רבות ושונות במהלך הסיפור. בכל פעם שנעמי מברכת את רות, בועז הוא המביא את הברכה לכלל מימוש. למשל, נעמי מברכת את רות ראשית שה׳ יעשה עמה חסד, כפי שרות עצמה עשתה **עם החיים ועם המתים**, ושנית, שייתן לה מנוחה בבית אישה (רות א ח-ט). הברכות הללו אינן ממומשות בידי ה׳ אלא בידי בועז. הניסיון למצוא לרות מנוח מתמקד בבועז (רות ג א-ב, ״הֲלֹא אֲבַקֶּשׁ לָךְ מָנוֹחַ... וְעַתָּה הֲלֹא בֹעַז...״), המעניק לה מזון (והכרה) בשדהו. נעמי מכירה בכך שברכתה לרות התגשמה כשהיא מברכת באותן מילים את בועז: ״בָּרוּךְ הוּא [בועז] לַה׳ אֲשֶׁר לֹא עָזַב **חַסְדּוֹ אֶת הַחַיִּים וְאֶת הַמֵּתִים**״ (ב כ). לעיל צוין כי הרפרנט הלא ברור (**מיהו** שלא עזב את חסדו, בועז או ה׳?) מדגיש את טשטוש התפקידים המכוון בין בועז לבין ה׳.

העליון, אך המלך שנבחר בידיו עושה את רצונו ומביא לעם את השפע האלוהי.[6] המלך לוחם במלחמות כנציג ה',[7] מספק מזון כנציג ה'[8] ומביא לעם את ברכת ה'.[9] מרכיב חיוני זה של תפקידו של בועז בנראטיב סולל את הדרך לצאצאיו של בועז, שושלת בית דוד, לפעול באותה רוח.

6. נקודה זו מודגשת בתמציתיות בפסוק מרשים המתאר את מלכות שלמה: "וַיֵּשֶׁב שְׁלֹמֹה עַל כִּסֵּא ה' לְמֶלֶךְ" (דברי הימים א כט כג).
7. למשל שמואל א יז מה; שמואל ב ח ו, יד; י יב.
8. ראו את הסיפור שבו דוד מקבל עליו את האחריות לכך שהעם יוכל להשיג מזון כשהוא מנסה לשכך את זעמו של ה' (שמואל ב כא א-ג, יד).
9. הן דוד (שמואל ב ו יח) הן שלמה (מלכים ב ח נה-נו) מביאים לעם ברכה בשם ה'.

נעמי והנשים: שמות, שמחה וברכות

וַתֹּאמַרְנָה הַנָּשִׁים אֶל נָעֳמִי: בָּרוּךְ ה׳ אֲשֶׁר לֹא הִשְׁבִּית לָךְ גֹּאֵל הַיּוֹם. וְיִקָּרֵא שְׁמוֹ בְּיִשְׂרָאֵל. וְהָיָה לָךְ לְמֵשִׁיב נֶפֶשׁ וּלְכַלְכֵּל אֶת שֵׂיבָתֵךְ כִּי כַלָּתֵךְ אֲשֶׁר אֲהֵבַתֶךְ יְלָדַתּוּ, אֲשֶׁר הִיא טוֹבָה לָךְ מִשִּׁבְעָה בָּנִים (ד יד–טו).

וְיִקָּרֵא שמו בישראל

הנשים מעתירות על נעמי ברכה סתומה: "ויקרא שמו בישראל" (ד יד). זהו ביטוי בלתי־שכיח, שכן נדרש בו לכאורה מושא ישיר, שמו של הילד.[1] בביטוי מקביל, הנוגע לאח הממאן לקיים את מצוות הייבום, בא אחרי ביטוי זה כינוי חדש: "וְנִקְרָא שְׁמוֹ בְּיִשְׂרָאֵל בֵּית חֲלוּץ הַנָּעַל" (דברים כה י). אלא שכאן לא מופיע שם הילד, והוא מופיע למעשה רק בפסוק יז. איך עלינו להבין את הביטוי הקטוע הזה? יש הסבורים

1. בקהילות רבות נוהגים להשתמש בביטוי זה ממש, "ויקרא שמו בישראל", כשמודיעים על שמו של היילוד.

כי הכוונה היא לכך ששמו של הילד יתפרסם,[2] ואחרים סבורים כי הכוונה היא ששם הילד יהיה מהולל.[3] לי נדמה שאפשר ללמוד מכאן כי עצם נתינת שם לילד היא מטרה בפני עצמה. אין חשיבות לשם שנבחר - תכלית הסיפור היא להבטיח כי לילד יהיה שם, תהיה לו זהות, יהיה לו ייעוד. הנשים מברכות אפוא את נעמי בהתרגשות: ״וייקרא לו שם בישראל!״

התרגום מביא תוספת קטנה לברכת ה׳ על ידי הנשים: ״ואמרא נשיא לנעמי בריך **שמיא** דה׳ דלא פסק ליך פרוקא יומא דין ויתקרי שמיה מן צדיקי ישראל״ [=ותאמרנה הנשים אל נעמי: ברוך **שם** ה׳ אשר לא השבית לך גואל היום וייקרא שמו בין צדיקי ישראל] (תרגום רות ד יד). הוספת המילה ״שֵם״ לברכת ה׳ בפי הנשים יוצרת הקבלה ישירה בין אזכור שם ה׳ לבין יכולתו של הגואל להיות בעל שם. הקשר ההדוק בין ההכרה בשם ה׳ לבין מצב שבו יש לאדם שם היא אבן הפינה של הזהות הלאומית. אפשר ללמוד זאת כבר בספר שמות, הנפתח בהעדר בולט של שמות בקרב העם.[4] רק אחרי שהעם מגלה את שם ה׳ (למשל שמות ג יג-טו; ו ב-ג; טו ג), יכולים בניו להשיב לעצמם את שמותיהם, שאבדו במדמנת השעבוד והניכור מה׳.

כדאי להזכיר כאן מדרש שכבר הובא לעיל, ובו מתקין בועז תקנה חדשה שלפיה ישאלו אנשים זה לשלומו של זה בשם ה׳. יזמה

2. ראו למשל הברד, רות, עמ׳ 271. לעיל עסקנו בדיון דומה סביב הביטוי ״וּקְרָא שֵׁם בְּבֵית לָחֶם״ (רות ד יא).
3. ראו קמפבל, רות, עמ׳ 163. בדרך כלל נוהגים להקדים לביטוי המלמד על הילול שמו של מישהו את מילית היחס ״ב״, ובדרך כלל אומרים זאת בקשר לה׳ (כמו בביטוי ״קרא בשם ה׳״). ראו למשל בראשית יב ח; שמות לד ה. עם זאת, לפעמים מופיע הביטוי ללא מילית היחס, במשמעות להלל (למשל דברים לב ג; תהלים צט ו). קמפבל מעלה את האפשרות שנושא הביטוי הוא ה׳, אם כי בסופו של דבר סביר יותר בעיניו שהביטוי מתייחס לשם הילד. ראו גם בוש, רות, עמ׳ 256.
4. אחרי שבתחילת ספר שמות, בסיפור ירידת בני ישראל למצרים, בני ישראל נזכרים בשמותיהם (שמות א ו), העברים איבדו כנראה את שמותיהם ונעשו עלומי שם: הם נקראים ״מיילדות״, ״איש מבית לוי״, ״בת לוי״, ו״אחותו״ (של הילד הנולד).

זו נועדה כנראה להזכיר לבני העם כמה חשוב שיכירו זה בזה ויתייחסו זה לזה בשם. אלא שהמדרש מתבסס על פסוק המביא סיבה שונה מאוד לפסיקתו של בועז:

> רבי תנחומא בשם רבנן אמר: שלשה דברים גזרו בית דין של מטה, והסכימו עמהם בית דין של מעלה, ואלו הן: לשאול שלום בשם [ה']... שאילת שלום [בשם ה'] מנין? שנאמר (ירמיהו כג כז): "החושבים להשכיח את עמי שמי"... ועמד בועז ובית דינו והתקינו לשאול שלום בשם [ה']. שנאמר: והנה בעז בא מבית לחם [ויאמר לקצרים: ה' עמכם] (רות רבה פרשה ד ה).

מדרש זה מלמד כי הבעיה היסודית של העם איננה שיבוש היחסים בין אדם לרעהו עד כדי כך שאנשים אינם מזהים את שם חבריהם, אלא העובדה ששכחו את שם ה'. הקישור ההדוק בין הזהות האלוהית לזהות הלאומית עשוי להסביר גם את התוספת המופיעה בתרגום לארמית ברות ד יה, שבה הנשים מברכות בשם ה' לפני שהן יכולות להכריז כי הילד ייקרא בשם.

מזרעו של בועז נולדו דוד מבית לחם,[5] איש בעל שם (למשל שמואל א יח ל; שמואל ב ח יג), ושושלת בית דוד, שנועדה לכונן שמות לדורות הבאים.[6] בפרק המתווה את קווי המתאר של המדינה האידיאלית של שושלת זו (שמואל ב ז) דומה כי המילה "שם" מתארת שלושה גורמים שונים: המלך (דוד), ה' והעם. ראשית, ה' מבטיח לדוד כי יעשה לו שם גדול (שמואל ב ז ט). ייעודה העיקרי של שושלת בית דוד מצוין אף הוא: לבנות בית כדי להפיץ את שם

5. ייתכן שמשום כך העדים מברכים את הזיווג של בועז ורות במילים "וּקְרָא שֵׁם בְּבֵית לָחֶם" (רות ד יא).
6. בהזדמנויות שונות נזכרת בתנ"ך גדולת שם בנו של דוד, שלמה (מלכים א א מז; ה יא). בזכות העובדה ששמו של שלמה הולך לפניו, מופץ ברבים גם שם ה' (מלכים א י א).

ה׳ (שמואל ב ז יג).[7] וכדי להשלים את התמונה, מתאר אותו פרק עצמו את ה׳ כמי שמעניק שם לעם (שמואל ב ז כג).[8] דבר זה יביא להכרה בגדולת שם ה׳ (שמואל ב ז כז). שזירת הגורמים המקבלים שם מלמדת על התלות ההדדית ביניהם. אם אנשים מכירים את שם ה׳, הרי הם, ומלכם, יהיו בעלי שם, זהות וייעוד. אם למלך יש שם, הוא יוכל להצליח בהענקת שם לעמו. רק כאשר יהיו לעם שם, זהות ומודעות לייעודו הייחודי, אפשר יהיה להפיץ את שם ה׳ בעולם.[9] ביסוס השם במגילת רות מעניק תקווה להשגת מצב לאומי אידילי שאותו מבשרת לידת שושלת בית דוד.

סיפור על אהבה וברכות

הנשים מברכות את נעמי במילים המדברות על גאולה ותקווה, לידה ופוריות. נעמי התאוששה, היא יכולה לצפות עתה שהטוב יתפוס את מקום הפורענות והיא זוכה לאהבה ולהגנה. זאת ועוד, אלה הן מילים של קבלה, מילים המקבלות את רות ומאפשרות את כניסתה לקהל ישראל. רות, הן אומרות, טובה לנעמי יותר משבעה בנים, שכן באמצעות רות (ולא באמצעות בניה) זוכה נעמי להמשכיות.

יש לבחון בתשומת לב שני ביטויים בדברי הנשים. האחד הוא הביטוי ״משיב נפש״, המופיע בכמה מקומות בתנ״ך במשמעות

7. ראו למשל מלכים א ה יט; ח טז-כ. דוד מודע למחויבות להפיץ את שם ה׳ ממש מהרגע הראשון. זוהי מטרתו העיקרית במלחמתו בגליית: ״אַתָּה בָּא אֵלַי בְּחֶרֶב וּבַחֲנִית וּבְכִידוֹן וְאָנֹכִי בָא אֵלֶיךָ בְּשֵׁם ה׳ צְבָאוֹת״ (שמואל א יז מה). אנו רואים זאת גם בדאגתו של דוד לארון ה׳, האמור לשאת את שם ה׳ (שמואל ב ו ב). ראו גם שמואל ב ו יח; כב נ.

8. הפסוק בשמואל ב ז כג נפתל ושנוי במחלוקת פרשנית. אחת המשמעויות האפשריות שלו היא שה׳ יוצר את העם כדי ליצור שם לעצמו (ראו למשל רד״ק שם), ואפשרות אחרת היא שה׳ נתן שם לעמו.

9. הפצת שם ה׳ היא מוטיב מרכזי מאוד בתנ״ך. זהו אחד היעדים המרכזיים של אברהם (למשל בראשית יב ח; יג ד), של העם (למשל דברים לב ג) ושל בניית המקדש (למשל מלכים א ח טז-כ).

התאוששות באמצעות מזון.[10] לידת הילד הזה פותרת אפוא את שתי בעיותיה של נעמי: ההמשכיות והמחיה.

השורש שו"ב היה מילת מפתח בפרק א והופיע בו שתים עשרה פעמים. הוא תיאר את חזרתה של נעמי לבית לחם (א ו–ז), את ניסיונותיה לשכנע את רות ואת עורפה לחזור לעמן (א ח, יא, יב, טו) ואת נכונותה המסויגת לאפשר את "חזרתה" של רות לבית לחם לצידה (א י, טז, כב). הפועל משמש רק פעם אחת בבניין הפעיל, כשנעמי אומרת במרירות כי ה' השיבה ריקם (א כא). אלא שמילה זו נעלמת מהסיפור[11] ושבה ומופיעה כאן, בברכת הנשים, בהופעתה הנוספת היחידה בבניין הפעיל (ד טו). באופן זה מזכיר הצירוף "משיב נפש" את התלונה הנואשת שמפנה נעמי כלפי ה'. אלא שכאן הילד **משיב** חיים, הופך על פיה את הריקנות שנעמי חשה כי נגרמה לה מאת ה'. הייאוש שאפיין את שובה של נעמי בפרק א התהפך עתה לטובה.

המילה השנייה הראויה לתשומת לב היא "אהב". מילה זו טרם הופיעה בסיפורנו וזה מוזר כשמדובר בסיפור המציב במוקד את נושא הנישואים. וכשהוא מופיע סוף־סוף, בשיאה של העלילה, הוא אינו מתאר את היחסים בין בועז לרות אלא את מסירותה הבלתי־רגילה של רות לחמותה. ראוי גם לציין שהשורש אה"ב אינו מתאר בשום מקום את רגשותיה של נעמי כלפי רות. אינני מבקשת לרמוז שנעמי שומרת על יחסה המסויג כלפי רות. דומה שהיא מעריכה עתה את כלתה ורואה אותה באור חיובי. אבל הטקסט מתאפיין באיפוק בעניין זה. העוגן האמיתי של הסיפור הוא אהבתה של רות לנעמי. זה איננו סיפור אהבה בין גבר לאישה, וגם לא סיפור אהבה שמצפה להדדיות, אלא סיפור של מחויבות חד־צדדית ואהבה בלתי־מותנית. יכולתה של רות לתת בלי לקחת, לראות את האחר בעודה מאיינת את עצמה, מופיעה כאן שוב כמוקד העיקרי של הסיפור.

10. ראו למשל איכה א יא, יט.
11. המילה מופיעה גם ברות ד ג, שם מתוארת נעמי כמי ששבה משדות מואב, וברות ב ו, שם היא משמשת בפי הנער הניצב על הקוצרים, המדבר על רות באופן המדגיש את זרותה בבית לחם.

דברי השמחה של הנשים חותמים את שפע הברכות שבהן נתקלנו בסיפור הקצר הזה. מגילת רות היא ספר של ברכות.[12] היא נפתחת בברכת נעמי לכלותיה, כשהיא משלחת אותן בחזרה למואב: "יִתֵּן ה' לָכֶם וּמְצֶאןָ מְנוּחָה אִשָּׁה בֵּית אִישָׁהּ" (א ט). בועז מברך את רות בברכה דומה: "יְשַׁלֵּם ה' פָּעֳלֵךְ וּתְהִי מַשְׂכֻּרְתֵּךְ שְׁלֵמָה מֵעִם ה' אֱלֹהֵי יִשְׂרָאֵל אֲשֶׁר בָּאת לַחֲסוֹת תַּחַת כְּנָפָיו" (ב יב).[13]

פרק ב מלא בברכות לבועז. את הברכה המפורשת הראשונה בספר כולו (המשתמשת בשורש בר"ך) אומרים הקוצרים לבועז: "יְבָרֶכְךָ ה'" (ב ד). נעמי מברכת אותו בלי לדעת את זהותו: "יְהִי מַכִּירֵךְ בָּרוּךְ" (ב יט). וכשהיא לומדת לדעת מי הוא, היא מברכת אותו שוב: "בָּרוּךְ הוּא לַה' אֲשֶׁר לֹא עָזַב חַסְדּוֹ אֶת הַחַיִּים וְאֶת הַמֵּתִים" (ב כ). בפרק ג בועז מברך את רות: "בְּרוּכָה אַתְּ לַה' בִּתִּי. הֵיטַבְתְּ חַסְדֵּךְ הָאַחֲרוֹן מִן הָרִאשׁוֹן לְבִלְתִּי לֶכֶת אַחֲרֵי הַבַּחוּרִים, אִם דַּל וְאִם עָשִׁיר" (ג י). המדרש ברות רבה מדגיש כי הברכה הזאת איננה צפויה ובועז עלול היה באותה מידה לקלל את רות כשגילה אותה למרגלותיו:[14]

"חֶרְדַּת אדם יִתֵּן מוקש" (משלי כט כה). חרדה שהחרידה רות לבועז, דכתיב: "ויחרד האיש וילפת". "יִתֵּן מוקש". **ובדין הוא שיקללנה.** אלא: "ובוטח בה' יְשֻׂגָּב". נתת [ה' את הרעיון] בלבו [של בועז] וברכה, שנאמר: "ברוכה את לַה' בתי" (רות רבה פרשה ו א).

12. מדרשים שונים עוסקים במשמעות הברכות המופיעות כאן (ראו רות רבה פרשה ו ב; רות זוטא ד יג).
13. השורש בר"ך אינו מופיע במפורש בפסוקים אלה.
14. בתחילת אותו מדרש מסופר על דוד המודה לה' על כך שבועז לא קילל את רות, "שאילו החיש לה קללה אחת מאין הייתי בא?" (רות רבה פרשה ו א).

בועז מתעורר באישון לילה ומוצא דמות שוכבת לידו. התגובה האינסטינקטיבית הנובעת מפחד ומבלבול הייתה אמורה להיות קללה, אלא שבעידודו של ה', בועז משמיע ברכה.

הברכה מפתיעה לא רק בשל הנסיבות הישירות אלא גם בשל המציאות הכללית שבה מתרחשת הסצנה. ספר שופטים נפתח בברכות (למשל שופטים א טז) ונמשך הן בברכות הן בקללות (שופטים ה כג-כד). בהמשך מתדרדר המצב והברכות מפנות את מקומן לקללות, ואלה שולטות בסוף הספר.[15] הברכה האחרונה בספר אינה אלא ניסיון נואש להפוך קללה שביטאה אישה בכעס משום שלא הייתה מודעת לכך שהגנב שקיללה בפזיזות הוא בעצם בנה: "וַיֹּאמֶר לְאִמּוֹ: אֶלֶף וּמֵאָה הַכֶּסֶף אֲשֶׁר לֻקַּח לָךְ וְאַתְּ (ואתי כתיב) **אָלִית** [קיללת] וְגַם אָמַרְתְּ בְּאָזְנַי, הִנֵּה הַכֶּסֶף אִתִּי, **אֲנִי** לְקַחְתִּיו. וַתֹּאמֶר אִמּוֹ: **בָּרוּךְ** בְּנִי לַה'" (שופטים יז ב). בפרק האחרון של ספר שופטים מופיעה קללה מחרידה: "אָרוּר נֹתֵן אִשָּׁה לְבִנְיָמִן" (שופטים כא יח). משמעותה האפשרית היא הכחדתו של שבט בנימין, וכתוצאה מכך - קץ היחידה בת שנים עשר השבטים שהיא עם ישראל.

בהקשר זה, המדרש שהובא כאן מקבל משמעות חדשה. בתקופת השופטים צפוי אדם המוצא את עצמו במצבו של בועז לפלוט קללה מבלי משים, שהרי תקופה זו נעה לעבר חברה מקוללת, לא מבורכת. על פי המדרש, התערבותו הישירה של ה' הופכת את כיוון דבריו של בועז, מה שמאפשר את היפוך כיוונה של התקופה כולה. אבל מבחינת הטקסט במגילת רות, המלאה באנשים מברכים, היא מבשרת ראויה

15. הברכה האמיתית האחרונה בספר היא ברכת ה' לשמשון הצעיר, המייצג את התקווה האחרונה (שאיננה מתגשמת) בספר: "וַתֵּלֶד הָאִשָּׁה בֵּן וַתִּקְרָא אֶת שְׁמוֹ שִׁמְשׁוֹן וַיִּגְדַּל הַנַּעַר וַיְבָרְכֵהוּ ה'" (שופטים יג כד). אין פלא כי הברכה הניתנת לשמשון מופיעה בסוף פרק יג, **לפני** ששמשון גדל עוד והרבה להשתמש בברכתו לטובת עצמו במקום לתעל אותה לטובת העם.

של תקופת המלוכה.[16] היא הופכת חברה מקללת לחברה מברכת. המגילה הופכת חברה מקוללת לחברה שופעת ברכות.[17]

השכנות

וַתִּקַּח נָעֳמִי אֶת הַיֶּלֶד וַתְּשִׁתֵהוּ בְחֵיקָהּ וַתְּהִי לוֹ לְאֹמֶנֶת. וַתִּקְרֶאנָה לוֹ הַשְּׁכֵנוֹת שֵׁם לֵאמֹר: יֻלַּד בֵּן לְנָעֳמִי. וַתִּקְרֶאנָה שְׁמוֹ עוֹבֵד, הוּא אֲבִי יִשַׁי אֲבִי דָוִד (ד טז-יז).

מילת המפתח "שם" מופיעה בפעם האחרונה בתמונת מתן השם לילד (ד יז). אחרי נתינת שם לילד מופיע אילן יוחסין המגיע עד עשרה דורות לאחור, אל פרץ בן יהודה. רשימת שמות מרשימה זו מלמדת כי לידת הילד הזה חידשה את הקשר בין הדורות והפיחה חיים בשרשרת הכוללת אנשים שיש להם שם, זהות וייעוד משותף.

הילד הזה, שנולד כדי לחדש את שם המשפחה שעמד בסכנת כליה, מקבל את שמו מידי השכנות, כלומר מידי החברה כולה. זוהי התרחשות מפתיעה.[18] בסיפורי התנ"ך מקבלים הילדים את שמותיהם

16. דוד, שמעשהו הראשון הוא הרחקת קללתו של גליית מה' ומעמו (שמואל א יז מג), אכן מביא ברכה לעם שסבל מקללה. ברכותיו של דוד נדיבות (שמואל א כד לב-לג; ל כו; דברי הימים א טז ב, מג), גם למתנגדיו (שמואל ב ב ה), והן ניתנות לא פעם בהקשר דתי (שמואל ב ו יח, כ). דאגתו של דוד לעמו כוללת את רצונו לזכות בברכת ה' (שמואל ב כא ג; דברי הימים א יז כז). ייתכן שמשום כך התנ"ך מתאר את מלכותו של דוד ואת שושלת בית דוד כמבורכות (שמואל ב ז כט; מלכים א א מז; ב מה; ח יד, נה).

17. חשוב לזכור שבתחילת המגילה אלימלך מוצג ללא אילן יוחסין, ללא שום קשר לעבר שלו. תחילת המגילה מציגה בעל משפחה שאין לו עבר או עתיד, מצב עגום שמוצא את פתרונו כאן, באילן היוחסין בסוף המגילה.

18. כמה חוקרי מקרא ניסו לתקן את החריגה הזאת ולקבוע כי הילד מקבל את שמו מנעמי או מבועז. ראו את הדיון אצל הברד, רות, עמ' 276, הערה 42. הברד עצמו אינו תומך בתיקון זה, השולל מהכתוב את משמעותו הסמויה.

בדרך כלל מאמותיהם,[19] לפעמים מאבותיהם,[20] ולעתים משני ההורים.[21] במקרים נדירים גם ה׳ נותן שם לילד.[22]

שמות במקרא הם הרבה יותר מסתם תארים - הם מייצגים את מהותו של האדם, את שליחותו ואת ייעודו. האדם הנותן שם ליילוד מקבל עליו את האחריות לאפשר לילד לממש את ייעודו. אחריות זו מוטלת בדרך כלל על ההורים המגדלים את הילד, אך באשר לילד שנולד לרות ולבועז, עצם החריגה מן הנוהג היא הרעיון שהכתוב מבקש להדגיש. הילד אינו שייך לא לאביו ולא לאמו. אחרי שמצוינת עובדת לידתו, בועז אינו מופיע עוד[23] וגם רות כמעט שאינה מוזכרת. הילד ניתן לנעמי, המתפקדת לכל אורך הסיפור כמראָה לעם המגדל את מוליד המלוכה. קבוצת נשים אנונימיות המתכנה בשם הסתמי "שכנות" היא הנותנת לילד את שמו ואת עצם ייעודו.[24] באופן זה מבהירה מגילת רות כי המלך (שהוא היעד של לידת הילד הזה) אינו שייך למשפחתו, לשבטו ואפילו להוריו. שמו, מהותו ותכליתו הם רכושו של העם שהוא נועד לשרתו.

ולבסוף, בהתאם להקשר הכללי של מגילת רות, עלינו לשוב ולהזכיר שספר שופטים מסתיים בשפע של אנשים חסרי שם, המאפיינים חברה שבה אנשים איבדו את שמם ועמו את ייעודם. קביעת השם במגילת רות היא אפוא פעולה הרת משמעות במיוחד. המגילה מסתיימת בחברה הנותנת שם לילד, המכירה בחשיבות של מתן שם לכל אדם ואדם.

19. למשל בראשית ד כה; כט לב, לג, לה; שופטים יג כד; שמואל א א כ; ד כא.
20. למשל בראשית ד כו; ה כט; טז טו; לח כט-ל.
21. למשל בראשית לה יח.
22. למשל בראשית טז יא; יז יט; שמואל ב יב כה.
23. ביטוי קיצוני לרעיון זה מופיע במדרש (רות זוטא ד יג; ילקוט שמעוני רות רמז תרח), הטוען כי בועז מת בלילה שבו נהרה עובד.
24. כפי שנראה, השם שניתן לילד הוא עובד, שכן ייעודו הוא לעבוד ולשרת את העם (ואת ה׳).

ילדה של נעמי, ברכותיה של נעמי

בפסוקים האחרונים של המגילה חוזרת דמותה של נעמי לקדמת הבמה. בועז ורות נסוגים לאחור ונעמי נותרת לקטוף את פרי זיווגם המבורך.[25] מרכזיות דמותה של נעמי נלמדת מהפסוקים האחרונים של כל אחד מהפרקים עד כה, המסתיימים כולם בדברי נעמי. בסוף פרק א מהדהדים דבריה המרים של נעמי, פרק ב מסתיים בדברי העידוד שלה לרות, ופרק ג - בציפייה אופטימית. מילות התקווה הללו הן הדברים האחרונים שאומרת נעמי בסיפור, אך המילה האחרונה הנאמרת בו היא בעצם השם נעמי: "יֻלַּד בֵּן לְנָעֳמִי".

סיפורה של נעמי החל ללא תקווה, ללא מזון, ללא ילד - בריקנות גמורה, בייאוש גמור. הוא מסתיים בילד שיבטיח לה מחיה והמשכיות. סיפורה של נעמי החל באבדן נחלתה, שמה, אילן היוחסין שלה, עמה וקשריה. הוא מסתיים כשהיא עטופה בברכותיהן של נשות העיר ויודעת כי רציפות הנחלה והמשפחה מובטחת.

גורלה המר של נעמי, הפותח את מהלך הסיפור, משקף את גורלו המר של העם בתקופה זו. בסוף הספר משתנה לא רק גורלה של נעמי אלא גם גורל העם. משפחה חזרה להתקיים, הרציפות הובטחה, שושלת מלכים מסתמנת באופק וחידוש הישות הלאומית נראה עתה אפשרי.

25. הפעלים המתארים את מעשיה של נעמי עם הילד ברות ד טז (וַתִּקַּח, וַתְּהִי) מקבילים במדויק לפעלים המתארים את מעשיו של בועז הנושא את רות לאישה ברות ד יג (וַיִּקַּח, וַתְּהִי). הקבלה זו מלמדת אולי שהיעד הישיר של הנישואים הוא להביא את הילד הזה למען נעמי.

אילן יוחסין ומלוכה

וְאֵלֶּה תּוֹלְדוֹת פָּרֶץ: פֶּרֶץ הוֹלִיד אֶת חֶצְרוֹן. וְחֶצְרוֹן הוֹלִיד אֶת רָם וְרָם הוֹלִיד אֶת עַמִּינָדָב. וְעַמִּינָדָב הוֹלִיד אֶת נַחְשׁוֹן וְנַחְשׁוֹן הוֹלִיד אֶת שַׂלְמָה. וְשַׂלְמוֹן הוֹלִיד אֶת בֹּעַז וּבֹעַז הוֹלִיד אֶת עוֹבֵד. וְעֹבֵד הוֹלִיד אֶת יִשָׁי וְיִשַׁי הוֹלִיד אֶת דָּוִד (ד יח-כב).

הסיום הרשמי של המגילה כולל רשימה של עשרה דורות, מפרץ ועד דוד. יש להניח כי אילן יוחסין זה מדלג על כמה דורות.[1] עיקר עניינו הוא להראות כי יעדו המרכזי של הספר הוא להביאנו אל דוד, מייסד שושלת המלוכה. מקומו של בועז בדור השביעי מסמל אולי

1. הרשימה המקבילה המופיעה בדברי הימים א ב ה-טו מתעדת אף היא עשרה דורות בין פרץ לדוד. עם זאת, אם כל אחד מהנזכרים בה הוליד את בנו בגיל 30, הרי עברו רק 150 שנה בין נחשון לדוד. נחשון חי בזמן יציאת מצרים, והכתוב במלכים א ו א קובע כי בין יציאת מצרים להקמת המקדש (דור אחד אחרי דוד) עברו 480 שנה. אם כך, כדי לשמר את אילן היוחסין הזה בלי להניח שיש כאן דילוג על כמה דורות, צריך להניח שכל אחד מהגברים הנזכרים בה הוליד את בנו בהיותו בן 90. זוהי אפשרות קיימת (אבן עזרא ברות ד יז טוען כי אכן כך היה), אך לא סבירה במיוחד. סביר יותר שרשימה זו מנסה לשמר את מסורת עשרת הדורות של אילן היוחסין השכיחה בתנ"ך.

את חשיבותו[2] ומאשר את מה שניכר לכל אורך הדרך: בועז הוא סב ראוי לדוד ואפשר לזקוף לזכותו חלק גדול מהצלחתו.

הופעתה של שושלת היוחסין בסוף הסיפור היא תזכורת בוטה להעדרה של רשימה כזאת בתחילתו; שהרי זהו גם אילן היוחסין של אלימלך. עם זאת, אלימלך מופיע ללא אילן יוחסין, ומתעורר ספק בדבר חשיבות סיפורו האישי. מדוע עלינו לתת את דעתנו לאיש זה, הלוקח את משפחתו למואב בזמן הרעב? אילו הופיע אילן היוחסין הזה בתחילת המגילה, הוא היה משמש תשובה הולמת לשאלה זו. אלימלך איננו סתם איש מיהודה - הוא נצר למשפחת פרץ, לשושלת מלוכה. ואלימלך עשוי היה להוליד את דוד אלמלא התנתק מאילן היוחסין שלו כשהחליט להתרחק מעמו בזמן הרעב. לכן מופיע אלימלך בסיפור ללא אילן יוחסין. בדומה לגואל פלוני אלמוני, המאבד את זכותו לשאת שם, גם אלימלך מאבד את מקומו באילן היוחסין של המלוכה. את מקומו תופס בועז, המביא את הספר לסיומו המהדהד כשהוא מוליד את דוד.

ואלה תולדות

הביטוי הפותח את הרשימה, "ואלה תולדות", שכיח בספר בראשית.[3] הוא מתפקד שם כמסמן מבני בתנועת הספר מהבריאה אל העם הנבחר. כשהספר מבקש להתמקד בשושלת מסוימת, הוא מציג את הפיצול

2. שימו לב להצבתו של חנוך במקום השביעי ברשימת עשרת הדורות מאדם עד נוח (בראשית ה). חנוך זכה אולי למיקום זה מפני שהתהלך עם ה׳ (בראשית ה כב). אלא שאי־אפשר לומר כך על הדור השביעי ברשימת עשרת הדורות מנוח ועד אברהם (בראשית יא), שכן שרוג המופיע שם איננו דמות חשובה. מכל מקום, בהינתן המשמעות המיוחסת בדרך כלל למספר שבע בתנ"ך, ראוי לציין את מיקומו של בועז בדור השביעי.

3. החוקרים ציינו זה מכבר כי זוהי תכונה מבנית מרכזית בספר בראשית. ראו למשל בלנקינסופ, התורה, עמ׳ 58–97. שימו לב במיוחד להערה 4 בעמ׳ 94, שם מביא המחבר כמה ספרי יסוד העוסקים בנושא. תכונה מבנית זו הביאה כמובן את החוקרים למסקנות שונות; אני מביאה כאן את גישתי לתופעה זו.

בין השושלת הנבחרת לבין השושלת שאינה נבחרת באמצעות ביטוי זה.[4] הופעתו האחרונה של הביטוי ״ואלה תולדות״ בספר בראשית מתייחסת ליעקב (בראשית לז ב), והדבר מלמד שתקופת הסינון הסתיימה. מנקודה זו ואילך, כל צאצאי יעקב הם חלק מהעם הנבחר. עם זה נבחר מכל אומות העולם לא כדי ליהנות מזכויות־יתר אלא כדי להטיל עליו לעבוד את ה׳, להיות העם הקורא בשם ה׳ ומפיץ את שמו בעולם.

בשתי הזדמנויות נבחרת משפחה מסוימת מכלל עם ישראל ומוטלת עליה אחריות מיוחדת, ואין פלא ששתי השושלות הללו מוצגות בביטוי ״ואלה תולדות״. למעשה, אלה הם שני המופעים היחידים של הביטוי מחוץ לספר בראשית. בספר במדבר ג א מוצגת שושלת הכוהנים בביטוי זה.[5] שושלת אהרן נבחרת למלא את התפקיד החשוב הזה, המחייב את בידוד המשפחה לצורך יצירת אילן יוחסין ייחודי. ברות ד יח מוצג אילן היוחסין של המלוכה, הנפתח במילים ״ואלה תולדות״. השושלת שנבחרה, בית דוד, זוכה לקבל תפקיד יוצא דופן בתוך העם הנבחר. ה׳ בחר את המשפחה הזאת מתוך העם וגייס אותה לשירותו בתפקיד מלכים המייצגים את מלכות ה׳.

4. ראו למשל את הצגת תולדות יצחק וישמעאל: ״וְאֵלֶּה תּוֹלְדֹת יִצְחָק בֶּן אַבְרָהָם״ (בראשית כה יט); ״וְאֵלֶּה תֹּלְדֹת יִשְׁמָעֵאל בֶּן אַבְרָהָם״ (בראשית כה יב). ראו גם תולדות יעקב ועשו בבראשית לז ב; לו א, ט.

5. אף שהפסוק מציג את תולדות אהרן **ומשה**, ״וְאֵלֶּה תּוֹלְדֹת אַהֲרֹן וּמֹשֶׁה״ (במדבר ג א), הכתוב ממשיך לתאר רק את תולדותיו של אהרן, משפחת הכהונה. הפרשנים שמים לב לבעיה זו ומנסים לתרצה בדרכים שונות. ראו למשל את רש״י, רשב״ם ורמב״ן בפירושם לבמדבר ג א.

פרק ד: סיכום

בניגוד לפרק ג, שתיעד אירועים המתרחשים בסביבה פרטית וחשאית, פרק ד מתקיים כולו בזירה הפומבית. שקיפות זו נובעת מביטחון ומיושר, תכונות המאפיינות את הצעדים האמיצים שנוקט בועז בפרק זה. שאלות הלכתיות ניצבות במרכז הבמה כשבועז מפעיל את סמכותו הניכרת בניסיון לעשות צדק.

צעדיו הנחושים של בועז מגיעים לסיום משביע רצון ככל שאנחנו מתקדמים בפרק. התוצאות האלה מושגות לא מפני שאנשי בית לחם למדו לקבל את רות - גם אם כך קרה, דומה שהנישואים אתה עדיין מהווים בעיה בעיניהם. הגואל מפגין התנגדות מתוחה לרעיון והגאולה היא רק תוצאה ישירה מהחלטתו של בועז לקבל עליו אחריות אישית.

צדקותו וסמכותו של בועז ממלאות תפקיד מפתח בהצלחת הפרק ובסיום ההרמוני של המגילה. מילות המפתח בפרק הן ״שֵׁם״ (שבע פעמים) ו״גאל״ (חמש עשרה פעמים), ששתיהן מצביעות על מעלותיו של בועז ועל השגת יעדי הספר: גאולתה של רות, גאולתה של נעמי ושל נחלת אלימלך, והקמת שם למתים.

הפרק מתאר את בועז כמנהיג למופת, לא רק בשל העובדה שהוראותיו מתקיימות אלא גם בשל הדבר החשוב יותר: האופן שבו הצופים מן הצד נמשכים אל האווירה ההרמונית שהוא משרה. בפרק כולו מהדהדות שמחה, קבלה וברכה, לא מעט בזכות הטון שקובע בועז עצמו.

עם זאת, ככל שהפרק קרב אל סיומו מתבהר יותר ויותר כי מוקד עניינו הוא נעמי. אחרי לידת הילד נעלמים בועז ורות מהעלילה ונעמי נשארת להציג את הסיום שהושג. המגילה נפתחת בטרגדיה של נעמי ומסתיימת בתיקונה. המעגל הושלם. ריקנותה של נעמי התמלאה ויש לה עתה זרע ומחיה. אין זו עוד אישה מרה ובודדה הניצבת מול קבלת פנים עוינת של בני עירה לשעבר, אלא אישה שמחה המוקפת בנשים המעתירות עליה ברכות נלהבות. מרירותה כלפי ה׳ פינתה את מקומה לאסירות תודה ולרוגע. נעמי החלה את דרכה במגילה באבדן נחלתה, שמה, אילן היוחסין שלה, עמה וקשריה, ועם סיום הסיפור היא עטופה בברכותיהן של נשות העיר ובטוחה ברציפות נחלת המשפחה ושמה.

מי שאפשר את השינוי הזה הוא רות, שהקדישה את עצמה ללא לאות לרווחתה של נעמי. בפרק זה רות אינה נתפסת עוד בעיני נעמי או בעיני אנשי העיר כנטל, כמואבייה חשודה ונכרייה. היא מקובלת, יש לה מעמד בטוח בבית לחם, והיא זו שפעלה כערוץ להשבת האושר והברכה לנעמי.

עם תיקונו השלם של מצב העניינים הטרגי ששרר בתחילת הספר, אנו מתחילים לצפות קדימה, אל תחייה לאומית. עם השבתם של השמות והרציפות עולה אל פני השטח אילן יוחסין מלכותי, ובאופק מסתמנת תקווה להתחדשות הזהות הלאומית.

אחרית דבר:
שיקוף לשוני – סיפור הרמוני

בפרק אחרון זה אציג באופן מרוכז כמה מהמוטיבים והטכניקות הספרותיות שעלו במהלך דיוננו במגילת רות. רוב הנקודות שיוזכרו כאן הן חזרה על רעיונות שכבר הועלו לעיל. עם זאת, הצבתן יחד יוצרת, לדעתי, תמונה מקיפה של המגילה ומסגרת־על המקשרת אותן למקשה אחת.

שיקוף המבנה והשפה

מגילת רות היא יצירה הרמונית. היא אינה מותירה שאלות לא פתורות ובסוף הסיפור אין מתח. אופייה ההרמוני של המגילה ניכר גם באמנות המבנה והשפה ובהצבת הדמויות הראשיות בתמונת מראה זו לזו.

המבנה

מגילת רות היא סיפור מהודק המורכב מארבעה חלקים מובחנים.[1]

1. התבנית הסימטרית של הסיפור זוכה לתיאור מצוין במאמר הקצר והחשוב

ארבע יחידות אלה, המשתקפות ככלל בחלוקת הפרקים,[2] מציגות עלילה במבנה כיאסטי מובנה היטב, שבו פרק א מקביל לפרק ד ויש התאמה בין פרק ב לפרק ג. פרקים ב וג משקפים זה את זה מבחינה מבנית ותמטית וכל אחד מהם מציע פתרון לאחת משתי המצוקות המרכזיות המופיעות קודם (מזון וצאצאים), ואילו פרקים א וד הם הפכים גמורים המוצגים בתקבולת מוצלבת (כיאסטית) זה מול זה. פרק א מציג את המצוקה הקשה ופרק ד מתקן אותה באמצעות מציאת פתרון לכל אחד מהקשיים שתוארו בפרק א.

המבנה הכיאסטי המצטייר אינו נע סביב ציר מרכזי.[3] מבנה כיאסטי שלם זה נועד ליצור סימטריה ואיזון, המספקים תחושת הרמוניה ויוצרים את הרושם שהכול בא על מקומו בשלום. המבנה הכיאסטי הזה מדגיש את הסגירה ההרמונית בסוף הסיפור, המשקפת את התנועות הראשוניות של הסיפור ומביאה אותן על תיקונן.

המבנה הכיאסטי של המגילה מוצג בטבלה הבאה:

ברטמן, עיצוב סימטרי, עמ' 168-165. הסכמה שהציג ברטמן הפכה פחות או יותר לתפיסה המקובלת, וחוקרים רבים (ובהם אני) אימצו אותה, לעתים בשינויים קלים. ראו למשל קמפבל, רות, 15-16; טריבל, קומדיה אנושית, עמ' 166. ברטמן מתמקד אך ורק באמצעים האמנותיים הספרותיים וטוען כי אין ביכולתו לקבוע את משמעותה של תבנית סימטרית זו. אנחנו ננסה כמובן להבין את משמעותה.

2. כאמור, החלוקה לפרקים איננה חלק אינהרנטי מהטקסט ואיננה קשורה למסורת היהודית המוסמכת (נוסח המסורה). עם זאת, הואיל והיא מופיעה כמעט בכל הגרסאות המודפסות של התנ"ך והפכה לשיטת הציטוט המקובלת, דומה שזו הדרך הטובה ביותר לחלק את מגילת רות מבחינה תוכנית ומבחינת המעבר בין סצנה לסצנה.

3. למגילת איכה, למשל, יש מבנה קונצנטרי שבו הפרק האמצעי ניצב לבדו כליבה ומוקד של הספר כולו.

טבלה 9: מבנה מגילת רות: החלקים המקבילים

פרק א	פרק ב	פרק ג	פרק ד
א. מבוא: העבר (עשר שנים).	א. רות ונעמי: רות מציעה לפתור את בעיית המזון.	א׳. רות ונעמי: נעמי מציעה לפתור את בעיית הנישואים/ ילדים.	ג׳. כינוס פומבי בשער העיר: רות מתקבלת, מוכרת ומבורכת (ד, א–יב).
ב. נעמי משוחחת עם כלותיה (רות ועורפה): נעמי מרחיקה אותן. חלק זה אפוף מרירות וייאוש ועולה ממנו התחושה שאין לנעמי כל עתיד (רות א ו–יח).	ב. רות ובועז בשדה: בועז נחוש לפתור את בעיית המזון של רות. בועז מצהיר על צדקותה של רות, הידועה בציבור ומניעה את פעולותיו כלפיה. בועז מברך את רות בשם ה׳ (רות ב יא–יב).	ב׳. רות ובועז בגורן: בועז נחוש לפתור את בעיית הנישואים/ ילדים של רות. בועז מצהיר על צדקותה של רות, הידועה בציבור ומניעה את פעולותיו כלפיה. בועז מברך את רות בשם ה׳ (רות ג י–יג).	ב׳. נעמי בשיחה עם נשות העיר: נעמי מאמצת אל לבה את כלתה (רות), המוכרת כמושיעה. חלק זה אפוף אווירה של שמחה והקלה בלוויית ציפייה מפורשת לעתיד אופטימי לנעמי (ד יד–יז).

ג. כינוס פומבי בשער העיר: רות מתקבלת בהתעלמות גמורה (רות א יט-כב).	ג. רות ונעמי: רות נותנת לנעמי את המזון שקיבלה מבועז ומספרת לה את אירועי היום: "וַתַּגֵּד לַחֲמוֹתָהּ אֵת אֲשֶׁר עָשְׂתָה עִמּוֹ" (ב יט). רות מצטטת את בועז בצורה לא מדויקת: "גַּם כִּי אָמַר אֵלַי" (ב כא)	ג׳. רות ונעמי: רות נותנת לנעמי את המזון שקיבלה מבועז (המסמל נישואים/ ילדים) ומספרת לה את אירועי היום: "וַתַּגֶּד לָהּ אֵת כָּל אֲשֶׁר עָשָׂה לָהּ הָאִישׁ" (רות ג טז). רות מצטטת את בועז בצורה לא מדויקת: "כִּי אָמַר [אֵלַי]" (ג יז)	א׳. אפילוג: העתיד (עשרה דורות).

את המבנה הכיאסטי במגילת רות אפשר לתאר באופן סכמטי בצורה הבאה:

א: פרק א: הבעיה - מוות, טרגדיה, חוסר מזון, חוסר נישואים/צאצאים, מרירות, ריקנות, בדידות וייאוש של נעמי.

ב: פרק ב: תשובה לבעיית חוסר המזון.

ב׳: פרק ג: תשובה לבעיית חוסר הנישואים/הצאצאים.

א׳: פרק ד - הפתרון - לידה, שמחה, מחיה, נישואים, המשכיות, אהבה לנעמי, גאולה.

פרקים א וד

המבנה הפנימי של **פרק א:**

א. מבוא: מקיף יותר מעשר שנים (פס׳ א–ה). **העבר**

ב. נעמי וכלותיה: נעמי מרחיקה את כלותיה (רות וערפה). חלק זה אפוף מרירות וייאוש ועולה ממנו התחושה שאין לנעמי כל עתיד למרות החלטתה של רות להישאר אתה (פס׳ ו–יח).

ג. כינוס בשער העיר: נעמי ונשות בית לחם משוחחות; התעלמות מרות (פס׳ יט–כב).

סיכום: פרק א מציג את הטרגדיה האישית של נעמי. היא איבדה את משפחתה, את רצף השושלת ואת מחייתה. מצבה אינו יציב - אין לה נחלה ואין לה משפחה/קהילה/בית, כי היא ומשפחתה עזבו את בית לחם. לכל אורך הפרק מביעה נעמי ייאוש ורפיון רוח. היא כורעת תחת נטל הריקנות. נשות העיר אינן תומכות בה, ואפילו עוינות כלפיה. אמנם רות ליוותה את נעמי לבית לחם, אך נעמי אינה מתייחסת אליה ואולי אף מתעלמת ממנה במכוון.

מבנה **פרק ד** מתייחס בהיפוך סימטרי למבנה פרק א:

ג׳. כינוס בשער העיר: בועז, הגואל (פלוני אלמוני) ועשרת הזקנים. העיר עוסקת בשאלת אדמתה של נעמי והמשכיות משפחתה. רות מתקבלת, מוכרת ומבורכת (פס׳ א–יב).

ב׳. נעמי ונשות העיר: נעמי מאמצת אל לבה את כלתה (רות), המוכרת כמושיעתה. הנשים מברכות את נעמי ומכירות אף הן בטובתה של רות. חלק זה אפוף אווירה של שמחה והקלה בלוויית ציפייה מפורשת לעתיד אופטימי לנעמי (פס׳ יג–יז).

א׳. אפילוג: מקיף עשרה דורות (פס׳ יח–כב).[4] **העתיד**

4. עשרת הדורות של האפילוג מקבילים אולי לעשר השנים במבוא. ראו למשל פורטן, מוטיב, עמ׳ 72. בתוך פורטן, מגילת רות, עמ׳ 24–25, מציין פורטן הקבלות מעניינות נוספות, למשל האופן שבו עשרת השמות המופיעים בפסוקי המבוא מקבילים לעשרת הדורות של האפילוג.

סיכום: בפרק ד חוזרת נעמי למוקד העלילה (ראו ד ג, ה, ט, יד, טז, יז). הטרגדיה האישית שלה באה על פתרונה. בחלקה נפלו עתה ילדים, שמחה, מזון והמשך השושלת. מצבה של נעמי יציב ונחלתה מובטחת. רות ובועז הקימו בית לבנם, הנחשב לילדה של נעמי. זרועותיה של נעמי מלאות והיא נעשית אומנת לילד. נשות העיר מברכות אותה ומביעות תמיכה נלהבת בכלתה ובעתידה.

<u>פרקים ב וג</u>

בפרק ב מופיעות שלוש סצנות הפותרות את בעיית המחיה האקוטית:

א. שיחה בין רות ונעמי: רות נחושה לפתור את בעיית המזון (פס' ב).

ב. רות ובועז בשדה: בועז נותן לרות מזון ומציע לה פתרון להשגת מזון גם בעתיד (פס' ג–יז).

ג. שיחה בין רות ונעמי: רות נותנת לנעמי את המזון שקיבלה מבועז ומספרת לה על אירועי היום (פס' יח–כב).

בפרק ג מופיעות שלוש סצנות הפותרות את בעיית הרציפות לטווח ארוך:

א'. שיחה בין רות ונעמי: נעמי נחושה לפתור את בעיית הרציפות (פס' א–ה).

ב'. רות ובועז בגורן: בועז מבטיח כי ידאג למצוא לרות גואל (ונותן לה מזון, סמל להבטחתו) (פס' ו–טו).

ג'. שיחה בין רות ונעמי: רות נותנת לנעמי את המזון שקיבלה מבועז ומספרת לה על הבטחת בועז לעתיד (פס' טז–יח).

פרק ב' מיישב את בעיית הישרדותה של נעמי לטווח קצר, אך אינו פותר את הבעיה הכללית - האם תזכה המשפחה להמשכיות? התשובה

לשאלה זו טמונה בפרק ג, שהוא פרק השיא של הספר. פרק זה מביא את המענה לסכנה המרחפת על המשכיות משפחתה של נעמי. מנקודה זו ואילך מאבד הספר את רוב המתח שהיה בו. שתי הבעיות נפתרו ואין עוד ספק כי בועז מתכוון להבטיח גאולה למשפחה. הפרק מוביל אותנו ישירות אל התשובה בפרק ד: נישואים, ילדים, ברכה, יציבות, רציפות ושושלת מלוכה.

בפרקים א וד נעמי ניצבת במוקד. סיפורה מתווה את גבולות העלילה. אנחנו פותחים ומסיימים בנעמי. פרק א מספר על הטרגדיה שלה, ושושלתה המשפחתית היא השושלת שהספר מבקש לקיים בפרק ד. לעומת זאת, הדמויות המרכזיות בפרקים ב וג הן בועז ורות. בועז מספק לרות מזון ורציפות. רות, מצדה, נעשית לגורם המזרז את הפתרון לטרגדיה של נעמי. אופייה האיתן של רות ניצב במוקד ומניע את המהלך המשנה את גורלה של נעמי, את חידוש היציבות בחייה ואת השבת עתידה. זוהי הסיבה המרכזית לכך שהמגילה נקראת על שמה של רות.

המבנה ההרמוני של המגילה מדגיש לא רק את האווירה השוררת בה אלא גם את מטרותיה ויעדיה האישיים והלאומיים. השמחה השורה על סוף הסיפור לנוכח פתרון הבעיות והמתחים שהעיקו על נעמי סוללת את הדרך אל תקופה חדשה, תקופת המלוכה, שבה הבעיות והמתחים ייפתרו בידי המלך.

השפה

השפה היא המרכיב המהותי ביותר של כל חיבור ספרותי. השימוש הקפדני והסידור האמנותי שלה מעצבים את הסגנון ואת האיכות האסתטית של כל נראטיב. לענייננו חשוב יותר להגדיר את המשמעות הדתית של סיפורי התנ"ך מאשר את האסתטיקה שלו, אך הצורה היא חלק בלתי־נפרד מהתוכן. רק באמצעות בחינה קפדנית של הניסוח הסגנוני נוכל להבחין ביסודות הדתיים של הספר.

אחת הטכניקות הספרותיות השכיחות המשמשות היטב את המגילה היא הופעתם החוזרת של מילים וביטויים מסוימים. החזרה

הזאת נועדה ליצור תמונות מראָה בין דמויות שונות ולהדגים את רעיון הצדק המוחלט: אנשים מקבלים שכר על פעולתם. מוטיבים ומילים מופיעים בתחילתו ובסופו של הסיפור באופן השוזר יחד את הטרגדיה ואת פתרונה כדי להגיע לפתרון שלם. טכניקה זו מבטיחה לקורא כי לא יישאר כל זכר למצוקה הקשה שפגשנו בתחילת הספר.

רות ובועז: דמויות מראָה

נדיבותה של רות הופכת את כיוון ההתדרדרות של העלילה ומחישה את המהלך המפרך לעבר הפתרון. אלא שרות אינה יכולה לפעול באופן עצמאי. כל מה שהיא נותנת לנעמי (מזון, ילדים) ניתן לה מידי בועז, המתואר אף הוא כמופת לנדיבות. אם התמורה הקריטית הראשונה בספר נעשית ביזמתה של רות, הרי הציר הסופי שלה נשלם בידי בועז. אולי יהיה מדויק ביותר להסיק שהצלחת הסיפור נסמכת על זיווגם של השניים. נישואי רות ובועז מייצגים את התמזגותן של שתי דמויות, שתכונות אופיין הן התכונות האידיאליות להשגת פתרון - הן הפתרון האישי של נעמי והן הפתרון הלאומי לתקופה האנוכיית, הקמצנית והבטלנית של ימי השופטים. כדי לצייר את קווי הדמיון בין בועז ורות ובה בעת להדגיש את חשיבות התכונות המשותפות לשניהם, מציגה מגילת רות כמה הקבלות לשוניות ביניהם.

טבלה 10: רות ובועז: דמויות מראָה

רות	בועז
יעשה [יַעַשׂ קרי] ה׳ עִמָּכֶם **חֶסֶד** כַּאֲשֶׁר עֲשִׂיתֶם עִם **הַמֵּתִים** וְעִמָּדִי (א ח)	בָּרוּךְ הוּא לַה׳ אֲשֶׁר לֹא עָזַב **חַסְדּוֹ** אֶת הַחַיִּים וְאֶת **הַמֵּתִים** (ב כ)

וַתּוֹצֵא **וַתִּתֶּן** לָהּ אֵת אֲשֶׁר הוֹתִרָה מִשָּׂבְעָהּ (ב יח)	וַתֹּאמֶר שֵׁשׁ הַשְּׂעֹרִים הָאֵלֶּה **נָתַן** לִי (ג יז)
אָנֹכִי (3 פעמים) (ב י, יג; ג ט)	אָנֹכִי (3 פעמים) (ג יב, יג; ד ד)
כִּי **אֵשֶׁת חַיִל** אָתְּ (ג יא)	**אִישׁ** גִּבּוֹר **חַיִל**... וּשְׁמוֹ בֹּעַז (ב א)
וַתַּעֲמוֹד מֵאָז הַבֹּקֶר וְעַד עַתָּה... וַתְּלַקֵּט בַּשָּׂדֶה עַד **הָעָרֶב** (ב ז, יז)	הִנֵּה הוּא זֹרֶה אֶת גֹּרֶן הַשְּׂעֹרִים **הַלָּיְלָה** (ג ב)
בְּרוּכָה אַתְּ לַה' (ג י)	**בָּרוּךְ הוּא לַה'** (ב כ)

קו הדמיון המשמעותי ביותר בין השניים הוא תכונת החסד. הפועל "נתן" משמש פעם אחת בסצנה שבה רות נותנת מזון לנעמי (ב יח) ופעם אחת בסצנה שבה בועז נותן מזון לרות (ג יז). כל אחת מדמויות המופת הללו מספקת מזון לאדם הנמצא במצוקה ובכך פותרת את הבעיה המהותית המוצגת במגילה. עם זאת, לא מתואר כאן חסד שכיח אלא חסד נקי מכל אינטרס אישי. שתי הדמויות הללו, רות ובועז, נוהגות בנדיבות ואינן נותנות את דעתן על הרווח האישי שנדיבות זו תוכל אולי להניב להן. סוג זה של חסד, המזכיר את החסד הנעשה עם המת, מכונה "חסד של אמת".[5] כשאדם מסייע בקבורת המת או מטפל בגופה מתוך יחס של כבוד, הוא אינו מצפה, כמובן, לכל תמורה. מעניין אפוא שחסד מסוג זה נקשר בשתי הדמויות, רות ובועז. נעמי מברכת את רות (ואת עורפה) שתקבל שכר על פועלה: "יַעַשׂ (יעשה

5. ראו למשל בראשית רבה פרשה צו ה; תנחומא (בובר) ויחי ה; רש"י לבראשית מז כט.

כתיב) ה׳ עִמָּכֶם חֶסֶד כַּאֲשֶׁר עֲשִׂיתֶם עִם הַמֵּתִים וְעִמָּדִי״ (א ח). בהמשך מברכת נעמי את בועז ברוח דומה: ״בָּרוּךְ הוּא לַה׳ אֲשֶׁר לֹא עָזַב חַסְדּוֹ אֶת הַחַיִּים וְאֶת הַמֵּתִים״ (ב כ).[6]

ברוח תכונת החסד ששתי הדמויות אימצו, הן מתוארות לא רק כמי שפועלות למען הזולת, אלא גם כמי שעושות זאת באופן הנוגד את האינטרס האישי שלהן. החלטתה הנחושה של רות להישאר עם נעמי במקום לחזור לעתיד מספק יותר במואב מעידה על חוסר האנוכיות שלה, כפי שאפשר ללמוד מהמעשה ההפוך של עורפה. נכונותו של בועז לרכוש את שדה אלימלך ולשאת את רות לאישה כדי להקים את שם המת מחייבת מידה רבה של חוסר אנוכיות, כפי שאפשר ללמוד על דרך השלילה מתגובתו המבוהלת של הגואל. רות ובועז מוכנים אפוא להקריב את כבודם האישי כדי לעזור לזולת: רות, כשהיא מציעה ללכת לשדות וללקט מזון (ב ב) ובועז, כשהוא עצמו מגיש לרות מזון בשדה (ב יד). הנכונות להקרבה עצמית ולוויתור על סיפוק מיידי של צורכיהם כדי לשרת את צורכי הזולת אצל שניהם חיונית להצלחת זיווגם. נישואיהם נועדו ליצור שושלת מלוכה שממנה יצא מנהיג, ומנהיג זה, על פי הדוגמה שהציבו הם, יהיה מוכן להציב את צורכי הזולת לפני צרכיו.

נקודה דומה עולה מתיאור חריצותה של רות, הנלמדת מכך שהיא עובדת בשדות מהבוקר (ב ז) ועד הערב (ב יז) ומקבילה לחריצותו של בועז עצמו. למרות היותו בעל אדמות עשיר הוא נוהג לפקוד את שדותיו במהלך הקציר (ב ד), זורה את השעורים בעצמו (ג ב) וכנראה ישן בשדה כדי לשמור על היבול.[7] מנהיג המוכן לשרת את עמו יכול להיות מלך מיטיב ונדיב.[8] אין פלא אפוא ששושלת בית

6. אמנם (כאמור) לא ברור אם היא מתייחסת כאן לה׳ או לבועז, אבל אני מניחה שהערפול הזה איננו מקרי וששני רובדי המשמעות קיימים בפסוק.
7. ראו רש״י לרות ג ב.
8. את זאת אפשר לראות היטב כשבוחנים מה קורה כשמלך מפסיק לפעול בשירות עמו. בפסוק הפותח את הפרק המספר על חטאו של דוד מסופר שהמלך יושב בירושלים בעוד יואב וכל ישראל חונים בשדה במהלך המלחמה בעמון (שמואל ב

דוד נפתחת באישה ובאיש העובדים בשדה והמציגים דוגמה אישית לצאצאיהם, המלכים. מנישואי שני אנשים חרוצים אלה (העובד קשה והעובדת קשה) נולד ילד ושמו עובד (ד יז), שייעודו הוא לעבוד למען העם ולשרתו.[9]

הקבלה מעניינת בין הדמויות הללו היא האופן שבו כל אחת מהן משתמשת בכינוי הגוף "אָנֹכִי" לאורך הספר.[10] רות משתמשת בו שלוש פעמים לתיאור עצמה. בפעם הראשונה היא מתארת את עצמה כנכרייה (ב י), אחר כך היא מכריזה שאינה ראויה אפילו להיות אמתו של בועז (ב יג), ולבסוף מכריזה את שמה: "אָנֹכִי רוּת אֲמָתֶךָ" (ג ט). המילה "אָנֹכִי" מתארת את תנועתה של רות מאנונימיות וזלזול לזהות ולכבוד. בועז משקף את השימוש של רות במילה ואף הוא משתמש במילה "אָנֹכִי" שלוש פעמים בסיפור.[11] אלא שאצלו היא משמשת אך ורק ביחס לתפקידו הפוטנציאלי כגואל (ג יב, יג; ד ד). זהותו המוצהרת של בועז מוגדרת כל כולה על פי תפקידו כגואל. הכתוב, המשתמש במילה זו כדי ליצור תמונת מראה בין רות ובועז, מדגיש כנראה שנכונותו של בועז לשמש גואל היא הגורם המאפשר לרות לעלות ממעמד של נכרייה חסרת שם למעמד של גיבורה בעלת שם.

יא א). הפסוק הבא מבהיר כי דוד לא נשאר בירושלים לרגל ענייני המדינה, אלא כדי לשכב בצהריים ולהתהלך על גג ביתו לעת ערב. תיאור זה של חיי המותרות של המלך, המחליפים את מנהיגותו הנלהבת המוכרת של דוד במלחמה, פותח את התדרדרותו של דוד לחטא.

9. אבן עזרא (רות ד יז) אומר כי הילד נקרא עובד כי הוא מאמץ את תכונות האופי של הוריו; אך הוא סבור כי דווקא עבודת ה' היא הגורם המכריע והקובע בכינוי זה (ראו גם תרגום רות ד כא).

10. הבחירה במילה "אנכי" יוצרת הקבלה ספרותית חשובה; עם זאת, לא נראה לי שקיימת הבחנה של ממש בין "אנכי" לבין המילה השכיחה יותר, "אני". הראיות מלמדות כי המילה "אנכי" אופיינית לעברית המקראית הקדומה יותר, ובהדרגה חדל השימוש בה. היו שראו בריבוי המופעים שלה במגילת רות (שבע פעמים "אנכי" ופעמיים "אני") הוכחה חלקית לכך שהספר חובר במועד מוקדם (בוש, רות, עמ' 18–30, ובמיוחד עמ' 22).

11. המופע היחיד הנוסף של המילה "אנכי" הוא דווקא בדברי הגואל, כשהוא מזדרז להסכים בהתלהבות לגאול את נחלת אלימלך (רות ד ד).

חז״ל מבחינים בתמונת המראה הלשונית של בועז ורות בביטויים ״איש... חיל״ (ב א) ו״אשת חיל״ (ג יא):

> ״איש גבור חיל״. אמר רבי אבהו: נפיל נסיב לנפליא [אם ענק נושא ענקית], מה הם מעמידין? גיבורי חיל. בועז נסיב לרות, מה הם מעמידין? דוה, ״יֹדֵעַ נַגֵּן וגבור חיל״ [שמואל א טז יח] (רות רבה פרשה ד ג).

בועז ורות מתוארים באותו ביטוי. אמנם מדרש זה מתמקד בהשתמעויות הצבאיות שלו, אבל כפי שכבר נאמר, הוא מתאר גם תכונות חיוביות רבות נוספות. המדרש מבין כי יעדו הסופי של הקשר בין בועז ורות טמון בצאצאיהם, ולפיכך מכוון את תשומת לבנו אל דוד. שם אנו רואים כיצד אותה תכונה משותפת לבני הזוג באה לידי ביטוי אצל צאצאם. ואכן, אם בועז הוא איש חיל ורות היא אשת חיל, מובן מאליו שבניהם ובני בניהם יהיו אנשי חיל. גם העדים המברכים את הזיווג אומרים: ״וַעֲשֵׂה חַיִל בְּאֶפְרָתָה״ (ד יא).

אין פלא ששתי הדמויות הללו, בועז ורות, זוכות לברכה בשם ה׳.[12] נעמי מברכת את בועז במילים ״ברוך הוא לַה׳״ (ב כ) ובועז מברך את רות במילים ״ברוכה את לַה׳״ (ג י). זהו רמז מבטיח כי שושלת בית דוד תביא ברכה על העם.

תמונת המראה של רות ובועז מתארת אפוא את הברית ההרמונית של שתי דמויות בעלות קווים דומים. זאת ועוד, ההקבלות ביניהם

12. מדרש אגדה רומז לתמונת מראה זו (אם כי בצורה מפורשת פחות מהמדרש שהוזכר לעיל מרות רבה פרשה ד ג): ״׳ויאמר: ברוכה את לַה׳ בתי. רבי יוחנן אמר: לעולם אל ימנע אדם עצמו מלילך אצל זקן לברכו, בועז היה בן שמונים שנה ולא נפקד, כיון שהתפללה עליו אותה צדקת מיד נפקד, שנאמר: ׳ותאמר נעמי: ברוך הוא לה׳״. ריש לקיש אמר: רות בת ארבעים שנה היתה ולא נפקדה, כיון שנישאת למחלון, וכיון שהתפלל עליה אותו צדיק, נפקדה, שנאמר: ׳ויאמר: ברוכה את לה׳ בתי״ (רות רבה פרשה ו ב).

מרמזות כי זיווגם יעלה יפה ויישא פרי מפואר, שושלת בית דוד, המיוסדת על התכונות המשותפות לרות ולבועז.

רות קוצרת את פירות נדיבותה

רוחב הלב הנחוש שמגלה רות כלפי נעמי הוא אבן הפינה של הספר. זוהי אלומת אור בלתי־צפויה באפלת הפתיחה הטרגית של הפרק. רות מספקת לקוראים את התקווה הראשונה לסיום טוב של הספר, כפי שאכן קורה בסופו של דבר.

מילות החמלה והצעדים שעושה רות מהדהדים לכל אורך הספר. בועז משבח ומתאר במפורש את התנהגותה האלטרואיסטית של רות בשתי הזדמנויות (ב יא; ג י). בסיפור נשזרות במכוון מילים המזכירות את המעשה הראשון של רות כדי לשבח במובלע את התנהגותה. מסקרן במיוחד הוא האופן שבו מדגישות המילים במודע את השכר שמקבלת רות על מעשי החסד שלה.

בטבלה הבאה מופיעות ההקבלות בין מעשיה של רות לשכר שהיא מקבלת:

טבלה 11: מעשיה של רות ושכרה

מעשיה של רות	שכרה של רות
וְרוּת **דָּבְקָה** בָּהּ (א יד)	וְכֹה **תִדְבָּקִין** עִם נַעֲרֹתָי (ב ח) כִּי אָמַר אֵלַי עִם הַנְּעָרִים אֲשֶׁר לִי **תִּדְבָּקִין** (ב כא) **וַתִּדְבַּק** בְּנַעֲרוֹת בֹּעַז לְלַקֵּט (ב כג)
אַל **תִּפְגְּעִי** בִי לְעָזְבֵךְ (א טז)	וְלֹא **יִפְגְּעוּ** בָךְ בְּשָׂדֶה אַחֵר (ב כב)

מעשיה של רות	שכרה של רות
אַל תִּפְגְּעִי בִי **לְעָזְבֵךְ** (א טז) **וַתַּעַזְבִי** אָבִיךְ וְאִמֵּךְ (ב יא)	וְגַם שֹׁל תָּשֹׁלּוּ לָהּ מִן הַצְּבָתִים **וַעֲזַבְתֶּם** וְלִקְּטָה (ב טז) בָּרוּךְ הוּא לַה' אֲשֶׁר לֹא **עָזַב** חַסְדּוֹ אֶת הַחַיִּים וְאֶת הַמֵּתִים (ב כ)
כִּי אֶל אֲשֶׁר **תֵּלְכִי אֵלֵךְ** (א טז) **אֵלְכָה** נָּא הַשָּׂדֶה וַאֲלַקֳטָה בַשִּׁבֳּלִים (ב ב) **וַתֵּלְכִי** אֶל עַם אֲשֶׁר לֹא יָדַעַתְּ תְּמוֹל שִׁלְשׁוֹם (ב יא)	אַל **תֵּלְכִי** לִלְקֹט בְּשָׂדֶה אַחֵר (ב ח) **וְהָלַכְתְּ** אַחֲרֵיהֶן... וְצָמִת **וְהָלַכְתְּ** אֶל הַכֵּלִים (ב ט)
וּבַאֲשֶׁר **תָּלִינִי אָלִין** (א טז)	**לִינִי** הַלַּיְלָה (ג יג)
עַמֵּךְ עַמִּי (א טז) וַתֵּלְכִי אֶל **עַם** אֲשֶׁר לֹא יָדַעַתְּ תְּמוֹל שִׁלְשׁוֹם (ב יא)	כִּי יוֹדֵעַ כָּל שַׁעַר **עַמִּי** כִּי אֵשֶׁת חַיִל אָתְּ (ג יא) וַיֹּאמְרוּ כָּל **הָעָם** אֲשֶׁר בַּשַּׁעַר וְהַזְּקֵנִים עֵדִים יִתֵּן ה' אֶת הָאִשָּׁה הַבָּאָה אֶל בֵּיתֶךָ כְּרָחֵל וּכְלֵאָה... (ד יא)
וֵאלֹהַיִךְ אֱלֹהָי (א טז)	יְשַׁלֵּם ה' פָּעֳלֵךְ וּתְהִי מַשְׂכֻּרְתֵּךְ שְׁלֵמָה מֵעִם ה' **אֱלֹהֵי** יִשְׂרָאֵל אֲשֶׁר בָּאת לַחֲסוֹת תַּחַת כְּנָפָיו (ב יב)
יַעַשׂ ה' עִמָּכֶם חֶסֶד כַּאֲשֶׁר עֲשִׂיתֶם עִם **הַמֵּתִים** וְעִמָּדִי (א ח) בַּאֲשֶׁר **תָּמוּתִי אָמוּת** וְשָׁם אֶקָּבֵר כֹּה יַעֲשֶׂה ה' לִי וְכֹה יֹסִיף כִּי **הַמָּוֶת** יַפְרִיד בֵּינִי וּבֵינֵךְ (א יז) הֻגֵּד הֻגַּד לִי כֹּל אֲשֶׁר עָשִׂית אֶת חֲמוֹתֵךְ אַחֲרֵי **מוֹת** אִישֵׁךְ (ב יא)	וּמֵאֵת רוּת הַמּוֹאֲבִיָּה אֵשֶׁת **הַמֵּת** קניתי [קָנִיתָ קרי] לְהָקִים שֵׁם **הַמֵּת** עַל נַחֲלָתוֹ (ד ה) וְגַם אֶת רוּת הַמֹּאֲבִיָּה אֵשֶׁת מַחְלוֹן קָנִיתִי לִי לְאִשָּׁה לְהָקִים שֵׁם **הַמֵּת** עַל נַחֲלָתוֹ וְלֹא יִכָּרֵת שֵׁם **הַמֵּת** מֵעִם אֶחָיו (ד י)

מעשיה של רות	שכרה של רות
וַתָּבוֹא וַתַּעֲמוֹד מֵאָז **הַבֹּקֶר** וְעַד עַתָּה (ב ז)	וְהָיָה **בַבֹּקֶר** אִם יִגְאָלֵךְ טוֹב יִגְאָל וְאִם לֹא יַחְפֹּץ לְגָאֳלֵךְ וּגְאַלְתִּיךְ אָנֹכִי חַי ה׳ שִׁכְבִי עַד **הַבֹּקֶר**. וַתִּשְׁכַּב מרגלתו [מַרְגְּלוֹתָיו קרי] עַד **הַבֹּקֶר** (ג יג-יד)
כֹּל אֲשֶׁר תֹּאמְרִי אֵלַי אֶעֱשֶׂה (ג ה)	וְעַתָּה בִּתִּי אַל תִּירְאִי **כֹּל אֲשֶׁר תֹּאמְרִי אֶעֱשֶׂה לָּךְ** (ג יא)
וִיהִי **בְשָׁכְבוֹ** וְיָדַעַתְּ אֶת הַמָּקוֹם אֲשֶׁר **יִשְׁכַּב** שָׁם וּבָאת וְגִלִּית מַרְגְּלֹתָיו ושכבתי [**וְשָׁכָבְתְּ** קרי] וְהוּא יַגִּיד לָךְ אֵת אֲשֶׁר תַּעֲשִׂין (ג ד) וַתְּגַל מַרְגְּלֹתָיו **וַתִּשְׁכָּב** (ג ז)	**שִׁכְבִי** עַד הַבֹּקֶר (ג יג)
אֵלְכָה נָּא הַשָּׂדֶה **וַאֲלַקֳטָה** בַשִּׁבֳּלִים (ב ב)	גַּם בֵּין הָעֳמָרִים **תְּלַקֵּט** וְלֹא תַכְלִימוּהָ. וְגַם שֹׁל תָּשֹׁלּוּ לָהּ מִן הַצְּבָתִים וַעֲזַבְתֶּם **וְלִקְּטָה** וְלֹא תִגְעֲרוּ בָהּ (ב טו-טז)
אַל תִּוָּדְעִי לָאִישׁ עַד כַּלֹּתוֹ לֶאֱכֹל וְלִשְׁתּוֹת (ג ג)	וַיֹּאמֶר **אַל יִוָּדַע** כִּי בָאָה הָאִשָּׁה הַגֹּרֶן (ג יג)
הֵיטַבְתְּ חַסְדֵּךְ הָאַחֲרוֹן מִן הָרִאשׁוֹן (ג י) אֲשֶׁר הִיא **טוֹבָה** לָךְ מִשִּׁבְעָה בָּנִים (ד טו)	הֲלֹא אֲבַקֶּשׁ לָךְ מָנוֹחַ אֲשֶׁר **יִיטַב** לָךְ (ג א)
וַתִּשָּׂא **וַתָּבוֹא הָעִיר** (ב יח)	וַיָּשֶׁת עָלֶיהָ **וַיָּבֹא הָעִיר** (ג טו)
יעשה [יַעַשׂ קרי] ה׳ עִמָּכֶם חֶסֶד כַּאֲשֶׁר **עֲשִׂיתֶם** עִם הַמֵּתִים וְעִמָּדִי (א ח) הֻגֵּד הֻגַּד לִי כֹּל אֲשֶׁר **עָשִׂית** אֶת חֲמוֹתֵךְ (ב יא) אֵיפֹה לִקַּטְתְּ הַיּוֹם וְאָנָה **עָשִׂית** יְהִי מַכִּירֵךְ בָּרוּךְ וַתַּגֵּד לַחֲמוֹתָהּ אֵת אֲשֶׁר **עָשְׂתָה** עִמּוֹ וַתֹּאמֶר שֵׁם הָאִישׁ אֲשֶׁר **עָשִׂיתִי** עִמּוֹ הַיּוֹם בֹּעַז (ב יט)	וַתַּגֶּד לָהּ אֵת כָּל אֲשֶׁר **עָשָׂה** לָהּ הָאִישׁ (ג טז)

כפי שכבר ראינו, הרגע המכריע בשביל רות הוא הרגע שבו היא דבקה בנעמי (א יד).[13] זוהי מילה לא שכיחה (במיוחד לתיאור יחסים בין בני אדם) אך היא שבה ומופיעה במגילה כשבועז מעודד את רות לדבוק בנערות הקוצרות (ב ח),[14] הצעה שפירושה קבלתה של רות לשדהו. המחווה הנאה של בועז משמשת תמונת מראה טקסטואלית למעשה החסד הקודם של רות. באופן זה, מגילת רות מלמדת כי רות מקבלת תמורה ביחס ישיר להתנהגותה.

דברי הדבקות של רות בנעמי מצלצלים לכל אורך הסיפור ומכים הדים חיוביים. רות מפצירה בנעמי שלא לפגוע בה בכך שתכפה עליה לעזבה: "אַל **תִּפְגְּעִי** בִי **לְעָזְבֵךְ**" (א טז). מעשה הנדיבות הזה בא על שכרו כשנעמי מבקשת להגן על רות מפני פגיעתם הרעה של הנערים הקוצרים ומשתמשת באותן המילים: "וְלֹא **יִפְגְּעוּ** בָךְ בְּשָׂדֶה אַחֵר" (ב כב). בועז משבח את החלטתה של רות לא לנטוש את נעמי ("**לְעָזְבֵךְ**") כשהוא משתמש באותה מילה ממש כדי לשבח את החלטתה לנטוש את עברה: "**וַתַּעַזְבִי** אָבִיךְ וְאִמֵּךְ" (ב יא). אמירתה (ופעולתה) של רות זוכה לפיצוי ראוי כשבועז מורה לנעריו להותיר שיבולים כדי שרות תוכל ללקט בשפע ("**וַעֲזַבְתֶּם**, וְלִקְּטָה"; רות ב טז). ולבסוף, בתגובה להצלחתה של רות בשדה, מתארת נעמי את ה׳ (ואולי את בועז) כמי "אֲשֶׁר לֹא **עָזַב** חַסְדּוֹ" (ב כ), מילים המזכירות את החלטתה הנחושה של רות עצמה לא לעזוב את חסדה לנעמי. זו שסירבה לעזוב את זולתה לא תיעזב.

הבעת הנאמנות של רות לנעמי כוללת כמה ביטויים הנזקפים אף הם בהמשך לטובתה. תחילה היא מסרבת להיעתר לנעמי המורה לה (ולעורפה) לחזור למואב ("**לֵכְנָה**") ומכריזה בנחישות: "כִּי אֶל אֲשֶׁר **תֵּלְכִי אֵלֵךְ**" (א טז). בועז מתייחס לכך בדברי השבח שלו לרות: "**וַתֵּלְכִי** אֶל עַם אֲשֶׁר לֹא יָדַעַתְּ" (ב יא). הוא גם גומל לרות במילה זו

13. חז״ל, המצמידים לרות את התואר "הדבוקה" (סוטה מב ע״ב), מכירים בכך שהידבקות זו היא תכונה מרכזית בה.
14. ראו גם רות ב כא וכג, שם מופיעה המילה פעמיים בהקשר דומה.

כשהוא מפציר בה ברוך לא ללכת (**אַל תֵּלְכִי**) לשדה אחר (ב ח). הוא שב ומשתמש במילה זו עוד כמה פעמים, באמרו לרות שעליה ללכת אחרי הנערות (**וְהָלַכְתְּ** אַחֲרֵיהֶן), ושאם תצמא, עליה ללכת (**וְהָלַכְתְּ**) ולשתות מהכלים את המים ששאבו הנערים (ב ט).[15]

הביטוי הבא המביע את מסירותה של רות לנעמי הוא "**וּבַאֲשֶׁר תָּלִינִי אָלִין**" (א טז). הצהרת אמונים זו מוחזרת אליה בדאגתו המגוננת של בועז כשהיא באה אל הגורן: "**לִינִי** הַלַּיְלָה" (ג יג). בחירתה של רות לאמץ את עמה של נעמי ("**עַמֵּךְ עַמִּי**") מוצאת אף היא ביטוי בדברי השבח של בועז: "וַתֵּלְכִי אֶל **עַם** אֲשֶׁר לֹא יָדַעַתְּ" (ב יא). בהמשך מאשר בועז כי רות השיגה את מטרתה וזכתה להכרה ולקבלה בעם: "כִּי יוֹדֵעַ כָּל שַׁעַר **עַמִּי** כִּי אֵשֶׁת חַיִל אָתְּ" (ג יא).[16] גם רצונה של רות לקבל את אלוהי נעמי (**וֵאלֹהַיִךְ אֱלֹהָי**) מזכה אותה בגמול הראוי, כשבועז מברך אותה שתזכה לגמול שלם מה' **אלוהי** ישראל, אשר תחת כנפיו באה לחסות (ב יב).

מעשה החסד של רות עם **המתים** (א ח) מועלה לדרגה גבוהה יותר כשהיא משתמשת שלוש פעמים במילה זו בהצהרת האמונים שלה לנעמי: "בַּאֲשֶׁר **תָּמוּתִי אָמוּת**, וְשָׁם אֶקָּבֵר; כֹּה יַעֲשֶׂה ה' לִי וְכֹה יֹסִיף כִּי **הַמָּוֶת** יַפְרִיד בֵּינִי וּבֵינֵךְ" (א יז). האזכור המשולש של המוות בדברי רות מרמז על מסירותה השלמה לחמותה. נאמנותה תימשך גם אחרי מות נעמי, חסד דומה לחסד שעשתה רות עם בעלה. בועז מתייחס להתנהגותה של רות אחרי מות בעלה בדברי השבח שלו אליה, "הֻגֵּד הֻגַּד לִי כֹּל אֲשֶׁר עָשִׂית אֶת חֲמוֹתֵךְ אַחֲרֵי **מוֹת** אִישֵׁךְ" (ב יא). כשהוא דואג לנישואיה של רות הוא מכנה אותה "אֵשֶׁת **הַמֵּת**" (ד ה). המטרה העיקרית של כינוי זה היא להפנות את תשומת לבנו לעובדה שהנישואים נועדו להקים את שמו של הבעל המת. אלא שיש לתהות אם כינוי זה ניתן לרות גם מתוך כבוד להתנהגות המופתית

15. ייתכן כי גם השימוש במילה זו הוא שכר על יוזמתה של רות לעזור לנעמי, "**אֵלְכָה** נָּא הַשָּׂדֶה" (רות ב ב).
16. העם מופיע שוב פעמים אחדות בפרק ד (פס' ד, ט, יא), שבהן הוא מברך את רות ומאשר את הצטרפותה לשורותיו.

שהפגינה כלפי המת. בסופו של דבר, הכרזתו של בועז כי נישואי רות נועדו למטרה המפורשת של הקמת שם המת על נחלתו (ד ה, י) מזכירה גם את הצהרת האמונים הראשונית של רות. הנישואים הם במידה לא מבוטלת גמול על חמלתה הבלתי־מעורערת של רות, במיוחד לאור תחילתו של הסיפור.

מעשי החסד שעושה רות בהמשך זוכים אף הם לשכר. אמירתה "אֵלְכָה נָּא הַשָּׂדֶה **וַאֲלַקֳּטָה** בַשִּׁבֳּלִים אַחַר אֲשֶׁר אֶמְצָא חֵן בְּעֵינָיו" (ב ב) מניבה פרי. היא עצמה מבינה שרצונה התגשם כשלהפתעתה הגדולה היא מוצאת אדם שמיטיב אתה. בהשתאות נבוכה היא חוזרת פעמיים על דבריה: "מַדּוּעַ מָצָאתִי חֵן בְּעֵינֶיךָ לְהַכִּירֵנִי?" (ב י) ו"אֶמְצָא חֵן בְּעֵינֶיךָ" (ב יג). השכר שהיא מקבלת מתברר כשבועז משתמש בשורש לק"ט,[17] שבו השתמשה רות קודם לכן, בהוראה שהוא נותן לקוצריו להניח לרות ללקט ("תְּלַקֵּט", "וְלִקְּטָה") בכבוד (ב טו–טז).[18] זאת ועוד, עבודת הליקוט הקשה "מֵאָז הַבֹּקֶר" (ב ז) באה על גמולה כשבועז מגן עליה בעדינות בגורן "עַד הַבֹּקֶר" ומבטיח לה כי "בַבֹּקֶר" ידאג לגאולתה (ג יג–יד).

תכניתה של נעמי מוצגת כמשהו טוב לרות ("אֲשֶׁר **יִיטַב** לָךְ"; רות ג א). גם בועז פועל לטובת רות (ג יג).[19] אפשר לדון במניעיה האמיתיים של נעמי, אך הניסיון לעשות משהו שייטיב עם רות מונע

17. הקבלה זו אינה משכנעת בפני עצמה, שהרי השורש לק"ט הוא מילת מפתח והוא מופיע בפרקנו עשר פעמים. בכל זאת בחרתי להביא את ההקבלה הזאת כראיה תומכת לתמונה כללית יותר.

18. הנער הניצב על הקוצרים משתמש אף הוא במילה זו בצטטו את דברי רות (רות ב ז). קשה להניח שהניצב מבקש לגמול טובה לרות - לדעתי הוא דווקא מבקש לזלזל בה בהיותה נכרייה ממואב. אך לצרכינו כאן מעניין לראות שהניצב מתאר את רות כמי שהולכת אל הבית (כנראה לצורך מנוחה) רק מעט (רות ב ז). אם דיווחו נכון, הרי דומה שרות מקבלת גם גמול על חריצותה כשהיא זוכה בבית (הנזכר כאן חמש פעמים) בסוף הספר (רות ד יא–יב).

19. אולי בשל חשיבותה של המילה "טוב" במגילת רות מוסיף אותה התרגום לארמית למילותיה האחרונות של נעמי ברות ג יח: "ארום לא ינוח גוברא ארום אלהין ישיצי **לטב** פתגמא יומא דין" [=כי לא ישקוט האיש כי אם כלה הדבר **לטובה** היום].

על ידי מעשיה של רות עצמה. בועז משתמש בפועל "**הֵיטַבְתְּ**" כדי להראות שחסדה השני של רות עולה אפילו על חסדה הראשון (ג י). זאת ועוד, נשות העיר מתארות את רות כ"**טוֹבָה** לָךְ [לנעמי] מִשִּׁבְעָה בָּנִים" (ד טו). דומה כי ברור שרות היא הגורם המזרז את תהליך הפיכתה של נעמי מרע (א כא) לטוב, מיגון לשמחה. ראוי אפוא שגם נעמי ובועז יבקשו לעשות את הטוב למען רות.

נכונותה של רות לציית להוראותיה של נעמי מוצאת לה מקבילה בתגובתו של בועז לבקשתה החריגה של רות, "וּפָרַשְׂתָּ כְנָפֶךָ עַל אֲמָתְךָ כִּי גֹאֵל אָתָּה" (ג ט). רות מצהירה על נכונותה לציית לנעמי במילים ברורות אם כי ללא התלהבות: "כֹּל אֲשֶׁר תֹּאמְרִי (אֵלַי) אֶעֱשֶׂה" (ג ה). בועז נדהם תחילה כשהוא מוצא את רות, אלא שאז הוא מדבר אתה בעדינות ומשתמש בביטוי זהה כמעט: "כֹּל אֲשֶׁר תֹּאמְרִי אֶעֱשֶׂה לָּךְ" (ג יא). בהתאם להוראותיה של נעמי, רות מגלה את רגליו של בועז **ושוכבת** למרגלותיו (ג ד, ז). פעולה צייתנית זו גורמת לבועז לומר לה במילות חיבה והגנה שעליה **לשכב** (לבטח) עד הבוקר (ג יג). בדומה לזה, רות מצייתת להוראתה של נעמי לא להתגלות ("**אַל תִּוָּדְעִי**") לבועז עד שיסיים לאכול ולשתות (ג ג), והמקבילה לכך היא המאמץ שעושה בועז להגן על שמה הטוב של רות: "**אַל יִוָּדַע** כִּי בָאָה הָאִשָּׁה הַגֹּרֶן" (ג יד).

אם נחפש את המקומות שבהם הוצבו ההקבלות הללו בקפידה, נוכל לפתור כמה מהקשיים הטקסטואליים. אחרי שבועז שם במטפחתה של רות שש שעורים, מספר הפסוק על בועז "**וַיָּבֹא** הָעִיר" (ג טו). הפסוק הבא נפתח במילים "**וַתָּבוֹא** אֶל חֲמוֹתָהּ" (ג טז). הכתוב מקוטע כאן במקצת, שכן לא נאמר בו כלל כי רות חזרה העירה.[20] ייתכן שביטוי זה הכרחי כדי להראות עד כמה משתוקק בועז למלא את

20. כדי לפתור את קשיי הקיטוע הזה צוין כאן כי בכמה כתבי יד עבריים מופיעה צורת הפועל בנקבה, וכך גם בתרגום לסורית ובגרסה הלוקיאנית של תרגום השבעים. קריאות ייחודיות אלה מאשרות כי הקריאה הנוכחית איננה ברורה לחלוטין, אם כי רוב החוקרים מקבלים את הטקסט הנוכחי כגרסה טובה יותר מסיבות שונות (למשל קמפבל, רות, עמ' 128).

חובתו ללא דיחוי. עם זאת, בהסתמך על ריבוי ההקבלות הספרותיות המפנות את תשומת הלב אל שכרה של רות, אני סבורה כי מעשהו של בועז נועד לשקף את מעשיה של רות בפרק ב. אחרי היום הארוך שעשתה בשדה בועז, היא ממהרת אל נעמי כדי לדאוג להאכילה. הכתוב מתאר את שובה של רות אל נעמי באותו ביטוי תמציתי שבו תואר בועז בפרק ג, "וַתָּבוֹא הָעִיר" (ב יח). ייתכן כי הכתוב, המדגיש בעקביות את השכר שמקבלת רות בזכות חסדה לנעמי, מבקש להפנות את תשומת הלב גם כאן אל נקודה זו. כשם שרות באה לעיר וכולה משתוקקת לעזור לנעמי, כך בא גם בועז היישר העירה וכולו נלהב לעזור לרות.

אם נניח כי הכתוב יוצר כאן הקבלה מכוונת, נוכל לפתור שאלה טקסטואלית נוספת. פעמיים מתוארת רות כמי שעושה משהו עם (או למען) בועז כשהיא נמצאת בשדהו ("אֲשֶׁר **עָשְׂתָה** עִמּוֹ... **אֲשֶׁר עָשִׂיתִי** עִמּוֹ", ב יט). אלא שלא ברור מה בדיוק עשתה רות למען בועז. תיאור זה נראה מבולבל והפוך: האם לא בועז הוא שעשה משהו למען רות באותו יום בשדהו? אם נבחן את השימוש הרחב של המילה "עשה" בספר, ייתכן שהקושי הזה ייפתר במידת מה.[21] נעמי מתארת את מעשה החסד הראשוני של רות באמצעות הפועל עשה: "**יַעַשׂ** (יעשה כתיב) ה' עִמָּכֶם חֶסֶד כַּאֲשֶׁר **עֲשִׂיתֶם** עִם הַמֵּתִים וְעִמָּדִי" (א ח). גם כשבועז מתאר בהתפעלות את המשימה שרות קיבלה עליה הוא משתמש בפועל זה לתיאור כל אשר **עשתה** רות את חמותה (ב יא). למעשה, עשרת המופעים הראשונים של הפועל מתייחסים לרות ורבים מהם מתארים את חסדה. שני המופעים האחרונים של הפועל

21. ככלל אני סבורה שהמילה "עשה" שכיחה מכדי להיות בעלת משמעות טקסטואלית משלה. לעיל ציינתי את חשיבותה של המילה בהופעתה במרכז ברכתם של אנשי העיר, "**וַעֲשֵׂה** חַיִל בְּאֶפְרָתָה" (ד יא). במקרה זה, לאור הערפול הטקסטואלי שצוין לעיל, שבו המילה "עשה" מתארת את רות ללא הצדקה ברורה, חשבתי שמן הראוי לבחון שנית את השימוש שנעשה בה במגילת רות. השכיחות הרבה של מופעי המילה והצבתה הקפדנית בכתוב מצדיקות בעיניי את ההבחנות הללו.

מתייחסים למשהו שבועז עושה למען רות. כשרות חוזרת מהלילה בגורן, מספר הכתוב על "כָּל אֲשֶׁר **עָשָׂה** לָהּ הָאִישׁ" (רות ג טז). בועז עושה למען רות בזכות כל מה שעשתה רות למען אחרים.

בסופו של דבר, החלטתה של רות ללוות את נעמי לבית לחם אינה מניבה את התוצאות השליליות הצפויות. במקום לציית לנעמי ולקצור את פירות ברכתה הנדיבה של נעמי בשובה למואב, רות מסכנת את עתידה ומתעקשת להישאר לצד חמותה הנואשת. אלא שבבית לחם היא מקבלת את כל הברכות שנעמי הרעיפה עליה (ועל עורפה) לקראת פרידתן. טבלה זו מציינת את ההקבלות האלה, והן מתוארות ברשימה שלאחר הטבלה:

טבלה 12: רות מקבלת את ברכתה של נעמי

נעמי מברכת את חזרתה של רות למואב	רות מקבלת את הברכה בבית לחם
לֵכְנָה שֹּׁבְנָה אִשָּׁה לְבֵית אִמָּהּ יעשה [יַעַשׂ קרי] **ה׳** עִמָּכֶם **חֶסֶד** (א ח)	בָּרוּךְ הוּא **לַה׳** אֲשֶׁר לֹא עָזַב **חַסְדּוֹ** (ב כ)
לֵכְנָה שֹּׁבְנָה אִשָּׁה **לְבֵית** אִמָּהּ יעשה [יַעַשׂ קרי] ה׳ עִמָּכֶם חֶסֶד כַּאֲשֶׁר עֲשִׂיתֶם עִם הַמֵּתִים וְעִמָּדִי. יִתֵּן ה׳ לָכֶם וּמְצֶאןָ מְנוּחָה אִשָּׁה **בֵּית** אִישָׁהּ (א ח–ט)	יִתֵּן ה׳ אֶת הָאִשָּׁה הַבָּאָה אֶל **בֵּיתֶךָ** כְּרָחֵל וּכְלֵאָה אֲשֶׁר בָּנוּ שְׁתֵּיהֶם אֶת **בֵּית** יִשְׂרָאֵל וַעֲשֵׂה חַיִל בְּאֶפְרָתָה וּקְרָא שֵׁם **בְּבֵית** לָחֶם. וִיהִי **בֵיתְךָ** **כְּבֵית** פֶּרֶץ (ד יא–יב)
יִתֵּן ה׳ לָכֶם וּמְצֶאןָ **מְנוּחָה** אִשָּׁה בֵּית אִישָׁהּ (א ט)	בִּתִּי הֲלֹא אֲבַקֶּשׁ לָךְ **מָנוֹחַ** אֲשֶׁר יִיטַב לָךְ (ג א)
יִתֵּן ה׳ לָכֶם וּמְצֶאןָ מְנוּחָה אִשָּׁה בֵּית אִישָׁהּ (א ט)	**יִתֵּן ה׳** אֶת הָאִשָּׁה הַבָּאָה אֶל בֵּיתֶךָ (ד יא)

- נעמי בירכה את רות: "יעשה [יַעַשׂ קרי] ה׳ עִמָּכֶם חֶסֶד כַּאֲשֶׁר עֲשִׂיתֶם עִם הַמֵּתִים וְעִמָּדִי" (א ח) עם שובן ממואב. בסופו של דבר נעמי מברכת את ה׳ על ששמר את חסדו עם החיים (נראה שרות נכללת בקטגוריה זו) ועם המתים **בבית לחם** (ב כ).

- נעמי שולחת את רות לשוב "לְבֵית אִמָּהּ" (א ח) ואל "בֵּית אִישָׁהּ" (א ט) במואב. אלא שבסופו של דבר רות נכנסת לבית בועז, בעלה, **בבית לחם** (ד יא).
- נעמי שולחת את רות בחזרה למואב כדי שתמצא **מנוחה** בבית אישה (א ט). עם זאת, אחרי שהיא מוכיחה את נאמנותה לנעמי, נעמי פועלת למצוא **מנוח** לרות **בבית לחם** (ג א).
- אחת מברכותיה של נעמי השולחת את רות למואב נפתחת במילים "יִתֵּן ה'" (א ט). ברכתם של אנשי העיר לבועז עם כניסתה של רות לביתו **בבית לחם** נפתחת במילים "יִתֵּן ה'" (ד יא).[22]

שפע המקבילות והשתקפות המילים שהבאתי כאן נועד ללמד לקח פשוט: בספר הרמוני זה כל פעולה באה על שכרה. רות זוכה לשכר צודק ונדיב על התנהגותה המופתית, ודבר זה מחזיר אותנו אל המדרש שבו פתחנו את הספר (רות רבה פרשה ב יד): רבי זעירא סבור כי המגילה כולה נועדה ללמדנו "כמה שכר טוב לגומלי חסדים". רות, שגמלה חסד לנעמי, מקבלת בתמורה שפע של חסד. ועם זאת, המסר האמיתי של רעיון זה חורג מעבר לאמירה פשוטה זו. מגילת רות צופה ומבשרת עידן חדש, עידן של מלוכה, הנתפס כעידן של צדק, שבמצב האידיאלי גומל לכל אדם את המגיע לו. לפיכך זהו גם ספר הסולל את הדרך למלוכה האידיאלית, שבה כל מעשה טוב זוכה לפיצוי, כל מעשה טוב בא על גמולו.

טרגדיה ופתרונה

מגילת רות אינה מותירה קצוות פרומים. כל ההיבטים הטרגיים שבהם נפתחה מגילה קצרה זו מגיעים אל פתרונם הטוב. המגילה מיטיבה להעביר את הרעיון הזה בדרך הלשונית המודעת שבה היא שוזרת את

22. ראו גם רות ד יב, "אֲשֶׁר יִתֵּן ה' לְךָ מִן הַנַּעֲרָה הַזֹּאת".

תיאור המצוקה שבראשיתה עם האושר שבסופה.[23] הטבלה המובאת להלן מראה בבירור את טכניקת תמונת המראה שבאמצעותה מתוארת הבעיה ומוצג גם פתרונה השלם.

טבלה 13: טרגדיה ופתרונה

הטרגדיה	הפתרון
מות ילדים: "וַתִּשָּׁאֵר הָאִשָּׁה מִשְּׁנֵי **יְלָדֶיהָ** וּמֵאִישָׁהּ" (א ה)	לידת ילד: "וַתִּקַּח נָעֳמִי אֶת **הַיֶּלֶד**" (ד טז)
לנעמי אין בנים: "הַעוֹד לִי **בָנִים** בְּמֵעַי וְהָיוּ לָכֶם לַאֲנָשִׁים?" (א יא)	לנעמי יש כלה הטובה לה משבעה בנים: "כִּי כַלָּתֵךְ אֲשֶׁר אֲהֵבַתֶךְ יְלָדַתּוּ, אֲשֶׁר הִיא טוֹבָה לָךְ מִשִּׁבְעָה **בָּנִים**" (ד טו)
אבדן התקווה ללדת ילד: "כִּי אָמַרְתִּי, יֶשׁ לִי תִקְוָה גַּם הָיִיתִי הַלַּיְלָה לְאִישׁ וְגַם **יָלַדְתִּי בָנִים**" (א יב)	ילד נולד: "**יֻלַּד בֵּן** לְנָעֳמִי" (ד יז)
נעמי מוותרת על שמה בדבריה אל הנשים: "אַל **תִּקְרֶאנָה** לִי נָעֳמִי, **קְרֶאןָ** לִי מָרָא... לָמָּה **תִקְרֶאנָה** לִי נָעֳמִי?" (א כ–כא)	משפחת נעמי מקבלת בחזרה את השמות שאבדו בדברי הנשים: "**וְיִקָּרֵא** שְׁמוֹ, בְּיִשְׂרָאֵל... **וַתִּקְרֶאנָה** שְׁמוֹ עוֹבֵד" (ד יד, יז)
ריקנותה של נעמי: "אֲנִי מְלֵאָה הָלַכְתִּי **וְרֵיקָם** הֱשִׁיבַנִי ה'" (א כא)	רות מביאה מזור לריקנותה של נעמי: "כִּי אָמַר (אֵלַי): אַל תָּבוֹאִי **רֵיקָם** אֶל חֲמוֹתֵךְ" (ג יז)

23. קמפבל קובע כי למילים המופיעות פעמיים בלבד יש משמעות מיוחדת בהשלמת מוטיבים בסיפור. מילים כאלה הן: ילדים/ילד; מנוחה;מנוח; לין (מופיעה כצמד ברות א טז); ריקם; מודע; כנף; פגע. קמפבל, רות, עמ' 13.

מצבה הרע של נעמי: ״וְשַׁד-ַּי **הֵרַע** לִי״ (א כא)	מצבה הטוב של נעמי: ״כִּי כַלָּתֵךְ אֲשֶׁר אֲהֵבַתֶךְ יְלָדַתּוּ, אֲשֶׁר הִיא **טוֹבָה** לָךְ מִשִּׁבְעָה בָּנִים״ (ד טו)
ה׳ מרע עם נעמי: ״כִּי יָצְאָה בִי יַד ה׳... כִּי הֵמַר שַׁ-דַּי לִי מְאֹד... וְשַׁ-דַּי הֵרַע לִי״ (א יג, כ-כא)	ה׳ מיטיב עם נעמי: ״בָּרוּךְ ה׳ אֲשֶׁר לֹא הִשְׁבִּית לָךְ גֹּאֵל הַיּוֹם״ (ד יד)
עדותו של ה׳ כנגד נעמי: ״וַה׳ עָנָה בִי״ (א כא)	העם עד למעשי הגאולה של בועז: ״עֵדִים אַתֶּם הַיּוֹם״ (ד ט-י)
רות נשלחת לבית בעל חדש במואב: ״יִתֵּן ה׳ לָכֶם וּמְצֶאןָ מְנוּחָה אִשָּׁה בֵּית אִישָׁהּ״ (א ט)	רות מתקבלת לבית בעלה בבית לחם: ״יִתֵּן ה׳ אֶת הָאִשָּׁה הַבָּאָה אֶל בֵּיתֶךָ כְּרָחֵל וּכְלֵאָה״ (ד יא)
רות נדחית: ״**יִתֵּן ה׳ לָכֶם** וּמְצֶאןָ מְנוּחָה, אִשָּׁה בֵּית אִישָׁהּ״ (א ט)	רות מתקבלת: ״וִיהִי בֵיתְךָ כְּבֵית פֶּרֶץ... מִן הַזֶּרַע **אֲשֶׁר יִתֵּן ה׳ לְךָ** מִן הַנַּעֲרָה הַזֹּאת״ (ד יב)
רות מנוכרת: ״לְמִי **הַנַּעֲרָה הַזֹּאת?**״ (ב ה)	רות שייכת: ״וִיהִי בֵיתְךָ כְּבֵית פֶּרֶץ... מִן הַזֶּרַע אֲשֶׁר יִתֵּן ה׳ לְךָ מִן **הַנַּעֲרָה הַזֹּאת**״ (ד יב)
ה׳ מחזיר את נעמי [ממואב] מרה: ״וְרֵיקָם **הֱשִׁיבַנִי**[24] ה׳״ (א כא).	הילד ישיב את רוחה של נעמי: ״וְהָיָה לָךְ **לְמֵשִׁיב נֶפֶשׁ**״ (ד טו)

24. המילה ״שוב״ בבניין הפעיל משמשת רק בשני מופעים אלה במגילה כולה. הדבר יוצר זיקה בין תלונתה של נעמי על כך שה׳ השיבה ריקם לבין רוחה ששבה אליה בסוף הספר.

מגילת רות: סיכום קצר

מגילת רות שואפת אל המלכות, שהיא יעדה הסופי. מטרתה היא יצירת קהילה שלווה הצופה לקראת עידן המלוכה החדש וההרמוני וסוללת את הדרך לקראתו. מלכות בית דוד, במצבה האידיאלי, נועדה ליצור חברה צודקת שבה כל אדם יזכה לקבל את הגמול המגיע לו, וכל סכסוך ומתח יתפוגגו או ייפתרו על ידי המלך. דמות המופת של המלך שואבת את עוצמתה ואת השראתה מה', שאותו הוא מייצג, ודואגת לצורכי הקהילה, מחנכת את העם ומובילה אותו לקראת הקמתה של חברה מוסרית ויראת שמים. קהילה זו נועדה לכלול בתוכה את הגר, לדאוג ליתום ולאלמנה ולהעלות על נס את הברית בין בני האדם. זוהי קהילה שבה לכל אדם יש שם ולפיכך כל אדם נחשב לסובייקט. בקהילה זו יתאחדו ברכות אברהם, ברכת האדמה והזרע, ליצירת הווה מאושר ועתיד מלא תקווה. ספר קצר ואידילי זה, הנפתח בתיאור של מצוקה קשה בתקופת השופטים ומסתיים בחגיגה המובילה לתקופה הבאה, ימי שושלת בית דוד, הוא המבוא לעתיד אופטימי ומבטיח, שאליו יגיע העם בזכות התנאים ההרמוניים ודמויות המופת של סיפור נפלא זה.

קיצורים ביבליוגרפיים

BDB	Francis Brown, Samuel Rolles Driver, and Charles Augustus Briggs, *A Hebrew and English Lexicon of the Old Testament* (Oxford: Clarendon Press, 1951).
אוארבך, מימזיס	אריך אוארבך, **מימזיס**, תרגם ברוך קרוא (ירושלים: מוסד ביאליק, תשכ"ט).
אוסטין, כתבים	John L. Austin, *Philosophical Papers* (Oxford: Clarendon Press, 1970).
אוסטין, מילים	John L. Austin, *How to Do Things with Words* (New York: Oxford University Press, 1965).
אייזנשטיין, אוצר	יהודה ד' אייזנשטיין, **אוצר מדרשים** (ניו יורק, 1915).
אלטר, אמנות	אורי (רוברט) אלטר, **אמנות הסיפור במקרא**, תרגמה שושנה צינגל (תל אביב: אדם מוציאים לאור, 1981).
אלטר, מבוא	Robert Alter, "Introduction to the Old Testament", in *The Literary Guide to the Bible*, ed. Robert Alter and Frank Kermode (London: Fontana, 1987), pp. 11-35.

אליוט, דת	T. S. Eliot, "Religion and Literature", in Selected Essays (New York: Harcourt, Brace, 1932).
אליוט, מסורת	T. S. Eliot, "Tradition and the Individual Talent", in *Selected Essays* (New York: Harcourt, Brace, 1932), 3-11.
אמית, שופטים	יאירה אמית, **ספר שופטים: אמנות העריכה** (ירושלים: מוסד ביאליק, 1999).
אנדרסון, שמואל	Arnold A. Anderson, 2 *Samuel* (Dallas: Word Books, 1989).
ארנד, הומרוס	Walter Arend, *Die typischen Scenen bei Homer* (Berlin: Weidmann, 1933).
אשכנזי, מבוא	Tamara Cohn Eskenazi, *Introduction to The JPS Bible Commentary*: Ruth, ed. Tamara Cohn-Eskenazi and Tikva Frymer-Kensky (Philadelphia: Jewish Publication Society, 2011).
בוואר, הגואל	Julius A. Bewer, "The Go'el in Ruth 4:14, 15" *American Journal of Semitic Languages and Literatures* 20 (1903–1904), pp. 202-206.
בוואר, ספרות	Julius A. Bewer, *The Literature of the Old Testament in Its Historical Development* (New York: Columbia University Press, 1933).
בולינג, שופטים	Robert Boling, *Judges* (Garden City: Doubleday, 1975).
בורוס, ייבום	Millar Burrows, "The Ancient Oriental Background of Hebrew Levirate Marriages", *Bulletin of the American Schools of Oriental Research* (1940), pp. 2–15.
בוש, רות	Frederic W. Bush, *Ruth/Esther* (Dallas: Word Books, 1996).

בכרך, אמה של מלכות	הרב יהושע בכרך, **אמה של מלכות** (ירושלים: הסוכנות היהודית, 1974).
בלנק, הקללה	S. H. Blank, "The Curse, Blasphemy, the Spell and the Oath", *Hebrew Union College Annual* 23 (1950/51), pp. 73-95.
בלנקינסופ, התורה	Joseph Blenkinsopp, *The Pentateuch: An Introduction to the First Five Books of the Bible* (London: SCM Press, 1992).
בר־אפרת, כמה אבחנות	Shimon Bar-Efrat, "Some Observations on the Analysis of Structure in Biblical Narrative", *Vetus Testamentum* 30 (1980), pp. 154–173.
ברוקס וברוגן, ביקורת חדשה	Cleanth Brooks and T. V. F. Brogan, "New Criticism", in *The New Princeton Encyclopedia of Poetry and Poetics,* ed. Alex Preminger and T. V. F. Brogan (Princeton: Princeton University Press, 1993), pp. 833-834.
ברטון, קריאה	John Barton, *Reading the Old Testament: Method in Biblical Study,* (Louisville: Westminster John Knox Press, 1996).
ברטמן, עיצוב סימטרי	Stephan Bertman, "Symmetrical Design in the Book of Ruth", *Journal of Biblical Literature* 84 (1965), pp. 165-168.
ברלין, פואטיקה	Adele Berlin, *Poetics and Interpretation of Biblical Narrative* (Winona Lake: Eisenbrauns, 1983).
ברלין, קריאת שירה	Adele Berlin, "Reading Biblical Poetry", in *The Jewish Study Bible* (New York: Oxford University Press, 2004), pp. 2097-2104.
ברלין, רות והמשכיות	Adele Berlin, "Ruth and the Continuity of Israel", in *Reading Ruth,* ed. J. A. Kates and G. Twersky-Reimer (New York: Ballantine Books, 1994).

ברמן, הרמנויטיקה	Joshua Berman, "Ancient Hermeneutics and the Legal Structure of the Book of Ruth", *Zeitschrift für die Alttestamentliche Wissenschaft* 119 (2007), pp. 22-38.
ברנר, רות	Athalya Brenner, "Ruth: The Art of Memorializing Territory and Religion", in *A Critical Engagement: Essays on the Hebrew Bible in Honour of J. Cheryl Exum*, ed. David J. A. Clines and Ellen van Woulde (Sheffield: Sheffield Phoenix Press, 2011).
ברנשטיין, שתי קריאות	Moshe J. Bernstein, "Two Multivalent Readings in the Ruth Narrative", Journal for the Study of the Old Testament 50 (1991), pp. 15-26.
גאו, רות	Murray Gow, *The Book of Ruth: Its Structure, Theme and Purpose* (Leicester: Apollos, 1992).
גאו, רות ד	Murray D. Gow, "Ruth Quoque – A Coquette? (Ruth IV 5)", Bible Translator (1990), 302-311.
גורדון, אוגריתי	Cyrus H. Gordon, *Ugaritic Textbook* (Rome: Pontifical Biblical Institute, 1965).
גורדיס, אהבה	Robert Gordis, "Love, Marriage, and Business in the Book of Ruth: A Chapter in Hebrew Customary Law", in *A Light Unto My Path: Old Testament Studies in Honor of Jacob M. Myers*, ed. H. N. Bream and R. D. Heim (Philadelphia: Temple University Press, 1974).
גלוק, חסד בתנ"ך	Nelson Glueck, *Hesed in the Bible* (Cincinnati: Hebrew Union College Press, 1967).
גסטר, מיתוס	T. M. Gaster, *Myth, Legend, and Custom in the Old Testament* (New York: Harper, 1969).
גזניוס, לקסיקון	Wilhelm Gesenius, *Hebrew and Chaldee Lexicon to the Old Testament Scriptures* (Grand Rapids: Eerdmans, 1957).

גרוסמן, רות	יונתן גרוסמן, **מגילת רות: גשרים וגבולות** (אלון שבות: תבונות, תשע"ו).
גריי, רות	John Gray, *Joshua, Judges, Ruth* (Grand Rapids: Eerdmans, 1986).
גרסיאל, מדרשי שמות	משה גרסיאל, **מדרשי שמות במקרא** (רמת גן: רביבים, תשמ"ה).
גרסמן, התחלה	Hugo Gressman, *Die Anfange Israels* (Gottinger: Dandenhoed & Ruprecht, 1914).
דאובה, משפט	David Daube, *Studies in Biblical Law* (New York: Ktav, 1969.
דמסקי, שמות	Aaron Demsky, "Names and No-Names in Ruth," in These Are the Names: Studies in Jewish Onomastics, vol. 1 (Ramat Gan: Bar-Ilan University, 1997), pp. 27–37.
הברד, רות	Robert L. Hubbard, *The Book of Ruth* (Grand Rapids: Eerdmans, 1988).
היינמן, דרכי האגדה	יצחק היינמן, **דרכי האגדה** (ירושלים: מאגנס, 1954).
הלבני, נישואין	David Weiss Halivni, "The Use of QNY in Connection with Marriage", *Harvard Theological Review* 57 (1964), pp. 244-247.
הלס, תיאולוגיה	Ronald M. Hals, *The Theology of the Book of Ruth* (Philadelphia: Fortress Press, 1969).
הלפגוט, מקרא ומשמעות	Nathaniel Helfgot, *Mikra & Meaning: Studies in Bible and Its Interpretation* (Jerusalem: Maggid, 2012).
וייזר, התנ"ך	Artur Weiser, *The Old Testament: Its Formation and Development* (New York: Association Press, 1961).

ויינפלד, רות	Moshe Weinfeld, "Ruth, Book of", in *Encyclopaedia Judaica* 14 (Jerusalem: Keter, 1971), pp. 518-524.
ולץ', כיאזם	John W. Welch, ed., *Chiasmus in Antiquity: Structures, Analyses, Exegesis* (Hildesheim: Gerstenberg Verlag, 1981).
ון־הוזר, שורש פק"ד	J. B. van Hooser, *The Meaning of the Hebrew Root Pakad in the Old Testament* (Ph.D. diss., Divinity School, Harvard University, 1962).
ונגמרן, מילון	Willem A. VanGemeren, ed., *Dictionary of Old Testament Theology and Exegesis*, vol. 3 (Grand Rapids: Zondervan, 1997).
וסטברוק, רכוש	Raymond Westbrook, *Property and the Family in Biblical Law* (Sheffield: Sheffield Academic .Press, 1991), pp. 69–88
וסטרמארק, היסטוריה	Edward Westermarck, *The History of Human Marriage*, vol. 3 (New York: Allerton Book Co., 1922).
ז'ואון, רות	Paul Joüon, *Ruth* (Rome: Biblical Institute Press, 1986).
זורנברג, אלטרנטיבה	Aviva Zornberg, "The Concealed Alternative", in *Reading Ruth*, ed. J. A. Kates and G. Twersky-Reimer (New York: Ballantine Books, 1994).
זקוביץ, אשת חיל	Yair Zakovitch, "A Woman of Valor, 'Eishet Hayil' (Proverbs 31:10–31): A Conservative Response to the Song of Songs", in *A Critical Engagement: Essays on the Hebrew Bible in Honour of J. Cheryl Exum*, ed. David J. A. Clines and Ellen van Wolde (Sheffield: Sheffield Phoenix Press, 2011).
זקוביץ, מקראות	יאיר זקוביץ, **מקראות בארץ המראות** (תל אביב: הקבוץ המאוחד 1995).
זקוביץ, רות	יאיר זקוביץ, **רות** (תל אביב: עם עובד, 1990).

זקוביץ, תמונת הגורן	יאיר זקוביץ, "בין תמונת הגורן במגילת רות למעשה בנות לוט", **שנתון לחקר המקרא והמזרח הקדום** 3 (1978-9), עמ' 33-28.
טי, משה	דוד טי, "משה - הילד והאיש", **מגדים** 22 (1994), עמ' 30-42.
טלמון, מכתב עברי	Shemaryahu Talmon, "The New Hebrew Letter from the Seventh Century B.C. in Historical Perspective", *Bulletin of the American Schools of Oriental Research* 176 (1964).
טריבל, קומדיה אנושית	Phyllis Trible, "A Human Comedy", in *God and the Rhetoric of Sexuality* (London: SCM Press, 1992).
יוסף בן מתתיהו, קדמוניות	יוסף בן מתתיהו, **קדמוניות היהודים**, תרגם אברהם שליט (תל אביב: מוסד ביאליק, 1967).
ייבין, יכין ובועז	Samuel Yeivin, "Jachin and Boaz", *Palestine Exploration Quarterly* 91 (1959).
יעקב, שמות	Benno Jacob, *The Second Book of the Bible: Exodus*, trans. Walter Jacob (New Jersey: Ktav, 1992).
כהן ג', וקרא שם	גבריאל ח' כהן, "וקרא שם בבית לחם", בתוך **עיונים בחמש מגילות** (ירושלים: הסוכנות היהודית לישראל - ספריית אלינר, 2006).
כהן מ', חסד	Mordechai Cohen, "Hesed: Divine or Human? The Syntactic Ambiguity of Ruth 2:20", in *Hazon Nahum: Studies in Jewish Law, Thought, and History Presented to Dr. Norman Lamm*, ed. Y. Elman and J. S. Gurock (Hoboken: Ktav, 1997), pp. 11-38.
כהן ש', ראשית היהדות	Shaya J. D. Cohen, *The Beginning of Jewishness: Boundaries, Varieties, Uncertainties* (Berkley: University of California Press, 1999).
כרמי, חדר	Shalom Carmy, "A Room with a View, but a Room of Our Own", *Tradition* 28:3 (1994), pp. 39–69.

לואיס, ספרות אנגלית	C. S. Lewis, *English Literature in the Sixteenth Century Excluding Drama* (New York: Oxford University Press, 1954).
לורץ, מוטיב	Oswald Loretz, "The Theme of the Ruth Story", CBQ 22 (1960), pp. 391–399.
לי, רות המואבייה	Eunny P. Lee, "Ruth the Moabite: Identity, Kinship, and Otherness", in *Engaging the Bible in a Gendered World* (Louisville: Westminster John Knox Press, 2006).
ליברמן, סימניות במקרא	ש' ליברמן, "סימניות במקרא", בתוך **יוונים ויוונות בארץ ישראל** (ירושלים: מוסד ביאליק ויד יצחק בן צבי, תשמ"ד).
ליונשטם, שבועה	שמואל אפרים ליונשטם, ערך "שבועה", בתוך **אנציקלופדיה מקראית**, ערכו בנימין מזר וחיים תדמור (ירושלים: מוסד ביאליק, 1976), כרך ז, עמ' 479–491.
לייבוביץ וארנד, פירוש רש"י לתורה	נחמה לייבוביץ ומשה ארנד, **פירוש רש"י לתורה: עיונים בשיטתו** (תל אביב: האוניברסיטה הפתוחה, 1990).
ליימן, הקנוניזציה	Sid Z. Leiman, *The Canonization of Hebrew Scripture* (New Haven: Connecticut Academy of Arts and Sciences, 1976, 1991).
ליכטנשטיין, ביקורת	R. Aharon Lichtenstein, "Criticism and Kitvei Ha-kodesh", in *Rav Shalom Banayikh*, ed. Hayyim Angel and Yitzchak Blau (Jersey City: Ktav, 2012), pp. 15–32.
ליכטנשטיין, ציר וצאן	משה ליכטנשטיין, **ציר וצאן** (אלון שבות: ישיבת הר עציון, תשס"ב).
לינפלט, רות	Tod Linafelt, *Ruth* (Collegeville: Liturgical Press, 1999).

לכמן, הערה	Ernest R. Lacheman, "Note on Ruth 4:7–8", *Journal of Biblical Literature* 56 (1937), pp. 53-56.
למבדין, עברית מקראית	Thomas O. Lambdin, *Introduction to Biblical Hebrew* (London: Darton, Longman & Todd, 1971).
לסין, אורח	Stuart Lasine, "Guest and Host in Judges 19: Lot's Hospitality in an Inverted World", *JSOT* 29 (1984), pp. 37–59.
לפסלי, ראיית האישה	Jacqueline Lapsley, "Seeing the Older Woman: Naomi in High Definition", in *Engaging the Bible in a Gendered World*, ed. Linda Day and Carolyn Pressler (Louisville: Westminster John Knox Press, 2006).
מאיירס, רות	Jacob M. Myers, *The Linguistic and Literary Form of the Book of Ruth* (Leiden: Brill, 1955).
מדן, תקווה ממעמקים	הרב יעקב מדן, **תקווה ממעמקים: עיונים בספר רות** (אלון שבות: תבונות, תשס"ז).
מור מ', מלך	Michael S. Moore, "To King or Not to King – A Canonical-Historical Approach to Ruth", *Bulletin for Biblical Research* 11 (2001), pp. 27-41.
מור ג', שופטים	George F. Moore, *A Critical and Exegetical Commentary on Judges* (Edinburgh: T. & T. Clark, 1895).
מוראוקה, עברית מקראית	Takamitsu Muraoka, *Emphatic Words and Structures in Biblical Hebrew* (Jerusalem: Magnes Press, 1985), pp. 47–59.
מוריס, רות	L. Morris, *Ruth* (Downers Grove: Intervarsity, 1968).
מלצר, רות	פייבל מלצר, "רות", בתוך **חמש מגילות**, סדרת **דעת מקרא** (ירושלים: מוסד הרב קוק, תש"ן).

מקדונלד, מאפיינים	J. McDonald, "Some Distinctive Characteristics of Israelite Spoken Hebrew", *Bibliotheca Orientalis* (1975).
מקליש, ארס פואטיקה	A. MacLeish, "Ars Poetica," *Poetry: A Magazine of Verse* 28 (1926), p. 126.
נידיץ', מוטיב הסדומי	Susan Niditch, "The 'Sodomite' Theme in Judges 19–20: Family, Community, and Social Disintegration", *Catholic Biblical Quarterly* 44 (1982), pp. 365–378.
נויפלד, דיני נישואין	Ephraim Neufeld, *Ancient Hebrew Marriage Laws* (London and New York: Longmans, Green, 1944).
נילסון, רות	Kirsten Nielson, *Ruth* (Louisville: Westminster John Knox Press, 1997).
סברן, ציטוט	George Savran, *Telling and Retelling: Quotation in Biblical Narrative* (Bloomington: Indiana University Press, 1988).
סבתו, שם המת	הרב מרדכי סבתו, "להקים שם המת על נחלתו", בתוך יהודה זולדן ואחרים, עורכים, **עצרת ליחיאל** (בית אל, תשנ"ז) עמ' 173181.
סגל, השבועה והנדר	משה צבי סגל, "לבניית פסוקי השבועה והנדר בעברית", **לשוננו** 1 (1929), עמ' 215-227.
סולוביצ'יק, אדם וביתו	הרב יוסף דוב סולוביצ'יק, **אדם וביתו: על חיי המשפחה**, תרגם אביגדור שנאן (תל אביב: ידיעות אחרונות, 2009).
סולוביצ'יק, על התשובה	הרב יוסף דוב הלוי סולוביצ'יק, **על התשובה** (ירושלים: ההסתדרות הציונית העולמית, תשמ"ט).
סולוביצ'יק, קול דודי דופק	הרב יוסף דוב סולוביצ'יק, **קול דודי דופק**, בתוך **דברי הגות והערכה** (ירושלים: ההסתדרות הציונית העולמית, תשמ"ג).

סימון, הדמויות	א' סימון, "הדמויות המשניות בסיפור המקראי", בתוך **קריאה ספרותית במקרא: סיפורי נביאים** (ירושלים: מוסד ביאליק, תשנ"ז), עמ' 317–324.
ספייזר, נעליים	Ephraim A. Speiser, "Of Shoes and Shekels", *Bulletin of the American Schools of Oriental Research* 77 (1940), pp. 15-20.
סקוט, יכין ובועז	Robert B. Y. Scott, "The Pillars Jachin and Boaz", *Journal of Biblical Literature* 58 (1939), pp. 143–149.
סקנפלד, משמעות החסד	Katherine Doob Sakenfeld, *The Meaning of Hesed in the Hebrew Bible: A New Inquiry* (Missoula: Scholars Press for the Harvard Semitic Museum, 1978).
עופר, כתיב וקרי	יוסף עופר, "כתיב וקרי: פשר התופעה, דרכי הסימון שלה ודעות הקדמונים עליה", **לשוננו** 70 (2008) עמ' 55–73; 71 (2009) עמ' 255–279.
עופר, שיטת הבחינות	יוסף עופר, עורך, **"שיטת הבחינות" של הרב מרדכי ברויאר** (אלון שבות: תבונות, תשס"ה).
עתשלום, אשר שם	הרב יצחק עתשלום, "אשר שם שמות בארץ: גאולת השם במגילת רות", **עלון שבות לבוגרים** 22 (1998), עמ' 25–34.
פאולר, שורש פק"ד	Robert Lee Fowler, *A Theological Word Study of the Root Pqd* (Ph.D. diss., Divinity School, Wesley Biblical Seminary, 1991).
פיואל וגאן, גאולה	Danna Nolan Fewell and David Miller Gunn, *Compromising Redemption: Relating Characters in the Book of Ruth* (Louisville: Westminster/John Knox Press, 1993).
פוקלמן, בראשית	Jan Fokkelman, *Narrative Art in Genesis; Specimens of Stylistic and Structural Analysis* (Assum/Maastricht: Van Gorcum, 1975).

פוקלמן, כסא ועיר	Jan Fokkelman, *Narrative Art and Poetry in the Books of Samuel: A Full Interpretation Based on Stylistic and Structural Analysis: Throne and City* (Assen/Maastricht: Van Gorcum, 1990).
פוקלמן, המלך דוד	Jan Fokkelman, *Narrative Art and Poetry in the Books of Samuel: A Full Interpretation Based on Stylistic and Structural Analysis: King David* (Assen/Maastricht: Van Gorcum, 1981).
פורטן, מגילת רות	Betzalel Porten, "The Scroll of Ruth: A Rhetorical Study", *Gratz College Annual of Jewish Studies* 7 (1978), pp. 23-49.
פורטן, מוטיב	Betzalel Porten, "Theme and Historiosophic Background of the Scroll of Ruth", Gratz College Annual of Jewish Studies 6 (1977), pp. 69-78.
פייפר, אימהות	Hugh Pyper, "Other Mothers: Maternity and Masculinity in the Book of Ruth", in *A Critical Engagement: Essays on the Hebrew Bible in Honour of J. Cheryl Exum, ed. David J. A. Clines and Ellen van Wolde* (Sheffield: Sheffield Phoenix Press, 2011).
פיש, גישה סטרוקטורליסטית	**הראל (הרולד) פיש, "גישה סטרוקטורליסטית לסיפורי רות ובועז", בית מקרא 3 (1979), עמ' 265-260.**
פנצ'נסקי, אינטרטקסטואליות	David Penchansky, "Staying the Night: Intertextuality in Genesis and Judges", in *Reading between Texts: Intertextuality and the Hebrew Bible, ed. Danna Nolan-Fewell* (Louisville: Westminster John Knox Press, 1992), pp. 77–88.
פפייפר, מבוא לתנ"ך	Robert H. Pfeiffer, *Introduction to the Old Testament* (New York: Harper & Brothers, 1948).
פרגר, רות	Yossi Prager,"Megillat Ruth: A Unique Story of Torat Hesed", *Tradition* 35 (2001), pp. 14–22.

פריצ׳רד, מזרח קדום	James B. Pritchard, *Ancient Near Eastern Texts Relating to the Old Testament* (Princeton: Princeton University Press, 1969).
פריימר־קנסקי, חסד בתנ״ך	Tikva Frymer-Kensky, "Ĥesed in the Bible", *The JPS Bible Commentary: Ruth, ed. Tamara Cohn-Eskenazi and Tikva Frymer-Kensky* (Philadelphia: Jewish Publication Society, 2011), pp. ix-xlviii.
פרנקל, דרכי האגדה	יונה פרנקל, **דרכי האגדה והמדרש** (גבעתים: יד לתלמוד, 1991).
ציגלר, הבטחות	Yael Ziegler, *Promises to Keep: The Oath in Biblical Narrative* (Leiden: Brill, 2008).
קאסוטו, תורת התעודות	Umberto Cassuto, *The Documentary Hypothesis* (Jerusalem: Magnes Press, 1961).
קאסוטו, שמות	משה דוד קאסוטו, ספר שמות (ירושלים: מאגנס, 1967).
קאפח, חמש מגילות	הרב יוסף קפאח, **חמש מגילות** (ירושלים: האגודה להצלת גנזי תימן, 1962).
קוגל, שירה מקראית	James L. Kugel, *The Idea of Biblical Poetry: Parallelism and Its History* (New Haven: Yale University Press, 1981).
קויפמן, תולדות האמונה	יחזקאל קויפמן, **תולדות האמונה הישראלית ב** (תל אביב: מוסד ביאליק 1963).
קורפל, תיאודיציה	Marjo C. A. Korpel, "Theodicy in the Book of Ruth", in *Theodicy in the World of the Bible*, ed. Antti Laato and Johannes C. de Moor (Leiden: Brill, 2003).
קלארק, חסד	Gordon R. Clark, *The Word Hesed in the Hebrew Bible* (Sheffield: JSOT Press, 1993).
קליין, עולם התנ״ך	יעקב קליין, ״רות״, ביאיר זקוביץ, עורך, **עולם התנ״ך** (ירושלים ורמת גן: רביבים, 1987).

קמפבל, סיפור קצר	Edward Campbell, Jr., "The Hebrew Short Story: A Study of Ruth", in *A Light Unto My Path: Old Testament Studies in Honor of Jacob M. Myers*, ed. H. N. Bream and R. D. Heim (Philadelphia: Temple University Press, 1974), pp. 83–101.
קמפבל, רות	Edward F. Campbell, Jr., *Ruth* (Garden City: Doubleday, 1975).
קראון, שבועה	A. D. Crown, "Aposiopesis in the Old Testament and the Hebrew Conditional Oath," Abr-Nahrain 4 (1963/64).
קרמייקל, רות	Calum M. Carmichael, "Treading in the Book of Ruth", *Zeitschrift für die Alttestamentliche Wissenschaft* 92 (1980), pp. 248-266.
קרמייקל, טקסי	Calum M. Carmichael, "A Ceremonial Crux: Removing a Man's Sandal as a Female Gesture of Contempt", *Journal of Biblical Literature* 96 (1977), pp. 321-336.
ראובר, ערכים ספרותיים	D. F. Rauber, "Literary Values in the Bible: The Book of Ruth", *Journal of Biblical Literature* 89 (1970), pp. 27–37.
ראולי, נישואי רות	H. H. Rowley, "The Marriage of Ruth", in *The Servant of the Lord and Other Essays on the Old Testament* (London: Lutterworth Press, 1962).
רדאי, הכיאזם	יהודה רדאי, "על הכיאזם בסיפור המקראי", **בית מקרא** (תשכ"ד), עמ' 48–72.
רדאי, שמות	יהודה רדאי, "שמות פרק ב (גישה חדשה)", בתוך **ספר יעקב גיל** (חיפה, חברה לחקר המקרא, 1979), עמ' 241–245.
שטרנברג, פואטיקה	Meir Sternberg, *The Poetics of Biblical Narrative* (Bloomington: Indiana University Press, 1985).

שפירא, דמוקרטיה	אמנון שפירא, **דמוקרטיה ראשונית במקרא** (תל אביב: הקיבוץ המאוחד, 2009).
ששון, מדריך ספרותי	Jack M. Sasson, "Ruth", in *A Literary Guide to the Bible,* ed. Robert Alter and Frank Kermode (London: Fontana, 1987), pp. 320-328.
ששון, רות	Jack M. Sasson, *Ruth: A New Translation with a Philological Commentary and a Formalist-Folklorist Interpretation* (Sheffield: Sheffield Academic Press, 1995).